„Immer noch ‚arm, aber sexy'"? Ungleiche Lebenslagen und Klassenverhältnisse in Berlin

Katrin Reimer-Gordinskaya • Oliver Decker • Gert Pickel (Hrsg.)

DER BERLIN-MONITOR

„Immer noch ‚arm, aber sexy'"? Ungleiche Lebenslagen und Klassenverhältnisse in Berlin

Forschungsbericht zum zweiten Schwerpunkt der Aktivierenden Befragung im Berlin-Monitor

Katrin Reimer-Gordinskaya • Selana Tzschiesche

Der Berlin-Monitor ist ein seit 2019 von der Berliner Landesstelle gegen Diskriminierung, für Gleichbehandlung (LADS) gefördertes Forschungsprojekt, durchgeführt in Kooperation der Universität Leipzig und der Hochschule Magdeburg-Stendal.

www.berlin-monitor.de

Bibliografische Information der Deutschen Nationalbibliothek

Die Deutsche Nationalbibliothek verzeichnet diese Publikation in der Deutschen Nationalbibliografie; detaillierte bibliografische Daten sind im Internet über ‹http://dnb.dnb.de› abrufbar.

Autor:innen: Katrin Reimer-Gordinskaya, Selana Tzschiesche

Weitere Autor:innen: Gert Pickel, Christian Obermüller

Unter Mitarbeit von: Franka Grella-Schmidt, Zoë Edelmann

Herausgeber:innen: Prof. Dr. Reimer-Gordinskaya, Prof. Dr. Oliver Decker, Prof. Dr. Gert Pickel

Lektorat: Tilman Meckel, Britta Grell

Gestaltung und Satz: Uta-Beate Mutz, Leipzig

Druck: Books on Demand GmbH, In de Tarpen 42, 22848 Norderstedt

ISBN 978-3-86674-831-6

Gefördert durch

BERLIN

Senatsverwaltung für Arbeit, Soziales, Gleichstellung, Integration, Vielfalt und Antidiskriminierung

DEMOKRATIE. VIELFALT. RESPEKT.

Das Landesprogramm gegen Rechtsextremismus, Rassismus und Antisemitismus

Inhaltsübersicht

Inhaltsverzeichnis

Berlin: Immer noch ‚arm, aber sexy'?

Es ist genau zwei Jahrzehnte her, dass der ehemalige Oberbürgermeister Klaus Wowereit Berlin als „arm, aber sexy" bezeichnete. Tatsächlich war die Stadt um die Jahrtausendwende im Vergleich zu anderen Bundesländern mit rund 60 Milliarden Euro hoch verschuldet. Hintergrund war unter anderem die massive Deindustrialisierung, die infolge der Vereinigung nicht nur Ost-, sondern auch das während der Teilung hoch subventionierte Westberlin getroffen hatte. Zwischen 1989 und 1999 gingen 67 Prozent der Industriearbeitsplätze verloren (Krätke & Borst 2000, 7). Die Erwerbslosenquote stieg im selben Zeitraum um mehr als zwei Drittel und blieb bis 2005 auf einem Niveau von bis zu 20 Prozent (Bochum et al. 2016, 143 u. 152). Nicht zuletzt die 6 Milliarden Euro teure Rettung der landeseigenen Berliner Bankgesellschaft infolge riskanter Geschäfte unter dem CDU-geführten Senat führte in eine Haushaltskrise und 2001/2002 schließlich zum Regierungswechsel. Der rot-rote Senat begegnete der Verschuldung unter der von Wowereit ausgegebenen Maßgabe zu „sparen, bis es quietscht", umgesetzt vom damaligen Finanzsenator Thilo Sarrazin. Es folgten Privatisierungen und Ausgliederungen sozialer Infrastrukturen der landeseigenen Unternehmen in den Bereichen Wohnen, Gesundheitsversorgung, Mobilität und Energie. So wurde Berlin zum Laboratorium des auch bundesweit austeritätspolitisch gerahmten Umbaus von Staat und Gesellschaft (Butterwegge 2014).

Dass Wowereit das arme Berlin als ‚sexy' anpreisen konnte, beruhte auf der Bedeutung von Subkulturen für das Leben in der Stadt. Denn während die kapitalstarken Investoren, die Berlin nach der Wende in der Vorstellung der Regierenden zur „Schaltstelle einer globalisierten Ökonomie [...] zwischen Ost und West" (Dobrusskin et al. 2020, 336) hätten machen sollen, zunächst ausblieben, begannen andere die durch den Fall der Mauer entstandenen Freiflächen zu gestalten. Menschen mit alternativen Arbeits- und Lebensentwürfen, von Berlin auch schon vor 1989 u.a. wegen der im Vergleich zu anderen Metropolen günstigen Lebensunterhaltungskosten angezogen, etablierten entlang der Spree selbstverwaltete Wagenplätze, Techno-Clubs, Projekträume und Galerien (Dohnke 2013, 264). Seit der Jahrtausendwende begann man diesen Umstand im Sinne einer wirtschaftspolitischen Neuausrichtung imagegebend zu vermarkten, um internationale, kreative Klassen anzulocken. Im Projekt Mediaspree wird sinnfällig, wie das alternative soziokulturelle Milieu für die Entwicklung zur „Creative City" zugleich genutzt und verdrängt wurde (Krätke 2004). Seither hat Berlin einen wirtschaftlichen Aufschwung erlebt, den es den digitalen mehr noch als den kulturellen Dienstleistungsunternehmen verdankt (Bochum et al. 2016, 154). Neben Universal und MTV haben nun auch Zalando und Amazon entlang des alten Mauerstreifens an der Spree Platz genommen.

Die Halbierung der Arbeitslosenquote auf 9 Prozent im Jahr 2022 im Vergleich zu 2005 (Statista 2023a) scheint anzuzeigen, dass die Berliner Bevölkerung insgesamt von dieser Entwicklung profitierte. Allerdings weitete sich auch der Anteil prekärer Beschäftigungsverhältnisse aus, und dies in Berlin im Verhältnis zum Bundesgebiet überproportional (Bochum et al. 2016, 154). Im Ergebnis sind die Berliner:innen nicht weniger arm. Die Armutsquote lag 2005 bei 19,7 Prozent und liegt aktuell, im Jahr 2023, bei 20,1 Prozent (Pieper et al. 2023, 8 f.). Mehr noch: Der gefeierte wirtschaftliche Aufschwung der Hauptstadt ist Ausdruck wachsender Ungleichheit (Stein 2015, 134). Denn während hochvergütete Jobs unter anderem in den digitalen Dienstleistungsunternehmen entstanden, wuchs die Anzahl der Menschen, die zu Niedriglöhnen Bürogebäude mit Spreeblick bauen oder putzen, in Call-Centern verärgerte Kund:innen beschwichtigen und trotz des kleingesparten öffentlichen Haushalts die sozialen Infrastrukturen der Stadt am Laufen halten.

Um diese Berliner:innen geht es in der vorliegenden Studie. Sie können sowohl als Erwerbslose als auch als Erwerbstätige nicht (mehr) gut leben, sind dabei mit (teils dramatischen) Handlungsproblematiken konfrontiert, die sie unterschiedlich erfahren und zu bewältigen versuchen. Im Alltag stehen sie dabei mehr oder weniger allein, zugleich ähneln ihre Erfahrungen und Umgangsweisen denen anderer Betroffener. Diese einander (fast immer) unbekannten Einzelnen begegnen sich quasi innerhalb dieses Buchs in den Teilkapiteln, insoweit ihre jeweils besonderen Lebenssituationen zugleich auch typisch für die Lebenslagen benachteiligter sozialer Gruppen bzw. Klassensegmente (vgl. Kapitel 1.1) sind.

Nach einer Einführung in theoretische (Kapitel 1.1) und methodische (Kapitel 1.2) Grundlagen blicken wir zuerst auf die Lage alleinerziehender Frauen und ihrer Kinder (Kapitel 2.1). Mit diesem Einstieg soll auch verdeutlicht werden, dass Klassenverhältnisse den gesamten Lebenszusammenhang betreffen: das Zusammenleben mit- und die Sorge füreinander, Liebe und Begehren, die familiäre wie öffentliche Erziehung neuer Generationen, die Erwerbsarbeit. All dies versuchen die Alleinerziehenden unter prekären Bedingungen im Dienstleistungssektor (Einzelhandel, Reinigungsgewerbe) oder in Abhängigkeit vom sogenannten Arbeitslosengeld II (ALG II) zu leisten. Die angedeuteten *Geschlechterverhältnisse*[1] bringen sie an und über ihre Grenzen. Mit dem anschließenden Einblick in den Alltag von Altenpflegekräften (Kapitel 2.2), die vor längerer Zeit aus Westafrika nach Berlin gekommen sind, vertiefen wir das Verständnis der gesellschaftlichen Reproduktionsverhältnisse unter den Bedingungen eines auf Profit ausgerichteten Gesundheitssektors, indem die gravierenden Auswirkungen auf die beruflich Pflegenden und indirekt die pflegebedürftigen Berliner:innen verdeutlicht werden.

Im dritten Kapitel folgen wir zunächst einer Finanzsachbearbeiterin und einem Elektriker, die nach Berlin zogen, weil sie in ihren Herkunftsländern in Südosteuropa

---

[1]   Die folgend kursiv gesetzten Begriffe verweisen auf die gesellschaftlichen Bedingungsgefüge, die im jeweiligen (Teil-)Kapitel zentral sind.

kein ausreichendes Einkommen generieren konnten (Kapitel 3.1). Was sie vereint, sind Ursachen und Konsequenzen ihrer Arbeitsmigration aus Bulgarien bzw. Rumänien: Die durch die „neoliberale Deformation Europas" (Huffschmid 2007) bedingten ungleichen Lebensverhältnisse in der Europäischen Union und das Paradox, im niedrig entlohnten Berliner Dienstleistungssektor (Gebäudereinigung, Logistik) ein höheres Einkommen als in den Herkunftsländern generieren zu können, dies aber auch aufgrund von Effekten der besonderen Regulation der EU-Binnenmigration mit körperlichem Verschleiß, Überausbeutung und Entrechtung teuer zu bezahlen. Anschließend (Kapitel 3.2) begeben wir uns in den Alltag von migrantischen Lohnabhängigen, deren Tätigkeiten in einem großen Ausmaß mittels digitaler Technologien gesteuert werden bzw. diese voraussetzen (Essenslieferant:innen, Call-Center-Agents) oder zu deren Produktion beitragen (IT-Ingenieur:innen). Während Letztere zur sogenannten digitalen Boheme (Friebe & Lobo 2006) gezählt werden könnten, gehören Erstere zur Mehrheit des digitalen Kybertariats (Huws 2021). Im Vordergrund des gesamten dritten Kapitels steht die Bedeutung der unterschiedlichen *Migrationsregime für das Leben und Arbeiten* von Berliner:innen und deren solidarische Umgangsweisen angesichts von Überausbeutung und Entrechtung.

Im vierten Kapitel wenden wir uns Produzent:innen des kreativen Berlins, seiner alternativen und subkulturellen Lebensweisen und demokratischen Zivilgesellschaft zu. Dabei geht es zunächst um eine studierte bildende Künstlerin, um einen Türsteher der imagebildenden Clubszene und um einen queeren Handwerker in kollektiven Lebens- und Arbeitszusammenhängen (Kapitel 4.1). In den Zeiten des fordistischen Klassenkompromisses war ein bescheidenes Künstler:innen-Dasein lebbarer, heute stehen die prekären Solo-Selbstständigen zunehmend unter Druck. Der Kontrast zwischen ihrer Bedeutung für das Image der Stadt sowie für Spielräume marginalisierter Gruppen in dieser auf der einen und ihrer eigenen unsicheren Lebenslage auf der anderen Seite trifft in etwas weniger dramatischer Weise auch für selbstständige und befristet angestellte Professionelle in der Demokratiearbeit zu (Kapitel 4.2). In den Schilderungen einer Projektleiterin und eines Mitbegründers eines Bildungskollektivs wird deutlich, dass diese gut qualifizierte und hochspezialisierte Gruppe die *Deregulierung, Subjektivierung und Prekarisierung ihrer Erwerbsarbeit* lange mitbetrieben und akzeptiert hat, diesen Tendenzen in den vergangenen Jahren jedoch auch durch Betriebsratsgründungen entgegengewirkt.

Im fünften Kapitel stehen wiederum Frauen im Zentrum, und zwar solche, die über lange Zeit im und mit dem *Hartz-IV-Regime* leb(t)en bzw. zu ihrer Rente aufstockende *Grundsicherung* beziehen müssen. Sie haben Berufe erlernt (Diplomkauffrau, Versicherungsfachangestellte, Lehrerin), eine von ihnen ist ein Multitalent, die andere hat ihre Familie nach dem Zusammenbruch der UdSSR aus der Ukraine nach Deutschland gelotst, und eine dritte war als Weltenbummlerin und Schulleiterin in Asien unterwegs und tätig. Wir zeichnen nach, wie sie trotz sexueller Gewalterfahrungen, psychischen Leids, ungewollter Schwangerschaften, institutionalisiertem Antisemitismus und Klassismus ihre Würde bewahrt, Kinder großgezogen, Lebenspartner mitversorgt und Freundschaften geknüpft haben. Dabei schließt sich der Kreis in zwei Hinsichten: Erstens müssen unter den gegenwärtigen Klassenverhältnissen die einen zu viel und unter schlechten Bedingungen arbeiten, während die anderen in bestimmten Hinsichten zur Untätigkeit in Armut gezwungen werden. Weder die Freisetzung aus der Erwerbsarbeit noch diese selbst bringen die Menschen einem guten Leben näher. Zweitens droht die in diesem Kapitel besonders deutlich werdende Lebenslage *Altersarmut*.

Im Rück- und Ausblick (Kapitel 6) geht es um Erfahrungen, die all diese unterschiedlichen Berliner:innen teilen und die insofern Ausgangspunkt für gruppenübergreifende Zusammenschlüsse sein könnten. Insgesamt wird in den Kapiteln 2 bis 6 ein bestimmter Ausschnitt von Berliner Klassenverhältnissen sichtbar gemacht, indem unterschiedliche Erfahrungen von und Umgangsweisen mit klassenbedingten Ungleichheiten beschrieben sowie gemeinsame Lebenslagen und Interessen als Grundlage kollektiver Handlungsfähigkeit (re)konstruiert werden. Neben dem dazu genutzten subjektwissenschaftlich-qualitativen Ansatz wurde zur Untersuchung von Klassismus auch eine quantitativ-statistische Repräsentativbefragung auf der Grundlage einer eigens dazu konstruierten Skala durchgeführt. Die deskriptiven und analytischen Ergebnisse zu Einstellungen der Berliner Bevölkerung zu ‚Klassismus' werden im siebten Kapitel dargestellt.

Seit einigen Jahren ist die Kritik an der Verbreitung von Armut, unbezahlbaren Mieten, Anschlägen auf Wohnungslose und nicht zuletzt prekärer Arbeit in Berlin deutlicher vernehmbar. Dies verweist auf eine größere Sensibilität für klassenbedingte Formen der Ausgrenzung, Ausbeutung und Gewalt auch unter denjenigen Berliner:innen, die davon gegebenenfalls (noch) nicht unmittelbar betroffen sind. Zugleich zeugen Kampagnen wie *Deutsche Wohnen & Co. enteignen* und *Mehr von uns ist besser für alle* von erfolgreicher Mobilisierung und Organisierung von betroffenen Berliner:innen, die sich für mehr materielle Teilhabe, Mitbestimmung und Qualitätsverbesserungen in Bezug auf lebensnotwendige Infrastrukturen einsetzen. Und mit der bundesweit weiterhin einmaligen Ausweitung des Diskriminierungsschutzes auf das Merkmal sozialer Status im Berliner Landesantidiskriminierungsgesetz (LADG) sowie der Förderung erster Projekte gegen Klassismus im Rahmen des Berliner Landesprogramms *Demokratie, Vielfalt, Respekt* ist begonnen worden, die Leerstelle ‚Klasse' im öffentlichen und zivilgesellschaftlichen Einsatz gegen Diskriminierung zu füllen. Vor diesem Hintergrund will die vorliegende Studie dazu beitragen, das Engagement für eine demokratische Alltagskultur in Berlin in einer Perspektive der Überwindung von klassenbedingten sozialen Ungleichheiten zu stärken.

Wir danken allen Interview-Partner:innen dafür, ihre Erfahrungen, Gedanken, Emotionen, Wünsche und ihr Wissen mit uns geteilt zu haben, und hoffen, all diesen in der Darstellung gerecht geworden zu sein.

Stendal und Berlin

Katrin Reimer-Gordinskaya und Selana Tzschiesche

1 Theoretische und methodische Grundlagen

Die Einleitung machte deutlich: In den Kapiteln 2 bis 6 geht es um Erfahrungen von Berliner:innen, deren klassenbezogene Lebenslage sich jeweils ähnelt. Sie werden nicht nur als verschiedene soziale Gruppen, sondern als Segmente der Berliner Klassengesellschaft verstanden. Dem liegen bestimmte theoretische Vorannahmen und methodische Verfahren zugrunde. Um diese Sicht- und Herangehensweise nachvollziehbar zu machen, skizzieren wir zunächst allgemeine theoretische Grundlagen, von denen ausgehend wir geforscht und auf deren Grundlage wir die erhobenen Daten eingeordnet und analysiert haben (Kapitel 1.1). Anschließend beschreiben wir die subjektwissenschaftliche Methodologie und qualitative Methodik, die wir genutzt und im Zuge der Forschung adaptiert und weiterentwickelt haben (Kapitel 1.2).

1.1 Handlungsfähigkeit in Klassenverhältnissen und angesichts von Klassismus

Die in den 2000er-Jahren einsetzende, positiv konnotierte Rede von Vielfalt wurde begleitet von soziologischen Diagnosen der Pluralisierung von Lebenslagen, die vom Ende der Klassengesellschaft zu künden schienen (vgl. kritisch: Wehler 2013, 7). Den gegenteiligen Eindruck vermittelten Studien, die im Anschluss an französische Vorläufer (Bourdieu 1997; Castel 2000) den Wandel der westeuropäischen Klassengesellschaften als Prekarisierung von Erwerbsarbeitsverhältnissen untersuchten (Castel & Dörre 2009; Dörre 2021). Die in diesem Kontext getroffene Unterscheidung zwischen sogenannten Zonen der Inklusion, Prekarität und Exklusion als verschiedenen Positionen innerhalb der Klasse der Lohnabhängigen diente uns dazu, die grobe Richtung unseres Forschungsinteresses zu bestimmen: Es sollte um Berliner:innen gehen, die den Zonen Prekarität und Exklusion zugeordnet werden können. Allerdings nahmen wir zwei konzeptionelle Verschiebungen bzw. Ergänzungen vor: Eingedenk der feministischen Kritik, dass im Fokus auf (insbesondere: industrielle) Erwerbsarbeit die (insbesondere: unbezahlte) Sorgearbeit Gefahr läuft, aus dem Blick zu geraten, sollte „Prekarisierung im Lebenszusammenhang" (Klenner et al. 2011; Aulenbacher 2009) thematisiert werden. Und: Angesichts der Berliner postmigrantischen Gesellschaft war dabei auch die Bedeutung von Migration und deren Regulationsregime (Karakayali & Tsianos 2007) einzubeziehen. Kurz: Es sollte ums Leben und Arbeiten eines Teils des in sich heterogenen Berliner Prekariats einschließlich von Exkludierten gehen. Diese konzeptionellen Annahmen sind eingebettet in ein bestimmtes begriffliches Verständnis von Klassen, Klassenverhältnissen und Klassismus sowie der personalen und kollektiven Handlungsfähigkeit unter diesen Bedingungen.

Klassen und Klassenverhältnisse

Die in den Kapiteln 2 bis 5 unterschiedenen sozialen Gruppen – Alleinerziehende, Altenpflegekräfte, Rider, Erwerbslose etc. – verstehen wir als Teile der Klasse von Lohnabhängigen in Berlin. Gegen eine solche Sichtweise wird eingewendet, dass die damit bezeichnete Großgruppe nicht homogen sei, sondern in Milieus zerfalle, dass es ihr an einem Klassenbewusstsein fehle und sie (auch deshalb) kein politisches Kollektivsubjekt darstelle. Anders als offenbar vermutet wird, sind Klassen – aus marx(istisch)er Sicht – tatsächlich nicht homogen, sondern heterogen, bilden laufend ein widersprüchliches Bewusstsein aus und sind in vielfältigen Kämpfen mehr oder weniger verbunden (Candeias 2021a, 11ff., 22ff. u. 28ff.).

Eine bedeutsame Differenzierung innerhalb der Klasse der Lohnabhängigen ist die berufliche, wobei diese mit unterschiedlichen Qualifikationsniveaus und größerer oder geringerer Produktions- und Marktmacht einhergeht (z. B. im Vergleich zwischen Software-Ingenieur und Rider). Differenzen entstehen auch durch die vergeschlechtlichte Teilung der Arbeit: Weil die Produktion des Lebens keine oder eine im Vergleich mit der Produktion von Mitteln zum Leben nur relativ geringe Wertschöpfung erlaubt, wird sie zum „marginalen Zentrum" (Haug 2021) der kapitalistischen Produktionsweise degradiert, sodass sie entweder unbezahlt wie von den Alleinerziehenden oder unter miserablen Bedingungen wie bei den Altenpflegekräften geleistet wird. Am Beispiel von Alleinerziehenden und Migrant:innen lässt sich eine weitere Dynamik andeuten, die Differenzen hervorbringt: So gilt die historische Freisetzung aus der Leibeigenschaft, die es ermöglicht – und in Verbindung mit der Trennung von eigenem Land und Produktionsmitteln erzwingt –, die eigene Arbeitskraft als Ware zu verkaufen, durch herrschende Geschlechterverhältnisse und Migrationsregime für bestimmte Gruppen nur eingeschränkt. Die alleinerziehenden Frauen sind aufgrund ihrer Sorgetätigkeit beispielsweise nicht frei, Abend- oder Nachtschichten zu übernehmen, und durch die Nicht-Anerkennung ihrer Qualifikationen verlieren die bulgarische Finanzfachfrau, der rumänische Elektriker und die ukrainisch-jüdische Ingenieurin beim Grenzübertritt zugleich die Freiheit, ihre qualifizierte Arbeitskraft zu verkaufen. Stattdessen werden sie in weniger qualifizierte Arbeit, Überausbeutung und Abhängigkeit von Transferleistungen gezwängt. Letzteres gehört auch zur Lebensrealität jener vielen Berliner:innen, die kürzere oder längere Zeit als Teil der ‚Reservearmee' (Bina 2004) versuchen, von ALG II zu leben. Statt ihr Recht auf das Lebensnotwendigste durchsetzen zu können, empfangen sie es von den Berliner Tafeln als Gabe (van Dyk & Haubner 2021, 98ff.). Ihre Konsumtions- und Lebensweise unterscheidet sich schließlich von derjenigen der studentischen Rider, die wiederum vor und in den Klubs der Stadt ggf. auf den Türsteher und die Professionellen der Demokratiearbeit treffen. Womöglich sind sich auch die kulturaffinen Rentner:innen aus Westberlin und der Ukraine in Berliner

Ballett- oder Opernhäusern begegnet, als sie sich dies noch bzw. ausnahmsweise leisten konnten, auch wenn sie ansonsten wenig verbindet.

Die Klasse der Lohnabhängigen ist also entlang ihrer Berufe und Qualifikationen, ihrer Stellung auf verschiedenen Märkten (Wohnen, Arbeit), ihrer Konsumtionsweisen sowie der vergeschlechtlichten Arbeitsteilung und Effekten der Migrationsregime segmentiert. Jedoch sind diese Segmente nicht hermetisch voneinander abgeschottet, vielmehr sind sie auch sozialräumlich, kulturell und politisch verbunden. Erst wenn zwischen diesen Segmenten „kaum noch [...] gemeinsame Kooperations-, Verkehrs- und Kommunikationsverhältnisse existieren" (Candeias 2021a, 21), werden sie zu Fragmenten. Relevant ist dabei nicht nur Position und Lage im sozialen Raum, sondern auch die jeweilige Haltung zu dessen Topologie (Bourdieu 2012; Lippuner 2007). So arbeitet beispielsweise der IT-Ingenieur in der überbetrieblichen Organisierung von hoch und niedrigentlohnten Arbeiter:innen in Plattformunternehmen an der Überwindung einer hierarchischen Segmentierung der Unternehmen, von der er profitiert. Und während eine der Alleinerziehenden sich rassistisch äußert, plädiert eine andere für gleiche Löhne in der gesamten EU und kritisiert die Überausbeutung südosteuropäischer Migrant:innen, von der die bulgarische Finanzfachfrau und der rumänische Elektriker betroffen sind. Insofern gilt: „[H]altungsbasierte Solidarität" (Stjepandić & Karakayali 2018, 241) und ein Verständnis der je spezifischen Betroffenheiten sind wesentliche Voraussetzungen für die Assoziation ähnlicher und verschiedener sozialer Gruppen und ihrer Kämpfe (vgl. zur Gegenwehr gegen Antisemitismus in Berlin: Reimer-Gordinskaya & Tzschiesche 2021). Dass und wie diese Segmentierung und Fragmentierung innerhalb der Klasse der Lohnabhängigen entsteht, wird in der o. g. Prekarisierungsforschung vor dem Hintergrund neoliberaler Arbeitsmarkt- und Sozialpolitik mit Blick auf Praxen der Distinktion untersucht. Was in dieser Forschung allerdings weitgehend unterbelichtet bleibt, sind Prozesse des „Remaking" (Candeias 2021b) der Klasse der Lohnabhängigen. Vor diesem Hintergrund wird in den Kapiteln 2 bis 5 das Unterscheidende und Trennende zwischen und innerhalb der Gruppen ebenso herausgearbeitet wie das, was sie intern verbindet. Und im Rück- und Ausblick (Kapitel 6) wird exemplarisch gezeigt, welche Anliegen die sozialen Gruppen quer zu ihrer Segmentierung und Fragmentierung teilen (könnten).

Um das Gemeinsame auf empirischer Grundlage zu bestimmen, ohne die Differenzen zu vernachlässigen, richteten wir den Blick sowohl auf widerständiges und solidarisches Denken und Handeln als auch auf konformistische und entsolidarisierende Praxen in den jeweiligen Gruppen. Dass das darin sichtbar werdende Klassenbewusstsein weder aus der Lebenslage einer sozialen Gruppe ableitbar ist noch ihren Kämpfen voraus-, sondern mit ihnen einhergeht, setzten wir dabei voraus (Candeias 2021a, 22 ff.). Ebenso, dass diese Klassenkämpfe je nach Position und Lage (s. u.) sowie dem Grad kollektiver Mobilisierung und Organisierung ganz unterschiedliche Formen annehmen: von der individuellen Widerständigkeit gegenüber Zumutungen des Jobcenters und wechselseitiger Hilfe in der Kinderbetreuung der Alleinerziehenden über die Koordination von Krankschreibungen zum Selbstschutz ohne allzu negative Konsequenzen in einem Team von Altenpflegekräften, die anwaltschaftliche Unterstützung und juristische Durchsetzung von Rechten im Falle rassistischer Diskriminierung und die betriebliche und gewerkschaftliche Organisierung von IT- und Demokratie-Arbeiter:innen bis hin zur Aussicht auf Streiks im Gesundheitssektor und der Kampagne *Deutsche Wohnen & Co. enteignen.*

In diesen Kämpfen werden Interessenkonflikte sichtbar: autoritäre Reglementierung versus Selbstbestimmung von Erwerbslosen; Entgrenzung versus Begrenzung von Erwerbsarbeitszeiten; Abbau versus Ausbau öffentlicher Infrastrukturen; Individualisierung und Konkurrenz versus kollektive Organisierung von Belegschaften; Rationalisierung durch Personalabbau und Externalisierung der Risiken auf Angestellte und Patient:innen versus mehr Personal für eine gute Gesundheitsversorgung für alle; maximale Profite für Immobilienunternehmen und Verdrängung der (migrantisierten) Lohnabhängigen aus den Innenstädten versus Gemeineigentum an Infrastrukturen und Recht auf Stadt für alle. In dem Maße, wie Gruppen und Segmente der Lohnabhängigen sich dabei zusammenschließen, ihre Interessen ausarbeiten, artikulieren und gegen Widerstände durchsetzen, konstituieren sie sich als „Klasse für sich selbst" (Vester 2021). Diese Konflikte und Kämpfe verweisen auf Interessengegensätze der Klasse der Lohnabhängigen gegenüber der Klasse des Kapitals, die ihrerseits differenziert ist und in Phasen der Hegemonie Klassenbündnisse auf der Basis von Kompromissen formt. Diese Kompromisse nehmen Interessen der Fraktionen des Kapitals und der Lohnabhängigen auf und bilden die Grundlage für historisch verschiedene Produktions- und Lebensweisen (Gramsci 2021).

Die Rede von Klassenverhältnissen im Plural verweist also auf ein doppeltes Verhältnis: Auf die Beziehung der Segmente und Fragmente der Lohnarbeit zueinander (quasi nach innen) und zur heterogenen Klasse des Kapitals (quasi nach außen). Sie setzt voraus, dass Klassenverhältnisse mit Migrationsregimen, rassistischen und Geschlechterverhältnissen, Antisemitismus u. a. m. verschränkt sind. Das Forschungsinteresse gilt der Frage, inwieweit sich die Gruppen, Segmente und Fragmente der Lohnabhängigen solidarisch zueinander verhalten, gemeinsame Interessen ausarbeiten und im Sinne kollektiver Handlungsfähigkeit (s. u.) vertreten (könnten).

Transformation von Klassen(verhältnissen) und Klassismus als Variante der Fraktionierung

Klassenverhältnisse sind permanent in Bewegung. Dazu tragen ökonomische Veränderungen wie die Entstehung der informationstechnologischen Produktivkraft bei, in deren Folge unter anderem neue Schlüsselqualifikationen entstehen und alte Berufe abgewertet oder obsolet werden – wie bei der Westberliner Industrieelektronikerin und ukrainisch-jüdischen Kauffrau, deren technologische Qualifikation angesichts der rasanten Computerisierung wie aus der „Steinzeit" wirkt. Eingebettet sind solche Entwicklungen in eine grundlegende Transformation der Produktions- und Lebensweise, die überkommene Klassen- und Geschlechterverhältnisse, Körperpolitiken, Konsumtionsweisen und Migrationsregime teils dysfunktional werden lässt. Die neoliberale Transformation, die den transnationalen Hightech-Kapitalismus (Haug 2003) hervorbrachte, war zunächst in konservativen Banden (Reagan, Thatcher, Kohl) befangen, bevor sie in einer progressiven Form (Clinton, Blair, Schröder) hegemonial wurde (Candeias 2004, 75 ff.). Die begrenzten realpolitischen Errungenschaften (Reform des Staatsangehörigkeitsrechts, Allgemeines Gleichbehandlungsgesetz etc.) gingen einher mit der Deregulierung und Flexibilisierung von Erwerbsarbeitsverhältnissen. Letzteres war zunächst mit dem Versprechen und der Hoffnung auf eine Befreiung aus tayloristisch-weisungsgebundener Erwerbsarbeit sowie mehr Freizeit für große Teile der Erwerbstätigen und ‚Klebeeffekte' für Erwerbslose in Ost und West verbunden. Tatsächlich wich die für den westdeutschen Fordismus charakteristische Dynamik eines ‚Fahrstuhls nach oben' (Beck 1986) mit zunehmender Teilhabe und Mitbestimmung für viele dem Wettlauf gegen den (weiteren) Abstieg auf der ‚Rolltreppe nach unten' (Nachtwey 2016). Dabei sind Konkurrenzverhältnisse zwischen den Segmenten der Lohnabhängigen in den Zonen der abstiegsbedrohten Inkludierten, der Prekarität und der erwerbslosen Exkludierten angelegt (Brinkmann et al. 2006). In der tiefgreifenden Vielfachkrise des transnationalen Hightech-Kapitalismus (Demirović et al. 2011; Haug 2012) verlor das Lager des progressiven Neoliberalismus nicht nur an Zustimmung (sinkende Wahlbeteiligung etc.). Ihm erwuchs auch eine reaktionäre Konkurrenz, die hierzulande in der sogenannten *Alternative für Deutschland* parlamentarisch repräsentiert wird. In den angedeuteten Phasen der Entstehung, Hegemonie und Krise des Neoliberalismus war und ist Klassismus eine Linie des politisch-strategischen Eingriffs in Klassenverhältnisse seitens der jeweils regierenden und oppositionellen Kräfte.

So wurde die vom damaligen Bundeskanzler Kohl 1983 programmatisch angekündigte Entfesselung von Marktkräften und Schwächung der Gewerkschaften auch durch Verschiebungen in der Anrufung von *Leistung(strägern)* im neoliberalen Diskurs vorbereitet und abgesichert. An die Stelle der unmittelbaren „Produzent:innen des gesellschaftlichen Reichtums" traten seit der Kohl-Regierung insbesondere im konservativ-liberalen Lager Teile der Klasse des Kapitals: „Unternehmer:innen, Manager:innen, Berater:innen und all diejenigen, die Geld, Einfluss und Erfolg hatten" (Mayer-Ahuja & Nachtwey 2021, 15). Und nach dem Regierungswechsel hin zu Rot-Grün wich im Zuge der Durchsetzung der Agenda 2010 die Forderung nach guter Arbeit im sozialdemokratischen Spektrum dem Prinzip des ‚Forderns und Förderns' mit dem Druck, jedwede Erwerbsarbeit anzunehmen, was insbesondere die Beschäftigten im expandierenden Niedriglohnsektor und Erwerbslose betraf und betrifft. Zudem verantwortete der damals amtierende sozialdemokratische Bundesminister für Wirtschaft und Arbeit Wolfgang Clement eine Publikation, in der die Auffassung verbreitet wurde, Erwerbslose missbrauchten im hohen Maße das ALG II und seien schlimmer als Parasiten, weil ihr Verhalten nicht biologisch determiniert, sondern willentlich gesteuert sei (BMWA 2005, 10). Und der mittlerweile in Berlin lebende Peter Sloterdijk wies dem Bürgertum in einer Reihe von Publikationen den Weg in eine völkisch grundierte Herrschaft der ‚Leistungsträger' (Rehmann & Wagner 2022) über die ‚Unproduktiven' (Zander 2022). Solche Diskurse greifen in Klassenverhältnisse ein: Sie bringen Fragmente der Lohnabhängigen gegeneinander in Stellung, spalten sie entlang der imaginären Grenze von Leistungswilligen und Leistungsunwilligen bzw. -fähigen (Fraktionierung), suchen die einen auf Kosten der anderen unterzuordnen und affirmieren die eigene übergeordnete Position und Machtausübung. Dass die diskursive Fraktionierung wirkmächtig ist, zeigen der aggressive Blick von interviewten Armutsbetroffenen ‚nach unten' auf Obdachlose und die Betroffenheit, mit der Langzeiterwerbslose von ihrer symbolischen und materiellen Abwertung berichten.

Als Klassismus bezeichnen wir vor diesem Hintergrund einen bestimmten Modus der Veränderung und Stabilisierung von Klassenverhältnissen, nämlich: a) Praxen der herrschenden Klasse, durch die einige subalterne Gruppen abgewertet und ausgegrenzt, andere subalterne Gruppen aufgewertet und/oder strukturell bedingte Klassenlagen als Resultat der jeweils persönlichen Leistung dargestellt werden; b) die konforme Übernahme der ‚angebotenen' Praxen der Entsolidarisierung, Über- und Unterordnung seitens dominanter und subalterner Gruppen sowie c) die mit beidem korrespondierende Erfahrung der Abwertung durch betroffene subalterne Gruppen.

Intersektionalität von Klassismus und reaktionäre Identitäts- und Klassenpolitiken

Klassismus wirkt nicht allein auf einer rein ökonomischen Machtachse spaltend und verbindend, sondern ist mit rassistischen und Geschlechterverhältnissen sowie Antisemitismus verknüpft. Exemplarisch steht dafür die Positionierung von Thilo Sarrazin (2009), der von 2002 bis 2009 Berliner Senator für Finanzen war, zunächst im *Lettre International* und kurz darauf in *BILD* unter dem Titel „Klasse statt Masse. Von der Hauptstadt der Transferleistung zur Metropole der Eliten". Dort machte er benachteiligte soziale Gruppen für die schwierige Haushaltslage der Stadt verantwortlich und äußerte die Auffassung, der „unproduktive" Bodensatz migrantischer und herkunftsdeutscher Erwerbsloser in Berlin müsse „sich auswachsen", wobei er unter anderem „Kopftuchmädchen" als konkrete Gruppe benannte (ebd.). Öffentliche Kritik und letztlich eine Rüge des UN-Antirassismus-Ausschusses zogen die rassistischen Implikationen seiner Äußerungen nach sich (Sponholz 2018, 361ff.). Und obwohl ein Mitglied der Berliner Funktionseliten über besonders prekär lebende und von Exklusion betroffene Gruppen abwertend sprach, wurde der klassistische Impetus seiner Argumentation kaum kritisiert. Ähnliches gilt mit Blick darauf, dass Sarrazin sich mit dem Gegensatzpaar „produktiver" und „unproduktiver" Bevölkerungsgruppen semantisch auch in der Tradition antisemitischer Konstruktionen (Berg 2013) bewegte.

In der im Jahr 2011, inmitten der „großen Krise" bzw. „Vielfachkrise" (Haug 2012; Demirović et al. 2011) gegründeten sogenannten *Alternative für Deutschland* (AfD) finden sich ähnliche Verknüpfungen und Muster. Das innerparteiliche Machtverhältnis der seit der Gründung präsenten wirtschaftsliberalen, konservativen und völkisch-nationalistischen Strömungen hat sich über die Jahre kontinuierlich zugunsten der letzteren verschoben. Damit gehen auch Akzentverschiebungen im strategischen Eingriff in Klassenverhältnisse einher. Im Gegensatz zur völkisch grundierten scharfen Kritik der NPD an der Agenda 2010, soweit sie Deutsche in ihrem Sinne traf (Staud 2006, 91 ff.), gehörten prekär lebende und exkludierte Segmente der Lohnabhängigen nicht ohne weiteres zu den Zielgruppen der AfD. Zentral sind liberal-konservative Bürger, worunter „leistungsorientierte Arbeitnehmer, Mittelständler und Gewerbetreibende, Schüler und Studenten" (AfD 2017, 4) fallen. „Arbeiter und Arbeitslose" zählen als Teil der „Bürger mit unterdurchschnittlichen Einkommen" dazu, insofern sie sich dem angeblichen „Trend zur Ausnutzung von staatlichen Transferleistungen […] entgegenstellen" und „sich zu konservativen Werten wie Leistungsbereitschaft, Ordnung, Sicherheit und Patriotismus bekennen" (ebd.). Und während die Programme und parlamentarischen Initiativen der AfD nach wie vor einem neo- bzw. ordoliberalen Kurs zulasten der prekär Beschäftigten und Erwerbslosen folgen (Pühringer et al. 2021), entfalten die angeblich kapitalismuskritischen Konzepte der völkisch-nationalistischen Strömung symbolische Wirkung als Versprechen auf eine ‚national-exklusive Solidarität' (Becker et al. 2018). Der klassenpolitische Eingriff zielt auf die Konstruktion einer „Allianz der nationalen Arbeiterschaft und des nationalen Bürgertums" (Gauland 2019, 18) gegen die „Allianz aus globalistischer Linker und globalem Kapital" (17), wobei die ersteren „Sesshaften" den letzteren „Nomaden" (15) unterlegen seien (kritisch: Wolowicz 2022, 135 ff.).

Von einer ehemals linken Position aus baut Sahra Wagenknecht Brücken ins völkische Lager (Weber 2022a, 7), indem bei ihr erstens klassentheoretische Auffassungen von Gesellschaft der Konstruktion von Gemeinschaften (‚Familie, Heimat/Nation, Traditionen/Bräuche') weichen (Weber 2022b). Zweitens zeichnet sie ein der Empire widersprechendes Lagermodell: Eine mit ökonomischer Macht ausgestattete Oberschicht im Bunde mit einer Medien und Politik bestimmenden akademischen Mittelschicht stehe einer abstiegsbedrohten Mittelschicht aus Selbstständigen, Handwerkern, Landwirten und älteren Facharbeitern ohne Abitur sowie einfachen Servicebeschäftigten im Niedriglohnsektor gegenüber, wobei die ersteren – die ‚Lifestyle-Linken' – eine Identitätspolitik im Interesse von Minderheiten verfolgten und sich für die soziale Frage nicht interessierten, während die Arbeiterschaft sich nach Zugehörigkeit zu Familie, Heimat, Nation sehne (Wolowicz 2022). Ergänzt wird dies drittens um ein Bild, in dem mittelständige Unternehmen (‚Guido Cleverles') und regionale Banken ‚nach oben' einer kleinen, finanzmächtigen Gruppe (‚internationale Großfinanzjongleure', ‚Finanzhaie', ‚multinationales Großkapital' etc.), die Regierungen manipuliert (‚Konzernlobby', ‚erpressbare Marionetten') und eine an sich sinnvolle soziale Marktwirtschaft durch Monopolbildungen zerstört, gegenüber stehen; ‚nach unten' geht es auf der Basis einer Leistungsideologie gegen Menschen, die angeblich nicht leistungswillig sind (‚Faulbären') (Bierl 2022, 180 ff. u. 188 ff.).

Die knappe Skizze von Positionen aus unterschiedlichen politischen Lagern deutet an, dass Klassismus in der virulenten Krise des neoliberal regulierten Hightech-Kapitalismus in reaktionären Identitäts- und Klassenpolitiken unterschiedlicher politischer

Provenienz bedeutsam und mit Rassismus, Geschlechterverhältnissen und Antisemitismus verknüpft ist.

Personale und kollektive Handlungsfähigkeit

Im Unterschied zu den bisher skizzierten gesellschaftstheoretischen Grundlagen erfolgt nun ein Blickwechsel hin zu den Einzelnen, die sich in diesen Verhältnissen bewegen. Mehr noch: Die subjektwissenschaftlichen Begriffe sind so angelegt, dass sie vom Standpunkt des Subjekts ausgehend das Verhältnis zwischen Individuum und Gesellschaft in den Blick nehmen.

In diesem Sinne wird angenommen, dass für die Lebensqualität der gesellschaftlichen Individuen entscheidend ist, in welchem Ausmaß sie über relevante Lebensbedingungen verfügen oder von dieser Verfügung ausgeschlossen sind. Dieses Ausmaß hängt von der Gestaltung gesellschaftlicher Verhältnisse und der Verortung der Einzelnen darin ab. Der Begriff personale Handlungsfähigkeit beinhaltet diese Bedürfnisgrundlage individueller Existenz, nämlich die „gesamtgesellschaftlich vermittelte [...] Kontrolle über relevante Lebensbedingungen" (Holzkamp 1985, 239). Die Verortung des Individuums wird vom gesellschaftlichen Produktionsprozess her über die *Position* im System der Arbeitsteilung und von der individuellen Reproduktion her als *Lage* gefasst (Markard 2009, 150 ff., 184). Die Gewinnung personaler Handlungsfähigkeit, also der Kontrolle über relevante Lebensbedingungen, ist unter der Voraussetzung gesellschaftlicher Herrschafts- und Machtverhältnisse systematisch eingeschränkt. So auch in kapitalistischen Produktions- und Lebensweisen mit den ihnen eigenen antisemitischen und rassistischen sowie Klassen- und Geschlechterverhältnissen. Für das Handeln der Einzelnen ergeben sich daraus grundlegende Alternativen: sich entweder im Rahmen der gegebenen Möglichkeitsräume bzw. konform in ideologischen Anordnungen zu bewegen (restriktive Handlungsfähigkeit) oder zu versuchen, widerständig zu handeln und Einschränkungen in emanzipatorischer Perspektive zu überwinden (verallgemeinerte Handlungsfähigkeit) (Markard 2009, 186 ff.).

Letzteres übersteigt in der Regel das individuelle Vermögen und bedarf des Zusammenschlusses mit anderen, also der Entwicklung kollektiver Handlungsfähigkeit. Daher sind personale verallgemeinerte Handlungsfähigkeit und kollektive Handlungsfähigkeit verbunden (ausführlicher: Reimer-Gordinskaya & Tzschiesche 2023), wobei sich konzeptionell – also begrifflich ebenso wie empirisch fundiert – Ebenen des Übergangs zwischen ihnen unterscheiden lassen: auf individueller Ebene herrschaftskritisches Denken, widerständiges Handeln etc., auf überindividueller Ebene informelle wechselseitige solidarische Unterstützungssysteme, auf formeller bzw. institutionalisierter Ebene das Engagement in Initiativen, Verbänden etc. und auf gesellschaftlicher Ebene das Mitwirken in Gewerkschaften und Bündnissen. Worin die zentralen gesellschaftlichen Widersprüche und Kämpfe gesehen werden, auf die politisch-strategisches Handeln auszurichten wäre, um kollektive Handlungsfähigkeit zu entfalten, ist strittig. Dabei werden Identitäts- und Klassenpolitiken häufig reduktionistisch gefasst und gegeneinander ausgespielt. Die Begründung unserer Auffassung, dass Identitäts- und Klassenpolitiken sowie unterschiedlich gelagerte Kämpfe miteinander zu verbinden sind, ist hier bereits angedeutet und andernorts ausführlicher dargestellt worden (ebd., 39 ff.). Sie ergibt sich inhaltlich daraus, dass die multiplen Herrschaftsverhältnisse zwar verschiedene Positionen und Lagen mit jeweils spezifischen Handlungsproblematiken bedingen, auf die mit zunächst partikularen Strategien geantwortet wird. Zugleich bilden diese Verhältnisse aber einen „Herrschaftsknoten" (Haug 2013), der nur gemeinsam, mittels Assoziation der Kämpfe gelöst werden kann. Ob und inwiefern die Einzelnen sich bestimmten Kämpfen anschließen (könnten), lässt sich wiederum nur vom Standpunkt des Subjekts aus klären.

Das subjektwissenschaftliche Interesse galt dementsprechend den jeweils einzelnen Interview-Partner:innen, ihren Erfahrungen sowie ihren Sichtweisen auf ihre Biografie und die für sie relevanten Lebensumstände. Im Sinne der skizzierten subjektwissenschaftlichen Grundlagen gingen wir davon aus, dass sie sich mit Handlungsproblematiken konfrontiert sehen, also mit Einschränkungen ihrer Handlungsfähigkeit aufgrund ihrer spezifischen Position und Lage in intersektionalen Klassenverhältnissen. Und dass sie, um ihre Existenz zu sichern, Handlungsfähigkeit im restriktiven, aber auch verallgemeinerten Modus versuchen zu gewinnen und sich dabei auf unterschiedlichen Ebenen mit anderen zusammenschließen. Kurz: Es galt auf der Grundlage der Interviews zu rekonstruieren, welche Handlungsproblematiken vorlagen, wie sie mit der jeweiligen Position und Lage verknüpft sind und inwiefern die Einzelnen konform oder widerständig sowie in Assoziation mit anderen versuchen Handlungsfähigkeit zu gewinnen. Dabei ist, was für eine Person ‚der Fall' ist, verallgemeinerbar (Markard 2009, 293 ff.), insoweit andere sich mit ähnlichen Handlungsproblematiken konfrontiert sehen und auf ähnliche oder andere Art und Weise versuchen, mit ihnen umzugehen. Die Gruppierung der Interview-Partner:innen resultierte aus einer solchen Verallgemeinerung.

1.2 Subjektwissenschaftliche Methodologie und qualitative Methodik

Der aktivierend-subjektwissenschaftliche Ansatz des Berlin-Monitor speist sich aus Traditionen der Gemeinwesenarbeit (Stövesand et al. 2013; Spieckermann 2012) und Handlungsforschung (Bradbury-Huan 2015, insbes. 385 ff.), seine Methoden und Techniken (in der Erhebung, Dokumentation und Auswertung von Daten) aus der als qualitativ bezeichneten Strömung in den Sozialwissenschaften (Mruck & Mey 2010). Methodologisch orientieren wir uns speziell an subjektwissenschaftlicher Handlungsforschung (Markard 2010) und dem Symbolischen Interaktionismus (Winter 2010). Im Kern bedeutet dies dem Anspruch nach, nicht über, sondern möglichst in praktischer Absicht mit den interviewten Akteur:innen zu forschen. Gegenstand sind dabei bestimmte Aspekte der Lebenswelten und Erfahrungen der

Gesprächspartner:innen, die für die Beschreibung des jeweiligen Themenschwerpunkts – Antisemitismus, Klassismus etc. – relevant sind. Die praktische Absicht liegt darin, nicht nur *Problem*wissen, sondern auch *Veränderungs*wissen, also Wissen über *Gegenwehr* gegen Klassismus sowie über das *Engagement für* Vielfalt und Demokratie zu eruieren. Dabei gehen wir davon aus, dass die Interview-Partner:innen ebenso wie wir ein Interesse daran haben, diese Phänomene genauer *zu verstehen* und *zu verändern*, wobei unsere Rollen verschieden sind und bleiben. Unsere Aufgabe als Forscher:innen ist es, die Erfahrungen und das Wissen der Interviewten so zu systematisieren, dass nicht nur Problembestände, sondern auch der Stand und aktuelle Herausforderungen ihrer Überwindung bzw. der Gestaltung einer demokratischen Alltagskultur möglichst präzise beschrieben werden können. Dieser in der Studie zu Alltagsantisemitismus entwickelte Forschungsstil (Reimer-Gordinskaya & Tzschiesche 2021, 122 ff.) ist im Zuge der Forschung zu Klassenverhältnissen in Berlin aufgegriffen, adaptiert und weiterentwickelt worden. Der methodologische Rahmen ist ein subjektwissenschaftlicher, der insbesondere bei der initialen Konzipierung und in späteren Phasen der Datenauswertung zum Einsatz kam. Die konkreten methodisch-technischen Verfahren der Datenerhebung und mehrere Phasen der Datenauswertung lehnten sich insbesondere an die Grounded-Theory-Methodologie (GTM) (Mey & Mruck 2010) sowie Qualitative Inhaltsanalyse (QIA) nach Mayring (2015) an. Die folgende Darstellung unseres Forschungsstils folgt der tatsächlichen Chronologie in wesentlichen Zügen, teils erscheinen sich überlappende Prozesse als eigenständige Phasen und die schlussendlich gefundene Begrifflichkeit wird teils auch rückwirkend verwendet.

Subjektwissenschaftliche Konzipierung, Forschungsziele und Leitfragen

Das allgemeine Forschungsziel bestand darin, bestimmte Aspekte des Lebens eines Teils der Berliner Klasse, die auf Erwerbsarbeit angewiesen ist und nicht über ein Vermögen verfügt, aus dem der Lebensunterhalt bestritten werden könnte, im subjektwissenschaftlichen Sinne zu rekonstruieren. Im Anschluss an die Prekarisierungsforschung wurde der Ausschnitt dieser Klasse vorläufig als Zonen der Prekarität und der Exklusion bestimmt. Die Leitfragen lauteten: 1) Welche Erfahrungen und Problemkonstellationen sind mit einer jeweiligen Position und Lage verbunden? 2) Welche Folgen hat dies für die Betroffenen? 3) Welche (individuellen, überindividuellen und kollektiven) Umgangsweisen existieren? 4) Inwieweit geht die Heterogenität in Fragmentierung bzw. Fraktionierung über? 5) Inwieweit gelingt es der Klasse, gemeinsame Interessen zu formulieren und Kämpfe zu führen? Grundlegend für diese Bestimmung des Ziels und der Leitfragen sind die bereits erwähnten begrifflichen Zusammenhänge zwischen dem individuellen Erleben und Handeln und gesellschaftlichen Verhältnissen sowie individueller und kollektiver Handlungsfähigkeit (vgl. Kapitel 1.1).

Wechsel zwischen Datenerhebung und -auswertung, unterschiedliche Interview-Partner:innen

Der weitere Forschungsverlauf ähnelt formal dem rekursiven Wechsel aus Feldzugang, Datenerhebung und -auswertung, wie er in der GTM beschrieben wird (Breuer 2009, 54 ff.). Für die Suche nach und Auswahl von den ersten Interview-Partner:innen war die Unterscheidung zwischen sogenannten Expert:innen aus Organisationen (EO), die aufgrund ihrer beruflichen Funktion über ein weitreichendes Überblicks- und Hintergrundwissen verfügen, sowie Expert:innen des Alltags (EA), die über ihre eigenen Erfahrungen etc. berichten können, wichtig. Erstere (EO) lassen sich aufgrund ihrer Expertise hinsichtlich der Frage unterscheiden, ob diese sich auf spezifische soziale Gruppen (z. B. Beratungsstellen) bzw. branchenspezifische Entwicklungen o. Ä. oder eher übergreifendes Wissen über Klassenverhältnisse (Intellektuelle) etc. bezieht. Sie wurden dementsprechend zu ihrem gruppenspezifischen Wissen bzw. zu Voraussetzungen, Stand, Herausforderungen und Perspektiven kollektiver Mobilisierung verschiedener Klassensegmente in Berlin befragt. Zu letzteren (EA) gehören auch Personen, die sich und andere in ihrem Berufsfeld kollektiv organisieren (z. B. Initiator:innen von Betriebsratsgründungen). Sie wurden zu ihren persönlichen Erfahrungen und Einschätzungen im Sinne der Leitfragen befragt.

Erste Erhebungs- und Auswertungsphase: Expert:innen aus Organisationen

Der Einstieg in die erste und orientierende Feldphase erfolgte über Expert:innen aus Organisationen (z. B. Mitarbeiter:innen von Berliner Tafeln) und organisierende Expert:innen des Alltags (z. B. Rider). Dazu wurden Einrichtungen und Personen bestimmt, deren Tätigkeit und Expertise sich auf soziale Gruppen bezieht, die zu den Zonen der Prekarität und der Exklusion gezählt werden können (theoretisches Sampling nach der GTM). Die leitfadengestützten, problem- und themenzentrierten Interviews (in Anlehnung an Witzel 2000) wurden, wie alle folgenden Interviews auch, aufgezeichnet und wörtlich, aber nicht lautsprachlich transkribiert. Dabei wurde der sprachliche Ausdruck morphologisch und grammatikalisch geglättet (Stotterer gestrichen, Fehler korrigiert), zugleich aber darauf geachtet, die individuelle Sprachfärbung sowie bedeutsame Pausen, Versprecher etc. zu erhalten. Ebenso wurden bedeutsame parasprachliche Äußerungen (Lachen etc.) notiert. Auch mit den Interviews von Personen, deren Erstsprache nicht Deutsch ist, wurde ähnlich verfahren. Die Transkripte wurden den Befragten stets vorgelegt, um etwaige Unstimmigkeiten klären zu können (sog. kommunikative Validierung der Daten, vgl. dazu Markard 2000).

Die Diskussion und Auswertung der transkribierten verbalen Daten erfolgte im Rahmen regelmäßiger Treffen der Forschungsgruppe. Leitend waren dabei subjektwissenschaftliche Begriffe (Handlungsfähigkeit etc.) und Kategorien, die aus den theoretischen Grundlagen und Leitfragen resultierten (Fragmentierung, Umgangsweisen etc.). Darüber hinaus wurden im Durchgang durch die Daten Codes (nach der GTM) generiert. Für die Bezeichnungen der Codes wurden entweder prägnante Formulierungen der Befragten (in-vivo-codes) oder bestehende Konzepte genutzt. Insgesamt wurden die Daten also sowohl ‚deduktiv' als auch und vor allem ‚induktiv' ausgewertet. Dabei wurde ein Auswertungsleitfaden entwickelt, der neben dezidiert subjektwissenschaftlichen Begriffen (subjektive Handlungsproblematiken, restriktive und verallgemeinerte Handlungsfähigkeit etc.) und allgemeinen Konzepten, die sich aus den Leitfragen ergaben (Folgen, Umgangsweisen etc.), vor allem konkretere Konzepte enthielt, die bestimmte Erfahrungen verdichteten und mit theoretischen Annahmen verbanden. Inhaltlich resultierte aus diesem Diskussions- und Auswertungsprozess ein konkreteres Verständnis der Lebenslagen von Berliner:innen in den Zonen der Prekarität und der Exklusion und der politisch-gesellschaftlichen Dynamiken der Berliner Klassenverhältnisse.

Zweite Erhebungs- und Auswertungsphase: Erfahrungen von Expert:innen des Alltags

Die Ergebnisse der Auswertung der ersten Interviews dienten auch als (weitere) Grundlage für die Bestimmung der Expert:innen des Alltags, also für das sogenannte theoretische Sampling. Einige der Expert:innen aus Organisationen fungierten als Gatekeeper, die Kontakte zu entsprechenden Expert:innen des Alltags vermittelten. Andere dieser Interview-Partner:innen wurden über die Teilnahme an Wohnungstürbefragungen, Recherchen im Umfeld der Forscher:innen und die direkte Ansprache bei einer Ausgabestelle der Berliner Tafel gewonnen. Diese Interviews wurden teils als biografisch-narrative (in Anlehnung an Schütze 1983), teils als episodische (Flick 2011) und teils als themenzentrierte Interviews geführt, aufgenommen, transkribiert und validiert. Manche Interviews wurden auf Englisch geführt und transkribiert, manche mit konsekutiver Übersetzung auf Bulgarisch und Rumänisch, teils mit Nachkontrolle der Übersetzung im Zuge der Erstellung des deutschsprachigen Transkripts.

Die Auswertung erfolgte im Rahmen regelmäßiger Treffen der Forschungsgruppe vor allem entlang der Kategorien, die aus den theoretischen Grundlagen und Leitfragen resultierten (Fragmentierung, Umgangsweisen etc.) und der bereits vorhandenen Code-Sammlung. Zudem wurden weitere Codes entwickelt. Die subjektwissenschaftlichen Begriffe traten eher in den Hintergrund, dienten aber der begrifflichen Orientierung im sich entfaltenden codierten Datenmaterial. Das Resultat dieser Auswertungsdurchgänge war ein Code-System, in dem die jeweils subsumierbaren Passagen aller Interviews enthalten sind, wobei dieselben Passagen mehrfach codiert und zugeordnet werden konnten.

Vom Code-System zum Text: Verdichtung und Konturierung des Narrativs

Die zwei wesentlichen Phasen, in denen der Übergang vom Code-System in die vorliegende Textform erfolgte, lassen sich als Verdichtung der verbalen Daten und Konturierung eines Narrativs bezeichnen. Die Verdichtung erfolgte, nachdem die Position und Lage bestimmter Interview-Partner:innen sich auf der Basis der Auswertungen als so ähnlich erwies, dass sie zu einer sozialen Gruppe zusammengefasst werden konnten. Der auf diese Gruppe begrenzte Datenkorpus wurde durch nahe an den Daten bleibende Zusammenfassungen (nach der QIA) der innerhalb jedes Codes enthaltenen Daten reduziert und mit Ankerzitaten versehen. Zudem wurden Relevanzen und Sinnzusammenhänge innerhalb und zwischen den verdichteten Codes erschlossen und thematisch weniger passende Daten ausgeschlossen. Auf dieser Grundlage wurden mögliche Narrative (Reihenfolge und roter Faden) für jedes Teilkapitel entworfen. Dieser Schritt ähnelt dem axialen Kodieren und geht ins selektive Kodieren der GTM mit dem wesentlichen Unterschied über, dass es nicht um die Identifikation einer Kernkategorie ging. Dabei wurden stets Erfahrungen von mehreren Interview-Partner:innen rekonstruiert und durch Vergleiche ins Verhältnis gesetzt, wobei es sich meist um minimale Kontrastierungen im Sinne der GTM handelte. Die Entwürfe der Narrative wurden mehrfach diskutiert, teils revidiert und überarbeitet. Insbesondere in diesem Schritt wurden subjektwissenschaftliche Begriffe und sozialwissenschaftliche Theorien relevant, um zugrunde liegende Zusammenhänge zwischen biografischem Erleben und gesellschaftlichen Bedingungsgefügen zu erschließen. Auch auf dieser Ebene wurden Vergleiche angestellt und Unterschiede und Gemeinsamkeiten der individuellen Lebensverläufe herausgearbeitet. Dieser Schritt ähnelt formal dem axialen Codieren der GTM, beruht inhaltlich aber auf den spezifischen begrifflich-theoretischen Annahmen, die einleitend (Kapitel 1.1) oder an Ort und Stelle der Kapitel 2 bis 5 dargestellt sind. Teilweise wurden im Zuge dieser Konturierung des Narrativs auch Interview-Partner:innen, deren Erfahrungen bedeutsam für mehrere Teilkapitel waren, so (um)gruppiert, dass jedes Teilkapitel für sich tragfähig war und Doppelungen vermieden wurden. Und während in den Entwürfen die Einschätzungen der Expert:innen aus Organisationen zentral waren, traten diese nun eher in den Hintergrund und die Erfahrungen der Expert:innen des Alltags in den Vordergrund.

Dritte Erhebungs- und Auswertungsphase: Nacherhebungen und Querschnittsthemen

Im Zuge der Verdichtung und insbesondere der Entwicklung von Narrativen stieß das Sinnverstehen auf der Basis der transkribierten verbalen Daten und spontan verfügbaren Wissens an Grenzen. Dadurch wurden wissenssuchende Fragen zu relevanten Kontexten und Bedingungsgefügen aufgeworfen. Diese wurden einerseits durch (vertiefende oder weitere) Befragungen von Expert:innen aus Organisationen, also eine Form der Nacherhebung, geklärt, andererseits im Rekurs auf einschlägige Studien, Theorien und Datensätze (s. u.). Teils wurde deutlich, dass eine dichte Beschreibung und Rekonstruktion bestimmter Erfahrungen einer empirischen Ergänzung bedarf, weil sie in den vorhandenen Interviews nur angedeutet wurden. Auch in diesem Fall wurden Nacherhebungen mit den betreffenden Interviewten durchgeführt oder weitere Interviews mit Expert:innen des Alltags geführt.

Zudem kristallisierten sich im Zuge der Diskussionen in der Forschungsgruppe und der kodierenden und verdichtenden Datenauswertung Themen heraus, die sich über viele Interviews hinweg glichen. Diese Themen wurden gesammelt, mit dem bestehenden Code-System aller Interviews mit Expert:innen des Alltags abgeglichen und in einem dritten Auswertungsdurchgang ein Code-System zu Querschnittsthemen angelegt. Auch dieses Code-System wurde wie oben beschrieben verdichtet. Ausschnitte dieses Materials gehen exemplarisch in den Rück- und Ausblick (Kapitel 6) ein.

Verschriftlichung: Theoretische und empirische Kontextualisierung, Verallgemeinerung und Handlungsfähigkeit

Auf der Basis der entworfenen Narrative für jede Gruppe von Interviewten mit ähnlicher Position und Lage erfolgte eine Differenzierung und endgültige Verschriftlichung. Die Differenzierung erfolgte innerhalb der Teilkapitel in Anlehnung an die subjektwissenschaftliche Bedingungs-Bedeutungsanalyse und resultierte in einer theoretischen und empirischen Kontextualisierung der verdichteten Erfahrungen. Um dies anhand zweier Beispiele zu veranschaulichen: Im Narrativ über den Lebensverlauf der Alleinerziehenden lagen deren Schullaufbahnen als vor allem datenbasierte Rekonstruktionen ihrer Sichtweisen vor und wurden nun unter Bezug auf Theorie und Forschung zu klassenspezifischen Bildungswegen mit den gesellschaftlich-sozialen Bedingungsgefügen in der DDR bzw. in Osteuropa oder der alten BRD verknüpft. Im Narrativ über die Beschäftigten der Plattformunternehmen lagen Beschreibungen von Handlungsproblematiken vor, die unter Bezug auf arbeitssoziologische Theorie und Forschung als spezifische Effekte neotayloristischer Arbeitsorganisation verständlich werden. Diese Beispiele machen einerseits deutlich, dass es neben der empirischen Verbindung ähnlicher Erfahrungen verschiedener Personen auch darum geht herauszuarbeiten, mit welchen gesellschaftlichen Verhältnissen und Entwicklungen diese Erfahrungen zusammenhängen. Darin liegt auch ein Moment der Verallgemeinerung der von den Interview-Partner:innen geschilderten klassenspezifischen Erfahrungen. Wie verbreitet eine jeweilige Handlungsproblematik oder Einschätzung ist, wurde zudem unter Rückgriff auf einschlägige Statistiken oder repräsentative Umfragen abgeschätzt.

Auch berlinspezifische Bedingungsgefüge und Entwicklungen wurden auf- und eingearbeitet, sofern dies nicht bereits im Zuge der bereits genannten Differenzierungen geschehen war. Schließlich wurden insbesondere die Umgangsweisen der Betroffenen mit Blick auf subjektive und objektive Möglichkeitsräume sowie restriktive und verallgemeinerte Handlungsfähigkeit betrachtet. Die Anordnung der Kapitel 2 bis 6 und ihrer Teilkapitel erfolgte nach theoretischen Erwägungen, aber auch so, dass sich vom Anfang bis zum Ende ein gewisses Meta-Narrativ ergibt. Dieses zieht sich dank der Altersspanne der Interview-Partner:innen aus der Zeit vor der Zäsur von 1989 bis ins 21. Jahrhundert und bis in die Gegenwart. Zudem durchläuft das Meta-Narrativ auch Lebensphasen von Kindheit und Schule über Ausbildungen und Berufseinstieg sowie Familiengründungen und Trennungen bis ins Rentenalter. Insgesamt ist daraus hoffentlich eine dichte, empirisch gesättigte und theoretisch fundierte Erzählung über einen Teil der Berliner Klassengeschichte und -gegenwart entstanden.

Datensatz und Anonymisierung bzw. Pseudonymisierung

Es wurden insgesamt 32 Interviews mit 38 Personen geführt, davon 19 mit Expert:innen des Alltags, 10 mit Expert:innen von Organisationen und drei mit organisierenden Expert:innen. Die Interview-Partner:innen sind zwischen 20 und 70 Jahre alt, männlich, weiblich und trans und kommen aus West- und Ostberlin sowie aus West- und Ostdeutschland. Zwölf Personen (überwiegend Expert:innen des Alltags) wurden nicht in der Bundesrepublik Deutschland geboren. Sie kommen (überwiegend) aus Ost- und Westeuropa, aber auch aus Westafrika und den USA. Sie sind aus unterschiedlichen Anlässen und zu unterschiedlichen Zeitpunkten seit Mitte der 1990er-Jahre nach Berlin bzw. andere Orte der Bundesrepublik Deutschland migriert. Einige Interview-Partner:innen haben studiert, andere eine Ausbildung abgeschlossen, einige sowohl Bildungswege im Herkunftsland absolviert als auch hierzulande weitere Qualifikationen erworben.

Die Transkripte der Interviews mit Expert:innen des Alltags wurden in Rücksprache mit den Befragten anonymisiert, also Bezüge, die Rückschlüsse auf sie selbst oder Dritte zuließen, entfernt und in allen Fällen Pseudonyme vergeben. Die Wahl der Pseudonyme stand den Interview-Partner:innen frei, einige haben sie uns überlassen. Die Expert:innen aus Organisationen wurden je nach Wunsch anonymisiert oder mit ihren Eigennamen und beruflichen Affiliationen benannt. Bezüge, die Rückschlüsse auf Dritte zuließen, wurden auch hier entfernt.

2 Virulente Krise der Sorgearbeit in Berlin

In diesem Kapitel stehen Berliner:innen im Fokus, die unbezahlt oder bezahlt Sorgearbeit verrichten. Denn auch im ‚jungen und hippen' Berlin sind (nicht nur) Kinder, Kranke und Ältere auf Unterstützung in dieser Form angewiesen. Im ersten Teilkapitel werden vor diesem Hintergrund anhand der Lebensgeschichten von Silvia, Katja, Petra und Jenny exemplarisch die prekäre Lage und Handlungsproblematiken von zeitweise alleinerziehenden Frauen in Berlin dargestellt. Im zweiten Teilkapitel folgen wir den migrantischen Berlinern Louis und Paul in den Arbeitsalltag von Berliner Altenpflegeheimen.

Bevor es um die Erfahrungen dieser Protagonist:innen geht, folgt ein knapper Überblick über gesellschaftliche Strukturen, Entwicklungen und Dynamiken, die für die Analyse der persönlichen Erfahrungsberichte wichtige Bezugspunkte darstellen. Dieser Überblick ist als theoretische Hinführung und Rahmung beider Teilkapitel gedacht, diese können aber auch je für sich rezipiert werden.

Theoretische Hinführung und Rahmung

Wer etwas über das Wohlergehen der Menschen in dieser Gesellschaft erfahren möchte, den verweisen Kennziffern wie Bruttoinlandsprodukt und Börsenkurse auf die Menge produzierter Güter als Maßstab; dabei wäre dafür die Qualität im sozialen Miteinander ebenso gut oder besser geeignet (Madörin 2011). Ablesen lässt sich diese unter anderem an der Lage derjenigen, die dieses Miteinander in Kindertageseinrichtungen, Schulen, Jugendfreizeiteinrichtungen etc. in beruflicher sowie in Familien und anderen Nahbeziehungen in nicht-beruflicher Form gestalten. Im folgenden Kapitel geht es vor diesem Hintergrund einerseits um schwierige Bedingungen, unter denen Berliner Eltern und etwa 140.000 armutsgefährdete Kinder (Statista 2023b; Statista 2023c) leben und Berliner Pflegekräfte sich stationär um mehr als 30.000 der insgesamt knapp 160.000 pflegebedürftige Senior:innen (Amt für Statistik Berlin Brandenburg 2022) kümmern. Andererseits wird gezeigt, welche Umgangsweisen Eltern und Pflegekräfte mit den resultierenden Handlungsproblematiken finden.

Dazu folgen wir zunächst (Kapitel 2.1) dem Lebenslauf der Berlinerinnen Silvia, Katja, Petra und Jenny, die in den 1950er- bis 1970er-Jahren in Ost und West geboren wurden. Für die unbezahlte häusliche Sorgearbeit waren sie in ihren Beziehungen bzw. Ehen vorwiegend und als Alleinerziehende vollständig zuständig. Dass es bis in die Gegenwart überwiegend Frauen sind, die diese Sorgearbeit verrichten, resultiert aus patriarchalen Strukturen (Beer 2004). Grundlage dieser Strukturen ist die historische Trennung des Häuslich-Privaten (Familie) von der Öffentlichkeit

(Politik, Ökonomie) und die Verortung der Menschen zur einen oder anderen Sphäre entlang einer binären Konstruktion von Geschlecht. Dabei werden bestimmte Tätigkeiten als weiblich oder männlich kodiert und hierarchisiert, wobei korrespondierende Praxen die Existenzweisen als Frau oder Mann hervorbringen (Maihofer 1995). Vor diesem Hintergrund wurde die Sorge für Kinder im Haushalt und für Kranke bzw. Alte in religiösen Fürsorgeeinrichtungen seit dem 17. und bis weit ins 20. Jahrhundert nicht als Arbeit, sondern als Liebesdienst verstanden, den Frauen aufgrund zugeschriebener natürlicher Dispositionen ohne weitere Qualifikation unentlohnt zu tun prädestiniert seien. Diese Tätigkeiten wurden erst zwischen dem 19. und späteren 20. Jahrhundert sukzessive zum Beruf und werden seitdem teils auch in bezahlter Form erbracht. Gleichzeitig hatte ihre symbolische und materielle Abwertung im Vergleich zu güterproduzierenden Tätigkeiten auch in den fordistischen Wohlfahrtsstaaten Bestand (Dalla Costa & James 1971; Vogel 2001). Hier wurde die Sorgearbeit in ihrer beruflichen Form in sozialen und medizinischen Einrichtungen zwar staatlich refinanziert. In ihrer häuslich-unbezahlten Form wurde sie jedoch weiterhin Frauen zugewiesen, für die lediglich über den männlichen Familienernährerlohn indirekt materielle Ressourcen zur Verfügung standen. Auch in der DDR bzw. anderen Staaten des Ostblocks, wo zwei der vier Protagonistinnen aufwuchsen, blieben Frauen hauptzuständig für die berufliche und häusliche Sorgearbeit (Helwig & Nickel 1993). Die dort programmatisch angestrebte Gleichstellung der Geschlechter als Werktätige hatte aber – beispielsweise durch den Ausbau von Kindertageseinrichtungen und die symbolische Aufwertung des Berufs der Erzieherin – dennoch gleichstellende Effekte (Schröter 2020). Die früheren Lebensabschnitte der vier Protagonistinnen erzählen, von weiblichen Standpunkten aus, von diesen west- und ostdeutschen bzw. -europäischen Geschlechterverhältnissen innerhalb eines Klassensegments, deren Angehörige von niedrigen Erwerbseinkommen abhängig sind. Ihre späteren Lebensabschnitte vollziehen sich vor dem Hintergrund gescheiterter Hoffnungen auf eine demokratische, soziale und geschlechtergerechte Transformation, wie sie Teile der sozialen Bewegungen West- und Ostdeutschlands angestrebt hatten (Wichterich 2011; Leistner & Wohlrab-Sahr 2022, 171ff.). Nach 1989, im Zuge des neoliberalen Umbaus von Staat, Markt und Gesellschaft, bleiben oder geraten die vier Protagonistinnen mit ihren Kindern daher in (extrem) prekäre Lebenslagen. Denn mit dem *adult worker model* und zeitgleichem Abbau des Sozialstaates wird die Berufstätigkeit zweier Elternteile zur Existenzsicherung notwendig. Damit ist es insbesondere alleinerziehenden Frauen kaum noch möglich, sowohl ein hinreichendes Einkommen für sich und ihre Kinder zu generieren als auch Zeit für sie und sich zu haben. Am Beispiel der Alleinerziehenden wird in zugespitzter Weise deutlich, wie krisenförmig die Reproduktion von Eltern und Kindern unter den herausgearbeiteten Bedingungen ist.

Anschließend (Kapitel 2.2) wird der Zustand bezahlter Sorgearbeit in Berlin entlang von Louis und Pauls Erfahrungen in der stationären Altenpflege thematisiert. Dabei werden weitere Grundzüge und Entwicklungen der gesellschaftlichen Regulation von Sorgearbeit beleuchtet. So gehört die Altenpflege zu jenen ‚Liebesdiensten', die in Ost- und Westdeutschland erst spät, nämlich ab den 1960er-Jahren verberuflicht wurden. Dabei gehört das (seit 1991 institutionell maßgebliche) westdeutsche Sorge-Regime im internationalen Vergleich jedoch weiterhin zu jenem Typus, der primär auf unbezahlte Arbeit von Frauen in der Familie oder Zivilgesellschaft setzt (Theobald 2018, 5). Im Zuge des neoliberalen Abbaus öffentlicher Daseinsvorsorge wurde unbezahlte Arbeit noch stärker für die gesamtgesellschaftliche Reproduktion nutzbar und der Sektor zugleich privatwirtschaftlichen Unternehmen zugänglich gemacht, sodass auch die öffentlichen und gemeinnützigen Träger einem Wettbewerbs- und Rationalisierungsdruck ausgesetzt sind (Soiland 2018). Die Mitte der 1990er-Jahre eingeführte Pflegeversicherung verkörpert dieses Prinzip, indem sie Wirtschaftlichkeit zum obersten Gebot von Pflegeeinrichtungen macht (Haubner 2017, 185 ff.). Der entstehende Kostendruck wird in den Einrichtungen durch Arbeitsverdichtung kompensiert, was Sorgearbeiter:innen wie Louis und Paul bei relativ geringen Löhnen gesundheitlich belastet und ihre Arbeitsqualität sowie die Lebensqualität der pflegebedürftigen Senior:innen mindert. Dabei ist die inner- und außerhäusliche bezahlte Sorgearbeit in ein transnationales Migrationsregime eingebunden, das Sorgearbeit durch migrantische Arbeitskräfte in den kapitalistischen Zentren unter zugespitzten Ausbeutungsverhältnissen verfügbar macht, während in den peripheren Herkunftsregionen Sorgelücken entstehen (370 ff.). Die Folgen für die Einzelnen werden in beiden Teilkapiteln entfaltet: Können Familien es sich leisten, werden Osteuropäer:innen wie eine der Protagonistinnen als häusliche Sorgearbeiterinnen beschäftigt, deren liegengebliebene Arbeit in den Herkunftsländern wiederum von Migrant:innen aus noch prekäreren Regionen geleistet wird usw. So wird im Resultat Sorgearbeit entlang einer transnationalen Klassenhierarchie externalisiert (Aulenbacher et al. 2021). Können hiesige Familien sich dies nicht leisten, müssen sie, wie alle Protagonist:innen dieses Kapitels, die anfallende Arbeit neben ihren Niedriglohnjobs unbezahlt selbst leisten. Die Abwägung zwischen Teilzeitanstellung und Mehrfachbelastungen verschärft ihre Armutslagen in qualitativer und quantitativer Hinsicht. In der bezahlten Sorgearbeit werden Pflegekräfte aufgrund von psychischen und körperlichen Belastungen zum Teil selbst hilfebedürftig, ohne ein Einkommen generieren zu können, das ihnen und ihren Kindern ein Leben jenseits der Armutsgrenze ermöglichen würde. Die skizzierten Grundzüge, Entwicklungen und Folgen der historischen und gegenwärtigen Regulation von Sorgearbeit deuten an, was im Nachvollzug des Lebens und der Arbeit der Protagonist:innen beider Teilkapitel herausgearbeitet wird: die prekären Umstände, unter denen diese lebensentwickelnde und -erhaltende Arbeit getan werden muss (Haug 2021). Sichtbar wird indes auch, wie die Sorgearbeiter:innen mit den resultierenden Handlungsproblematiken umgehen: Sie agieren widerständig und schließen sich in unterschiedlichem Ausmaß mit anderen zusammen, um behindernde Umstände in ihrem Interesse und im Interesse derjenigen, für die sie sorgen, zu verändern. Insgesamt werden sowohl die virulente Krise als auch mögliche Perspektiven der Vergesellschaftung von Sorge in Berlin herausgearbeitet.

2.1   (Alleinerziehende) Frauen in prekärer Lage: Silvia, Katja, Petra und Jenny

Vier Frauen stehen eingangs im Zentrum: Silvia, Katja, Petra und Jenny. Mit ihnen tauchen wir in gegenwärtige Unterströmungen jener Stadt ein, in der der Bau der Mauer die Teilung der politischen Hemisphären in Europa ebenso symbolisierte wie ihr Fall deren zwischenzeitliches Ende. Im Berlin der Nachwendezeit treffen die Vier, aus verschiedenen Welten kommend, quasi zusammen. Was sie verbindet, sind längere oder kürzere Phasen der alleinigen Sorgeverantwortung für ihre Kinder vor und nach der Wende sowie im 21. Jahrhundert einerseits und das Leben in prekärer Lage aufgrund von schlecht bezahlter Erwerbsarbeit, Erwerbslosigkeit oder des Bezugs von geringen staatlichen Transferleistungen andererseits. Es geht also um die für Klassenverhältnisse wichtigen Zusammenhang von (un)bezahlter Sorgearbeit, Prekarität und Geschlechterverhältnissen.

Silvia[2] ist zum Zeitpunkt des Interviews Mitte 50 und wurde in den späteren 1960er-Jahren, also zu DDR-Zeiten, in einem Ostberliner Randbezirk geboren: „Eine schöne Ecke", in der zu wohnen sie sich nicht mehr leisten könne. Sie lebt seit über 20 Jahren in der Marzahner Platte und aktuell in einem Haus, das seit einigen Jahren dem Immobilienunternehmen Deutsche Wohnen gehört. Als sie Anfang der 2000er-Jahre nach Marzahn zog, sei das Wohnen im Neubau ein erschwinglicher „Luxus" in gutem nachbarschaftlichem Miteinander gewesen; heute steige die Miete immer weiter, während Sanierungsmaßnahmen ausblieben und der nachbarschaftliche Austausch fehle. Silvia war in den letzten rund 35 Jahren in der Gebäudereinigung tätig. Die nach der Wende angestrebte Wiederaufnahme ihres gelernten Berufs Köchin scheiterte, weil ihre Ausbildung nicht anerkannt wurde. Ihre fünf Kinder hat Silvia teils allein versorgt. Aufgrund einer schweren Erkrankung hat sie kürzlich Erwerbsunfähigkeitsrente beantragt, muss zur Sicherung ihres Lebensunterhalts jedoch womöglich einen Minijob im Einzelhandel suchen. Silvia träumt von einem Urlaub in einem ihr noch unbekannten Land.

Katja[*] ist zum Zeitpunkt des Interviews Mitte 40 und wurde zu Sowjetzeiten, in den 1970er-Jahren, im Baltikum geboren. Sie kam kurz vor der Jahrtausendwende mit einer abgeschlossenen Ausbildung als Endfertigungsschneiderin und der Absicht zu studieren nach Westdeutschland. Ihren Lebensunterhalt verdiente sie sich u.a. als häusliche Sorgearbeiterin und absolvierte gleichzeitig zusätzlich zum im baltischen Heimatland erworbenen Abitur die 13. Klasse, um die Hochschulzugangsberechtigung (erneut) zu erhalten. Sie begann ein Studium zur Bekleidungstechnikerin, brach dieses jedoch während ihrer ersten Schwangerschaft ab. Wenige Jahre nach dem Umzug nach Berlin endete die Ehe mit dem Vater ihrer zwei Töchter. Daraufhin

---

2   Bei den um das *-Zeichen ergänzten Namen handelt es um Pseudonyme. Im weiteren Verlauf werden diese Namen ohne dieses Zeichen verwendet. Zum Verfahren der Anonymisierung und Pseudonymisierung vgl. Kapitel 1.2.

zog sie die beiden größtenteils allein groß. Zwischen teils befristeten Anstellungen über Zeitarbeitsfirmen war sie kurzzeitig immer wieder beim Jobcenter gemeldet. Vor ihrer längerfristigen Krankschreibung arbeitete sie zuletzt in Vollzeit als Postbotin. Katja hat ihren „Traumjob" nie ausüben können und hat noch den „Traum, einen Job" zu behalten.

Petra* wurde Anfang der 1950er-Jahre in Westberlin geboren. Die mit rund 70 Jahren Älteste der vier Frauen wuchs in Neukölln auf. Ende der 1960er-Jahre musste sie im Zusammenhang mit ihrer ersten Schwangerschaft die Schule verlassen. Auch eine erste Lehre brach sie ab. Die beiden Väter ihrer drei Kinder wurden jeweils zu einer zusätzlichen Belastung, teils auch zu einer Gefahr für sie und die Kinder, sodass sie diese Partnerschaften über kurz oder lang beendete. Petra war lange Zeit in der Gastronomie tätig, zeitweise Geschäftsführerin eines Clubs und hatte damals „die schönste Zeit". Nachdem sie eine später betriebene Bar hatte aufgeben müssen, arbeitete sie nach einer Ausbildung zur Stenokontoristin in verschiedenen Büros. In den letzten zehn Jahren hatte sie einen Minijob als Haushaltshilfe, womit es ihr „richtig gut" ging. Da sie diese notwendige Einkommensquelle kürzlich verloren hat und mit ihrer Altersrente abzüglich Miete nun weniger als ALG II bekommt, sucht Petra trotz ihres hohen Alters einen neuen Nebenjob.

Jenny* geht „jetzt flott auf die 60 zu". In den früheren 1960er-Jahren in Westberlin geboren, wuchs sie mit ihrer etwas älteren Schwester als „Alliierten-Kind" in Neukölln auf. Nachdem zunächst die Mutter und dann die Großeltern verstorben waren, kam die Waise mit 14 Jahren in ein Kinderheim und zog mit 19 Jahren während ihrer ersten Schwangerschaft in ein Mutter-Kind-Heim. Nachdem ihr erstes Kind sehr jung ums Leben gekommen war, versuchte sie, sich das Leben zu nehmen. Ihre später absolvierte Fachausbildung zur Industriefachelektronikerin wurde im Zuge der in den 1990er-Jahren einsetzenden Deindustrialisierung entwertet, weshalb sie mit verschiedenen 3-DM-Jobs die Sozialhilfe aufstockte. Zu ihrem Anfang der 2000er-Jahre geborenen Sohn, den sie allein aufzog, hat sie seit einiger Zeit keinen Kontakt. Seit etwas mehr als fünf Jahren erhält Jenny Erwerbsunfähigkeitsrente. Ihre lebenslange Leidenschaft für das Reiten musste sie während der Covid-19-Pandemie aufgeben. Die derzeitige politische und persönliche Lage sowie die Isolation infolge der Maßnahmen zur Eindämmung der Pandemie belasten sie schwer.

Silvia, Katja, Petra und Jenny erzählten in anderthalb- bis dreistündigen biografisch-narrativen Interviews, die zwischen Herbst 2021 und Sommer 2022 stattfanden, von ihrem Leben. Auf dieser Grundlage werden im Folgenden zunächst die Lebenswege dieser Frauen nachgezeichnet: von der Kindheit über ihre Schul- und Ausbildungswege ins Berufsleben und in Partnerschaften mit Kindern bis hin zu ihrem Leben als Alleinerziehende in prekärer Lage. Dabei werden Unterschiede und Gemeinsamkeiten ihrer Lebensverläufe und deren Bezug zu institutionell-gesellschaftlichen Umständen herausgestellt. Im zweiten Teil wird geschildert, wie die Frauen versuchten, ihren Alltag als Alleinerziehende zu bewältigen. Auf diese Weise werden verschiedene Entstehungsbedingungen einer Klassenlage nachvollziehbar, die – wie im dritten Teil thematisiert wird – insbesondere Frauen im Niedriglohnsektor bzw. Transferbezug und ihre Kinder über kurz oder lang an die Grenzen ihrer individuellen Reproduktionsfähigkeit bringen. Zugleich werden Möglichkeiten und Grenzen widerständigen Handelns der Betroffenen und ihrer sozialen Netzwerke herausgearbeitet. Für die Auswertung relevant waren dabei auch die Expertise von Mitarbeiter:innen eines Kreuzberger Nachbarschaftszentrums und einer Neuköllner Tafel, die in themenzentrierten Expert:inneninterviews eingeholt wurde (vgl. zur Auswertung der Daten Kapitel 1.2).

„Wir alle."
Lebenswege in Ost und West vor und nach der Wende

Die Lebensverläufe der Frauen werden in diesem ersten Teil bis zu den längeren oder kürzeren Phasen als Alleinerziehende in prekärer Lage nachgezeichnet. Dabei geht es um ihre Erfahrungen als Kinder ihrer Herkunftsfamilien (erster Abschnitt) und um ihre Bildungs- und Ausbildungswege in verschiedenen Gesellschaftssystemen (zweiter Abschnitt). Anschließend wird ein mit ihren Schwangerschaften zusammenhängender Bruch ihrer Bildungswege thematisiert (dritter Abschnitt) und betrachtet, wie ihre Partnerschaften bzw. Ehen sich gestalteten, welche Arrangements der Arbeitsteilung existierten und aus welchen Gründen die Frauen ihre Beziehungen beendeten (vierter Abschnitt).

„Das waren damals so die Zeiten."
Alleinerziehende Mütter, Kinderarbeit und frühes Ende der Kindheit

Die etwa gleichaltrigen Jenny und Silvia verbrachten ihre Kindheit in den 1960er- und 1970er-Jahren in durch die Mauer getrennten Welten und doch insofern in ähnlichen Familienkonstellationen, als ihre Mütter aus unterschiedlichen Gründen alleinerziehend waren. So war Jenny eines von bundesweit bis zu 400.000 (Satjukow & Gries 2015) „Alliierten-Kinder[n]" und lebte mit ihrer knapp ein Jahr älteren Schwester und der Mutter in Neukölln, weil „der Vater sich dann wieder aus dem Staub gemacht hat[te]." Aufgrund rechtlicher Abkommen der Bundesrepublik Deutschland mit den West-Alliierten war es für die allein zurückbleibenden Frauen unmöglich, Unterhaltszahlungen zu erwirken, sobald die Soldaten sich im Ausland befanden (Schröder 2009). Dies scheint auch auf Jennys Vater zuzutreffen, der jedenfalls „keinen Unterhalt zahlen" musste, weshalb ihre Mutter „immer gearbeitet" hat. Um sich und ihre beiden Töchter zu versorgen, ging Jennys Mutter bereits kurz nach ihrer Geburt wieder als „Fachverkäuferin im Fleschereihandwerk" arbeiten. Den 14-tägigen Säugling stellte sie mit Medikamenten still: „Mir Baldriantropfen dann reingemacht in die Flasche, damit ich durchschlafe." In Jennys lakonischem Kommentar: „Das waren damals so die Zeiten", klingt an, dass dieses Vorgehen womöglich üblich war. Hintergrund ist einerseits, dass für Jennys Mutter ein Erwerbseinkommen notwendig war, sie also auf kein anderweitiges Vermögen oder auf Transferleistungen zurückgreifen konnte. Andererseits resultierte das Dilemma, häusliche Sorge- und außerhäusliche Erwerbsarbeit allein stemmen zu müssen, aus dem für das westdeutsche Familienernährermodell charakteristischen Mangel an öffentlicher Kinderbetreuung: 1970 befanden sich bundesweit lediglich rund 33 Prozent der Ü-3-Kinder in Kitas und weniger als ein Prozent der U-3-Kinder in Krippen (Tietze 2002, 501). Als Jenny sechs Jahre alt war, nahm ihre Mutter sich das Leben. Ob neben der von Jenny erwähnten unglücklichen Beziehung zu einem Mann auch die Doppelbelastung und Stigmatisierungen als alleinerziehende Mutter eine Rolle gespielt haben, muss offenbleiben. Die Waise Jenny wurde zunächst von ihren Großeltern aufgenommen, verlor aber auch diese Bezugspersonen noch als Jugendliche und zog ins Heim zu ihrer Schwester, die emotional schwer belastet war: „[S]ie hat sich geritzt und alles."

Die ebenfalls in den 1970er-Jahren, aber in der DDR geborene Silvia wuchs wie Jenny bei einer alleinerziehenden Mutter, anders als diese indes in „einer Großfamilie" auf: „Wir sind selber neun Kinder." Ihre Mutter war, jedenfalls rechtlich gesehen und insbesondere als Witwe, eine ‚legitime' Alleinerziehende. Im Unterschied zur BRD waren Frauen in der DDR seit den frühen 1950er-Jahren in der Ehe gleichberechtigt und unehelich geborene Kinder wurden anerkannt (Art. 7 Verfassung der DDR vom 07.10.1949; §17 Gesetz über Mutter- und Kinderschutz und die Rechte der Frau vom 27.09.1950). Zudem wurde die Erwerbstätigkeit (von Frauen) durch eine weitreichend ausgebaute öffentliche Kinderbetreuung abgesichert: Im Referenzjahr 1970 waren in der DDR mit knapp 70 Prozent mehr als doppelt so viele Ü-3-Kinder in Kindertageseinrichtungen als in der BRD und schon knapp 33 Prozent der U-3-Kinder in Krippen (Tietze 2002, 501). Trotzdem hatte auch Silvias Mutter als Alleinerziehende „sehr viel Arbeit", da ihr zur Bewältigung der Hausarbeit und Kindererziehung ein erwachsener Partner fehlte, auch wenn das Gros der Arbeit auch in der DDR von Frauen verrichtet wurde (Schröter & Ulrich 2003) und sie den Lebensunterhalt allein verdienen musste. Zum familiären Reproduktionsmodell gehörte die Übernahme von Sorgearbeit durch die älteren Kinder, die einen Erwachsenen quasi in den Bereichen ersetzten, die weder von der Mutter noch der öffentlichen Daseinsvorsorge übernommen wurden: „Und ich habe noch größere Geschwister gehabt, die haben sich dann ein bisschen um uns gekümmert. Und sie haben uns zur Schule gebracht und zur Kita gebracht", berichtet Silvia.

Während in ihren Schilderungen von Widerstand ihrer älteren Geschwister gegen diese Rollenzuweisung nichts zu spüren ist, revoltierte die Ende der 1970er-Jahre geborene Katja gegen die ihr zugemutete häusliche Sorgearbeit. Katja wuchs in einer der baltischen Sowjetrepubliken mit ihrer ein paar Jahre jüngeren und körperlich beeinträchtigten Schwester bei ihren Eltern in einer „intakte[n] Familie" auf. Ihre Mutter „war Buchhalterin" und ihr Vater zuletzt Verwaltungsangestellter im öffentlichen Dienst und davor im „Ingenieurberuf" tätig. Damit beide Eltern in Vollzeit verdienen konnten und mangels passender Betreuungsalternativen fiel Katja seit jungen Jahren die Aufgabe zu, sich um ihre Schwester zu kümmern: „Also, meine Schwester war krank und ich hab' alles (lacht).", sei die Haltung ihrer Eltern gewesen. „Und durfte für mich selber sorgen. Das war nicht einfach.", so beschreibt sie ihre Kindheit. Sie ging gegen dieses reproduktive Arrangement in der Familie an:

„Hatten einen Konflikt, wo ich dann gesagt habe: ,Es ist nicht mein Kind, es ist euer Kind.'" Sie und ihre Familie gerieten im Zuge des Zusammenbruchs der UdSSR in eine prekäre Lage, sodass sie „alles Bürokratische das erste Mal mit 16" erledigen und neben der Ausbildung Erwerbsarbeit verrichten musste. Auch bei Jenny – „ein richtiger Westberliner" – war das Ende der Kindheit damit verbunden, früh auf sich allein gestellt zu sein. Sie verbindet diese Zäsur mit dem Tod ihrer Großmutter unmittelbar nach ihrer Konfirmation, die die streng katholische Frau wegen ihres Grolls gegen kirchliche Verhütungsverbote durchgesetzt und trotz ihrer Krebserkrankung noch erlebt hatte: „Also, ich war 14, dann Einsegnung, ein Tag später hat sie aufgehört zu leben." Ohne erwachsene Verwandte und konfirmiert zu sein, bezeichnet sie rückblickend als Statuspassage: „Weil vor der Kirche ist man bei der Einsegnung erwachsen."

Für Petra, die im Westberlin der 1950er-Jahre bei einer nach dem frühen Tod des Vaters überwiegend alleinerziehenden Mutter aufwuchs, endete die Kindheit auf andere Weise, aber ebenfalls mit dem Gefühl, auf sich allein gestellt zu sein. Ihre Mutter teilte sich die erzieherische und finanzielle Verantwortung mit der eigenen Mutter und Großmutter. Und obwohl die Großmutter nach Petras Einschätzung „nicht die Ärmste" gewesen sei und „gute Renten" gehabt habe, lebten die drei Generationen von Frauen, teils auch die jeweiligen Partner, den Winter über in einer Einzimmerwohnung. Sobald es das Wetter zuließ, zogen alle gemeinsam in die Kleingartensiedlung. Von materiellen Sorgen berichtet sie indes nicht: „Ich brauchte ja nur einen Wunsch zu äußern oder zu sagen: ,Ich will haben.'" Allerdings erlebte sie in der räumlichen Enge häusliche Gewalt der Männer gegen die Frauen. Dabei nutzte die Großmutter sie als Schutzschild: „[I]ch wurde dann regelrecht aus dem Schlaf gerissen, also wirklich jetzt. Und: ,Komm mal, komm mal, komm mal, wenn du wach bist, dann schlägt er mich nicht.'" Die Großmutter, die sie vorwiegend versorgte, während ihre Mutter arbeitete, habe sie zeitweise „gehasst", die Mutter habe „durch Abwesenheit geglänzt", sie später auf ihrem Weg behindert: „Ja, wenn die die Wahl hatte zwischen dem Großglockner oder nem Kieselstein, dann hat die den Großglockner vor meine Füße gelegt." Nach dem Tod des geliebten Großvaters väterlicherseits habe sie sich „alleine gelassen" und wie von einer für sie gefährlichen Meute umgeben gefühlt: „Dann hatte ich nur noch die Hyänen um mich herum und das war nicht schön."

Für keine der Frauen begann das Leben in privilegierten Klassen ihrer jeweiligen Gesellschaften. Dabei mag der Lebensstandard in Silvias ostdeutscher Großfamilie mit alleinerziehender Mutter eher unterdurchschnittlich und in Katjas baltischer Familie mit zwei in qualifizierten Berufen tätigen Eltern und zwei Kindern überdurchschnittlich gewesen sein. Und während die Westberlinerinnen beide in Familien mit alleinerziehenden erwerbstätigen Müttern aufwuchsen, konnte Petra von der finanziellen Unterstützung anderer Familienmitglieder relativ profitieren, während Jennys Mutter weitgehend auf sich allein gestellt gewesen zu sein schien. Inwieweit ihre Schul- und Ausbildungswege ihnen eine Entfaltung ihrer persönlichen Fähigkeiten ermöglichten, wird im Folgenden vor diesem Hintergrund betrachtet.

„Hat auch mich geprägt natürlich."
Steinige Schul- und Ausbildungswege

Die Schul- und Ausbildungswege der Mädchen bzw. jungen Frauen sind durch die strukturell verschiedenen Bildungssysteme der DDR/des Ostblocks und der BRD gerahmt und von Geschlechterverhältnissen durchzogen. Silvia mündete vor der Wende glatt mit Aussichten auf einen gesicherten Lebensstandard in der „arbeiterlichen Gesellschaft" (Engler 1999) ins Berufsleben ein; Petra und Jenny gerieten auf eher steinigen Wegen in unsichere Lebenslagen der westdeutschen Klassengesellschaft und Katjas erkämpfter (Aus-)Bildungsweg geriet im Kontext des Zusammenbruchs der UdSSR unter Druck und nahm eine andere Richtung.

Silvias Äußerung zu ihrer schulischen und beruflichen Ausbildung ist so knapp wie nüchtern: „Ich hab' die Grundschule gehabt, hab' meine Lehre gemacht. Hab' Köchin drei Jahre gelernt." Dass von klassen- und geschlechterbedingten Barrieren auf diesem Weg nichts zu spüren ist, wird mit Blick auf den Kontext verständlich: Die DDR war in Bezug auf das Bildungssystem angetreten, das bürgerliche Bildungsprivileg zugunsten einer weitgehend egalitären höheren Grundbildung für alle zu brechen; dies gelang nach der Staatsgründung auch weitgehend, was Kindern aus Arbeiterfamilien sowie Mädchen zugutekam.[3] In der DDR war seit Anfang der 1960er-Jahre eine zehnjährige Schulzeit (Polytechnische Oberschule/POS) mit anschließender Ausbildung und Berufstätigkeit für Frauen und Männer unabhängig vom Klassenhintergrund die anerkannte Norm, die Zulassung zum Abitur indes selten und ein Studium tendenziell der neuen sozialistischen Elite vorbehalten (Miethe 2007). Insofern spricht Silvias prosaischer Ton auch davon, dass ein Studium jenseits ihrer Wünsche und Möglichkeiten lag.

Anders und ihrerseits typisch für westdeutsche Verhältnisse verliefen die Schulwege von Jenny und Petra. In der alten BRD war das dreigliedrige Schulsystem institutionalisiert, in dem die systematische Benachteiligung von Kindern aus Arbeiterfamilien, vom Land und aus katholischen Milieus sowie von Mädchen erst mit den Bildungsreformen ab den 1960er-Jahren deutlich gemildert, aber eben nicht abgeschafft wurde (Liebenwein 2018). Dass in den 1970er-Jahren Jennys „Freunde ja alle auf die Hauptschule gegangen sind", spricht von der generellen Stabilisierung der Klassenstruktur im und durch das Bildungssystem (Bourdieu et al. 1971). Allerdings erhielten sowohl Petra als auch Jenny Realschulempfehlungen. Und während Petra diesbezüglich offenbar kein ‚Großglockner' in den Weg gelegt wurde, ging Jenny trotzdem „natürlich auch auf die Hauptschule", weil ihre polnisch-katholische Großmutter Bildung für die Erfüllung einer traditionellen Frauenrolle nicht für nötig

---

3   Ab 1946 wurde in der sowjetischen Besatzungszone und der DDR eine grundlegende Umgestaltung des Schulsystems mit Einheitsschulen und allgemeiner Schulpflicht bis zum Abschluss der 10. Klasse angestrebt. Anfang der 1950er-Jahre wurden zehnklassige Schulen eingeführt, die als spätere Polytechnische Oberschulen (POS) i. d. R. zur Berufsausbildung führten. In Erweiterten Oberschulen (EOS) konnte der Hochschulzugang erworben werden. Die Umgestaltung wurde mit dem „Gesetz über die sozialistische Entwicklung des Schulwesens" von 1959 vorläufig abgeschlossen (DGBD).

hielt: „Ja, ist einfach so. Meine Oma: ‚Heiratest ja sowieso' (lacht)." Ob für sie auch mitentscheidend war, bei den Freund:innen bleiben zu wollen oder von einem im Herkunftsmilieu womöglich untypischen Bildungsweg keine Vorstellung zu haben, muss offenbleiben. Jenny beendete ihren Schulweg Ende der 1970er-Jahren mit einem Hauptschulabschluss, während Petra die Realschule zwar besuchte, aber in den späten 1960er-Jahren den Unterricht häufiger schwänzte. Als einen Grund erinnert sie, sich dem kollektiven Streik für den Verbleib eines Lehrers „aus der Ecke Steinewerfer" angeschlossen zu haben. Zudem wollte sie „da eben lieber mit [ihrem] Verlobten zusammen" sein. Ihre Schilderungen erinnern an den „Spaß am Widerstand" (Willis 1979), mit dem Jugendliche der Arbeiterklasse auf trügerische Aufstiegsversprechungen reagieren und gegen schulische Anforderungen rebellieren, sich dadurch aber zugleich auch Lern- und Entwicklungsmöglichkeiten verbauen.

Während es bei Willis um junge Männer der britischen Arbeiterklasse ging, hatte Petra in Westberlin andere Konsequenzen zu tragen. Sie wurde schwanger und musste die Schule kurz vor der Abschlussprüfung verlassen. Ihr blieb der Hauptschulabschluss. Jennys zunächst glatter Übergang von der Hauptschule in eine Lehre als Fleischerei-Fachverkäuferin, den Beruf ihrer durch Suizid früh gestorbenen Mutter, wurde durch persönlich-politisch herabwürdigende Kommentare des Meisters zur Belastung: „‚Du bist 'ne Kaulquappe, leicht rot gefärbt.'" Nach drei Wochen beging sie einen Selbstmordversuch. Sie überlebte, ging anderthalb Monate in Westeuropa auf „Trebe" und nahm sich nach ihrer Rückkehr nach Berlin Zeit für bewusste Entscheidungen: „Und dann hab' ich erstmal überlegt: ‚Was machst du mit deinem Leben?'" Ihre Versuche, über ein Freiwilliges Soziales Jahr die Ausbildung als Erzieherin beginnen zu können und später eine schulische Ausbildung zur Stenokontoristin zu beenden, scheiterten im Zusammenhang mit ihrer Mutterschaft (vgl. nächster Abschnitt). Kurz vor der Wende absolvierte sie aber als eine von zwei Frauen in einer Gruppe von 30 Personen eine Umschulung und Ausbildung zur Industrieelektronikerin. Dabei erlebte sie sich als kompetent („Da war ich richtig gut gewesen") und auch ihren Ausbilder als Unterstützung: „[M]ir wurde auch immer gut auf die Schulter geklopft." Dieses Mal bekam sie zudem ihre Prüfungsangst in den Griff. Sie erinnert sich daran fast so, als ob sei es heute gewesen: „‚Yeah, die Prüfung hab' ich geschafft. Ich hab' meinen Facharbeiterbrief'."

Wie bei Silvia und anders als bei Petra und Jenny erübrigt sich bei Katja zunächst ein Hinweis auf die besuchte Schulform. Dass sie in den 1980er-Jahren in der sowjetisch-baltischen Republik dennoch einen steinigen Schulweg ging, liegt an ihrer Legasthenie sowie Ausgrenzung durch Peers. Sie bemühte sich trotzdem, dem elterlichen Ideal des „Vorbildkind[es]" gerecht zu werden: „Ich wurde gemobbt zehn Jahre lang, angegriffen, hab' mich verteidigt, aber also mich nicht unterkriegen lassen. Hat auch mich geprägt natürlich." Sie erreichte am Ende „'n gutes Zeugnis" und hätte „eigentlich studieren können". Aber das Ende ihrer allgemeinbildenden Schulzeit fiel in die Zeit des Zusammenbruchs der Sowjetunion und die Unabhängigkeitsbestrebungen, die die Regierung in Moskau zunächst mit Sanktionen und militärischer Gewalt zu verhindern suchte: „[Das Land] stand kurz vor dem Krieg, wir hatten dann noch die Panzer aus Russland bei uns." Und weil dann „die Sowjetuniongrenzen geschlossen" waren, konnte sie auch nicht mehr, wie es üblich gewesen war, dorthin, um zu studieren. So entschied sie sich für ein „normales Abitur plus Beruf" und wurde zur Endfertigungsschneiderin ausgebildet. Als Katjas Schwester schwanger und das Geld in der Familie in den ökonomischen Verwerfungen der Transformationsjahre (Hishow 2012, 367 f.) knapp wurde, forderten ihre Eltern sie zum Schulabbruch und zur Aufnahme einer Erwerbstätigkeit auf. Katja widersetzte sich und begann auf Kosten ihrer Erholung neben und nicht anstatt der Schule zu arbeiten: „Also, ich war praktisch drei Stunden schlafen." Sie machte Mitte der 1990er-Jahre den dualen Abschluss, obwohl Nachbarinnen sie schon damals zur Migration als Sorgearbeiterin motivieren wollten. Nachdem sie zwei aufzehrende Jahre mit 16-stündigen Arbeitstagen hinter sich, aber auch die Ausbildung abgeschlossen hatte („Ich bin schon mit der Nadel eingeschlafen" [lacht], „einfach, um auf das Geld zu kommen"), entschloss sie sich zur Migration und kam kurz vor der Jahrtausendwende als Familienhilfe in eine Großstadt im westlichen Teil der vereinigten Bundesrepublik Deutschland. Dabei war „der größte Grund" ihr Wunsch und Plan zu studieren. Sie verlor indes nach ihrer Ankunft zunächst „den Boden unter den Füßen", sah sich als „bodenständiger Mensch, der alles hat und sein Leben bestimmt" plötzlich „ganz woanders, versteht keine Sprache, die Umgebung kenne sie nicht" (lacht), „alles neu. Es war schrecklich." Gegen „diese Hilflosigkeit" kämpfte sie an und lernte parallel zu der Arbeit als häusliche Sorgearbeiterin „sechs Stunden Deutsch fünfmal die Woche". Anschließend holte sie neben der bezahlten Betreuung eines schwer beeinträchtigten Kindes die 13. Klasse nach, weil ihr 12-jähriges baltisches Abitur im bundesdeutschen Migrationsregime als nicht hinreichend für einen Hochschulzugang galt: „Das war sehr anstrengend, weil ich war von 6 Uhr morgens bis 21 Uhr nur am ackern. Nebenbei noch Schulaufgaben." Sie schloss die 13. Klasse erfolgreich mit einem westdeutschen Abitur ab und wurde an einer Hochschule für Angewandte Wissenschaften zum Studium der Bekleidungstechnik angenommen.

Während Jennys mögliche Realschullaufbahn beim Übergang in den Sekundarbereich in traditioneller Moral versandete, geriet ein entsprechender Abschluss für Petra an deren Ende unter die Räder ihrer eigensinnigen Lebensgestaltung. Beide konnten aber eine Ausbildung aufnehmen. Auf der anderen Seite der Mauer mündete Silvia glatt und ohne Aussicht auf höhere Bildung in eine Berufsausbildung ein, während Katja ihre Ambitionen auf ein Studium zunächst infolge des Zerfalls der UdSSR begraben musste und erst nach größten Anstrengungen im vereinigten Deutschland umsetzen konnte. Inwieweit es den Frauen gelang, Kinder, Ausbildung und Beruf zu verbinden, wird im Folgenden betrachtet.

„Das Dumme war: Ich war schwanger."
Mangelnde Unterstützung davor und danach

In gewollten und ungewollten Schwangerschaften bündeln sich die Auswirkungen von Geschlechterordnungen und der damit verbundenen Reproduktionsverhältnissen wie in einem Brennglas: Ob Frauen über ihre Körper verfügen können oder nicht und welche institutionelle Unterstützung eine Gesellschaft bereitstellt, wenn Frauen Kinder bekommen (wollen), bestimmt die unmittelbaren Handlungsspielräume von Frauen ebenso wie weibliche Lebensläufe insgesamt. Anders als Silvia, die unter den institutionellen Voraussetzungen des DDR-Schul- und Ausbildungssystems ihre Ausbildung als Köchin ohne größere Probleme absolvierte und erst als Berufstätige ihr erstes Kind bekam, mussten die drei anderen Frauen ihre (Aus-)Bildungswege aufgrund ihrer Schwangerschaften an verschiedenen Punkten unterbrechen. Die Konsequenzen begleiteten sie ihr Leben lang und belasteten sie auf unterschiedliche Weise.

Am biografisch und historisch frühesten, nämlich in ihrer Schulzeit, traf es Petra, die gegen Ende ihrer Realschulzeit um 1968 herum von ihrem damaligen Freund schwanger wurde. Ihre Schwangerschaft fiel in eine Zeit und an einen Ort, in der und an dem die Rechte von Frauen (auf Verfügung über den eigenen Körper, selbstbestimmte Erwerbsarbeit in der Ehe, Unterstützung bei der Vereinbarkeit von Erwerbs- und unbezahlter Sorgearbeit etc.) erst langsam durch die zweite Frauenbewegung zum Thema gemacht und durch die sozialliberale Regierungskoalition in den 1970er-Jahren teils rechtlich kodifiziert worden waren.[4] Petra versuchte zunächst, ihre Schwangerschaft jenseits eines vertrauten Kreises von Freundinnen, dem „Vierer-Mädel-Trupp", zu verbergen. Dies verweist darauf, dass sie in ihrer Entscheidungsfindung auch nicht auf vertrauensvollen Rat und Unterstützung von Erwachsenen in ihrem Umfeld zählen konnte. Obwohl Petra die Möglichkeit eines (illegalen) Schwangerschaftsabbruchs bekannt war, da ihre Mutter zu diesem Zeitpunkt (also vor der 1974 einsetzenden Entkriminalisierung) bereits „viele Abtreibungen" gehabt hatte, wird diese Option von ihr nicht thematisiert. Womöglich hat sie diese damals auch gar nicht in Erwägung gezogen. Dabei gelang ihr die Täuschung weder gegenüber ihrer Mutter, die über ihre Periode „immer Buch geführt hat", noch gegenüber ihrer Sportlehrerin, der sie weiszumachen versuchte, sie könne am Unterricht nicht teilnehmen, weil sie mal „die Tür an den Kopf gekriegt" und mal ihre „Periode" gehabt habe. Letztere stellte sie zur Rede: „Naja, und dann hat sie, aber das musste sie auch tun, den Klassenlehrer informiert und dann musste ich runter, ne." Dass die Vereinbarkeit von Schule und Schwangerschaft mittlerweile eine institutionell (u. a. durch Beratungsangebote, Vereinbarkeit von Schulpflicht

---

4   1971 erschienen auf der Titelseite des Stern Fotos von 374 Frauen mit der Überschrift: „Wir haben abgetrieben!" Die gesellschaftspolitische Debatte um den §218 hielt die nächsten Jahre in der BRD an. 1974 beschloss die Regierungskoalition aus SPD und FDP eine Reform, die Schwangerschaftsabbrüche in den ersten zwölf Wochen straffrei lässt. Infolge einer erfolgreichen Verfassungsbeschwerde der CDU/CSU trat sie jedoch nicht in Kraft. 1976 einigte man sich auf die sogenannte Indikationslösung (Kiupel 2021).

und Mutterschutz etwa durch Nachholen von Prüfungen etc.) unterstützte Option ist, die ihr damals nicht offenstand, ist ihr bewusst: „Heute ist das doch kein Problem mehr, ne. Heute hätte ich auch viel mehr Unterstützung gekriegt [...]. Aber damals hatte man keine Hilfe." Unter diesen Umständen blieb ihr trotz des angespannten Verhältnisses nur der Verbleib bei der Mutter bzw. beim Verlobten und dessen Familie. Ihre Mutter wurde zur selben Zeit ebenfalls erneut schwanger und favorisierte als familiäres Reproduktionsmodell, dass Petra „in die Fabrik" geht und sie mit den Kindern zu Hause bleibt. Dagegen setzte Petra sich erfolgreich zur Wehr: „Also, auf jeden Fall habe ich durchgedrückt, dass ich 'ne Lehre machen kann", die sie allerdings nicht beendete.

Um „Zickereien" in ihrer Herkunftsfamilie und der Gewalt in der Familie ihres Verlobten zu entkommen, ließ sie sich krankschreiben, wurde dabei aber von ihrem Chef erwischt, der sie mit ihrer Clique sah und beschuldigte, Drogen zu nehmen. In den Betrieb ging sie danach nicht mehr, wohl aber noch kurze Zeit in die Berufsschule, wo sie „die Beste [...] von drei Klassen" war. Sie trennte sich von ihrem gewalttätigen Verlobten, nachdem dieser sie „krankenhausreif" geschlagen hatte und sie Angst um ihre Tochter bekam, als er versuchte, „mit der Faust in den Kinderwagen" zu schlagen. „[D]ann bin ich dazwischen. Das sind dann Kräfte für jemand anders." Petra begann ohne Ausbildung in einem Club zu arbeiten, während ihre Tochter bei ihrer Großmutter aufwuchs und erst als etwa Fünfjährige zu ihr zurückkam. Als Spätfolge ihres früh im Leben abgebrochenen Schul- und Ausbildungsweges verlor sie ihre später in einer neuen Partnerschaft geborenen Töchter im Rahmen einer familiengerichtlichen Auseinandersetzung: „Und nun machen Sie mal was. Kein' Beruf gelernt [...], nachts gearbeitet und kein Beistand." Erst in den 1980er-Jahren absolvierte sie „auf dem zweiten Bildungsweg" eine „[v]om Arbeitsamt finanziert[e]" Ausbildung zur Stenokontoristin und begann in verschiedenen Büros zu arbeiten. Eine sichere Anstellung „im Öffentlichen Dienst [...] unkündbar und so weiter" sollte eine kurze Episode in ihrem Erwerbsleben, gefolgt von prekären Jobs, bleiben.

Im Lebenslauf etwas später, nämlich in ihrer Ausbildungszeit, wurde Jenny im Zusammenhang mit ihrer Schwangerschaft Mitte der 1980er-Jahre ebenfalls aus der (Bildungs-)Bahn geworfen: Nach ihrer schweren Krise, die zum Suizidversuch geführt hatte, strebte sie eine „Erzieherausbildung" an und begann, die neben ihrem Hauptschulabschluss geforderte Erfahrung im sozialen Bereich als Freiwillige in einer kirchlichen Einrichtung für Behinderte zu sammeln. Sie zog aus dem Betreuten Wohnen „zu 'ner Freundin", die „ihre eigene Wohnung [hatte]". Und, so schließt sie an: „Dann wurde ich schwanger (lacht). Mit meinem ersten Kind. Jo, meine Tochter." Der Vater, ein Student, verschwand bzw. tauchte in der Erzählung nicht weiter auf. In seiner Abwesenheit klingt die patriarchale Anordnung der sexuellen Befreiung nach, die die 1968er-Männer mit der Formel „Wer zweimal mit derselben pennt gehört schon zum Establishment" propagiert hatten. Es scheint so, als hätte Jenny damals das Kind bekommen wollen, sie berichtet jedenfalls nicht davon eine Abtreibung erwogen zu haben.[5] Sie unterbrach die Freiwilligenarbeit nach einem halben Jahr, brachte das Kind zur Welt und wechselte in ein Mutter-Kind-Heim, wo sie eine kurze finanziell sorgenfreie Zeit erlebte: „[I]ch hab' 1.500 DM im Monat" gehabt, „[d]as war damals richtig gutes Geld". Weil sie in einem Land, das sich weiterhin an dem fordistischen Familienernährermodell orientierte, „keinen Kindergartenplatz" bekam, wurde ihr klar: „Du brauchst 'ne Ausbildung." Um sich und ihr Kind versorgen zu können, begann sie eine einjährige Ausbildung zur Stenokontoristin. Aufgrund ihrer „Prüfungsangst" fiel sie am Ende ihrer Ausbildung durch, obwohl sie „sonst echt gut war". Kurze Zeit später verlor sie ihr Kind durch einen tragischen Unfall, weshalb sie „natürlich völlig abstürzte". Nach einem weiteren Selbstmordversuch gelang es ihr, sich kurz vor der Wende erneut zu stabilisieren. Sie ging erfolgreich eine Ausbildung zur Industrieelektronikerin an, die aber unmittelbar nach ihrem Abschluss im Zuge der Deindustrialisierung Berlins entwertet wurde. Seitdem ist Jenny erwerbslos bzw. versuchte, u. a. mit 3-DM-Jobs ihr Einkommen ein wenig aufzubessern.

Katja, die in den frühen 2000er-Jahren zu studieren begonnen hatte, zwangen heftigste körperliche Beschwerden im Zusammenhang mit ihrer Schwangerschaft, das lang ersehnte und gegen Widerstände durchgesetzte Studium zu unterbrechen bzw. am Ende ganz abzubrechen. Die für den Aufenthalt in Deutschland nötige Bürgschaft (sie wanderte vor dem EU-Beitritt der baltischen Staaten ein) hatte sie von der Familie erhalten, deren behindertes Kind sie lange Zeit betreute. Sie arbeitete zusätzlich in einem zweiten Job, um ein hinreichendes Einkommen zu generieren. Infolge der körperlich extrem belastenden Erwerbsarbeit erlitt sie schließlich einen schweren Bandscheibenvorfall: „[I]ch war 24, man hat natürlich noch keine Bedenken, den Rollstuhl, dreifache Treppe hoch, runterrattern, hochziehen." Einen Monat konnte sie nicht laufen und nicht arbeiten, sie konnte „gar nichts machen". Sie berichtet nicht davon, Krankengeld oder andere Ersatzleistungen bezogen zu haben; ob sie dennoch Leistungen erhielt, muss offenbleiben. In jedem Fall verdeutlicht ihre Erlebnisse, dass häusliche Sorgearbeiter:innen schwere Arbeit unter prekären Bedingungen leisten (Aulenbacher et al. 2021). Einige Zeit darauf lernte sie auf einer Party ihren späteren Ehe- und heutigen Ex-Mann kennen und war „blöderweise dann nach drei Monaten schwanger". Damals war ihr Bandscheibenvorfall noch nicht ausgeheilt. Sie geriet deswegen körperlich an ihre Grenzen und war so „erschöpft vom Arbeiten, Machen und Tun", dass sie beim Studium einschlief: „Man hört, hört – und dann weg." Ihre körperliche Verfassung zwang sie zur Aufgabe der Erwerbsarbeit, sie konnte ihr Studium nicht weiter finanzieren und verlor auch ihr Zimmer im Wohnheim. Da sie die Familie ihres etwas jüngeren Partners freundlich aufnahm, obwohl sie sich anfangs nicht sicher war, wie diese auf sie „als Ausländerin" reagieren würde, zog sie gemeinsam mit dem Vater des Kindes zunächst zu dessen Eltern aufs Land und später nach Berlin. Es folgte der Abbruch des Studiums.

---

5   Es galt die sogenannte Indikationslösung, die einen straffreien Schwangerschaftsabbruch unter bestimmten medizinischen oder sozialen Bedingungen zulässt (Kiupel 2021).

In dieser Zeit, genau am 1. Januar 2004, traten die baltischen Staaten der EU bei und ein Jahr später trat die sogenannte Hartz-IV-Reform in Kraft. Katja war dadurch zwar aufenthaltsrechtlich abgesichert, landete aber in einem Arbeitsmarkt-Regime, das ihr keine beruflichen Entwicklungsmöglichkeiten mehr eröffnen sollte. Noch zum Zeitpunkt des Interviews war die Trauer über den verpassten Traum vom Studium und von qualifizierter Erwerbsarbeit deutlich spürbar. Auf die Frage, ob es einen Traumjob für sie gäbe, antwortete Katja: „Ja, es gäbe, aber das mach' ich nicht. Das kann ich nicht machen. Ich hab' das Studium nicht abgeschlossen." Sie gilt dem Jobcenter als „ungelernte Kraft mit Abitur" und hat angesichts ihres Lebensverlaufs nur noch den „Traum, einen Job" zu haben. Sie war mit kurzen Unterbrechungen zwar stets erwerbstätig, allerdings infolge der geschilderten Umstände in (unqualifizierten) Jobs im Niedriglohnsektor und als Leiharbeiterin.

Was Petra für ihre Situation und den Abbruch ihrer Schullaufbahn formuliert, gilt auch für Jenny und Katja: „Weil das Dumme war: Ich war schwanger." Unter den genannten Bedingungen hatten die Schwangerschaften der Frauen zur Folge, dass sie ihre (Aus-)Bildungen abbrechen mussten und erst spät, nur phasenweise oder gar keinen Zugang mehr zu qualifizierter Erwerbsarbeit fanden. Silvia hingegen, die aus der DDR kommt, thematisiert keine besonderen Herausforderungen im Zusammenhang mit der Geburt ihrer ersten Tochter. Seit dem Abschluss ihrer Ausbildung zur Köchin (1985) war sie in einer Festanstellung als Reinigungskraft tätig. Wie die vier Frauen vor diesem Hintergrund ihre Beziehungen mit ihren Kindern gestalte(te)n, ist Gegenstand der folgenden Ausführungen.

„Er hat sich in mein Herz gevögelt."
Liebe und Kinder, Kompromisse und Schlussstriche

Für die Frauen begannen einige ihrer Beziehungen glücklich, neben ungeplanten Kindern gab es mindestens ein explizit als solches bezeichnetes „Wunschkind". In den Partnerschaften entstanden früher oder später jedoch Ungleichgewichte, was die allgemeine Arbeitsteilung und insbesondere die Verantwortung für die Kinder betrifft. Dies wurde von den Frauen zunächst akzeptiert oder toleriert, bevor sie sich von ihren Partnern trennten und in längere oder kürzere Phasen der alleinigen Sorgeverantwortung für ihre Kinder einmündeten.

Nachdem Katja ihren späteren Ehemann auf einer Party kennengelernt hatte, war sie „frisch verliebt". Ihre Schwangerschaft legte sie dem etwas Jüngeren offen. Dabei sah sie ihn eher nicht in der Sorgeverantwortung und sich in der Lage, die Situation im Zweifel auch allein zu stemmen: „Wurscht, ob er bleibt oder nicht bleibt." Nachdem er sich für Katja und das Kind entschieden hatte, benötigte sie noch einen Aufenthaltstitel, den ihr eine Ehe sichern konnte. Sie wollte allerdings nicht heiraten und steckte deshalb in einem „Dilemma". Der Anfang 2004 erfolgte EU-Beitritt der baltischen Staaten ermöglichte es ihr dann, „nicht heiraten zu müssen und in Deutschland bleiben zu dürfen". Der gemeinsame Umzug aufs ostdeutsche Land und anschließend nach Berlin, um die Ausbildung ihres Partners zu ermöglichen, verhinderte ihre Rückkehr in die westdeutsche Großstadt, die ihr ans Herz gewachsen war. Trotzdem beschreibt Katja die damalige Beziehung als positiv: „Wir hatten 'ne Wohnung, das Kind war da und es war auch 'ne schöne Zeit." Die Ausbildung beendete ihr Partner nicht. Stattdessen begann er eine Umschulung, die sie „auch noch von Hartz-IV bezahlen" mussten. Während er seinem Wunschberuf näherkam, war sie allein für das Erwerbseinkommen der Familie zuständig, weil ihr Mann es „nicht schafft[e], nebenher zu arbeiten". Dabei blieb sie aufgrund der eher bei ihr liegenden Verantwortung für die Kinderbetreuung bei einer Teilzeitstelle: „Ich hab' nur noch 80 Stunden [im Monat] gearbeitet […], weil ich wusste, es geht irgendwie mit dem Kind nicht." Eine Verlagerung von häuslicher Sorgearbeit auf bezahlte Kräfte, wie sie selbst eine war, war angesichts der prekären finanziellen Grundlage ihres gemeinsamen Lebens nicht möglich. Sie bekamen Mitte der 2000er-Jahre ein zweites Kind, heirateten – „[u]nd ab dem Moment" ging es „bergab". Das reproduktive Arrangement geriet in eine völlige Schieflage zu Katjas Ungunsten: „Dann hab' ich gearbeitet, Kinder betreut und noch seine private Firma […] strukturiert." Ihren 20-Stunden-Teilzeitjob hatte sie sich dabei gegen Widerstände seitens des Jobcenters und von Personalverantwortlichen erkämpft: Ihr Mann habe Angebote „vom Feinsten" bekommen, sie „nichts". Und „das hieß dann: Willkommen!", kommentiert sie sarkastisch den Kontrast zwischen ihren Rechten als EU-Bürgerin und der exkludierenden „Überwachung" im Hartz-IV-Regime. Und „die ernüchternde Bilanz" ihrer eigenständigen Bemühungen, als Verkäuferin eingestellt zu werden, waren „Absagen" mit der Begründung, sie solle mit ihrem kleinen Kind zu Hause bleiben – „primär nur von Männern". Um „irgendwie auf den Markt [zu] kommen", erfand sie „Opas und Omas", wurde aber schließlich erst von einer Personalerin mit eigenen Kindern bei einer Zeitarbeitsfirma angenommen. Sie arbeitete rund 15 Jahre als Verkäuferin im Einzelhandel, meistens über Zeitarbeitsfirmen, manchmal wurde sie übernommen, aber wegen Stellenabbaus auch wieder entlassen. Zur „Erschöpfung" aufgrund der Vielfachbelastung, u. a. benötigte eine der beiden Töchter wegen einer Entwicklungsauffälligkeit besondere Zuwendung, kam noch eine grundlegende Unsicherheit hinzu: „Wie lange hast du die Arbeit?" Wenige Jahre nach der Geburt des zweiten Kindes kam es „zur Trennung", die sie weniger als Bruch, denn als Schlusspunkt einer langen Phase von Kompromissen auf Kosten ihrer beruflichen Entwicklung und persönlichen Regeneration schildert. Kurz nach der Scheidung zog ihr Ex-Mann zurück aufs Land, woraufhin Katja „ganze sechs Jahre ganz allein" mit den beiden Kindern lebte, bis der Vater der beiden Ende der 2010er-Jahre wieder nach Berlin zog.

Etwa zur selben Zeit wie Katjas begann auch Jennys Beziehung mit dem Vater ihres Anfang der 2000er-Jahre geborenen Sohnes. Diese endete indes schneller und aus anderen Gründen. Sie war zunächst glücklich, weil der Vater ihres Sohnes ihre „größte große Liebe" und ihr Wiedersehen „Schicksal" war. Andererseits war sie von Anfang mit sexualisierter Gewalt konfrontiert, so verhinderte er gegen ihren Willen die Verhütung und verlangte von ihr eine Abtreibung: „,Mal gucken; ob du schwanger bist, kannst ja abtreiben.'" Während ihrer Schwangerschaft ertrug sie seine Gewaltausbrüche. Obwohl sie „schon [einmal] mit Kopf durch die Scheibe" flog, verzieh sie ihm „immer wieder". Als es während eines Spaziergangs mit dem dreimonatigen Sohn zu einer Meinungsverschiedenheit kam und ihr Kind in Mitleidenschaft gezogen wurde, war für sie jedoch eine Grenze überschritten: „Daraufhin hat er mir eine so geknallt, dass mein Kopf an den Kopf meines Kindes [...] [D]a dachte ich, jetzt nicht, jetzt geht es um mein Kind." Jenny erstattete Anzeige: „Wurde zwar eingestellt das Verfahren, ist mir auch egal gewesen", und trennte sich vom Vater des Kindes. „Aber das war für mich der Schlussstrich, ja", erinnert sich Jenny, die wie Petra der Gewalt (erst) dann mit einer Trennung begegnete, als ihr Kind mitbetroffen war. Obwohl der Ex-Partner „Kohle ohne Ende gehabt hat", blieb er seinem Sohn die Unterstützung schuldig und meldete sich auch nicht mehr bei ihm. Jenny blieb daraufhin eine Weile alleinerziehend und begegnete dann ihrem neuen Partner, der ihr guttat. Nicht nur habe der sich in ihr „Herz gevögelt", sondern auch für ihren „Sohn erst mal den Arsch aufgerissen". Ihn heiratete sie, trennte sich aber nach kurzer Zeit wieder, weil ihr Mann Schulden gemacht hatte und sie Gefahr lief, gepfändet zu werden. Auch diese Trennung schildert sie als einen zügig und selbstbestimmt herbeigeführten Bruch: „Ich zum Rechtsanwalt und Tschüss." Obwohl er nicht der Vater des Kindes ist, sicherte dieser Ex-Mann ihr finanzielle Unterstützung zu und kam dem auch nach: „Also, er war wirklich korrekt, wenn man ihn korrekt behandelt hat."

Jenny ist seitdem alleinerziehend, auch wenn sie später noch eine Beziehung einging. So wie die Westberlinerin Jenny trennte sich auch die Ostberlinerin Silvia in den 2000er-Jahren vom Vater ihres zweiten Sohnes, weil dieser trank und zu unzuverlässig für eine funktionierende Arbeitsteilung war: „Sein Vater, der hat damals auch so gesoffen [...] Da hab' ich dann gesagt: ‚Nee, raus. Nee, das kann ich nicht gebrauchen.'" Auch wenn sie danach auf sich allein gestellt war, wusste sie, „dass es wenigstens läuft". Im Zusammenhang mit der Trennung ihrer alleinerziehenden Tochter bekräftigt sie ihre Einstellung zu Partnerschaft und Familie: „Also, ich sage: Bevor ich mich da verrückt mache, bleib' ich lieber alleine mit den Kindern. Manchmal ist das so, ist das besser, als wenn du einen zweiten dabei hast."

Die längeren oder kürzeren Phasen eines Familienlebens mit Partnern und Kindern funktionierten auf der Basis ungleicher Geschlechterarrangements in Bezug auf die häusliche, unbezahlte Sorgearbeit und Erwerbsarbeit. Mit der Zeit wurden die Partner aller Frauen zu einer solch großen Belastung und teils sogar Gefahr für die Frauen und ihre Kinder, dass sie sich von ihnen trennten. Die Folge waren kürzere (Petra, Silvia) oder längere Phasen der komplett alleinigen Sorgeverantwortung für die Kinder. Jenny lebte fast bis zur Volljährigkeit ihres Sohnes allein mit ihm, Katja lebt sechs Jahre allein mit ihren Töchtern. Zugleich waren Katja und Petra auch in ihren Partnerschaften fast allein oder überwiegend für die Kinderbetreuung und -erziehung zuständig.[6]

---

6   Als Alleinerziehende gelten laut Bundesministerium für Familie, Senioren, Frauen und Jugend Mütter oder Väter, die mit mindestens einem minderjährigen Kind ohne Partner:innen in einem Haushalt zusammenleben; das Sorgerecht ist hierbei unerheblich (Lenze et al. 2021, 2).

„Stress. Arbeit immer."
Umgangsweisen mit der Vereinbarkeit

Die beschriebenen Lebensverläufe führten die vier Frauen insofern in eine ähnliche Situation, als sie zwischen den 1980er- und 2010er-Jahren für längere oder kürzere Zeit allein mit ihren Kindern lebten, also ohne Unterstützung durch andere Erwachsene, für sich und die Heranwachsenden in materieller und psychosozialer Hinsicht sorgen mussten. Bewerkstelligen mussten sie dies auf der Grundlage diskontinuierlicher und/oder gering entlohnter Erwerbsarbeit oder als Erwerbslose und in Abhängigkeit von Transferleistungen. Erschwerend kam teils noch hinzu, dass sie in Branchen (Reinigungsgewerbe, Einzelhandel) tätig waren bzw. sind, die zu Zeiten verrichtet werden (müssen), die mit den Regelöffnungszeiten öffentlicher Kinderbetreuung kollidieren. Teils fehl(t)en auch öffentliche Betreuungsangebote. Geld für die Betreuung auszugeben war für sie als Alleinerziehende in prekärer finanzieller Situation noch weniger eine Option als zuvor, als sie noch in einer Partnerschaft lebten. Vor dem Hintergrund ihrer biografischen Erfahrungen und angesichts ihrer jeweiligen familiären Ressourcen sowie dem vorherrschenden System der Erwerbsarbeit, Kinderbetreuung und sozialstaatlichen Transferleistungen versuch(t)en die vier Frauen, das sogenannte Vereinbarkeitsproblem auf jeweils unterschiedliche Weise zu lösen (Abschnitte 1 bis 4).

„Dann heißt es wieder, man kümmert sich nicht."
Zeit für Kinder oder keine Kinder

Nach der Geburt ihres Sohnes und der Trennung vom Kindsvater erlebte Jenny als Alleinerziehende Anfang der 2000er-Jahre in finanzieller Hinsicht zunächst eine Zeit relativer Entspannung. Denn sie bezog zwei Jahre Erziehungsgeld, das bis 2007 einkommensunabhängig war und bis 2011 nicht aufs ALG II angerechnet wurde (Erler 2004).[7] So kam es ihrem Sohn zugute: „[M]ein Kind hat Holzeisenbahn ,Brio' gehabt, dann hat der seine Duplo, Legosteine gehabt." Aufgrund von Komplikationen in der Schwangerschaft bedurfte allerdings auch ihr Sohn so wie Katjas Kinder besonderer Zuwendung, um seine körperliche Gesundung und motorische Entwicklung zu unterstützen. Anders als Katja, die etwa zur gleichen Zeit in ihrer Partnerschaft auch mit kleinen Kindern einer Erwerbsarbeit nachgehen wollte bzw. musste und sich dahingehende Unterstützung vom Jobcenter erhoffte, bestand Jenny gegen den Willen des Mitarbeiters im Sozialamt auf ihr Recht, mit dem Kind zu Hause zu bleiben: „Und er: ,Sie können doch arbeiten gehen.' Mein' ich: ,Also, ich hab' drei Jahre, wo ich zu Hause bleiben kann, und die nehm' ich in Anspruch.'" Auch danach erlebte sie das Handeln der Mitarbeiter:innen im Sozialamt bzw. Jobcenter als Druck: „Die wollten ja unbedingt, wo er drei Jahre alt war, dass

---

7   Seit der Reform der Hartz-IV-Gesetze vom Februar 2011 wird das Elterngeld vollständig auf das ALG II angerechnet. Eltern, die vor der Geburt ihres Kindes schon ALG II bezogen haben, erhalten somit keine zusätzliche Leistung.

ich wieder arbeiten gehe. Icke: ‚Wie denn? Zeigen Sie mir, wo ich arbeiten gehen kann, wo soll ich denn mein Kind lassen?'"

Hintergrund ist, dass sie – wie schon bei ihrer Tochter – keinen Platz in einer Kindertageseinrichtung fand und den Sohn stattdessen für vier Stunden täglich in einer kirchlichen Betreuungseinrichtung unterbringen musste: „Kein Kindergartenplatz, Miniclub." Jennys Erfahrungen verweisen insofern auf den damaligen neoliberalen Zeitgeist, als im Unterschied zum westdeutschen familienbasierten Reproduktionsmodell des Fordismus alle Erwachsenen, gleich welchen Geschlechts und auch mit jüngeren Kindern, dem Arbeitsmarkt zur Verfügung stehen sollten (Giullari & Lewis 2005). Im Unterschied zur DDR, in der dies unter anderen politischen und ökonomischen Vorzeichen selbstverständlich war, fehlte indes das dazu notwendige Angebot öffentlicher Kinderbetreuung. Ein substanzieller Ausbau von Kindertageseinrichtungen begann erst Mitte der ersten 2000er-Dekade, also zu der Zeit, als Katja und Jenny ohne entsprechende Ressourcen erwerbstätig werden wollten bzw. sollten. Und obwohl zwischen 2006 und 2016 die Anzahl der Einrichtungen und Plätze sowie des Personals deutlich gesteigert wurden (Dück 2022), ist für Berlin bis heute ein Mangel an Plätzen für Kinder über und unter drei Jahren zu konstatieren (Bertelsmann Stiftung 2022).

Verschärfend kam bei Katja und Jenny hinzu, dass erwerbstätigen Eltern ein bevorzugter Zugang zu Betreuungsplätzen eingeräumt wird, für Alleinerziehende darüber hinaus jedoch kein bevorzugter Zugang besteht. Für erwerbsarbeitsuchende Alleinerziehende gilt daher tendenziell: keine Erwerbsarbeit ohne Betreuungsplatz, aber auch kein Betreuungsplatz ohne Erwerbsarbeit (Hübgen 2020). Zu der objektiv erschwerten Berufstätigkeit als Alleinerziehende ohne öffentliche und familiäre Unterstützung bei der Kinderbetreuung kamen bei Jenny noch andere Überlegungen hinzu: „Wenn man acht Stunden arbeiten geht, ist man zehn Stunden vom Kind entfernt" und „dann schläft man acht Stunden, man isst, man muss einkaufen gehen. Wie viel Zeit hat man für ein Kind?" Die Schilderung ihres Tagesablaufs führt dies eindrücklich vor Augen: „Das hieß dann, morgens um 4 aufstehen [...] um 5 sie dann geweckt, um 6 losgefahren, damit ich sie dann um 7 da abgeben kann. Dann [...] zur Ausbildungsstelle [...] dann um dreiviertel 4, 4 war ich ungefähr wieder bei ihr [...] auf den Spielplatz [...] [u]m halb 7 sie dann wieder ins Bett gelegt und dann waren Hausaufgaben und Haushalt fällig. Dann bin ich um 10, halb 11 ins Bett gefallen und morgens um 4 wieder aufgestanden. Top." Nachdem sie mit ihrer Tochter während ihrer damaligen Ausbildung zur Stenokontoristin nur unter äußerster Anstrengung Zeit hatte verbringen können, löste sie das Dilemma dieses Mal bis ins Grundschulalter ihres Sohnes in die andere Richtung auf: „Und auch als er in der Grundschule war. ‚Hallo, der hat um 12 Uhr Feierabend. Ich kann den nicht alleine lassen, ja.' Dann heißt es wieder, man kümmert sich nicht um sein Kind, ja." Im Grunde, so meint Jenny, müsse man sich als Frau angesichts der konträren Anforderungen, eine gute Mutter und erwerbstätig zu sein, für eine Option entscheiden. Zudem spricht sie eine klassenspezifische Differenz dieser Handlungsalternative an, wenn sie sagt: „Jede Frau, die Karriere gemacht hat, hat keine Kinder oder fünf

Nannys. Anders geht das nicht. Es geht nicht anders." Jenny konnte sich keine bezahlten häuslichen Sorgearbeiter:innen zur Unterstützung leisten und blieb mit ihrem Kind auf Transferleistungen angewiesen.

Petra befand sich in einer ähnlichen klassenspezifischen Lage, blieb aber im Resultat zweimal in ihrem Leben ohne ihre Kinder zurück: zuerst, als sie ihre älteste Tochter während ihrer Ausbildung bei ihrer Großmutter aufwachsen ließ, was Petra zwar mittrug, aber heute bereut: „Als ich angefangen hab' zu lernen, da hat meine Mutter drauf gedrungen, dass dieses Kind zu meiner Großmutter in den Garten kommt. Hab' ich ja alles zugelassen." Als es dann in der Phase der Trennung vom Vater ihrer zwei später geborenen Kinder zu einem Konflikt kam, stimmte Petra beim Familiengericht zu, dass die Kinder bei seinen Eltern blieben (s. o.). Sie wollte ihren Kindern ein möglichst intaktes Familienumfeld lassen und meinte, es ihnen aufgrund der damaligen Abend- und Nachtschichtarbeit in der Gastronomie nicht bieten zu können. Petra konnte zwar unbezahlte Sorgearbeit von Frauen aus der Familie mobilisieren, verlor aber (für längere Zeit) den Kontakt zu ihren Kindern. Die Option auf familiäre Unterstützung bestand für Jenny nicht, wie ihre Antwort auf die Aufforderung eines Mitarbeiters im Sozialamt deutlich macht, ihren damals dreijährigen Sohn von seiner Großmutter betreuen zu lassen, um eine Erwerbsarbeit aufnehmen zu können. „‚Haben sie keine Mutter?'. ‚Ne, hab'ich nicht!'" Ohne öffentliche oder private Unterstützung „ist [man] so am Arsch, ja, als Alleinerziehende", resümiert Jenny ihr Dilemma, Zeit mit dem eigenen Kind verbringen zu wollen und zugleich ein hinreichendes Einkommen generieren zu müssen.

„Das war ein Kampf."
Kinderbetreuung, Niedriglohnarbeit und Hartz-IV-Regime als Zerreißprobe

Als alleinerziehende Mutter zweier Töchter, die anfangs im Kita- bzw. Grundschulalter waren, versuchte Katja in den 2010er-Jahren, Erwerbsarbeit und Kinderbetreuung zu „vereinbaren". Dabei landete sie ihren lebenslangen Bestrebungen zu studieren zum Trotz als „ungelernte Kraft mit Abitur" im unsicheren Niedriglohnsektor. Da sie „meistens" über Zeitarbeitsfirmen vermittelt wurde, musste sie untertarifliche Bezahlung und eine permanente Unsicherheit in Kauf nehmen.[8] Und so schwierig es für sie gewesen war, nach „richtig viele[n] Absagen" endlich „auf den Markt [zu] kommen", so schwer blieb es für, sich dort zu halten: „Ich war ja

---

8   Mit den Änderungen am Arbeitnehmerüberlassungsgesetz (AÜG) im Zuge der Hartz-I-Reformen von 2003 war die Zeitarbeit dereguliert worden. Zeitarbeitsfirmen konnten daraufhin Arbeitnehmer:innen für die Zeit eines einzelnen Arbeitseinsatzes einstellen (Aufhebung des Synchronisationsverbots), ihre Verträge ohne sachliche Gründe befristen (Aufhebung des besonderen Befristungsverbots), den:dieselbe Arbeitnehmer:in innerhalb von drei Monaten erneut einstellen (Aufhebung des Wiedereinstellungsverbots) und Arbeitnehmer:innen für mehr als zwei Jahre einem Entleiher überlassen (Wolters 2008). Ab 2012 trat ein Mindestlohn von 7,89 Euro (West) bzw. 7,01 Euro (Ost) in Kraft. Seit 2017 ist die Arbeitnehmerüberlassung re-reguliert worden, bspw. dürfen Arbeitnehmer:innen nicht als Streikbrecher:innen eingesetzt werden, müssen nach neun Monaten den gleichen Lohn wie die Stammbelegschaft erhalten und die Überlassungshöchstdauer beträgt 18 Monate.

auch mal übernommen worden, aber dann musste die Firma wieder Stellen abbau-
en", was für sie bedeutet: „Wieder rausgeflogen." Die sogenannten Klebeeffekte,
mit denen die Deregulierung von Erwerbsarbeit u.a. über die o.g. Deregulierung
der Zeitarbeit (vgl. Anm. 8) legitimiert worden war, stellten sich bei ihr nicht ein.
Ganz im Gegenteil: Sie litt unter der grundlegenden Unsicherheit, ob und wie sie
überhaupt erwerbstätig bleiben kann. Nach einer befristeten Weiterbeschäftigung
musste sie sich immer wieder mit zeitlichem Vorlauf arbeitsuchend melden: „Dann
musst du zum Jobcenter rennen, wieder alles beantragen und warten, und wenn
sie dann dich verlängert haben, ging es weiter. Und dann drei Monate vorher
wieder zum Jobcenter rennen und wieder alles beantragen." In Zeiten der Erwerbslosigkeit sah Katja sich zudem dem im neoliberalen Hartz-IV-Regime verschärften
Zwang ausgesetzt, jedwede Erwerbsarbeit anzunehmen: „[D]anach wurde ich zu
Lidl, Aldi und so weitervermittelt", obwohl sie mitgeteilt hatte, dort nicht arbeiten
zu wollen und zu können, denn „da sind die Arbeitszeiten ja noch länger, schon
im Einzelhandel ist es bis 20 Uhr und wenn man schöne Nächte hat, wie Freitag
in Berlin, auch bis 22 Uhr". Für sie als Alleinerziehende bedeutete die im Niedriglohnsektor übliche Schichtarbeit bzw. Arbeit in Randzeiten jenseits der regulären
öffentlichen Betreuungszeiten von Kindern, sich zwischen Mitwirkungs- und Fürsor-
gepflicht entscheiden zu müssen. Und auch von Arbeitgeberseite wurde ihr die
notwendige zeitliche Begrenzung der Erwerbsarbeit erschwert bzw. verunmöglicht:
„[I]ch hab' dann auch gesagt, ich arbeite nur bis dahin, ja, bis der Vertrag unter-
schrieben wurde, ne, und danach war Feierabend", also die vertraglich vereinbarte
Arbeitszeit seitens des Arbeitgebers de facto nichtig. Um der dauerhaft unsicheren
und mit ihrer Sorgeverantwortung zeitlich nicht vereinbaren Erwerbssituation im
Einzelhandel zu entkommen, machte sie einen letzten Anlauf, eine Ausbildung zu
absolvieren: „Ich wollte tatsächlich Physiotherapeutin werden, das wurde abgelehnt." Seitens der Arbeitsagentur, die die Ausbildungskosten nicht übernehmen
wollte, sei ihr mitgeteilt worden: „Nur wenn ‚ich die selber bezahle, kann ich die
machen.'"

In solch einer Konstellation kommt die Abwertung von Sorgearbeit doppelt zum
Tragen: Zum einen wurde die von Katja allein geleistete unbezahlte Sorgearbeit
für ihre Kinder nicht als Arbeit anerkannt; zum anderen wird die Ausbildung
für personenbezogene Dienstleistungen (anders als in technischen Berufen) teils immer noch nicht vergütet und kostet teils sogar Schulgeld.[9] In der Physiotherapieaus-
bildung existiert erst seit Anfang 2019, also nach Katjas Anlauf, ein Tarifvertrag
für Auszubildende, und das auch nur an kommunalen Krankenhäusern und Uni-

---

9   Vgl. für alle in der tariflichen Ausbildungsvergütung aufgeführten Ausbildungsberufe BIBB (2021). Perso-
     nennahe Dienstleistungen sind dort mit wenigen Ausnahmen nicht aufgelistet, haben also keine tarifliche
     Ausbildungsvergütungen. Die Ausbildung an Berufsfachschulen ist kostenfrei, die Schüler:innen erhalten
     aber keine Vergütung und müssen für ihren Lebensunterhalt selbst aufkommen. An Privatfachschulen werden
     (teils erhebliche) Gebühren erhoben.

versitätskliniken.[10] So stand Katja vor dem unlösbaren Trilemma, eine unvergütete, ggf. kostenpflichtige Ausbildung zu absolvieren, ihre Kinder zu betreuen und Geld zu verdienen: „Kann ich die selber bezahlen, dann kann ich machen. Ich sage: ‚Naja, Kinder versorgen, arbeiten nebenbei, ich glaube, das wird schwierig', hab' ich gesagt. Volle Ausbildung und volle Zeit und selber bezahlen und noch arbeiten, dann bin ich für die Kinder auch nicht mehr da." Ähnlich wie Jenny, wenn auch aus anderen Gründen, hatte Katja auch keine Familienangehörigen in der Nähe, die sie im Alltag unterstützen konnten: Ihre Eltern leben im Baltikum und die Eltern ihres Ex-Mannes auf dem Land. Zudem hatte sie durch die Umzüge mit ihrem Partner den engen Kontakt zu ihrem eigenen sozialen Netzwerk aus ihrer Zeit in einer westdeutschen Großstadt verloren. Allerdings fand sie auch in Berlin Anschluss und hat hier seit langer Zeit „drei Freundinnen […], fast drei Alleinerziehende". Diese teilen sich „immer nach den Arbeitszeiten die Kinder auf", und zwar so, dass „die eine, die frei hatte", vom Nachmittag bis zum Abend „alle Kinder" nimmt. Einerseits ermöglicht diese wechselseitige Unterstützung den Frauen, ihrer Erwerbsarbeit nachzugehen, andererseits ist die Betreuung einer größeren Kinderschar über rund sechs Stunden auch eine Herausforderung und Belastung: „Irgendwie hatte ich dann zum Schluss zwischen zwei, meine Kinder, bis acht zusammen und mit denen bin ich durch das ganze Berlin geradelt, habe Spielplätze abgeklopft und […] betreut und gemacht." Vermutlich hatte Katja als Teilzeiterwerbstätige auch keinen Anspruch auf längere Betreuungszeiten,[11] andererseits wollte sie auch vermeiden, dass ihre Kinder so wie sie in ihrer Kindheit den ganzen Tag in einer Einrichtung sind und stattdessen Zeit mit ihnen verbringen. Sie resümiert ihr Ringen um Erwerbsarbeitszeiten, die mit der Sorge für ihre Kinder vereinbar sind, so: „Das ist ein Kampf, es ist ein Krampf." Wenn noch weitere Belastungen hinzukommen, geraten die alleinerziehenden Frauen vollends in die Krise.

„Es war zu machen, was heute nicht mehr ist."
Niedriglohnarbeit und Kinderbetreuung als Drahtseilakt

Im Unterschied zu Jenny konnte Silvia sowohl auf die unbezahlte Sorgearbeit von weiblichen Familienangehörigen als auch auf öffentliche Betreuungsangebote zurückgreifen. Und anders als Katja konnte sie mit nur wenigen Unternehmenswechseln einer Erwerbsarbeit nachgehen, die zwar körperlich sehr anstrengend ist, aber über viele Jahre nicht in Randzeiten lag. Unter diesen Voraussetzungen gelang es ihr, ihre Erwerbsarbeit im Niedriglohnsektor mit der Versorgung ihrer fünf, teils vor

---

10   Auszubildende in Nordrhein-Westfalen initiierten eine Tarifbewegung und die Gewerkschaft ver.di einigte sich mit der Vereinigung der kommunalen Arbeitgeberverbände (VKA), dass zahlreiche medizinnahe Ausbildungsberufe, darunter auch Physiotherapie, in diesen Häusern zum 1. Januar 2019 in den Tarifvertrag für Auszubildende des öffentlichen Dienstes (TVAöD) aufgenommen werden. Sie erhielten 965,24 Euro im ersten, 1.025,30 Euro im zweiten und 1.222,03 Euro im dritten Lehrjahr (vgl. Verdi 2019).

11   Vor dem 1. Januar 2018 hatten Kinder einen Rechtsanspruch auf eine Halbtagsbetreuung, die per Nachweis (der Beschäftigung etc.) auf sieben Stunden erhöht werden konnte. Seitdem gilt ein Teilzeitanspruch von sieben Stunden, der entsprechend erhöht werden kann (Berliner Familienportal 2018).

der Wende geborenen Kinder in Zeiten des Zusammenlebens mit ihren Partnern bzw. als Alleinerziehende zu verbinden. Nach ihrer glatt durchlaufenen Schul- und Ausbildungszeit begann Silvia Mitte der 1980er-Jahre nicht in ihrem Ausbildungsberuf zu arbeiten, sondern als Reinigungskraft, zunächst in einer Wohnungsbaugesellschaft als „Mädchen für alles", nachdem sie sich bei Bekannten das Zeug dazu angeeignet hatte: „Und dann bin ich da mal mit hingegangen und hab' zugeschaut. Und man lernt dann immer dazu. Man lernt und lernt und lernt. Und jetzt kann ich es." Da ihre Arbeitszeiten hier zu den Bürozeiten der anderen Angestellten lagen, konnte sie ihre Kinder angesichts passender und vorhandener Betreuungsmöglichkeiten bis in die späten 1990er-Jahre versorgen: „Da hab' ich früh um 7 angefangen bis dann Mittag um 15, 16 Uhr. Immer kein Problem, konnte die Kinder vom Hort abholen, von der Kita abholen. Da war das Problem immer gelöst. So, und freitags haben wir um 13 Uhr Feierabend gehabt. Wunderbar." Zum Dilemma wurde die Vereinbarkeitsproblematik, als die Reinigung zur Jahrtausendwende outgesourct und sie nach fünfzehn Jahren gekündigt wurde. Denn in der ebenfalls auf Reinigung spezialisierten Firma, in die sie wechselte, musste sie in Randzeiten arbeiten: „[M]an kann in der Reinigung eben wirklich nur nachmittags anfangen. Vormittags kann ich nicht in der Schule saubermachen. Was soll ich da machen?" Die entstehenden Sorgelücken wurden einerseits von den Kindern gefüllt. So gingen sie morgens allein in die Schule und die Älteren übernahmen, wie ihre Geschwister in ihrer Kindheit, Verantwortung für die Jüngeren: „Ja, die waren dann auch schon, meine Großen, die waren dann schon alt genug. Die konnten auf die Kleinen mal ein bisschen mit aufpassen. Also, das ging immer so." Und weil die Krankentage von Sorgeverantwortlichen im Krankheitsfall ihrer Kinder gedeckt und insgesamt bis zum 13. Lebensjahr begrenzt sind,[12] „müssen die [ab 12] so weit sein, dass sie alleine zu Hause bleiben können, wenn sie krank sind". Neben der Hilfe ihrer Kinder konnte Silvia wiederum im Unterschied zu Jenny hin und wieder auch andere familiäre Unterstützung mobilisieren: „Da haben auch meine Eltern noch gelebt, die haben dann mal geschaut nach den Kindern oder die waren mal bei Oma und Opa." Zudem erinnert sie nachbarschaftliche Hilfe, die heute nicht mehr selbstverständlich sei. Angesichts der Unterstützung durch privatförmig geleistete unbezahlte Arbeit ihrer Kinder und Eltern sowie Nachbar:innen resümiert Silvia ihren Umgang mit der Herausforderung, Erwerbsarbeit und Kinderbetreuung verbinden zu müssen, so: „Es war zu machen. Es war zu machen, was heute nicht mehr ist." Allerdings gelang ihr das nur unter der Voraussetzung äußerster Kraftanstrengung: „Stress. Arbeit immer, man hat viel Arbeit."

---

12   Als alleinerziehende Person gibt es einen jährlichen Anspruch auf 60 sogenannte Kinderkrankentage, dies gilt allerdings nur bis zum 13. Geburtstag des Kindes (BMG 2023).

„Das war gut für mich, für Alina auch."
Das Allein-mit-Kind-Sein möglichst vermeiden

Im Unterschied zu Jenny und Katja vermied Petra es weitgehend, allein mit ihren Kindern zu leben. Ihr Leben mit wechselnden Partnern verweist auf den Wunsch, nicht nur Mutter, sondern auch begehrende und begehrenswerte Frau zu sein und ihren Kindern ein Familienleben zu ermöglichen, das ihr verwehrt geblieben ist. „Das war gut für mich, für Alina*[13] auch", sagt sie mit Blick auf eine dieser Beziehungen. Zugleich scheiterten ihre Versuche, Erwerbsarbeit, Kinderbetreuung und Partnerschaft unter einen Hut zu bringen, immer wieder auch an toxischen Formen der Männlichkeit (Tippe 2021) ihrer Partner. Nachdem Petra einige Jahre ohne ihr ältestes Kind verbracht und in dieser Zeit mit den Nachschichten im Club ein sehr gutes Einkommen erzielt hatte, begann für sie ein zunächst glückliches Familienleben: Sie heiratete ihren damaligen Partner, bekam ein „Wunschkind", ihre älteste Tochter kehrte nach etwa fünf Jahren von der Großmutter zu ihnen zurück und schließlich brachte sie noch ein ungeplantes Kind zur Welt: „Und dann hatte ich drei, zwei kleine und ein drittes." In dieser Zeit arbeitete sie in einem großen Industrieunternehmen und „verdiente gutes Geld", sie hatten eine „schöne Wohnung" und ihr Mann „war ganz toll" auch im Umgang mit ihrer Ältesten. Die hauptsächliche Sorgeverantwortung lag indes bei ihr, weswegen sie in Konflikt mit ihrer Erwerbsarbeit geriet. Aufgrund der langen Wege zwischen Arbeitsstelle und Kita gelang es Petra nicht immer, Alina zeitig abzuholen, was bei dieser Verlustängste hervorrief: „Dann hab' ich meine Tochter, die tränenüberströmt war, abgeholt [...], weil sie Angst hatte, ich hol' sie nicht." Als sie – vielleicht auch, um mehr Zeit für ihre ältere Tochter zu haben – wieder im Club zu arbeiten begann und dort in „zwei Nächten mehr verdiente" als ihr Mann, reagierte dieser aggressiv. Ähnlich wie Katja trug Petra nun hauptsächlich zum Haushaltseinkommen bei und erledigte zugleich das Gros der häuslichen Sorgearbeit: „Und als die erkältet waren, da durfte ich nachts noch mit der Taxe ins Krankenhaus fahren, weil der ja besoffen war." Hilfe erfuhr sie von Alina, die, wenn Petra morgens schnell nach Hause kam, vor der Schule half, eins der Kleinen zu füttern. Petra kam damals kaum zur Ruhe, weil sie nach den zwei Acht- bis Zehn-Stunden-Nachtschichten pro Woche auch in anderen Nächten nicht gut schlafen konnte und „den ganzen Tag zu tun" hatte. Die Beziehung scheiterte an diesem patriarchalen Arrangement und endete in Gewalt. Petras nächste Beziehung begann ebenfalls glücklich, sie und ihr Partner betrieben eine Kneipe und um Alina kümmerte sich „je nach Lust und Laune [...] mal der," meistens aber Petra. Zudem gerieten sie in finanzielle Schwierigkeiten. Nach dem Scheitern dieser Beziehung blieb sie eine Weile mit Alina allein und dabei ebenfalls allein auf den Schulden für die Kneipe sitzen, die sie in den folgenden zehn Jahren abbezahlte. Und obwohl sie es versuchte, bekam sie keine Unterhaltszahlungen: „Ich hab' für Alina nicht einen Euro Unterhalt bekommen. Da hab' ich auch hingeschrieben,

---

13   Ihre älteste Tochter heißt in Wirklichkeit anders. Im weiteren Verlauf wird ihr Pseudonym ohne weitere Kennzeichnung verwendet.

wo der arbeitet usw. Es hat keinen Sinn gehabt." Noch einmal ging sie Mitte der 1980er-Jahre eine neue Beziehung mit einem Mann ein, der „gut für sie und Alina" war, sie allerdings zunächst verbal und dann körperlich so heftig attackierte, dass sie „unter Polizeischutz" zu einer Freundin eskortiert werden musste. Wieder blieb sie – dieses Mal vermutlich einige Jahre – mit ihrer Tochter allein, die vor der Wende eine Ausbildung absolvierte.

„Das Leben könnte so einfach sein." Folgen und Perspektiven

Die geschilderten Beziehungsverläufe mit ihren ungleichen Geschlechterarrangements brachten die Frauen für längere oder kürzere Zeit in prekäre Lagen als Alleinerziehende. Dabei mussten alle von Erwerbsarbeit im Niedriglohnsektor oder in Abhängigkeit von Transferleistungen leben, was das Armutsrisiko erhöht und die Gefahr, dass das ausgedünnte reproduktive Netz irgendwann vollends zerreißt (erster Abschnitt). Zugleich haben die Frauen in den Interviews auch (in-)direkt angesprochen, was sich ändern müsste, um ein besseres, vielleicht sogar gutes Leben führen zu können (zweiter Abschnitt). Keine der Frauen gehört einer Initiative oder Bewegung an, die sich für die von ihnen formulierten Interessen einsetzt. Gleichwohl lässt sich mit Blick auf ihre Haltungen einschätzen, inwieweit solche Zusammenschlüsse für sie eine mögliche Handlungsperspektive eröffnen könnten (dritter Abschnitt).

„Wo ich sage, ich kann nicht mehr." An den Grenzen der Reproduktionsfähigkeit

Unter den Bedingungen prekärer Lohnarbeit im Niedriglohnsektor und/oder der Abhängigkeit von Transferleistungen sowie mangelnder öffentlicher Betreuungsmöglichkeiten oder familiärer Netzwerke gelingt es den alleinerziehenden Frauen nur mühsam, ihr Leben und das ihrer Kinder zu sichern. Über kurz oder lang geraten die Familien an die Grenzen ihrer Reproduktionsfähigkeit. Silvia bringt dies in ihrer Antwort auf die Frage, wie das Alleinerziehend-Sein für sie war, auf den Punkt: „Stress. Arbeit immer, man hat viel Arbeit", nämlich „die Arbeit, die man machen muss", also Erwerbsarbeit, „dann die Kinder, dann den Einkauf, den Haushalt", also privatförmig geleistete, unbezahlte Sorgearbeit. Und während einerseits aus purer Notwendigkeit gilt, „[m]uss ja weitergehen", geht es manchmal nicht mehr weiter: „Gibt gute Zeiten mal und scheiß Zeiten [...]. Wo ich sage, ich bin am Ende, ich kann nicht mehr."

In Jennys und Katjas Erzählungen wird deutlich, wie sich das fragile Netz alleinerziehender Frauen in prekärer Lage sukzessive ausdünnt und an welchen Stellen es zu reißen droht. Beide leben mit ihren Kindern dauerhaft in relativer Armut, die eine in Abhängigkeit von Transferleistungen, die andere trotz Erwerbsarbeit. Dass sie „seit dem [ersten] Kind", also zunächst noch in ihrer Partnerschaft bzw. Ehe und dann als Alleinerziehende, mehr als zehn Jahre „an der Armutsgrenze gelebt" hat, nimmt Katja noch aktuell als „[s]ehr anstrengend" wahr. Sie verstummt dann für längere Zeit. Die materielle Not wird von beiden im Zusammenhang mit der Einschränkung von Teilhabemöglichkeiten ihrer Kinder geschildert. Dabei berichtet Katja vom Versuch einer ihrer Freundinnen, ihren Kindern das Bewusstsein dieser Lage zu ersparen: „[D]ie eine davon [hat] davon immer nix gesagt und versucht, das aufrechtzuerhalten", aber „das Belügen der Kinder", so meint Katja, „kannst du [irgendwann] nicht mehr machen." Mit ihren Kindern gab es „von klein auf [...] Gespräche, dass es einfach nicht da ist, das Geld" und sie sich entsprechend einschränken müssen. Konkret war es dann bspw. möglich, „einmal im Monat aus[zu] gehen [...] am Wochenende. [...] Und dann wurden fleißig Stullen eingepackt, [...] man konnte draußen maximal ein Eis kaufen, mehr nicht." Zu Geburtstagen und Weihnachten gab es immer „Kleinigkeiten" und „mehr Weihnachtsgeschenke" nur, wenn in dem Monat „etwas mehr Geld" vorhanden war. Ansonsten blieb als gemeinsame Freizeitaktivität „alles, was so kostenfrei oder mehr oder weniger kostenfrei war". Dass ihre Teilhabemöglichkeiten nicht dem Standard entsprechen, „merken [die]", so Katja über ihre Kinder. Zugleich „entschieden" Katja und ihre Töchter sich nach einigen Jahren in der Armut für den weiteren Verzicht auf Teilhabe zugunsten von geteilter Zeit: „Und irgendwann hab' ich gesagt: ‚Ich geh dann mehr arbeiten, damit wir mehr Geld haben.' Dann hat meine Große gesagt: ‚Bleib lieber zu Hause mit weniger Geld.'"

Auch aktuell muss eine ihrer Töchter, die an einer der von ihrer Schule angebotenen Exkursionen samt Sprachkurs „nach England-Irland" teilnehmen „möchte", darauf verzichten: „Ich hab' kein Geld [...], ist nicht drinne", weil Katja aufgrund von Langzeitfolgen ihres Bandscheibenvorfalls krankgeschrieben ist und deshalb nur 70 Prozent ihres Gehalts von der Krankenkasse bezieht (vgl. zu Fahrten für sozial benachteiligte Jugendliche Kapitel 4.1). Während Katja und ihre Kinder trotz Erwerbsarbeit arm sind, waren Jenny und ihr Sohn es trotz Transferleistungen. Jenny berichtet davon, wie sie vergeblich versuchte, für ihren Sohn die Ausrüstung für eine Skireise zu beantragen: „Skianzug kaufen, krieg' ich nicht vom Sozialamt. Ich krieg' nichts, Skibrille, ja, was. Ach, hör auf." Zu den materiellen Einschränkungen, die insbesondere ihre Kinder treffen, kommen für die Mütter noch Erfahrungen der Beschämung hinzu, wenn notwendige Anschaffungen beantragt und begründet werden müssen: „Dann hab' ich gesagt: ‚Wollen Sie noch meine Schuhgröße und meine Unterwäschegröße haben? Kinder kann ich auch gleich sagen.', hab' ich gesagt. So weit muss man kommen. Das ist schon teils lachend, teils mit Tränen, wie man so sagt, ne." Die Überschreitung von Grenzen der Scham durch die detaillierte Auskunftspflicht ist das eine, das andere ist das Gefühl der Demütigung, für eine geringe Summe Anträge stellen zu müssen: „Die zehn Euro [...] musst du dann erbetteln, und wer will da bitteschön betteln." Weil sich vor diesem Hintergrund der „ganze Aufwand nicht [lohnte]", hatte Katja teilweise „schon keine Anträge gestellt", für die sie dann „vielleicht zehn Euro bekommen hätte von Jobcenter". Im Gegensatz zu der von Katja erlebten repressiven Bürokratie des Jobcenters erfuhr Jenny die Unterstützung von einer Tafel, mit deren Hilfe sie ihre grundlegendsten

Bedürfnisse sichern konnte, sowohl finanziell als auch in sozialer Hinsicht als wohltuend (vgl. ausführlicher dazu Kapitel 5). Ohne diese Lebensmittelhilfen würde Jenny unter die Schwelle der Reproduktionsfähigkeit sinken.

Zudem brachten bzw. bringen die psychischen bzw. körperlichen Folgen ihrer dramatischen Lebensverläufe sowohl Jenny als auch Katja mit ihren Kindern immer wieder in Situationen, in denen das reproduktive Netz zu zerreißen droht. So wurde Jenny im Verlaufe ihrer Beziehung mit einem verheirateten Mann, dessen finanzielle Zuwendungen ihr und ihrem Sohn zugutekamen, alkoholabhängig, weil diese Konstellation für sie anfangs zwar „nett und schön", aber auch „immer wieder anstrengend" war. Ihre Versuche, in einer Klinik einen Entzug zu machen und mithilfe einer Therapie auch psychisch wieder ins Gleichgewicht zu kommen, gelangen nur partiell. Sie versuchte, mithilfe des Jugendamtes Unterstützung für sich und ihren Sohn zu organisieren, dieser wendete sich allerdings von ihr ab, ging ins Betreute Wohnen und verweigerte schließlich den Kontakt zu ihr.

Katja hingegen gelang es „mit den letzten Kräften", die Familie beisammen und „alles aufrechtzuerhalten", um ihre „Kinder letztendlich nicht [zu] verlieren". Dass das Jugendamt ihrem Antrag auf „Hilfe", sprich Betreuung ihrer Kinder, nicht nachkam, als sie „ganz schnell [...] in die Tagesklinik kommen konnte", um eine akute Krise „ein bisschen intensiver auf[zu]arbeiten", deutet sie folgendermaßen: „Dafür war ich dann zu gut angezogen, roch zu gut, Kinder waren nirgendwo eingetragen." An die Grenzen geraten sie und ihre Kinder immer wieder auch deswegen, weil sie nicht immer verhindern kann, in Randzeiten zu arbeiten und sich wegen körperlicher Beschwerden mehreren Operationen unterziehen musste. Noch dazu verweigerte ihr Ex-Mann die Betreuung der Kinder während eines Krankenhausaufenthaltes: „Und ich war im Krankenhaus und völlig ausgeliefert (atmet aus)", berichtet sie von Herausforderungen, die ihre Kräfte überstiegen, und von einer Konstellation, die sie und ihre Kinder in eine Krise brachte. In diesem Fall sprang eine ihrer Freundinnen ein und zog samt eigenem Kind und Hunden für eine Woche bei ihr ein. Katja ist klar, dass dies ein solidarischer Akt ist, der das alltägliche *Quid pro quo* der wechselseitigen Unterstützung überschreitet: „Zum Glück war sie so liberal und hat das auch gemacht. Macht auch nicht jeder."

„Wofür die Mühe?"
Was sich ändern müsste: Lohn, Arbeitszeiten und Daseinsvorsorge

Die vier Frauen erinnern und erzählen nicht nur von ihrem Leben mit seinen schönen Momenten und zahlreichen Zumutungen, sie kommentieren ihr Erleben auch (non-)verbal durch Lachen und Weinen sowie mit Sarkasmus und markanten Redewendungen. Dabei geht es bisweilen auch um ihre Sichtweisen auf Ursachen von manchen der von ihnen erlebten Handlungsproblematiken. Und im Erzählfluss bzw. auf Nachfrage formulieren sie manchmal (in)direkt Vorstellungen von Veränderungen, die ihnen als (alleinerziehenden) Frauen ein besseres, vielleicht sogar gutes Leben ermöglicht hätten bzw. ermöglichen würden.

„Das Leben könnte so einfach sein", meint beispielsweise Katja, die sich trotz ihrer derzeitigen Vollzeitstelle größere Anschaffungen nicht leisten kann, ohne die Grundversorgung der Familie mit Lebensmitteln zu gefährden. Auf die Frage, was geschehen müsste, damit das Leben einfacher wird, antwortet sie: „Dafür müssten die Löhne höher sein, dass man nicht an Armutsgrenze lebt bei einer 40-Stunden-Stelle. Oder Mieten senken", sodass „man auch ein Gerät kaufen kann", denn „ein Kühlschrank kostet auch schon so viel, dass man danach nichts mehr zu essen hat". Und in Bezug auf Arbeitszeiten „müsste [es] einfach klipp und klar Tageszeiten nur für alleinerziehende Muttis geben". Angesichts von Erfahrungen während ihrer Krankenhausaufenthalte im Verlauf der letzten zwei Jahrzehnte kritisiert sie auch den von ihr wahrgenommenen Personalabbau und die im Zuge dessen verringerte Versorgungsqualität für die Patient:innen sowie die gestiegene Arbeitsbelastung für die Beschäftigten: „Nicht, wenn man klickt, noch mal klickt, drittes Mal klickt, und ich mit meinem Rücken schleppe die andere Patientin [...] ins Bad, weil sie es sonst nicht schafft." Dementsprechend „[wäre] mehr Personal [...] wünschenswert im Pflegebereich". Zudem berichtet sie aus eigener Erfahrung vom Trend zu sogenannten blutigen Entlassungen, die eine Folge der Bettenbewirtschaftung im DRG-Fallpauschalen-System sind (Dück 2022, 124 ff.): „[I]ch kann's in den 20 Jahre so 'n bisschen vergleichen, [...] vor 16 Jahren durfte ich zehn Tage im Krankenhaus bleiben", während sie bei einem späteren Krankenhausaufenthalt „schon mal nach vier Tage gefragt [wurde], ob es eventuell gehen würde, weil sie Betten brauchen" (vgl. zur Entwicklung im Gesundheits- und Pflegesektor Kapitel 2.2).

Während Katja explizit Veränderungsbedarf für die Bereiche Erwerbsarbeit und öffentliche Daseinsvorsorge anspricht, stellt Jenny keine Forderungen oder formuliert Vorstellungen von möglichen Alternativen. In den Kommentierungen ihrer reduzierten Handlungsoptionen klingt jedoch durchaus Kritik an gesellschaftlichen Verhältnissen an. In Bezug auf die Entwertung ihrer beruflichen Qualifikation als Industriefachelektronikerin spricht sie als Bedingungsgefüge die ökonomische Transformation in den 1990er-Jahren an, die Berlin in besonderer Weise betraf: „Denn [...] die Mauer fiel. Berlin, Industriestandort und ich hab' einen Industrieberuf, tot." Dass sie in der Folge prekär beschäftigt war, ist ihr insofern bewusst, als sie als Maßstab für gute Arbeit den Tariflohn benennt: „Dann hab' ich mich bei der Zeitarbeitsfirma beworben, ja, erstmal um einzusteigen. [...] 9 DM die Stunde. Wo der Stundenlohn, der Tariflohn bei 25 DM lag, 9 DM die Stunde." Dabei vermutet sie eine zusätzliche geschlechtsspezifische Diskriminierung insofern, als einem Mann 12 DM angeboten worden seien. Und während sie mit ihrer Formulierung, es habe sich dabei um einen „Ausländer" gehandelt, diese Differenz ethnisiert, plädiert sie auch für gleiche Löhne in der EU: „Seit 30 Jahren denke ich schon, Europa kann nur funktionieren, wenn alle den gleichen Lohn kriegen, alle das gleiche haben." Zudem kritisiert sie die Überausbeutung in der östlichen Peripherie: „Ne, Deutschland. Bulgarien, Rumänen, wir haben gut gelebt immer von den Billiglöhnern." (Vgl. zur Lage dieses Segments Kapitel 3.1.)

Neben der Kritik an der Deregulierung von Erwerbsarbeit und der geschlechts-
bezogenen sowie international ungleichen Entlohnung enthalten Jennys Kommentare zur vergeblichen Suche nach Betreuungsplätzen indirekt die Forderung nach
einem Ausbau der öffentlichen Kinderbetreuung: „Ja, Kindergartenplätze kriegst
du ja heute noch nicht. Das war damals genau das gleiche Spiel." Und schließlich
wird im Zusammenhang mit den Phasen ihres Lebens, in denen sie und ihr Sohn auf
Transferleistungen angewiesen waren, deutlich, dass sie auf ihr *Recht* auf Unterstützung pocht und sich gegen negative Zuschreibungen verwahrt. Als sie gegen den
Willen des Mitarbeiters im Sozialamt ihren Antrag auf Sozialhilfe ausfüllt, „steht
[da] dann drauf, Mutter, Vater. Mutter 1971 verstorben, Vater unbekannt, ja und
sonst alles ausgefüllt", woraufhin „[er] dann [...] ruhig [war]" und „vielleicht kapiert
[hat], dass es wirklich Leute gibt, die nicht so ein schönes Leben hatten wie er. Ja.
Sind ja alle Sozialhilfeempfänger Schmarotzer, oder was?"

Mit Silvia teilt Jenny zudem die Erfahrung, ihre Wohnung aufgeben zu müssen,
wobei in einem Fall das Jobcenter den Umzug einforderte und im anderen die steigende Miete einen zu großen Teil des geringen Einkommens verschlang: „2010, da
kam schon die Miete 750,-. Und da hab' ich gesagt, also, ich geh ja nicht nur für
die Miete arbeiten." Dabei thematisiert Silvia die Entwicklung der Wohnverhältnisse
in Berlin als ein zentrales Problem im Zusammenhang mit langfristigen Negativfol-
gen der Wende und nimmt Obdachlosigkeit als reales Risiko für sich wahr: „Die
Mieten. Dass man sich das überhaupt alles leisten kann. Ich mein' immer, wir haben
bestimmt schon so und so viele Obdachlose. [...] Das kann mir passieren, das geht
ganz schnell. Ich brauch ein Vierteljahr keine Miete zahlen, dann bin ich raus.
Nimmt mich kein Vermieter mehr." Zudem beobachtet sie, dass seit der Übernahme
ihres Wohnhauses durch das Immobilienunternehmen Deutsche Wohnen um 2016
herum sich der Zustand verschlechtert hat: „Die lassen ja nichts machen. Das ist ja
das Problem." Sie nennt Störungen des Fahrstuhls, Defekte an der Klingelanlage,
veraltete Abwasseranlagen und ein nicht erreichbares Facility Management bei
gleichzeitigen Steigerungen der Betriebskosten als Probleme, über die sich im Haus
„jede[r] ärgert".

„Ich nicht mehr."
Gemeinsame Kämpfe und Vereinzelung, Abgrenzungen und Solidarität

Auch wenn sie die Kräfte an bestimmten Punkten in ihrem Leben verließen, haben
die vier Frauen individuell und mithilfe sozialer Netzwerke bzw. Einrichtungen
lange gegen die Zumutungen des repressiven Hartz-IV-Regimes, des deregulierten
Niedriglohnerwerbsmarkts und patriarchale Geschlechterverhältnisse angekämpft.
Dabei konnten Silvia und Petra die Hilfe von ihren Kindern und erwachsenen Familienangehörigen mobilisieren. Katja erhielt zudem Unterstützung von ihren Freundinnen. Und auch wenn sie sich aktuell nicht mehr so häufig sehen würden, sei
„die Verbindung halt da [...], wahrscheinlich durch dieses Zusammentun und gegenseitige Helfen", und weil keine der Freundinnen „diese einfache, leichte [...]
Leben" hatte, sondern sie sich „das erkämpfen, erarbeiten und so weiter" mussten.

Jenny, die praktisch kein soziales Netzwerk hat, fand lediglich punktuell Unterstützung von staatlicher Seite, etwa als ein Betreuer ihr einmal half, „an ganz andere Stellen" im Jobcenter zu kommen, um dort ihre Anliegen vorzutragen. Und neben der von Jenny genutzten Tafel berichtet Katja davon, „kostenlos Beratung" in einer Begegnungsstätte in Anspruch genommen zu haben, und dass eins ihrer Kinder dort „Nachhilfe" bekommt. Mithilfe dieser Ressourcen, hauptsächlich jedoch durch individuelle Kraftanstrengung ist es den Frauen gelungen, ihr Leben und das ihrer Kinder zu sichern. Um die von ihnen angesprochenen Veränderungen für ein besseres oder gutes Leben in Gang zu setzen, wären gemeinsame Kämpfe in anderen Formen notwendig (gewesen). Dabei ist es zwar schwer, aber nicht unmöglich, die Bedingungsgefüge der prekären unbezahlten Sorgearbeit alleinerziehender Frauen kollektiv zu verbessern (vgl. zum Netzwerk *Care Revolution* Kapitel 2.2).

Angesichts ihrer Kritik an den unzumutbaren Zeiten und der zu geringen Entlohnung ihrer Erwerbsarbeit fällt auf, dass keine der Frauen je mit Betriebsräten oder Gewerkschaften in Berührung gekommen ist. Dies hat auch mit ihren Erwerbsarbeitsverhältnissen zu tun: Petra hat im Nachtclub ein sehr gutes Einkommen erzielt, war als Selbstständige bzw. Geschäftsführerin keine Adressatin dieser Institutionen und als angestellte Bürokraft überwiegend in kleinen Betrieben ohne Betriebsrat tätig. Silvia ist es gelungen, weitestgehend bruchlos beschäftigt zu bleiben, Kinderbetreuung und Erwerbsarbeit zu stemmen und von ihrem Lohn zu leben: „Ich kann nicht klagen, kann nicht klagen. Also wie gesagt, Geld hat immer gestimmt, das ist das A und O. Das muss sein." Sie mag daher selbst keinen Anlass gesehen haben, sich zu organisieren, oder hatte angesichts des geringen Organisierungsgrads im Reinigungsgewerbe keine Möglichkeit dazu.[14] An Katjas Einsatzorten fehlten betriebliche Unterstützungssysteme bisweilen: „Nicht überall gibt es einen Betriebsrat", berichtet sie. Zudem war sie i. d. R. Teil von Randbelegschaften mit hoher Fluktuation, deren gewerkschaftliche Vertretung kompliziert ist.[15] Und schließlich empfindet sie das Risiko eines offen ausgetragenen Arbeitskonflikts als recht hoch: „Und wie viele haben Angst, ihren Job zu verlieren. [...] Nicht jeder kann sich leisten, dahin zu laufen und seinen Job zu verlieren." Von kollegialen Arbeitsbeziehungen, ob als Ressource oder Belastung, berichtet keine der Frauen. Insofern scheinen sie nicht nur im häuslichen Rahmen weitgehend individualisiert zu sein, sondern auch in der Erwerbsarbeit (vgl. im Unterschied dazu zur Bedeutung von Teams Kapitel 2.2).

---

[14] Das Reinigungsgewerbe gilt u. a. wegen prekärer und fragmentierter Arbeitsbedingungen und Sprachbarrieren als schwer organisierbar. Gleichwohl konnte die IG BAU in der Tarifrunde 2022 mit der unkonventionellen Methode einer Blitzumfrage und dem so ermittelten Szenario massenhafter Kündigungen eine Lohnsteigerung von 12,5 Prozent erringen und so in der untersten Lohngruppe mit 13 Euro über dem Mindestlohn bleiben (Boewe 2022).

[15] Für Leiharbeiter:innen ist laut Arbeitnehmerüberlassungsgesetz (AÜG) der Betriebsrat der Verleihfirma zuständig, in der aber häufig keiner existiert. Für Schicht- und Urlaubsplanung, Verhalten im Betrieb sowie bei Entsendung über drei Monaten ist der Betriebsrat der Entleihfirma Ansprechpartner, was Katja ggf. nicht wusste (DGB-Rechtsschutz o. D.). Kürzlich konnte die DGB-Tarifgemeinschaft für die Leiharbeit bis zu 13 Prozent Lohnsteigerung, jedoch nicht die geforderte Inflationsprämie, verhandeln (DGB 2023).

Die Vereinzelung und mangelnde Einbindung der Frauen gilt indes nicht nur für erwerbsarbeitsbezogene Interessenvertretungen, sondern auch für Initiativen, soziale Bewegungen und bedingt auch für Parteien, die sich für einige der in den Interviews angesprochenen Veränderungsnotwendigkeiten einsetzen. Inwieweit die Frauen ansprechbar für inklusive Strategien wären, ist angesichts ihrer Erfahrung von Klassismus und Rassismus einerseits und der klassistischen und/oder rassistsischen Abgrenzung von Anderen andererseits offen. So schwankt etwa Silvia zwischen Empathie mit und Abwertung von Obdachlosen in Berlin. Während ihr bewusst ist, dass da auch „mitunter Ingenieure" sitzen und sie im Zweifel selbst betroffen sein könnte, spricht sie auch abwertend von einem „Straßenpenner", der mithilfe der Polizei aus ihrem Haus entfernt werden sollte. Dass er vor deren Eintreffen ermordet wurde, findet sie allerdings als „ganz schlimm". Und während ihre Beteiligung an Initiativen und Kampagnen gegen die Praktiken der Deutsche Wohnen wie etwa bei *Kotti & Co*[16] angesichts ihrer Kritik an der Vernachlässigung möglich erscheint, grenzt sie sich mit rassistischen und klassistischen Abwertungen von potenziellen Mitstreiter:innen ab: „[W]ie ich hier eingezogen bin vor 20 Jahre, ich dachte, ich bin hier im Hotel. Ist wirklich so. Aber das hat so abgelassen alles, so runter. Richtig runtergewirtschaftet ist das alles. Und warum? Weil hier sämtliches Zeug drinnen wohnt, was hier nicht reingehört. [...] Kaum noch Deutsche." Und am nahe gelegenen „Asylantenheim" stört sie, dass „die [...] ja keine Miete [zahlen], das zahlt ja der Staat", während die Eigentümer von ihr, wenn sie dort einziehen würde, „700 Euro nehmen" würden. Inwieweit es gelingen könnte, diese diskriminierende Abgrenzungshaltung zu überwinden, sollte es eine Organisierung der Mieter:innen ihres Hauses geben, ist offen.

Katja schwankt zwischen Empathie für Erwerbslose und Abgrenzung ihnen gegenüber, obwohl sie selbst zeitweise ohne Job war. Dass sie im Zuge der Einführung des Hartz-IV-Regimes „in einem Topf" mit Menschen gelandet ist, die „Sozialhilfe" beziehen, weil sie „nicht arbeiten können aufgrund von Suchterkrankungen, aufgrund was auch immer", empfindet sie als Abwertung ihrer Person. Zugleich zeigt sie aber auch Verständnis für deren Lage. „Obdachlose" hingegen, die in ihren Augen ohne Gegenleistung „noch was [kriegen]", könne sie „wortwörtlich, anbeißen". Ihre Orientierung an einem Leistungsethos in der Erwartung eines angemessenen Lohns für harte Arbeit ist angesichts ihrer knapp 30-jährigen Erwerbsarbeitslaufbahn, langjährigen Armut und absehbaren Altersarmut brüchig geworden: „[E]igentlich es lohnt sich nicht, arbeiten zu gehen", resümiert sie und meint, dass man sich eigentlich „täglich 'nen vernünftigen Grund" suchen müsste, „warum du nicht arbeiten gehen kannst". Sie ist angesichts der Alternative *working poor* oder erwerbslos arm nicht zuletzt wegen des Anerkennungsdilemmas hin und her gerissen. Einerseits gehe man „wegen dieses Drucks und wegen dieser Anerkennung"

---

16   In der Initiative organisieren sich Mieter:innen für das Recht auf guten und bezahlbaren Wohnraum (vgl. https://kottiundco.net/).

arbeiten, andererseits vermeide man Erwerbslosigkeit wegen „des Gegenteils von Anerkennung, weil man nicht arbeiten geht".

Als „verkannte Leistungsträgerin" (Mayer-Ahuja & Nachtwey 2021) grenzt sie sich allerdings nicht nur horizontal bzw. nach unten von Anderen ab, sondern beruft sich auch auf ein kollektives „Wir", das gemeinsam in einem bestimmten Verhältnis zu übergeordneten Klassen steht. Dass ihr im Rentenbescheid bei der Scheidung mitgeteilt wurde, fortan „2.400 netto monatlich" verdienen zu müssen, um mit 67 Jahren „1.000 Euro Rente" zu bekommen, kommentiert sie kritisch: „Fragen wir mal ganz laut: ‚Wie viele kriegen 2.400 netto monatlich ausgezahlt, alleinerziehend, vollbeschäftigt? Die würde ich gerne sehen. Die bei Aldi, Lidl, Netto arbeiten? Nee." Aufgrund ihrer fast 30-jährigen Erwerbsarbeit ist ihr klar, dass im Niedriglohnsektor Arbeitende nicht in Vollzeit und schon gar nicht als Alleinerziehende in Teilzeit ein entsprechendes Einkommen erzielen können: „Wer kriegt das Geld? Keiner. Das heißt, wir alle [sind] unter 1.000 Euro und drunter. Und 1.000 Euro – kann ich jetzt nicht überleben mit, sag' ich mal. Deswegen sag' ich eigentlich, es lohnt sich nicht, arbeiten zu gehen." Für dieses „Wir", die Gruppe der prekär Beschäftigten und insbesondere der Alleinerziehenden, gilt aus Katjas Sicht, dass der implizite Gesellschaftsvertrag, durch harte Arbeit Anerkennung und bis ins Rentenalter ein fürs Leben notwendiges Einkommen generieren zu können, zerbrochen ist. Und im Gegensatz zur neoliberalen Rede von „Unternehmer:innen, Manager:innen, Berater:innen und all jenen, die Geld, Macht und Einfluss haben" (Mayer-Ahuja & Nachtwey 2021, 15) als Leistungsträger:innen, ist Katja klar, wer „den Laden am Laufen" hält (13): „Wenn wir so weit sinken, dann haben sie oben auch nichts mehr. Dann bricht alles zusammen. Weil wenn wir alle zusammenbrechen, aufgrund von Stress, Druck, mehr Arbeit oder weniger Leuten, dann haben die da oben auch nix mehr. Weder Geld noch Vermögen noch irgendwas. Dann müssen sie alle wegfahren, dahin, wo's noch geht."

Zusammenfassung

Die Lebensläufe und Erfahrungen von Katja, Petra, Jenny und Silvia werfen Schlaglichter auf Handlungsproblematiken und Bedingungen, die für das Leben von (alleinerziehenden) Frauen in prekären Berliner Verhältnissen charakteristisch sind: Familie und Schule fungieren als Platzanweiser in der Sozialstruktur, Schwangerschaften unterbrechen Ausbildungswege mit langfristigen Folgen für die Erwerbsbiografie, ungleiche Geschlechterarrangements und patriarchale Gewalt führen dazu, dass Frauen das Leben als Alleinerziehende dem Verbleib in einer Kleinfamilie vorziehen. Als Arbeitskräfte mit geringer Marktmacht landen Alleinerziehende überdurchschnittlich oft im Niedriglohnsektor oder, auch aufgrund der nachrangingen Vergabe von Kita-Plätzen, häufig im ALG-II-Bezug. Das deutlich höhere Armutsrisiko materialisiert sich für die Frauen und ihre Kinder im Verzicht u. a. auf kulturelle Teilhabe, zudem ist die Einkommensarmut mit der Aussicht auf Altersarmut (vgl. Kapitel 5) verknüpft. Neben der materiellen Prekarität ist der Familienalltag durch strukturell nicht bewältigbare zeitgleiche Anforderungen gekennzeichnet. Erwerbsarbeit, unbezahlte Sorgearbeit und Zeit füreinander und sich selbst sind allein nicht unter einen Hut zu bringen, sodass Sorgelücken entstehen, die das reproduktive Netz der Frauen und ihrer Kinder ausdünnen. Dank großer Kraftanstrengungen sichern die Frauen ihr Leben und das ihrer Kinder. Zur Existenzsicherung sind sie auf informelle Unterstützungsnetzwerke angewiesen, die teilweise familiär, freundschaftlich oder nachbarschaftlich organisiert werden, deren Vorhandensein aber – anders als ein rechtlicher Anspruch – nicht einklagbar ist. Das Arrangement ist fragil. Im ‚Vereinbarkeitskonflikt' zwischen Erwerbsarbeit und Sorge für andere bleibt die Sorge für sich selbst auf der Strecke – mit entsprechenden psychischen und gesundheitlichen Konsequenzen. Im Hintergrund wirken die einleitend skizzierten und im Verlaufe der Darstellung herausgearbeiteten gesellschaftlichen Organisationweisen von Erwerbsarbeit, häuslich-unbezahlter und öffentlich-bezahlter Sorgearbeit sowie Geschlechterverhältnissen und Migrationsregimen (vgl. Kapitel 3.1). Mit Blick auf ihre Lebensverläufe und Lage stehen bei den Protagonistinnen dieses Kapitels solidarische und abgrenzende, akzeptierende und empörte Verarbeitungsweisen in ihrer Widersprüchlichkeit nebeneinander. Um die relevanten Bedingungsgefüge in Richtung Anerkennung und solidarische Vergesellschaftung unbezahlter Sorgearbeit, Entprekarisierung von Erwerbsarbeit etc. zu verändern, bedarf es kollektiver Organisationsformen, die für unbezahlte Sorgearbeiterinnen wie Katja, Silvia, Petra und Jenny zugänglich(er) wären. Anknüpfen könnten entsprechende Initiativen und Organisationen jedenfalls an ihre solidarisch-transformativen Haltungen.

2.2 Sorge um alte Menschen unter Hochdruck: Louis und Paul

Die Lebensqualität der zahlreichen älteren bzw. hilfsbedürftigen Berliner:innen hängt ebenso vom Zustand des Pflegesystems ab wie die Arbeits- und Lebensqualität der Fachkräfte. Wir nähern uns dieser für Klassenverhältnisse relevanten Schnittstelle von bezahlter Sorgearbeit und Umsorgt-Werden mit zwei Berlinern, die, aus Westafrika kommend, als Pflegekräfte in stationären Altenpflegeeinrichtungen erwerbstätig sind. Insbesondere mit Blick auf überbetriebliche Strategien zur Verbesserung der Arbeits- und Lebensbedingungen in Altenheimen beziehen wir Informationen und Einschätzungen von drei Expert:innen verschiedener Organisationen ein.

Louis*[17] ist zum Zeitpunkt des Interviews Mitte 50. Er hat in seinem westafrikanischen Geburtsland einen Ausbildungsberuf erlernt und war in diesem dort fast 20 Jahre selbstständig tätig. In die Bundesrepublik Deutschland kam er vor etwas mehr als zehn Jahren im Zuge einer Familienzusammenführung. Louis erinnert die ersten Jahre nach seiner Ankunft in Berlin als Zeit mit „zu vielen Schwierigkeiten". Er hielt sich mit prekären Jobs über Wasser, zuerst als Küchenhilfe, dann als Reinigungskraft. Unterstützung bekam er von einer guten Freundin, die ihm auch die Weiterbildung zum Pflegehelfer empfahl. Er absolvierte den Pflegebasiskurs und arbeitet mittlerweile seit sechs Jahren bei einem privaten Träger in der stationären Altenpflege. Sein Sohn und er teilen sich ein Zimmer, sind aber auf der Suche nach einer größeren Wohnung. Louis arbeitet am liebsten im Frühdienst, um nachmittags mit seinem Sohn Hausaufgaben oder Sport machen zu können, und findet: „Es macht Spaß mit ihm."

Paul* ist zum Zeitpunkt des Interviews Mitte 30 und kam vor zehn Jahren als Geflüchteter in die Bundesrepublik Deutschland. Dabei gefällt ihm Berlin, weil es „einfach multikulti ist". Während seines Asylverfahrens besuchte er Sprachkurse und engagierte sich für andere Geflüchtete. Auch er ist in einem Dienstleistungsberuf ausgebildet und hat in diesem knapp zehn Jahre Erfahrungen gesammelt. Paul bekam im Landesamt für Gesundheit und Soziales (LaGeSo) den Hinweis auf den Pflegebasiskurs. Nachdem er den Sprachkurs erfolgreich beendet hatte, absolvierte er diese Weiterbildung. Seit etwa drei Jahren ist er als Pflegehelfer bei einem öffentlichen Träger in der Altenpflege tätig. Paul lebt allein in einer kleinen Wohnung. Für sein noch junges Kind schickt er monatlich Geld zu seiner Familie in einem westafrikanischen Land.

Laura und Kalle begleiten seit vielen Jahren die Arbeitskämpfe der Berliner Krankenpfleger:innen, Kalle als ehemaliger Gewerkschaftssekretär und Laura im unterstützenden Bündnis Gesundheit statt Profite. Sie fragen sich, wer „das gesund-

---

17 Bei den um das *-Zeichen ergänzten Namen handelt es um Pseudonyme. Im weiteren Verlauf werden diese Namen ohne dieses Zeichen verwendet. Zum Verfahren der Anonymisierung und Pseudonymisierung vgl. Kapitel 1.2.

heitspolitische Subjekt jenseits der Beschäftigten" sein könnte, und hoffen auf eine Verbreiterung der Bewegung durch Patient:innen, Pflegende Angehörige oder andere (unbezahlte) Sorgearbeiter:innen. *Barbara* entwickelt seit vielen Jahren gemeinsam mit zahlreichen Mitstreiter:innen einen klassenbewussten Feminismus. Sie hat das Netzwerk *Care Revolution* mitgegründet, sich mit der Finanzialisierung der Altenpflege befasst und versteht *Sorgende Städte* als einen möglichen Ausweg aus der Krise der Sorgearbeit.

Das themenzentrierte zweistündige Expert:inneninterview mit Laura und Kalle hat im Sommer 2021 stattgefunden. Mit Louis und Paul führten wir im Frühjahr 2022 ein biografisch angelegtes, aber dann doch themenzentriertes, um Arbeitsbedingungen kreisenden knapp zweistündiges Interview. Louis hat dabei teils auf Deutsch, teils auf Französisch auf unsere Fragen geantwortet. Die auf Französisch gegebenen Antworten werden in der (konsekutiven) Übersetzung eines Dolmetschers zitiert. Das themenzentrierte anderthalbstündige Interview mit Barbara wurde im Frühjahr 2023 geführt.

Auf dieser Grundlage wird im ersten Teil geschildert, wie die Sorge um alte Menschen als Beruf derzeit in Berlin gestaltet ist, welche politischen Maßnahmen den Druck auf Altenpflegekräfte wie Louis und Paul erhöhen und folglich die Lebensqualität der pflegebedürftigen Menschen mindern. Im zweiten Teil geht es einerseits um individuelle und gesellschaftliche Folgen der gesellschaftlichen Organisation und politischen Regulation der Altenpflege auf Kosten von Beschäftigten und Pflegebedürftigen. Andererseits wird geschildert, welche Umgangsweisen Pflegekräfte unter diesen Bedingungen finden, um negative Folgen abzuwenden, und wie es gelingen kann, innerbetrieblich für Entlastung zu sorgen. Im dritten Teil werden Befürchtungen und Hoffnungen von Pflegekräften in Bezug auf ihr(en) Leben(slauf) geschildert und erörtert, welche überbetrieblichen Handlungsmöglichkeiten es gibt bzw. geben könnte, um die für die Beschäftigten und Pflegebedürftigen gefährlichen Arbeits- und Lebensumstände in der Berliner Altenpflege zu verbessern.

„Ich denk' sofort an meine Eltern." Sorgearbeit als Beruf im 21. Jahrhundert

Die Pflege wurde in der DDR und BRD sukzessive und vollends in den 1960er-Jahren als dreijähriger Ausbildungsberuf zur Profession (Jürgensen 2019, 9 ff.). Und während die Krankenpflegekräfte zunächst die Altenpflege mit übernahmen, verselbstständigte sich dieser Zweig nach und nach. Dabei gingen die westdeutschen Bundesländer unterschiedliche Wege, letztlich wurde aber auch hier eine dreijährige Ausbildung zur Fachkraft etabliert, neben der unterschiedliche einjährige kürzere Ausbildungswege zu Pflegehilfeberufen existierten. Letztere wurden 2003 mit der bundesweit einheitlichen Neuregelung der Pflegeberufe fallengelassen, existierten in einigen Bundesländern in der Altenpflege aber fort, nahmen in ihrer Bedeutung wieder zu und wurden ab 2013/14 von den Konferenzen der Gesundheits- sowie

Arbeits- und Sozialministerien zum Stichjahr 2016 in Abgrenzung zur dreijährigen Ausbildung reguliert (sogenanntes Eckpunktepapier, Bundesanzeiger 2016).

Als Louis und Paul um bzw. nach 2015 Zugang zum Altenpflegeberuf suchten, war daher eine Hierarchie zwischen drei- und mindestens einjähriger Ausbildung zur Pflegefachkraft bzw. Pflegehilfskraft institutionalisiert. Wie die beiden Zugang zur berufsförmigen Sorge um ältere und pflegebedürftige Menschen fanden, wird vor diesem Hintergrund im ersten Abschnitt beschrieben. Mit der Hierarchisierung von Qualifikationsstufen des Pflegeberufs wird eine Abspaltung und Abwertung bestimmter Sorgetätigkeiten innerhalb jener Profession fortgesetzt, die in ihrer Entstehung als weibliche Berufung den medizinischen Professionellen dienend zuarbeiten sollte (Jürgensen 2019, 15; Haubner 2017, 167 f.). Der zweite Abschnitt wirft vor diesem Hintergrund einen Blick auf den Kontrast zwischen pflegerischen ‚Hilfs'-Arbeiten und ihrer Bedeutung für das Wohlergehen der pflegebedürftigen Menschen. Im dritten Abschnitt wird betrachtet, wie die rationierte Finanzierung der Altenpflege und ihre Gestaltung auf einem gesetzlich erzeugten (Quasi-)Markt das Wohlergehen der Pflegekräfte und Pflegebedürftigen gefährden. Dass Konflikte mit Angehörigen auch angesichts der geschilderten Bedingungen nicht ausbleiben und wie sie sich im Alltag zeigen, thematisiert der vierte Abschnitt. Im abschließenden fünften Abschnitt werden Existenz und Dynamiken von Rassismus im Stationsalltag beschrieben.

„Wir machen das Gleiche."
Stratifizierung der Pflegearbeit als Problem und bedingte Chance

Am Beispiel von Katja, die Ende der 1990er-Jahre aus dem Baltikum in die Bundesrepublik Deutschland kam, ist die Entwertung von erworbenen Qualifikationen im Zuge der Einwanderung bereits angesprochen worden (vgl. Kapitel 2.1). Auch Louis und Paul verloren mit ihrer Ankunft in Berlin die Anerkennung ihrer Fachausbildungen. Louis war in der Folge zunächst auf ungelernte Erwerbsarbeit im Niedriglohnsektor angewiesen. Beide hätten in Deutschland gern wieder in ihren Berufen gearbeitet. Sie unterzogen sich allerdings – ähnlich wie die Ostberlinerin und ausgebildete Köchin Silvia nach der Wende (vgl. Kapitel 2.1) – nicht einer vollständigen Wiederholung ihrer Ausbildung, zumal sie bereits ein bzw. zwei Jahrzehnte Berufserfahrung gesammelt hatten. Dabei spielte auch eine Rolle, dass sie für sich selbst und „wegen der Kinder" (Louis) darauf angewiesen waren, möglichst schnell Geld zu verdienen. Insofern kam das spezifisch für Geflüchtete entwickelte und unbezahlte, immerhin aber kostenlose Angebot einer Weiterbildung zur Pflegekraft mit integriertem Sprachkurs ihnen gelegen.[18] Aus Sicht der Anbieter sollte der Pflegebasiskurs als „Brücke zum Aufenthalt" mittels Arbeitserlaubnis dienen und

---

[18] In Berlin wurden 2015 erstmals Pflegebasiskurse speziell für Geflüchtete angeboten. In einem drei- bis viermonatigen Vollzeitkurs werden die Grundlagen der Pflege erlernt und (wenn nötig) wird zuvor ein Sprachkurs absolviert. Die Kurse werden von öffentlichen, kirchlichen oder privaten Trägern angeboten, in Berlin übernimmt der Senat die Kosten (Verdi o. D.; Diakonie 2016; Wildermann 2017; Badelt 2018).

hierfür den Vorteil des „Mangelberufs Pflege" nutzen, wie der kontaktierte Mitarbeiter eines Trägers telefonisch erläuterte.

Hintergrund ist, dass der Fachkräftemangel bundesweit in den Pflegeberufen und insbesondere in der Altenpflege im Vergleich zu allen anderen Ausbildungsberufen am höchsten ausfällt (Seyda et al. 2021). Auch in Berlin herrscht ein Mangel an Fachkräften (SenGPG 2020, 8). Trotzdem fällt das Machtgefälle eher zuungunsten der potenziellen Arbeitskräfte aus: Anbieter und Kostenträger füllen die Fachkräftelücke mit gering qualifizierten und billigeren Arbeitskräften, während Louis und Paul wie andere Migrant:innen, deren Marktmacht durchs Migrationsregime entwertet wurde oder deren Aufenthaltsrecht befristet ist, existenziell darauf angewiesen sind, überhaupt einen Zugang zum Arbeitsmarkt zu finden. Die Strategie, dem Fachkräftemangel zu begegnen, indem Menschen ohne (formell anerkannte) Qualifikation (darunter auch Bundesbürger:innen ohne Hauptschulabschluss) oder sicheren Aufenthaltstitel der Zugang zu einer Erwerbstätigkeit in der Altenpflege eröffnet wird, war von den zuständigen Ministeriumskonferenzen bundesweit ermöglicht worden (Jürgensen 2019, 22; Bundesanzeiger 2016) und blieb in Berlin unter dem rot-grün-roten Senat Programm (SPD et al. 2021, 30). In ihr drückt sich einerseits das fürs bundesdeutsche Migrationsregime prägende Spannungsverhältnis zwischen Exklusion und abwertender Inklusion in prekäre Arbeitsmarktsegmente (Maaroufi 2020) aus, in die Migrant:innen (in-)direkt gelenkt werden: „Die [Mitarbeiter:innen in der LaGeSo] bieten dieses Angebot den Flüchtlingen an", erinnert sich Paul. Dass Paul und Louis einen Teil ihres in Berlin generierten Einkommens an ihre im Ausland lebenden Kinder weiterleiten, ist zudem Kennzeichen davon, dass globale Sorgeketten nicht nur (vorwiegend) Frauen wie Katja (vgl. Kapitel 2.1) im häuslichen Rahmen einspannen (Haubner 2017, 370 ff.), sondern auch Migranten wie Paul und Louis in der stationären Pflege alter Menschen.[19] Andererseits wird mit den von Paul und Louis absolvierten Weiterbildungen ein Trend zur hierarchisierenden Rationalisierung von Sorgearbeit fortgesetzt. Die von den beiden absolvierte Weiterbildung institutionalisiert ein Qualifikationsniveau bezahlter Pflegearbeit noch unterhalb der bundesweit verbindlichen Mindeststandards der Ausbildung zur staatlich anerkannten Pflege*hilfs*kraft (Bundesanzeiger 2016). Sie ergänzt die bereits etablierte Hierarchisierung von ausgebildeten Pflegefachkräften und Pflegehilfskräften um eine unqualifizierte Pflegehilfe (Jürgensen 2019, 14 f.),[20] wobei die letzteren Gruppen die gleiche Arbeit verrichten: „Heutzutage, es ist gleich, ob du eine einjährige Ausbildung gemacht hast oder einen Basiskurs. Egal, was man macht,

---

19   Ein wesentlicher Unterschied liegt darin, dass Live-In-Sorgearbeiter:innen in einem teils kriminellen Gewerbe massiven Gefährdungen ausgesetzt sein können (Aulenbacher et al. 2021). Katja (vgl. Kapitel 2.1) deutet dies an, wenn sie davon berichtet, dass sie mit „ihrer Familie" im Unterschied zu einer Kollegin „Glück" gehabt habe.

20   Die Bezeichnungen der unterschiedlichen Qualifikationsstufen variieren u. a. nach Bundesländern (Jürgensen 2019, 15). Wir bezeichnen Personen mit dreijähriger Ausbildung als Pflegefachkräfte und solche mit mindestens einjähriger Ausbildung als Pflegehilfskräfte. Personen ohne Ausbildung, aber mit einer zertifizierten Weiterbildung bezeichnen wir als Pflegehelfer:innen. Alle in der Altenpflege beruflich Tätigen werden als Pflegekräfte bezeichnet.

es ist die gleiche Aufgabe. Aber beide verdienen nicht das Gleiche", kritisiert Paul. Die hierarchisierende Öffnung des Berufs für unterschiedliche Zielgruppen soll dem Fachkräftemangel entgegenwirken, trägt aber auch zur Reduktion von Personalkosten bei. Paul und Louis sind wie Katja (vgl. Kapitel 2.1) somit Teil einer transnationalen Regulation von Sorgearbeit, die deren bezahlten Sektor qualifikatorisch und finanziell abwertet und dann vulnerablen Segmenten der Lohnabhängigen zuweist.

„Die wissen nicht, wann sie Wasser trinken müssen."
Abwertung lebensspendender Arbeit

Die Hierarchisierung des Pflegeberufs ist auch Ausdruck seiner Rationalisierung, was Konsequenzen für den Arbeitsinhalt hat, der sich in einer besonderen Beziehung zwischen pflegenden und pflegebedürftigen Menschen vollzieht. Grundlage ist die Vorstellung, Sorgearbeit in der Tendenz so zergliedern zu können wie die tayloristische Fließbandproduktion von Gütern (Taylor 1911; Dück 2022, 99f.; vgl. zum digitalisierten Taylorismus Kapitel 3.2). So werden die als anspruchsvoller geltenden medizinnahen Tätigkeiten von eher körpernahen Tätigkeiten zur Unterstützung der Alltagsgestaltung getrennt. Letztere werden dann als sogenannte Grund- und Körperpflege abgewertet und geringer qualifizierten sowie schlechter bezahlten Pflegekräften zugewiesen (Jürgensen 2019, 16). Unterstellt wird dabei, dass Pflegehilfskräfte in weniger schweren und stabilen Pflegesituationen tätig sind und Pflegefachkräfte in schwierigen und instabilen Pflegesituationen (ebd.). Diese Konstruktion erweist sich im Alltag als sinnwidrig und realitätsfern.

Der Arbeitsalltag von Louis und Paul in der stationären Pflege schwer demenzkranker alter Menschen zeigt, dass die qualifikatorische und finanzielle Abwertung der „Grundpflege", für die sie zuständig sind, im Kontrast sowohl zu der Bedeutung, die die entsprechenden Tätigkeiten für die pflegebedürftigen Senior:innen haben, als auch zum Schweregrad der Arbeit, die sie verrichten, steht. „Ich bin immer noch bei [Name des Trägers] bis jetzt, obwohl es nicht einfach ist", beginnt Paul die Erläuterung seiner Arbeitsabläufe. Bei den mental und körperlich eingeschränkten Bewohner:innen geht es um eine äußerst engmaschige Begleitung ihres Alltags vor dem Frühstück, Mittag- und Abendessen sowie im Tagesverlauf: „Körperpflege natürlich und es gibt auch manche Patienten oder Bewohner, die immobil sind. Da muss aber der Pflegehelfer alles übernehmen." Im Einzelnen ist erforderlich, den Senior:innen beim Waschen, Zähneputzen, Nägelschneiden, Rasieren, bei der Nahrungsaufnahme und auch bei den Ausscheidungsprozessen etwa durch das Wechseln von Inkontinenzmaterial oder die Begleitung zur Toilette zu assistieren. Zwischen diesen Schritten „mobilisieren" die Pflegekräfte die Bewohner:innen von Raum zu Raum, heben also bettlägerige Patient:innen aus der Horizontale in Stühle oder Rollstühle und wieder zurück. Die für diese Prozesse vorgesehene technische Aufstehhilfe zu holen, würde eine zeitliche Verzögerung verursachen, die man sich im äußerst verdichteten Stationsalltag nicht leisten kann. „Ehrlich, das ist ein Knochenjob", resümiert Paul den körperlichen Schweregrad dieser Arbeit. Welche Verantwortung die Pflegehelfer:innen dabei tragen, verdeutlicht er am Beispiel der

Kontrolle der Flüssigkeitsaufnahme: „Also, Wasserrunde oder Saftrunde machen bei allen, weil die Demenzpatienten vergessen schnell, die wissen nicht, was Wasser bedeutet, die wissen nicht, wann sie Wasser trinken müssen."

Paul, Louis und ihre Kolleg:innen sichern mit der sogenannten Grund- und Körperpflege aber nicht nur das Überleben der ältesten bzw. pflegebedürftigen Gesellschaftsmitglieder, sondern versuchen, ihnen auch in sozialkommunikativer Hinsicht ein Gegenüber zu sein und für einen menschenwürdigen Lebensabend zu sorgen. Wenn man Zeit habe, dann würde man auch einen „Spaziergang mit den Patienten [machen] oder bisschen an der frischen Luft eine rauchen. Oder auch mit den Patienten bisschen unterhalten. Also, nur mit denen, die im Kopf bisschen klar sind", meint Paul. Dieser auf den ersten Blick trivial erscheinende Aspekt der Arbeit ist aufgrund der Demenzerkrankung der Bewohner:innen emotional anspruchsvoll, wie Louis erläutert: „Also, es ist nicht so einfach, man braucht eigentlich ein Herz dafür, um diese Arbeit zu machen, weil es gibt Patienten, die teilweise aggressiv sind und auch aggressiv gegenüber den Leuten, die da arbeiten." Sich im Alltag immer wieder den dementen Bewohner:innen zuzuwenden und dabei beruhigend und ausgleichend zu agieren, erfordert Geduld und Empathie: „Und ja, wenn man kein Herz hat, dann geht es nicht", meint Louis. Er scheint diese emotionale Energie auch deshalb entwickeln zu können, weil er sich für seine Eltern, die er missen muss und nicht selbst versorgen kann, einen menschlichen Umgang wünscht: „Ich denk' sofort an meine Eltern."

Die von Louis, Paul und ihren Kolleg:innen geleistete Sorgearbeit ist im Ganzen wie im Detail für einen gesicherten und menschenwürdigen Lebensabend unverzichtbar. Den Beschäftigten ist die Bedeutung ihrer Arbeit auch bewusst: 93 Prozent der Altenpflegekräfte meinen, mit ihr einen wichtigen Beitrag für die Gesellschaft zu leisten, unter allen Beschäftigten sind es nur 67 Prozent (DGB 2018, 4). Zu ihrer adäquaten Umsetzung ist eine Mischung aus qualifizierten Fachkenntnissen sowie emotionalen und sozialkommunikativen Fähigkeiten notwendig. Der Versuch einer Rationalisierung des Berufsfeldes durch eine Trennung der sorgenden Tätigkeiten in medizinisch-technische und körperversorgende Aspekte, während affektivkommunikative Dimensionen der Arbeit in der Kostenkalkulation außen vor gelassen werden (Müller 2014), ist mit Blick auf die Lebensqualität der Bewohner:innen weder theoretisch sinnvoll noch praktisch ohne Qualitätsverlust umsetzbar. So ist bspw. die Gabe von Medikamenten oder der Wechsel von Inkontinenzmaterial ohne den Versuch eines empathischen Beziehungsaufbaus eine Grenzüberschreitung, wenn nicht gar eine entwürdigende Erfahrung für die Pflegebedürftigen (ebd.).

Die dreistufige Hierarchisierung von Sorgetätigkeiten mit der abwertenden Delegation körpernaher, intimer und kommunikativer Tätigkeiten an die geringer qualifizierten Pflegekräfte ist im Stationsalltag auch nicht konsequent durchzuhalten. So macht Paul im engen Kontakt auch relevante Beobachtungen zum medizinischen Zustand der Senior:innen, obwohl die medizinische Versorgung eigentlich den Pflegefachkräften vorbehalten ist: „Ja, aber als Pfleger hat man auch schon einen Überblick über Gesundheitszustände von den Patienten. Man weiß auch, wenn man schon drei Tage im Dienst ist, man weiß schon fast alles." Die von Louis, Paul und ihren Kolleg:innen geleistete lebenssichernde und -spendende Sorgearbeit wird insofern zu Unrecht abgewertet und ihre Abspaltung von medizinischen Tätigkeiten ist der praktischen Umsetzung guter Pflege nicht zuträglich.

„So was von stressig."
Ökonomisierte Pflegekräfte und Pflegebedürftige

In den Berliner Altenpflegeheimen arbeiten (Stand 2019) rund 23.000 Personen, von denen weniger als die Hälfte i. e. S. fachlich ausgebildet ist (SenWGPG 2022, 68), die knapp 30.000 Pflegebedürftige vollstationär und rund 40.000 Pflegebedürftige teilstationär (24) versorgen. Ihre berufliche und persönliche Lage hängt von der Art und Weise der politischen Regulation der Altenpflege ab. Für die stationären (wie ambulanten) Dienste ist die Teilfinanzierung der Pflegeversicherung maßgeblich, die Leistungen nicht nach Bedarf gewährt, sondern rationiert und diese Grundversorgung zudem staffelt (Haubner 2017, 191ff.).[21] Der daraus resultierende Kostendruck auf einem gesetzlich geschaffenen (Quasi-)Markt[22] privater, freigemeinnütziger und weniger öffentlicher Anbieter[23] zwingt alle zu einem betriebswirtschaftlichen Management der Ressourcen (194). Dabei macht das Personal einen wesentlichen Kostenfaktor aus, weshalb tendenziell mit möglichst wenig bzw. kostengünstigem Personal eine möglichst große Anzahl von Bewohner:innen betreut werden muss (Schmedes 2021, 87; Breinbauer 2020, 55). Diese betriebswirtschaftliche Logik steht im Widerspruch zu der Logik der Sorge für alte und pflegebedürftige Menschen, die sich nicht ohne negative Folgen für die Versorgten und Sorgenden beschleunigen lässt (Haubner 2017, 159).

---

21 Dementsprechend wird die Logik der 1995 eingeführten Pflegeversicherung als beitragsfinanzierte Teilkaskoversicherung im Unterschied zu einer bedarfsorientierten Vollkaskoversicherung bezeichnet (Haubner 2017, 185). Pflegeleistungen wurden durch Pflegestufen streng gestaffelt gewährt. Mit Einführung der Pflegegrade 2017 werden Zugang und Umfang der Leistungen etwas erleichtert bzw. verbessert, am Grundprinzip ändert sich jedoch nichts. Die Kosten der Unterbringung müssen die Pflegebedürftigen (oder ihre Angehörigen) aufbringen oder es wird die Grundsicherung dazu herangezogen (Trautvetter 2023, 15).

22 Ein Quasi-Markt wurde bei Einführung der Pflegeversicherung 1995 durch die Abkehr vom Bedarfsprinzip und durch die Rationierung der Sozialversicherungsbeiträge geschaffen, die alle Anbieter zur Erwirtschaftung von refinanzierbaren Leistungen zwingen. In Bezug auf die von den Pflegebedürftigen bzw. ihren Angehörigen privat zu tragenden Unterbringungskosten, die den weit größeren Anteil ausmachen, ist ein echter Markt entstanden. Im Effekt setzt sich ein Marktlogik durch und können Einrichtungen unabhängig von ihrer Rechts- und Eigentumsform sowie ihrem Zweck in die Insolvenz geraten (vgl. dritter Teil, letzter Abschnitt).

23 Mit der Einführung der Pflegeversicherung 1995 war das Ziel verbunden, die traditionell durch freigemeinnützige und öffentliche Träger erbrachte Dienstleistung für privatwirtschaftliche Unternehmen zu öffnen. Kommunale Träger sollen nur zum Zuge kommen, wenn der Bedarf nicht anders gedeckt werden kann (SGB XI § 11 (2)). In den letzten knapp zehn Jahren (2011–2019) ist der Anteil der privaten stationären Einrichtungen in Berlin von unter auf knapp über 50 Prozent gestiegen, der Anteil der freigemeinnützigen Anbieter sank von knapp 50 Prozent auf weniger als 45 Prozent und der Anteil öffentlicher Einrichtungen blieb verschwindend gering (SenWGPG 2022, 51).

Im Arbeitsalltag von Paul und Louis zeigen sich dementsprechend die problematischen Konsequenzen der Ökonomisierung für die Beschäftigten und die Pflegebedürftigen. So ist Pauls Station für bis zu 40 demenzerkrankte Senior:innen ausgelegt, wobei hier ein Verhältnis von einer Pflegekraft für acht pflegebedürftige Personen vorgeschrieben sei, sodass idealiter fünf Pflegekräfte pro Schicht eingesetzt werden müssten.[24] Tatsächlich weiche der Alltag in doppelter Hinsicht von der Norm ab, berichtet Paul: „Auf meiner Station haben wir 52 Patienten oder Bewohner. Für die sind wir zu dritt oder zu viert zuständig. Manchmal, wenn wir Glück haben, haben wir noch Schüler." Durch die Überbelegung bei gleichzeitiger Unterbesetzung verschlechtert sich der Personalschlüssel auf eine Relation zwischen Pflegekraft und pflegebedürftiger Person von 1:15. Vor diesem Hintergrund schätzt Paul mit Blick auf den vorgeschriebenen Schlüssel von 1:8 ein, dass die Arbeit dann zwar immer noch „ganz schön viel", aber bewältigbar wäre: „Ja, das wäre schön. [...] Das könnte man schaffen."

Neben dem Kostendruck können zur Überbelegung auch fehlende stationäre Plätze aufgrund der grundsätzlichen Priorisierung des Prinzips ‚ambulant vor stationär' u. a. m. beitragen. Zudem dürfte die Durchsetzung dieses Prinzips auch dazu führen, dass Pflegebedürftige sich erst dann in stationäre Pflege begeben, wenn sie häuslich nicht mehr betreut werden können, weil sie schwerer, bspw. an Demenz erkrankt sind (Schmedes 2021 71f.). Demnach sind stationär relativ mehr schwerere Fälle zu versorgen, ähnlich wie in Krankenhäusern infolge der Einführung des Fallpauschalensystems (Dück 2022, 128ff.). Anders als dort kann indes die Verweildauer nicht verkürzt werden, vielmehr sind die Pflegebedürftigen dauerhaft bis ans Lebensende zu versorgen. Bei chronischer Unterbesetzung entspricht der ‚blutigen Entlassung' im Krankenhaus ein nicht zu vermeidender Qualitätsverlust durch Unterversorgung. Dementsprechend berichten mehr als 40 Prozent der Altenpflegekräfte, dass sie Abstriche bei der Arbeitsqualität machen müssen, um ihr Pensum zu bewältigen (DGB 2018, 16).

So muss Paul anstelle von acht bis zu 15 demenzerkrankte Senior:innen zur Toilette begleiten bzw. wickeln, duschen, rasieren und ankleiden, in den Tagesraum bringen und beim Frühstück unterstützen. „Und danach musst du auch natürlich noch einen Bericht schreiben", damit die Leistungen abgerechnet werden können. Das nicht bewältigbare vervielfachte Arbeitsvolumen wird, soweit es geht, durch eine Ausdehnung und Intensivierung der Arbeitstätigkeit kompensiert, wodurch auch das Wohlergehen der Pflegekräfte gefährdet wird. Paul und Louis berichten etwa, dass sie auf gesetzlich vorgeschriebene Pausenzeiten verzichten, auch wenn sie von der Leitung zu deren Einhaltung aufgefordert werden: „Manchmal schaffst du keine Pause. [...] Wenn du eine Pause brauchst für das Essen, dann kriegst du es nicht

---

24   Der Personalschlüssel wird unter Bezug auf den Pflegegrad landesrechtlich unterschiedlich normiert, sodass er sich auf dieser Basis aus der konkreten Zusammensetzung der Pflegebedürftigen ergibt. Infolge der Verabschiedung des Gesetzes zur Weiterentwicklung der Gesundheitsversorgung (GVWG) soll seit September 2022 auch ein bundesweiter Schlüssel gelten (Trautvetter 2023, 15).

hin. [...] Die sagen immer, ‚Du musst dich selber organisieren. Ja, selber schuld.'"
Die Folgen der systemisch bedingten Überlastung werden auf diese Weise externalisiert und individualisiert. Dabei entscheiden sich Louis und Paul wie viele Sorgear-
beiter:innen im Zweifelsfall für die Versorgung der von ihnen abhängigen Personen
auf Kosten ihrer eigenen Bedürfnisse und Ansprüche. Pauls Schilderungen zeigen
das Dilemma, vor das sie unter den benannten Umständen gestellt werden: „Man
kann da nicht einen Menschen liegen lassen und sagen, ‚Okay, ich geh in die
Pause.' Man kann das nicht machen. Ja, also es ist wirklich, wirklich krass."

Ist also ein:e Bewohner:in gestürzt oder hat sich eingenässt, verzichten Louis und
Paul auf ihr Mittagessen, um sie zu versorgen. Paul isst während einer achtstündi-
gen Frühschicht nebenbei „vielleicht mal ein Brot" vom Frühstücksbuffet der Bewoh-
ner:innen, was zwar auch nicht erlaubt ist, für ihn aber die einzige Möglichkeit
darstellt, etwas Nahrung zu sich zu nehmen. In der ambulanten Pflege schalten
Kolleg:innen bspw. die App, mit der sie ihre Arbeit nach Zeiteinheiten dokumentieren müssen, zeitweise ab, um (unbezahlt) mehr Zeit für die kommunikativ-affektive
Betreuung der Pflegebedürftigen zu haben (Müller 2014, 47). Der Arbeitsalltag
von Louis, Paul und ihren Kolleg:innen wird so nicht nur „so was von stressig",
ein Ausdruck, der während des Interviews mehrfach fällt, er wird auch potenziell gesundheitsgefährdend für sie. Damit sind sie keine Ausnahmen: Insgesamt
berichten knapp 70 Prozent der Altenpflegekräfte, sich sehr häufig oder oft
gehetzt zu fühlen, und 30 Prozent leisten sehr häufig oder häufig unbezahlte
Mehrarbeit, im Durchschnitt aller Beschäftigten sind es ‚nur' 55 bzw. 16 Prozent
(DGB 2018, 6 f.).

Aus Pauls und Louis Schilderungen wird deutlich, wie krisenförmig das Arbeiten
und Leben in Altenpflegeheimen unter den genannten Bedingungen schon vor der
Covid-19-Pandemie war. Seitens der Pflegekräfte waren fast sämtliche Reserven
ausgeschöpft, als die Situation sich weiter zuspitzte. In dieser Zeit entfiel für sie
sogar die geschilderte Minimalversorgung mit Nahrung, weil unter den geltenden
Hygienevorschriften die Station verlassen werden musste, um die Maske abnehmen
zu können, wofür wiederum keine Zeit vorhanden war: „Ich esse nicht mehr, wenn
ich im Dienst bin", schildert Paul die Konsequenz für sich. Eine weitere Verschärfung
der Umstände ist nicht mehr (er)tragbar, wie seine Reaktion auf zusätzliche Anforderungen in dieser Zeit eindrücklich vor Augen führt: „So was von anstrengend. So
was von anstrengend. Ja, du bist voll im Stress und dann kommt der Hygienebeauf-
tragte und sagt: ‚Okay, diese Lager muss aufgeräumt werden, diese Lager muss
aufgeräumt werden.' Ja, es explodiert einfach." Paul lehnte es in diesem Moment
ab, sich um das Lager zu kümmern, und begann darüber nachzudenken, den Beruf
aufzugeben (s. u.).

„Dass die dann oft besser wissen, was man tun soll."
Im Konflikt mit Angehörigen

Zum alltäglichen Arbeitsaufkommen in der stationären Altenpflege gehört auch die Kommunikation mit den Angehörigen der Bewohner:innen, die für alle Beteiligten wichtig ist. Sie verläuft nicht selten konflikthaft und stellt daher einen zusätzlichen Stressfaktor im Arbeitsalltag dar.[25] So mutmaßten etwa Angehörige eine Vernachlässigung ihres Vaters, als sie diesen vormittags im Bett antrafen, wie Paul erinnert: „Ach, wir haben ihn ,im Bett gelassen. Der hat nichts zu Essen gekriegt'." Tatsächlich habe der Bewohner nicht aufstehen wollen und sie hätten diesen Wunsch respektiert und ihn im Zimmer versorgt. Zudem spiele auch unterschiedliches Wissen über die körperliche Verfassung der Bewohner:innen eine Rolle: „Z.B. kannst du Bewohner vor zwei Minuten versorgt haben, zwei Minuten später ist wieder alles komplett nass." Unter den geschilderten Bedingungen sei es zwar unmöglich, bspw. Windeln und Kleidung immer umgehend zu wechseln, keinesfalls aber würden die Bewohner:innen über Stunden so belassen, was Angehörige indes vermuteten: „Am selben Tag, wenn die Angehörige zu dir kommt, sie meint, dass vielleicht ihr Papa oder ihre Mama den ganzen Tag so bleibt", berichtet Louis. Beide erleben, dass sie von Angehörigen für Dinge verantwortlich gemacht werden, die sie nicht zu verantworten haben: „[D]ie Pflegemitarbeiter sind verantwortlich für alles", problematisiert Paul die Haltung von Angehörigen und kritisiert seinerseits: „[J]aa, die machen es einem so was von schwer. So was von schwer." Dabei ist ihm bewusst, dass die Spannungen zwischen Beschäftigten und Angehörigen ein Symptom struktureller Problemlagen sind: „[Die] verlangen zu viel von uns und der Arbeitgeber verspricht viel, ja. Und deswegen müssen die Angehörigen natürlich verlangen. Das können die aber nicht haben, weil wir immer unterbesetzt sind."

Paul macht hier erstens deutlich, dass die Heimbetreiber im Werben um ,Kunden' auf dem (Quasi-)Markt (mindestens) eine menschlich erwartbare und fachlich gebotene Pflegequalität versprechen. Zweitens stellt er fest, was ausführlich beschrieben wurde: Eine entsprechende Versorgung der pflegebedürftigen Senior:innen ist mit den gegebenen Pflegekraft-pflegebedürftige-Person-Relationen praktisch nicht realisierbar. Es existiert eine strukturell bedingte Sorgelücke, deren Ursache die besorgten und enttäuschten Angehörigen häufig in einem mangelnden Einsatz der Pflegekräfte sehen. Gesamtgesellschaftlich wird dabei nicht nur auf die selbsttätige Überausbeutung der Sorgearbeiter:innen gesetzt. Vielmehr rechnet die gesetzliche (Unter-)Finanzierung der (teil)stationären und ambulanten Pflege auch damit, dass diese Lücken durch „familiäre, nachbarschaftliche oder sonstige ehrenamtliche Pflege" gefüllt werden (SGB XI §4; Haubner 2017, 179 u. 190).[26] Dementsprechend

---

25   Mit 21 Prozent geben weit mehr Altenpflegekräfte als alle Beschäftigten (13 Prozent) an, sehr häufig oder oft Konflikte austragen zu müssen, darunter mit Patient:innen, Klient:innen und Kundschaft; dabei sehen sich 48 Prozent (im Vergleich zu 30 Prozent) dazu veranlasst, ihre Gefühle zu verbergen (DGB 2018, 10ff.).

26   Analoge Entwicklungen sind in Berliner Krankenhäusern zu beobachten, wo es bspw. üblich ist, dass Eltern, meist Mütter, sich „auf der Kinderstation eh 24/7 um ihre Kinder kümmern müssen, weil das Pflegepersonal es nicht hergibt", wie Laura berichtet.

werden auch in Berlin mehr als 80 Prozent der Pflegebedürftigen (ca. 130.000 Berliner:innen) zu Hause gepflegt und die rund 200.000 pflegenden Angehörigen als „die mit großem Abstand wichtigste Stütze des pflegerischen Versorgungssystems in Berlin" (SenWGPG 2023) gelobt, während die feministische Forschung dies als „Ausbeutung der sorgenden Gemeinschaft" (Haubner 2017) und Strategie des „Community-Kapitalismus" (van Dyk & Haubner 2021) kritisiert.

„Muss man auch akzeptieren."
Rassismuserfahrungen im stationären Alltag

Sowohl im Niedriglohnsektor insgesamt wie speziell in der un- und unterbezahlten Sorgearbeit sind überproportional viele Frauen (SenGPG 2020) und ein großer Anteil an Menschen mit Migrationsgeschichte tätig (Khalil et al. 2020, 5). Angesichts der heterogenen Berliner Bevölkerung im potenziell pflegebedürftigen Alter (SenWGPG 2022, 7) wäre eine proaktive Gestaltung eines inklusiven Alltags in der Pflege besonders dringlich. Dazu wäre es auch erforderlich, unterschiedliche rassistische Dynamiken und Routinen im Feld in den Blick zu nehmen und anzugehen. Aus der Perspektive von Louis und Paul als Schwarzen Männern mit Migrations- bzw. Fluchtgeschichte geht es dabei um einen Rassismus, der sie als Pflegekräfte an ihrem Arbeitsplatz trifft. Beide erfahren Rassismus in ihren Arbeitsbeziehungen zu Angehörigen, Bewohner:innen und Kolleg:innen teils mehr, teils weniger direkt. Ihre Erfahrungen sind damit Teil jener Wirklichkeit, die jüngst im Afrozensus (Aikins et al. 2021) als in der Bundesrepublik Deutschland tief verankert beschrieben worden ist.[27]

So weist Louis darauf hin, dass die Angehörigen „irgendwie auf verschiedene Art und Weise mit den Kollegen", die als nicht-migrantisch und *weiß* verstanden werden, sprächen, während ihm schon Diebstahl von persönlichen Gegenständen der Bewohner:innen unterstellt worden sei. Paul qualifiziert den Rassismus an seinem Arbeitsplatz als ein alltäglich auftretendes Phänomen: „Es gibt viele Angehörige, die sehr, sehr, also die die ausländischen Mitarbeiter diskriminieren." Insbesondere in Bezug auf eine Situation, in der ihm von einem Angehörigen die Professionalität als Pfleger abgesprochen wurde, ist er nachhaltig betroffen: Ein Angehöriger wollte sich nach dem Gesundheitszustand seines Vaters erkundigen. Auf der Suche nach einer Auskunftsperson ignorierte er Paul, obwohl dieser ihn explizit gefragt habe, ob er weiterhelfen könne, und steuerte auf einen *weißen* Pfleger zu, den er offenbar für kompetent und zuständig hielt. Da es sich aber um eine Leiharbeitskraft handelte, die keine qualifizierte Auskunft geben konnte, verwies dieser den Angehörigen auf

---

[27] In der Befragung von knapp 4.100 Schwarzen, afrikanischen und afrodiasporischen Menschen in der Bundesrepublik Deutschland gaben „8 von 10 Befragten (84,7 Prozent von n = 4.098)" an, „im Bereich ‚Arbeitsleben' Diskriminierung erlebt zu haben, davon fast jede dritte Person (29,0 Prozent) sogar ‚oft' oder ‚sehr häufig'" (Aikins et al. 2021, 97). Und in der Repräsentativerhebung zu anti-Schwarzem Rassismus im Berlin-Monitor ist festgestellt worden, dass 30 Prozent der Berliner Bevölkerung der Aussage zustimmen, es gebe biologische Unterschiede zwischen Schwarzen und *weißen* Menschen, und immer noch 12 Prozent von einer natürlichen Hierarchie ausgehen (Pickel et al. 2023).

Paul: „,Der Pflegehelfer, der ist da, Sie sind ihm vorbeigelaufen. Der ist derjenige, der Einzige, der ihnen helfen kann. Gehen Sie mal bitte zu dem.'" Paul erinnert, wie er den Widerwillen des Mannes spürte: „Konnte er nicht aushalten, weil, es ist einfach so, dass er nichts mit mir zu tun haben möchte." Als der Angehörige schlussendlich doch ihn mit seiner medizinischen Frage konsultieren musste, veränderte sich die Dynamik: „Also, es war doch peinlich für ihn, ne. Da hat er sich entschuldigt, hat er sich vorgestellt. Ich sagte: ‚Nee, alles gut'." Dass der Angehörige ihn samt seiner beruflichen Autorität anerkennen musste, ließ die erfahrene Abwertung zwar nicht verschwinden, nach der Verletzung mag Paul aber auch Genugtuung verspürt haben. Und der Angehörige bekam die gesuchte Auskunft: „So, ich hab' in die Akte geguckt, hab' ich ihm alle Informationen, die er benötigte, gegeben."

Während die beiden über rassistisches Verhalten von Angehörigen sichtlich verärgert sind, zeigen sie in Bezug auf die Patient:innen Verständnis. Obwohl sie von diesen teils heftig beleidigt werden – genannt werden Ausdrücke, die auf der Grundlage der hierarchisch-binären Konstruktion ‚zivilisiert versus naturverbunden' stark abwertend sind –, erklären sie dieses Verhalten entschuldigend mit deren Alter oder Krankheitszustand sowie mit Sprachbarrieren und begegnen ihnen mit Geduld. So meint Paul, dass den (offenbar *weißen*) Senior:innen der Umgang mit Schwarzen Migrant:innen fehle und er und Louis deshalb auf Ablehnung stießen: „Die Patienten sind alte Generationen, die haben nie was mit Ausländern zu tun gehabt, besonders mit Farbigen, wie wir jetzt, ja. Deswegen akzeptieren die uns sehr schwer." Mit der Zeit sei es aber gelungen, diese Ablehnung zu überwinden und eine gute Beziehung zu etablieren: „Ja, aber wenn die uns akzeptiert haben, sind die sehr, sehr überglücklich."

Dass Bewohner:innen äußern, ihn aufgrund seines Akzents nicht zu verstehen, sieht Paul dennoch eher als einen Akt der bewussten Ablehnung: „Man spricht und die sagen: ‚Nee, die verstehen kein Wort.' Ja, natürlich, die wollen nicht verstehen, weil du falsches Deutsch sprichst, ne." Zugleich bringt er auch hierfür Verständnis auf und setzt darauf, dass es mit der Zeit gelingt, den Widerstand zu überwinden: „Und ja, aber die brauchen einfach Zeit einfach." Louis resümiert: „Nee, wir akzeptieren, wie die Leute sind", und erinnert daran, dass man ‚ein Herz haben müsse', um diesen Job auszuführen. Dass beide auch auf rassistische Äußerungen der Bewohner:innen eher mit Geduld und Verständnis reagieren (können), mag damit zu tun haben, dass diese ihres Dominanzverhaltens zum Trotz letztlich von den Pfleger:innen abhängig sind, das hier wirkende Machtverhältnis also bidirektional ist. Es mag aber auch Teil einer Copingstrategie sein, bei der aus Selbstschutz abgewogen wird bzw. werden muss, welche Auseinandersetzungen geführt werden (Aikins et al. 2021, 157 ff.).

Der Rassismus seitens der Kolleg:innen wirkt in einer eigentlich gleichrangigen und jedenfalls professionellen Beziehung anders und es wird versucht, ihm entgegenzuwirken. Paul berichtet von „anfänglichen Schwierigkeiten" mit Kolleg:innen und dass er versucht habe, sich deren Anerkennung im gemeinsamen Stationsalltag zu erarbeiten. Heute gibt es aus seiner Perspektive „keine Diskriminierung" im Team auf seiner Station mehr.

„Es explodiert einfach." Riskante Lebenslagen und (über)individuelle Umgangsweisen

Zu den bereits geschilderten qualitativen Problematiken des stationären Alltags (Stress, Zeitknappheit, Unterversorgung, mangelnde Anerkennung, Rassismus) samt Bedingungsgefügen (Rationierung, Wettbewerb, Stratifizierung und Zergliederung) kommen noch weitere hinzu. Im Folgenden werden die aktuelle Lebenslage und die Lebenslaufperspektive von Pflegekräften mit Blick auf materielle und gesundheitliche Risiken sowie diesbezüglich mögliche individuelle Umgangsweisen betrachtet (Abschnitte 1 bis 3). Anschließend wird veranschaulicht, inwieweit die beschriebenen Erwerbsarbeitsverhältnisse den Fachkräftemangel verschärfen (Abschnitt 4). Dass und warum kollegiale Beziehungen unter den gegebenen Bedingungen einerseits zur Belastung und individualisierte Exitstrategien funktional werden, andererseits auch eine Ressource innerbetrieblicher Sorge füreinander sein können, ist abschließend Thema (Abschnitt 5).

„Reicht überhaupt nicht." Ungenügende und ungerechte Entlohnung versus Gewinne

Ihre aus den geschilderten Gründen ‚so was von stressige' und ‚so was von anstrengende' Arbeit sehen Louis und Paul als nicht angemessen entlohnt an. Zugleich problematisiert Paul die Überbelegung seiner Station durch die Geschäftsführung auch als Mittel, Einnahmen zu generieren, ohne auf die Konsequenzen für die Pflegekräfte und folglich die Pflegebedürftigen zu achten: „Die bringen einfach rein, ja. Und da sind [...] die Pflegemitarbeiter im Stress, ja. Interessiert die nicht. Kannst du sagen, was du willst. Kommt da rein, da raus. Ja, die kassieren nur die Kohle." Öffentliche und freigemeinnützige Betreiber verfolgen zwar per definitionem und anders als private Betreiber kein Profitinteresse, müssen aber dennoch einen mindestens kostendeckenden Betrieb gewährleisten und etwa für Investitionen in die Infrastruktur Überschüsse erwirtschaften. Die Auslastungsquote, die in Berliner stationären Einrichtungen mit 90,5 Prozent (SenWGPG 2022, 49) im Bundesdurchschnitt (Trautvetter 2023, 15) liegt, ist für die Einnahmenseite entscheidend, Personalkosten für die Ausgabenseite (ebd.). Dabei weichen profitorientierte Einrichtungen noch nach unten von den Summen ab, die qualitativ gut geführte Einrichtungen für ihr Personal aufwenden (ebd.).[28]

---

[28] Die von Trautvetter (2023, 15) für Bremer Einrichtungen belegte Quotenverteilung lässt sich so verstehen, dass dieser Trend sich bei privaten Trägern vollends durchgesetzt hat, während die Ausgaben für Personal bei den freigemeinnützigen Trägern immerhin noch teils nahe am Schwellenwert von 70 Prozent des Budgets liegen. Bei den Privaten liegen alle Quoten unter 64 Prozent und im Durchschnitt bei 59 Prozent, bei den Gemeinnützigen bei 72 bzw. 58 Prozent und durchschnittlich 65 Prozent (ebd.). Für Berlin existiert eine solche Übersicht u.W. (noch) nicht.

Kostensparend ist dabei auch der Einsatz geringer qualifizierter und bezahlter Pflegekräfte.[29]

Vor diesem Hintergrund verwundert es nicht, wenn Louis und Paul wie knapp 80 Prozent der Altenpflegekräfte (DGB 2018, 5) ihr Gehalt als nicht hinreichend einschätzen. Zum Zeitpunkt des Interviews verdienten sie mit ihren Vollzeitstellen ca. 1.500 Euro netto im Monat. Damit hätten sie 2004 ein mittleres Einkommen erzielt, 2021 lagen sie mit dieser Summe indes selbst offiziellen Definitionen zufolge an der Armutsgrenze von 1.489 Euro für einen Alleinerziehenden mit einem Kind unter 14 Jahren im Jahr 2021 (Pieper et al. 2023, 33).[30] Auf die Frage, ob ihr Einkommen zum Leben reiche, reagieren sie dementsprechend mit einer Mischung aus Belustigung und Empörung. Louis antwortet lachend: „Ah, reicht nicht. Reicht überhaupt nicht." Hinzu kommt, dass die Kommodifizierung des Berliner Wohnungsmarktes eine Explosion der Mietkosten zur Folge hatte (Holm 2017), die in Pauls Fall mehr als 50 Prozent seines Einkommens verschlingen: „[I]ch als Pfleger, meine Wohnung kostet 800 Euro warm und ich verdiene 1.500 Euro" in „Vollzeit", kritisiert er. Weil sein Gehalt nicht reicht, um die eigene Reproduktion sowie die seiner Angehörigen in einem „subsistenzorientierten Reproduktionsmodell" (Winker 2015, 66) zu sichern, arbeitet er zusätzlich drei bis vier Tage im Monat über eine Leiharbeitsfirma als Pflegekraft: „Ja. Und was kann man machen? Man muss also einen Minijob haben, damit man auskommen kann. Ansonsten kriegt man das nicht hin." Dass sein Einkommen aus einer Vollzeiterwerbstätigkeit nicht fürs Existenzielle ausreicht, empört ihn: „Normalerweise braucht ein Pflegehelfer keinen anderen Job. Ja, man muss doch mit seinem Job auskommen, ne?" Paul gehört zu den *working poor*, die infolge der Etablierung eines Niedriglohnsektors gezwungen sind, mehreren Erwerbstätigkeiten nachzugehen.

Dabei empört es Paul nicht nur, dass eine Vollzeitstelle nicht ausreicht, um sich und sein Kind abzusichern. Er kritisiert zudem die finanzielle Abwertung von Pflegehelfer:innen im Unterschied zu Pflegehilfskräften, die mit „alten Verträgen" und unterm TVöD noch „ein gutes Leben gehabt" hätten, während Pflegehelfer:innen mit „neuen Verträgen" zu schlecht bezahlt würden. „Und also, wenn wir über Geld sprechen, die Pflegehelfer sind schlecht bezahlt. [...] Obwohl früher die Pflegehelfer gut verdient haben. Auf einmal ist alles andersrum gedreht und jetzt verdienen die Pflegehelfer sehr schlecht." Dabei stört ihn insbesondere, dass beide Gruppen im Grunde die gleiche Arbeit leisten: „Auf der Station, wo ich arbeite, für den gleichen

---

29   Der bundesweite Personalmehrbedarf von fast 70 Prozent für Pflegehilfskräfte und 3,5 Prozent für Pflegefachkräfte (Springer Pflege 2023) ist ein Indikator für das Ausmaß des Sparzwangs infolge der Unterfinanzierung des Systems bzw. der Gewinnmaximierungsstrategie privatwirtschaftlicher Altenheimbetreiber. Eine angemessene Personalausstattung würde bundesweit einen Aufwuchs von 100.000 Vollzeitstellen bedeuten, zu deren Finanzierung 5 Milliarden Euro nötig wären; für eine bessere Bezahlung der Pflegekräfte wären weitere 2 Milliarden Euro nötig (Schumann & Schmidt 2021). Dabei herrscht insbesondere in der vollstationären Pflege ein großer Personalmangel (Rothgang et al. 2020).

30   Louis zweites wie Pauls einziges Kind, für welche sie ebenfalls finanzielle Sorgeverantwortung tragen, haben in den Herkunftsländern der beiden andere Lebensunterhaltungskosten und sind so nicht im Rahmen dieser Statistik vergleichbar, nichtsdestoweniger reduzieren sie real das Einkommen weiter.

Job, ein Kollege von mir verdient fast 1.000 Euro mehr als ich. Kann man sich nicht vorstellen. Aber der macht nichts Besonderes, wir machen das Gleiche." Würde Paul ein ähnliches Gehalt bekommen, müsste er keinen zweiten Job ausüben und könnte oberhalb der Armutsgrenze leben. Die von ihm angesprochene Lohnspreizung innerhalb von Belegschaften der stationären Altenpflege hat einerseits mit der Ausgliederung eines Trägers aus dem kommunalen Gesundheitsversorger zu tun: Wer seinen Arbeitsvertrag vor mehr als 20 Jahren unterschrieb, wurde noch im Rahmen des Tarifvertrags des öffentlichen Dienstes (TVöD) angestellt, später eingestellte Pflegehelfer:innen mussten Lohneinbußen hinnehmen. Andererseits weichen auch kirchliche Träger von Tarifverträgen ab.[31] Insofern verweist Pauls Kritik auf den generellen Trend sinkender Reallöhne, den Abbau tariflich gesicherter Erwerbsarbeit und die Etablierung eines Niedriglohnsektors ab den 2000er-Jahren, der „verkannte Leistungsträger" (Mayer-Ahuja & Nachtwey 2021) wie ihn und Louis zu *working poor* gemacht hat. Die Lohndifferenz zwischen den Kolleg:innen einer Station zeigt, wie sehr die Ökonomisierung des Pflegesektors auch auf Kosten der Beschäftigten und ihres Lebensstandards durchgesetzt wurde, und steht exemplarisch sowohl für die „Abstiegsgesellschaft" (Nachtwey 2016) als auch für die „demobilisierte Klassengesellschaft" (Dörre 2019).

„Es ist gefährlich für meinen Körper."
Sorgearbeit als individualisiertes Lebensrisiko

Aufgrund seiner Genese aus weiblicher, unbezahlter Fürsorge für Arme, Kranke und Alte gilt Sorgearbeit auch in seiner verberuflichten Form oftmals nicht als ‚echte' Arbeit (Hammerschmidt 2010, Rerrich 2010). Tatsächlich ist gerade die Pflege von Senior:innen (und Kranken) eine fachlich anspruchsvolle Tätigkeit und selbst bei Einhaltung der Personalschlüssel körperlich herausfordernd und mit einem Unfallrisiko verbunden: So geben 78 Prozent der Altenpflegekräfte an, sehr häufig oder oft schwer tragen, heben oder stemmen zu müssen, im Durchschnitt aller Beschäftigten sind es 30 Prozent (DGB 2018, 9). 2019 wurden in der Altenpflege 800 Arbeitsunfälle gemeldet (DGUV 2020).[32] Hinzu kommt, dass Pflegekräfte wie Paul und Louis bei gegebenem Personalschlüssel über lange Zeiten hinweg *zusätzliche* physische und emotionale Ressourcen in einem erheblichen Ausmaß mobilisieren

---

31 Die Lohnspreizung in der Altenpflege war bis Herbst 2022 sowohl innerhalb als auch zwischen Belegschaften groß: Kirchliche Träger wie Caritas und Diakonie verteidigten lange und zuletzt im März 2021 ihre kirchenrechtlich privilegierte Arbeitsrechtsregelung und lehnten einen allgemeinverbindlichen Pflegemindestlohn und bindenden Tarifvertrag ab (Verdi 2021c). Eine Lohnuntergrenze markiert (auch zum Zeitpunkt der Interviews) formal der seit Januar 2015 geltende allgemeine Mindestlohn, dessen Höhe nominell von 8,50 Euro (2015/16) über 8,84 Euro (2017/18), 9,19 Euro (2019), 9,35 Euro (2020), 9,65 Euro (2021) auf 12 Euro im Jahr 2022 anstieg (Bundesregierung 2022). Seit dem 1. September 2022 gelten auch für tarifungebundene Dienstleister spezifische Lohnuntergrenzen in der Pflege (s. u.).

32 Selbst im Vergleich zu besonders gefährlichen Berufsgruppen wie etwa dem Handwerk (mit einem Anteil an allen Unfällen von mehr als 30 Prozent) liegt der Anteil an meldepflichtigen Unfällen im Betrieb von Dienstleistungsberufen bei insgesamt bei mehr als 14 Prozent (DGUV 2022, 33) und bei den mit der Altenpflege vergleichbaren Krankenpflege- und Geburtshilfefachkräften bei knapp 10 Prozent (34).

müssen. Aus ihren Schilderungen wird deutlich, dass ihre Gesundheit kurz- und mittelfristig gefährdet ist.

Wie Katja (vgl. Kapitel 2.1) im häuslichen Rahmen hat Louis sich auf der Station beim ‚Mobilisieren' – also beim Anheben und Tragen – eines Bewohners verletzt. Er hat seither Hüftprobleme, die seine Arbeitsfähigkeit einschränken: „Und mein Arzt hat mir gesagt, ich muss richtig aufpassen. […] Ja, Bewohner mobilisieren schaff ich nicht mehr. Da brauche ich Hilfe." Durch seine körperlich belastende Arbeit ist der Helfer nun selbst auf Hilfe angewiesen und muss eventuell operiert werden. Ob der Unfall indes als Arbeitsunfall anerkannt wird und die Ausfallzeiten während des Krankenhausaufenthaltes und der Rehabilitationsphase somit von der Unfallversicherung übernommen werden, ist unklar, weil er den Vorfall nicht tagesaktuell dokumentierte und diese Leistungen so verweigert werden könnten. „Es gibt da ein Buch, da muss man das eintragen. Ich wusste das nicht und die Kollegen hatten mir auch nichts erklärt."

Zur Verletzungsgefahr kommt als Belastungsfaktor hinzu, dass Altenpflege in Schichtarbeit geleistet werden muss und daher einen dauerhaft unregelmäßigen Tagesrhythmus mit sich bringt. Fast 70 Prozent der Altenpflegekräfte verrichten regelmäßig oder ständig Schichtdienste, vor allem an Wochenenden (82 Prozent) und zwischen 18 und 23 Uhr (54 Prozent) (DGB 2018, 13 f.). Neben den körperlichen Folgen bringt dies auch Herausforderungen für die Organisation des Sozial- und Familienlebens mit sich. Paul und Louis arbeiten ähnlich wie Katja, als diese noch im Einzelhandel tätig war, dann, wenn andere sich in ihrer Freizeit um ihre persönliche Reproduktion und familialen und freundschaftlichen Beziehungen kümmern können. Louis jugendlicher Sohn kann zwar nach der Schule regelmäßig Sportangebote und Hausaufgabenbetreuung eines Nachbarschaftszentrums nutzen. Die Abendstunden muss er trotzdem häufig allein verbringen, bis Louis gegen 23 Uhr vom Spätdienst nach Hause kommt. Hinzu kommt für ihn und seinen Sohn, dass er regelmäßig auch an Wochenenden und Feiertagen arbeiten muss. Als besonders belastend nimmt er es wahr, wenn er eine Woche ohne Unterbrechung durcharbeiten muss. Nach der arbeitswissenschaftlichen Empfehlung, die als rechtliche Orientierung gilt, wird eine maximale Wochenarbeitszeit von 48 Stunden und ein freier Tag am Wochenende empfohlen (ArbZG §6,1; Beermann 2005), tatsächlichen wird beides in der Schichtplanung des Öfteren überschritten: „Acht Tage hintereinander Arbeit. […] Ich habe es viele Male angesprochen, aber immer wieder die gleichen Probleme. Jeden Monat kriegst du sieben Tage, acht Tage Schichten am Stück." Um die körperlich anstrengende und wie oben beschrieben extrem verdichtete Arbeit leisten zu können, wäre Louis – insbesondere vor dem Hintergrund seiner Hüftprobleme – dringend auf die ihm rechtlich zustehenden Regenerationsphasen angewiesen. Indem sein Arbeitgeber mit der Schichtplanung hier seine Ansprüche unterläuft, nimmt er billigend ein Ausmaß an körperlichem Verschleiß der Beschäftigten in Kauf, das deren Lebensqualität und ggf. auch Erwerbschancen kurz- und mittelfristig enorm einschränken kann. Das schätzt auch Louis so ein: „Es ist gefährlich für meinen Körper."

Dementsprechend fragen sich Paul und Louis, wie lange sie noch in der Altenpflege arbeiten können, bis sie an die Grenze der Belastbarkeit kommen: „Ja, jetzt sind wir noch gesund. Was in zehn Jahren oder fünf Jahren kommt, wissen wir noch nicht. […] Bei der Besetzung heute, ne, kommt man nicht auf die Rente. Nee. Nee." Dabei erleben und beschreiben sie, wie die Arbeit auch ihre Kolleg:innen krank macht, und stellen bestürzt fest, dass das mittelfristige Wohlergehen der Pflegekräfte die Hausleitung kaum zu interessieren scheint: „Ja, die wollen schnell, dass du gesund wirst, damit du weiter für sie arbeiten kannst. Ja, aber wenn es dir wirklich schlecht geht, interessiert keinen." Befragungen von Pflegekräften zeigen, dass solche Belastungen in der Branche weit verbreitet sind: Mit fast 70 Prozent meinen zwei Drittel der Altenpflegekräfte, dass sie ihren Beruf bei den derzeitigen Anforderungen nicht bis zum Renteneintrittsalter ohne Einschränkungen werden ausüben können; weitere 11 Prozent sind sich diesbezüglich unsicher (DGB 2018, 22). Das Ausweichen in Teilzeit oder die Beantragung einer Erwerbsunfähigkeitsrente vor dem Renteneintrittsalter kommt dabei einer faktischen Rentenkürzung gleich und geht mit dem Risiko einher, Grundsicherung im Alter beziehen zu müssen (vgl. Kapitel 5). Die Art und Weise, wie die gesellschaftliche Reproduktionsarbeit unter den gegebenen Bedingungen organisiert ist, mutet also nicht nur den Pflegebedürftigen eine begrenzte Lebensqualität am Lebensende zu, sondern lässt die Arbeit auch zu einem Risiko für die individuelle Zukunftsgestaltung der Pflegekräfte werden.

„Es kommt doch keiner zu uns."
Verschärfung des Mangels an Sorgearbeiter:innen

Die Weiterbildung, die Louis und Paul den Einstieg in die Altenpflege ermöglichte, bringt für beide Niedriglöhne und relative Armut trotz (mehr als) Vollzeiterwerbstätigkeit sowie die Aussicht auf gesundheitliche Einschränkungen und Armut im Alter mit sich. Insofern zahlen die beiden wie ihre Kolleg:innen einen hohen Preis für die ökonomisierte Regulation von Sorgearbeit in der Altenpflege. Und der Fachkräftemangel, dem durch kürzere Ausbildungen zur Pflegehilfskraft und Weiterbildungen zu Pflegehelfer:innen entgegengewirkt werden soll, verschärft sich dadurch eher. Denn Louis und Paul sind mit ihren Erfahrungen keine Einzelfälle. Pflegekräfte sehen sich mehr als fünfmal häufiger als der Durchschnitt der Arbeitnehmer:innen durch ihre Arbeit physisch und psychisch gefährdet, nehmen 24 statt der durchschnittlich 16 Krankentage im Jahr und gehören insbesondere in Bezug auf das Burnout-Syndrom zur Hochrisikogruppe (Schmedes 2021, 22f.; Breinbauer 2020, 90f.). Dabei spielt nicht nur der enorme Einsatz körperlicher und zeitlicher Ressourcen zur Kompensation der strukturellen Unterfinanzierung eine Rolle, auch das Wissen darum, Qualitätsabstriche nicht vermeiden und gerade der kommunikativ-affektiven Dimension nicht hinreichend nachkommen zu können, erhöht den Leidensdruck (Schmedes 2021, 90). 42 Prozent der Altenpflegekräfte geben an, sehr häufig oder oft Abstriche bei der Qualität der Arbeit machen zu müssen, um ihr Pensum zu schaffen (DGB 2018, 16).

Paul kam in der bereits oben geschilderten Situation, in der er, ohnehin schon äußerst gestresst und für lange Zeit ohne Nahrungsaufnahme, aufgefordert wurde, umgehend ein Lager aufzuräumen, an den Punkt, die Tätigkeit in der Pflege womöglich aufzugeben: „Ja, und wenn sie mich rausschmeißen, dann sage ich einfach: ‚Dann hab' ich meine Ruhe.'" So wie Paul denken überdurchschnittlich viele Pflegekräfte darüber nach, ihren Job aufzugeben: 25 bis 30 Prozent beschäftigen sich mehrmals pro Woche mit einem möglichen Berufswechsel (Schmedes 2021, 85). Das Berufsfeld läuft unter den geschilderten Bedingungen nicht nur Gefahr, Pflegekräfte zu verlieren. Vielmehr untergräbt es auch die Chancen, neue Fachkräfte zu gewinnen: „Es kommt doch keiner zu uns. Wir sind einfach unterbesetzt, weil unser Gehalt sehr wenig ist", sagt Paul.

Tatsächlich „haben die Pflegeberufe nicht an Beliebtheit beim Nachwuchs eingebüßt" (Statistisches Bundesamt 2023), wenn man den Zuwachs an Auszubildenden in den Blick nimmt: Mit mehr als 71.000 Personen wurde 2019 ein Zuwachs von rund 8 Prozent gegenüber dem Vorjahr verzeichnet (ebd.). Allerdings ist die Abbruchquote mit 30 Prozent so hoch wie in keinem anderen Ausbildungsberuf, was angesichts der vergleichsweise guten Ausbildungsvergütung [33] vor allem an den belastenden Ausbildungs- und Arbeitsbedingungen liegt (ebd.). So geht auch aus Pauls Schilderungen hervor, dass Auszubildende angesichts der Überlastung schnell als Unterstützung gebraucht werden und eigentlich kaum Zeit da ist, um sie anzuleiten, weil sonst die eigene Arbeit liegenbleibt: „Manchmal, wenn wir Glück haben, haben wir noch Schüler. […] Der der muss auch was lernen, natürlich. Da kannst du nicht fleißig sein." Die aus dem Personalabbau als Kostenersparnis resultierende Arbeitsverdichtung bei gleichzeitiger qualifikatorischer und finanzieller Abwertung der Tätigkeiten führt einerseits zur Abwanderung von Beschäftigten und schreckt den interessierten Nachwuchs ab. Mindestens 300.000 volle Pflegekraftstellen könnten bei verbesserten Arbeitsbedingungen durch Rückkehr (80 Prozent) oder Aufstockung (20 Prozent) kurzfristig besetzt werden, ggf. wären sogar 660.000 Vollzeitstellen besetzbar (Auffenberg et al. 2022). Insofern ist der Fachkräftemangel in der Pflege ein politisch hausgemachtes Problem, dem mit angemessenen Gegenmaßnahmen beizukommen wäre.

„Allein schaffst du das nicht."
Ambivalente Kollegialität und innerbetriebliche Gegenwehr

Paul und Louis setzen sich in ihren Einrichtungen für Verbesserungen ihrer Arbeitsbedingungen bspw. mit Blick auf die Schichtplanung ein. Der Erfolg ihres Engagements ist bislang unterschiedlich und hängt insbesondere davon ab, ob es zwischen

---

[33]   Die Ausbildungsvergütung ist nicht flächendeckend tariflich geregelt (die erkämpften Tarifvereinbarung gelten nur an wenigen Häusern) und variiert daher (Gesellschaft für Pflege- und Sozialberufe 2023). In Berlin fällt sie im Bundesvergleich recht hoch aus (azubi.de o.D.). Das Schulgeld für die Ausbildung an Krankenhäusern entfiel 2019, der Berliner Senat stellte 2022 7,5 Milliarden Euro bereit, um es auch an privaten Schulen abzuschaffen (Brasching 2022).

den Kolleg:innen einer Station eine gute Abstimmung gibt und sie gegenüber der Geschäftsführung bzw. Leitung geschlossen auftreten.

So mag Louis in Bezug auf seine Kolleg:innen nicht einmal von einem Team sprechen, weil er das Verhältnis als von Konkurrenz zersetzt empfindet: „Also, es gibt keine Kooperation zwischen den Kollegen, weil jeder eigentlich seine Arbeit behalten möchte und vor allem auch seinen Posten behalten möchte." Seine zentralen Anliegen, nämlich die Station wechseln zu können und seine empfohlenen Regenerationstage nach spätestens 48 Stunden wöchentlicher Arbeitszeit zu erhalten (Beermann 2005), kann er gegenüber der Geschäftsleitung nicht durchsetzen. Dabei ist ihm bewusst, wie essentiell Kollektivität für die Durchsetzung von Arbeitnehmer:innen-Interessen ist: „Nee, nee, nee. Deswegen, allein schaffst du das nicht, du musst ein Team sein." Auf sich allein zurückgeworfen, bleibt ihm als Umgangsweise mit der schwer erträglichen Situation nur die Kündigung, ein Weg, den viele seiner Kolleg:innen bereits gewählt haben und über den auch er zunehmend nachdenkt: „Wenn Neue auf [seine Station] kommen, viele sind schnell wieder weg. Die kündigen schnell wieder."

Während Louis ein solidarisches Team eher als (fehlende) Ressource beschreibt, kann die soziale Bindung unter Kolleg:innen indes auch zu einer Belastung werden. So beschreibt Laura die bereits angesprochene und von Paul zur ‚Aufstockung' genutzte Leiharbeit für den stationären Bereich im Krankenhaus als eine bewusst genutzte Form der Kündigung. Während Leiharbeit grundsätzlich als Prototyp deregulierter und prekarisierter Erwerbsarbeitsverhältnisse im transnationalen High-Tech-Kapitalismus gilt, sei es für Pfleger:innen mittlerweile ein Mittel, um ihre Arbeitsbedingungen *zu verbessern*. Deren mittleres Einkommen liegt seit 2019 über dem der Festangestellten, während es 2013 noch deutlich darunter lag (Ludwig & Evans 2020, 13). Zudem sind Leiharbeiter:innen nicht von fremdbestimmten Schichtplänen abhängig: „Die verdienen viel mehr, die können sich ihre Arbeitszeiten viel besser aussuchen", so erklärt Laura einen Teil der Attraktivität dieser Erwerbsarbeitsform für Pflegekräfte. Sie berichtet, dass diese ‚Flucht' in bessere Arbeit „jetzt verboten werden" soll, nachdem sie zuletzt deutlich angestiegen ist (ebd.).

Tatsächlich werben insbesondere Krankenhaus-, aber auch Pflegeheimbetreiber derzeit dafür, die Leiharbeit klar zu begrenzen, weil dies die Kosten nach oben und die Abwanderung von Stammbelegschaften antreibe (DKG 2023; Körber 2023; BMG 2020). Dagegen betont Laura, dass die Lösung nicht in Verboten liegen könne, sondern darin, „die Arbeitsbedingungen im Krankenhaus selbst so gut machen, dass sich die [Leiharbeitsstellen] nicht mehr lohnen". Im Unterschied zu Louis, der sich ein gutes Team wünscht, und Paul, der in einem solidarischen Team arbeitet (s. u.), berichtet sie zudem, dass stabile Teams für viele Pflegekräfte eher einen Stressfaktor und ein zusätzliches Motiv darstellen, in die anonymeren Arbeitsbeziehungen der Leiharbeit zu wechseln. Denn das Verantwortungsgefühl gegenüber Kolleg:innen sorge dafür, eine Krankmeldung zu scheuen: „[A]lso früher war das Team vielleicht auch irgendwann mal was Schönes, aber jetzt ist das Team ja oft nur noch Druck, weil du das Gefühl hast, wenn du krank bist, lässt du andere im

Stich." So wie Paul, Louis und ihre Kolleg:innen sich als einzelne ausbeuten, um Pflegebedürftige möglichst noch angemessen zu versorgen, würden auch Teams instrumentalisiert: „Kollektivität wird ausgebeutet und deswegen ist Kollektivität 'ne krasse Belastung."

Allerdings bringt die kurzfristig für (viele) Einzelne sinnvoll erscheinende Exitstrategie andere Probleme mit sich, wie Kalle verdeutlicht: „[D]as bringt natürlich auch Spannungen in die Teams, ne." Er berichtet von einer „ziemlich dicke[n] Auseinandersetzung", als bei einem akuten „krassen Personalmangel [...] eine komplette Schicht mit Leiharbeiter:innen" besetzt wurde. Die Folge war nachteilig für die Stammbelegschaft: „[U]nd dann haben sich die Leiharbeitskräfte natürlich die guten Schichten ausgesucht. Und dann war halt klar, dass alle anderen nur noch die Spätschichten machen werden." Die Hierarchisierung von Stamm- und Randbelegschaft kehrt sich hier partiell um.

Sozialität, als Verantwortungsgefühl den Patient:innen und den Kolleg:innen gegenüber, kann in dem Maße ausgebeutet werden, wie sie dazu verleitet, im Krafteinsatz immer weiter über die eigenen Grenzen hinauszugehen. Paul und seine Kolleg:innen machen den kollektiven Zusammenhalt des Teams dagegen zu einer Ressource: „Wir haben ein sehr gutes Team, muss ich sagen. Und wenn die Kollegen der Meinung sind, dass die Verwaltung oder die Einrichtungen uns unterdrückt, ja, wir sprechen hinterher und gemeinsam müssen wir auch was ändern." Als Team haben sie einen Weg gefunden, Krankschreibungen zur individuellen Entlastung auch tatsächlich nutzen zu können, indem sie durch Absprachen die durch den Ausfall einzelner Kolleg:innen entstehende Mehrarbeit fair aufteilen: „Ja, entweder du bist heute krank, morgen bin ich dran. Ja, und so weiter und so fort." Mit dieser Strategie haben sie Krankschreibungen auch schon erfolgreich als Druckmittel der Geschäftsführung gegenüber eingesetzt, die sich aufgrund des Personalmangels eigentlich keine Ausfälle leisten kann. Ähnlich wie bei Louis war es auch in Pauls Einrichtung Standard, sieben Tage am Stück eingesetzt zu werden. Als Pauls Beschwerde von der Geschäftsführung ignoriert wurde, meldete er sich indes einige Tage krank. Ihm ist klar, dass Rechte zu haben, nicht bedeutet, Recht zu bekommen: „[E]s steht immer im Vertrag, dass man zwei Tage in der Woche freihaben muss. Das ist klar. Ja, aber es ist ja so, man muss da kämpfen, ne." Anders als Katja, die trotz vertraglich anderslautender Vereinbarungen spät abends eingesetzt wird, kann er sich allerdings auf die Solidarität im Team verlassen und die Auseinandersetzung mit der Geschäftsleitung wagen: „Man muss lernen, wie man Stopp zu den Leuten sagen kann." Sein Team und er können unter diesen Umständen Druck erzeugen: „Ja, wenn die nicht schnell eine Lösung finden [...]. Ja, wenn ich krank bin, ich bin krank. (Lachen)."

Paul und sein Team nutzen auch andere Ressourcen in der innerbetrieblichen Auseinandersetzung. Sie wenden sich – entgegen dem Wunsch der Geschäftsleitung – z. B. während einer unterbesetzten Schicht an den Betriebsrat und stellen eine Überlastungsanzeige.[34] „[D]ie sagen immer, wir dürfen nicht zum Betriebsrat, wir müssen erstmal [...] zur Verwaltung. [...] Aber die machen nichts." Den Ärger der Leitung auf sich zu ziehen können Paul und seine Kolleg:innen verkraften, weil der Rückhalt des Teams ihm Kraft gibt: „Wir haben das zusammen gemacht. Und es kam Ärger [...], die haben mit uns geschimpft. Mir war das scheißegal."

„Ich möchte nicht ins Heim." Aussichten fürs Arbeiten und Leben in der Altenpflege

Paul und sein Team realisieren mit ihrem entschiedenen und abgestimmten Auftreten, was eine wesentliche Grundlage kollektiver Handlungsfähigkeit (vgl. Kapitel 1.1) ist: das Wissen um grundsätzliche Interessengegensätze von Beschäftigten und Geschäftsleitungen bzw. Betreibern und die Bereitschaft, Konflikte offensiv auszutragen. In innerbetrieblichen Auseinandersetzungen lassen sich Arbeitsbedingungen von Beschäftigten allerdings nur begrenzt, bspw. mit Blick auf Schichtplanung, Infrastrukturen und Arbeitsschutz, beeinflussen. Die Gehälter, die Personalschlüssel und das Finanzierungssystem als wesentliche Bedingungen der Arbeits- und Lebensqualität von Pflegekräften und Bewohner:innen können lediglich in tarifpolitischen Auseinandersetzungen mithilfe von Gewerkschaften oder auf dem Wege der gesetzlichen Regulation, also vermittelt über Parteien, verändert werden, wobei sozialen Bewegungen und zivilgesellschaftlichen Einrichtungen eine wesentliche mobilisierende Funktion zukommt. Paul und Louis sind (noch) nicht Teil solcher überbetrieblichen Kämpfe; warum und welche persönlichen Perspektiven sie vor diesem Hintergrund für sich formulieren, wird in den ersten beiden Abschnitten thematisiert. Anschließend werden ein bereits erfolgreich geführter Arbeitskampf im Berliner Krankenhaussektor mit bundesweiter Strahlkraft (dritter Abschnitt) sowie Strategien des Netzwerks *Care Revolution* und das in diesem Umfeld ventilierte Konzept der „Sorgenden Städte" als mögliche Modelle für das Ringen um gute Arbeits- und Lebensbedingungen (auch) in der Altenpflege vorgestellt (vierter Abschnitt).

„Dass man arbeitet, um zu leben." Furcht vor Zusammenbruch und Hoffnung auf Besserung

Zum Zeitpunkt des Interviews sehen sich Louis und Paul trotz der sehr belastenden Arbeitsbedingungen weiter als Pflegehelfer. Die Möglichkeit, einen ganz anderen Beruf zu ergreifen, der zudem so etwas wie ein Traumjob wäre, liegt eher jenseits ihrer derzeitigen Vorstellungen: „Mein Lieblingsberuf? Ja, ich bin [Ausbildungsberuf] von Beruf, aber man kann nicht sagen, ich habe eine Lieblingsberuf", meint Louis. Und Paul will den Beruf auch wegen seiner Kolleg:innen nicht verlassen:

---

34   In einer Überlastungsanzeige wird der Arbeitgeber darauf aufmerksam gemacht, dass „die ordnungsgemäße Erfüllung der Arbeitsleistung in einer konkret zu beschreibenden Situation gefährdet ist und Schäden zu befürchten" sind. Dies entlastet die Arbeitnehmer:innen von der Haftung für mögliche Konsequenzen und verpflichtet den Arbeitgeber, sich für eine Verbesserung der Situation einzusetzen (Verdi 2013).

„Also, mein Team gefällt mir furchtbar. Deswegen trau' ich mich nicht, einfach weg-zugehen." Für beide stellt sich die Frage nach Berufsalternativen nicht als eine der persönlichen Präferenzen, d.h., für sie dient Erwerbstätigkeit nicht der Selbst-verwirklichung, sondern der Generierung des notwendigen Einkommens. Zugleich möchten sie, wie aus ihren Schilderungen hervorgeht, ihre Arbeit gut machen, und wenden zu diesem Zweck viel Kraft auf.

Mit Blick auf die politische Regulation der Entlohnung formuliert Paul Kritik daran, dass bspw. für die Unterstützung der Ukraine zur Verteidigung gegen den Angriffs-krieg der Russischen Föderation finanzielle Mittel in erheblichem Umfang mobilisiert werden, nicht aber für die Beschäftigten des Gesundheitswesens: „Jetzt gerade gibt es Kriege", und „[d]ie [Politiker] sagen immer, die haben keine Kohle, aber wenn irgendwas passiert, dann holen sie die Kohle raus. [...] Und was ist mit den Pflege-helfern? Was ist mit den Gesundheitswesensmitarbeitern, ja? Die denken nicht an uns." Aktuelle Schätzungen gehen davon aus, dass etwa 5 bis 7 Milliarden Euro im System benötigt würden, um hinreichend viele und angemessen bezahlte Fachkräfte zu finanzieren (Schumann & Schmidt 2021).

In der Zeit nach dem Interview ist der geschilderten Dynamik, den Fachkräfteman-gel durch schlechte Bezahlung zu verstärken, etwas entgegengesteuert worden. Mit dem 2022 verabschiedeten Bundesgesetz zur Weiterentwicklung der Gesund-heitsversorgung (GVWG) soll eine angemessenere Bezahlung der Pflegekräfte sichergestellt, die Attraktivität des Berufs erhöht und somit dem Fachkräftemangel entgegenwirkt werden. In der Folge gelten seit dem 1. September 2022 auch für tarifungebundene Dienstleister sogenannte regional übliche Entlohnungsniveaus als Lohnuntergrenze, die in Berlin bei 17,17 Euro für Pflegehelfer:innen, 17,99 Euro für Pflegehilfskräfte und 23,20 Euro für Pflegefachkräfte liegen (AOK 2022). Rund 80 Prozent der Berliner Einrichtungen mussten die Löhne dementsprechend erhöhen (SenWGPG 2022), auch Paul und Louis haben nach dem Interview Lohnerhöhun-gen bekommen.

Offen ist nach wie vor, wie die Kostensteigerungen refinanziert werden. Solange dies nicht durch eine Anpassung der Sachleistungsbeträge der Pflegeversicherung geschieht, müssen die Preissteigerungen von den Pflegebedürftigen privat getragen werden. Wo dies für die Betroffenen nicht mehr finanzierbar ist, müssen Pflege-bedürftige Leistungen des Sozialamts beantragen. Zudem könnten die Lohnsteige-rungen ohne Refinanzierung kurzfristig dazu führen, dass nicht mehr Pflegekräfte eingestellt werden, sondern eher gegenteilige Effekte entstehen (bad e.V. 2022). Die finanzielle Entprekarisierung, die Louis, Paul und einem Großteil ihrer Kolleg:in-nen aller Qualifikationsstufen zugutekommt, bringt nicht nur keine Lösung für das Problem der enormen Arbeitsverdichtung, sondern könnte diese verschärfen.

Dementsprechend bleibt Pauls Antwort auf die Frage nach Wünschen für seine per-sönliche Zukunft mit dem Anliegen besseren Arbeitsbedingungen nicht nur aktuell, sondern mag ggf. noch an Dringlichkeit gewinnen: „Ich wünsche mir weniger Arbeit, also mehr Personal und weniger Patienten. Ja, das ist schon gut, wenn man so arbeitet, kann man es bis zur Rente schaffen. Also, und mehr wünsch' ich mir nicht. Ja." Und als Senior würde Louis gern ein wenig „reisen, wie Rentner das zum Beispiel machen können". Angesichts der körperlichen Belastungen des Berufs ist er sich allerdings wie 70 Prozent seiner Kolleg:innen (s. o.) unsicher, ob er dazu dann noch in der Lage sein wird: „Aber da ist die Frage halt, ob die Gesundheit das dann zulässt." Deshalb gilt für ihn: „Also, die Gesundheit kommt vor allem. Also, die Gesundheit ist das Wichtigste." Beide sind sich einig, dass die gegenwärtige Belastung so hoch ist, dass die Zweckrationalität ihrer Arbeit droht, auf den Kopf gestellt zu werden: „Und das ist auch, wie [ein Kollege] gesagt hat: dass man arbeitet, um zu leben, und nicht arbeitet für wenn man tot ist." Diese drastische Formulierung bringt die drastischen Folgen der finanziellen, körperlichen und sozialen Belastungsfaktoren zum Ausdruck, die sich aktuell sowohl massiv auf den privaten Lebenszusammenhang auswirken als auch auf den mittel- und langfristigen Lebensverlauf.

Wenn Paul sagt: „Wir sind noch motiviert, aber wir wissen nicht, wie lange noch", dann stecken in dieser Aussage Drohung und realistische Einschätzung zugleich. Die Frage ist, wie lange die Beschäftigten diesen Zustand noch kompensatorisch auf eigene Kosten mittragen wollen und wie lange sie ihn noch ertragen können. Infolge schlechter Erwerbsarbeitsbedingungen sind auch die Lebensbedingungen der Pflegebedürftigen so schlecht, dass Paul für seine persönliche Zukunft als möglicherweise pflegebedürftiger Senior weiß: Wenn er „so weit wäre, möchte [er] nicht ins Heim", sondern „einfach, dass es schnell geht." Denn die Verhältnisse auf seiner Station sind „überhaupt nicht gut für die Patient:innen" und einen solchen Lebensabend wünscht er sich für sich selbst nicht.

Vor diesem Hintergrund wäre es notwendig, die Strukturen in der Berliner Altenpflege mindestens so zu verändern, dass die Beschäftigten in ihnen gesund auf ihre Rente und die Pflegebedürftigen in Würde auf ihr Lebensende zugehen können. Um dies zu erreichen wäre es wiederum notwendig, über den betrieblichen Rahmen hinaus in tarifpolitischen Auseinandersetzungen und politischen Initiativen bzw. sozialen Bewegungen für bessere Arbeits- und Lebensbedingungen in der Altenpflege zu streiten.

„Verdi ist für die mit den alten Verträgen." Handlungsplattform für alle Pflegekräfte?

Die erfolgreiche Organisierung und Streikbewegung von Sorgearbeiter:innen, insbesondere in der Krankenpflege wie in Berlin ab 2011 (s. u.), aber auch im März 2023 im Rahmen der bundesweiten Verhandlungsrunde des öffentlichen Diensts in Kindertageseinrichtungen (z. B. am 8. März in Brandenburg) (Verdi 2023a, Krause 2023), wurde bislang noch nicht auf den Sektor der Altenpflege übertragen. Auch Paul und Louis nehmen Gewerkschaften bislang nicht als eine Organisation wahr, die ihre Interessen vertritt, wie ihre Reaktion auf die Frage nach einer potenziellen Mitgliedschaft deutlich macht: „Nee, nee, nee, also ehrlich. Bei Verdi sind nur die,

die alte Verträge haben oder die Fachpflege." Die bereits beschriebene hierarchisierende Segmentierung des Pflegeberufs nach einerseits Qualifikationsstufen (Fachpflege) und andererseits tariflichen Rahmenbedingungen (alte Verträge im TVöD) wirkt sich demnach auch auf die über Gewerkschaften vermittelten (arbeits-)politischen Teilhabemöglichkeiten aus. Paul fühl sich nicht nur nicht von den Gewerkschaften angesprochen, auch die finanzielle Abwertung seiner Qualifikationsgruppe ist ein Grund, warum er bislang keine Mitgliedschaft angestrebt hat: „Ja, ansonsten mit 1.500 Euro, wo willst du denn hin?" Die 32 Euro, die er als monatlichen Mitgliedsbeitrag vermutet,[35] sind ihm angesichts der oben geschilderten Armutsgefährdung eine zu große Summe und bspw. „schon die Hälfte" vom „Fahrausweis". Ob sich diese Bewertung in finanzieller Hinsicht seit der Gesetzesreform zur Anhebung der Löhne in der Pflege ab dem 1. September 2022 (s. o.) verändert hat, muss offenbleiben. Louis hat seitdem rund 400 Euro mehr an Einkommen zur Verfügung, die gleichzeitig durch Preissteigerungen bzw. Inflation an Kaufkraft verlieren.

Abgesehen von den symbolischen und finanziellen Hürden ist Paul aber durchaus interessiert an gewerkschaftlichen Auseinandersetzungen und hatte sich über seine Mitwirkungsmöglichkeiten informiert. Dabei wurde ihm von seinem Arbeitgeber mitgeteilt, dass er sich als Nicht-Gewerkschaftsmitglied an Streiks nicht beteiligen dürfe und bei einer Beteiligung mit Sanktionen zu rechnen hätte: „‚Wenn du nicht bei Verdi bist, darfst du nicht streiken. Ansonsten bist du schnell gekündigt.' Ja, ich hatte gefragt." Tatsächlich haben Beschäftigte auch ohne Mitgliedschaft das Recht sich zu beteiligen, wenn eine Gewerkschaft zum Streik aufruft; sie genießen wie Mitglieder Kündigungsschutz, können allerdings nicht von der Streikkasse profitieren (Verdi 2015).[36] Schließlich sind auch die Gewerkschaften selbst aus verschiedenen Gründen noch keine hinreichend starke „Handlungsplattform" (Schmalstieg 2015) für Altenpflegekräfte. Herausfordernd für gewerkschaftliche Organisierung ist das Nebeneinander von freigemeinnützigen Trägern der Kirchen und Wohlfahrtsverbände sowie privaten Betreibern und kommunalen Einrichtungen allein im stationären Bereich und einer Vielzahl kleiner ambulanter Träger für die Pflege im häuslichen Bereich. Paul weiß von der Streikbewegung der Krankenpfleger:innen, um die es im nächsten Abschnitt gehen soll. Er hat gehört, die tariflichen Ergebnisse gälten für die Altenpflege „unverbindlich". Eine erfolgreiche Organisierung der Pflegekräfte könnte in Berlin (wie bundesweit) zur Durchsetzung besserer Arbeits- und Lebensbedingungen in der Altenpflege beitragen.

---

35   Da die Mitgliedsbeiträge ein Prozent vom Bruttogehalt betragen, handelt es sich bei der genannten Summe von 32 Euro vermutlich um die Beitragshöhe einer Pflegehelfer:in mit einem TVöD-Vertrag oder einer Fachpfleger:in, von der Paul annimmt, er müsse sie auch zahlen.

36   Pflegekräfte, die bei kirchlichen Trägern angestellt sind, können nach wie vor nicht ohne Weiteres vom Grundrecht auf Koalitionsfreiheit (GG Art. 9, Abs. 3) Gebrauch machen, weil dem kirchenrechtliche Besonderheiten entgegenstehen, auch wenn das Bundesarbeitsgericht 2012 das Mitbestimmungsrecht gestärkt hat (Hensche 2012). Insofern stehen der gewerkschaftlichen Organisierung von Pflegekräften Hürden im Weg, die sich aus unterschiedlich begründeten Widerständen der Träger ergeben.

„Wir lassen uns jetzt nicht mehr verarschen."
Arbeitskämpfe um Krankenpflege als Modell

Gewerkschaftliche Mobilisierung und Kampfstärke fallen in den verschiedenen Sektoren, in denen bezahlte Sorgearbeit verrichtet wird, (noch) ungleich aus. Als den Beschäftigten des Gesundheitssektors in der Covid-19-Pandemie „mit [...] dem ganzen Klatschen" von den Balkonen und Fenstern Respekt gezollt wurde, herrschte bei ihnen die Stimmung: „Wir lassen uns jetzt auch nicht mehr verarschen", wie Laura berichtet. Da in der Krankenhauspflege schon lange für strukturelle Veränderungen gekämpft wird und die Pandemie die Probleme weiter verschärfte, löste die symbolische Anerkennung ohne materielle Konzessionen mehr negative als positive Reaktionen aus. Seitdem haben die Arbeitskämpfe in einem über 30-tägigen Streik in Berlin 2021 und einem über 70-tägigen Streik in Nordrhein-Westfalen 2022 ihren vorläufigen Höhepunkt gefunden (Verdi 2021a; Verdi 2022a). Die aktuellen Streiks bauen auf einer rund 15-jährigen Geschichte tarifpolitischer Auseinandersetzungen im Berliner Krankenhaussektor auf (Kunkel 2016; Becker et al. 2021). Diese Geschichte zeigt in vier Bereichen Perspektiven für mögliche Kämpfe um bessere Arbeits- und Lebensbedingungen in der Altenpflege auf, wobei der konkrete Weg mit Blick auf die unterschiedlichen Gegebenheiten (der Finanzierung, Trägerlandschaft etc.) ohnehin spezifisch sein müsste.

Lange Zeit galten die Sektoren der bezahlten Sorgearbeit als schwer zu bestreiken, weil sich diese Arbeit ohne unmittelbare Folgen für Kinder sowie kranke und alte Menschen kaum für unbestimmte Zeit unterbrechen lässt. Die damit einhergehenden negativen Konsequenzen und potenziellen Gefährdungen erschweren es, Streiks in Kindertageseinrichtungen, Krankenhäusern und Altenpflegeheimen in der Öffentlichkeit und vor sich selbst als legitim zu vermitteln und standen teils im Widerspruch zu einem (im Wandel begriffenen) Berufsethos fürsorglicher Praxis (Dück 2022, 145 ff.). Laura, die die Arbeitskämpfe von Krankenpfleger:innen im Berliner Bündnis *Gesundheit statt Profite* begleitet, beobachtet indes einen sukzessiven und fundamentalen Wandel im Bewusstsein der Beschäftigten. So wie die Kita-Streiks der vergangenen Jahre (Jaedicke et al. 2011; Dück 2022) wurden auch die Krankenhausstreiks nicht trotz, sondern wegen des Verantwortungsgefühls für die Sorge-Empfänger:innen geführt. Während früher „Vorbehalte gegenüber Streik" verbreitet waren, weil man meinte, „die Patient:innen" dadurch „im Stich zu lassen", würde nun „zum Wohl der Patient:innen" gestreikt, weil nicht der dadurch hervorgerufene Ausnahmezustand, sondern der „Normalzustand" deren Gesundheit gefährde. Gleichermaßen Ergebnis wie Voraussetzung dieser Arbeitskämpfe ist eine neue Form der Notdienstvereinbarung. Mittels frühzeitiger Streikankündigung wird die Verantwortung zur Abwendung negativer Streikfolgen für Patient:innen an den Arbeitgeber delegiert (Kunkel 2016, 260).[37]

---

37 Dieser muss im Zweifelsfall ganze Stationen schließen, was im System der fallpauschalierten Krankenhausfinanzierung in begrenztem Rahmen zu Einnahmeverlusten führen kann, vor allem aber den öffentlichen Druck auf die Tarifverhandlungen erhöht.

Neben der Einkommenshöhe rückte seit 2011 der Personalschlüssel und die massive Arbeitsverdichtung als wesentliches Problem der Beschäftigten und damit auch der Patient:innen, die unter den Folgen leiden, in den Vordergrund. Wie diesem Problem beizukommen ist, war in der Betriebsgruppe der Berliner Charité ab Beginn der 2010er-Jahre diskutiert worden. Dabei war klar, dass Lohnerhöhungen unter den Voraussetzungen des Fallpauschalen-Finanzierungssystems (DRGs) das Problem verschärfen könnten, wie Kalle schildert: „[W]enn man sich das Finanzierungssystem anguckt, dann ist relativ klar, wenn wir jetzt Lohnerhöhungen durchsetzen, dann müssen die das irgendwo sich wiederholen, und damit stehen jetzt Personalkürzungen an." Unter dem Slogan „Mehr von uns ist besser für alle" entstand daher in Berlin eine für die deutsche Tarifpolitik untypische Bewegung für personelle Entlastung im Krankenhaus (Kunkel 2016; Becker et al. 2021), deren Forderungen erstmals 2015/2016 erfolgreich in einem Tarifvertrag zwischen der Charité und Verdi festgehalten und erprobt wurden. Im Streik von 2018 hatte die Bewegung bereits so viel Druck aufgebaut, dass die Pflege am Bett bundesweit aus dem DRG-System herausgelöst werden konnte und seitdem fallunabhängig finanziert wird. Dies schaffte die Voraussetzung dafür, dass die in Tarifverträgen festgelegten Personalschlüssel refinanziert und umgesetzt werden können. Dass „die Pflege aus den DRGs raus ist", schätzt Laura als „realpolitisch einfach krass erfolgreich" ein, auch, weil „diesem Markt [Milliarden] quasi entzogen wurden". Seitdem wurden bundesweit an über 20 Kliniken in Streiks sogenannte Tarifverträge für Entlastung durchgesetzt, zuletzt im Sommer 2022 als Flächentarifvertrag an allen Universitätskliniken in Nordrhein-Westfalen. Dies ist demnach ein sich etablierendes Novum in der bundesdeutschen Geschichte von Arbeitskämpfen, wobei Erfolge und Strahlkraft für die Dringlichkeit der Forderungen und die Übertragbarkeit zentraler Strategien der organisierten Belegschaft der Berliner Charité sprechen.

Impulse für die Organisierung in der Altenpflege lassen sich auch mit Blick auf die Segmentierung der Beschäftigten gewinnen, die im Krankenhaussektor ab Mitte der 2000er-Jahre im Zuge der betriebswirtschaftlichen Konsolidierung (Dück 2022) dazu führte, Servicetätigkeiten, also alle Aufgabenbereiche, die nicht unmittelbar mit der (medizinischen) Versorgung der Patient:innen zusammenhängen, aber für den Betrieb eines Krankenhauses notwendig sind – z.B. Kantine, Reinigung, Patient:innen-Transport, Facility Management – in eigenständige GmbHs und somit aus den geltenden Tarifbestimmungen des öffentlichen Dienstes auszugliedern. In Berlin handelt es sich dabei konkret um die 2006 gegründete Charité Facility Management GmbH sowie diverse seit 2002 gegründete Tochterunternehmen von Vivantes (Vivantes 2016).[38] Die Herausforderung gemeinsamer, solidarischer (Arbeits-)Kämpfe liegt darin, dass diese nun unter unterschiedlichen Rahmenbedingungen stattfinden und z.B. verschiedene Arbeitgeber adressieren.

---

38   2009 wurde die Vivantes Forum für Senioren GmbH gegründet, die aktuell 20 der 399 Altenpflegeeinrichtungen Berlins betreibt.

Dabei gelang es, die de facto separaten Tarifauseinandersetzungen zu synchronisieren. Doch die Gefahr der Spaltung bleibt hoch, besonders, wenn, wie es geschehen ist, die Pfleger:innen schneller eine Einigung mit der Arbeitgeberseite erzielen. In dieser Konstellation stellt sich, wie Laura anspricht, die Frage: „Wie lange kannst du eigentlich eine Bewegung rein auf Solidaritätsbasis noch aufrechterhalten?" Denn auch wenn es an solidarischer Haltung und Absicht nicht mangelt, birgt der unterstützende Kampf ohne den gemeinsamen (Flächen-)Tarifvertrag als „konkrete Organisation von Klassensolidarität", wie Kalle es umschreibt, das reale Risiko, die eigene Einigung zu gefährden. Im Sommer 2021 streikten in Berlin (fast) alle Beschäftigten von Vivantes und Charité, also Pfleger:innen beider Häuser und Beschäftigte der Vivantes-Töchter fast fünf Wochen lang mit den zwei zentralen Forderungen: ein Entlastungstarifvertrag für die Pflege und die Wiedereingliederung aller Beschäftigten der Tochterunternehmen in den TVöD. Wieder erfolgte die Einigung für die Pflege früher. Die Eingliederung in den TVöD und die Wiederherstellung der Tarifeinheit gelangen nicht, es konnte aber eine stufenweise Angleichung der Gehälter auf 91 bis 96 Prozent des TVöD-Niveaus bis zum Jahr 2025 durchgesetzt werden.

Instruktiv auch für die Altenpflege ist schließlich, dass es sich bei den Auseinandersetzungen in den Berliner Krankenhäusern in dreierlei Hinsicht um einen „extrem politischen Kampf" handelt, wie Laura formuliert. Erstens wird durch bzw. im Zuge von Arbeitskämpfen Druck aufgebaut, um eine politische Neuregulierung des Gesundheitssektors zu erreichen, und zweitens hat die Ausweitung der tarifpolitischen Forderungen gewerkschaftliche Perspektiven auf Arbeitskämpfe verändert. Schließlich versucht das Berliner Bündnis *Gesundheit statt Profite* (zuvor *Berliner Bündnis für mehr Personal im Krankenhaus*), „sich breiter gesellschaftlich aufzustellen" (Kalle), und verfolgte u. a. mit dem Volksentscheid *Gesunde Krankenhäuser*[39] „die Idee, dass eben nicht nur Beschäftigte diese Bewegung tragen, sondern mehr andere Akteure" hinzukommen (Laura), um so eine breitere soziale Basis zu schaffen und eine politische Neuregulierung von unten anzustoßen zu können. Dies habe bislang allerdings eher „mäßig funktioniert", so Laura und ist auch laut Kalle noch „sehr prekär", etwa mit Blick auf die Vernetzung mit feministischen Initiativen. Zudem ist fraglich, inwieweit die Strategien der erfolgreichen Krankenhausbewegung angesichts der zersplitterten Trägerlandschaft in der Altenpflege und den begrenzten Ressourcen von Gewerkschaften von diesen adaptiert werden können bzw. ob diese das überhaupt wollen, wie Barbara meint. Auch deswegen wird abschließend ein Blick auf Ansätze der Organisierung rund um Sorgearbeit aus feministischer Sicht und auf spezielle Entwicklungen in der stationären Altenpflege geworfen.

---

[39] Mit dem Volksentscheid sollten höhere Investitionen und feste Personal-Patientenschlüssel in Berliner Krankenhäusern gesetzlich durchgesetzt werden. Er scheiterte aus formellen Gründen 2021 an einer Entscheidung des Berliner Verfassungsgerichts (Gesundheit statt Profite 2021). Zum Verhältnis tariflicher Auseinandersetzungen und politischer Forderungen vgl. Kunkel 2022.

„Zukunft der Sorge".
Finanzialisierung der Altenpflege versus Sorgende Städte

Die Erfahrungen von Louis und Paul haben gezeigt: Das Leben und Arbeiten in der Berliner stationären Altenpflege ist auf eine Weise gesellschaftlich organisiert und politisch reguliert, die sowohl das Wohlergehen der Beschäftigten als auch das der pflegebedürftigen alten Menschen gefährdet.[40] Zuvor (vgl. Kapitel 2.1) war deutlich geworden, dass Sorgearbeit und Sorgebeziehungen nicht nur in dieser bezahlten Form in die Krise geraten, sondern auch in ihrer unbezahlten Form. Denn überwiegend bzw. völlig alleinerziehende Frauen wie Katja, Jenny, Silvia und Petra geraten ebenfalls materiell, körperlich und psychisch an und über ihre Grenzen – mit negativen Folgen für ihre Kinder.

Wie Barbara erläutert, sind dies keine isoliert-zufälligen Phänomene, sondern sie betreffen die gesamte bezahlte und unbezahlte Sorgearbeit, die außerhäuslich oder häuslich verrichtet wird: „Kinder betreuen, Angehörige pflegen, Hausarbeit" gehören im engeren Sinne dazu, im weiteren Sinne zum Beispiel auch die „solidarische Unterstützung von Geflüchteten" bzw. weiter gefasst das ehrenamtliche Engagement und die verberuflichte Demokratiearbeit (Winker 2021, 19ff.; vgl. Kapitel 4.1). Dabei sind es nach wie vor überwiegend Frauen, die Sorgearbeit übernehmen: Sie stellen um die 70 Prozent der Beschäftigten in den Bereichen Gesundheit, Soziales, Erziehung, Unterricht und privater Haushalt, übernehmen also weit mehr als die Hälfte der bezahlten Sorgearbeit (BfA 2023, 14). Zeitverwendungsstudien ergeben zudem, dass der Anteil unentlohnter Sorgearbeit bei Frauen mit 66 Prozent weit höher ausfällt als die Erwerbsarbeit mit 34 Prozent, während bei Männern das Verhältnis bei 45 zu 55 Prozent liegt. Insgesamt „leisten Frauen 60 Prozent der unbezahlten Sorgearbeit" (Winker 2021, 21). Diese geschlechtliche Arbeitsteilung führt nicht nur dazu, dass „ein Teil der Bevölkerung – nämlich ‚Frauen' – vor allem die eine Arbeit erledigen, und ein anderer Teil – nämlich ‚Männer' – vor allem die andere Arbeit machen", sondern dadurch wird „Geschlecht in der alltäglichen Praxis konstituiert", wie Barbara erläutert. Diese Geschlechterverhältnisse lassen also Menschen zu Männern und Frauen werden und unterschiedliche Arbeiten werden als weibliche oder männliche konnotiert, was in bestimmten Produktionsverhältnissen begründet liegt.[41]

Diese Grundcharakteristika der Sorgearbeit drücken sich in den Sektoren, in denen sie geleistet wird, jeweils auf spezifische Weise aus. Die Altenpflege wird – anders

---

40   Unter den Pflegebedürftigen befinden sich mehr Frauen als Männer, wobei sich ihr Anteil mit zunehmendem Alter noch vergrößert (SenWGWP 2022, 30ff.).

41   Die auf Sorgearbeit beruhende „Produktion des Lebens" und die „Produktion der Lebensmittel" (Haug 2021) durch gegenständliche Arbeit konstituieren zwei sich überlagernde Ökonomien mit jeweils eigenen Logiken. Beide sind für die Existenz von Gesellschaften notwendig und nehmen historisch unterschiedliche Formen an, wie in der Einleitung zu diesem Kapitel 2 erläutert wurde.

als die Bildung und Betreuung von Kindern [42] – aufgrund der privat-familialistischen Pflegetradition in einem besonderen Ausmaß unbezahlt erbracht: Nur 18 Prozent der Berliner Pflegebedürftigen werden in Heimen und das Gros von 76 Prozent im häuslichen Rahmen versorgt, wobei lediglich 24 Prozent durch ambulante Dienste unterstützt werden (SenWGPG 2022, 24). Dies entspricht einerseits dem Bedürfnis der Pflegebedürftigen, möglichst lange in einer vertrauten Umgebung zu bleiben. Andererseits wird so das Gros dieser Sorgearbeit (52 Prozent) den Angehörigen überlassen bzw. diesen unbezahlt übertragen.[43] Und in ihrer berufsförmig-bezahlten Form muss sie, wie Pauls und Louis' Erfahrungen eindrücklich vor Augen geführt haben, unter Hochdruck verrichtet werden. Wenngleich, wie auch Barbara betont, zunehmend auch Männer (un)bezahlte Sorgearbeit verrichten, bleiben es doch „vorwiegend Frauen, denen diese Aufgabe ‚zufällt'".

In dieser gesellschaftlichen Organisation und politischen Gestaltung der Altenpflege kommt eine grundlegende Dynamik neoliberaler Regulation zum Ausdruck, die als doppelgesichtige Privatisierung bezeichnet werden kann: Einerseits wird Sorgearbeit unbezahlt angeeignet, sodass die gesamtgesellschaftlichen Reproduktionskosten die Profitmargen möglichst wenig schmälern, andererseits wird Sorge vermarktlicht und mit Gewinn bewirtschaftet.[44] Beides produziert Sorgelücken und setzt Menschen, die Sorgearbeit leisten und empfangen, unter Druck, erläutert Barbara: Anders als im fordistischen Geschlechterarrangement „gibt es keine von Erwerbsarbeit ‚befreiten' Hausfrauen mehr, die einen großen Teil der Sorgearbeit unbezahlt übernehmen" können.[45] Vielmehr gilt im *adult worker model*, dass tendenziell alle Erwachsenen dem Arbeitsmarkt zur Verfügung stehen müssen, um sich über Lohnarbeit reproduzieren zu können (Guillari & Lewis 2005). Ob sie damit ein hinreichendes Einkommen generieren können, ist insbesondere bei den *working poor*, zu

---

[42] Die Betreuungsquote der unter Dreijährigen liegt in Berlin bei rund 45 Prozent, die der unter Sechsjährigen bei über 90 Prozent (Bock-Famulla et al. 2021). Diese wesentlich höhere Betreuungsquote hat ihre Funktion darin, das Arbeitskraftreservoir, zu dem Senior:innen nicht mehr gehören, für die Erwerbsarbeit freizustellen.

[43] Im Bundesdurchschnitt wird ein noch größerer Teil unbezahlt geleistet: 18 Prozent werden stationär, 84 Prozent zu Hause und 21 Prozent durch ambulante Dienste versorgt, was einem Laienanteil von 60 Prozent entspricht (Statistisches Bundesamt 2023).

[44] Insofern die Logik der profitlichen Produktion dominiert, müssen Reproduktionskosten des Arbeitskraftreservoirs einerseits gering gehalten werden; andererseits führt die expansive Dynamik der Kapitalakkumulation zu neuen ‚Landnahmen' (Luxemburg), in deren Verlauf immer weitere geografische (Tiefsee, Weltall) und soziale (Arbeitskraft von Frauen, Ehrenamt) Felder der Kapitalverwertung unterworfen werden, die ihr zuvor äußerlich blieben bzw. anderen Logiken gehorchten (z. B. Sorgearbeit als Dienst aus christlicher Nächstenliebe) (Haubner 2017, 419 ff.). Seit dem Pflegesektor mit der Einführung der Pflegeversicherung 1995 für privatwirtschaftliche Unternehmen geöffnet wurde, stieg der von diesen Unternehmen verantwortete Anteil von Heimplätzen um 41 Prozent (Trautvetter 2023, 6). Während dies zunächst half, die bestehenden Lücken zu füllen, zeigten sich zunehmend die in diesem Kapitel beschriebenen negativen Effekte. Mit dem Einstieg von Vermögensverwaltungen und Investmentfonds droht das Verhältnis von gesellschaftlichem Nutzen und gesellschaftlichen Kosten zu kippen (Schumann & Schmidt 2021).

[45] Das auf einer bestimmten Familienkonstellation – Familienernährer plus Hausfrau – beruhende Reproduktionsmodell war für Mittelschichten charakteristisch und zugleich eine weiter ausstrahlende Norm. Mit dem Hinweis ist nicht gemeint, zu diesem klassen- und geschlechtsspezifischen Arrangement zurückkehren zu wollen.

denen unter anderem Paul gehört, fraglich.[46] In jedem Fall fehlt es Erwachsenen mit Sorgeverantwortung in diesem Arbeitsmarktregime an Zeit, um sich, wie es unter den skizzierten Bedingungen erwartet und notwendig ist, unbezahlt um Kinder, Angehörige und sich selbst angemessen zu kümmern. Daher greift eine in zahlreichen Studien dokumentierte Erschöpfung um sich (Dück 2022, 96 ff.) und wird die Auslagerung reproduktiver Arbeit wie die Zubereitung von Nahrung durch Lieferdienste oder Halbfertignahrung funktional (vgl. Kapitel 3.2, sog. Plattformökonomie). Dass es unter dieser neoliberalen Regulation des Lebens und Arbeitens kaum ohne negative Konsequenzen für die Betroffenen möglich ist, erwerbstätig zu sein und in Sorgeverantwortung zu stehen, zeigen prototypisch die armutsgefährdeten Alleinerziehenden (vgl. Kapitel 2.1), aber auch pflegende Angehörige, die ihre Jobs aufgeben mussten, wie Barbara berichtet: „[U]nter diesen Bedingungen haben pflegende Angehörige oder Eltern von schwerbehinderten Kindern teils keine andere Möglichkeit, als ihre Jobs aufzugeben – sie leben in ‚Armut durch Pflege', wie sich auch eine Selbstorganisierungsinitiative nennt".[47] Bleiben Menschen mit umfassend pflegebedürftigen Angehörigen erwerbstätig, „müssen sie Sorgearbeit delegieren", was „bei den regulären Marktpreisen kaum möglich" sei. Diese Lücke wird durch sogenannte Live-Ins gefüllt, die über einen halb-legalen Markt Pflegebedürftige in Berlin rund um die Uhr betreuen. Da hierdurch aber wiederum Sorgelücken in den meist osteuropäischen Heimatländern entstehen,[48] werden diese vermittelt über ein vergeschlechtlichtes Migrationsregime, nur „externalisiert", also verschoben, aber nicht gefüllt. Und im Falle stationärer, aber auch ambulanter Pflege durch Fachkräfte wird, wie gezeigt, sowohl deren Wohlergehen als auch das der Pflegebedürftigen gefährdet. Sorgelücken verweisen darauf, dass die Reproduktion der Betroffenen, aber auch der Gesellschaft insgesamt gefährdet ist (Winker 2021, 69 ff.; Dück 2022, 96 ff.).

Angesichts dessen könne es „nicht nur darum gehen, für bessere Löhne, mehr Personal in der Pflege und längere Kita-Öffnungszeiten" zu kämpfen, so Barbara. Vielmehr müsse die ganze Art und Weise, wie bezahlte und unbezahlte Sorgearbeit organisiert ist, verändert werden. Dafür setzt sich das 2014 initiierte Netzwerk *Care Revolution* ein. Neben dem Blick auf unbezahlte Sorgearbeit und deren

---

[46] Hintergrund ist, dass die Reallöhne und vor allem der sogenannte Familienlohn über Jahrzehnte sanken, um fallende Profitraten zu kompensieren. So ist einerseits die ökonomische Unabhängigkeit für viele (westdeutsche) Frauen ein Freiheitsgewinn, andererseits können (auch ihre) Löhne nicht mehr eine ganze Familie ernähren, sodass in Familienmodellen mit zwei Erwachsenen beide erwerbstätig sein müssen, um ein möglichst hinreichendes Haushaltseinkommen zu generieren (Lewis 2001; Giullari & Lewis 2005).

[47] Die Initiative gegen Armut durch Pflege vereint Menschen, die sich um langzeiterkrankte Partner:innen, pflegebedürftige Ältere, behinderte Kinder etc. kümmern (https://www.armutdurchpflege.de/).

[48] Einerseits wird im Sektor der bezahlt-häuslichen Pflege ein grauer Markt toleriert, obwohl die Bedingungen teils migrationspolitischen und arbeitsrechtlichen Regularien widersprechen (Schabram & Freitag 2022), was vor allem die Beschäftigten, aber auch die zu ‚Arbeitgeberinnen' gemachten sorgenden Angehörigen in eine strukturell problematische Lage bringt (Rossow 2021); andererseits werden Anwerbeabkommen geschlossen, was die Externalisierung von Sorgelücken verstärkt.

Bedeutung für die gesellschaftliche Produktion und Reproduktion[49] hat das Netzwerk in den letzten knapp zehn Jahren versucht, die Krise der Sorgearbeit und Möglichkeiten ihrer Überwindung unter Berücksichtigung von „drei Perspektiven" zu verstehen bzw. zu entwickeln: Die „der Menschen, die andere pflegen, derjenigen, die pflegebedürftig sind, und die der Angehörigen oder Freund:innen, die da immer mit reingezogen werden." Geglückt sei das „konzeptionell ganz gut", meint Barbara, und auch die Kooperation mit unterschiedlichen Gruppen (Alleinerziehende, persönliche Assistenz etc.) sei gelungen. Als schwierig habe sich aber erwiesen, eine gruppenübergreifende Kontinuität herzustellen, weil die Problemlagen zwar eine gemeinsame Ursache haben – die Abwertung von Sorgearbeit –, aber doch spezifisch sind. Außerdem haben Menschen mit hoher Sorgeverpflichtung kaum Zeit, „quer durch die Republik zu fahren und sich zu vernetzen". Seit einigen Jahren arbeiten allerdings bundesweit viele regionale Gruppen auch in unterschiedlichen stadtpolitischen Bündnissen, in Berlin etwa im oben bereits erwähnten Bündnis *Gesundheit statt Profite*. Dass sowohl Verdi als auch die GEW den 8. März 2023 zum Streiktag im Rahmen der Tarifrunde im Öffentlichen Dienst erklärten, zeige, dass Gewerkschaften „das Thema soziale Dienstleistungen endlich auch als ein geschlechterpolitisches verstehen". Dass bei der Berliner Demonstration fast 10.000 Teilnehmer:innen waren, von denen sehr viele aus dem feministischen Bewegungsspektrum kamen, sei auch ein Erfolg der langjährigen Arbeit care-feministischer Akteure wie des Netzwerks: „Die niedrigen Löhne in der Pflege oder im Sozial- und Erziehungsdienst liegen an der allgemeinen Abwertung von Sorgearbeit." Und dies sei „inzwischen viel stärker im Bewusstsein und in der gesellschaftlichen Debatte" angekommen.

In Bezug auf die Altenpflege wurde jüngst eine Entwicklung genauer in den Blick genommen, die nicht zufällig vor rund zehn Jahren begann, nachdem der Immobilienmarkt aufgerollt worden war und Kapitaleigner neue Anlagemöglichkeiten suchten: Vermögensverwaltungen und Investmentfonds stiegen in den europäischen Altenpflegemarkt ein, für den aus dieser Sicht einiges spricht. Er bleibt stabil bzw. wächst und sichert mit quasi garantierten öffentlichen und bis zu einem gewissen Grad auch erwartbaren privaten Mitteln eine stete Einnahmequelle bei relativ geringer globaler Standortkonkurrenz, weil die Erbringung ortsgebunden ist (Trautvetter 2023, 4). Auch in Berlin sind solche Konzerne aktiv, wenngleich sie in der Bundesrepublik Deutschland derzeit noch kein so großes Gewicht haben wie in Frankreich oder Großbritannien (Schumann & Schmidt 2021).[50] Die Effekte: Während den Anteilseignern hohe Renditen durch ein prognostiziertes Wachstum von 5,5 Prozent (im Vergleich zu 2 Prozent beim BIP) winken (Trautvetter 2023, 6), sind die

---

[49] Sorgearbeit produziert Leben und reproduziert Arbeitskraft, ist insofern notwendige Voraussetzung der Produktion von Lebensmitteln und hat gesamtgesellschaftlichen Nutzen und ökonomischen Wert (Madörin 2010).

[50] Alloheim, Victor's Group, Deutsche Wohnen und Kursana sind ausschließlich in der Bundesrepublik Deutschland tätig und betreiben 55.000 Plätze, andere transnational agierende Unternehmen kommen hinzu (Schumann & Schmidt 2021).

‚Bilanzen' für Pflegekräfte und Pflegebedürftige noch schlechter, als bislang schon skizziert: Löhne werden gedrückt und Personalschlüssel werden mutmaßlich unterlaufen, sodass Bewohner:innen gefährdet sind; Versuche der Beschäftigten, sich zu organisieren, werden sanktioniert (Schumann & Schmidt 2021).[51] Zudem geraten manche dieser Unternehmen aktuell, nachdem EU-weit Geschäftsanteile gesichert wurden und Konzentrationsprozesse erfolgt sind[52], in die Insolvenz, da sie die avisierten Gewinne angesichts erhöhter Pflegemindestlöhne, Inflation und Preissteigerungen (für Energie etc.) einerseits und der Nicht-Auslastung aufgrund von Personalknappheit andererseits nicht mehr generieren können. Wie Barbara berichtet, ist dies aktuell in Bremen in drei Fällen geschehen. Nun müsse „die Hansestadt einspringen", weil „zwar der Markt privatisiert" ist, „aber die Verantwortungshoheit für die Daseinsvorsorge beim Land" liegt. Mit öffentlichen Geldern werde nun dafür gesorgt, „dass die Löhne gezahlt werden können und die Bewohner:innen nicht auf der Straße landen". Das Muster sei: „Gewinne werden privatisiert, Verluste sozialisiert" – und zwar zuerst durch die private Aneignung öffentlicher Mittel aus den Pflege- und Sozialkassen und im Falle des Scheiterns aus Steuermitteln.

Um die Altenpflege den fatalen Folgen der Finanzialisierung möglichst entziehen zu können, ist jüngst ein Rechtsgutachten in Auftrag gegeben worden. Es sollte klären, ob es möglich ist, den Altenpflegesektor so zu regulieren, wie es u.a. in der frühen Bildung[53] ohnehin der Fall ist: Auch Berlin lässt hier ausschließlich gemeinwohlorientierte Träger zu (Baunack & Gilsbach 2023, 22). Möglich wäre eine entsprechende Reregulierung des Pflegesektors durch eine Änderung des SGB XI auf Bundesebene (4). Auf Länderebene könnte eine genaue Qualitätskontrolle unter Einbezug der Pflegekräfte und Pflegebedürftigen dazu beitragen, weitere Qualitätsverluste zu vermeiden (13 ff.).

Die Rekommunalisierung von Einrichtungen, die im Zuge der Privatisierung eine für Beschäftigte und Pflegebedürftige nachteilige Marktmacht gewonnen haben, ist auch ein Anliegen der *Sorgenden Städte*, die in Barcelona und Madrid entstanden sind (Fried & Wischnewski 2022). Hier werden, wie Barbara findet, „interessante Schritte hin zu einer demokratischen Organisation von Sorge" eingeleitet: So hat die Stadtregierung von Barcelona etwa die Sektoren der Sorge administrativ zusammengefasst und sie ins Wirtschaftsressort eingliedert, um der Tatsache Rechnung zu tragen, dass „Sorge ein wichtiger Bereich der Ökonomie" ist (Ezquerra & Keller

---

51   Der ausführliche Beitrag im *Tagesspiegel* beruht auf Recherchen von Investigate Europe (2021). Trautvetter (2023, 4) berichtet, dass die Bremische Heim- und Betreuungsaufsicht einen Zusammenhang zwischen der Gewinnorientierung, schlechten Arbeitsbedingungen und Qualitätsmängeln herstellt. In Bremen waren bei Orpea Beschäftigte von Kündigung bedroht, nachdem sie einen Betriebsrat gegründet hatten und sich für die Interessen der Belegschaft einsetzten (Verdi 2022b; vgl. Kapitel 3.2).

52   EU-weit betreiben die 20 größten Konzerne mehr als 4.500 Heime, in denen mehr als 400.000 Pflegebedürftige leben. Die 25 größten Unternehmen steigerten ihren Marktanteil in den letzten vier Jahren um 22 Prozent. Der Aktienkurs des Marktführer Orpea hat sich seit 2015 verdoppelt (Schumann & Schmidt 2021).

53   Das SGB VIII regelt in § 75 Abs. 1 Nr. 3, dass als freie Träger der Jugendhilfe nur gemeinnützige Träger anerkannt werden.

2022). Außerdem verändern sie „die Art, wie Kommunalpolitik gemacht wird", durch starke partizipative Elemente, die den Austausch zwischen Initiativen und Bewegungen einerseits sowie Verwaltung und Politik andererseits stärken. Eine solche „Feminisierung von Politik" (Roth et al. 2020) wäre auch hierzulande wichtig, um die liberale Beschränkung von Gendermainstreaming und Quotendebatten „klassenpolitisch zu erweitern", meint Barbara. Mit einem so veränderten Politikverständnis geht in Spanien auch einer, Sorgebeziehungen nicht „als ‚assistenzialistisches', also tendenziell hierarchisches Verhältnis zwischen Sorgenden und ‚Bedürftigen'" zu gestalten, sondern der Tatsache, dass alle Menschen auf Sorgearbeit angewiesen sind, in der Ausgestaltung kommunaler Sozialpolitiken Rechnung zu tragen. Pflegebeziehungen stärker gleichberechtigt auszurichten heißt in der Perspektive feministischer Ökonomie, die Sorgearbeiter:innen und ihre Bedürfnisse – insbesondere die der häuslich Sorgenden – stärker als bisher in den Fokus zu nehmen. Letztlich, so Barbara, ginge es um eine „Vergesellschaftung von Sorgearbeit" und die Durchsetzung einer Gemeinwohlorientierung in der Produktion des Lebens (Fried & Wischnewski 2022) für eine gute „Zukunft der Sorge".

Zusammenfassung

Die Erfahrungen von Paul und Louis werfen Schlaglichter auf Handlungsproblematiken und Bedingungen, welche die berufliche Sorgearbeit und das Leben von Sorgearbeiter:innen und -bedürftigen in Berlin durchziehen: Angesichts eines Migrationsregimes und Arbeitsmarktes, die ihnen kaum andere Teilhabemöglichkeiten eröffnen, ist der Einstieg in ein dequalifiziertes Segment des Pflegeberufes eine Chance auf Aufenthalt und Einkommen. Die durch die Ökonomisierung des Pflegesektors bedingte Stratifizierung des Berufs geht indes mit der Abspaltung und Abwertung körpernaher und sozial-kommunikativer Sorgetätigkeiten und entsprechend geringerer Bezahlung der Pflegehelfer:innen einher. Das steht in deutlichem Kontrast zu der Bedeutung dieser Tätigkeiten für das Wohlergehen der Sorgebedürftigen und bringt darüber hinaus die Sorgearbeiter:innen mit ihren Kindern in prekäre Lebenslagen. Die ebenfalls durch die Ökonomisierung des Sektors bedingte Rationalisierung der Pflege durch Überbelegung, Unterbesetzung und Verdichtung von Arbeitsprozessen kompensieren die Beschäftigten auf Kosten ihrer physischen und psychischen Gesundheit, um einen gewissen Versorgungsstandard für die sorgebedürftigen Berliner:innen aufrechtzuerhalten. Hinzu kommen Konflikte mit Angehörigen und die Notwendigkeit, einen Umgang mit Rassismus von Seiten von Pflegebedürftigen, Kolleg:innen und Angehörigen zu finden. In der Gefährdung des Wohlergehens der Sorgearbeiter:innen und Sorgebedürftigen manifestiert sich die Krisenförmigkeit der neoliberalen Regulation beruflicher Sorgearbeit, die Risiken externalisiert und individualisiert. Die Ausnahmeregelungen für vulnerable Segmente des Arbeitskraftreservoirs und die Übernahme des Schulgeldes in Berlin sowie bundesweiten Lohnuntergrenzen mögen einen Kollaps vermeiden helfen, kompensieren aber nicht annähernd den bundesweiten Fehlbedarf von mindestens 5 Milliarden Euro für gut qualifizierte und bezahlte Pflegekräfte. Ähnlich wie und zugleich anders als in der unbezahlt-familiären Sorge für Kinder (vgl. Kapitel 2.1) können die Betroffenen im Zusammenschluss mit anderen die schlimmsten Folgen des ökonomisierten Systems abwenden, indem sie sich solidarisch auch gegen den Druck von Geschäftsleitungen bspw. darin unterstützen, verwehrte Freizeiten zu nehmen, um sich regenerieren zu können. Wo innerhalb der Teams indes die gegenseitige Konkurrenz dominiert und sie somit als Zwangsjacke empfunden werden, sind individuelle Exitstrategien (Leiharbeit, Berufswechsel) funktionaler. Zwar sind Betriebsräte vorhanden, die den Risiken für Beschäftigte und Pflegebedürftige etwa mit Überlastungsanzeigen begegnen, jedoch ist die gewerkschaftliche Organisierung in den Belegschaften eher die Ausnahme. Die in den letzten 15 Jahren in Berlin entwickelten Strategien der Organisierung von Krankenpflegekräften und ihre erfolgreichen Kämpfe eröffnen Perspektiven auch für Altenpflegekräfte – so etwa mit Blick auf die Einsicht, dass Arbeitskämpfe nicht gegen die berufliche Fürsorgeethik verstoßen, sondern gerade im Interesse der Pflegebedürftigen liegen („Mehr von uns ist besser für alle.") und es möglich ist, Kämpfe der segmentierten Berufsgruppen aufeinander zu beziehen. Ein anderer Ansatzpunkt für eine strukturelle Verbesserung der Pflege wäre, den Pflegesektor durch bundespolitische Maßnahmen an gemeinnützigen Zielen auszurichten, so wie es in anderen Bereichen der verberuflichten Sorgearbeit (Kinder- und Jugendhilfe) Standard ist. Dies könnte auch der einsetzenden Finanzialisierung der Pflege Einhalt gebieten, die mit dem Einstieg von Investmentsfonds den Rationalisierungsdruck erhöht, das Wohlergehen von Beschäftigten und Sorgebedürftigen daher noch stärker gefährdet und im Falle von Insolvenzen die Kosten der Allgemeinheit aufbürdet. Eine demokratische Alternative praktizieren die *Sorgenden Städte* Spaniens, in denen Sorge der Marktlogik entzogen und rekommunalisiert wird. Dort wird Sorgearbeit als wichtiger Bereich der Ökonomie begriffen und die Gestaltung des politischen Prozesses ‚partizipativ' zwischen Politik, Verwaltung und Initiativen bzw. Bewegungen gestaltet.

3 Transnationales Leben in Berlin unter einem neoliberalen Migrationsregime

Dieses Kapitel widmet sich dem Leben von Berliner:innen mit Migrationserfahrung. Elena, Adrian, Roman, Tarik, Andi und Jacob sind in den letzten zehn Jahren aus unterschiedlichen Regionen grenzüberschreitend nach Berlin gezogen und gehören zum heterogenen Viertel der Stadtbevölkerung ohne deutsche Staatsbürgerschaft (Amt für Statistik Berlin Brandenburg 2023). Anhand ihrer Schilderungen wird exemplarisch herausgearbeitet, mit welchen Herausforderungen sich migrantische Berliner:innen auf der Suche nach guter bzw. überlebenssichernder Arbeit konfrontiert sehen, wie sie mit teils existenziellen Handlungsproblematiken umgehen und inwieweit es ihnen gelingt, ihre Arbeits- und Lebensbedingungen im Zusammenschluss mit anderen zu verbessern. Das erste Teilkapitel thematisiert dabei das spezifische Bedingungsgefüge, dem sich Berliner:innen aus Ländern der Europäischen Union wie Bulgarien und Rumänien ausgesetzt sehen. Im zweiten Teilkapitel geht es um Arbeitsbedingungen, die für transnationale Plattformunternehmen (nicht nur) in Berlin typisch sind, deren Belegschaften zu einem großen Teil migrantisch zusammengesetzt sind.

Bevor die Erfahrungen der Protagonist:innen geschildert werden, folgt ein knapper Überblick über gesellschaftliche Strukturen, Entwicklungen und Dynamiken, die für die Analyse dieser Erfahrungen wichtige Bezugspunkte darstellen. Dieser Überblick ist als theoretische Hinführung und Rahmung beider Teilkapitel gedacht, diese können aber auch je für sich rezipiert werden.

Theoretische Hinführung und Rahmung

Im Jahr 2012 wurde Berlins 775. Geburtstag unter dem Motto „Stadt der Vielfalt" gefeiert. Dies drückte die damalige Hegemonie von politischen, ökonomischen und zivilgesellschaftlichen Kräften aus, die eine transnationale Zusammensetzung der Bevölkerung wertschätzend fördert, weil man sie wertschöpfend nutzen will (Wowereit in Miketta 2012; kritisch: Reimer 2011, 316ff. u. 339ff.). Das Interesse, Einwanderung im Sinne eines Migrationsmanagements je nach Nützlichkeit für den deutschen Arbeitsmarkt selektiv zuzulassen, hängt eng mit der neoliberalen Regulation einer transnationalisierten Produktions- und Lebensweise zusammen (Georgi 2007). Dem Lob von Vielfalt und Fachkräfteeinwanderung seitens progressiver Eliten stehen dabei Positionen gegenüber, für die jede Form der Einwanderung eine Gefährdung ihrer Idee nationaler Homogenität darstellt und deren Forderungen in neo-rassistischer Manier zwischen Assimilation, ‚Integration' oder Ausschluss der angeblich genuin ‚Anderen' changieren (Balibar 1990; Hall 1989). Die resultierenden gesellschaftlichen Konflikte werden befriedet, indem ‚mobile Beschäftigte' von (ggf. ‚illegalen') ‚Migrant:innen' unterschieden werden (Hansen & Zechner 2017). Auch in der Vielfalts-Metropole Berlin werden einerseits ‚Expats' als internationale Fachkräfte mit dem (sub-)kulturellen Faktor der Stadt angeworben (SenWEB 2022, 16 f.; vgl. Kapitel 4), andererseits Migrant:innen aus der europäischen Peripherie als ‚Sozialtouristen' abgewehrt (Trubeta 2022). Stimmen, die Migration jenseits ihres potenziellen ökonomischen Nutzens als Konstante und Konstituens menschlicher Geschichte verstehen oder den Grad der Menschlichkeit einer Gesellschaft daran bemessen, in welchem Ausmaß Migrant:innen materielle, politische und soziale Teilhabe ermöglicht wird, bleiben marginalisiert (Foroutan 2019).

Vor diesem Hintergrund geht es im ersten Teilkapitel um Vision und Wirklichkeit der Freizügigkeit in der Europäischen Union. Diese reichte in den 1990er-Jahren von Portugal bis Finnland und wurde 2004 bzw. 2013 mit der Osterweiterung von dort bis nach Kroatien ausgedehnt. Seither ist es für viele Berliner:innen selbstverständlich, für kurze private Aufenthalte ohne Grenzkontrollen von Berlin per Auto, Bahn oder Flugzeug nach Lissabon, Warschau oder Stockholm reisen zu können. Diese Bewegungsfreiheit gilt bei längerfristigem Aufenthalt(swunsch) für EU-Bürger:innen allerdings nur, solange sie diese als *Arbeitnehmer:innen* in Anspruch nehmen (FreizügEU §2), eine Einschränkung mit weitreichenden Folgen für Arbeits- und Lebensverhältnisse. Das Freizügigkeitsgesetz ist Baustein eines Migrationsregimes, in welchem sich teils widersprüchliche Resultate von Kompromissen politischer Fraktionen und Institutionen sedimentieren (Karakayali & Tsianos 2007, 13 ff.; Karakayali & Mecheril 2017, 227). Grundlegend ist dabei das Spannungsverhältnis aus der autonom initiierten, grenzüberschreitenden Bewegung von Menschen einerseits und staatlichen Bestrebungen, diese Bewegung nur selektiv zuzulassen, andererseits (Bojadžijev & Karakayali 2007). Das Ergebnis ist eine „differentielle Inklusion" (Mezzadra & Neilson 2013), eine für spezifische Übertritte geöffnete Grenze, die grosso modo mit den Erfordernissen der jeweiligen Produktions- und Lebensweise korrespondiert. So entsprach es dem fordistischen Kompromiss zwischen Unternehmensverbänden und Gewerkschaften, die Anwerbung von sogenannten Gastarbeiter:innen für unqualifizierte, niedrigst entlohnte und gefährliche Tätigkeiten zeitlich begrenzt zuzulassen. Solche Tätigkeiten werden heute in nicht unerheblichem Ausmaß von Migrant:innen aus Südosteuropa wie der Volkswirtin Elena und dem Facharbeiter Adrian ausgeführt, deren Handlungsproblematiken im ersten Teilkapitel skizziert werden. Sie stehen exemplarisch für viele der rund 60.000 Berliner:innen aus Rumänien und Bulgarien, die der in diesen EU-Ländern herrschenden Armut entkommen wollten. Sie stoßen nicht beim Wechsel von einem ins andere nationale Territorium, sondern am Zielort auf Grenzen, deren Ort und Bedeutung sich mit den Migrationsregimen verändert (Balibar 2002): An ihre fordistische Gestalt erinnern innerhalb der EU verfallende Grenzposten, während die EU-Außengrenze hochgerüstet sichtbar ist und weit jenseits des Stacheldrahtzauns verteidigt wird (Lambert 2021). Im Innern der EU übernehmen Sozialbehörden Funktionen der aufenthaltsrechtlichen Kontrolle (Riedner 2017): Wer einen unbefristeten Job hat oder über hinreichend Vermögen verfügt, kommt beim Umzug von Rom nach Berlin nicht einmal in Kontakt mit der Ausländerbehörde. Wer dagegen in prekär-instabilen Verhältnissen arbeitet und im Falle eines Arbeitsplatzverlustes auf staatliche Sicherungssysteme angewiesen ist, erlebt multiple Grenzsituationen in Berliner Jobcentern und Sozialbehörden und läuft Gefahr, nach sechs Monaten abgeschoben zu werden. Dies zwingt dazu, Überausbeutung in Branchen wie Bau, Logistik und Gebäudereinigung, in denen auch Adrian und Elena erwerbstätig sind, zu tolerieren. Im Ergebnis entsteht ein migrantisch geprägtes Klassensegment unterhalb der normalisierten Prekarität (vgl. dazu Kapitel 2), für das sich die für andere unsichtbaren, insofern gläsernen Grenzen innerhalb der EU (Birke 2022) als Widerstand geltend machen (Balibar 2002, 83).

Im zweiten Teilkapitel geht es um Arbeitsbedingungen von migrantischen Berliner:innen, die in transnationalen Plattformunternehmen beschäftigt sind. In Unternehmen wie Amazon und Co., die mit ihren Produkten bzw. Dienstleistungen zu „unverzichtbaren Infrastrukturen des Alltagslebens" (Altenried 2021a, 67) werden (wollen), wird die neoliberale Form der Unternehmensorganisation auf die Spitze getrieben. Die weltweit operierenden Unternehmen sind in territorial verstreute Tochterunternehmen oder rechtlich eigenständige Subunternehmen zergliedert, sodass unterschiedliche Standortbedingungen optimal genutzt werden können (Candeias 2004, 168 ff.). Wie am Beispiel des Kundenservice von Booking.com gezeigt wird, resultieren daraus Konkurrenzverhältnisse zwischen Beschäftigten unterschiedlicher Standorte, die zugleich im Angebot einer Dienstleistung kooperieren (müssen). Eine übergreifende Solidarisierung ist möglich, aber schwer realisierbar, zumal schon die Androhung von weiteren Verlagerungen ortsungebundener Tätigkeiten die betroffenen Belegschaften diszipliniert. Zudem werden nicht nur ortsungebundene Tätigkeiten international ausgegliedert, sondern auch ortsgebundene Tätigkeiten wie Lieferdienste an solo-selbstständige Arbeiter:innen übertragen. Diese euphemistisch als *lean production* (oder: schlankes Geschäftsmodell) bezeichnete Strategie (ebd.) externalisiert Risiken und Kosten für Arbeitsmittel und soziale Absicherung, ohne dass dies durch Autonomiezugewinn kompensiert würde. Vielmehr wird die Ausführung der von anderen geplanten Arbeitsschritte informationstechnologisch zentral gesteuert, kleinteilig vorgegeben und observiert (Altenried 2017; Apicella 2021). Die in dieser neo-tayloristischen Arbeitsorganisation zum Einsatz kommende Software ermöglicht einen mehrsprachigen Arbeitsalltag und eine datenbasierte, nachträgliche Personalauswahl ohne vorherige Kontrolle formeller Qualifikationen. Daher arbeiten in diesen Segmenten der Plattformunternehmen mehrheitlich Migrant:innen, denen andere Positionen auf dem hiesigen Arbeitsmarkt strukturell versperrt sind (Altenried 2021b). Schließlich gehört Berlin zu jenen Orten, die sich als Standort für die *headquarter economy* anbieten, in denen sich also auch die Ansiedlung von Geschäftsbereichen der informationstechnologischen Entwicklung, Planung und Kontrolle konzentriert. Dabei nutzt die Stadt ihr „lebendiges Szeneleben" und „das internationale Umfeld" bewusst in der Anwerbung von „jungen, hochqualifizierten Menschen aus aller Welt" (Berlin Business Location Center 2023). So arbeiten auch in diesen Unternehmensbereichen viele Migrant:innen, allerdings jene, deren Anwesenheit als internationale IT-Fachkräfte oder ‚Expats' im Sinne des Marketings Berlins als weltoffene Stadt zelebriert wird. Dabei unterscheiden sich beispielsweise Software-Entwickler:innen von Call-Center-Agents und Fahrrad-kurier:innen weniger durch ihre Bildungstitel als vielmehr durch die Verwertbarkeit ihrer teils informell angeeigneten Kompetenzen. Und so arbeiten in den Plattform-unternehmen migrantische IT-Arbeiter:innen mit- und nebeneinander, die mit Blick auf Autonomie, Einkommen und Status segmentiert und fragmentiert sind. Die zur Arbeiteraristokratie gemachten IT-Ingenieur:innen und die zum digitalen Proletariat gemachten IT-Dienstleister:innen sehen sich mit verschiedenen Handlungsproblema-tiken konfrontiert. Diese, ihre jeweils individuellen und kollektiven Umgangsweisen sowie Perspektiven erweiterter Organisierung werden skizziert.

In der Zusammenschau beider Teilkapitel wird deutlich, dass und wie Grenzen abhängig von der Klassenlage differentiell einschließen und wie unterschiedlich sich transnationales Leben in Berlin unter neoliberalen Migrationsregimen vollzieht. Diese haben zwar, korrespondierend mit Notwendigkeiten einer transnationalen Produktionsweise, die Gestalt der Grenzen in der Europäischen Union und darüber hinaus deutlich verändert, diese aber mitnichten zum Verschwinden gebracht. Viel-mehr bleiben Migrationsregime im Zusammenspiel mit branchenspezifischen Aus-beutungsstrategien wirkmächtige Platzanweiser. Sie ermöglichen unter Umständen die grenzüberschreitende Bewegung von Menschen, bedingen aber deutlich ver-schiedene, klassenspezifische Positionen und Lebenslagen, welche die Belegschaf-ten von Berliner Unternehmen ebenso wie die Berliner:innen ohne deutsche Staats-angehörigkeit segmentieren. Zugleich wird mit jedem Grenzübertritt der Anspruch auf ein gutes oder besseres Leben zum Ausdruck gebracht und in den geschilderten Auseinandersetzungen um soziale Sicherheit, gute Arbeit und Bewegungsfreiheit werden Perspektiven der Verbindung von Kämpfen um eine umfassende, transnatio-nale Verallgemeinerung vom „Recht auf Rechte" (Arendt) sichtbar.

3.1 Bedingte Freizügigkeit in der EU: Elena und Adrian

250.000 EU-Migrant:innen stellen in Berlin 7,2 Prozent der Stadtbevölkerung (Pfeffer-Hoffmann 2021).[54] Sie verkörpern die Vision der grenzüberschreitenden Reise- und Bewegungsfreiheit innerhalb der Europäischen Union. Zu dieser gehören seit 2007 auch Rumänien und Bulgarien. Das Freizügigkeitsrecht für deren Staatsangehörige wurde erst 2014 vollumfänglich realisiert, begleitet von einer klassistisch und rassistisch konnotierten öffentlichen Debatte um „Armutsmigration" oder „Sozialtourismus" (Trubeta 2022; Faist 2013). In diesem Teilkapitel tauchen wir mit Elena und Adrian in das Binnen-EU-Migrationsregime ein und verfolgen, wie es die Lebenslage und Klassenposition von Berliner:innen insbesondere aus Rumänien und Bulgarien bestimmt.

Elena*[55] ist vor fünf Jahren aus Bulgarien nach Berlin gezogen und zum Zeitpunkt des Interviews Mitte 50. Sie ist studierte Volkswirtin und hat als solche knapp 15 Jahre in einem Finanzamt ihrer Heimatstadt gearbeitet. Weil die von ihr und ihrem Mann generierten Gehälter für den Lebensunterhalt und das Studium der Kinder nicht ausreichten, ging die Familie vor ca. sieben Jahren in die Bundesrepublik Deutschland. Elenas erste Enkeltochter kam in Berlin auf die Welt. Die Familie wohnt in einer Großbausiedlung in Hohenschönhausen und fühlt sich dort wohl. Die Wohnung ist für sie „Luxus" und auch die Lage gefällt ihnen. Elena arbeitete nach ihrer Ankunft in Berlin bei einer kleinen Reinigungsfirma und putzte in Vollzeit Hotels, bis sie ihre Chefin mit deren Lohnbetrugspraxis konfrontierte und sofort gekündigt wurde. Aktuell bezieht sie Arbeitslosengeld I (ALG I), besucht Sprachkurse an der Volkshochschule und ist froh darüber, mehr Zeit mit ihrer Enkelin verbringen zu können.

Adrian* ist zum Zeitpunkt des Interviews Mitte 20, ausgebildeter Elektrotechniker und vor ca. fünf Jahren mit seinem Bruder aus Rumänien nach Berlin gekommen. Seit seiner Ankunft hat er für verschiedene Unternehmen gearbeitet, zunächst als Paketzusteller, dann als Apothekenkurier und aktuell als Lkw-Fahrer. Er transportiert größere Ladungen medizinischer Produkte von Berlin nach Westdeutschland. Er lebt mit seiner Freundin und dem gemeinsamen einjährigen Sohn in einer Neubausiedlung im Brandenburger Umland. Infolge eines Sozialversicherungsbetrugs ist er hochverschuldet und arbeitet häufig fünf nächtliche Zwölf-Stunden-Schichten pro Woche. Nach seinen Zukunftswünschen gefragt, sagt er nach einigem Zögern: „Wir haben keine Hochzeit gefeiert. Das wär's. Und dass alles gut läuft."

---

54 Dieser Anteil liegt leicht über dem Bundesdurchschnitt von knapp sechs Prozent (Statistisches Bundesamt 2022).

55 Bei den um das *-Zeichen ergänzten Namen handelt es um Pseudonyme. Im weiteren Verlauf werden diese Namen ohne dieses Zeichen verwendet. Zum Verfahren der Anonymisierung und Pseudonymisierung vgl. Kapitel 1.2.

Die knapp anderthalbstündigen Interviews mit Elena und Adrian fanden im Herbst 2021 statt. Sie wurden konsekutiv von Dolmetscher:innen übersetzt und werden in dieser Übersetzung zitiert. Kontextualisiert werden die Erfahrungen von Elena und Adrian mithilfe von Informationen und Einschätzungen aus drei Expert:innenvier-views, die im Frühjahr 2021 stattgefunden haben. Birgitta und Monika kennen die arbeits- und sozialrechtlichen Herausforderungen von (EU-)Migrant:innen aus ihrer Beratungstätigkeit bei der Berliner Beratungsstelle für Migration und Arbeit (BEMA), Herr I.[56] aus seiner Tätigkeit in einer mehrsprachigen Sozialberatungsstelle und der Sozialarbeiter Alexander* aus der Wohnungslosenhilfe. Die Ausführungen werden stellenweise ergänzt durch Einschätzungen und Informationen aus den Expert:innen-interviews mit der Schuldenberaterin des Kreuzberger Stadtteilzentrums (vgl. Kapitel 2.1 und 5) und Hauptamtlichen des Verdi-Referats für Selbstständige (vgl. Kapitel 4.2).

So werden im ersten Teil die Folgen ungleicher Lebensverhältnisse in der EU und des durch ein spezifisches Migrationsregime segmentierten Niedriglohnsektors für bestimmte EU-Bürger:innen, also die Entstehung eines bestimmten Klassensegments in Berlin skizziert. Im zweiten Teil werden unterschiedliche Formen und Hintergründe der Diskriminierung von besonders betroffenen südosteuropäischen Migrant:innen dargestellt. Im dritten Teil wird geschildert, welche Umgangsweisen mit resultierenden Handlungsproblematiken gefunden werden und inwieweit diese zur Minimierung der extremen Benachteiligung dieser EU-Bürger:innen in Berlin beitragen.

„Ich will das Leben hier auch dort." Systematische Ungleichheit von EU-Bürger:innen

Die Lebensverhältnisse in der EU unterscheiden sich deutlich, und zwar sowohl zwischen den Ländern des Zentrums und der Peripherie als auch innerhalb der Mitgliedsstaaten. In Kombination bringen diese Ungleichheiten spezifische migrantisierte[57] Klassensegmente in Berlin hervor. Angesichts ihrer Erfahrungen bei der Berliner Beratungsstelle für Migration und Arbeit (BEMA) siedeln Birgitta und Monika die Arbeitsbedingungen insbesondere von südosteuropäischen Migrant:innen auf einem Kontinuum zwischen legaler Ausbeutung und Zwangsarbeit an. Wie sich dies konkret darstellt, wird folgend anhand von Erfahrungen Elenas und Adrians mit Blick auf Migrationsprozesse unter europäischen Ungleichheitsverhältnissen (erster Abschnitt), verbreitete Praxen der Überausbeutung und des Betrugs (zweiter Abschnitt) sowie daraus resultierende Lebenslagen (dritter Abschnitt) beschrieben.

---

56 Herr I. wird nach eigenem Wunsch mit dem Kürzel seines Klarnamens zitiert.

57 Mit der Formulierung soll zum Ausdruck gebracht werden, dass zu diesem Klassensegment nicht nur Menschen gehören, die transnational umgesiedelt sind, sondern dass die Umstände, die ihre Lebenslage bestimmen, den Status ‚Migrant:in' wesentlich mit hervorbringen.

„Jeder will zu Hause sein."
Ungewolltes Weggehen und schwieriges Ankommen

Elena und Adrian haben sich für den Umzug nach Deutschland entschieden, weil sie in Bulgarien bzw. Rumänien keine Perspektive mehr gesehen haben, mit ihren Einkommen ihren Lebensunterhalt zu bestreiten. Adrian fand nach seiner Ausbildung als Elektrotechniker keinen festen Job und übernahm freiberuflich kleine Aufträge, als er im Internet auf das (auf Rumänisch verfasste) Gesuch eines deutschen Paketzustellers stieß und dieser Einladung zur Arbeitsmigration mit seinem Bruder folgte. So wie Adrian ging auch Elena nicht aus freien Stücken nach Berlin, wie ihr teils wehmütiger Rückblick auf ihr Leben in Bulgarien zeigt: „Jeder will zu Hause sein, natürlich. Ich hatte dort auch einen guten Job. Ich lebte in einer kleinen Stadt. Jeder kannte sich. Alle waren befreundet. Natürlich war das Leben schöner." Noch während der Dolmetscher übersetzt, wirft sie auf Deutsch ein, was sie zum Aufbruch bewegte: „Aber [...] 200 Euro pro Monat. [...] Nicht gut. Ich habe zwei Kinder, große Kinder, und in der Universität." Ihr Gehalt als Sachbearbeiterin im Finanzamt reichte auch zusammen mit dem Einkommen ihres Mannes als Handwerker nicht aus, um den Lebensunterhalt der Familie, inklusive einer guten Ausbildung für die Kinder, zu finanzieren. Hintergrund sind die äußerst ungleichen Lebensverhältnisse zwischen den EU-Mitgliedsstaaten und innerhalb dieser, die Rumänien und Bulgarien besonders stark betreffen. Bestimmt man eine Armutsrisikoschwelle für die EU als Gesamtraum, dann sind *fast alle* Haushalte in Rumänien und Bulgarien armutsgefährdet, obwohl auch innerhalb beider Staaten die Einkommensschere sehr groß ist (Dauderstädt & Keltek 2018).[58] Dabei lag Elenas Einkommen von 200 Euro im Monat auch deutlich unterhalb des mittleren nationalen Monatseinkommens, das 2018, kurz nachdem die Familie Bulgarien verlassen hatte, 617 Euro (und in Rumänien 955 Euro) brutto betrug. In der Bundesrepublik Deutschland lag es im selben Jahr bei 3.880 Euro (Statista 2022c). „Dass die Menschen dann hierherkommen, weil sie hier besser oder mehr Geld verdienen können als im Heimatland, ist dann auch irgendwie klar", kommentiert Alexander die Folgen dieser ungleichen Lebensverhältnisse. Angesichts der besonders ausgeprägten Ungleichheit zwischen westeuropäischem Zentrum und (süd-)osteuropäischer Peripherie sei für manche sogar das Sammeln von Pfandflaschen eine vergleichsweise gute Möglichkeit, den „Lebensunterhalt [zu] verdienen [...] und sogar [eine] Familie mit[zu]versorgen".[59]

---

58   Da die nationalen Armutsgefährdungsquoten die Ungleichheit zwischen den EU-Mitgliedsstaaten nicht abbilden, berechnen Dauderstädt und Keltek (2018) ein mittleres Nettoäquivalenzeinkommen für den gesamten EU-Raum. Es gelten diejenigen als armutsgefährdet, die weniger als 60 Prozent dieses Werts verdienen. Innerhalb von Bulgarien und Rumänien waren 2021 jeweils über 22 Prozent der Bevölkerung armutsgefährdet, in der Bundesrepublik Deutschland 15,8 Prozent. Die beiden Länder liegen damit hinter Lettland auf Platz zwei und drei der 27 EU-Staaten (Statista 2022a). Zudem ist Bulgarien mit einem Gini-Indexwert von 40 von 100 das Land mit der größten Einkommensungleichheit in der EU (Statista 2022b). Aber auch die reichsten Einwohner:innen Bulgariens gehören noch zu den Armen Europas.

59   Die Existenz von Zentrum und Peripherie ist insbesondere durch die hegemoniale Stellung der Bundesrepublik Deutschland und ihrem exportorientierten Wirtschaftsmodell, dessen Überschüsse in der EU-weiten Arbeitsteilung mit relativer Armut an den Rändern einhergehen, mitbedingt (Demirović & Sablowski 2013).

Elenas Mann ging zunächst nach Berlin, um hier – wie Yulias Mann und Schwager (vgl. Kapitel 5) – auf Baustellen zu arbeiten. Sie folgte ihm kurze Zeit später und fand schnell Arbeit in der Gebäudereinigung. Wie Katja (vgl. Kapitel 2.1), Paul und Louis (vgl. Kapitel 2.2) gelten auch Adrian sowie Elena und ihre Familienangehörigen in Deutschland trotz ihrer Fach- und teils Hochschulausbildungen als unqualifizierte Arbeitskräfte. Sie alle haben ihre Ausbildungsberufe aufgegeben, um im hiesigen Niedriglohnsektor ein Einkommen zu erzielen, mit dem sie ihr materielles Auskommen absichern können.[60] Mittlerweile fühlt Elena sich wohl in Berlin, weil ihr Einkommen bis zum Monatsende, inklusive kleiner Extras, reicht: In Bulgarien „arbeitet [man], aber nach zwei Wochen hat man kein Geld mehr. Hier lebe ich normal und leiste ich mir Sachen." Sie wünscht sich, dass das Leben in Bulgarien „eines Tages" sein wird wie in Berlin, schätzt die Angleichung der Lebensverhältnisse aber als „schwer" erreichbar ein.[61]

Nach dem nicht aus freien Stücken gewählten Weggang aus ihren Heimatorten in Bulgarien und Rumänien gestaltete sich auch das Ankommen in Berlin für Elena und Adrian als nicht unproblematisch. Eine erste Herausforderung lag in der Suche nach Wohnraum. Adrian und sein Bruder wohnten zunächst in einem Hostel, das sie aus für sie nicht nachvollziehbaren Gründen verlassen mussten. Unterstützung fanden sie in ihrem sozialen Umfeld: So konnten sie kurzfristig bei einem Freund unterkommen und bekamen von einem weiteren den Hinweis auf eine Siedlung in Brandenburg, in der viele rumänische Beschäftigte eines benachbarten Schlachthofs wohnen.[62] Erst dort fand Adrian, nachdem er nach einem Arbeitsunfall quasi wohnungslos im Krankenhaus gelegen hatte, eine eigene Wohnung.

Während Adrian Unterstützung bei der Wohnungssuche vorwiegend in der rumänischsprachigen Community fand, vermitteln häufig die anstellenden Betriebe Wohnraum und bieten Erstorientierung, besonders wenn die Beschäftigung vor der Einreise arrangiert wird. Dies kann hilfreich sein, wie bei Elena und ihrem Mann, die in Hohenschönhausen die alte Wohnung von dessen Vorgesetzter übernahmen, die Elena als eine „sehr gute Frau" bezeichnet. Es könne aber auch Abhängigkeitsverhältnisse verstärken, berichten Monika und Birgitta, da ein Verlust des Arbeitsplatzes dann mit Wohnungslosigkeit einhergeht und Menschen dann noch weniger „einfach auf solche Arbeit verzichten [können]".

---

60 Mit der Nicht-Anerkennung von Bildungsabschlüssen bleiben besser bezahlte Segmente des Arbeitsmarktes für migrantische Arbeitskräfte verschlossen, mit dem Ergebnis einer „differentiellen Inklusion" (Mezzadra & Neilson 2013).

61 Mit der im November 2022 in Kraft getretenen EU-Mindestlohnrichtlinie wurden die EU-Mitgliedstaaten „erstmals in der Geschichte der Europäischen Union verpflichtet, die herrschende Lohnungleichheit wirksam zu verringern" (Viotto 2023). Angesichts dessen und mit Blick auf den Widerstand von Arbeitgeberverbänden wird dies als „Paradigmenwechsel" gelobt. Ein europaweiter Mindestlohn wurde damit noch nicht eingeführt (ebd.).

62 Zur Bedeutung südosteuropäischer Arbeiter:innen für die Fleischindustrie, ihren Lebenslagen und Kämpfen vgl. Birke 2022.

Eine weitere zentrale Herausforderung nach transnationalen Umzügen ist, sich auch sprachlich in der neuen Umgebung bewegen zu können. Wie Katja (vgl. Kapitel 2.1), die nach ihrer Ankunft in Westdeutschland das Gefühl hatte, ihr sei der „Boden unter den Füßen" weggezogen worden, hat es vermutlich auch Elena und Adrian verunsichert, sich anfangs überhaupt nicht auf Deutsch verständigen zu können. Die Voraussetzungen für den Spracherwerb sind dabei je nach Bedingungen der Migration unterschiedlich: Als Geflüchteter hatte Paul (vgl. Kapitel 2.2) während seines Asylverfahrens Anspruch auf Transferleistungen und war verpflichtet, einen (für ihn kostenlosen) Sprachkurs zu besuchen.[63] Louis (vgl. Kapitel 2.2), der über eine Familienzusammenführung ein Visum bekam, und Katja, die es mithilfe einer Bürgschaft der Familie, für die sie arbeitete, erhielt, mussten entsprechende Angebote selbst organisieren, finanzieren und hatten neben ihren Vollzeitbeschäftigungen wenig Zeit dazu. Dasselbe gilt für Elena und Adrian, die als EU-Migrant:innen ohne Visum einreisen konnten. Anders als Katja, die sowohl mit ihren Arbeitgeber:innen „nur Deutsch" sprach als auch einen Sprachkurs absolvierte, konnte Elena zunächst nur ‚on the job' von ihrer Vorgesetzten lernen: „Ja, wir haben viel von ihr gelernt. Sie hat immer mit uns geredet. Ich habe sie immer gefragt: ‚Was ist das?'." Erst fünf Jahre nach ihrer Ankunft in Berlin hatte sie im Zuge des ALG-I-Bezuges erstmals Zeit, einen (kostenpflichtigen) Sprachkurs der Volkshochschule zu besuchen. Neben zeitlichen und finanziellen Ressourcen ist auch die Platzvergabe eine Hürde für EU-Migrant:innen: „Bei den Geflüchteten war der Zugang viel leichter zu den Sprachkursen", berichtet Monika und ergänzt, dass die bevorzugte Vergabe von Plätzen an Geflüchtete und Menschen im Transferleistungsbezug unterschiedliche Gruppen von Neuberliner:innen gegeneinander ausspiele: „Das haben die Migranten beobachtet und da entstanden so unnötige Stimmungen […]. Also durch solche Regelungen wurden die Leute halt geteilt."

Deutsch zu lernen ist nicht nur wichtig für die Erledigung von Alltagsgeschäften, sondern auch eine zentrale Zugangsvoraussetzung für besser bezahlte Jobs in Berlin. Elena weiß darum: „Wir können hier besser verdienen, wenn wir Deutsch können und die gleiche Arbeit machen." Sie möchte gern wieder einer Erwerbstätigkeit nachgehen, die ihrer Qualifikation und Erfahrung entspricht: „Und natürlich will ich einen besseren Job. Ich habe in Bulgarien Wirtschaft studiert und 14 Jahre beim Finanzamt gearbeitet." Sie bemüht sich, „weiß [aber] nicht, wie" sie ihr Ziel erreichen kann, zumal es ihr nicht leichtfällt, sich die Sprache anzueignen: „Ich will Deutsch lernen, aber in meinem Alter ist es schwierig." Ihrer fachlichen Qualifikationen zum Trotz landeten Elena und Adrian im Berliner Niedriglohnsektor, weil im EU-Binnenmigrationsregime „besser bezahlte und die Gesundheit besser erhaltende Tätigkeiten […] insbesondere für neu ankommende Migrant:innen zunächst kaum zu erreichen" (Birke 2022, 50) sind.

---

[63] Menschen, die ihre erste Aufenthalts- oder Niederlassungserlaubnis erhalten haben und sich nicht in Schule, Studium oder Ausbildung befinden, haben Anspruch auf einen Sprach- und Orientierungskurs beinhaltenden Integrationskurs. Wer Anspruch hat und sich nicht hinreichend auf Deutsch verständigen kann, ist für den Erhalt eines Aufenthaltstitels verpflichtet teilzunehmen (§44a Zuwanderungsgesetz).

Vielmehr trägt die angedeutete und folgend näher beschriebene Regulation dieser Migration zur Entstehung eines Arbeitsmarktsegments bei, in dem bestimmte Tätigkeiten „fast ausschließlich von Migrant:innen erledigt" (ebd.) werden. Dazu zählen etwa Paketdienste, Pflege, Ernte, Reinigung, Fleischindustrie und Versandhandel. In der gesellschaftlichen Arbeitsteilung werden Arbeitstätigkeiten und Arbeitskräfte insofern nicht nur durch Vergeschlechtlichung (vgl. Kapitel 2), sondern auch durch die Regulation von Migration hierarchisiert. So entstehen untergeordnete migrantische bzw. migrantisierte Segmente in der Klasse derjenigen, die von Erwerbseinkommen abhängig sind. Anders als Paul und Louis als Altenpflegehelfer (vgl. Kapitel 2.2) und Silvia als Reinigungskraft (vgl. Kapitel 2.1 und 5) sind Elena und Adrian allerdings von einer noch weitergehenden Überausbeutung betroffen.

„Alle machen das so."
Lohn- und Versicherungsbetrug durch Betriebschef:innen

Die kleine Firma, in der Elena vier Jahre lang gearbeitet hat, reinigt als externer Dienstleister hauptsächlich ein Berliner Hotel. Sie besteht aus einer Chefin und wenigen Frauen, mehrheitlich mit Migrationsgeschichte, die mit ihrer Arbeit zum Berliner Tourismus-Boom beitragen. Elena arbeitete dort zunächst „als Gewerbe", also auf Honorarbasis. Die ersten Jahre fiel sie demnach in die Kategorie derjenigen Solo-Selbstständigen, die, da sie ausschließlich für einen Auftraggeber arbeiten, abhängig oder scheinselbstständig sind. Gunther vom Verdi-Referat für Selbstständige beschreibt dieses Verhältnis als „Abhängigkeit minus Pflichten der Arbeitgeber" (vgl. Kapitel 4.2). Die Unternehmen profitieren vom Wegfall der Sozialversicherungsbeiträge, die Leitung bleibt aber faktisch weisungsbefugt, sodass die Erwerbstätigen für ihre Absicherung im Falle von Arbeitsunfähigkeit oder Arbeitslosigkeit selbst sorgen müssen, ohne dafür im Umkehrschluss selbstbestimmt arbeiten zu können.[64]

Nach „zwei bis drei" Jahren Scheinselbstständigkeit wurde Elena in derselben Firma ein Arbeitsvertrag angeboten, sodass sie seitdem sozialversicherungspflichtig angestellt war. Besonders im Sommer war die kleine Reinigungsfirma chronisch unterbesetzt. Elena und ihre Kolleg:innen sorgten durch unbezahlte Mehrarbeit für den reibungslosen Ablauf der touristischen Hochsaison in Berlin: „Wir haben im Sommer ohne Pause gearbeitet. [...] Manchmal kamen wir um 7 Uhr zur Arbeit und

---

[64]   Die Bundesrepublik Deutschland schöpfte die maximal mögliche Übergangszeit von sieben Jahren aus, in denen EU-Bürger:innen neuer Mitgliedstaaten nach Beitritt das volle Freizügigkeitsrecht vorenthalten werden kann. Zwischen 2007 und 2014 konnten Rumän:innen und Bulgar:innen hierzulande daher nur im Rahmen der Dienstleistungsfreizügigkeit arbeiten. Dies führte zu einem (zusätzlichen) Anstieg atypischer Beschäftigungsformen wie Leiharbeit und Solo-Selbstständigkeit (Krings 2022). Die Anzahl von Gewerbeanmeldungen bulgarischer und rumänischer EU-Bürger:innen stieg zwischen 2007 und 2014 konstant an und ging anschließend wieder zurück (Wagner & Hassel 2016). Auch Herr I. erinnert sich, dass die Themen „Selbstständigkeit, Steuererklärung, Finanzamt" früher oft Anlass für die Beratung gewesen seien, jetzt aber „weg" vom Tisch seien. Da Elena und Adrian nach 2014 nach Deutschland kamen, betraf die Übergangsregelung sie nicht mehr.

waren bis 20 Uhr da." Konkret arbeitete Elena also beinahe das Dreifache ihres 32-Stunden-Arbeitsvertrags und überschritt die maximal zulässige tägliche Arbeitszeit von zehn Stunden (ArbZG §3) deutlich. Sie putzte dabei meistens zwischen 20 und 25, teils bis zu 40 Zimmer am Tag. Ihre Reaktion auf die Frage, ob die Überstunden bezahlt oder ausgeglichen worden seien, drückt aus, wie selbstverständlich unbezahlte Mehrarbeit in dieser Branche ist: „Die Überstunden? (Lacht laut.) Nee. Nein." Solange sie noch auf Honorarbasis arbeitete und offenbar pro Zimmer bezahlt wurde, sei ihr sogar Lohn abgezogen worden, wenn ihre Chefin oder deren Freund aufgrund des Personalmangels mit anpackten. „Sie würde manchmal das Geld kürzen, weil ein Freund von ihr uns geholfen hat." Auch die notwendigen und rechtlich vorgeschriebenen Ruhetage[65] wurden dabei nicht eingehalten und so zusätzliches Personal eingespart. „Wir sind auch Menschen, wir werden müde. Wir wollten, dass wir ein oder zwei Tage freibekommen, und wir wollten, dass da noch paar Leute arbeiten, aber das wollte sie [die Chefin] nicht." Elenas Chefin beschäftigte phasenweise auch immer wieder Personen ohne Vertrag. Einige von Elenas Kolleg:innen, darunter „viele russische Frauen", hätten „ohne Papiere" gearbeitet und seien „unterbezahlt, sehr, sehr stark" oder gänzlich um ihren Lohn gebracht worden: „Manchmal hat sie ihnen auch kein Geld gegeben."

Im Vergleich dazu und trotz ihrer Erfahrungen sagt Elena rückblickend, dass ihr Verhältnis zu ihrer Chefin „vorher gut" gewesen sei und diese ihr „nie Probleme mit der Bezahlung gemacht" habe. Als ihre Chefin sie im Kontext der Covid-19-Pandemie im Frühjahr 2020 zunächst in Kurzarbeit gehen ließ (auf 50 Prozent) und den Lohn entsprechend reduzierte, sie mit anlaufendem Geschäft im Sommer aber trotzdem wieder Vollzeit arbeiten musste, war Elena nicht mehr bereit, die unbezahlte Mehrarbeit zu akzeptieren. „Das war der Punkt, an dem wir Probleme bekamen." Elena und ihre Kollegin beschwerten sich beim Hoteldirektor, dem Auftraggeber ihrer Chefin. Als Letztere davon erfuhr, kündigte sie ihnen unmittelbar und meldete der Arbeitsagentur „arbeitsvertragswidriges Verhalten", deklarierte die Erwerbslosigkeit also als vorsätzlich herbeigeführt, sodass sie drei Monate vom Bezug des Arbeitslosengelds gesperrt wurden (SGB III, §159). Elena und ihre Freundin nahmen in dieser Situation Kontakt mit der BEMA auf und gingen mit deren Unterstützung rechtlich gegen die ehemalige Chefin vor (s. u.).

Auch Adrian kennt die Praxis, dass „sehr viele Arbeitsstunden" nicht bezahlt werden und fügt hinzu, dies passiere „oft oder immer". Auch sein aktueller Chef im kleinen Logistikunternehmen handhabe das so: „Im Vertrag steht, dass man acht oder neun Stunden arbeitet, und man arbeitet eigentlich 12 oder 13 oder sogar 14 Stunden. [...] Nicht nur mein Arbeitgeber, alle machen das so." Da er zudem „extra" arbeitet, also statt der für eine Vollzeitstelle in seiner Spedition vorgesehenen vier oft fünf wöchentliche Nachtschichten als Fernfahrer auf Autobahnen ver-

---

65 Das Arbeitszeitgesetz sieht vor, dass im Falle von Erwerbsarbeit an einem Sonntag, wie es im Gastgewerbe neben anderen Ausnahmen möglich ist, ein Ersatzruhetag innerhalb eines Zeitraums von zwei Wochen zu gewähren ist (ArbZG §11).

bringt, arbeitet Adrian in Konsequenz teils über 60 Stunden pro Woche, in jedem Fall deutlich mehr als die 48 Stunden, die rechtlich als Maximum vorgesehen sind (ArbZG §7). Der bezahlte Teil der Mehrarbeit kommt ihm indes entgegen, weil er als Opfer eines Sozialversicherungsbetrugs nach einer längeren Phase der unfallbedingten Arbeitsunfähigkeit hochverschuldet ist: Adrian wurde während der Arbeit für seinen letzten Arbeitgeber, einen Berliner Apotheken-Kurierdienst, von einem Auto angefahren. Er hatte infolge des Unfalls drei komplizierte Operationen und litt zum Zeitpunkt des Interviews drei Jahre später immer noch unter Schmerzen und Bewegungseinschränkungen, die ihn auch beruflich einschränken: „Schmerzen, ich nehme Medikamente täglich ein. [...] Man kann nicht alles arbeiten." Adrian arbeitete zum Zeitpunkt des Unfalls Vollzeit, doch noch am selben Tag ließ ihm sein Arbeitgeber im Krankenhaus ein neues Vertragsdokument zukommen, in dem seine wöchentliche Arbeitszeit als geringfügig angegeben wurde: „Am Tag des Unfalls hat mich mein Chef registriert mit einem falschen Arbeitsvertrag mit 15 Arbeitsstunden pro Woche." Diese Vertragsfälschung führte zu einer erheblichen Minderung seines Krankengeldes, das die Krankenkasse ab siebenwöchiger Arbeitsunfähigkeit für bis zu 18 Monate zahlt.[66] „Und wegen der Firma hatte ich ganz viele Probleme. [...] Ich hab' nur 400 Euro monatlich von der Versicherungskasse bekommen." Adrian und seine Freundin, die aus Rumänien nach Berlin kam, um den nach seinen Operationen beinahe bewegungsunfähigen Adrian zu pflegen, hielten sich zu zweit mit zunächst 400 Euro monatlichem Krankengeld und schließlich 800 Euro ALG II[67] während Adrians fast zweijähriger Arbeitsunfähigkeit über Wasser. Als sie vier Monatsmieten im Rückstand waren und Adrian nicht mehr „wusste, was [er] machen soll[te]", wendete er sich an die BEMA und leitete mithilfe der Beratungsstelle ein Gerichtsverfahren gegen seinen ehemaligen Arbeitgeber ein (s. u.).

Monika und Birgitta zählen Lohnbetrug, unbezahlte Mehrarbeit und Sozialversicherungsbetrug zu den häufigsten Problemen, mit denen Ratsuchende sich an sie wenden. Sie berichten von Fällen geringfügiger Beschäftigung, „obwohl die Arbeit in Vollzeit geleistet wird" und die Arbeitgeber „mit Vollmachten zum Jobcenter [gehen] und für solche Personen zusätzlich aufstockende Leistungen [beantragen]". Der Arbeitgeber zahle den Beschäftigten dann beispielsweise 300 Euro, die Differenz eines zum Überleben notwendigen Einkommens werde vom Jobcenter bezahlt und der Niedrigstlohn dadurch quasi staatlich subventioniert. Bei Adrians ehemaligen Kolleg:innen beim Apotheken-Kurierdienst wurde die Differenz zwischen ihrem Mini-Job-Arbeitsvertrag und der tatsächlich geleisteten, wesentlich höheren wöchentlichen Arbeitszeit von ihrem Chef in bar ausgezahlt. „Das ist überall so", kommentiert Adrian. Was im ersten Moment für die Betriebschef:innen vorteilhaft und die Beschäftigten zumindest nicht nachteilig ist – Erstere sparen Lohnnebenkosten,

---

66   Auch die Adrian zustehende sechswöchige Entgeltfortzahlung zahlte der Arbeitgeber bis zum Gerichtsprozess nicht.

67   Adrians Freundin hatte keinen Anspruch auf ALG II, weil sie nicht als seine Angehörige anerkannt und ihr insofern ihr Aufenthaltsrecht abgesprochen wurde. Hierauf wird im nächsten Abschnitt des Kapitels näher eingegangen.

Letztere ggf. Steuern –, bedeutet bei Jobverlust oder krankheitsbedingter Arbeitsunfähigkeit den Rückfall auf ALG II, das EU-Bürger:innen indes nur eingeschränkt zusteht (s. u.). Ähnlich problematische Konsequenzen habe häufig die direkte Unterbringung der Beschäftigten in Unterkünften der Arbeitgeber, berichten die Expert:innen der BEMA. Denn es sei dann bei der Einkommenshöhe nicht klar, „ob die Wohnkosten" und wenn „in welcher Höhe abgezogen" werden, was dazu führe, dass Personen „ganz erhebliche Mehrarbeit leisten und ganz wenig Geld bekommen", ohne genau „zuordnen [zu] können, was ihnen zusteht", erklärt Monika. Besonders problematisch sei, dass im Falle eines Arbeitsplatzverlusts dann auch Wohnungslosigkeit drohe. Es sei „so der Klassiker", dass am Freitagnachmittag „'ne Gruppe plötzlich vor der Tür steht", die in den offenen Konflikt mit dem Arbeitgeber gegangen ist, deshalb gekündigt wurde und nun wohnungslos sei.

Zu der extrem prekären Lage der Betroffenen tragen mehrere Faktoren bei: Die Beschäftigung von EU-Bürger:innen auf dem deutschen Arbeitsmarkt ist einerseits durch das Arbeitnehmer-Freizügigkeitsgesetz und andererseits durch die Dienstleistungsfreizügigkeit auf dem europäischen Binnenmarkt geregelt. Im Rahmen der Arbeitnehmer-Freizügigkeit werden sie nach bundesdeutschem Arbeitsrecht beschäftigt, Verstöße müssen von den Betroffenen individuell vor Gericht gebracht werden und werden dadurch die existenzielle Angewiesenheit auf ein Einkommen aus Arbeit und erschwerte Bedingungen der Rechtsdurchsetzung begünstigt. Im Falle der Dienstleistungsfreiheit, die auch transnationale Leiharbeit mit und ohne Werkverträge ermöglicht (Krings 2022), wurde mit der seit 2004 gültigen EU-Entsenderichtlinie, in Deutschland 2009 als Arbeitnehmerentsendegesetz (AentG), eine unzureichende Regulierung umgesetzt. Entsandte Arbeitskräfte müssen zwar nach geltendem Recht des Arbeitsortes beschäftigt werden (§3 AentG). In der Praxis führe aber ein „lückenhafter Regulierungsrahmen, der sich über zwei Staaten erstreckt" (Wagner 2015, 343), zu einer dauerhaften Unterschreitung von Standards, auch weil sowohl die europäische als auch die bundesdeutsche Gesetzgebung vorwiegend unternehmerische Freiheiten und die nationalen Märkte anstelle der Interessen der entsandten Beschäftigten schützten (ebd.). Schließlich und wesentlich gibt es in der Bundesrepublik Deutschland keine Behörde, die die Einhaltung von Arbeitsrechten mit hinreichenden Befugnissen überwachen würde (Hagemann 2017). Das (auf die Fleischindustrie begrenzte) Arbeitsschutzkontrollgesetz, mit dem seit 2021 u. a. Werkvertragsbeschäftigung und Leiharbeit in Schlachtung und Zerlegung verboten wurden, war ein erster Schritt in Richtung einer Re-Regulierung des europäischen Arbeitsmarktes. Die Einschätzungen zum Erfolg dieses Gesetzes gehen dabei auseinander. Während die DGB-Beratungsstelle Faire Mobilität (2022) Verbesserungen wie geregelte und kürzere Arbeitszeiten, angemessenere Wohnsituationen für die Arbeiter:innen und weniger fehlerhafte Lohnabrechnungen würdigt, kritisiert der Menschenrechtler Peter Kossen Gesetzeslücken und resultierende Schlupflöcher und beobachtet weiterhin geringe Löhne und schlechte Unterbringungsbedingungen (MiGAZIN 2022). Auch die Berater:innen der BEMA haben den Eindruck, dass die Unternehmen in Reaktion auf Gesetzesveränderungen neue Schlupflöcher suchen und finden. So könnten sie „eigentlich in jeder Branche so eigene historisch gewachsene Ausbeutungsmuster entdecken". Auf die Frage, ob sich die Situation seiner im Schlachthof tätigen Nachbar:innen seither verbessert habe, antwortet Adrian knapp ein Jahr nach Inkrafttreten des Werkvertragsverbots: „Also, von was ich höre, ist schwierig. Also, das Gesetz ist das Gesetz, aber neben dem Gesetz macht man andere Dinge."

„Und jetzt bekomme ich größere Rechnungen."
Erschwerte Rechtsdurchsetzung

Elena und Adrian konnten mithilfe der BEMA erfolgreich gerichtlich gegen den Betrug der Unternehmen vorgehen und erhielten entsprechende Nachzahlungen. Für Adrian und seine Familie kamen diese mehr als zwei Jahre nach dem Unfall allerdings zu spät, da sie zwischenzeitlich nur mittels Anhäufung von Schulden überleben konnten. Mit zunächst 400 Euro Krankengeld und schließlich 800 Euro Arbeitslosengeld lagen sie weit unter die Armutsgefährdungsschwelle von 2.066 Euro für ein Paar mit einem Kind im Jahr 2021 (Pieper et al. 2023). Adrian und seine Familie landeten in dieser Situation nur aufgrund der Kulanz ihres Vermieters nicht in der Wohnungslosigkeit. „Die Eigentümer haben uns verstanden."[68] Sie konnten Rechnungen nicht bezahlen, mussten notwendige Dinge auf Raten kaufen und sich Geld bei Adrians Bruder und Cousin leihen. Zinsen erhöhten dabei den Preis der Anschaffungen, Mahngebühren ließen den Schuldenberg zusätzlich wachsen. „Schulden machen ist ja auch eine teure Angelegenheit", kommentiert die Sozialberaterin des Kreuzberger Stadtteilzentrums diese Situation, in der viele ihrer Klient:innen wie auch unserer Gesprächspartner:innen stecken (vgl. Kapitel 5). „Das ist so eine Spirale, die sich immer weiterdreht." So kam die mithilfe der BEMA erwirkte gerichtlich verfügte Nachzahlung zu spät, um die Überschuldung nachhaltig abzubauen. „Zwei Jahre lang habe ich nicht alles bezahlt, was ich monatlich zahlen musste. Und jetzt bekomme ich größere Rechnungen, also größere Beträge. Ich hatte vorher 200 Euro für ein monatliches Abo, und jetzt bekomme ich direkt 1.200 Euro." Auch die oben skizzierten „Extra"-Schichten genügen nicht für Familienunterhalt und einen Abbau der Schulden. Durch die zusätzliche Nachtschicht erhöht Adrian das Einkommen von 1.500 Euro auf bis zu 2.000 Euro netto in Vollzeit, „aber das heißt, dass ich viel arbeiten muss", nämlich bis zu 60 Stunden pro Woche. Da er aus Brandenburg eine Stunde Anfahrt hat, ist er jeden Tag von 17 bis 7 Uhr unterwegs, schläft dann ein paar Stunden und hat entsprechend wenig Zeit mit Freundin und Kind, bevor er wieder losmuss. Die fehlende Zeit für seine Familie bedauert er, aber die Arbeit als Fernfahrer gefällt ihm grundsätzlich auch deshalb, weil die Langzeitfolgen seines Arbeitsunfalls ihn hier nicht stark einschränken: „Ich mag, dass ich nur fahren muss. Ich muss mich nicht viel anstrengen mit den Beinen, mit dem Fuß. Ich arbeite eine Stunde, laden

---

68   Knapp zwei Drittel der in einer bundesweiten Studie befragten Beratungsstellen für Migration, Arbeit und Sozialrecht haben mit Fällen zu tun, in denen „aufgrund der Leistungsverweigerung Wohnungslosigkeit entstanden ist oder konkret droht" (Tießler-Marenda et al. 2021, 22).

oder ausladen, und dann muss ich nur fahren. Und das ist gut." Mit der ersten gerichtlich verfügten Nachzahlung konnte Adrian immerhin die Mietschulden begleichen. Er hofft noch eine Lösung für seine Überschuldung zu finden, ggf. über eine Privatinsolvenz, denkt aber angesichts von „mehr und mehr Rechnungen" auch über eine Rückkehr nach Rumänien nach. In dieser Lage zu sein findet Adrian „nicht richtig".

Adrians Geschichte führt vor Augen, dass „Individuen unterschiedlicher sozialer Klassen unterschiedliche Erfahrungen mit dem Gesetz machen" (Balibar 2002, 82; eigene Übersetzung). „Multiple Prekarität" (Birke 2022), also eine soziale Lage, in der nicht nur das Einkommen niedrig, sondern u.a. auch Wohnort und Aufenthaltsstatus unsicher sind, erschwert auch die nachträgliche Durchsetzung von Rechtsansprüchen. Dies spielt in der BEMA im Kontext der Verfolgung strafrechtlich relevanter Arbeitsrechtverstöße, wie bspw. Fällen, bei denen ein Verdacht auf Zwangsarbeit vorliegt, eine Rolle. Problematisch sei dabei u.a., dass Opfer und/oder Zeug:innen einer Straftat erst dann als solche geschützt würden, wenn die Staatsanwaltschaft ihnen diesen Status formell zugesprochen hat. Da sich die Betroffenen in der Zwischenzeit meist ohne Einkommen und teils ohne Wohnung in einer existenziellen Notlage befänden, verließen sie die Bundesrepublik Deutschland indes häufig bevor es soweit kommt, sodass die Klagen ohne Zeug:innen vor Gericht fallengelassen werden müssen.

Die Durchsetzung von Rechtsansprüchen, die formell für alle gleichermaßen gelten sollten, ist insofern an materielle Voraussetzungen geknüpft. Aus „einer menschenrechtlichen Perspektive gesprochen" mahnt Birgitta an, dass die Betroffenen „Ruhe und Sicherheit" brauchten, „um sich zu überlegen, was ihre Antwort" ist. „Das ist eine Gesellschaft, in der Rechtsverletzungen passieren, den Leuten, denen die Rechtsverletzung angetan wird, schuldig. Aber ja, da sind wir weit weg von." Ein Schritt in diese Richtung könnte sein, die Aufgaben der Überwachung und Durchsetzung von arbeits- und sozialrechtlichen Vorschriften in einer staatlichen Behörde der Arbeitsinspektion zu bündeln und diese mit umfassenden Befugnissen auszustatten, die Auszahlung ausstehender Löhne anzuordnen und zu sanktionieren (Hagemann 2017). Während etwa Frankreich das Machtungleichgewicht zwischen Unternehmen und Beschäftigten entsprechend ausgleicht, sind Betroffene hierzulande auf den privaten Rechtsweg angewiesen. Eine entsprechende Expertise schließt, in der Bundesrepublik Deutschland existiere insgesamt „nur eine rudimentäre Rechtsdurchsetzung auf dem Gebiet des Arbeitsrechts" (12).[69]

---

[69] In der Bundesrepublik Deutschland ist die Arbeitsinspektion einerseits zersplittert, andererseits ist ein relevanter Teil – z.B. die Kontrolle des Mindestlohns – beim Zoll in der Finanzkontrolle Schwarzarbeit (FKS) angesiedelt (Hagemann 2017; Wallis 2016). Die FKS vertritt ein öffentliches Interesse, nicht das der Beschäftigten, und ist zudem unzureichend ausgestattet (Jensen 2018). In der Konsequenz muss gegen Rechtsverletzungen individuell vorgegangen werden.

"Das Problem heißt institutionelle Diskriminierung." Ausschluss von sozialen Rechten

Adrian, Elena und ihre (ehemaligen) Kolleg:innen und Nachbar:innen wissen um ihre Überausbeutung durch Rechtsverletzungen. Dass sie verhältnismäßig lange bereit sind dies zu akzeptieren, hat neben den geschilderten Ungleichheitsverhältnissen in der EU und der Schwierigkeit, ihre Rechte praktisch einzuklagen, auch mit dem beschränkten Aufenthaltsrecht von EU-Bürger:innen zu tun. Daher wird folgend der enge Zusammenhang zwischen Arbeits-, Sozial- und Aufenthaltsrecht in seiner Bedeutung für die Lebenslage osteuropäischer Migrant:innen skizziert (erster Abschnitt). Anschließend wird auf interaktive und institutionelle Formen der Diskriminierung in (Sozial-)Behörden im Kontext klassistisch-rassistischer Diskurse als weiteres Bedingungsgefüge der Entrechtung und materiellen Deprivation dieses Klassensegments eingegangen (zweiter Abschnitt).

"Abhängigkeit von jeder Art von Arbeitsverhältnis." Zwangslagen durch Arbeits-, Sozial- und Aufenthaltsrecht

EU-Bürger:innen wie Adrian und Elena sind auch deshalb in anderem Ausmaß als deutsche Staatsbürger:innen auf ‚jede Art von Arbeitsverhältnis' angewiesen, weil ihr Aufenthaltsrecht an Erwerbsarbeit gekoppelt ist und sie nur eingeschränkt Zugang zu Sozialleistungen haben.

Das Recht auf Freizügigkeit in der Europäischen Union kommt EU-Bürger:innen visumfrei nur für drei Monate zu, als erwerbstätigen EU-Bürger:innen solange, wie sie sich und ihre Familie eigenständig versorgen können. Im Falle einer Erwerbslosigkeit dürfen sie maximal sechs Monate zum „Zweck der Arbeitssuche" im Land bleiben und Sozialleistungen beziehen (Freizügigkeitsgesetz §2). Theoretisch entfristet sich dieser Anspruch nach einer zwölfmonatigen regulären und ununterbrochenen Erwerbstätigkeit. Praktisch laufen die dargestellten Arbeitsverhältnisse (Scheinselbstständigkeit, Arbeit ohne Vertrag, geringfügige Beschäftigung) oder Arbeitsplatzwechsel wegen unzumutbarer Bedingungen häufig darauf hinaus, dass trotz langer Beschäftigungsdauer kein Anspruch auf Sozialleistungen geltend gemacht werden kann. Dabei kommt erschwerend hinzu, dass die Berliner Jobcenter unterschiedlich und teils willkürlich darüber entscheiden, ob sich aus der vergangenen beruflichen Tätigkeit ein Leistungsanspruch ergibt, weil die konkreten Kriterien nicht gesetzlich geregelt sind: „Wir haben zum Beispiel viele Fälle, wo acht Stunden die Woche als Minijob nicht als Arbeiten anerkannt werden und dann verlangt ein Jobcenter zehn Stunden, das andere Jobcenter sagt zwölf Stunden." Das berichtet Herr I., der in einer mehrsprachigen Beratungsstelle tätig ist, und fügt hinzu: „Und das ist nirgendwo geregelt, das ist alles Quatsch." Im Falle der Erwerbslosigkeit droht den Betroffenen dann sowohl, durch das rudimentärste soziale Netz zu fallen, als auch der Verlust des Aufenthaltsrechts. Denn weil Sozialleistungsansprüche an den Aufenthaltsstatus geknüpft sind, wird dieser in den Jobcentern bei der Antragstellung automatisch geprüft und potenzielle Verstöße gegen aufenthaltsrechtliche Bestimmungen der Ausländerbehörde gemeldet. Die Sozialbehörden übernehmen so die Funktion einer „Grenzpolizei" (Riedner 2017, 101).[70] Dies erweitert die „Grenzsituation" (ebd.; Lebuhn 2012): Grenzziehungen finden nicht allein beim Überqueren der territorialen Außengrenze statt, sondern im Innern der Nationalstaaten, hier in Berlin, wenn Betroffene Sozialleistungen zum Lebensunterhalt beantragen müssen.

Der Zugang zu Sozialleistungen wurde für EU-Bürger:innen im Zusammenhang mit der EU-Osterweiterung 2007 eingeschränkt (Voigt 2021). Ob dies dem europäischen Diskriminierungsverbot widerspricht und eine Menschenrechtsverletzung darstellt, ist seither umstritten (Absenger & Blank 2015). Alexander scherzt darüber, mit seinen Kolleg:innen im „Fachjargon" über das *Gesetz über die allgemeine Freizügigkeit von Unionsbürgern* als „EU-Bürger-Ausschluss-Gesetz" zu sprechen. Eigentlich müsse er als Sozialarbeiter:in den Menschen sagen: „,Na ja, deine Hilfeaussicht ist: Geh' in dein Heimatland zurück, wir können dir hier nicht helfen.'" Dabei betrifft die Verschärfung zwar formell alle EU-Bürger:innen gleichermaßen, sie entstand aber vor allem mit Blick auf den Beitritt Rumäniens und Bulgariens. Geschürt wurden in medialen Debatten antiziganistisch konnotierte Vorbehalte gegen eine vorgeblich erwartbare „Zuwanderung in die deutschen Sozialsysteme" (Trubeta 2022).[71] Auch Herr I. beobachtet „die Entwicklungen in Bezug auf die Gesetzgebung, aber auch die politischen und medialen Debatten zum Thema ‚Zuwanderung aus Bulgarien/Rumänien'", was „als Synonym verwendet wird für ‚Roma-Zuwanderung' oder ‚Armutszuwanderung'. Das sind so Codierungen, die wir feststellen in den Medien, gemeint sind eigentlich Roma aus Bulgarien und Rumänien." Das Bild des arbeitsunwilligen und daher armen bis hin zu parasitär-bettelnden Z[...] gehört dabei zum jahrhundertealten Repertoire des Antiziganismus und trug als Kontrastfolie zur Etablierung der protestantischen Arbeitsethik in Europa bei (End 2012; Pickel & Stark 2022). Und weil antiziganistische Vorurteile auch in Bulgarien weit verbreitet sind (Cviklova 2015) und die dortige Diskriminierung von Rom:nja und Sinti:zze schon vor der EU-Osterweiterung ein Grund für deren Migration bzw. Flucht u. a. in die Bundesrepublik Deutschland war, ist es einerseits nicht erstaunlich, dass und in welcher Direktheit Elena selbst Antiziganismus reproduziert: „Das Einzige, was ich [an Berlin] nicht mag, ist, dass viele Leute hier sehr schmutzig sind. Es gibt zu viele Z[...]. Sie stehlen, sie töten." Andererseits ist Elena in Berlin als Bulgarin, ob Romnja oder Sinteze oder nicht, von einer auch antiziganistisch begründeten institutionellen Diskriminierung betroffen, die sich, wie geschildert, in Über-

---

70 Balibar (2002, 79) erwartete bereits vor 20 Jahren als Konsequenz des Schengen-Abkommens eine entsprechende Rekonfiguration der Grenzen: „As a consequence, borders cease to be purely external realities. They become also [...] ‚inner borders': that is to say [...] invisible borders, situated everywhere and nowhere."

71 Die Erwerbsquote von Migrant:innen aus osteuropäischen EU-Staaten liegt deutlich über dem Durchschnitt aller nichtdeutschen Staatsbürger:innen; Sozialleistungen im Rahmen des Sozialgesetzbuchs II beziehen sie mit einer Quote von neun bis zehn Prozent etwas häufiger als deutsche Staatsbürger:innen (6 Prozent) und viel seltener als Migrant:innen aus Drittstaaten (26 Prozent) oder Geflüchtete aus Syrien (68,9 Prozent) (Birke 2022, 81). Die Zahlen verweisen auf unterschiedlich zustande kommende hohe Barrieren beim Zugang zu Erwerbsarbeit.

ausbeutung, Ausschluss von Sozialleistungen etc. manifestiert. Eine Solidarisierung gegen unterschiedliche Formen der Diskriminierung osteuropäischer Geflüchteter und Migrant:innen wird durch ihre ressentimentgeladene Haltung indes verhindert.

Das Ineinandergreifen extrem unsicherer Erwerbsarbeitsverhältnisse und aufenthalts-rechtlicher Bestimmungen bedingt und verfestigt entsprechend prekäre Lebenslagen von osteuropäischen Migrant:innen in Berlin. So berichtet Monika, „dass EU-Bürger sich wirklich lange hier aufhalten", teils sechs bis sieben Jahre, „immer wieder arbeiten, aber aufgrund dieser Prekarität der Beschäftigung nicht ihren Dauer-aufenthaltsstatus nachweisen können". Birgitta ergänzt, dass diese Bedingungen bei den Betroffenen zu vormodernen Existenzweisen führen: Wo „der Aufenthalts-status an das eine Arbeitsverhältnis geknüpft wird, übersetzt sich das in 'ne direkte persönliche Abhängigkeit von der Arbeitgeberin, dem Arbeitgeber". Zudem ent-steht ein Teufelskreis: Eingeschränkte Sozialleistungsansprüche und das Motiv, den „Daueraufenthalt" zu erwirken, treiben die Betroffenen in „schwer auszuhaltende" (Monika) Arbeitsverhältnisse bzw. dazu, in diesen länger auszuhalten, als sie es unter anderen Umständen zu tun bereit wären. Das bestehende innereuropäische Migrationsregime (Karakayali & Mecheril 2017) verspricht europaweite Freizügig-keit, bringt mit seinen aufenthalts-, arbeits- und sozialrechtlichen Regulierungen in Kombination mit einer strukturellen Ungleichheit indes eine Lebenslage hervor, in der Menschen abhängig von „jeder Art von Arbeitsverhältnis" sind und Überaus-beutungsverhältnisse sowie Entrechtung tolerieren (müssen). Es resultiert ein auf spe-zifische und andere Weise als bei den EU-Bürgern Jacob und Tarik (vgl. Kapitel 3.2) migrantisiertes Klassensegment in Berlin.

„Weil ich nicht sprechen kann."
Institutionelle Diskriminierung in Jobcentern und anderen Sozialbehörden

Vor dem geschilderten Hintergrund fungieren die Berliner Jobcenter und andere Sozialbehörden nicht nur abstrakt als Teil eines antiziganistisch aufgeladenen inner-städtischen Grenzregimes, dieses wird vielmehr institutionell übersetzt und es durch-setzt die Interaktionen zwischen Mitarbeiter:innen und ‚Kund:innen', wie ausge-hend von Elenas und Adrians Erfahrungen deutlich wird.

Erstere hatte zum Zeitpunkt ihrer Kündigung bereits über zwei Jahre sozialversiche-rungspflichtig in einer Reinigungsfirma gearbeitet und Letzterer war zum Zeitpunkt seines Arbeitsunfalls ebenfalls lang genug ohne Unterbrechung beschäftigt, um einen Anspruch auf Sozialleistungen zu haben. Trotzdem lässt sich dieser Anspruch auf materielle Absicherung in Phasen ohne Erwerbstätigkeit bzw. -fähigkeit nicht realisieren. So stand Elena für drei Monate völlig ohne Einkommen da, nachdem ihre Chefin die von ihr ausgesprochene Kündigung der Arbeitsagentur gegenüber durch „arbeitsvertragswidriges Verhalten" als „vorsätzlich" herbeigeführt (SGB II, §159) deklariert hatte. De facto hatte sie selbst jahrelang und zuletzt in einem extremen Ausmaß Elenas Rechte verletzt. Eine Prüfung der Vorwürfe durch die Mit-arbeiter:innen der Arbeitsagentur fand offenbar nicht statt, sodass ihr Widerstand nicht nur den Verlust des Arbeitsplatzes zur Folge hatte, sondern auch die Sperre ihres ALG-I-Bezugs.

Adrian machte mehrfach negative Erfahrungen in Behörden, die dafür zuständig gewesen wären, ihn nach dem Arbeitsunfall zu unterstützen. Er wendete sich zunächst an die zuständige Berufsgenossenschaft.[72] Diese wies ihm einen Behindertengrad und mit diesem eine kleine Rente zu, die er eigentlich „für das ganze Leben" behalten können sollte. Kurze Zeit später schickte die Berufsgenossenschaft ihn erneut zur Prüfung zu einem Arzt. Dessen Vorgehen erlebte Adrian als willkürlich und ungerecht. Obwohl er bestätigte, weiterhin unter Schmerzen zu leiden, folgte der Arzt offenbar der Anweisung eines nicht anwesenden Mitarbeiters der Berufsgenossenschaft: „Und dann hat der Arzt gesagt, ich soll ein bisschen warten, er muss die Leute von den Arbeitsunfällen anrufen, also von dieser BG [Berufsgenossenschaft]. Und dann als ich zurückkam, hat er mir gesagt, mein Grad wird kleiner gemacht, also von 20 auf 10, weil es mir besser geht." Diese Rückstufung hatte für Adrian zur Folge, trotz Einschränkungen seiner Berufsfähigkeit den Rentenanspruch zu verlieren: „Und ich hatte immer Schmerzen. Und dann wurde meine Rente storniert." Adrian deutet unter Verweis auf die Erfahrung eines deutschen Freundes interaktive Diskriminierung als Grund für die ungleiche Behandlung an: „Also, sein Unfall war leichter, der von meinem Freund. Das Problem ist, warum wollen sie mir diese Rente nicht lassen, das verstehe ich nicht." Auf Nachfrage teilt er seinen Eindruck deutlicher mit: „Sie haben mir das nicht gegeben, weil sie gesehen haben, dass ich nicht sprechen kann." Adrian bringt zum Ausdruck, dass hier mindestens mit Blick auf seinen Akzent eine rassifizierende Statuszuweisung erfolgt sein könnte, die die Vorenthaltung von Rechten begründet. Ähnlich zurückhaltend umschreibt er Erfahrungen von Abwertung durch das Verhalten von Mitarbeiter:innen des Brandenburger Jobcenters: „Hier sind sie nicht so freundlich. Nicht alle, aber die meisten sind so ein bisschen- […]." Das passende Adjektiv geht ihm nicht über die Lippen, aber seine Mimik ruft die Assoziation vorurteilsbehafteten Verhaltens hervor. Auch im Jobcenter wurden Adrian und seiner Familie Unterstützungsleistungen verwehrt, als der Antrag auf Sozialleistungen seiner Freundin und mittlerweile Mutter des gemeinsamen Kindes abgelehnt wurde. Die angeführte Begründung, sie habe nie in der Bundesrepublik Deutschland gearbeitet, folgt der oben genannten Linie des verschärften Sozialrechts. Anspruch auf Leistungen hätte sie indes, weil sie sich als Mutter des gemeinsamen Kindes als seine Angehörige in Deutschland aufhält (FreizügG/EU).[73] Mit dieser Erfahrung stehen sie nicht allein da. Herr I. von der Sozialberatungsstelle kennt viele Fälle der Ablehnung von Leistungsanträgen

---

72 Die meist branchenspezifischen Berufsgenossenschaften sind Träger der gesetzlichen Unfallversicherung. Sie zahlen bei Arbeitsunfällen u. a. Reha-Maßnahmen, Lohnersatzleistungen und Verletztengeld. Die Mitgliedschaft ist verpflichtend und vom Arbeitgeber anzumelden, der auch für die Beitragszahlungen zuständig ist (SGB VII §14).

73 Vermutlich sind die beiden verheiratet, denn Adrian erwähnt, dass er noch keine Zeit gehabt habe, den Nachnamen seiner Frau in deren Dokumenten ändern zu lassen, weil sie hierfür nach Rumänien fahren müssten. Er hofft, dass die Anerkennung ihres Status als seine Angehörige dadurch einfacher wird.

von Angehörigen durch Berliner Jobcenter. Selbst nachdem Familien die Leistungen mehrfach erfolgreich vor dem Berliner Sozialgericht eingeklagt hätten, würden diese ihnen beim nächsten Antrag wieder verweigert. Mit einer Familie habe er sechsmal geklagt und jeden dieser Prozesse gewonnen, sodass schließlich sogar die Richter:innen ahnten, dass eine systematische Ungleichbehandlung vorliegen könnte: „Irgendwann jetzt bei der letzten Klage wollte der Richter sogar die Familie mal selber sehen, weil er selber erstaunt war, wie kann es sein, dass alle sechs Monate ich dieselbe Klage bekomme?"

Dass die Vorenthaltung von sozialen Rechten durch die Jobcenter im Fall von südosteuropäischen Migrant:innen institutionell vermittelt ist, verdeutlicht die Veröffentlichung eines eigentlich nur zum Dienstgebrauch gedachten Papiers der Bundesagentur für Arbeit. Die sogenannte „Arbeitshilfe zur Bekämpfung von bandenmäßigem Leistungsmissbrauch im spezifischen Zusammenhang mit der EU-Freizügigkeit" (BfA 2022) hält seit 2018 die Mitarbeiter:innen dazu an, Anträge bestimmter Gruppen von EU-Bürger:innen besonders sorgfältig auf eine mögliche Erschleichung von Leistungen zu prüfen. Bis zum Sommer 2020 wurde explizit auf „verdächtige rumänische und bulgarische Staatsangehörige" (Tacheles 2019) verwiesen. Diese explizite Aufforderung zur Diskriminierung wurde zwar gestrichen, die Arbeitshilfe existiert aber nach wie vor, mit gleichbleibenden Konsequenzen. Herr I. schließt: „Das Problem heißt institutionelle Diskriminierung. Also, um nicht jetzt direkt Rassismus zu sagen". Er wie auch Birgitta und Monika von der BEMA berichten in Übereinstimmung mit Kolleg:innen aus Migrationsberatungsstellen, die in einer bundesweiten Erhebung der Bundesarbeitsgemeinschaft der Freie Wohlfahrtsstellen (Tießler-Marenda et al. 2021) befragt wurden, von zahlreichen Fällen rassistisch-antiziganistischer Diskriminierung seitens der Sozialbehörden, besonders der unrechtmäßigen Ablehnung von Anträgen. Die bereits erwähnten Praxen, den Arbeitnehmerstatus wegen (vorgeblich) nicht hinreichender Beschäftigungsdauer und Familienmitglieder nicht als Teil der Bedarfsgemeinschaft anzuerkennen, werden auch bundesweit berichtet (2), zudem werden u. a. Fälle genannt, in denen die Antragstellung durch Zurückweisung im Eingangsbereich des Jobcenters verhindert oder Termine durch die Verweigerung von Sprachmittler:innen unterlaufen werden (7). Herr I. berichtet von dem unter den Ratsuchenden verbreiteten Gefühl: „Ich werde hier nicht angenommen, ich werde beleidigt", was mit dem Befund korrespondiert, dass in 27 Prozent der Fälle Personen mit türkisch und rumänisch klingenden Nachnamen eine schlechtere Beratung erhielten (Hemker & Rink 2017, 2). Eine weitere Hürde stellten unverhältnismäßig lange und detaillierte Mitwirkungspflichten dar, wie Herr I. verdeutlicht: „[S]o Fragenkataloge [...] teilweise zweiseitig. [...] Wie fahren Sie zu Arbeit? Wie heißen Ihre Kolleginnen? Auch mit Spitznamen? Wer erteilt Ihnen die Arbeiten? Also, solche Fragen: Welche Farbe hat das Auto von [...]?" Wie bei Katja (vgl. Kapitel 2.1), die ironisch fragte, ob sie den Mitarbeiter:innen des Jobcenters auch ihre Unterwäschengröße mitteilen solle, geht die Beantragung von Transferleistungen mit Überschreitungen der Intimitätsgrenzen einher. In der Gesamtschau entsteht bei Herrn I. und seinen Kolleg:innen in der mehrsprachigen Sozialberatungsstelle der Eindruck, dass „bei Anträgen auf Transferleistungen oder

Kindergeld [...] eher geprüft [wird]: ‚Wie können wir diesen Antrag ablehnen?',
anstatt: ‚Wie können wir ihn bewilligen?'." Dass es sich bei der Benachteiligung
von Bulgar:innen und Rumän:innen im Jobcenter um institutionelle Diskriminierung
handelt, zeigen der durch die interne Arbeitshilfe entstehende „dauerhafte [...] und
systemische [...] Charakter" sowie das Ausmaß, das die Benachteiligung als „regelmäßig", „typisch" und „statistisch erwartbar" (Gomolla 2017, 142) ausweist. Eine
in Schriftform fixierte Anweisung wäre im Übrigen keine notwenige Bedingung für
die Einschätzung, insofern entsprechende Verhaltensweisen (und Anweisungen) auf
„kollektive Wissensrepertoires" rückführbar sind (Gomolla 2017, 143).[74]

Die Verweigerung von (Sozial-)Leistungen durch Jobcenter, Sozialamt und Familienkasse ist in vielen Fällen rechtswidrig, sodass in der Beratungsstelle von Herr I.
„überspitzt" gesagt, „jeder dritte Fall vor Gericht" gebracht werden müsse.[75] Bei
einem Beratungsaufkommen von ca. 6.500 Fällen im Jahr wären dies etwa 2.000
gerichtliche Auseinandersetzungen allein aus dieser Beratungsstelle. „Und die
Zahlen sind in diesem Bereich gestiegen", schließt Herr I. an, obwohl der Gang
vor Gericht wie auch bei der Durchsetzung arbeitsrechtlicher Ansprüche voraus-
setzungsreich ist. Bei sozialrechtlichen Ansprüchen kommt hinzu, dass es sich um
die „letzte existenzsichernde Grenze" handele, das sei den Mitarbeiter:innen im
Jobcenter, mutmaßt die Sozialberaterin des Kreuzberger Stadtteilzentrums, „manchmal nicht klar, ohne das haben die Leute gar nichts." Adrian fehlen derzeit die Zeit
und die Kraft, gegen die Entscheidung des Jobcenters vorzugehen, obwohl er gute
Aussichten hätte, für seine Partnerin als Angehörige den Anspruch auf Sozialleistungen geltend zu machen: „Ich werde [bald] Urlaub nehmen und ich werde mich damit
beschäftigen." Die Migrationsberatungsstellen schätzen, dass sich nur ein gutes
Drittel der Klient:innen, deren Sozialleistungsanträge abgelehnt wurden, vor den
Sozialgerichten gewehrt hat, hiervon die überwiegende Mehrheit erfolgreich
(Tießler-Marenda et al. 2021, 21). Das sich darin abzeichnende Ausmaß der gerichtlich eindeutig festgestellten Rechtsverstöße ist lediglich das Hellfeld in einem
aufgrund der geschilderten Hürden des Klageweges absehbar großen Dunkel-
feld.

---

[74]   Dabei sind rassistische bzw. antiziganistische Ressentiments unter den Mitarbeiter:innen der Berliner Job-
        center und Sozialbehörden vermutlich nicht weiter verbreitet als in der Berliner Bevölkerung insgesamt.
        2021 empfand mit 27 Prozent ein gutes Viertel der Berliner:innen Sinti:zze und Rom:nja als „nicht so
        zivilisiert", mit 47 Prozent schrieb ihnen knapp die Hälfte eine Neigung zu Kriminalität zu und weitere
        27 Prozent wollten diesen Einstellungen auch praktische Schritte folgen lassen und Rom:nja und Sinti:zze
        aus den Innenstädten verbannen (Pickel et al. 2023). Erstmals konnte auch gezeigt werden, dass die
        Zuschreibung von Armut mit Zustimmungswerten von über 70 Prozent besonders weit und insbesondere
        unter höher Gebildeten verbreitet ist (Pickel & Stark 2022). Qualitative Untersuchungen zeigen zudem, dass
        „bei einer Vielzahl der Befragten das Thema Armut stellvertretend für ein umfassenderes Vorurteilskonstrukt"
        (23) aus den Elementen unzureichende Bildung, ungeregelte Lebensumstände und unregelmäßige Erwerbs-
        arbeit steht.

[75]   Auch die Autor:innen der Studie der Bundesarbeitsgemeinschaft der Freien Wohlfahrtspflege kommen zu
        dem Ergebnis, „dass die beschriebenen Probleme bundesweit in nennenswertem Umfang anzutreffen sind
        und eine (rechtswidrige) Verweigerung von Leistungsansprüchen von EU-Bürgerinnen und EU-Bürgern nicht
        nur in Einzelfällen vorkommt" (Tießler-Marenda et al. 2021, 5).

Als der normalisierten Überausbeutung der noch weitergehende Lohn- bzw. Versicherungsbetrug ihrer Chef:innen folgt, geraten Elena, die aufgrund der Kündigung ihrer Chefin erwerbslos geworden ist, und Adrian und seine Familie nach seinem Arbeitsunfall in eine gefährliche Armutslage, der sie mit Unterstützung der Jobcenter und anderer Sozialbehörden entkommen könnten. Stattdessen werden ihnen die ihnen zustehenden Leistungen (ALG-I, Krankengeld, Arbeitsunfähigkeitsrente) vorenthalten, was in Adrians Fall trotz eines erfolgreichen Gerichtsprozesses dazu führt, dass die zwischenzeitlich eingetretene Überschuldung trotz Nachzahlungen nicht mehr kompensiert werden kann. Ihre Erfahrungen der Benachteiligung durch Jobcenter und Sozialbehörden erweisen sich auch als Resultat eines institutionell geronnenen und interaktiv reproduzierten Rassismus und Antiziganismus, der osteuropäische Migrant:innen in Berlin und bundesweit auch unabhängig von ihrer Zugehörigkeit zu den Gruppen der Rom:nja und Sinti:zze trifft. In Kombination mit der bereits beschriebenen Überausbeutung aufgrund des Zusammenwirkens arbeits-, sozial- und aufenthaltsrechtlicher Bestimmungen entsteht ein spezifisches Migrationsregime (Karakayali & Mecheril 2017), das die besonders prekäre Lage osteuropäischer Migrant:innen in Berlin als bestimmtes Segment der Berliner Arbeiter:innen hervorbringt. Der massiven materiellen, symbolischen und rechtlichen Benachteiligung zum Trotz ist das Leben in Berlin bzw. der Bundesrepublik Deutschland angesichts der extrem ungleichen Lebensverhältnisse und Zukunftsaussichten innerhalb der EU immer noch das geringere Übel: „Die Lage ist viel besser in Deutschland. Auch wenn es Probleme gab, es ist besser hier", sagt Adrian auch heute noch. „Die Leute wollen hier [...] ihr Leben aufbauen und brauchen Absicherung. Darauf haben sie auch ein Recht, das gehört zur Freizügigkeit dazu. Sie sind auch gleichberechtigt, zumindest theoretisch nach dem Recht sollen sie gleichberechtigt sein", resümiert Monika von der BEMA-Beratungsstelle die Differenz zwischen Norm und Wirklichkeit. Ob, und wenn ja wie, die Betroffenen ihrer Überausbeutung und Entrechtung widerständig begegnen, wird folgend genauer betrachtet.

„Weil es nicht richtig war, was die gemacht haben." Kampf gegen Windmühlen und Teilerfolge für entrechtete Arbeitsmigrant:innen

Elena und Adrian wissen, ähnlich wie Katja (vgl. Kapitel 2.1), um ihre Rechte und daher auch, dass und wie diese von ihren Arbeitgeber:innen oder staatlichen Institutionen unterlaufen werden. Dabei weisen ihre verallgemeinernden Aussagen darauf hin, dass ein gewisses Maß an Verstößen im Niedriglohnsektor insbesondere in bestimmten Branchen verbreitet und ‚normal' ist: „Alle machen das so", sagte Adrian in Bezug auf unbezahlte Mehrarbeit und „man" – Arbeitgeber:innen, hier konkret die seiner Nachbar:innen in der Fleischindustrie – mache „neben dem Gesetz [...] andere Dinge". Derart normalisierte Bedingungen wie unbezahlte Mehrarbeit, Lohn- und Versicherungsbetrug sowie Gesundheitsgefährdungen können von Einzelnen schwerlich verändert werden. Sie werden auch deshalb toleriert, weil individuelle oder gemeinsame Beschwerden nicht nur die Einkommensquelle vollends versiegen lassen, sondern unter den genannten Bedingungen auch Wohnungslosigkeit oder den Verlust der Aufenthaltserlaubnis zur Folge haben können (s. o.). Dass und wann Elena und Adrian trotzdem einen Punkt erreichten, an dem für sie eine Schwelle der Akzeptabilität von rechtswidrigen Praktiken ihrer Betriebschef:innen überschritten war und sie begannen, sich Unterstützung zu suchen und sich zu wehren, ist von daher wichtig und wird folgend mit Blick auf individuelle (erster Abschnitt), kollegiale (zweiter Abschnitt), anwaltschaftlich unterstützte (dritter Abschnitt) und politische (vierter Abschnitt) Umgangsweisen betrachtet.

„Wir wollen keine Probleme, wir wollen arbeiten."
Schwellen der Akzeptabilität

Adrian befand sich durch den Arbeitsunfall in Kombination mit dem Versicherungsbetrug seines Arbeitgebers und den Diskriminierungserfahrungen im Kontakt mit Berufsgenossenschaft und Jobcenter in einer existenziellen Krise. Dass er und seine Familie gefährdet waren, wohnungslos zu werden, weil andere ihm Unrecht angetan hatten – er wurde angefahren, betrogen und beleidigt –, empfindet Adrian als so ungerecht, dass er sich schriftlich an verschiedene staatliche Institutionen wendet in der Hoffnung, diese würden für Gerechtigkeit sorgen: „Ich hab' überall hin geschrieben, auch dem Staat geschrieben, Ministerien angeschrieben. Weil es nicht richtig war, was die gemacht haben." Eine dieser Behörden antwortete ihm immerhin, eröffnete aber keine Veränderungsperspektive und „viele haben gar nichts gesagt, ich habe ihnen umsonst geschrieben". Sein Bemühen, in seiner Unrechtserfahrung gesehen und entschädigt zu werden, gleicht dabei einem Kampf gegen Windmühlen, den er allein, ohne Unterstützungsstrukturen, finanzielle Mittel und mit Sprachbarrieren verlieren muss.

Elena leistet, wie beschrieben, normalerweise bereits ein enormes Ausmaß an unbezahlten Überstunden, verzichtete auf Pausen und freie Tage und nahm auch Lohnkürzungen hin. Ihr Lachen in Reaktion auf unsere Frage nach der Bezahlung ihrer Überstunden (s. o.) zeigt genauso wie ihre Praxis aufzuschreiben, „wie viele Stunden wir jeden Tag gearbeitet haben, wann wir gekommen und gegangen sind", dass sie sich ihrer Rechte sowie des Rechtsverstoßes ihrer Chefin bewusst ist: „Ich wusste, dass ich mehr Geld bekommen sollte." Und trotzdem tolerierte sie die nicht nur illegitime, sondern illegale Überausbeutung. Womöglich standen ihr die russischsprachigen Kolleginnen vor Augen, die noch schlechtere Bedingungen hinnehmen, sodass sie die Beziehung zu ihrer Chefin so lange als „normal" empfand, wie diese ihr in dem für sie geltenden Rahmen keine „Probleme mit der Bezahlung" machte. Mit Beginn der Maßnahmen zur Eindämmung der Covid-19-Pandemie im Jahr 2020 verschlechterte sich das Verhältnis von bezahlter zu unbezahlter Arbeit weiter: Elena und ihre Freundin wurden in eine Teilzeitkurzarbeit geschickt, arbeiteten aber nach Ende des Lockdowns wieder acht Stunden täglich. „Denn bei der Kurzarbeit mussten wir vier Stunden arbeiten, aber wir haben wieder acht volle Stunden gearbeitet." Sie arbeiteten nun genauso viele Stunden bezahlt wie unbezahlt, doch ausschlaggebend dafür, dass Elena nicht mehr bereit war, die unbezahlte Mehrarbeit zu akzeptieren, scheint nicht dieses Verhältnis, sondern die Reduktion der Lohnsumme durch die Kurzarbeit gewesen zu sein. „Das war der Punkt, an dem wir Probleme bekamen. Wenn sie will, dass wir arbeiten, muss sie uns bezahlen." Durch diese noch weitergehende Verschlechterung ihrer Lage habe die Chefin ihr „eine Menge Ärger bereitet", sodass sie „so nicht weitermachen" konnte. Elena versuchte zunächst, die Chefin dazu zu bewegen, zur vorher bestehenden Normalität – unbezahlte Überstunden bei gleichbleibender Lohnsumme – zurückzukehren. Wenn sie sich selbst mit den der Chefin mitgeteilten Worten zitiert: „,Wir wollen keine Probleme, wir wollen arbeiten'", bestätigt sie die Tendenz, Konflikte mit Arbeitgeber:innen zu vermeiden, solange das Niveau der normalisierten Überausbeutung nicht deutlich überschritten wird. In gewisser Weise meinte Elena, ihrer Arbeitgeberin einen Kompromiss anzubieten, auf den diese habe eingehen können und sollen.

„Wir sprachen, aber sie hatten Angst."
Kolleg:innen organisieren?

Elena und Adrian versuchten, die skizzierten Problemkonstellationen nicht nur allein anzugehen. Sie unternahmen in unterschiedlichem Ausmaß den Versuch, die (ehemaligen) Kolleg:innen zu einer (gemeinsamen) Auseinandersetzung mit ihren Arbeitgeber:innen zu motivieren. So berichtet Elena, wie sie und eine enge Freundin, die ebenfalls in der Reinigungsfirma arbeitete, mit den Kolleginnen über das Vorhaben, sich zu beschweren „sprachen, aber sie hatten Angst". Wie oben skizziert, arbeiteten in der Firma einige Frauen auch ohne Arbeitsvertrag, sodass sich das Verhältnis von Risiken zu möglichen, aber nicht sicheren Erfolgen eines offen ausgetragenen Konflikts für diese Frauen anders darstellte. So sei beispielsweise eine Schwarze Kollegin auch „nicht glücklich [gewesen], aber sie schwieg. Sie hat nicht so geredet wie wir. Sie protestierte nicht." Ein gemeinsames Vorgehen gegen die noch weitergehende Entrechtung kam daher nicht zustande. Für Elena endete die mit ihrer Freundin gewagte Konfrontation der Chefin nicht nur mit einer Kündigung, sie wurden auch darüber hinaus durch die Sperre des ALG-I-Bezugs für ihren Widerstand sanktioniert. Unter den gegebenen Kräfteverhältnissen war das defensive Arrangement der Kolleginnen mit der Überausbeutung insofern auch funktional.

Adrian steht noch in Kontakt mit ehemaligen Kolleg:innen aus dem Apotheken-Lieferdienst, als deren Angestellter er angefahren und dann durch die Vertragsfälschung von seinem Arbeitgeber um das Krankengeld betrogen wurde. Derselbe Chef hatte für diese Kolleg:innen monatelang keine Sozialversicherungsbeiträge bezahlt. Statt sich zu wehren, suchten und fanden sie neue Jobs. Diese individualisiert-defensive Umgangsweise mit dem Betrug ist für sie auf einem zunehmend von Arbeitskräftemangel geprägten Arbeitsmarkt offenbar eine subjektiv sinnvollere Strategie, als sich auf einen Kampf mit ungewissem Ausgang einzulassen (vgl. zu einer ähnlichen Situation in der Pflege Kapitel 2.2). Trotzdem versucht Adrian, sie zu überzeugen, wenigstens im Nachhinein gerichtlich gegen die Firma vorzugehen. Schließlich sei es eine „Firma, die sehr viel Geld hat [...] und wegen [...] dieser Firma ist mir viel passiert", umschreibt er seine Motivation. Bisher zögern seine ehemaligen Kolleg:innen, ob sie Angst vor möglichen Sanktionen haben, weiß Adrian nicht.

Auch Herr I. beobachtet bei seinen Klient:innen, dass „kollektives Vorgehen" oft ausbleibe, und vermutet als Grund, dass diese „auf dieser individuellen Surviver-Stufe" seien. Damit spricht er an, dass es Zeit und Energie kostet, ein gemeinsames Vorgehen abzusprechen und umzusetzen, diese Ressourcen aber in einem extrem belastenden Arbeitsalltag mit wöchentlichen Arbeitszeiten von mehr als 60 Stunden knapp sind. Zugleich verdeutlichen Adrians und Elenas widerständige Impulse, dass das Erleben extremer Ungerechtigkeit auch Kräfte in Bewegung setzen kann.

„Mir haben sehr viele Leute geholfen."
Soziale und anwaltschaftliche Ressourcen

Als ihre Chefin dem angebotenen Kompromiss nicht zustimmte und die Kolleginnen sich auf ein gemeinsames Vorgehen nicht einließen, suchte Elena mit ihrer Freundin Unterstützung an anderen Stellen. Ihr erster Gang führte sie zum Hoteldirektor, der als Auftraggeber der kleinen Reinigungsfirma Elenas Chefin tatsächlich mit der Androhung einer Vertragsaufhebung hätte Druck ‚von oben' machen können und insofern ein wichtiger Verbündeter gewesen wäre. Dieser signalisierte zwar Hilfsbereitschaft und suchte das Gespräch mit der Chefin, war aber dann eher bereit, Lohnbetrug unter seinem Dach zu akzeptieren, als sich einen neuen Reinigungsdienstleister suchen zu müssen. Nachdem Elenas Chefin durch ihn von der Beschwerde erfahren hatte, „war [sie] sauer auf uns, weil wir zum Direktor gingen, Probleme erzählten, es so groß wurde und jeder davon gehört hat." Dass die beiden Angestellten ihr Geschäftsmodell offenlegten und in Gefahr brachten, sanktionierte die Chefin wie beschrieben. Elena akzeptierte diese Kündigung nicht und suchte Unterstützung, um dagegen vorgehen zu können. Ihre zweite Anlaufstelle war ihre Steuerberaterin, die zwar weder Anwältin ist noch sich im Arbeitsrecht auskennt, aber Türkisch spricht und in „Papierkram", also behördlichen Schreiben, bewandert ist. Daher traute Elena ihr eine erste Einschätzung zum (deutschsprachigen, und so für Elena unverständlichen) Kündigungsschreiben zu. Sie bekam hilfreiche Rückmeldungen: „Und die Person sagte dann auch, dass sei gar keine vernünftige Kündigung", und vermittelte ihr den Kontakt zur BEMA. Mit deren Unterstützung zog sie vor Gericht und da ihre Chefin wusste, dass sie den Prozess nicht gewinnen konnte, bekam Elena schon vor Beginn der Verhandlung ihre Lohnnachzahlungen und hatte zum Zeitpunkt des Interviews auch gute Aussichten auf eine Nachzahlung des Arbeitslosengeldes. Die Beraterin bei der BEMA hat Elena „sehr geholfen. Sie hat alle Unterlagen gesammelt, wir haben den Chef angeklagt und den Fall gewonnen. [...] Sie ist eine sehr gute Frau." Adrian spricht mit ähnlich großer Wertschätzung von seinem Berater bei der BEMA: „Aber Herr [Berater] hat mir sehr, sehr viel geholfen, also wirklich viel. Überall." Auch für Adrian war der Gang vor Gericht erfolgreich. Mithilfe der BEMA und deren Anwält:innen erstritt er die Nachzahlung seines Krankengeldes, den lebenslangen Behindertengrad und die damit verbundene Rente.

Auch wenn der Versuch, sich kollektiv gegen die erfahrene Ungerechtigkeit zur Wehr zu setzen, an der Zurückhaltung ihrer Kolleg:innen gescheitert ist, sind Adrian und Elena in ihrem erweiterten Lebenszusammenhang alles andere als individualisiert. Ihre familiären und freundschaftlichen Netzwerke haben sie in den skizzierten Prozessen begleitet und unterstützt. Adrian konnte sich in seiner finanziellen Not Geld bei seinem Bruder und seinem Cousin leihen, seine Freundin kam aus Rumänien, um ihn zu pflegen, als er nach mehreren Operationen das Krankenhaus wieder verließ. Er berichtet, dass ihm auch „psychisch" sehr dadurch geholfen worden sei, dass er in seinem Umfeld „mit vielen gesprochen" und von seinen Problemen erzählt habe. „Mir [haben] sehr viele Leute geholfen", resümiert er. Elena und Adrian sind in eine Community eingebunden, die sich z. B. durch Erfahrungsaustausch und die Vermittlung von Ressourcen wie Unterkünften oder Jobs gegenseitig unterstützt. Von deren solidarischen Praxen berichtet auch Herr I., der im Wartezimmer der Beratungsstelle mitbekommt, wenn z. B. „die eine Frau schnell zum Supermarkt gegangen ist und eine Tüte mit Lebensmittel und Windeln gekauft hat für eine andere Frau, die gerade im Warteraum ihre Not erzählt hat."

„Obwohl man in Einzelfällen erfolgreich ist."
Kämpfe gegen gleichbleibende Strukturen

Elena und Adrian sind auch mit ihren positiven Erfahrungen keine Ausnahmen, vielmehr berichten Herr I., Birgitta und Monika, dass sie Ratsuchenden meistens weiterhelfen können und diese individuellen Erfolge das „Schöne an dieser Arbeit" seien. „Frustrierend" findet Monika aber, dass sich an den strukturellen „Problemlagen" in ihrer zehnjährigen Tätigkeit als Beraterin nichts verändert habe und sie es immer wieder mit ähnlichen Fallkonstellationen zu tun bekomme. Obwohl sich sukzessive auch öffentliche Aufmerksamkeit auf die fatalen Arbeitsbedingungen in den Branchen richte, in denen überwiegend südosteuropäische Arbeitskräfte tätig sind, habe sich „ein bisschen an manchen Stellen" zum Positiven verändert, „aber nichts Grundsätzliches". Zu den positiven Veränderungen gehört das Arbeitsschutzkontrollgesetz, das seit Januar 2021 Werkverträge und seit April 2021 Leiharbeit in den Tätigkeitsfeldern Schlachten und Zerlegen der Fleischindustrie verbietet (DGB 2022). Birgitta und Monika begrüßen dieses Gesetz, fragen aber auch, warum es auf eine Branche begrenzt wurde.

Dass Erfolge primär auf individueller Ebene erzielt werden, hat auch etwas mit dem oben geschilderten bundesdeutschen System der Arbeitsinspektion, bzw. dessen Mangel zu tun. Monika berichtet, dass die Ratsuchenden solche für sie ansprechbaren, staatlichen Arbeitsschutzbehörden oft aus ihren Herkunftsländern kennen und in Ermangelung eines deutschen Pendants mit ähnlichen Ansprüchen an die BEMA herantreten. Diese Erwartungen aufgrund mangelnder Kompetenzen nicht erfüllen zu können, ist für sie besonders frustrierend: „Es gibt eine große Lücke, aber wir können auch nicht genug Kompetenzen bekommen, um diese Lücke irgendwie zu versuchen zu schließen." Einerseits wünscht Monika sich erweiterte Befugnisse, um wirksamer im Sinne der Ratsuchenden handeln zu können, andererseits ist ihr offenbar bewusst, dass die strukturellen Ursachen selbst dann nicht zu beheben wären. Eine ähnliche unfreiwillige, aber notwendige Ausweitung des eigenen Aufgabengebietes beschreibt auch Herr I.: Gefördert wird die Beratungsstelle, in der er arbeitet, als „Erstanlaufstelle", die insbesondere vor dem Hintergrund von Sprachbarrieren Orientierung in sozialen Einrichtungen, Behörden und bei der Gesundheitsversorgung bieten und die Ratsuchenden dann in Regelstrukturen weitervermitteln soll. Eine solche Regelstruktur ist z. B. das Jobcenter, welches einen Beratungsauftrag im Zusammenhang mit Arbeitssuche und Sozialleistungen hat. Die Weitervermittlung funktioniere aber nicht wie vorgesehen, stellt Herr I. fest: „Wir sollten als Brücke fungieren, aber wir haben schon lange festgestellt", dass realiter ein „sogenannter Drehtüreffekt" eintritt: „Also, wir versuchen eben, die Menschen an die Regelstrukturen zu verweisen, die Regelstrukturen schicken sie aber wieder an uns zurück" bzw. die Ratsuchenden kehren zurück, wenn sie dort statt Hilfe Diskriminierung erfahren. Anstatt lediglich an Regelstrukturen weiterzuvermitteln, übernimmt die Beratungsstelle dann die Rolle einer anwaltschaftlichen Vertretung u. a. gegenüber dem Jobcenter oder der Familienkasse.

Unter anderem diese Übernahme eigentlich staatlicher Aufgaben durch die Beratungsstellen führt zu einer Überlastung ihrer Strukturen. Birgitta beschreibt das Verhältnis von Angebot und Nachfrage als zentrale Grenze der Unterstützungsarbeit, die die BEMA leisten kann. Die Beratungsstelle hatte im Jahr 2020 eine „Gesamtzahl von 6478 Beratungen mit 4280 Ratsuchenden, was irgendwie ein Monstrum ist und dazu führt, dass wir sehr schnell beraten müssen." 4280 Ratsuchende im Jahr entsprechen ungefähr 80 neuen Fällen pro Woche, von denen viele denen von Elena und Adrian ähneln und entsprechend intensiv und langwierig sind. Noch „versuchen [sie] wirklich alle zu beraten, die sich an uns wenden, aber das wird halt einfach nicht mehr möglich sein, weil die Zahlen seit Jahren wachsen und auch nicht aufhören." Durch erheblichen Kraftaufwand der Mitarbeiter:innen kann die BEMA bislang noch alle Ratsuchenden unterstützen, Herr I. hat bereits erlebt, dass die Beratungsstelle sagen musste: „Okay, jetzt haben wir mal einen Monat Aufnahmestopp für neue Klienten, weil wir die Kapazitäten nicht haben." Birgitta ist zwar dankbar dafür, dass die BEMA „vergleichsweise unglaublich gut ausgestattet" ist, beschreibt die eigene Arbeit aber trotzdem vor allem aufgrund der jeweils befristeten Förderungen als „prekär". Mit der Notwendigkeit, die Förderung immer wieder neu zu beantragen, gehe auch eine „Abhängigkeit" mit Auswirkungen auf die Interessensvertretung der Ratsuchenden einher. Eine dauerhafte Finanzierung, ähnlich wie oder als Teil eines (staatlichen) Hilfesystems, würde auch für Herrn I. nicht nur Sicherheit, sondern auch eine Anerkennung bedeuten, die ihm angesichts des latenten Gefühls, sich als „Migrantenorganisation immer beweisen zu müssen", wichtig wäre.

Die Bemühungen, der großen Nachfrage gerecht zu werden, gehen auch zulasten politisch-strukturell ausgerichteter Aspekte der Arbeit. „Wir sehen unsere Aufgabe auch als Fachstelle, also die Erfahrung, die wir vor allem aus der Beratung ziehen, auch widerzuspiegeln in politische Prozesse, in Gewerkschaften, Wissenschaft", sagt Birgitta. Den „unglaublich großen Wissensschatz", der sich aus der Beratung ergibt, z. B. zu branchenspezifischen Ausbeutungsmechanismen, aufzubereiten und zu veröffentlichen, hierzu auch die (europaweite) Vernetzung von Beratungsstellen voranzutreiben und „andere Formen der [mehrsprachigen] Organisierung" in, mit und neben Gewerkschaften auszuprobieren, erfordere zwar weitere „riesengroße Anstrengungen". Dies ist Birgitta und ihren Kolleg:innen bei der BEMA aber ein großes Anliegen, „aber da, also, sind wir echt am Anfang (holt Luft)".

Zusammenfassung

In diesem Teilkapitel wurde entlang der Erfahrungen von Elena, Adrian und ihrem Umfeld geschildert, wie bedingt und prekär die EU-Freizügigkeit für Berliner:innen aus Südosteuropa ist. Extrem ungleiche Lebensverhältnisse innerhalb der Europäischen Union motivieren eine Binnenmigration. Eine spezifische, antiziganistisch aufgeladene Kombination aus Arbeits-, Sozial- und Aufenthaltsrecht bringt Zwangslagen hervor, in denen Überausbeutung und Arbeitsrechtsverstöße toleriert werden (müssen). Hinzu kommt eine ebenfalls antiziganistisch aufgeladene institutionelle und interaktive Diskriminierung in Jobcentern und Sozialämtern und der hochschwellige private Rechtsweg reduziert die Chancen nachträglicher Rechtsdurchsetzung. Die durch diese Bedingungsgefüge entstehende und verfestigte Lebenslage „multipler Prekarität" (Birke 2022) kennzeichnet ein auf spezifische Weise migrantisiertes Klassensegment in Berlin. Die betroffenen EU-Bürger:innen finden individuelle und in der Community unterstützte Umgangsweisen, agieren an bestimmten Schwellen offensiv-widerständig und setzen sich für kollektiven Widerstand gegen Überausbeutung und Entrechtung ein. In Beratungsstellen finden sie eine wichtige und in zahlreichen Einzelfällen erfolgreiche anwaltschaftliche Vertretung. Diese teils aus Selbstvertretungsinitiativen hervorgegangenen Einrichtungen sind indes chronisch überlastet, in ihrer Existenz selbst nicht abgesichert und mit zu geringen Befugnissen ausgestattet. Für eine Angleichung der Lebensverhältnisse in der EU sowie für einen Schutz vor Überausbeutung und Entrechtung bedarf es grundlegender arbeitsmarkt-, sozial- und aufenthaltsrechtlicher Re-Regulierungen auf EU- und Bundesebene. In Berlin kann antiziganistisch aufgeladenen Praxen institutioneller und interaktiver Diskriminierung in Jobcentern und Sozialbehörden entgegengewirkt und die anwaltschaftliche Vertretung von Betroffen durch nachhaltige Förderung gestärkt werden.

3.2 UnFreie IT-Arbeit in der Start-Up-Metropole: Tarik, Andi, Roman und Jacob

Als Berlin 2018 seinen informellen Titel als ‚Start-Up-Hauptstadt' vor Hamburg und München verteidigte, weil das Gros des Risikokapitals hiesigen IT-Unternehmen zufloss, wurde dies u. a. von der damaligen Wirtschaftssenatorin Ramona Pop positiv und auf weitere Investitionen hoffend kommentiert (Hackenbruch 2019). Tatsächlich verändern die spätestens seit den 2010er-Jahren geförderten Start-Ups und die Ansiedlung transnationaler Unternehmen der IT-Branche das Gesicht Berlins: Die Zalando-Türme thronen über der Spree und bald wird aus fast ganz Friedrichshain-Kreuzberg der Amazon-Tower zu sehen sein. Die mit diesen Namen verbundenen Geschäftsmodelle und die ihnen zugrundeliegenden Informations- und Kommunikationstechnologien sind Resultat und Treiber einer Transformation der gesellschaftlichen Produktion und Reproduktion sowie Zirkulation und Konsumtion. Schon heute kommt kaum ein:e Berliner:in in Beruf oder Alltag ohne Internet, PC und Mobiltelefon samt einer Bandbreite von Applikationen aus, welche die Bewegung im Raum (Google Maps etc.), die soziale und politische Kommunikation (Facebook, Twitter, etc.), die Versorgung mit Lebensmitteln (Lieferando, Gorillas, etc.), Sexualität und Beziehungen (Tinder, OkCupid, etc.), Kultur (Netflix, Sky, etc.), Reisen und Wohnen (Booking.com, Airbnb, etc.) sowie Sorgearbeit (Babysits, Helpling, etc.) vermitteln. Kurz: Ein Leben ohne digitale Plattformen ist kaum noch möglich. Mit der Durchsetzung der digitalen Leittechnologie entstanden auch neue Berufe und Berufshierarchien wie IT-Ingenieur:innen, Call-Center-Agents und Rider, deren Arbeit in den Unternehmen in spezifischer Weise aufeinander bezogen wird. Die in der IT-Branche vorherrschenden Arbeitsverhältnisse gehen dabei mit altbekannten, über die Branche hinaus virulenten Problemen einher, sind aber zugleich eingebettet in eine neue, eben informationstechnologisch vermittelte und transnationale Produktions- und Lebensweise und bringen deshalb auch spezifische Herausforderungen und Perspektiven für Umgangsweisen der Beschäftigten mit sich. Wie sich die Arbeiter:innenschaft in Berliner IT-Unternehmen zusammensetzt, welche Handlungsproblematiken ihnen im Arbeitsalltag begegnen und welche Umgangsweisen mit ihnen sie finden, wird entlang der Erfahrungen von Tarik, Andi, Roman und Jacob am Beispiel von Essenslieferdiensten wie Lieferando und Wolt sowie Booking.com als quasi digitaler Reiseagentur beschrieben.

Tarik[76] ist gebürtiger Franzose und studierter Sprachwissenschaftler. Er kam 2019, zwei Jahre vor dem Interview, für ein Übersetzungs-Praktikum im Rahmen seines Master-Studiums nach Berlin. Wegen des niedrigen Einkommens als Praktikant begann er nebenher als Fahrradkurier für Lieferando zu arbeiten. In dieser Zeit arbeitete er unter der Woche im Büro und am Wochenende auf der Straße „delivering

---

76 Bei den um das *-Zeichen ergänzten Namen handelt es um Pseudonyme. Im weiteren Verlauf werden diese Namen ohne dieses Zeichen verwendet. Zum Verfahren der Anonymisierung und Pseudonymisierung vgl. Kapitel 1.2.

Pizzas and other things", was „really exhausting" gewesen sei. Zu Beginn der Covid-19-Pandemie und in Anbetracht der mit ihr einhergehenden Lockdowns entschied er zunächst, in Berlin zu bleiben, da es damals „überall schwierig" gewesen sei und er in Berlin zumindest Wohnung und Job hatte. Seit Ende seines Praktikums ist er Vollzeit-Kurier. Tarik ist eigentlich kein Fan von Großstädten und überlegt, bald zurück nach Frankreich zu gehen.

Andi* ist in England aufgewachsen. Er lernte Berlin als Erasmus-Student kennen und verlagerte Studium und Lebensmittelpunkt hierher, weil er Freundschaften geknüpft hatte und das Studium kostenlos ist. Er jobbte zunächst als Kellner in der Gastronomie und bewarb sich dann erfolgreich beim Lieferando-Konkurrenten Wolt. Er arbeitet dort nicht wie Tarik als Kurier, sondern als Dispatcher, also als Ansprechpartner für Kurier:innen und Kund:innen.

Roman* kommt aus dem Baltikum und ist studierter und berufserfahrener Dolmetscher. Berlin zog ihn in den frühen 2010er-Jahren an, weil er die Stadt bei Besuchen eines Freundes als „superschön für junge Menschen" kennengelernt hatte und selber ein bisschen „Berlin-Erfahrung" sammeln wollte. Damals brauchte er nur „irgendeinen Job" und konnte bei Bcom, dem Kundenservice von Booking.com, schnell und ohne Deutschkenntnisse einsteigen. Zum Zeitpunkt des Interviews arbeitet er seit rund 10 Jahren dort und ist Mitglied des Betriebsrates, den er mitgegründet hat. Er kann sich vorstellen, in Berlin zu bleiben, auch weil er als Person, die immer gern gereist ist, in Berlin ein Leben mit transnationalen Bezügen führen kann, ohne dafür in ein Flugzeug oder einen Zug steigen zu müssen.

Jacob* kommt aus New York und ist seit 2015 in Berlin. Er ist Software-Entwickler und hat als solcher schon in sechs Berliner-Startups gearbeitet, die er als „typische Berliner Unternehmen mittlerer Größe" bezeichnet. 2019 hat er die Berliner Ortsgruppe der *Tech Workers Coalition* (TWC) mitgegründet, in der sich Beschäftigte der IT-Branche überbetrieblich vernetzen. Seine „teacher's union family" hat sein politisches Verständnis von „social movement unionism" geprägt. Jacob ist zum Zeitpunkt des Interviews seit knapp acht Jahren in Berlin und fragt sich, ab wann er sich wohl ‚Berliner' nennen kann.

Das Interview mit Tarik und Andi fand im Frühjahr 2021 statt, mit Jacob sprachen wir im Sommer 2021 und mit Roman im März 2022. Die jeweils knapp zweistündigen, themenzentrierten Interviews fokussierten sich auf Arbeitsbedingungen sowie individuelle und Ansätze kollektiver Organisierung. Auf dieser Basis werden die Strukturen und die Zusammensetzung der Belegschaften von IT-Unternehmen beschrieben, bevor digitalisiert gesteuerte Arbeitsabläufe und sich daraus ergebende Handlungsproblematiken von IT-Arbeiter:innen im Zentrum der Betrachtung stehen. Daraufhin wird skizziert, wie Unternehmensstrukturen und digitale Steuerung die Arbeitsbeziehungen unterschiedlicher Gruppen fragmentieren, um anschließend zu betrachten, wie die höher und geringer qualifizierten und bezahlten Beschäftigten sich in den letzten Jahren nichtsdestotrotz erfolgreich organisiert haben, um ihre Arbeitsbedingungen zu verbessern.

„Not what it was decades ago". Berliner Plattformunternehmen

Für Kund:innen treten Amazon und Co. zunächst als Website zur Bestellung von Waren in Erscheinung. Dabei ist die Selbstdarstellung als bloße Transaktionsfläche, auf der Angebot und Nachfrage Dritter digital vermittelt werden, Teil des Geschäftsmodells (Altenried 2021a, 52). In Anbetracht der gehetzten Zusteller:innen tritt aber auch eine Ahnung davon ins Bewusstsein, dass der Maus-Klick ohne die Existenz bestimmter Unternehmensstrukturen und Arbeiter:innen das ihn motivierende Bedürfnis nicht befriedigen könnte. Anders formuliert: Die digital vermittelte Konsumtion setzt eine bestimmte Art der Produktion voraus.[77] Vor diesem Hintergrund werden im ersten Abschnitt anhand der Geschichte des Call-Centers Bcom Unternehmensstrukturen und im zweiten Abschnitt die Zusammensetzung der Arbeiter:innen in Plattformunternehmen dargestellt.

„Und dann haben sie angefangen, wieder zu schrumpfen". Strukturen der Unternehmen

Roman arbeitet zum Zeitpunkt des Interviews bei Bcom, dem Kundenservice der Tourismusplattform Booking.com, als Call-Center-Agent.[78] Er bearbeitet Anfragen und Beschwerden von Hotel-Gästen, die ihre Reise über das gleichnamige Internetportal gebucht haben. In den zehn Jahren seiner Tätigkeit hat er zunächst ein rasantes Wachstum und dann eine ebenso rasante Schrumpfung der Belegschaft sowie mehrere Eigentümerwechsel miterlebt. Als Roman etwa 2012 anfing als Call-Center-Agent zu arbeiten, schloss er seinen Arbeitsvertrag noch mit Booking.com

---

[77] Im Anschluss an Altenried (2021a) heben wir mit der Bezeichnung Plattformunternehmen erstens hervor, dass Funktionen, die schwarze Bretter o. Ä. erfüllten, nun privatwirtschaftlich als digitale Plattformen organisiert werden; zweitens, dass die Existenz dieser Plattformen materielle Infrastrukturen und Arbeiter:innen, also konstantes und variables Kapital, voraussetzt; drittens, dass Plattformen bereits eine wesentliche Bedeutung für die gesellschaftliche Reproduktion haben und die Unternehmensstrategien darauf abzielen, bestimmte Marktsegmente zu dominieren bzw. selbst zu einer „unverzichtbaren Infrastruktur des Alltagslebens" (13) zu werden. In diesem Sinne bezeichnen wir nicht nur Lieferando und Wolt, sondern auch Booking.com als Plattformunternehmen, obwohl es sich dabei nicht um ein Unternehmen der Gig Economy handelt, in denen Solo-Selbstständige zeitlich begrenzte Jobs (‚Gigs') für einen Stücklohn verrichten (Wallis 2021). Im Call Center Bcom, das als Dienstleister des Plattformunternehmens Booking.com fungiert, werden weder Gigs vermittelt, noch sind die Beschäftigten solo-selbstständig, doch auch die Arbeitsabläufe von Roman und seinen Kolleg:innen werden informationstechnologisch kleinteilig gesteuert und kontrolliert. Dieses für Plattformunternehmen i.e.S. typische Management gilt auch für Rider und Dispatcher der Essenslieferdienste wie Tarik und Andi, die – anders als früher und teils noch international üblich – ebenfalls keine Solo-Selbstständigen, sondern Angestellte sind. Für die folgende Analyse von Arbeitsverhältnissen können Bcom, Lieferando und Wolt insofern auch definitorisch begründet als Plattformunternehmen bezeichnet werden.

[78] Im Grunde sind Roman und seine Kolleg:innen Büroangestellte (Huws 2021), wie Britta (vgl. Kapitel 5) es unter anderen technologischen Voraussetzungen war. Die Bezeichnung als Agent legt einen größeren Handlungsspielraum nahe, als ihnen im passiven Kontakt mit Kund:innen (sogenanntes Inbound-Marketing) realiter gegeben ist. Trotzdem bezeichnen wir die Berufsgruppe folgend mit der englischen Bezeichnung, die sich spontan mit dem spezifischen Ort (Großraumbüros, die ausschließlich der Bearbeitung dieser Kommunikation dienen) und der technologischen Basis (Headset, PC etc.) verbindet. Bisweilen werden sie mit Blick auf ihre Haupttätigkeit auch als Telefonist:innen bezeichnet.

ab, anderthalb Jahre später wurde der Kundenservice in die Tochterfirma Bcom ausgegliedert. Anfänglich hatte Bcom noch um die 100 Beschäftigte und es sei „alles so ein bisschen kleiner [gewesen], wie eine große Familie. Aber unkompliziert und ein bisschen so angenehm". Innerhalb weniger Jahre wuchs Bcom auf zunächst 600 Beschäftigte und erreichte 2019 einen Scheitelpunkt von 1.200 Mitarbeiter:innen an zwei Berliner Standorten. Dann habe Bcom plötzlich die Strategie gewechselt: „Statt einen eigenen Customer Service zu nutzen, haben sie angefangen mit Outsourcing. [...] Und dann haben sie angefangen, wieder zu schrumpfen." Zunächst wurden unkomplizierte Kundenanfragen an kostengünstigere Dienstleister an den Rändern Europas (Kairo, Istanbul) weitergegeben, im hauseigenen Call-Center blieben nur die komplizierten Fälle, die von Jacob in der internen Fachsprache als „secondary escalated" bezeichnet werden. Nachdem die Belegschaft sich innerhalb weniger Jahre verzwölffacht hatte, schrumpfte sie nun wieder auf ein Viertel von 260 Mitarbeiter:innen. Roman ordnet die Ausgliederungen als eine Umgehung von Personalverantwortung seitens der Unternehmensleitung ein: „Und dann haben sie entschieden, wir machen das nicht, weil dann wird Booking sehr, sehr groß und wir sind verantwortlich für die Menschen". Um auch die Vereinbarung eines „Sozialplan[s]" und entsprechende Abfindungen zu vermeiden, habe eine eigens dafür eingesetzte Standortleiterin dafür gesorgt, „dass die Menschen von alleine gehen", um dann zu kommentieren: „,Selbst gekündigt – das tut uns leid.'" Die Arbeit sei aber auch tatsächlich unattraktiver geworden, weil es durch die Ausgliederung weniger „Entwicklungsmöglichkeiten" innerhalb des Unternehmens gab als zuvor. Die Kolleg:innen seien ursprünglich zu „Booking gegangen, nicht, weil sie unendlich diesen Customer Service machen wollten", sondern weil sie mit der Aussicht auf Aufstiegschancen „in andere Rollen" in einem „großen und weltweiten" Unternehmen angelockt worden waren. Hinzu kam, dass die Arbeit durch das Outsourcing einfacher Kund:innen-Anfragen bis hin zur gesundheitlichen Belastung verdichtet wurde (s. u.). Einige Monate vor dem Interview kündigte die Firma dann an, die gesamte Berliner Abteilung an das transnationale und auf Kundenservice für Plattformunternehmen spezialisierte Unternehmen Majorel zu verkaufen, welches den Berliner Standort ein Jahr nach dem Interview ganz schloss.

Ausgliederungen in Tochterunternehmen bzw. an externe Dienstleister (Outsourcing) und die Verlagerung von Produktionsstandorten (Offshoring) sind als Maßnahmen der Kostenreduktion und Externalisierung von Risiken und (Personal-)Verantwortung keine Spezifik von Plattformunternehmen, sondern Implikat der neoliberalen Globalisierung (Sablowski 2001; Ziegler 2008; vgl. zur Umsetzung entsprechender Logiken im Krankenhaussektor und der Altenpflege Kapitel 2.2). Im sogenannten schlanken Geschäftsmodell von Plattformunternehmen sind diese neoliberalen Unternehmensstrategien jedoch besonders ausgeprägt (Srnicek 2018) und nehmen unterschiedliche Formen an. Können Produkte oder Dienstleistungen standortunabhängig hergestellt bzw. erbracht werden, versetzt dies die Unternehmen in eine weltweite Standortkonkurrenz, die in Kombination mit hohen Renditeversprechen zur kostensparenden Rationalisierung auf allen Ebenen zwingt (Dörre & Holst 2009). Im Falle von Call-Centern wie Bcom ist die Standortverlagerung aufgrund digitaler Informationstechnologien und globaler Infrastrukturen tendenziell möglich, im Falle der Essenslieferdienste nicht, weil die Erbringung hier wie auch in der Altenpflege (vgl. Kapitel 2.2) standortgebunden ist. In diesem Fall greift bei Plattformunternehmen wie Lieferando und Co. die Strategie, die Produktion bzw. Erbringung auf kleinere Einheiten zu verteilen, die *on demand* Waren und Dienstleistungen produzieren und verkaufen, dabei formell eigenständig bleiben und so auch Risiken und Kosten tragen: Kleingewerbe-Treibende (Restaurants) und Solo-Selbstständige (Kurier:innen). Insoweit Plattformunternehmen in möglichst geringem Umfang „in Produktionsmittel und lebendige Arbeit […] investieren" (Altenried 2021b, 52), hat ihre Selbstdarstellung als digitaler Marktplatz ohne nennenswerte Betriebskosten einerseits Realitätsgehalt. Das Geschäftsmodell und die (Hoffnung auf) Gewinnabschöpfung basieren andererseits sowohl auf materiellen Infrastrukturen (Rechenzentren mit ihrer Hardware, transatlantische Datenkabel bzw. Satellitensysteme, Gebäude bis hin zu den Endgeräten der Agents), also Produktionsmitteln, als auch auf der Arbeit von Agents, Ridern usw., also der Ausbeutung lebendiger Arbeit.[79] Wie die Arbeiter:innenschaft der Plattformunternehmen zusammengesetzt ist, wird folgend betrachtet.

„Younger people, highly migrantized". Zusammensetzung der Plattformarbeiter:innen

Die Zusammensetzung der Belegschaften in den hier betrachteten Plattformunternehmen ist in spezifischer Weise segmentiert und hierarchisiert: Dort arbeiten *erstens* IT-Ingenieur:innen wie Jacob, welche die Software programmieren, die einerseits Bestandteil des hergestellten Produktes sein kann und/oder als Steuerungsinstrument der Arbeitsabläufe eingesetzt wird; *zweitens* bedarf es zum Verkauf, Vertrieb oder der Vermittlung der angebotenen Produkte Arbeiter:innen wie Tarik, den Rider, Andi, den Dispatcher, oder Roman, den Call-Center-Agent; darüber hinaus gibt es einen Verwaltungsbereich, von Tarik in Bezug auf Lieferando als „Headquarter" bezeichnet, in dem *drittens* ausführende Mitarbeiter:innen der Geschäftsführung tätig sind. Dort sitzt auch das unternehmensleitende Management, ggf. zudem der:die CEO. Folgend geht es primär um die erste und zweite Berufsgruppe, also um IT-Ingenieur:innen auf der einen und IT-Dienstleister:innen wie Rider, Dispatcher und Call-Center-Agents auf der anderen Seite.[80] Diese Gruppen sind innerhalb der

---

[79] Steigen Investoren vor Börsengang als Anteilseigener ein, sind sie an Gewinnen und Verlusten gleichermaßen beteiligt, daher die Bezeichnung als Risiko-Kapital (Altenried 2021a).

[80] Es ist praktisch unmöglich, Begriffe zu finden, die analytisch und deskriptiv angemessen sind und möglichst noch dem (kollektiven) Selbstverständnis der Gruppen entsprechen. In der Diskussion sind: Tech-Workers, Plattform-Arbeiter:innen, E-Arbeiter:innen, Informationsarbeiter:innen etc. (Ohm 2004; Huws 2021). Wichtig ist erstens, dass Arbeit im High-Tech-Kapitalismus insgesamt auf der Grundlage von Informations- und Kommunikationstechnologien getan wird; zweitens, dass diese Arbeit und ihre Subjekte entlang von Kopf- und Handarbeit gespalten werden und dass deshalb drittens die einen Informationstechnologien produzieren, während andere sie nutzen (müssen) bzw. mit ihrer Hilfe kontrolliert werden. Wir verwenden folgend die eher deskriptiven Bezeichnungen der Berufsgruppen (IT-Ingenieur:innen etc.), wobei die untergeordneten Segmente (Rider, Dispatcher, Agents etc.) zusammenfassend als IT-Dienstleister:innen bezeichnet werden, wohlwissend, dass dieser Terminus seine eigenen Probleme hat.

Plattformunternehmen arbeitsteilig aufeinander bezogen, ihre Einkommen, Arbeitsbedingungen und Freiheitsgrade unterscheiden sich aber deutlich. Die Jahresgehälter der IT-Ingenieur:innen variieren zwar aufgrund mangelnder Tarifsysteme stark, betragen aber mit 40.000 bis 70.000 Euro Jahresbrutto (Stepstone 2023) fast das Doppelte derjenigen der Rider, die mit einem knapp über Mindestlohn liegenden Stundenlohn von 14,10 Euro bei Vollzeit auf ein Jahresbrutto von 28.500 Euro kämen (Lieferando 2023, eigene Berechnung). Wer in den hoch- bzw. niedrigentlohnten Jobs arbeitet, hängt dabei weniger von der formalen Qualifikation, sondern davon ab, wie gut sich (in)formell erworbene Kompetenzen in den Unternehmen verwerten lassen. Jacob ist, als einziger der vier ohne Hochschulabschluss, der am besten bezahlte Angestellte mit den höchsten Freiheitsgraden. Romans Diplom als Dolmetscher entspricht nicht dem hiesigen staatlich geprüften Zertifikat und verschafft ihm ohne Softwarekenntnisse keinen Zugang zu den höheren Segmenten der Unternehmen. Gleiches gilt für Tariks und Andis geisteswissenschaftliche Studienabschlüsse. Die hierarchische Segmentierung der Belegschaften kommt aber nicht nur in Gehaltsunterschieden und Arbeitsbedingungen zum Ausdruck, sondern auch darin, dass das Arbeitsprodukt der einen (auch) zur Steuerung der stärker fremdbestimmten Arbeitsabläufe der anderen dient. Ob sie das wollen oder nicht, wirken insbesondere IT-Ingenieur:innen potenziell an der Kontrolle von Ridern, Dispatchern und anderen Gruppen mit. Jacob thematisiert die hierarchische Segmentierung der Belegschaft in Begriffen der fordistisch-tayloristischen Fließbandproduktion als „blue white collar divide". Die informationstechnologische Spaltung in Kopf- und Handarbeit sieht er als eine der größten Herausforderungen der von ihm gegründeten *Tech Workers Coalition* (s. u.). Dass Jacob, Tarik, Andi und Roman Migranten sind, ist kein Zufall. In Plattformunternehmen sind generell und insbesondere in Berlin überdurchschnittlich viele Migrant:innen tätig. So kommt in Berliner Start-Ups mit 40 Prozent fast die Hälfte der Beschäftigten aus dem Ausland, weit mehr als im Bundesdurchschnitt von 27,5 Prozent (Kollmann et al. 2022, 18).[81] Dementsprechend berichten die vier von der transnational heterogenen Zusammensetzung ihrer Kolleg:innen. Viele Kurier:innen bei Lieferando und Wolt hätten einen „first generation immigrant background", meint Andi. Spontan nennen Tarik und Andi Osteuropa, Südamerika, Indien und Pakistan als häufige Herkunftsländer. Auch Roman ist im Call-Center von Kolleg:innen von „überall auf der Welt" umgeben und in der von Jacob gegründeten *Tech Worker Coalition* ist Russisch neben Englisch eine der üblichsten Umgangssprachen. Der hohe Anteil an migrantischen Arbeiter:innen ist u. a. darauf zurück zu führen, dass die Plattformunternehmen niedrige Anforderungen in Bezug auf Qualifikationsnachweise und sonstige Dokumente wie z. B. eine

---

[81] Ein Start-Up wird definiert als Unternehmen mit mindestens zwei Mitarbeiter:innen, dessen Gründung nicht länger als zehn Jahre zurückliegt und dessen „Technologie oder Geschäftsmodell innovativ" und „wachstumsorientiert" ist (Landowski et al. 2021, 102 f.). Dies ist nicht gleichbedeutend mit Plattformunternehmen, aber fast zwei Drittel der Start-Ups betreiben ein digitales Geschäftsmodell (Kollmann et al. 2022, 17) und etwa ein Drittel ist den Bereichen Information/Kommunikation, Freizeit, Tourismus zuzuordnen (16).

Meldeadresse haben, die sonst für Migrant:innen eine Hürde beim Berufseinstieg in Berlin darstellen (Altenried 2021b; vgl. zu entsprechenden Schwierigkeiten von Katja, Paul und Louis Kapitel 2 sowie von Yulia Kapitel 4). Andi erinnert sich, vor seinem Einstieg bei Wolt nur ein sehr kurzes Telefoninterview geführt zu haben „and very quickly I got the job". Da das algorithmische Management (s. u.) eine engmaschige Dokumentation und Bewertung der individuellen Performance erlaubt, sind die Unternehmen kaum auf einen Auswahlprozess vor Beginn der Tätigkeit angewiesen, sondern sieben das Personal bei entsprechend befristeten Vertragsverhältnissen im Nachhinein aus (Altenried 2021b). Ein weiterer Grund für den hohen Anteil an Migrant:innen ist die mehr- oder englischsprachige Arbeitsweise der Unternehmen: Das Berufsfeld der IT-Ingenieur:innen ist international englischsprachig und in der App, die Tariks Kuriertätigkeit steuert, lassen sich verschiedene Sprachen einstellen. Bei Bcom sind verschiedene Erstsprachen innerhalb eines Standortes sogar Teil des Geschäftsmodells, denn das Unternehmen verspricht seinen Kund:innen, „dass du immer mit deiner Sprache 24 Stunden überall unterstützt wirst", erläutert Tarik. Gewährleistet wird dieser Rund-um-die-Uhr-Service in der Wunschsprache durch die jeweils mehrsprachige Zusammensetzung der Call-Center-Agents an Standorten in unterschiedlichen Zeitzonen, die wiederum durch die transnationale Lebensweise der Agents, teils auch ihre Wanderungen innerhalb der Unternehmen, ermöglicht wird. So werden die Plattformunternehmen zu „Migrations-Infrastrukturen" (6), wenn Mitarbeiter:innen innerhalb desselben Unternehmens in ein anderes Land ziehen. Roman hat „viele Bekannte, die zum Beispiel dann Transfer gemacht haben nach Barcelona", „London" oder „Frankreich" und dort ebenfalls in den Call-Centern von Bcom arbeiten.

Einige der eher jungen Migrant:innen[82] sind dabei nicht vorrangig in die Bundesrepublik Deutschland, sondern dezidiert nach Berlin gekommen und suchen hier sowohl Erwerbsarbeit und Einkommen als auch Subkulturen und Freiräume.[83] Roman empfand Berlin als „international, dynamisch" und deshalb attraktiv und berichtet, dass auch viele seiner Kolleg:innen bei Bcom „nach Berlin gekommen sind, um Spaß zu haben". Für sie, darunter „DJs auch oder Künstler auch, die so ein bisschen Sicherheit brauchten", ist die Arbeit ein Brotjob, „weil sie nur mit Kunst oder Musik finanziell nicht so wirklich vorangekommen sind". Während das als attraktiv geltende Berlin wie von selbst einen steten Nachschub an IT-Dienstleister:innen anlockt, wird in der globalen Konkurrenz um IT-Ingenieur:innen das ,bunte' und ,sexy Berlin' gezielt als Marke aufgebaut und sein „Faktor Kultur" als Standortvorteil angepriesen: „Berlin ist als Stadt einfach sehr attraktiv und das ist mit Blick auf das Thema Talente

---

[82] Offen bleibt, ob und inwieweit die Arbeitsverhältnisse der Rider biografisch insbesondere für junge Männer attraktiv und lebbar sind, solange sie keine Sorgeverantwortung tragen, während in der Gig Economy insbesondere auch Frauen bzw. Menschen mit Sorgeverantwortung und Mobilitätseinschränkungen tätig sind (Wallis 2021; Frieß & Nowak 2021).

[83] Dazu zählt auch ein Teil der jüdischen Bevölkerung Berlins (vgl. Reimer-Gordinskaya & Tzschiesche 2021, 69ff.).

ein klares Plus", so äußert sich eine Gründerin im Berliner Start-Up-Barometer (SenWEB 2022, 16f.).[84]

Die Plattformunternehmen verkörpern also nicht nur technologisch und in ihren Unternehmensstrategien die transnationale Produktions- und Lebensweise unter neoliberalen Vorzeichen, sondern auch sozial mit Blick auf die Zusammensetzung und Segmentierung der IT-Arbeiter:innen. Dabei teilen IT-Ingenieur:innen und IT-Dienstleister:innen zwar eine mehrsprachige und kulturell ähnliche Lebenswelt in Berlin, nehmen aber in den Plattformunternehmen hierarchisch und funktional unterschiedliche Positionen ein und befinden sich hinsichtlich ihrer Einkommen in verschiedenen sozialen Lagen. Die Neu-Berliner:innen erweitern einerseits als gut bezahlte und qualifizierte ,Internationals' das global knappe und für die informationstechnologische Produktionsweise essenzielle Reservoir an IT-Ingenieur:innen, andererseits sind sie Teil eines informationstechnologischen ,Proletariats' in den gering qualifizierten und schlecht bezahlten Jobs der Branche. Wie in den Industrieunternehmen des fordistischen Kapitalismus sind die Arbeiter:innen in den Plattformunternehmen des transnationalen High-Tech-Kapitalismus entlang von Kopf- und Handarbeit getrennt, wobei Migrant:innen weiterhin einen großen Teil des letzteren Segments stellen. Neu ist, dass die in Slogans wie ,Weltoffenheit' und ,Vielfalt' zum Ausdruck kommende neoliberale Pluralisierung und Transnationalisierung der Lebensweise auch die Zusammensetzung in den hoch bezahlten Segmenten verändert hat (Haug 1999, 135ff.; vgl. zur damit teils konformen Arbeit am Kulturellen in Berlin Kapitel 4.1).

„Lieferando doesn't really care". Arbeiten in der digitalisierten Fabrik

Die beschriebene Hierarchisierung der IT-Arbeiter:innen geht für die einen mit höheren Freiheitsgraden einher als für die anderen, was darauf hinweist, dass es nicht die Informationstechnologie als solche ist, die sich positiv oder negativ auf die Arbeitsprozesse und -beziehungen der Beschäftigten auswirkt. Vielmehr hängt dies von der gesellschaftlichen und betrieblichen Organisation der Produktion und Zirkulation von Lebensmitteln ab. Im Folgenden stehen Implikationen des skizzierten sogenannten schlanken Geschäftsmodells für IT-Dienstleister:innen in Plattformunternehmen im Zentrum. Dabei werden sowohl Problemkonstellationen in den Blick genommen, die denen von Beschäftigten in weniger durchgreifend digitalisierten Unternehmen ähneln (erster Abschnitt), als auch solche, die mit der für diese

---

[84]   Die Maßnahmen zur Eindämmung der Covid-19-Pandemie gingen für die Unternehmen mit einer erhöhten Nachfrage nach digital vermittelten Dienstleistungen einher, wobei die Umstellung aufs Home Office vergleichsweise gut durchgesetzt werden konnte (Investitionsbank Berlin 2021, 8). Zugleich reduzierten die Reisebeschränkungen die Zuzüge nach Berlin um 30 Prozent und ließen den Nachschub an lebendiger Arbeit durch „ausländische Fachkräfte" (ebd.) knapp werden.

charakteristischen digitalen Steuerung der Arbeitsprozesse zusammenhängen (zweiter Abschnitt).[85]

„They always talk about flexibility".
Probleme mit Schichtplänen, Ausstattung und Lohn

Insoweit unter der Kontrolle des Managements Produktionsmittel und Arbeitskraft mit Profitabsicht zum Einsatz gebracht werden, sind die in zentralen Bereichen digitalisierten Plattformunternehmen nach wie vor Fabriken. Entsprechend treten für die Beschäftigten einerseits klassische Probleme im Zusammenhang mit Arbeitszeiten, Arbeitsmitteln und Löhnen auf, die andererseits unter spezifischen Bedingungen entstehen.

Konflikte um Arbeitszeiten erwachsen u. a. daraus, dass sowohl Kurier:innen als auch Telefonist:innen häufig dann arbeiten (müssen), wenn andere frei haben (vgl. zu analogen Konstellationen Katja im Einzelhandel, Kapitel 2.1, sowie Paul und Louis in der Altenpflege Kapitel 2.2). Essen lassen sich Kund:innen zur Mittagspause ins Büro oder am gemütlichen Sonntagabend nach Hause liefern. Und tritt freitagabends beim Check-In im Hotel des Wochenendtrips ein Anliegen auf, wird im Kund:innen-Service von Booking.com angerufen. Auf beiden Plattformen gibt es dementsprechend hoch verdichtete Stoßzeiten an den Rändern der sogenannten Normalarbeitszeit. Für das Management ist es dabei vorteilhaft, die Arbeitskraft flexibel so einsetzen zu können, dass während dieser Peaks hinreichend viele Personen am Telefon oder auf der Straße sind, vorher und nachher aber nicht mehr als nötig. Bei den Lieferdiensten führt dies zu Schichtsystemen mit teils zwei-stündigen Arbeitseinsätzen und leerer Zeit dazwischen: „You have really irrational situations where people perhaps are working for two hours, then not working for three hours, then working for another two hours. Maybe they live outside of the city and it's really bizarre." Dabei gilt bei der Schichtvergabe nicht nur ‚first come, first served', sondern der Schichtplan wird für Kurier:innen, die sich als besonders schnell hervorgetan haben, zuerst freigeschaltet. Was aus Perspektive der Unternehmensleitung als Flexibilität angepriesen wird – „they always talk about flexibility", sagt Andi –, erfahren die Beschäftigten als ein „[c]ompletely irrational and competitive shift system". Die Überführung in eine für die Beschäftigten rationale Zeitplanung ist insofern eines ihrer zentralen Anliegen: „The main one [issue] yes, shift planning."

---

[85] Auch wenn vor allem Handlungsproblematiken der IT-Dienstleister:innen thematisiert werden, geht es uns nicht darum zu behaupten, dass deren Tun völlig dequalifiziert oder kontrolliert würde und sie in ihrer Arbeit keinen Sinn oder an ihr keinen Gefallen finden könnten. Umgekehrt behaupten wir nicht, dass die IT-Ingenieur:innen in ihrem Tun völlig selbstbestimmt wären. Vielmehr möchten wir im Anschluss an das Projekt Automation und Qualifikation (PAQ) dazu anregen, über die Minimierung negativer Folgen der Art und Weise des IT-Einsatzes hinaus anzuerkennen, „dass in einem kapitalistischen Betrieb nicht nur ausgebeutet, sondern zugleich konkrete und nützliche Arbeit geleistet wird" und dass es um die Suche nach „eine[r] alternative[n] Produktpalette, um eine nicht auf quantitatives Wachstum orientierte[n] Politik, um Maßstäbe des sozialen Lebens, um eine wünschbare Arbeit bezogen auf Zeit, Raum, Inhalt und Entlohnung" (PAQ, zit. n. Strohschneider 2018) geht.

Auch bei Bcom ist Flexibilität die Losung, mit der das Unternehmen eine möglichst umfassende Verfügung über die Lebenszeit der Beschäftigten zu legitimieren versucht. Lange Zeit konnte „die Firma […] dich so eine Woche zum Beispiel in der Frühschicht einsetzen, dann in der anderen Woche in der Spätschicht, dann in der dritten Woche in der Mittelschicht", erinnert sich Roman. „Dann hast du keinen so stabilen Alltag", umschreibt er die Konsequenz für das Leben der Betroffenen. Diesen wird erschwert, die eigene Lebensführung auf der Basis von Routinen mit anderen zu koordinieren oder regelmäßigen Freizeittätigkeiten nachzugehen (Jochum et al. 2020; DGfZP 2016). Die Schichten liegen bei Bcom zwischen 7:30 und 23:30 Uhr, Wochenenden und Feiertage sind keine Unterbrechung, sondern Hauptarbeitszeiten in der Tourismusbranche. Ähnlich wie Louis (vgl. Kapitel 2.2) hatte auch Roman in diesem entgrenzten Schichtbetrieb kaum effektive Regenerationszeiten: „[D]u konntest auch nicht immer zwei Tage zusammen frei haben, zum Beispiel konntest du Montag frei haben und dann wieder Samstag oder Sonntag. Und dann konntest du dich nicht wirklich ausruhen, weil die zwei Tage getrennt wurden." Nach der Betriebsratsgründung konnten Roman und seine Kolleg:innen eine „Betriebsvereinbarung zur Dienstplanung" mit vorteilhafteren Regelungen für die Telefonist:innen erstreiten (s. u.).

Für die Kurier:innen stellt neben der Schichtplanung der mit der mobilen und dezentralen Arbeit einhergehende Mangel von Infrastrukturen ein zentrales Problem dar. Trotz arbeitsrechtlicher Verpflichtung (ArbStättV §6, §8) richten Lieferando und Wolt für die Rider keine Sanitäranlagen und Pausenräume ein und externalisieren die Kosten und das Problem. Tarik und seine Kolleg:innen nutzen die Toiletten der Restaurants, in denen sie die Lieferungen aufnehmen, sind dabei aber auf das Einverständnis der dortigen Geschäftsführung angewiesen. Während des Lockdowns wurde ihnen die Benutzung noch häufiger als üblich verwehrt, sodass sie in arge Bedrängnis gerieten: „[I]t can happen that the first restaurant refuses, the second, too, the third, too. And then you spend one hour you want to go to the toilet and then you just have to find some bushes and then go there." Für Frauen ist dieses Problem noch schwieriger zu lösen, sodass Katja (vgl. Kapitel 2.1) als Postzustellerin im Lockdown während der Arbeit gar nicht mehr zur Toilette ging: „Ich war ja fünfeinhalb Stunden draußen, ohne Toilette ist das natürlich schwierig, als Frau sowieso schwierig und im Winter sowieso noch schwieriger".

Während Probleme mit Arbeitszeiten, Schichtplanung und Pausen auch andere Arbeiter:innen etwa im Einzelhandel und der Altenpflege (vgl. Kapitel 2.1 und 2.2) betreffen, ist die unzureichende bis nicht vorhandene Ausstattung mit Arbeitsmitteln für Plattformunternehmen spezifischer und resultiert aus der zugespitzten Umsetzung des sogenannten schlanken Geschäftsmodells. Die zentralen Arbeitsmittel der Rider sind Fahrrad und Handy, beides stellen sie – anders als Katja, die ihr Postfahrrad von der Firma gestellt bekommt (vgl. Kapitel 2.1) – in der überwiegenden Mehrheit privat. Theoretisch können Rider sich bei Vertragsunterzeichnung entscheiden, ob sie mit einem Firmenrad oder ihrem eigenen Rad arbeiten möchten. Da es schon seit langem kaum noch Firmenräder gibt, bleibt neuen Mitarbeiter:innen de facto lediglich die ‚Wahl' zwischen dem eigenen Gerät und dem Leasing eines Rads der Plattform Swapfiet[86] auf eigene Kosten. Auch Reparatur- und Wartungskosten, die durch den dienstlichen Gebrauch des privaten Arbeitsmittels ungemein höher sind, müssen die Rider selbst tragen, wie Tarik berichtet: „I just broke my bike this Saturday, I will have to go to the workshop and pay for it. Or do it myself. And that's something, Lieferando is supposed to provide us. A place to repair our bikes." Seine Forderung, Lieferando müsse einen Ort und Werkzeug zur Reparatur der Räder stellen, bleibt weit hinter seinem arbeitsrechtlichen Anspruch auf ein einsatzfähiges Arbeitsmittel oder die vollständige Erstattung der Kosten zur Bereitstellung eines solchen zurück.

Obwohl die Rider in der Bundesrepublik Deutschland bei den Plattformunternehmen angestellt und nicht, wie teils international noch üblich, solo-selbstständig arbeiten, stellen und warten sie ihre Arbeitsmittel de facto selbst, wo ihre Kolleg:innen es bspw. in Großbritannien auch de iure tun müssen.[87] Tarik und Andi sind überzeugt, dass die Essenslieferdienste bei nächster Gelegenheit auf Solo-Selbstständigkeit umstellen wollen. In jedem Fall bleiben die verwendeten digitalen Systeme auf diese Beschäftigten ausgerichtet, sodass es bei der für (nur) Angestellte relevanten Arbeitszeiterfassung immer wieder zu Problemen kommt. Ist die (Internet-)Verbindung zur Unternehmens-App unterbrochen, werden die Rider für diese Zeit nicht bezahlt: „But every single time you lose a bit of data connectivity or perhaps you go on Spotify for some time or something like that, then you're off the payroll, right?" Bei einer Vergütung pro Auftrag fielen diese technischen Fehler monetär (vorerst) nicht ins Gewicht, bei der Vergütung pro Stunde allerdings schon. „The systems are designed for countries where riders are self-employed, right? Where it doesn't matter, they're not on a payroll, so to speak. They're being paid per order." Zwar können die Rider Beschwerde einlegen, woraufhin die Geschäftsführung die Lohnabrechnung prüfen und Ausfälle ggf. begleichen muss. Andi und Tarik sind sich aber sicher einig, dass im Headquarter keine hinreichenden Kapazitäten dafür bereitstünden, dies im notwendigen Umfang zu tun, weshalb es sich ihrer Einschätzung nach um einen wissentlich eingepreisten massenhaften Lohnausfall, also eine Form des Lohnraubs handelt: „Again, I think, this is a form of wage theft." Während der (ungerechtfertigte) Lohnabzug problematisiert wird, thematisieren weder Roman noch Tarik und Andi die Höhe

---

[86] Swapfiets ist ein Abo-Service für Fahrräder und E-Bikes. Die monatliche Miete beträgt je nach Modell in Berlin zwischen rund 20 Euro und 70 Euro. Für Reparaturen und Schadensersatz kommt Swapfiets auf, das Fahrzeug bleibt Eigentum des Verleihers (Swapfiets 2023).

[87] Die Kurier:innen der Plattform Deliveroo, die sich 2019 aus dem deutschen Geschäft zurück zog, arbeiteten als Solo-Selbstständige. 2022 urteilte das Landessozialgericht Berlin in einem Fall, dass es sich hierbei um Schein-Selbstständigkeit gehandelt habe (jura ratio 2022). Ein im Dezember 2021 erschienener EU-Kommissionsvorschlag „to improve the working conditions of people working through digital labour platforms" (European Commission 2021) definiert Kriterien, die festlegen, ob es sich bei der Plattform um einen Arbeitgeber mit entsprechenden Pflichten handelt und Arbeitsverhältnisse vertraglich geregelt werden müssen. Seither gibt es immer mehr gerichtliche Urteile in EU-Ländern, die Rider als Beschäftigte anerkennen, und entsprechende betriebliche Reorganisationen bei den meisten, allerdings nicht allen Plattformunternehmen (Eurofound 2023; Fairwork 2022).

ihres Lohns. Dies ist bei dem IT-Ingenieur Jacob anders, für den Lohnunterschiede bei individuell verhandelten Jahresgehältern Anlass für erste Organisierungsversuche waren (s. u.).

„Tätigkeit pro Sekunde".
Digitale Taylorisierung dezentraler Arbeit und Outsourcing

In den Plattformunternehmen werden die Arbeitsprozesse der IT-Dienstleister:innen einerseits teils ähnlich minutiös strukturiert und kontrolliert wie in den industriellen Fabriken des Fordismus, andererseits ist es für die Steuerung und Kontrolle in der digitalen Fabrik (fast) unerheblich, ob die Arbeiter:innen zentral in einem Büro oder dezentral tätig sind (Altenried 2017).

Der Arbeitstag von Tarik (Rider), Andi (Dispatcher) und Roman (Call-Center-Agent) beginnt mit einem Login, dem digitalen Pendent zur Stechuhr. Tarik loggt sich über sein Handy in die Unternehmens-App ein, sobald er sich mit seinem Fahrrad in der Nähe von einem Startpunkt innerhalb der Lieferzone befindet, bekommt dann seinen ersten Auftrag und folgt Schritt für Schritt den durch einen Algorithmus generierten Anweisungen der App: Zur Restaurant-Adresse x fahren, Bestellung y abholen, zu Kund:innen-Adresse z fahren und Bestellung abliefern. Dabei kennt er immer nur den jeweils nächsten Schritt, die Adresse des:der Kund:in wird ihm erst angezeigt, nachdem er die Abholung des Essens im Restaurant per Klick in der App bestätigt hat. Anders als am Fließband werden seine Bewegungen nicht direkt erzwungen, sondern indirekt gelenkt, indem sie per GPS permanent verfolgt werden. Verlässt er die Lieferzone, wird er automatisch aus dem System ausgeloggt und ist dann „off the payroll" (s. o.). Roman und seine Kolleg:innen im Call-Center loggten sich vor der Covid-19-Pandemie bzw. der Lockdowns noch in einem Großraumbüro ein. Die dann erfolgte Umstellung aufs Home Office als Infektionsschutzmaßnahme im März 2020 stellte keine wesentliche Veränderung der Arbeitsabläufe dar, denn ihre Arbeitsschritte werden hier wie dort digital gesteuert und kontrolliert. „Diese Software, du loggst dich ein. [...] Du hast einen Dienstplan, wo deine Tätigkeit pro Sekunde, pro Minute steht", beginnt Roman die eng getaktete digitalisierte Steuerung zu erläutern. Für jede im Call-Center anfallende Tätigkeit gibt es einen „Reason Code", der in die Software eingegeben werden muss und so einerseits die Abläufe strukturiert, andererseits aber auch dokumentiert, was die Mitarbeiter:innen gerade tun. „Da steht zum Beispiel, du fängst an um 8 Uhr, vormittags, und dann von Anfang an hast du zum Beispiel drei bis vier Stunden Telefonate, bevor du Pause hast." Ist der Code für Telefonate eingegeben, leitet das System ohne Unterbrechung Anrufe von „Usern" – also Hotelgästen – weiter: „Und dann kommen diese Telefonate, die du beantworten musst, für vier Stunden." Muss nach dem Telefonat etwas im Sinne der Kund:innen-Beschwerde erledigt wie z. B. eine E-Mail ans Hotel geschrieben oder eine alternative Unterkunft gefunden werden, gibt es die Möglichkeit, neue Anrufe durch den Code „Finalize Call" zu unterbrechen, allerdings nur für maximal sieben Minuten. Auch für Toilettengänge oder Pausen gibt es einen Code, auch hier mit Zeitbegrenzung: „Dann darfst du eine Pause haben, weil dann im Dienstplan nach vier Stunden zum Beispiel Pause steht, 15 Minuten, ne. Machst du dann Reason Code ‚Pause', nimmst 15 Minuten Pause. Wenn du jetzt 16 genommen hast, dann bist du schon spät". Die Verspätung fließt in das gehaltsrelevante Tracking der ‚Performance' ein (s. u.).

Die minutiöse Zerlegung, Standardisierung und Kontrolle des Arbeitsprozesses er-innert in zentralen Hinsichten an die Rationalisierungs- und Kontrollmechanismen der industriellen Produktion des Fordismus, weshalb diese Art der Arbeitsorgani-sation in Plattformunternehmen als „digitaler Taylorismus" (Altenried 2017, 176) bezeichnet wird. Die Arbeitsprozesse werden in einfache Einheiten zerlegt, „die über die Plattform automatisiert verteilt, bewertet und wieder zusammengesetzt wer-den" (182). Wie am Fließband der 1920er-Jahre[88] können die Tätigkeiten von weitgehend ungelernten, günstigen und flexibel verfügbaren Arbeitskräften effizient ausgeführt werden (Apicella 2021). Zugleich können Abläufe trotz der über die Stadt verstreuten Arbeiter:innen in hohem Maße technisch kontrolliert werden, so-dass der Algorithmus die „sozial-räumlichen und sozialtechnischen Funktionen der Fabrik [...] über den Aufseher bis hin zu Stempelkarte" übernimmt (Altenried 2017, 182). „Du kannst nicht einfach mal ein paar Minuten so sitzen und dann so in den Himmel gucken, da musst du im System erstmal so einen Code einstellen, was du machst", berichtet Roman. Benötigt man länger als die zugestandenen sieben Mi-nuten, um eine Beschwerde zu bearbeiten, muss man die Teamleitung anrufen „und sagen, es ist ein sehr komplizierter Fall, ich brauche mehr Zeit", um das digitalisier-te Fließband, den Algorithmus, zu pausieren. Roman beobachtet als Konsequenz bei Bcom „überlastete Menschen so in diesem Sinne, mehr so nicht ruhig, sondern unter Stress".

Je mehr komplexe Arbeitshandlungen in Operationen[89] zergliedert und diese digital gesteuert werden, desto einfacher lassen sich auch einzelne Bereiche ausgliedern. Voraussetzung für das oben beschriebene Outsourcing und Offshoring von Bcom an externe Dienstleister mit Sitz in Kairo oder Istanbul war, dass das Management die Software lernen ließ,[90] einfache und komplexere Anliegen zu unterscheiden, zu filtern und an verschiedene Standorte weiterzuleiten. Vor dieser Weiterentwicklung

---

[88] Die Fließbandproduktion entstand Ende des 19. Jahrhunderts in den Schlachthöfen von Chicago, an deren Stationen die Tiere getötet und in ihre Einzelteile zerlegt wurden. Frederick W. Taylor publizierte seine Kon-zepte zur Rationalisierung industrieller Lohnarbeit durchs Management in „Shop Management" (1903) und „The Principles of Scientific Management" (1911). Henry Ford setzte zentrale Prinzipien dieser Arbeitsorga-nisation in seinen Automobilwerken seit Beginn des 20. Jahrhunderts in Chicago um, in denen das Produkt sukzessive zusammengesetzt wurde (Hachtmann & von Saldern 2009). Die nach ihm benannte Epoche des fordistischen Kapitalismus umfasst die gesamte, historisch spezifische und vergangene Produktions- und Lebensweise (Tanner 1999).

[89] In der Arbeitspsychologie wird zwischen komplexen und zielgerichteten Handlungen und den zur Zielerrei-chung notwendigen Teilhandlungen oder Operationen unterschieden (Hacker & Sachse 2014). Eine mo-tivierte Übernahme von Arbeitsanforderungen (‚Handlungsregulation') wird bei kleinteiligen Operationen erschwert.

[90] Betont werden muss an dieser Stelle, dass es Menschen in leitenden Positionen sind, die die Technologien steuern. Vgl. zur Kritik anthropomorphisierender Rede in Bezug auf Informationstechnologien Haug (2003, 103 f.).

des digitalen Fließbandes erhielten Roman und seine Kolleg:innen alle Arten von Service-Anfragen, was inhaltlich Abwechslung bot und auch die Arbeitsmenge „ein bisschen balancieren" ließ: „[D]u hast zum Beispiel 15 schwierige Fälle am Tag, wo es wirklich um schwere Beschwerden geht, aber dann hast du noch 30 Anfragen, die du tatsächlich in 10 Minuten erledigen kannst, zum Beispiel Menschen wollen eine Flasche Champagner im Zimmer haben oder ein Upgrade oder irgendwas." Seit der sogenannten Optimierung des Systems laufen am Berliner Standort ausschließlich komplexere Beschwerden auf: „Das war [eine] schlechte Änderung für uns [...] wir sind nur mit den Beschwerden geblieben." Auch Jacob kennt diese Aufteilung und Ausgliederung des einfachen Kundenservice aus den Unternehmen, in denen er gearbeitet hat. Was Roman jetzt bei Bcom tut, nennt er „secondary-escalated customer-service", eine Bezeichnung, die allen, die schon einmal wütend in einer Hotline-Warteschleife hingen, deutlich macht, warum die Ausgliederung einfacher Tätigkeiten für die Berliner Beschäftigten eine Verschlechterung der Arbeitsbedingungen darstellte. Die Zuweisung zergliederter Operationen auf verschiedene Gruppen von Beschäftigten macht die Arbeit in der Regel anspruchsloser, bisweilen aber auch anspruchsvoller wie bei Roman und seinen Kolleg:innen. In jedem Fall verdichtet sie die Arbeit in einer spezifischen, nämlich monoton-repetitiven Art und Weise. Die digitalisierte Taylorisierung wirkt sich dabei negativ auf die Gesundheit der Mitarbeiter:innen aus, wie Roman beobachtet: „Ja, die Krankenrate ist auch sehr gestiegen, dass die Menschen sich krank meldeten und auch so, das ist so typisch Call-Center geworden, ne, was früher nicht so war." Tatsächlich liegen Berufstätige im sogenannten Dialogmarketing mit durchschnittlich 25,8 jährlichen Krankentagen deutlich über dem branchenübergreifenden Schnitt von 19,8 Tagen der Barmer Krankenversicherten, insbesondere wegen ihrer hohen Anzahl an Fehltagen aufgrund von psychischen Krankheiten (Barmer 2021, 269 ff.).

Anders als das fordistische Fließband kontrolliert der Algorithmus den Arbeitsprozess nicht nur durch die (hier informationstechnologisch) vorgegebenen Operationsschritte, sondern auch durch die Aufzeichnung und statistische Auswertung der individuellen Performance. Das „tracking, tracing und rating" (Altenried 2017, 183) aller Abläufe erfüllt dabei mindestens drei Funktionen: *Erstens* schult es die Algorithmen und erhöht so die Effizienz in der Steuerung der Arbeitsabläufe im Sinne des Unternehmens; *zweitens* ist der über Beschäftigte und Kund:innen gewonnene Datensatz Teil des Geschäftsmodells (Lücking 2020, 8) und *drittens* ermöglicht die minutiöse Leistungskontrolle der Beschäftigten ein an den generierten Kennzahlen orientiertes Personalmanagement. Bei Wolt sind alle Kurier:innen zunächst mit einer sechsmonatigen Probezeit befristet angestellt, eine Vertragsverlängerung wird von ihrer Leistung im statistischen Vergleich zu anderen abhängig gemacht: „They look at the statistics at that rider and they just make a decision, whether that person is going to have their contract renewed or not, right?", berichtet Andi. Bei Bcom werden die Agents über die Zuteilung (oder Vorenthaltung) von Gehaltsboni sanktioniert: „[W]enn man diese Ziele trifft, bekommt man einen Bonus zusätzlich, wenn man die Ziele nicht trifft, bekommt man einen niedrigen Bonus und wird, wenn das dauerhaft passiert, eben generell in der Firma abgestuft." Maßstab ist ein bestimmtes Volumen an erledigten Serviceanfragen pro Stunde, was angesichts von Gehaltsunterschieden von bis zu 12 Prozent durch Boni zur Kraftanstrengung ansport. Andere Lohnsysteme wie Stufenaufstiege durch Erfahrungsjahre sind vollständig durch dieses auf Dauer gestellte Outputsystem ersetzt worden. Man könne zehn Jahre bei Bcom arbeiten, ohne eine Lohnerhöhung zu bekommen, wenn man „ein ‚niedriger Performer'" sei, erklärt Roman. Wer die Boni aus welchen Gründen erhalte, sei indes unbekannt, denn „was die Teamleitung über dich sieht, ist etwas anderes, als was du da siehst" und der Austausch darüber sei „nicht wirklich erlaubt". Im Unterschied dazu werden die Kennzahlen der individuellen Performance beispielsweise bei Amazon in Echtzeit auf Monitoren für alle sichtbar ausgespielt (Apicella 2021). Ob durch intransparenten oder transparenten Vergleich getrackter Leistungen – der Effekt ist tendenziell derselbe, nämlich eine permanente Konkurrenz zwischen den einzelnen IT-Arbeiter:innen. Die Folgen der digitalisierten Kontrolle in Plattformunternehmen für die sozialen Beziehungen der Beschäftigten werden folgend genauer betrachtet.

„Heavily Siloed".
Fragmentierung der IT-Arbeiter:innen

Die beschriebene Segmentierung und Hierarchisierung sowie digitale Steuerung der IT-Arbeiter:innen in den Plattformunternehmen sollte einer funktional-arbeitsteiligen Kooperation zum Zwecke der Herstellung des Produkts bzw. Erbringung der Dienstleistung in bestmöglicher Qualität nicht im Wege stehen. Tatsächlich gewinnt aber die digitalisierte Kontrolle der Beschäftigten als Selbstweck teils die Oberhand, spitzt die Trennung der Gruppen bis zur Fragmentierung zu und erschwert die kooperative Umsetzung der konkret-nützlichen Arbeit. Zudem behindert die Fragmentierung der Belegschaften deren Zusammenschluss, der notwendig wäre, um Arbeitsbedingungen in ihrem Interesse zu verbessern und die Produkte bzw. Dienstleistungen in besserer Qualität herstellen bzw. erbringen zu können. Im ersten Abschnitt werden Konflikte zwischen Kolleg:innen einer Einheit bzw. zwischen zwei Einheiten bei einem gemeinsamen Arbeitgeber geschildert, die in der jeweiligen digitalen Steuerung und Kontrolle angelegt sind. Im zweiten Abschnitt geht es um Konflikte zwischen Kolleg:innen in institutionell getrennten Einheiten, die digital vermittelt bzw. gesteuert an der Erbringung der Dienstleistung mitwirken. Im dritten Abschnitt werden Auswirkungen der digitalisierten Fragmentierung von IT-Arbeiter:innen auf ihre personale und kollektive Handlungsfähigkeit zusammengefasst.

„Wie wenn du so nen Krieg hast."
Hierarchisierung und Konkurrenz in Belegschaften

Auch im digitalen Taylorismus gibt es menschliche Vorarbeiter:innen, zu denen bei Bcom die sogenannten Teamleiter:innen gehören. Sie verfügen neben den bereits erwähnten Boni über ein weiteres Instrument, das potenziell zur Sanktionierung der Mitarbeiter:innen eingesetzt werden kann, mit negativen Folgen für deren kollegiale

Beziehungen: Sie leiten mit Blick auf die getrackten individuellen und im Vergleich mit anderen bewerteten „Fähigkeiten und Skills" Anrufe unterschiedlicher Schwierigkeitsgrade und in unterschiedlichen Intervallen an die ,passenden' Mitarbeiter:innen weiter, sodass „einer so jede 5 Minuten einen Anruf bekommen kann und die anderen nur so jede 15.", wie Roman erläutert. Wer in kurzen Abständen neue Anrufe weitergeleitet bekommt, hat keine Zeit, komplexere Fälle zu lösen und gibt diese an die nächste Reihe weiter, ein mehrstufiges System, an dessen Ende erfahrenere Mitarbeiter:innen ausschließlich Fälle bekommen, die schon „eskaliert" sind. Roman vergleicht diese Abläufe im Call-Center mit einem Kriegsschauplatz: „so die Frontline, weißt du, wie wenn du so nen Krieg hast und jemand attackiert und du bist ganz vorne, du bekommst am meisten ab, Schläge, ne. Und der, der hinter dir sitzt, der bekommt nur den Rest, was schon durch die erste Linie durchgegangen ist." Offiziell gehe es um die effiziente Gestaltung von Abläufen auf der Basis von Kennwerten der Beschäftigten, inoffiziell werde das Instrument aber auch als soziales Machtmittel eingesetzt: „[D]er Teamleiter kann natürlich damit spielen [...]. Aber natürlich sagen die das nicht offen." Die Mitarbeiter:innen des Call-Centers sitzen im analogen Raum als Kolleg:innen neben- und hintereinander, im virtuellen Raum existieren ungleiche Bedingungen und die individualisierten Systemeinstellungen, die den Arbeitsalltag prägen, kennt nur die Teamleitung. Der Ausgang des Kampfes ist auch gehaltsrelevant, aber über Gehaltserhöhungen solle nicht gesprochen werden. So könne das Image eines diskriminierungsfreien Betriebs mit flachen Hierarchien aufrechterhalten werden: „Ja, aber offiziell ist es so: alle gleich, ja, wir haben keine Diskriminierung oder unfaire Behandlung." De facto fördere das intransparente Rating-, Zuweisungs- und Sanktionssystem eine permanente Konkurrenzsituation zwischen den in einem Raum versammelten Kolleg:innen und ein instrumentelles Verhältnis zu den Vorarbeiter:innen bzw. Teamleiter:innen. Auch die Verlagerung ins Home Office während des Lockdowns hat an dieser Grundkonstellation nichts Grundlegendes geändert: Die Agents bringen die Dienstleistung de facto kooperativ hervor, werden dabei aber fremdbestimmt, bleiben isoliert voneinander und stehen in intransparenter Konkurrenz zueinander.

Während die vertikale und horizontale Fragmentierung der Belegschaft im Call-Center (vor der Covid-19-Pandemie) trotz des geteilten physischen Raums stattfand, bleiben die Beziehungen der Rider untereinander vor allem durch ihre räumlich dezentralisierte Arbeitsweise fragmentarisch. Sie arbeiten nicht nur mobil und über die Stadt verteilt, durch den Einsatz ihrer privaten Fahrräder treffen sie sich auch nicht zu Schichtbeginn an einem Lagerort, es existieren auch keine Pausen- oder Toilettenräume. Der mangelnde spontane Kontakt erleichtert der Unternehmensleitung die Kanalisation und Kontrolle der kollegialen Kommunikation. So habe es zu Beginn beim ehemaligen Lieferando-Konkurrenten Deliveroo eine offene Chatgruppe jenseits der Unternehmens-App zum Erfahrungsaustausch zwischen den Ridern gegeben, die vom Management geschlossen wurde, als dort das Thema einer Betriebsratsgründung auftauchte (Heiland & Brinkmann 2020, 133). Seither können Rider ausschließlich unidirektional mit Mitarbeiter:innen im Headquarter über die Unternehmens-App kommunizieren, auch wenn dies in Bezug auf einfache arbeitsorganisatorische Fragen (neuer) Rider einen Mehraufwand fürs Management bzw. die Verwaltung darstellt (ebd.).

Im Unterschied zu den Ridern, deren Beziehungen untereinander vor allem durch einen Mangel an Kontakt und Austausch geprägt sind, ist das Verhältnis zwischen Ridern und Dispatchern kommunikations- aber auch konfliktreich. Andi und seine Kolleg:innen sollen den Überblick über das Liefergeschehen in der Stadt behalten und sind als Schnittstelle zwischen Kund:innen und Ridern dafür zuständig, Ärger der Kund:innen abzupuffern und ggf. eine höhere Arbeitsgeschwindigkeit oder längere Arbeitszeiten von den Ridern einzufordern. Verweigern diese aber beispielsweise, Überstunden zu machen, um trotz Verzögerungen alle Bestellungen abzuarbeiten, erzeugt dies stressige Situationen bei den Dispatchern, wie Andi verdeutlicht: „And in the office, people are getting very upset with the riders, right? What are we gonna do with these orders? They're hanging in the system now, it's going to take us a lot of work." Dass sie dabei nur über einen integrierten Chat der Unternehmens-App kommunizieren können, lädt diese spannungsreiche Situation weiter auf und legt nahe, die strukturell verursachten Probleme zu personalisieren: „You're simply seeing a dot on your screen and a red number that says plus 40 minutes. And you've got a customer talking to you in one ear and [...] your reaction is to blame the rider, right?" Dabei können Verzögerungen Resultat von Verkehrsstörungen, Wetterbedingungen oder Unfällen, im Restaurant entstanden oder durch technische Fehler bzw. Dysfunktionalitäten im algorithmischen Management (s. u.) sein. Im Arbeitsalltag der Dispatcher bleibt allerdings kaum Zeit, die Ursachen durch (telefonische) Nachforschung aufzuklären: „[I]f you take a lot of time and you phone all of the riders [...] but when it's a Sunday evening and you've got 500 orders", habe man diese Zeit nicht. Umgekehrt wird aus Tariks Schilderungen deutlich, dass er und seine Kolleg:innen auf der Straße den Dispatchern gegenüber grundsätzlich eher misstrauisch eingestellt sind. Ihr Büroarbeitsplatz in der Nähe des Managements lässt sie diesen funktional und sozial näher erscheinen als den Ridern auf der Straße: „The only contact we have with them is like a chat through which we can talk to them, [...] and they're in contact with the management because they're in the offices. [...] [S]o we are a bit distrustful with them, I must say."[91] Die räumlich-funktionale Segmentierung und die durch die Behinderung der Kommunikation beförderte Fragmentierung von Ridern und Dispatchern wird durch kleine symbolische Privilegien verstärkt: Sowohl bei Wolt als auch bei Lieferando bekommen die Dispatcher Rabatt auf Essensbestellungen, haben ein flexibleres Schichtsystem und „generally creature comforts in the office and sometimes getting food and stuff like that", berichtet Andi. Besonders ein-

---

91   Diese wahrgenommene Nähe führt dazu, dass einige Rider den Dispatchern Anliegen und Beschwerden schicken, für die eigentlich das schwer erreichbare Headquarter zuständig wäre. Andi schildert dies so: „Problems related to their pay, relating to some workplace injuries, related to their shifts and we're only supposed to talk to the riders about live orders [...] people have tried to send an email and they haven't got a response and they're trying to reach us instead. But we can't help them. There's absolutely nothing we can do to help them." Das Wissen um Probleme mit Arbeitsmitteln, Lohnbetrug und Arbeitsunfälle bei gleichzeitigem Gefühl, nichts zur Problemlösung beitragen zu können, motivierte Andi, sich in der Betriebsgruppe der Rider zu organisieren (s. u.).

schneidend für das Verhältnis zwischen Ridern und Dispatchern ist schließlich, dass die Dispatcher die digitale Stechuhr der Rider ausschalten und sie damit „off the pay-roll" setzen, also die bezahlte Arbeitszeit unterbrechen können. Als Tariks Fahrrad während der Arbeitszeit kaputt ging, war es ein Dispatcher, der ihn ungefragt aus der Schicht ausloggte, sodass er nicht nur die Reparaturkosten bzw. -zeit privat tragen musste, sondern aufgrund eines defekten Arbeitsmittels auch einen Lohnausfall hinnehmen musste. In der funktionalen und hierarchisierten Arbeitsteilung zwischen Ridern und Dispatchern tut sich eine Kluft auf, die im Verhältnis beider Berufsgruppen zu den IT-Ingenieur:innen zu Gräben werden können. So meint Jacob, dass aus der Perspektive der Rider, „their boss might as well be the software engineer", weil diese zum Beispiel das Maximum der möglichen Trinkgelder in der Unternehmens-App programmierten. Darüber hinaus sind sie es, die (im Auftrag des Managements) Funktionen wie die oben erwähnte Chatgruppe an- oder abschalten, das Tracking und die Auswertung der Performance ermöglichen und die Reason-Codes samt Zeiteinheiten etc. programmieren.

Programmierer:innen, Dispatcher:innen und Kurier:innen sind Angestellte desselben Unternehmens, die arbeitsteilig, aber segmentiert und hierarchisiert zusammenwirken. Die Hierarchie von Kopf- und Handarbeit trennt die IT-Ingenieur:innen von den IT-Dienstleister:innen, die allesamt formell unqualifizierte und gering entlohnte Tätigkeiten verrichten und zugleich in einem materiell und symbolisch hierarchisierten Verhältnis zueinander stehen. Je nach konkretem Aufgabenbereich haben die IT-Ingenieur:innen mehr oder weniger an der Kommandomacht über andere teil; sofern sie an Gewinnen beteiligt werden und sich ideell vom IT-‚Proletariat' distanzieren, fungieren sie auch ökonomisch und politisch als Teil der Klasse des Kapitals (Candeias 2021a; Ohm 2004). Zwangsläufig ist eine solche politische Fraktionierung indes nicht. Jacob steht mit seiner *Tech Workers Coalition* ebenso wie Andi, der sich als Dispatcher gemeinsam mit Ridern organisiert, für den Versuch, solidarische Beziehungen zwischen allen IT-Arbeiter:innen herzustellen und zwar nicht nur inner-, sondern auch überbetrieblich.

„Lieferando is never in front of you".
Kooperation und Konflikt zwischen Einheiten

Besonders spannungsreich ist das Verhältnis zwischen Gruppen von Arbeiter:innen der Plattformunternehmen, die in nicht nur funktional und räumlich, sondern auch rechtlich getrennten Einheiten arbeitsteilig kooperieren (müssen) und teils in Konkurrenz zueinander stehen. In akuter Konkurrenz standen beispielsweise Romans Kolleg:innen bei Bcom in Berlin zu den Mitarbeiter:innen der Standorte in Kairo und Istanbul, wohin ein Teil der Kund:innen-Anfragen ausgegliedert und deshalb Stellen in Berlin abgebaut wurden. Die etablierte globalisierte Arbeitsteilung geht nicht nur mit einer räumlichen Distanz der Beschäftigten, sondern auch mit einer funktionalen Trennung ihrer Tätigkeiten einher (s. o.). Verbunden sind sie dennoch, weil Bcom immer dann zuständig ist, wenn an den ausgegliederten Standorten Probleme nicht gelöst werden können oder entstehen. Dabei geht Roman auch davon aus, dass dieser Ärger durch vom Management in Kauf genommene Qualitätsverluste infolge der Verlagerung mitverursacht wird: „[J]emand in Kairo antwortet, aber so mit ganz, ganz schlechter Sprache und macht so viele Fehler […] und dann müssen wir uns damit befassen, um den Fall dann zu lösen quasi." Romans Kritik, das Management von Bcom habe erwartet, durch Ausgliederungen den gleichen Service bei geringeren Kosten zu bekommen, impliziert die problematische Annahme eines per se höheren Qualifikationsniveaus der Berliner Belegschaft. Indem er die kürzeren Schulungen sowie den Verzicht auf die Anwesenheit von Erstsprachler:innen an den Offshore-Standorten benennt, reflektiert er allerdings strukturelle Bedingungen der auftretenden Probleme. Zudem solidarisiert er sich gedanklich mit den Kolleg:innen: „Ich verstehe, dass sie auch arbeiten wollen und so glücklich sind für 5 Euro da zu arbeiten pro Stunde oder weniger, ja. Sie sind auch in einer ähnlichen Situation, aber nur woanders." Anders als Roman personalisieren viele seiner Kolleg:innen den Umstand, dass sie mit verärgerten Kund:innen zu tun bekommen, deren Anliegen von den Kairoer oder Istanbuler Kolleg:innen nicht geklärt werden konnten: „Aber unsere Mitarbeiter:innen mögen sie nicht so und sie beschweren sich immer über die und sie sind so ein bisschen, sehen die so mit Arroganz oder ich weiß nicht, so ein bisschen, ja, so wie dumme Menschen." Die digital vermittelte konflikthafte Kooperation erschwert neben der räumlichen Trennung und Konkurrenz die Entwicklung solidarischer Beziehungen zwischen den Belegschaften der verschiedenen Standorte.[92]

Konfliktreich ist auch das Verhältnis zwischen Restaurants, Kurier:innen und den Kund:innen der Essenslieferdienste. Tarik und Andi beschreiben ausführlich, wie alle Beteiligten jeweils nur partielle Informationen zu einer Bestellung bekommen, diese Informationspakete aber nicht immer zusammenpassen. So kommen Bestellungen bei Restaurants und Ridern teils zeitverzögert an, sodass entweder letztere lange auf die Zubereitung des Essens warten müssen oder das Essen bereits kalt ist, wenn sie im Restaurant eintreffen. Dies hat Nachteile für alle Beteiligten: Die Kurier:innen können weniger Aufträge in ihrer Arbeitszeit erledigen, unzufriedene Kund:innen geben geringeres Trinkgeld und schreiben dem Restaurant eine schlechte Bewertung. Tarik fragt: „Whose fault is it? The order arrived 40 minutes too early, but the customer is then gonna review the restaurant, saying: ‚I received cold food, terrible.'" Weil Rider und Restaurants gleichermaßen unter dieser Dysfunktionalität leiden und zugleich nichts an ihr ändern können, führt die Konstellation zu wechselseitiger Verärgerung und Konflikten: „You don't know, why you're waiting 30 minutes. […] So, in the end, you get angry with the people you have in front of you. Lieferando is never in front of you." Das Unternehmen hat, so vermutet Andi, kein Interesse daran, diese Reibungskonflikte zu beheben, indem beispielsweise Restaurants und Ridern Einblicke in den gesamten Ablauf einer Bestellung gewährt oder ihnen ein direkter

---

92 Wird befürchtete oder reale Konkurrenz vorurteilsförmig verarbeitet, kann dies als Resultat und Grundlage von Standort-Nationalismus im Zusammenhang von Neoliberalismus und Rechtspopulismus verstanden werden (Butterwegge et al. 2018).

Kommunikationskanal zur Verfügung gestellt würde. „It's unacceptable to Wolt or to Lieferando, I imagine, to have riders or restaurants interfering in some way with this, because this introduces an element of unpredictability, which isn't programmed into the system." Andi vermutet, dass der Unternehmensleitung die exklusive Vorhersehbarkeit und die Kontrollierbarkeit der Abläufe wichtiger sind als eine qualitative Verbesserung derselben durch nicht-künstliche Intelligenz.

Der Arbeitsprozess im Plattformunternehmen kann zwar durch die Zerlegung in viele Einzelschritte nur von vielen Mitarbeiter:innen in Kooperation vollzogen werden, diese wird aber nicht von den IT-Dienstleister:innen, sondern vom Management informationstechnologisch kontrolliert. Diese als algorithmisches Management (Altenried 2022) bezeichnete Form der Unternehmenssteuerung verunmöglicht, die technisch mitverursachten Probleme im Arbeitsalltag kollektiv zu lösen. Aufgrund des fragmentierten Wissens und eingeschränkter Kommunikationswege kaum ein gemeinsames Verständnis der auftretenden Probleme entwickeln zu können, führe zu einem Gefühl der Einsamkeit bei allen Beteiligten: „You don't know who you have to talk to, to solve your problems. The customer feels lonely, doesn't know what to do, the rider, too, and the restaurant, too", meint Andi. Die Zergliederung der Unternehmensabläufe in Tochterfirmen, externe Dienstleister bis hin zu Kleingewerbe-Treibenden und Solo-Selbstständigen sowie die fremdbestimmte Integration und konflikthafte Kooperation dieser Einheiten durch das algorithmische Management bestimmen die Arbeitsbeziehungen in Plattformunternehmen. Als „[h]eavily siloed", also isoliert, beschreibt auch Jacob das Verhältnis zwischen Mitarbeiter:innen unterschiedlicher Abteilungen, Einheiten und Segmenten der Unternehmen, in denen er tätig war: „And there might be separate legal entities, but also it could be simply, you know, separate floors or separate rooms. And it could be quite alienating." Was Jacob mit Blick auf die sozialen Beziehungen der IT-Arbeiter:innen als Entfremdungseffekt bezeichnet, gilt auch für die konkret-nützliche Arbeit: In dem Maße, wie beides, Arbeitsbeziehungen und -tätigkeiten, durch informationstechnologisch gestützte Managementstrategien fremdbestimmt und dysfunktional kontrolliert werden, werden sie von IT-Arbeiter:innen als entfremdet erfahren (Oppolzer 1997).

„Nothing we can do."
IT-Arbeiter:innen unterm/jenseits vom algorithmischen Management

Das informationstechnologisch unterstützte (algorithmische) Management schränkt sowohl die personale als auch kollektive Handlungsfähigkeit (vgl. zum Begriff Kapitel 1.1) der angestellten oder selbstständigen IT-Arbeiter:innen im Plattformunternehmen ein. Als Einzelne und als Gruppen werden sie durch das digitale Fließband (ähnlich wie durch das analoge) in eine arbeitsteilige Kooperation und Konkurrenz versetzt. Durch die fremdbestimmte Organisation und Kontrolle ihrer Arbeitstätigkeiten bzw. -operationen wird es ihnen erschwert, konkret-nützliche Arbeit selbstbestimmt zu verrichten, auftretende Probleme eigenständig-kooperativ zu lösen etc. Sie werden ihres arbeitsbezogenen Erfahrungs- und Handlungswissens zwar nicht beraubt, können es aber nicht (als alltägliche Machtressource) zum

Einsatz bringen (Lücking 2020, 10). Anders als beim Management durch Zielvorgaben werden ihre Schritte im Arbeitsprozess kleinteilig bestimmt und beobachtet. Dementsprechend äußern 90 Prozent der an einer Onlinebefragung teilnehmenden 252 Kurier:innen das Gefühl, sich der Technik gegenüber ausgeliefert zu fühlen, 63 Prozent haben dieses Gefühl „oft" bis „sehr häufig" (Heiland & Brinkmann 2020, 132). Wenngleich die Art der Fragestellung eher die Technik als solche zur Ursache macht, dürfte doch klar sein, dass es deren Programmierung und Nutzung im Sinne des Managements sind, die diese Gefühle bedingen. Einher geht dies mit einer Exklusivität des Einblicks in die gesammelten Daten. Auch dieser bleibe wenigen leitenden Angestellten vorbehalten, wie Andi schildert: „Only people who are really quite high up in the company who are perhaps on the operations team really have access to the full picture so to speak." Er geht davon aus, dass Lieferando und Wolt die von ihm geschilderte „Informationsasymmetrie" zwischen den Bereichen nutzen, um Mitgestaltungsspielräume der IT-Arbeiter:innen zu minimieren: „If restaurants really knew that the rider was definitely not gonna come for 40 minutes, you know, then they would have something to say about it." Die Alternative zur exklusiven Kontrolle wäre „[e]chte Mitbestimmung", sodass „die Beschäftigten mitentscheiden können, nach welchen Regeln die Algorithmen arbeiten" (Lücking 2020, 22). Betriebsräte sind ein Instrument auf dem Weg zu einer Demokratisierung der Gestaltung von Arbeitsabläufen. Deren Recht, Betriebsinformationen einzusehen, könnte „als Kontrollinstanz gegenüber der Plattform und als Informationsquelle für die Arbeitenden" fungieren (Heiland & Brinkmann 2020, 133). Als derart organisiertes Kollektiv bewegte die Belegschaft eines Plattformunternehmens sich tendenziell auf Augenhöhe mit den leitenden Angestellten. Dies wäre ein wesentlicher Schritt in Richtung einer Gestaltung von Arbeitsbeziehungen und -tätigkeiten, die die Informationstechnologien nutzt, um sinnvolle Produkte und Dienstleistungen selbstbestimmt-kooperativ, in lebensfreundlichen Rhythmen und bei guter Bezahlung aller IT-Arbeiter:innen hervorzubringen.

„A testing ground".
IT-Arbeiter:innen organisieren sich

Die Entwicklung von Kollektivität und die Erweiterung personaler und kollektiver Handlungsfähigkeit werden durch die räumlich (Straße vs. Büro), sozial (Kontrolle der Kommunikation und Konkurrenz) und institutionell (Restaurants-Lieferdienst, Ausgliederungen) hergestellte Fragmentierung der Belegschaft erschwert. Trotzdem findet sie statt und im Servicebereich des IT- Sektors lässt sich in den letzten Jahren geradezu eine Welle von Betriebsratsgründungen verzeichnen: Roman und seine Kolleg:innen waren im Call-Center von Booking.com im April 2015 unter den ersten, es folgten seit 2020 die auch medial wahrgenommene Gründung beim Finanzdienstleister N26, beim Musikstreamingdienst Soundcloud und der Video-Plattform TikTok (Verdi 2022c; Schneider 2020). Spätestens seit den wilden Streiks beim Lebensmittellieferdienst Gorillas im Oktober 2021 (Zamora Martin 2022) stoßen auch die Betriebsratsgründungen bei den Kurier:innen auf öffentliches Interesse.

Deren gelungene Gründung hatte Strahlkraft für die Branche, bei Lieferando gelang sie – trotz erheblicher Hürden – im Sommer 2022, bei Flink werden Wahlen vorbereitet (Verdi 2021b; labournet 2023). Die Betriebsratsgründungen sind dabei meistens das Ergebnis eines Prozesses informeller Selbstorganisierung innerhalb der Belegschaft mit mehr oder weniger großer Unterstützung von außen. Folgend werden zunächst anhand der Erfahrungen von Tarik, Andi und Roman ausschlaggebende Motive für die inner- und überbetriebliche Selbstorganisierung verdeutlicht (erster Abschnitt), um dann Herausforderungen (zweiter Abschnitt) und Erfolge der Betriebsratsgründungen (dritter Abschnitt) zu skizzieren. Abschließend wird ein Blick auf einen transnationalen, segment- und betriebsübergreifenden Organisierungsversuch geworfen, für den Berlin gute Voraussetzungen bietet.[93]

„Just calling a friend and complaining about my job basically."
Raus aus der Isolation

Für Roman und seine Kolleg:innen im Call-Center Bcom gab es lange keinen Anlass sich zu organisieren, da die Stimmung im Betrieb wie in einer „großen Familie" gewesen sei (vgl. zu ähnlichen Erfahrungen in der Demokratiearbeit Kapitel 4.2). Dies änderte sich mit dem oben geschilderten schnellen Wachstum der ersten Jahre, als die Agents vom Management „als nicht so wichtig behandelt" wurden. Durch die veränderte Betriebsatmosphäre entstand ein Interesse, „etwas dagegen unternehmen zu können". Dabei war ihnen klar, dass es dazu eines überindividuellen Zusammenschlusses bedarf, der in der Bundesrepublik Deutschland mit seinem dualen System von Interessenvertretungen insbesondere durch Betriebsräte und Gewerkschaften verkörpert wird.[94] Auch wenn die Etablierung dieser kollektiven Organisationsformen verbrieftes Recht ist, müssen sie in jedem Betrieb durch Organisierung der Beschäftigten realisiert werden.[95] Das Ziel von Roman und seinen Kolleg:innen bestand vor diesem Hintergrund darin, „so einen Betriebsrat zu gründen". Sie begannen Kolleg:innen von der Idee zu erzählen und ein Stimmungsbild zu gewinnen. Einige seien zwar „ein bisschen ängstlich" gewesen, die Mehrheit aber dafür. Diese Mobilisierung der Belegschaft fand vor dem Lockdown und insofern unter Bedingungen gemeinsamer Arbeit im Großraumbüro statt. Durch den direkten Kontakt gab

---

[93]   Aus einer mikropolitischen Perspektive ist die Organisierung in Plattformunternehmen besonders relevant, weil es sich um „Umbruchsökonomien mit hoher organisationaler Dynamik" handelt und institutionelle und informelle Arbeitsbeziehungen erst etabliert werden (Heiland & Brinkmann 2020, 121).

[94]   Gewerkschaften führen teils branchenweite Auseinandersetzungen um Lohnhöhe und Arbeitszeit (vgl. Kapitel 2.2), während der Betriebsrat innerhalb eines Unternehmens über die Einhaltung von Tarifverträgen und allgemeinen arbeitsrechtlichen Bestimmungen wacht und Maßnahmen, „die dem Betrieb und der Belegschaft dienen" (§80 BetrVG), umsetzt. Häufig handelt es sich dabei um Maßnahmen, die Arbeitsplätze und Pausenräume, Schichtplanung und Urlaubsregelungen, Fortbildungen und Gesundheitsschutz betreffen.

[95]   Ausgliederungen gehen häufig langfristig mit einer erheblichen Verschlechterung der Arbeitsbedingungen einher, weil die Tochterunternehmen formell eigenständige Betriebe sind, Betriebsrat und Tarifvertrag also neu etabliert und erkämpft werden müssen. Die Etablierung von Institutionen ist weit schwieriger als die Neuverhandlung eines bestehenden Tarifvertrages.

es in Pausen oder auf den Gängen Gelegenheit, Kolleg:innen zu finden, „die mit mir auch aktiv das machen wollten". Der von ihm als „Initiativgruppe" bezeichnete Zusammenschluss leitete die Wahlen ein[96] und mobilisierte die Kolleg:innen über die Organisationseinheiten hinweg, an der Wahl teilzunehmen und für ihre Liste zu stimmen: „Wir haben Flyer gemacht und sind dann von Team zu Team gegangen und in so Einzelgespräche gekommen und über Probleme gesprochen und konnten die meisten Menschen überzeugen."

Für Tarik und Andi waren die Voraussetzungen, sich und andere in den zunächst informellen Betriebsgruppen der Essenslieferdienste zu organisieren, ganz anders. Da die Rider über die Stadt verteilt arbeiten und die Dispatcher seit Beginn des ersten Corona-Lockdowns im Home Office sitzen, war die gezielte Verständigung und Informationsweitergabe unter Kolleg:innen nur schwer möglich. Von der bereits vor ihrem Einstieg bei Lieferando[97] existierenden Betriebsgruppe erfuhren sie daher über Umwege. So erinnert sich Tarik, wie er einen Sticker mit dem Aufdruck *Riders United* an der Wohnungstür eines Kunden entdeckte: „‚Enjoy your meal, have a nice day', then he closed the door and he had the sticker on his door: ‚Riders united', with the logo of the FAU and I was: ‚Oh! Interesting, there's a union for riders.'" Die *Freie Arbeiter:innen-Union* (FAU) hatte während des Arbeitskampfes bei Deliveroo 2017 begonnen, die Arbeitskämpfe der Rider zu unterstützen (Degner & Kocher 2018) und war zum Zeitpunkt des Interviews nach wie vor ihr erster Ansprechpartner. Auch Andi kam über die FAU zur Betriebsgruppe. Anlass für die Kontaktaufnahme waren für ihn die unter den Ridern als „Snow Days" bekannten Tage im April 2021, als ein heftiger Wintereinbruch die Arbeit auf der Straße extrem gefährlich werden ließ: „[I]t could be a matter of life and death", erinnert er sich. Als Dispatcher war er über den App-integrierten Chat in unmittelbarem Kontakt mit den Ridern auf der Straße und wurde von diesen – fälschlich – als Repräsentant bzw. Sprachrohr des Headquarters adressiert. So bekam er in teils empörten, teils verzweifelten Nachrichten Bilder von offenen Wunden zugeschickt, die sich die Rider durch Unfälle auf den eisglatten Straßen zugezogen hatten. Andi empfand dies als „disturbing", fühlte sich zugleich in seiner Rolle ohnmächtig und nahm dies zum Anlass, einen Bekannten zu kontaktieren, der ihn an die für ihn zuständige Sektion der FAU in Berlin weiterleitete.

Die „Snow Days" waren auch Anlass für eine Selbstorganisierung der Kurier:innen. Aus Empörung darüber, dass das Management das Geschäft nicht pausierte und so wissentlich ihre körperliche Unversehrtheit und ggf. sogar ihr Leben aufs Spiel setzte, organisierten einige Rider von Wolt und Lieferando eine Presseaktion: „So, this was really serious to us and we really wanted to do something about it. And we also

---

96   Ein Betriebsrat kann in allen Betrieben mit mindestens fünf ständigen wahlberechtigten Mitarbeiter:innen gewählt werden. Hierfür muss sich auf einer Betriebsversammlung mehrheitlich für die Wahl ausgesprochen und ein Wahlvorstand gewählt werden, der diese organisiert (§1 BetrVG).

97   Die Betriebsgruppe existierte schon bei Foodora, ein Lieferservice, der 2018 zusammen mit Lieferheld und Pizza.de von der niederländischen Firma takeaway.com übernommen und zu Lieferando fusioniert wurden.

got backwind from other riders because all of them were really angry of what was happening", erinnert sich Tarik. Mit der Aktion forderten sie Kund:innen dazu auf, kein Essen mehr zu bestellen und so Druck auf das Unternehmen aufzubauen. Ihre Forderungen reichten vom Recht, bei bestimmten Witterungsbedingungen selbst entscheiden zu dürfen, ob sie arbeiteten oder nicht, über einen Kältebonus bis hin zur Beteiligung an den enormen Gewinnen, welche die Plattformunternehmen durch die Covid-19-Pandemie bzw. die Lockdowns machten (Kühn 2021).

„Schlimmer als wenn du keinen Betriebsrat hast."
Gegenwind und Union Busting

Auch wenn die Institutionalisierung von Betriebsräten im Betriebsverfassungsgesetz (BetrVG) als Recht von Beschäftigten kodifiziert ist, stellt deren Gründung nicht allein aufgrund der funktionalen, räumlichen und sozialen Segmentierung von IT-Arbeiter:innen eine Herausforderung dar. Vielmehr setzen Management und Eigentümer von Plattformunternehmen solchen Ansinnen oft an verschiedenen Punkten und auf unterschiedliche Weise erheblichen Widerstand entgegen.[98]

Solchen Widerstand antizipierend bereitete sich die selbstorganisierte Initiativgruppe bei Lieferando vorsichtig und gründlich auf die Betriebsratswahlen vor. Da der Berliner Standort zugleich Sitz des Lieferando-Hauptquartiers ist, stellte die Aufstellung einer Liste der dort beschäftigten leitungsnahen Berufsgruppen ein besonderes Risiko dar. Als Interessenvertretung des bundesweit größten Standorts von Lieferando hätte ein Berliner Betriebsrat, der eher im Interesse der Geschäftsleitung agiert, durch seine Stimmen im bundesweiten Betriebsrat auch den Ridern anderer Städte die betrieblichen Auseinandersetzungen erschweren können. Und obwohl auch in Berlin die Rider die überwiegende Mehrheit der Beschäftigten stellen, herrschen im Büro bessere Bedingungen für einen erfolgreichen Wahlkampf als auf der Straße, so die Sorge. Daher bemühte sich die Betriebsgruppe um die Mobilisierung einer möglichst großen Anzahl von Kurier:innen für die Wahlen in einem mehr als einjährigen Prozess der ehrenamtlich getätigten, direkten Ansprache. Sie unterstützten einander und auf sie zukommende Kolleg:innen durch Erfahrungsaustausch, Vermittlung von rechtlichem Beistand und Kontakte zur FAU. Das Management ließ bei der Betriebsratswahl im Sommer 2022, ein Jahr nach dem Interview, tatsächlich eine managementnahe Liste zur Wahl antreten, diese blieb aber erfolglos.[99]

Roman hat bei Bcom ähnliche Erfahrungen gemacht wie die Rider der Essenslieferdienste. Die Geschäftsleitung versuchte dort im Vorfeld der Wahlen zunächst am

---

[98]   Von Arbeiter:innen aus Plattformunternehmen wird vielfach von Abmahnungen, plötzlicher Beendigung des Arbeitsverhältnisses und weiteren unlauteren Praktiken der Geschäftsführungen berichtet, welche die Bildung von Betriebsräten be- oder verhindern (Kramer 2018).

[99]   Ein Teil der frisch gewählten Betriebsratsmitglieder erhielt von der Geschäftsführung unmittelbar nach der Wahl eine außerordentliche Kündigung mit der Begründung, das Unternehmen sei von ihnen im Zuge der Vorbereitung der Wahlen um Arbeitsstunden betrogen worden. Die Kündigung wird vor Gericht voraussichtlich keinen Bestand haben (ifb 2022).

Bild der familiären Atmosphäre festzuhalten und schlug einen „Runden Tisch" anstelle einer Betriebsratsgründung vor. Als die Initiativgruppe an ihrem Vorhaben festhielt, sei versucht worden, mittels Beförderungs- oder Gehaltserhöhungsversprechen „ihre Leute" in den Betriebsrat zu bekommen, gewählte Mitglieder des Gremiums unter Druck zu setzen und ihn selbst mehrfach „aktiv oder so passiv" zu kündigen. Roman resümiert, er sei „immer in der Situation [gewesen], gegen das Management zu kämpfen." Diese Auseinandersetzungen seien zwar „nicht einfach", am schlimmsten seien aber Konflikte innerhalb des Betriebsrates mit den „Pro-Management"-Listen gewesen. Ein Betriebsrat, „der immer auf der Arbeitgeberseite steht", genehmige und legitimiere dann Entscheidungen, „die eigentlich für die Arbeitnehmer nicht gut sind", erläutert Roman. Ein von der Geschäftsführung unterlaufener Betriebsrat könne so als Mittel gegen die Beschäftigten eingesetzt werden und das sei dann „noch schlimmer, als wenn du keinen Betriebsrat hast". Versuche, Betriebsratsgründungen zu verhindern oder durch Einflussnahme zu unterwandern bzw. gewählte Betriebsräte einzuschüchtern oder loszuwerden, sind nicht nur in Plattformunternehmen geläufig (vgl. Kapitel 3.1) und werden als Union Busting bezeichnet.

„Und dann haben wir gesagt. Das geht nicht!"
Erfolge der betrieblichen Organisierung

Trotz gegenläufiger Bemühungen der Geschäftsführung konnte der Betriebsrat von Bcom in den vergangenen sieben Jahren einige Verbesserungen für die Belegschaft durchsetzen, wie Roman berichtet. Ein wichtiger Erfolg war eine schriftliche Vereinbarung zur Dienstplanung, die den Mitarbeiter:innen im Drei-Schichtsystem des 7 bis 24 Uhr geöffneten Call-Centers ermöglichte, sich für einen längeren Zeitraum eine Schicht auszusuchen und so mehr Stabilität in der Alltagsplanung zu gewinnen. Zudem wurde mit ihr ein Mitbestimmungsrecht bei der Terminierung der wöchentlichen Erholungstage festgeschrieben und die betriebliche Urlaubsregelung an arbeitsrechtliche Standards angeglichen.[100] Die Geschäftsleitung versuchte diese Betriebsvereinbarung zu verhindern, woraufhin die im Falle eines nicht auflösbaren Konfliktes zwischen Arbeitgeber und Betriebsrat zuständige Einigungsstelle (BetrVG §76) eine Entscheidung traf, die zugunsten des Betriebsrates ausfiel. Seither wird der sukzessive Stellenabbau durch Ausgliederung an externe Dienstleister sowie der Verkauf von Bcom an Majorel von der Geschäftsführung als Konsequenz des erfolgreichen Arbeitskampfes dargestellt. Man stelle nicht mehr ein, „„weil ihr uns als Firma die Flexibilität abgeschafft habt'", umschreibt Roman das Narrativ. Ein Jahr nach dem Interview wurde der Berliner Standort geschlossen. Ob dies eine Reaktion des (neuen) Managements auf den erfolgreichen Arbeitskampf bzw. die organisierte Belegschaft war, muss offenbleiben. Sicher ist, dass der telefonische

---

100 Hintergrund war, dass Bcom Urlaubsanträge in der Hochsaison oft nicht und Bildungsurlaube fast nie genehmigt hatte. Ersteres führte dazu, dass unfreiwillig aufgesparte Urlaubstage im Folgejahr verfielen.

Kundenservice wie beschrieben tendenziell ortsunabhängig erbracht, also verlagert werden kann. Bei ortsgebundenen Dienstleistungen wie Essenslieferdiensten ist dies nicht der Fall, Rider können nicht outgesourct werden und haben insofern eine größere Produktions- und Streikmacht als Call-Center-Agents (Candeias 2021a).

Eine Neugestaltung des Schichtsystems ist zum Zeitpunkt des Interviews auch eines der zentralen Anliegen der Lieferando-Betriebsgruppe im Falle einer erfolgreichen Betriebsratsgründung. Daneben sind Tarik, Andi und ihren Kolleg:innen eine Möglichkeit zur Toilettennutzung während der Arbeit, Pausenräume und Werkstätten für die Reparatur der (privat genutzten) Fahrräder sowie eine Verschleißpauschale für ihre Arbeitsmittel besonders wichtig. Tarik betont aber auch, dass die Betriebsratsgründung ein Instrument darstellt, um die Interessen von Ridern und Dispatchern als Arbeiter:innen umfassend und langfristig zu verteidigen: „It's a means to achieve our goals. Which is to defend our rights, defend our interests and protect ourselves from the arbitrariness of Lieferando […] defend our interest as workers like getting our wages paid in time, having Lieferando respect the law etc. etc."

Neben der innerbetrieblichen Organisierung vernetzen sich Roman, Andi und Tarik auch überbetrieblich und transnational. Roman stand beispielsweise mit den Betriebsräten anderer europäischer Standorte des Kundenservice von Booking.com in Kontakt. Doch obwohl die Kolleg:innen in Amsterdam oder Barcelona für dasselbe Unternehmen arbeiteten und mit ähnlichen Problemen zu kämpfen hatten, war ein gemeinsames Vorgehen aufgrund des länderspezifischen Arbeitsrechtes schwierig. Erfolgversprechender war daher der überbetriebliche Austausch innerhalb Berlins, der zwischen Mitarbeiter:innen unterschiedlicher Call-Center und Lieferdienste auf der Ebene der Betriebsräte stattfindet, aber auch auf informeller Ebene durch Fluktuation zwischen diesen Unternehmen angestoßen wird. Wer bei Bcom keine Vertragsverlängerung bekommt oder nach der sechsmonatigen Probezeit bei Lieferando nicht hinreichend ‚performed' habe, um übernommen zu werden, wechselt ins Call-Center von Amazon oder Zalando bzw. den konkurrierenden Lieferdienst. Mit den Mitarbeiter:innen zirkuliert dann bisweilen auch arbeitskampfbezogenes Wissen. So erkundigten sich beispielsweise (ehemalige) Kolleg:innen bei Roman nach den Modalitäten einer Betriebsratsgründung, um die kollektivrechtlichen Rahmenbedingungen, die sie bei Bcom schätzen gelernt hatten, auch am neuen Arbeitsort zu etablieren. Die Rider haben diesen überbetrieblichen Austausch in Berlin durch regelmäßige Vernetzungstreffen verstetigt und stimmen ihr Vorgehen untereinander ab. Andi sagt, es sei Teil seiner Haltung „as a unionist, that we should all be together and then be struggling for our rights". Diese betriebsübergreifend-solidarische Haltung konvergiert für Tarik dabei mit seinen individuellen Interessen als Rider: „So we help them, because it's in our interest, like everybody may be fired one day, I may be fired at [Company A] then I will be looking for a job, and be at [Company B]." Dabei nehmen sich die Rider auch Zeit für soziales Miteinander, um im stressigen Arbeitsalltag einen Ausgleich zu finden und Kraft für den Arbeitskampf mit einem strukturell mächtigeren Gegner zu tanken.

„We can be the future of labour organizing."
Perspektiven gewerkschaftlicher Kämpfe

In den Berliner IT-Unternehmen sind auch IT-Ingenieur:innen wie Jacob angestellt, teils beim selben Arbeitgeber, teils in rechtlich eigenständigen Einheiten wie bei Booking.com. Ihr Organisierungsgrad sei international nicht sehr hoch, so Jacob. Dies liege allerdings weniger an den räumlich-funktional schwierigen Ausgangsbedingungen wie bei Ridern und Call-Center-Agents, sondern eher daran, dass viele sich nicht als Subjekt von Arbeitskämpfen und Betriebsräte bzw. Gewerkschaften nicht als ihre Interessenvertretung wahrnehmen. Zudem seien die Gehälter in der Regel überdurchschnittlich und das Erleben flacher Hierarchien führe zu einem Gefühl von „we don't need a union". Hinzu kommt, dass aufgrund der relativ hohen Marktmacht dieser Berufsgruppe individuelle bzw. individualisierte Strategien zur Verbesserung von Arbeitsbedingungen und Einkommen verbreitet sind: „So, as a wage increasing strategy, most people know, it's better to quit a company and join a new company." Die damit verbundene Fluktuation der Beschäftigten erschwert deren betriebliche sowie weitergehende Organisierung. Ohne Organisierung bleibt das Segment aber ohne Tarifverträge, welche die individuellen durch kollektive Strategien der Interessendurchsetzung ersetzen könnten. Die Vereinzelung der IT-Ingenieur:innen ist zudem nicht nur Ergebnis dieses spontanen Selbstverständnisses, sondern auch von Strategien des Managements. So berichtet Jacob, dass sie dazu angehalten werden, ihre Einkommenshöhe geheim zu halten, teils sei es sogar vertraglich verboten gewesen, darüber zu sprechen: „I've also had contracts that explicitly forbade me from discussing salaries, that's not enforceable, but, you know, when it's written in a contract, it seems very scary." Dieses Vorgehen führe nicht nur zu enormen Einkommensunterschieden zwischen Angestellten in vergleichbaren Positionen, sondern auch dazu, dass die Einkommenshöhe vom individuellen Verhandlungsgeschick abhänge. Um Transparenz zu schaffen und fairere, ggf. sogar gemeinsame Verhandlungen zu ermöglichen, verschickte Jacob in seinem ersten Berliner Start-Up eine Mail an alle Kolleg:innen mit der Aufforderung, ihr Jobprofil und ihr Gehalt anonym in ein Google Sheet einzutragen. Dass er diesen Organisierungsversuch alleine und eher planlos initiierte, hatte für ihn negative Konsequenzen: „I did it on my own, which is a terrible idea, right. So it's brave, but also without any strategy. Anyways, so I didn't do anything illegal, but what the company could also legally do is: They put me on Freistellung." Zwar wurde Jacob nicht gekündigt, aber bei Fortzahlung des Gehaltes nach Hause geschickt, weil sein Verhalten „disruptive" gewesen sei. „And as they said they wanted to keep the peace in the house." Diese Drohgebärde genügte, um die Kolleg:innen, die sich bereits in das Sheet eingetragen hatten, zu Entschuldigungsmails an den:die CEO zu bewegen. Jacob habe in diesem Moment realisiert, dass es „something like a union" brauche, um die Interessen von IT-Arbeiter:innen auch in den höher qualifizierten und bezahlten Segmenten der Unternehmen zu vertreten.[101] Dabei ist ihm bewusst, dass diesem Versuch Widerstand von drei Seiten erwächst: Erstens herrsche im Management vieler IT-Unternehmen eine Silicon-Valley-Ideologie, also ein strikter Kurs gegen jegliche Form von Interessensverbänden: „So very new companies, that are very resistant to joining employer associations in Germany. I mean they, you know, invest heavily in anti-union or union-avoidance literature and ideologies." In Kombination mit dem aktuell äußerst niedrigen Organisierungsgrad der Beschäftigten – „globally […] some of the lowest collective bargaining rates" – ist zweitens das Verhältnis von aufzuwendenden Ressourcen und erwartbaren Erfolg aus der Sicht von Gewerkschaften nicht günstig: „I think in general most trade unions, for very good reasons, are quite hesitant or sceptical." Zu diesen strukturellen Gründen für den geringen „effort to unionize" komme drittens eine habituell bedingte Skepsis: Die Repräsentanten der hiesigen Gewerkschaften würden von den transnational lebenden und jüngeren IT-Ingenieur:innen als deutsche, ältere Männer wahrgenommen, die ihre gesamte berufliche und arbeitspolitische Laufbahn in einem Betrieb verbracht hätten, „and people who are changing job to job don't quite identify with that". Schwer täten sich die IT-Ingenieur:innen auch mit den bürokratischen Apparaten der Gewerkschaften, die ihnen im Kontrast zu ihren kleinen Teams mit flachen Hierarchien fremd erscheinen. Insgesamt gebe es „scepticism […] in both directions I would say. And I think it's something that can be changed, but I know, it won't happen overnight either".

Nachdem er mit seinem Versuch einer betriebsinternen Mobilisierung gescheitert war, fand Jacob einen anderen Weg, sich und andere IT-Arbeiter:innen zu organisieren. Er schloss sich der branchenweiten und internationalen *Tech Workers Coalition* (TWC) an und gründete 2019 die Berliner Sektion der Gruppe.[102] Diese lädt regelmäßig zu einem offenen Stammtisch, diskutiert dort (ähnlich wie die Lieferando-Betriebsgruppe) konkrete Arbeitsbedingungen und Probleme, tauscht Erfahrungen aus und unterstützt mit Kontakten, Wissen und Ressourcen Betriebsratsgründungen. Sie füllen damit in Berlin die Leerstelle, welche die oben beschriebene ‚wechselseitige Skepsis' zwischen Gewerkschaften und IT-Ingenieur:innen (anfänglich) hinterließ.

Der TWC geht es dabei international wie in Berlin nicht nur um Arbeitsbedingungen, sondern auch um die „impacts of technology on workers and communities" und Kampagnen, die einen „positiven Einfluss auf die Gesellschaft haben" könnten. Aus Jacobs Perspektive ist eine Erweiterung der Anliegen, die in gewerkschaftlichen Auseinandersetzungen adressiert werden, beispielsweise um Themen der

---

101   Damals hatte Jacob, noch frisch in Berlin, die US-amerikanischen betriebsinternen Gewerkschaften im Sinn. Das duale System aus Betriebsräten und Gewerkschaften kannte er nicht: „I didn't know what a Betriebsrat was […] until 2019."

102   Die TWC versteht sich als Organisation, die kollektive Handlungsfähigkeit der Arbeiter:innen in der Tech Industrie aufbauen will, indem sie Organisierung anstößt und unterstützt und zugleich Brücken zu anderen Arbeiter:innen-Bewegungen baut. Konkret existieren neben einer internationalen Kommunikations-Infrastruktur mittlerweile 21 lokale Gruppen, die Mehrheit davon in den USA, aber auch in Brasilien, Indien und Europa.

sozial-ökologischen Transformation, Migration oder des Rechts auf bezahlbares Wohnen, zentral für ihr zukünftiges Bestehen: „[Organizing] also will have to re-diffuse if it wants to succeed with social issues like migration or housing and it cannot just be a traditional way of doing labour organizing." Als exemplarisch benennt Jacob die Google-Walk-Outs im Jahr 2018. Anlass des weltweiten Streiks von IT-Ingenieur:innen war der Protest gegen sexualisierte Gewalt am Arbeitsplatz, gefordert wurden aber auch weitreichende Mitbestimmungsrechte beispielsweise in Bezug auf Verwendungsweisen und -orte der programmierten Software (Drösser 2018). Die Palette an arbeitsplatzbezogenen, unternehmenspolitischen und allgemeinpolitischen Themen der TWC zeigt, dass diese Art der Organisierung für eine Repolitisierung von Arbeitskämpfen und ihre Verknüpfung mit gesellschaftlichen Transformationsperspektiven steht (vgl. zu Gewerkschaften als Handlungsplattform und ihrer Vernetzung mit sozialen Bewegungen Schmalstieg 2015).

In der TWC organisieren sich bisher vorwiegend IT-Ingenieur:innen. Rider, Dispatcher oder Call-Center-Agents wie Tarik, Andi oder Roman identifizieren sich offenbar seltener mit dem Sammelbegriff Tech-Worker. Umgekehrt sind in ihren Betriebsgruppen keine Programmierer:innen von Lieferando, Wolt oder Booking. com organisiert. Und die Betriebsgruppe von Gorillas hieß zunächst *Gorillas Riders Collective*, bevor sie sich in *Gorillas Workers Collective* umbenannte und so zumindest nominell die Beteiligung der programmierenden Kolleg:innen ermöglichte. In der tendenziell getrennten Organisierung wird die hierarchisierte Segmentierung bzw. Fragmentierung der Beschäftigten in den Plattformunternehmen reproduziert. Die Überwindung dieses „blue-white-collar-divide" ist für Jacob eine der wichtigsten Aufgaben der TWC, die indes schon erfolgreich damit ist, junge, migrantische, mehrsprachige und mobile Arbeitskräfte ohne langfristige Bindung an ein Unternehmen anzusprechen: „We represent some of the most challenging demographics of migrants, of younger people". Und weil sie Herausforderungen wie institutionell und sozial fragmentierten Belegschaften erfolgreich begegnen, die zwar in der Tech-Branche besonders verbreitet, aber keinesfalls auf diese beschränkt sind, könne die Organisierung der TWC ein Experimentierfeld für Arbeitskämpfe der Zukunft werden: „[W]e can be the future of labor organizing, or at least a segment of it." Aus Jacobs Perspektive ist Berlin als ‚Start-Up-Hauptstadt' Europas und Experimentierfeld für Risikokapital auch eines für zukunftsweisende Arbeitskämpfe: „I think, it's a testing ground for both venture capitalists and I think it could be a testing ground for organized labour." Für Jacob ist es eine offene Frage, ob die TWC langfristig eine alternative Organisation der Vertretung der Arbeiter:innen-Interessen bzw. „its own labour entity" sein kann und will oder ob das Ziel vielmehr in der „Revitalisierung und Reform" der bestehenden Gewerkschaften besteht. „And that's a provocative question, which can definitely raise ruffles if we're trying to build relations."

Zusammenfassung

In diesem Teilkapitel wurden ausgehend von der zentralen Bedeutung von Platt-formunternehmen im Alltag entlang der Erfahrungen von Tarik, Andi, Roman und Jacob beschrieben, wie (un-)frei sich die Arbeit in diesen für die transnationale Pro-duktions- und Lebensweise des High-Tech-Kapitalismus typischen Branchen vollzieht. Dabei teilen die mehrheitlich migrantischen IT-Arbeiter:innen eine plurale Lebenswelt im für sie attraktiven Berlin und sind zugleich entlang von Tätigkeiten, Einkommen und Freiheitsgraden hierarchisch differenziert. Die gut bezahlten IT-Ingenieur:innen gehören zu den umworbenen ‚Internationals', während Call-Center-Agents, Rider und dergleichen die Masse der prekär beschäftigten IT-Dienstleister:innen auch deshalb stellen, weil sie ihre Arbeitskraft im bestehenden Migrationsregime an-derweitig nur schwer verkaufen können. Zudem sind sie im Arbeitsalltag sowohl von Varianten der weitreichenden Reduktion von Kosten und Externalisierung von Risiken (Outsourcing, Offshoring, mangelnde Sanitäranlagen, erzwungener Einsatz privater Arbeitsmittel etc.) als Unternehmensstrategie betroffen als auch Objekt des umfassenden Zugriffs auf ihre Zeit im Namen von Flexibilität und der neo-tayloristi-schen Steuerung ihrer Arbeitsabläufe durchs Management mit Hilfe von Informati-onstechnologien. Die digitalisierte Steuerung der Arbeitsprozesse schränkt den Ein-satz ihrer arbeitsbezogenen Kompetenzen – auch zur selbstbestimmt-kooperativen Lösung auftretender Probleme – ein. Die digitalisierte Kontrolle (transparente oder intransparente Ranking-, Bewertungs- und Bonussysteme; Kontrolle von Kommunika-tionswegen; Partialisierung und Exklusivität des Einblicks in Kennzahlen etc.) stiftet Konkurrenz sowohl innerhalb als auch zwischen Organisationseinheiten und vertieft die Segmentierung und Hierarchisierung der IT-Arbeiter:innen, deren Beziehungs-aufbau durch räumliche und funktionale Trennungen ohnehin erschwert ist. In den letzten Jahren ist gegen den vielfältigen Widerstand der Unternehmen eine Welle erfolgreicher kollektiver Organisierung durch Betriebsratsgründungen in Plattform-unternehmen zu verzeichnen, die zunächst die Trennung von den IT-Ingenieur:innen und den IT-Dienstleister:innen reproduzierten. Beide Gruppen bzw. ihre Organisa-tionen arbeiten mittlerweile an einer solidarischen und überbetrieblichen Verbin-dung, unter anderem in der *Tech Workers Coalition*. Dort wird auch debattiert, wie der Einsatz für arbeitsplatzbezogene Interessen mit weiterreichenden gesellschaft-lichen Transformationsperspektiven verbunden werden kann.

4 Arbeit an der Berliner Demokratie und Kultur unter entsicherten Bedingungen

In diesem Kapitel geht es um Erfahrungen von Berliner:innen, die das kulturelle und politische Leben der Stadt, das der heterogenen Bevölkerung wichtige Spielräume im buchstäblichen und übertragenen Sinne verschafft, beruflich mitgestalten. Während das daraus erwachsene Image Berlins fürs internationale Stadtmarketing genutzt wird, sind die Lebens- und Arbeitsbedingungen der Kultur- und Demokratiearbeiter:innen risikobehaftet und belastend. Vor diesem Hintergrund werden im ersten Kapitel Erfahrungen von Ingo, Hannah und Nico geschildert, die als Solo-Selbstständige unter anderem in der Berliner Club- und freien Kunstszene tätig sind. Im zweiten Teilkapitel folgen wir Miriam, Joschua, Heiko, Tina und Ines, die als Selbstständige oder Angestellte bei freien Trägern durch politische Bildung, Beratung und Netzwerkarbeit zur demokratischen Gestaltung des Gemeinwesens beitragen.

Bevor es um die Erfahrungen dieser Protagonist:innen geht, folgt ein knapper Überblick über gesellschaftliche Strukturen, Entwicklungen und Dynamiken, die für die Analyse dieser Erfahrungen wichtige Bezugspunkte darstellen. Dieser Überblick ist als theoretische Hinführung und Rahmung beider Teilkapitel gedacht, diese können aber auch je für sich rezipiert werden.

Theoretische Hinführung und Rahmung

Seit Beginn der 2000er-Jahre wird Berlin im internationalen Wettbewerb als „Creative City" positioniert und betont, dass die Metropole „unzweifelhaft eine Stadt der Kreativen, Kulturschaffenden und Talente" sei (SenKgZ 2023). Im Marketing wird Kreativität dabei mit der vielfältigen Zusammensetzung der Berliner Bevölkerung assoziiert. Diese mache „die Stadt attraktiv vor allem für junge Menschen aus aller Welt", die „mit ihren individualisierten Lebensentwürfen Teil der kreativen Atmosphäre" seien (Berlin im Überblick o. D.).

Tatsächlich ist die Stadt insofern ‚vielfältig', als ihre heterogene Bevölkerung sich hier relativ wohlfühlt. So bezeichneten queere Teilnehmer:innen der Gruppendiskussionsstudie des Berlin-Monitors Berlin hinsichtlich ihres Bedrohungsempfindens als im Vergleich zu anderen Großstädten „geradezu idyllisch" und als „Ort der Leichtigkeit" (Tzschiesche et al. 2022, 34 u. 40); und eine jüdische Künstlerin aus Osteuropa sprach im ersten Schwerpunkt der Aktivierenden Befragung des Berlin-Monitors davon, sich nach einem Leben als Migrant:in und Person, die sich bisher nirgends zugehörig fühlte, in Berlin „sicher", „entspannt" und „willkommen" zu fühlen (Reimer-Gordinskaya & Tzschiesche 2021, 74). Die in diesem vergleichsweise größeren Sicherheitsgefühl zum Ausdruck kommende ‚(Welt)Offenheit' ist derweil kein Selbstläufer, wie Befunde zur Verbreitung von Diskriminierungserfahrungen belegen (Pickel et al. 2023; Berliner Register 2023). Vielmehr ist sie umkämpft und wird vor allem durch ehrenamtlich-aktivistische sowie seit den 2000er-Jahren auch professionell-zivilgesellschaftliche Arbeit aktiv hergestellt bzw. verteidigt. Dabei wurde Berlin auch zum Schrittmacher einer zunächst auf Ostdeutschland fokussierten, dann bundesweiten Transformation der Demokratiearbeit im Sinne des sogenannten zivilgesellschaftlichen Ansatzes (Roth 2003). Aktuell werden mit dem „Landesprogramm für Demokratie. Vielfalt. Respekt." unter anderem Maßnahmen gegen Rechtsextremismus, Rassismus und Antisemitismus gefördert (SenASGIVA 2023). Jenseits dessen ist Berlin aber auch ein Magnet für junge, mitunter kreative ‚Menschen aus aller Welt', da es sich hier im Vergleich zu anderen Metropolen lange günstig leben ließ und selbstverwaltete Wohn-, Musik- und Kulturprojekte als Infrastrukturen der ‚kreativen Atmosphäre' aufgebaut worden waren und weiterentwickelt werden konnten. Um zwei Segmente der Produzent:innen der Berliner Kultur und Demokratie, ihre Lebensweise und Arbeitsbedingungen, geht es im folgenden Kapitel.

Im ersten Teilkapitel stehen Menschen im Zentrum, die innerhalb und jenseits ihrer Erwerbsarbeit eine Lebensweise verkörpern, die in kollektiv-solidarisch gestalteten Netzwerken und Institutionen linker Subkultur gründet. Erwerbsarbeit gilt ihnen als Mittel zum Zweck, sie soll daher zeitlich begrenzt und in ihr Leben integrierbar sein. Dabei meiden sie abhängige Beschäftigungsverhältnisse, weil sie ihr Leben und ihre Arbeit möglichst selbstbestimmt gestalten möchten, und sind als Solo-Selbstständige im Kulturbetrieb und im Handwerk berufstätig. Damit gehören sie zur bundesweit und insbesondere in Berlin angewachsenen Gruppe der Solo-Selbstständigen, die in den 2000er-Jahren an Gewicht gewann (ArbeitGestalten 2019, 7) und deren Lage über viele Branchen hinweg mit dem Risiko der Prekarität einhergeht (49 ff.). In Berlin ist mit bundesweit 11 Prozent ein fast doppelt so großer Anteil der Erwerbsbevölkerung wie im Bundesdurchschnitt selbstständig und von den rund 260.000 Selbstständigen sind mit 73 Prozent mehr als zwei Drittel solo-selbstständig. Die Schnittmenge zwischen Kulturbetrieb und (Solo-)Selbstständigkeit ist dabei groß: Von den über 200.000 Beschäftigten dieser Branche (in Berlin und Brandenburg) arbeiten 62 Prozent selbstständig, die Hälfte von ihnen – rund 60.000 Personen – solo-selbstständig (Kultur- und Kreativwirtschaftsindex 2015, 6). Die Erfahrungen von Nico, Hannah und Ingo, den Protagonist:innen des ersten Teilkapitels, kollidieren dabei mit dem propagierten Image der „Gründungshauptstadt" als „Erfolg" und „Indiz für die starke Entwicklung in der Hauptstadt" (SenWEB 2022). Ihre Biografien geben Einblicke in die Verdrängung subkultureller Infrastrukturen kollektiven Lebens und kulturellen Arbeitens, begleitet von weniger sichtbaren Veränderungen der Erwerbsarbeitsverhältnisse im Berliner Kulturbetrieb infolge der vor dem bundesweiten Trend einsetzenden Austeritätspolitik (Bernt et al. 2013, 16 ff.). Entlang der Erfahrungen der Protagonist:innen wird rekonstruiert, inwieweit unter den angedeuteten Bedingungen eine Lebens- und Arbeitsweise mit Raum für Kreativität (noch) realisierbar ist.

Auch wenn die Lebens- und Arbeitsweise der Solo-Selbstständigen eine politische Praxis ist, zielt sie dennoch nicht unmittelbar auf die Gestaltung des politischen Gemeinwesens. Genau dies ist indes Inhalt der Demokratiearbeit, die in ihrer verberuflichten Form Gegenstand des zweiten Teilkapitels ist. Sie umfasst neben traditionelleren Bereichen wie politische Jugend- und Erwachsenenbildung die seit den 2000er-Jahren zunächst in Ostberlin und mittlerweile in der ganzen Stadt etablierte Beratungs- und Netzwerkarbeit. Die, wenn man so will, „Gründer:innen-Generation" dieser Projektelandschaft überführte dabei unbezahltes Engagement in öffentlich geförderte Maßnahmen und entwickelte innovative Ansätze – wie mobile Opferberatung, Beratung gegen Rechtsextremismus, Netzwerkstellen und anderes mehr –, die mittlerweile auf der Grundlage fachlicher Standards etabliert sind und zugleich stetig weiterentwickelt werden (Lüter et al. 2019, 34 ff.). Die öffentliche Finanzierung eines Teils der Arbeit, die in Form von weitgehend unbezahltem politischem Aktivismus geleistet worden war, bedeutete eine Anerkennung und teilweise Durchsetzung von vormals gegen-hegemonialen Forderungen, ging teils aber auch mit der Aufgabe kritischer Positionen und der Eingemeindung in den progressiven Neoliberalismus einher (Reimer 2011; 2013). Und während Widersprüche und Grenzen der staatlich finanzierten, zivilgesellschaftlichen Demokratiearbeit unter solchen inhaltlichen Aspekten diskutiert wurden, gerieten die Bedingungen, unter denen sie verrichtet wird, lange aus dem Blick. In den Evaluationen des Landesprogramms sind dabei durchaus Hinweise auf die Prekarität dieser verberuflichten Arbeit enthalten: Die dünne Personalausstattung – ein Viertel der Projekte besteht aus einer, weitere 40 Prozent aus zwei bis vier Angestellten und bei zwei Dritteln wird ausschließlich in Teilzeit gearbeitet – wird durch unbezahlte Mehrarbeit ausgeglichen; hinzu kommen die Beschäftigung von Honorarkräften, also Solo-Selbstständigen (s. o.) und die Inanspruchnahme unbezahlter Arbeit von Ehrenamtlichen (Lüter et al. 2019, 25 ff. u. 83; Roth et al. 2010, 90 ff.). Insgesamt zeichnet sich das Bild eines Berufsfeldes ab, das wie andere Formen von Sorgearbeit (Aulenbacher et al. 2018; vgl. Kapitel 2) durch die Kombination aus (eher schlecht) bezahlter und unbezahlter Arbeit ausgebeutet wird (van Dyk & Haubner 2021). Entlang der Erfahrungen von Miriam, Heiko, Joschua, Tina und Ines, der Protagonist:innen des zweiten Teilkapitels, werden vor dem damit angedeuteten Hintergrund Handlungsproblematiken von Demokratiearbeiter:innen sowie individuelle und kollektive Umgangsweisen rekonstruiert.

In der Zusammenschau beider Teilkapitel kommt zum Ausdruck, dass die Produzent:innen der Berliner Kultur und Demokratie weitgehend selbstbestimmte und sinnvolle Arbeit tun (wollen), wesentliche Bedingungen dem aber entgegenwirken. So gehen selbstständige und nichtselbstständige Arbeitsverhältnisse mit typischen Kennzeichen der Prekarität einher, während der Druck durch steigende Lebenshaltungskosten und schwindende Freiräume in der Stadt wächst. Zugleich wird angesichts der informell-solidarischen sowie kollektiven Umgangsweisen deutlich, dass und wie diese Segmente der kreativen Klasse Berlins um Bedingungen einer Lebensweise ringen, die das Image der *creative city* prägt und ohne die es sich verflüchtigen würde.

4.1   Gefährdete Freiheit. Solo-Selbstständigkeit in der Kulturhauptstadt: Nico, Ingo und Hannah

mitverfasst von Christian Obermüller

In keiner bundesdeutschen Stadt ist der Anteil der Solo-Selbstständigen unter allen Erwerbstätigen höher als in Berlin (ArbeitGestalten 2019, 14). Sie prägen Berlins heterogene Bildungs- und Medienlandschaft und wirken in der Kunst-, Kreativ- und Veranstaltungsszene, aber auch am ‚hippen' Image der Stadt mit. Dabei kann Selbstständigkeit[103] Ausdruck des Wunsches nach einer selbstbestimmten Form des Arbeitens sein, der rasante Anstieg von (Solo-)Selbstständigkeit ist aber auf die gesellschaftlichen und ökonomischen Umstrukturierungen der vergangenen Jahrzehnte, zuvorderst die Privatisierung und Ausgliederung von Tätigkeiten an kleine Dienstleister, zurückzuführen (Conen et al. 2016). Hinzu kamen Strategien der Agentur für Arbeit, die Gründung sogenannter ‚Ich-AGs' auch in niedrig entlohnten Segmenten bei in betrieblicher Hinsicht prekärer Perspektive zu fördern, um die Arbeitslosenquoten zu reduzieren (Manske 2005). So arbeiten Solo-Selbstständige oft einerseits in für sie sinnstiftenden Bereichen, andererseits in Bezug auf Einkommen und soziale Absicherung mit Blick auf ihre Gegenwart und Zukunft prekär. Um die mit diesen und weiteren Aspekten von Klassenverhältnissen verknüpften Handlungsproblematiken der Solo-Selbstständigen Hannah, Ingo und Nico geht es in diesem Kapitel.

Ingo*[104] ist Mitte 30, aufgewachsen im ländlichen Raum Ostdeutschlands und lebt seit Mitte der 2000er-Jahre in Berlin. Er kommt aus einer nicht-akademischen Familie, seine Eltern waren nach dem Ende der DDR immer wieder erwerbslos. Er selbst hat in unterschiedlichen Kontexten gearbeitet, u. a. in der politischen Bildungsarbeit, auf Baustellen und in der Gastronomie. Seit etwa zehn Jahren finanziert er sich komplett über seine Arbeit als Türsteher Berliner Techno-Clubs. Er verbringt zudem mehrere Monate im Jahr in humanitären Hilfsprojekten zur Unterstützung von Geflüchteten an der EU-Außengrenze. Wegen der Covid-19-Pandemie bezog Ingo zum Zeitpunkt des Interviews ALG II.

Hannah* ist ebenfalls Mitte 30 und kommt aus Süddeutschland. Ihr Vater verließ die Familie als Hannah vier Jahre alt war, weshalb sie mit ihrer alleinerziehenden Mutter und ihrer älteren Halbschwester aufwuchs. Hannahs Mutter bezog eine Witwenrente aus erster Ehe, von der sie mit ihren Töchtern auch ohne Erwerbsarbeit

---

103   Selbstständigkeit ist in Abgrenzung zum Status der abhängigen Beschäftigung definiert. Selbstständig zu arbeiten heißt insofern nicht überwiegend für einen Arbeitgeber, nicht durch einen solchen weisungsgebunden und insofern nicht abhängig zu arbeiten (§7, SGB IV). Solo-Selbstständigkeit meint das Führen eines (Klein-)Gewerbes ohne eigene Angestellte (ArbeitGestalten 2019, 4).

104   Bei den um das *-Zeichen ergänzten Namen handelt es um Pseudonyme. Im weiteren Verlauf werden diese Namen ohne dieses Zeichen verwendet. Zum Verfahren der Anonymisierung und Pseudonymisierung vgl. Kapitel 1.2.

gut leben konnte. Hannah verließ die Schule nach dem Realschulabschluss und lebte einige Jahre von Gelegenheitsjobs und Kindergeld, bevor sie nach Berlin zog und ein Studium an der Universität der Künste begann. Heute finanziert sie ihren Lebensunterhalt durch Jobs im Ausstellungsaufbau sowie in geringem Maße über ihre künstlerische Arbeit. Seit der Covid-19-Pandemie hat sie einen weiteren Nebenjob.

Nico* ist Anfang 40. Er ist in einer Kleinstadt in Westdeutschland in einem bürgerlichen Elternhaus aufgewachsen. Sein Outing als homosexuell führte zu einem Bruch mit seinen Eltern. Er zog im Alter von 16 Jahren alleine in die nächstgrößere Stadt und machte Abitur. Durch eine befreundete Handwerkerin kam er in Berührung mit dem Berufsfeld und entschied sich für eine Ausbildung zum Maurer. Seit etwa zehn Jahren lebt er in Berlin, wo er sich mit Freund:innen in einem Arbeitskollektiv zusammengeschlossen hat. Nico ist Transmann. Wichtig sind ihm verbindliche Freundschaften und die Beziehung zu seinem Patenkind.

Ingo, Hannah und Nico berichteten in anderthalb- bis zweistündigen biografisch-narrativen Interviews, die zwischen Juni und Dezember 2021 geführt wurden, von ihren Erfahrungen als selbstständig Erwerbsarbeitende. Ergänzend werden Informationen aus einem Expert:innen-Interview mit dem Referat für Selbstständige der Gewerkschaft Verdi in die Analyse einbezogen. Gunther und Veronika, die beiden Referent:innen, waren früher selbst solo-selbstständig und haben über ihre Tätigkeiten in Beratung und politischer Interessensvertretung die Situation vieler Berliner Solo-Selbstständiger im Blick.

Im ersten Teil werden die Wege und Motive der Protagonist:innen für das Arbeiten als Solo-Selbstständige, sowie ihre Tätigkeiten an der Schnittstelle von politisch-künstlerischem Engagement und Erwerbsarbeit nachvollzogen. Während hier positive Aspekte dieser Formen des Lebens und Arbeitens im Vordergrund stehen, geht es im zweiten Teil um Selbstständigkeit als Resultat mangelnder Alternativen und um belastende Aspekte der verschwimmenden Grenzen zwischen Arbeit und Freizeit. Im dritten Teil wird die materielle Prekarität der Protagonist:innen, insbesondere vor dem Hintergrund der Covid-19-Pandemie, skizziert. Im letzten Teil werden ihre solidarischen Infrastrukturen und beruflichen Netzwerke dargestellt, die als kollektive Umgangsweisen mit prekären Lebenslagen erfolgreich, aber zugleich von den stadtpolitischen Transformationen Berlins bedroht sind.

„Viel von so nem Gedanken der Selbstbestimmung." Der Wunsch nach Selbstständigkeit

Hannah, Ingo und Nico haben unterschiedliche geografische und biografische Hintergründe. Was sie verbindet, ist der Wunsch, mit ihrer bezahlten und unbezahlten Tätigkeit etwas Sinnvolles zu tun, sowie ein Streben nach möglichst großer zeitlicher Flexibilität und Selbstbestimmung im Berufsalltag. Im ersten Abschnitt werden zuerst die (Aus-)Bildungswege der Protagonist:innen sowie Motive für das Arbeiten als

Solo-Selbstständige nachvollzogen und dann ihre aktuellen Arbeitsbereiche an der Schnittstelle von Erwerbsarbeit und politischem bzw. künstlerischem Engagement skizziert. Im zweiten Abschnitt wird betrachtet, inwiefern sie dabei ihren Vorstellungen von ‚guter Arbeit' nahekommen.

„Von meinen Eltern her wär ich wahrscheinlich jetzt Anwältin und hätte drei Kinder." Biografische Wege in die Selbstständigkeit

Die Bildungs-, Ausbildungs- und Lebenswege der drei Protagonist:innen verlaufen auf unterschiedliche Art und Weise spätestens seit ihrer Jugend nicht im Sinne tradierter Lebensläufe (Kohli 1985; Struck-Möbbeck et al. 1996, 7 ff.).[105] Für Ingos Eltern initiierte der Mauerfall nicht nur eine politische, sondern wie für viele andere auch eine massive sozioökonomische Wende (Schultheis & Schulz 2005, 165 ff.; Vogel 2000), sodass Ingos Kindheit und Jugend vom sozialen Abstieg seiner Eltern und wiederkehrenden Phasen elterlicher Erwerbslosigkeit geprägt waren. Hannah und Nico kommen aus Westdeutschland und wuchsen zur gleichen Zeit, aber unberührt von den Folgen dieser gesellschaftlichen Umbrüche auf.

Hannahs Mutter kommt aus einer Arbeiter:innen-Familie, aus deren Alltagspraxis, die vor allem auf materielle Sicherheit bedacht war, sie sich, so umschreibt es Hannah, „durch die Kunst" befreite. In ökonomischer Hinsicht konnte sie die proletarischen Verhältnisse ihres Elternhauses durch ihren ersten Ehemann und den Vater von Hannahs Schwester hinter sich lassen. Der Kunstprofessor verstarb früh und die Witwenrente ermöglichte Hannahs Mutter – einem Grundeinkommen ähnlich – ein Leben ohne Erwerbsarbeit. Die gewonnene Zeit und Kraft steckte sie in die Sorgearbeit für die Töchter und ihre kunstpädagogische Arbeit. Solange Hannahs Vater, ein Arzt, unterhaltspflichtig war (bis zum Abschluss ihres 25. Lebensjahres), galt auch für Hannah, was sie in Bezug auf ihre Mutter sagt: „[D]er Druck ist dann halt enorm weg". Für Hannah hatte das einerseits zur Folge, dass es „viel Freiraum zur eigenen Entwicklung" gab, andererseits, dass ihr nie jemand sagte: „Mach Abitur!" Denn, „was es heißt, auch einfach so nen Bildungsgrad mitzubekommen, mit dem man dann einfach studieren gehen kann" und „was sich da für ne Welt eröffnet, wenn man an die Uni geht", sei ihrer Mutter ohne akademischen Hintergrund nicht bewusst gewesen und Hannah insofern nicht vermittelt worden. So entwickelte sie aus sich heraus Spaß am Lernen, beendete aber ihre Schullaufbahn nach ihrem Realschulabschluss.

Nicos Lebens- und Bildungsweg beginnt anders als Hannahs. Er kommt aus einem „oberen Mittelschichts-Bildungsbürgertum-Elternhaus" mit einer für dieses Klassensegment im westdeutschen Fordismus typischen vergeschlechtlichten Arbeitsteilung

---

105   Die moderne „Institutionalisierung der Lebensläufe" (Kohli 1985) strukturierte westdeutsche Biografien während des Fordismus auf eine spezifische Weise, die angesichts der „Individualisierung" (Beck 1986) den Subjekten zugleich Freiheitsgrade beließ und sie Entscheidungszwängen aussetzte. Und während im Zuge der Wende die tradierten Strukturen und Orientierungsmuster für Westdeutsche zunächst erhalten blieben, mussten Ostdeutsche sich grundlegend neu orientieren (Struck-Möbbeck et al. 1996, 7 ff.).

(Chorus 2007, 208 ff.): „[M]ein Vater war Therapeut, meine Mutter Hausfrau". In dieser Familienkonstellation sei er klassenspezifisch „eingetaktet worden [...], also es war schon eigentlich auch immer klar, dass ich nen akademischen Beruf machen werde". Dies erlebte er zunächst nicht als negativ, Schule sei für ihn „relativ easy zu nehmen" gewesen. Als er sich als Teenager als homosexuell outet, kommt es zum Bruch mit seinen Eltern, die mit seinem Outing „nicht besonders gut umgehen" konnten. Damit bricht Nico auch mit einem Heteronormativität implizierenden west-deutsch-bürgerlichen Lebensentwurf (Lenz et al. 2017). Er zieht in die nächstgrößere Stadt in eine WG, macht zwar dort noch das Abitur, aber die Schule ging ihm jetzt „tierisch aufn Sack". Er findet (stattdessen) in einer befreundeten Handwerkerin ein Vorbild. Während Hannah und Ingo gar nicht erst mit der Perspektive eines bür-gerlichen Lebenswegs aufwuchsen, verschließt dieser sich Nico aufgrund dessen Verwobenheit mit binär-heteronormativen Strukturen, die ihn mit seiner Homo- und Transidentität exkludieren. Retrospektiv ist er dankbar, da diese Schließung in an-derer Hinsicht eine Erweiterung seines Möglichkeitsraumes bedeutete: „Von meinen Eltern her wär ich wahrscheinlich jetzt Anwältin und hätte drei Kinder, wär verheira-tet oder sowas. (lacht) Bin ganz froh, dass es anders gelaufen ist."

So fanden sich – trotz unterschiedlicher familiärer Hintergründe – alle drei nach dem jeweiligen Schulabschluss zunächst in einer Situation wieder, in der sie ohne Berufs-ausbildung von wechselnden Gelegenheitsjobs lebten. Ingo hat von politischer Bil-dungsarbeit, über Gastronomie, Bau und Logistik so „ziemlich alles gemacht, was irgendwie noch Geld gebracht hat nebenher, [...] wenn ich jetzt alle Nebenjobs aufzählen müsste, die ich irgendwann mal gemacht hab, würde das wahrscheinlich ne ganze Weile dauern". Hannah jobbte nach einem künstlerischen Orientierungs-jahr am Theater und in der Landwirtschaft, Nico arbeitete bereits hauptsächlich auf Baustellen. Dabei entschieden sich alle drei bewusst für einen Lebensstil, für den man, so Nico, „nicht viel Kohle brauchte" bzw., in fast derselben Formulie-rung Hannah, „nicht viel Geld benötigt". Die Voraussetzungen hierfür fanden sie in subkulturellen, linkspolitisch geprägten Räumen, die auch in anderer Hinsicht ihren Überzeugungen entsprachen. Das Leben auf Wagenplätzen, die Verwertung von (noch konsumierbaren, aber das Haltbarkeitsdatum überschritten) Lebensmitteln aus den Müllcontainern der Supermärkte (‚Containern'), eine Geschenke-Ökonomie und die Einstellung ‚do it yourself' ermöglichten ihnen, weiter unbezahlten Tätigkei-ten zwischen Musik, Kunst und politischem Engagement nachzugehen. Nico erin-nert sich, damals etwas gehabt zu haben, „was es heute irgendwie gar nicht mehr gibt", nämlich „so ein relativ entspanntes Leben, wo irgendwie Platz war für viele andere Sachen außer arbeiten", und Hannah empfand es als „sehr empowernd", sich in und mit kollektiven Strukturen selbstbestimmt Ziele zu setzen und diese zu realisieren.

Ausbildung, Studium und gegenwärtige berufliche Praxis stellen bei allen drei-en eine Fortführung, Verstetigung und Professionalisierung von zuvor unbezahl-ten Tätigkeiten zwischen Ehrenamt und Job dar: Ingo hatte bereits unentgeltlich bei politischen Veranstaltungen als Türsteher gearbeitet, als er erstmals gefragt wird, ob er spontan eine Schicht an einer Club-Tür übernehmen könnte. Mittlerweile bezieht er seinen gesamten Lebensunterhalt aus der Tätigkeit als solo-selbstständiger Türsteher in Berliner Techno-Clubs. Nico hatte bereits als Bauhelfer gejobbt und zudem „total Spaß" am Auf- und Ausbau seines Bauwagens, sodass der Gedanke, „mehr ins Handwerk einzusteigen", ihn nicht losließ. Schließlich begann er in einem der „wenigen Betriebe", die überhaupt mit „nicht Cis-Typen" arbeiteten,[106] eine Ausbildung zum Maurer. Nach dem erfolgreichen Abschluss meldete er das Reisegewerbe an, in dessen Rahmen er nach wie vor solo-selbstständig als Handwerker tätig ist. Für Hannah stieg mit dem Wegfall der Unterhaltszahlungen ihres Vaters der Druck, Perspektiven für ein regelmäßiges Einkommen zu entwickeln. Sie begann ein Studium an der Universität der Künste in Berlin, was dort auch ohne Abitur über eine Prüfung der „besonderen künstlerischen Begabung" möglich war. Bereits währenddessen begann sie als solo-selbstständige Künstlerin zu arbeiten, wobei sie ihren Lebensunterhalt aus diversen assoziierten Tätigkeiten bezieht.

„Ich muss mir eigentlich morgens nicht die Frage stellen, warum ich aufstehe." Sinnstiftendes und selbstbestimmtes Arbeiten

Auch nach Abschluss von Ausbildung (Nico) und Studium (Hannah) bzw. Professionalisierung durch Arbeitserfahrung (Ingo) bleibt das Erwerbsleben der Interviewpartner:innen von Überschneidungen mit ihrer unentgeltlichen politischen und künstlerischen Arbeit geprägt. Sie legen besonderen Wert auf sinnstiftende Arbeitsinhalte und eine möglichst selbstbestimmte Arbeitsorganisation und finden beides zunächst auch in ihrer Erwerbsarbeit.

Hannah arbeitet an einer Schnittstelle von Kunst, Dokumentation und politischer Bildung, u. a. durch Videoinstallationen und Ausstellungen zu gesellschaftspolitischen Themen. Dabei gebe ihr das Gefühl, etwas mit Relevanz zu tun, „ne krasse Kraft" und lasse eine eigene Form von Kreativität entstehen. Diese Arbeit macht sie teils bezahlt, teils unbezahlt, und es wird häufig erst im Verlauf des Projektes oder im Nachhinein klar, ob mit einer Entlohnung zu rechnen ist. Die Basis ihres Einkommens bezog Hannah vor der weltweiten Covid-19-Pandemie aus ihrer Arbeit im Auf- und Abbau von Ausstellungen, wobei sie von einigen Einrichtungen regelmäßig gebucht wurde und einige größere Aufträge jährlich wiederkehrten. So habe sie sich „halt wie so ne Struktur geschaffen", die das notwendige Einkommen generiert und es ihr ermöglicht, nebenbei „weitere Projekte noch zu machen". Ihr Erwerbsleben sei zwar insgesamt „super stückelmäßig", wie ein „Flickenteppich", aber sie sieht sich selbst darin als bestimmend: „[Ich] stückle mir das halt so zusammen, wie es für mich passt."

Ingo bezieht seit knapp zehn Jahren seinen ganzen Lebensunterhalt als Türsteher, der Großteil dieser Arbeit findet auf Honorarbasis statt. Seit einigen Jahren hat

---

106   Nico wurde damals von der Mehrheit als weibliche Person wahrgenommen.

er zusätzlich ein Anstellungsverhältnis knapp über der Geringfügigkeitsgrenze bei dem Club, für den er überwiegend arbeitet, sodass er als Angestellter krankenversichert sein kann. Nachdem er die Arbeit an der Tür immer schon als „sehr spannend" und als abwechslungsreiche Verknüpfung von Sozialarbeit, Erster-Hilfe und Konfliktmanagement empfand, habe ihn vor allem die Erfahrung, damit auch einen politischen Anspruch umsetzen zu können, motiviert: „[W]ir wollten verständnisvoller sein, emphatischer und einen besseren Blick auf [...] Diskriminierungsverhältnisse werfen und damit umgehen. [...] Genau, hatten halt keinen Bock auf Rumgemacker an Türen, auf sexistische Idioten, auf rassistische Abweisungspolitiken an Türen". Mit einer Türpolitik, die nicht „aufgrund von class, race, gender" aussortiere, seien er und Kolleg:innen auch in konventionellen Kontexten plötzlich sehr gefragt gewesen. So machte ihm die Arbeit nicht nur Spaß, sondern verlieh ihm auch ein starkes Gefühl von Selbstwirksamkeit: „krass, es kann sich auch irgendwie so politischere Türarbeit durchsetzen".

Nico arbeitete seit Abschluss seiner Maurer-Ausbildung formal solo-selbstständig, schloss sich aber nach kurzer Zeit mit weiteren Handwerker:innen zu einer Kollektiv-Struktur zusammen. Sie reparieren und sanieren vor allem alte Häuser in ländlichen Regionen in ökologischer Bauweise. Auch Nico empfindet seinen Beruf nicht nur als abwechslungsreich, in der Maurerei könne man „wahnsinnig viel unterschiedliche Sachen" machen, sondern auch als sinnvoll: „[A]lso ich repariere alte Häuser, damit man da irgendwie länger drin- oder wieder gut drin wohnen kann." Er müsse sich deshalb „eigentlich morgens nicht die Frage stellen, warum ich aufstehe". In einem klassischen Betrieb angestellt zu sein und „für irgendwelche Investoren irgendwie den Häuserbestand Berlins zu sanieren, möglichst billig, möglichst schnell, damit's möglichst teuer vermietet werden kann", kann er sich aktuell nicht vorstellen. Das mache „handwerklich keinen Spaß" und widerspreche seiner Arbeitsweise, in engem Kontakt mit den Nutzer:innen und in hoher Qualität zu bauen.

Dass die Protagonist:innen ihren Tätigkeiten als Solo-Selbstständige nachgehen, wird von ihnen gegenwärtig als Teil ihres Lebensentwurfs positiv gesehen. Wenn Nico überlegt, dass die Arbeit als selbstständiger Handwerker im Kollektiv für ihn „viel von so nem Gedanken der Selbstbestimmung" hat, dann bestätigt er damit das von Gunther vom Referat für Selbstständige bei Verdi formulierte Leitbild freiberuflicher Tätigkeit, „frei" entscheiden zu können, „wann er [der Unternehmer] wo, wie arbeitet". Ingo formuliert noch deutlicher, dass seine Arbeitsverhältnisse ihm „einfach das höchstmögliche Maß an Freiheit und Entscheidungsfreiheit, was ich denn sonst machen will mit meiner Zeit", ermöglichten. Er legt dabei besonders viel Wert auf flexible Arbeitszeiten und plant seine Wochen(enden) so, dass er „in möglichst kurzer Zeit so viel Geld wie möglich" verdient, um dann längere Freizeiten am Stück nehmen zu können: „Also Reisen ist so der eine Luxus, den ich mir gönne" und den er in den letzten Jahren vermehrt mit humanitären Hilfseinsätzen an den europäischen Außengrenzen in Geflüchtetenlagern verbracht hat. Auch Hannah schätzt den „Freiraum", den sie in ihrer Patchwork-Erwerbssituation zwischen Wochen harter Arbeit beim Aufstellungsbau immer wieder hat. Die Möglichkeit, flexibel und spontan Ideen oder Aufträge realisieren zu können, ist wichtiger Teil ihrer Arbeit als freischaffende Künstlerin. Bei Ingo und Hannah speist sich die Affirmation der Selbstständigkeit zudem aus einer Ablehnung des Angestelltenstatus: „Also ich hab' halt schon sehr früh gemerkt, dass ich in so starren Arbeitsverhältnissen mich nicht gut zurechtfinde", berichtet Ingo. Nur sich selbst gegenüber „rechenschaftspflichtig zu sein" und sich „nicht vor Arbeitgebern verstellen zu müssen", ist ihm wichtig. Hannah erinnert sich, wie sie während eines Jobs im Großhandel merkte, dass sie „eine Sensibilität für diesen Zwang oder für das Gewaltvolle" in fremdbestimmten Arbeitsverhältnissen spürte, und entschied sich schon damals: „[I]ch lass das nicht mit mir machen, das geht nicht!".

Nico hat in seinem Arbeitskontext vieles verwirklicht, was für ihn gute Arbeit aus-macht: Er hat inhaltliche und organisatorische Gestaltungsspielräume, er geht einer Tätigkeit nach, die er gerne macht, die ihn immer wieder neu herausfordert und die er sinnvoll findet: „[G]ute Arbeit ist für mich schon so dieses, also einfach tatsäch-lich Spaß dabei zu haben und irgendwie das Gefühl zu haben, was Sinnvolles zu machen." Die Erwerbsarbeit muss für ihn außerdem Raum und Zeit für individuelle Entwicklung lassen: „[...] nicht immer alles auf diese Lohnarbeit auszurichten. [...], dass da neue Sachen entstehen können, oder du in der Lage bist, neue Wege zu gehen, neue Aspekte von dir selber kennenzulernen." Dass dabei auch die Existenz gesichert werden soll, ohne dass das Geldverdienen zum Selbstzweck wird, bringt Ingo wie folgt zum Ausdruck: „Es soll mir ein einigermaßen sicheres Gefühl geben, wenn ich auf mein Bankkonto gucke. Und das soll mich nicht vereinnahmen und das soll mich nicht an nen Punkt bringen, wo ich das Gefühl hab, ich lebe fürs Arbeiten".[107] Damit sind einige der zentralen Aspekte benannt, die zur Vorstellung der Protagonist:innen von guter Arbeit als Teil des guten Lebens gehören: Sie soll sinnvoll und inhaltlich anspruchsvoll sein, möglichst viel Spielraum für eine inhaltlich und organisatorisch selbstbestimmte Gestaltung lassen und finanzielle und soziale Sicherheit bieten, ohne dabei das Leben zu dominieren.

„Wie so ein Kippbild." Schattenseiten der Solo-Selbstständigkeit

Angesichts der Forschung, die die Entgrenzung von Arbeit in andere Bereiche des Lebenszusammenhangs problematisiert, weil sie die Reproduktionsfähigkeit der Subjekte gefährden kann (Voß 1998), fällt auf, dass die Protagonist:innen die Nähe von Erwerbsarbeit, Engagement, Sozialleben und Erholung nicht grundsätzlich als negativ beschreiben. Vielmehr erleben sie die eigene Erwerbsarbeit offenbar gerade insofern als gute Arbeit, als sie inhaltlich, organisatorisch und personell eine Nähe

---

107 Louis und Paul formulieren diesen Anspruch mit einer ähnlichen Stoßrichtung, allerdings vor dem Hinter-grund ihrer gesundheitlich belastenden Arbeit in der Altenpflege und der Gefahr, das Rentenalter gegebe-nenfalls nicht zu erreichen, drastisch zugespitzt: „Arbeiten um zu leben und nicht arbeiten, für wenn man tot ist." (vgl. Kapitel 2.2).

zur Lebenswelt aufweist, z. B. durch die Zusammenarbeit mit Freund:innen oder die Verfolgung politischer Ziele in der Arbeit. Kommen sie also einem guten Leben nahe, in dem sich „die verschiedenen Lebensschwerpunkte und Identitäten [...] miteinander ohne permanente Überforderung und Zermürbung vereinbaren lassen" und sich „auf eine inspirierende Weise fördern und bereichern" (Hirsch 2022, 74)? Im folgenden Teil wird dargestellt, inwiefern dieses Anliegen realisiert bzw. wo und warum der Lebensentwurf zur Belastung wird. Dabei werden im ersten Abschnitt eher fremdbestimmte Entscheidungen der Protagonist:innen für ihre Erwerbsarbeit in Form von Solo-Selbstständigkeit vor dem Hintergrund der Deregulierung von Beschäftigungsverhältnissen skizziert. Im zweiten Abschnitt geht es um Bedingungen und Folgen der Durchdringung des Lebenszusammenhangs von den betrieblichen Logiken der Erwerbsarbeit.

„Abhängigkeit minus Pflichten der Arbeitgeber." Selbstständigkeit als Selbstbetrug?

Hannah, Ingo und Nico schätzen zwar, wie geschildert, die selbstbestimmten Aspekte ihrer Erwerbsarbeit. Trotzdem war ihr Weg in eine berufliche Existenz als Solo-Selbstständige auch Konsequenz von Bedingungen, auf die sie keinen Einfluss hatten und die ihnen keine guten Alternativen eröffneten. So arbeitet Nico als Transmann in einem Berufsfeld, in dem die Mehrheit der Betriebe ausschließlich mit Cis-Männern zusammenarbeitet und in dessen weitgehend homogenem Sozialraum eine Kultur von Männlichkeit herrscht, die die eigene Unterordnung durch die Unterordnung anderer kompensiert (Connell 2015)[108]: Frauen, bzw. als solche wahrgenommene Personen, erlebten auf Baustellen „die nervigsten Strukturen [...] und wirklich einen Alltag der blöden Sprüche, mit denen du irgendwie immer und immer und immer wieder umgehen musst". Bei der Suche nach einem Arbeitsort, „in dem du nicht täglich von deinen Kolleg:innen die volle Bandbreite der Diskriminierung erlebst", fielen viele Stellen weg. „Also entweder suchst du dir ne coole Firma irgendwie, davon gibts aber halt natürlich nicht ganz so viele, oder du gehst halt in die Selbstständigkeit." Während Angestelltenverhältnisse in Nicos Berufsfeld zwar vorhanden, aber für ihn nicht zugänglich sind, ist Selbstständigkeit in vielen Branchen so weit verbreitet, dass sie auch aus anderen Gründen fast alternativlos erscheint. Hannahs und Ingos sowie auch Joschuas und Heikos (vgl. Kapitel 4.2) Berufsfelder zählen zu den von Gunther und Veronika genannten Bereichen, in denen überproportional viele Solo-Selbstständige arbeiten: Kunst, Kultur, Bildung und Journalismus.[109] Solo-Selbstständigkeit, also das Führen eines (Klein-)Gewerbes ohne eigene Angestellte (ArbeitGestalten 2019, 4), nimmt dabei

---

108   Im Sinne der „sozialen Organisation von Männlichkeit" (Connell 2015, 124 ff.) sind Praxen proletarischer Männlichkeit im Verhältnis zur hegemonialen Männlichkeit marginalisiert und dominieren ihrerseits untergeordnete – schwule, queere, migrantisierte etc. – Männlichkeiten, während das System der Männlichkeiten insgesamt dem weiblicher Praxis übergeordnet ist (vgl. auch Stuve 2016; Meuser 2016).

109   So lag 2016 der Anteil an Solo-Selbstständigen im Kultur- und Kreativbereich bei 40 Prozent, während sie in Berlin nur 11 Prozent aller Erwerbstätigen stellten (Manske 2016, 6).

bundesweit sukzessive (Becher 2021) und in Berlin überdurchschnittlich zu: 2016 arbeiteten 193.000 Personen, also 73 Prozent aller Selbstständigen und 11 Prozent aller erwerbstätigen Berliner:innen als Solo-Selbstständige – fast doppelt so viele wie im Bundesdurchschnitt, der bei 6 Prozent lag (ArbeitGestalten 2019, 7 u. 14 f.). Dies ist zum einen Resultat der „Auslagerung von Funktionen an selbstständige Dienstleister (,Outsourcing')" (7), die im Zentrum neoliberaler Umstrukturierungen der 1990er-Jahre stand; in Berlin war aber ab den 2000er-Jahren auch die Förderung der Gründung sogenannter Ich-AGs durch die Bundesagentur für Arbeit als Maßnahme zur Senkung der Arbeitslosenquote ein relevanter Faktor.[110] So war und ist der Weg in die Solo-Selbstständigkeit oft ambivalent motiviert: Einerseits besteht der Wunsch nach mehr Autonomie und Gestaltungsfreiheit im Beruf, andererseits fehlt vielen schlicht eine Alternative (Conen et al. 2016). Dabei wächst die „Gruppe wirtschaftlich sehr schlecht gestellter Solo-Selbstständiger" (37) sowie der „abhängigen" bzw. Scheinselbstständigen (32), also derjenigen, die überwiegend und quasi weisungsgebunden für denselben Auftraggeber, aber dennoch auf Honorarbasis arbeiten (vgl. Anm. 103). Auftraggeber:innen sparen in dieser Konstellation sogenannte Lohnnebenkosten, denn die Solo-Selbstständigen müssen Kranken-, Renten- und Arbeitslosenversicherung in voller Höhe selbst zahlen und auf (historisch erkämpfte) Rechte wie bezahlte Kranken- und Urlaubstage verzichten. Gunther vom Verdi-Referat für Solo-Selbstständige spricht daher von „Abhängigkeit in anderem Gewand, also Abhängigkeit minus Pflichten der Arbeitgeber". Und seine Kollegin Veronika problematisiert die Unterschreitung arbeitsrechtlicher Standards wie beispielsweise des gesetzlichen Mindestlohns: „[E]ine Gesellschaft einigt sich darauf, unter XY geht es nicht. [...] Und was geht da drunter? Darunter geht Selbständigkeit." Dabei ist selbstständige Erwerbsarbeit nicht immer prekär, sondern wie in den traditionellen freiberuflichen Professionen (Anwält:innen, Ärzt:innen) mitunter (sehr) gut bezahlt. Auch in anderen hochqualifizierten Berufen können in Abhängigkeit von der jeweiligen Marktmacht Honorare so gestaltet werden, dass die Kosten für Sozialversicherungen und Arbeitsausfälle eingepreist sind (ArbeitGestalten 2019, 7). Doch in den vergangenen zehn Jahren haben Gunther und Veronika beobachtet, wie sich die Praxis der Statusfeststellung durch die Landesversicherungsanstalten[111] sukzessive liberalisierte: Heutzutage würden Berufe als selbstständig definiert, die früher „selbstverständlich abhängig-beschäftigt" gewesen seien: „Du hättest früher niemals einen freiberuflichen Kameramann gehabt, hättest du nicht gehabt." Auch dies sei eine Folge der Privatisierungen gewesen, denn „früher haben ja die Fernsehanstalten selbst produziert, dann wurde das in Produktionsfirmen ausgelagert".

---

110 Als Ich-AG wurde die Gründung eines Kleingewerbes im niedrig entlohnten Bereich mit Einkommen bis zu 25.000 Euro durch monatliche Zuschüsse und günstigere Konditionen bei der Sozialversicherung gefördert. Zu den prekarisierenden Effekten insbesondere durch Schein-Selbstständigkeit in frauendominierten Dienstleistungsberufen (vgl. Manske 2005, 250 f. und Oschimansky & Oschimansky 2003, 48 f.). Zur Entwicklung der Arbeitslosigkeit in Berlin im Vergleich zum Bundesdurchschnitt vgl. Bochum et al. 2016, 147 ff.

111 Die Deutsche Rentenversicherung prüft nach § 7a Abs. 1 SGB IV auf Antrag der Beteiligten, ob es sich bei einer Tätigkeit um eine abhängige Beschäftigung oder selbstständige Tätigkeit handelt.

So haben öffentliche Hand und Rechtsprechung dazu beigetragen, dass sich eine Unterschreitung arbeitsrechtlicher Mindeststandards durchsetzen konnte. Vor dem Hintergrund dieses Bedingungsgefüges können bzw. müssen Nico, Hannah und Ingo solo-selbstständig tätig sein. Diese Ambivalenz bringt Nico zum Ausdruck, wenn er, nachdem er Selbstbestimmung als zentrales Motiv seiner Arbeitsweise hervorgehoben hat (s. o.), hinzufügt, dass „es schon auch ein bisschen Selbstbetrug ist (beide lachen), die ganze Selbstbestimmung, die man sich da einbildet".

„Dann ist ja eigentlich nie so richtig Feierabend."
Entgrenzung von Arbeit und Freizeit

Die Protagonist:innen sind bereit, zugunsten von Arbeitsinhalt und Flexibilität Nachteile an anderer Stelle in Kauf zu nehmen. Nico hat seine Lebensführung auf die Erwerbsarbeit außerhalb der Stadt abgestimmt. Er lebt in einem zum „Wohnmobil" umgebauten LKW. Der „fahrbare Untersatz" ist als mobile Wohnung die Voraussetzung dafür, außerhalb Berlins arbeiten und nach eigenem handwerklichem und ökologischem Anspruch alte Höfe und Häuser restaurieren zu können. Dafür verlässt er Berlin sonntagabends in Richtung der jeweils aktuellen Baustelle und kommt frühestens freitagabends zurück. Während der Arbeitssaison, also mindestens neun Monate im Jahr, bleibt entsprechend wenig Zeit für andere Lebensbereiche wie Freundschaften oder sein Patenkind. Das „Ungleichgewicht, von wie viel ich arbeite und wie wenig Platz eigentlich für andere Dinge ist", mache ihn unzufrieden. „Je nachdem, wie viel Druck hinter allem ist, […] kann's schon auch passieren, dass ich am Wochenende arbeite, also Büro mache oder Material einkaufe, das Auto leerräume, nochmal Werkzeug hole, irgendwie sowas." Unter der Woche lebt Nico zusammen mit seinen Kolleg:innen auf der Baustelle. Den Feierabend verbringen sie mit ein „bisschen kochen, bisschen duschen, essen, Sport machen". Es sei aber auch hierfür nicht immer Zeit: „[K]ommt schon auch vor, dass ich erst um sieben oder acht von der Baustelle gehe und dann eher mal so'n Elf-Stunden-Tag oder sowas hab". Der ‚Druck hinter allem', den diese Arbeitsmenge und -dichte zur Folge hat, hängt mit dem unternehmerischen Risiko zusammen, das Nico als Ein-Personen-Betrieb individuell trägt und das auch die Kollektivstruktur nur mild abfedern kann. Wie umfangreich die Arbeit auf einer Baustelle wird, lasse sich im Vorhinein nicht exakt abschätzen. Damit „alle genug Arbeit haben", nehme man außerdem pro Saison „natürlich eher 'n bisschen zu viel an als zu wenig, sprich du hast dann auch meistens ganz schön Stress". Ingos Arbeitszeiten als Türsteher weichen in besonderer Weise von Kernarbeitszeiten einer Bürotätigkeit ab. Sie findet nicht nur, wie bei vielen anderen Protagonist:innen dieser Studie, dann statt, wenn andere ihren ‚Nine-to-Five'-Arbeitstag beenden und entsprechend einkaufen gehen, ihren Urlaub antreten können etc., sondern häufig als Nachtarbeit, also dann, wenn andere schlafen. Ein typisches Wochenende beginnt freitagabends, „um elf-zwölf war Schichtbeginn und das hat man dann gemacht bis morgens um 10, mittags um 12. Vielleicht ist man dann in den nächsten Club gegangen in die Tagschicht. […] Dann hatte man vielleicht noch mal so vier Stunden Pause dazwischen, die hat man vielleicht zum Schlafen genutzt, ja, ist dann in die nächste Nachtschicht gegangen." Es sei für ihn keine Seltenheit, „so 50, 60 Stunden die Woche an Türen" zu stehen, also hochverdichtet im Dauerschichtbetrieb am Wochenende zu arbeiten. Für diese körperlich extrem erschöpfende Arbeit bedarf es entsprechender Regeneration, sodass Ingo montags und dienstags „in der Regel einfach im Bett" liegt. Für die Sorge um sich selbst, also die Haushaltsführung, das Pflegen von Freundschaften jenseits des Erwerbslebens und Muße bleiben in diesem Schichtbetrieb theoretisch zwei Wochentage. Praktisch lässt sich dieser Rhythmus aber nur schwer mit anderen koordinieren, die wochentags ihrerseits berufsbedingt nur eingeschränkt verfügbar sind.

Auch wenn nach acht Stunden auf der Baustelle Feierabend ist, schließt sich für Nico oft „leider abends noch Büro" an. Die administrative Arbeit rund um eine Baustelle – von der Auftragsakquise und Absprachen mit Bauherr:innen über die Bauplanung, Materialbeschaffung, die Koordination der Gewerke bis hin zu Abrechnungen, Steuererklärungen etc. – wird in größeren Betrieben von entsprechend ausgebildeten Verwaltungskräften gemacht. In Nicos Kollektiv läuft sie „immer nebenher und ist aber eigentlich immer was, was tierisch Druck macht". Der Versuch, nebenher zu machen, was eigenständige und aufwendige Arbeit ist, „scheitert eigentlich immer" und „dann sitzt man schon oft trotzdem abends noch da dran, tippt noch irgendwelche Zahlen in irgendwelche Tabellen". Die unterschiedlichen Aufgabenbereiche schieben sich in- und übereinander, „was wirklich stressig ist, wenn du quasi in der Abrechnung von der letzten Baustelle steckst, in der Ausführung der jetzigen Baustelle und noch den nächsten Auftrag planen musst". Diese Verdichtung der Arbeitszeit durch die quasi unbezahlte Büroarbeit betrifft neben Nico nicht nur den ebenfalls kollektiv-selbstständigen Demokratiearbeiter Joschua (vgl. Kapitel 4.2), sondern auch den solo-selbstständigen Ingo, der ebenfalls unbezahlte Koordinationsarbeit für einen losen Zusammenschluss von 50 bis 100 Kolleg:innen leistet: Neben der eigentlichen Arbeit an der Tür macht er die Schichtplanung, eine Arbeit, die „kaum ein Club" zahle, obwohl oder weil es „die nervigste Sache der Welt [ist]. Weil, es gibt immer jemanden, dessen Katze gerade ne Stunde vor Schichtbeginn krank geworden ist und dann fängst du halt an rumzutelefonieren". Die Schichtplanung selbst in der Hand zu haben, verschafft ihm selbst etwas mehr Spielraum in der Auswahl seiner Schichten, bildet aber vor allem die Voraussetzung dafür, als kollektiver Zusammenhang gegenüber den Geschäftsführungen bzw. Verantwortlichen der Clubs aufzutreten und dadurch bessere Honorare und Arbeitsbedingungen aushandeln zu können. Diese Arbeit macht er auch während seiner längeren Abwesenheiten und Reisezeiten, sodass gerade der unbezahlte Teil seiner Erwerbsarbeit in seiner Freizeit präsent bleibt.

Im Alltag der Protagonist:innen durchdringen sich nicht nur bezahlte und unbezahlte Tätigkeiten, sondern auch die Erwerbsarbeit und andere Bereiche des Lebens. Dass Ingo und Nico mit Freund:innen zusammenarbeiten, mit denen sie ein politisches Selbstverständnis teilen, spielt für den Arbeitsalltag und die Arbeitsweise eine große Rolle. So beendet Ingo eine Schicht manchmal damit, selbst noch im

Club feiern zu gehen, und „das hat so Sphären verschwimmen lassen von so Freizeit und Arbeit, dadurch ging das irgendwie auch ganz gut". Das Verschwimmen der Grenzen zwischen Arbeit und Freizeit beschreibt Ingo hier als etwas Positives, Ermöglichendes. „Ja dann steht man halt mit Freunden ne Nacht lang rum und hat im besten Fall sogar dazwischen noch ne Menge Spaß." Hannah betont in Bezug auf dieses Ineinander unterschiedlicher Lebensbereiche hingegen die negativen Folgen. Ein nicht unwesentlicher Teil ihres Lebens als Kulturarbeiterin besteht darin, an Orten kultureller Produktion und Konsumtion mit anderen Kulturarbeitenden zusammenzukommen, zum Beispiel bei Ausstellungseröffnungen und Konzerten, in Cafés und Bars, Ateliers und Projekträumen. An diesen Orten findet die „Reproduktion eines Milieus, der künstlerischen und intellektuellen Lebensweise" (Hirsch 2022) statt, bei der weniger die künstlerische Produktivität und (Einzel-)Leistung im Vordergrund steht, als vielmehr die gemeinsame Pflege einer Atmosphäre, in der Kulturelles sich ereignen kann. Hannah lebt also zugleich in dem Milieu, in dem sie auch arbeitet, und bewegt sich selten in Kontexten, die gar nichts mit Arbeit zu tun haben. Das sei zwar auch „spannend", aber oft auch „wahnsinnig anstrengend", denn, „wenn man [...] künstlerisch arbeitet, dann ist ja eigentlich nie so richtig Feierabend". An diesen Orten geht es auch im engeren Sinne einer betrieblichen Logik darum, in informeller Weise sich selbst und die eigene Arbeit zu promoten, sich über einschlägige Entwicklungen auf dem Laufenden zu halten, Jobakquise zu betreiben etc. Jedes Gespräch bei einer Ausstellungseröffnung ist potenziell auch ein Gespräch, in dem die eigene Arbeit publik gemacht wird. Zudem findet sie auch ihre Erwerbsjobs, wie den Ausstellungsaufbau, über „Mundpropaganda: ‚Hier gibt's nen Job, willst du arbeiten?'". Weil sie „ja nirgends nen Vertrag" hat, ist es ein notwendiger Teil ihres Lebens als Kulturarbeiterin, ihre sozialen Netzwerke auszubauen und zu pflegen. Dadurch werden die sozialen Beziehungen von einer Vermarktungslogik erfasst, und zwar in einem ihrer Wahrnehmung nach von Konkurrenz durchzogenen Feld: „Und gerade in dem Bereich, im künstlerischen Kulturbereich ist das ja auch [...] ein Hauen und Stechen, Selbstrepräsentation, so, das ist schon ne krasse Herausforderung." Ganz selbstverständlich fließen dabei subjektive Ressourcen ein: Emotion, Sozialität und Kommunikativität. Bewährungsproben und Leistungsdruck sind auch in privaten Beziehungsgefügen nie gänzlich abwesend. Hannah beschreibt diese Ambivalenz ihrer Lebensgestaltung mit der Metapher des Kippbilds: „Und das ist enorm, ich meine dieser Stress [...], das kann ich dann doch noch ein bisschen von mir weghalten, das ist wie so ein Kippbild." Je nach Perspektive ist demnach eher die positive oder die negative Gestalt vordergründig. Noch gelingt es ihr, den Stress zu bannen, es ist aber ungewiss, wie nah sie dem Punkt ist, an dem sie dem Druck nicht mehr standhält.

Hannah, Ingo und Nico verfolgen mit und in ihren Erwerbstätigkeiten persönliche und politische Anliegen und verbinden diese auf unterschiedliche Art und Weise mit ihrem sozialen Leben. Die Vermischung der Lebensbereiche ermöglicht es einerseits, ihrer Erwerbsarbeit einen subjektiven Eigensinn zu verleihen. Andererseits zeigt sich die gegenteilige Dynamik einer Ausweitung ökonomischer Rationalität in andere Lebensbereiche. Diese „Verbetrieblichung der Lebensführung"

(Voß & Pongratz 1998; Winker & Carstensen 2007; Paulus 2021) und „Landnahme" (Dörre 2009a, 14) durchsetzt den Lebenszusammenhang und verursacht andauernden Druck und Gefühle der Überforderung. Anstatt ihre Erwerbsarbeit in einer guten Art und Weise in ihren Lebenszusammenhang einbetten zu können, wird dieser von ökonomischen Imperativen dominiert. Im flexibilisierten Lebenszusammenhang können sie die Schutzfunktion, welche die (auf problematische Weise) institutionalisierte Trennung von Arbeit und Leben im westdeutschen Fordismus hatte, nur schwer etablieren (Jürgens 2018, 120).

„Man muss sich ja finanziell irgendwo verdingen."
Leben von und Leben für etwas

Hannah und Ingo versuchen der beschriebenen Entgrenzung der Sphären entgegenzuwirken, indem sie dazwischen unterscheiden, wofür und wovon sie leben. So betont Hannah, dass sie die künstlerische Arbeit nicht betreibt, um davon zu leben. Ganz bewusst versucht sie diesen Bereich ihres Lebens weitgehend von Produktivitätsimperativen und Marktzwängen frei zu halten. Dadurch könne sie arbeiten, ohne dass Abwägungen hinsichtlich der Verkaufbarkeit des Ergebnisses bestimmend werden. Sie schiebt deshalb lieber „mal irgendeinen blöden Job ein", denn „man muss ja finanziell sich irgendwo verdingen". Diese Jobs, von denen sie hauptsächlich lebt, z. B. alle zwei Monate ein 14-tägiger Ausstellungsaufbau unter Zeitdruck und in voller Verantwortung, erledigt sie neben der Kunst. Und obwohl sie diese als ihre Haupttätigkeit betrachtet, findet sie doch oft nach der Erwerbstätigkeit statt: „[D]ann ist meine Arbeit [...] vorbei, und dann: ‚Ah jetzt könnte ich noch an etwas anderem arbeiten.'" Dabei muss sie permanent abwägen, wieviel Zeit und Ressourcen sie in ihre künstlerische Arbeit stecken kann. Manchmal denke sie sich dann schon: „‚Wow, ist das anstrengend!' Aber wenn du halt ne Perspektive hast, wofür du das tust, weil du dann im anderen Moment vielleicht auch unabhängiger sein kannst mit deiner künstlerischen Arbeit, dann ist das schon ok." Da Ausstellungen in bekannten Museen oder Galerien auch mit einer symbolischen Anerkennung einhergehen, bleibt es für Hannah trotz ihres Bemühens um eine Unabhängigkeit ihrer Kunst auch verlockend, Einkünfte mit künstlerischer Arbeit zu erzielen und für das, was sie leidenschaftlich tut, auch bezahlt zu werden.

Für Ingo begann die Trennung des ‚Lebens von' und ‚Lebens für' durch einen Wandel der Berliner Clubkultur, der sein Verständnis einer politischen Türpolitik untergrub. Viele Clubgänger:innen in Berlin würden zunehmend eine rein konsumierende Haltung einnehmen, das Verständnis vom Club als einem geteilten und gemeinsam gestalteten, potenziell utopischen Sozialraum gehe verloren. Er habe jetzt viel weniger die „romantische Vorstellung, mit der Arbeit noch was zu bewegen oder so". Subjektiv Bedeutsames sucht er deshalb verstärkt außerhalb der Erwerbsarbeit. Letztere beschreibt er mittlerweile als Mittel zum Zweck: „Die Arbeit, die ich mache [...], also das gibt mir die Chance, die Sachen zu machen, die ich machen möchte über Arbeit hinaus. Die Beziehungen zu führen, die ich führen möchte, die Freundschaften zu pflegen, die ich pflegen möchte, den Urlaub zu machen, den ich machen möchte, und ja, die Hilfseinsätze, ich nenne es jetzt mal so, zu machen, die ich machen möchte." Erwerbsarbeit soll ihm das jetzt stark auf unbezahlte Arbeit ausgerichtete Lebenskonzept ermöglichen. Seine Schichten versucht er daher gezielt so „zusammenzustückeln", dass die Wochenenden „total mit Arbeit voll[ge]baller[t]" sind, um in kurzer Zeit möglichst viel Geld zu verdienen. Das ermöglicht ihm Zeit für sein ehrenamtliches Engagement im Ausland. Dieses Nebeneinander von Erwerbsarbeit und sinnstiftender, aber unbezahlter Tätigkeit ist allerdings für ihn wie für Hannah enorm anstrengend. Während sich bei ihr indes eher psychosoziale Beeinträchtigungen geltend machen, bedeutet die hochverdichtete, nächtliche Schichtarbeit bei Ingo einen „ziemliche[n] Raubbau, den man da begeht, an dem eigenen Körper und der eigenen Gesundheit". Letztlich gelingt es Hannah und Ingo nur mühsam und eingeschränkt, ihren flexibilisierten Lebenszusammenhang so zu gestalten, dass die verschiedenen Bereiche – bezahlte und unbezahlte Arbeit, Sozialleben und Muße – im Sinne eines guten Lebens verbunden sind.

„Ein Schock." Fehlende materielle Absicherung als chronisches und akutes Problem

Trotz und wegen ihrer entgrenzten Arbeitsweisen sind die Protagonist:innen in vielerlei Hinsicht von einer Prekarisierung ihrer Lebensverhältnisse betroffen. Unsicherheit in Bezug auf die Höhe und Beständigkeit ihrer Einkommen sowie der Schutz vor Risiken sind zentrale Themen für sie, Sozialversicherungen entsprechend das „Kernthema" des Verdi-Referats für Selbstständige. Daher werden im folgenden ersten Abschnitt die finanziellen Lagen sowie die Bedingungen, sich als Selbstständige über Kranken-, Renten- und Arbeitslosenversicherungen abzusichern, dargestellt. Unter Rekurs auf die Erfahrungen von Hannah, Nico und Ingo wird dabei geschildert, welche Konsequenzen ein Leben mit eingeschränkten Möglichkeiten der materiellen Absicherung hat. Im zweiten Abschnitt wird verdeutlicht, warum die Covid-19-Pandemie insbesondere für Solo-Selbstständige einen äußerst prekarisierenden Effekt hatte.

„Naja so drei- bis viertausend Euro Erspartes irgendwie." Mangelnde Absicherung von Risiken

Als Selbstständige haben die Protagonist:innen keine über eine definierte Zeit vertraglich zugesicherten Einkommensgarantien. Eine relative Sicherheit stellt sich durch die Pflege von Netzwerken und die wiederholte Arbeit für dieselben Auftraggeber:innen ein, doch im Konfliktfall sind diese informellen Vorsorgestrategien nicht belastbar. Am Ende bleibt ein privat getragenes, quasi-unternehmerisches Risiko und ein Einkommen, das (nur) bei niedrigem Ausgabenniveau zum Leben reicht, wie Nico sagt: „Und du weißt im Endeffekt nicht, was da am Ende auf deinem Konto landet. Also bisher konnt ich davon gut leben, aber auch wirklich eher in so nem sehr kleinen Ausschnitt [...]. Ich muss im Alltag nicht total auf mein Geld achten." Die geringen finanziellen Spielräume entstehen u. a. durch sein kostengünstiges

Leben auf dem Wagenplatz, ob er „600 Euro für ne Wohnung noch bezahlen" könnte, weiß Nico nicht. Hannah ist sich hingegen sicher, dass sie den Umzug aus dem Bauwagen in eine Wohnung nicht finanzieren könnte, „also mit dem Stundenlohn, den ich kriege […], könnte ich mir das eigentlich gar nicht leisten".[112]

Aus Nicos und Hannahs Schilderungen wird deutlich, dass sie mit ihrem Einkommen nur schwer Rücklagen aufbauen können. Dies ist angesichts der unzureichenden Sozialversicherung vieler Solo-Selbstständiger (Becher 2021) allerdings notwendig, um Phasen der Arbeitsunfähigkeit oder Auftragslosigkeit privat abfedern zu können. Hannah versucht dementsprechend, 3.000 bis 4.000 Euro Guthaben auf dem Konto zu halten, „das kratze ich dann wieder so an und dann fülle ich es halt wieder auf". Für ein höheres Sparvolumen sind ihre Honorare zu niedrig, aber sie habe damit „ein Level gefunden, wie es geht" – z. B. als sie in Folge eines Fahrradunfalls für einige Wochen nicht im Ausstellungsaufbau arbeiten konnte. Anders als Angestellte, die im Falle von krankheitsbedingter Arbeitsunfähigkeit sechs Wochen Lohnfortzahlungen der Arbeitgeber erhalten, müssen Selbstständige für diese Zeit privat vorsorgen. Krank und isoliert zu sein machte Hannah in der Covid-19-Pandemie vor diesem Hintergrund besondere Sorgen und sie empfand es als „Spießrutenlauf", nicht krank zu werden. „Und wenn man dann krank ist, hat man ja keine Absicherung, als Selbstständige. Was ja für viele auch schwierig war so in der Zeit."[113]

Der Krankenversicherungsbeitrag kann dabei für Selbstständige „wirklich eine Belastung" werden, wie Veronika sagt. Denn sie müssen erstens im Gegensatz zu Angestellten die volle Beitragshöhe zu zahlen, zweitens wird als Grundlage zur Berechnung der Beitragshöhe von einem Minimaleinkommen von 1.131 Euro (TK 2023) ausgegangen. Verdient man weniger, steigt die Beitragshöhe im Verhältnis zum Einkommen. Für junge Berufseinsteiger:innen können private Krankenversicherungen zwar günstiger sein, werden aber mit zunehmendem Alter aufgrund steigender Beitragssätze potenziell zur Armutsfalle. Ingo und Hannah haben alternative Arrangements gefunden, über die sie (für sie kostengünstiger) kranken- und pflegeversichert sind: Ingo hat ein kleines Angestelltenverhältnis und Hannah ist über die Künstlersozialkasse versichert.

Während Solo-Selbstständige eine Krankenversicherung abschließen müssen, können sie für den Fall der Erwerbslosigkeit unter bestimmten Bedingungen freiwillig Anwartschaften auf ALG I sammeln. In die Arbeitslosenversicherung eintreten kann,

---

112 Der Median-Stundenlohn Solo-Selbstständiger ist 6 Prozent niedriger als der von abhängig Beschäftigten, wobei die Streuung der Einkommen bei ersteren bedeutend höher ist, ein Teil der Solo-Selbstständigen demnach deutlich weniger verdient als das Median-Einkommen (DIW 2015). Das durchschnittliche Einkommen selbstständiger Künstler:innen zählt in Berlin mit rund 16.000 Euro im Jahr zu den unteren 30 Prozent (DIW 2009). Der Tariflohn für Arbeiter:innen mit Fachausbildung im Bauhauptgewerbe beträgt in Berlin 20,29 Euro die Stunde (brutto) (SenIAS 2022, 25).

113 Ab der siebten Woche greift – aufgrund der Krankenversicherungspflicht in Deutschland bei allen Erwerbstätigen – das durch die Krankenkassen geleistete Krankengeld in Höhe von 60 Prozent des vorherigen Einkommens für weitere 18 Monate.

wer in den letzten 30 Monaten 12 Monate lang Pflichtbeiträge gezahlt hat, also entweder abhängig beschäftigt oder arbeitslos gemeldet war. Bei vielen Selbstständigen trifft dies vor allem zum Zeitpunkt der Gründung und damit in einer Periode zu, die von großer finanzieller Unsicherheit geprägt ist und in der jede zusätzliche Ausgabe abgewogen wird. Zudem seien die Bedingungen für Selbstständige „unattraktiv" und „ungerecht", so Veronika, weil weder die Beitrags- noch die Leistungshöhe am Einkommen, sondern pauschal bzw. an der Qualifikationsstufe bemessen wird.[114] „[A]lso ein ungelernter Kioskbesitzer, [...] der genauso viel einzahlt wie ein IT-Spezialist, würde aber ungefähr nur 'n bisschen mehr als die Hälfte bekommen als der ITler. Obwohl er möglicherweise nen gut laufenden Kiosk hatte", umschreibt sie die Konsequenz. Dementsprechend waren 2019, also kurz vor Beginn der Covid-19-Pandemie, nur 1,9 Prozent der Selbstständigen Mitglied der Arbeitslosenversicherung (DGB 2021a), die ‚restlichen' 98 Prozent fielen direkt aufs ALG II (bzw. fallen seit dem 1.1.2023 aufs Bürgergeld) zurück. Mit diesem droht ein Leben an oder unterhalb der Armutsgrenze (vgl. Kapitel 5), die finanzielle Abhängigkeit von Partner:innen im Falle des Lebens in einer vom Jobcenter als solcher definierten Bedarfsgemeinschaft und die Pflicht, Erspartes jenseits der Schonungsgrenze zu ‚verleben'.[115] Dies ist bei Solo-Selbstständigen besonders dann problematisch, wenn sie privat, aber nicht in eigens hierfür entworfenen (Riester-)Versicherungen etwas fürs Alter zurück gelegt haben. In diesem Fall führt ein zeitweiliger Bezug von ALG II bzw. Bürgergeld fast notwendig zu Grundsicherungsbezug im Alter.

Die Verdi-Referent:innen problematisieren daher, dass es in der Bundesrepublik Deutschland keine verpflichtende gesetzliche Rentenversicherung gibt. Nico empfand dies anfänglich als positiv: „[D]u brauchst als Selbstständiger ja nicht in die Rente einzahlen, was irgendwie natürlich ne totale Erleichterung ist, um diesen Betrieb am Laufen zu halten, und auch erstmal so reinzuwachsen, dass du nicht gleich mit totalen Ausgaben konfrontiert bist". Als sich der Betrieb dann etabliert und er selbst „die 40 geknackt" hatte, lohnte es sich für ihn wie für andere nicht mehr, mit den Einzahlungen zu beginnen: „[W]ir werden da mit Sicherheit nicht mehr über den Hartz-IV Satz kommen." Hinzu kommt, dass es „körperlich irgendwann einfach nicht [mehr] funktioniert" zu arbeiten, und zwar – wie im Handwerk häufig der Fall – vor dem Renteneintrittsalter von 67 Jahren. So wie Nico thematisieren auch Ingo und Hannah das Problem drohender Altersarmut. Hannah ist zwar über die Künstlersozialkasse und Ingo über sein geringfügiges Anstellungsverhältnis rentenversichert, doch von den daraus resultierenden Rentenansprüchen könnten beide nicht ansatzweise leben. Ingo sagt: „Ich weiß, dass mir Altersarmut bevorsteht." An die-

---

114 Die Beitragshöhe ist ein Pauschalbetrag, die Leistung bemisst sich an der formell für die Tätigkeit notwendigen Qualifikationsstufe (Kuske 2023).

115 Bis zur Einführung des Bürgergeldes lag das Schonvermögen bei 150 Euro pro Lebensjahr mit einem Maximum von 10.050 Euro. Zwar galt ein zusätzlicher Freibetrag von 750 Euro pro Lebensjahr für die Altersvorsorge, allerdings nur für entsprechende Spareinlagen. Mit der Einführung des Bürgergeldes wurde das Schonvermögen für das erste Jahr auf 40.000 Euro, anschließend auf 15.000 Euro angehoben (§12, SGB II).

sen Gedanken hat er sich gewöhnt, er habe „da auch eigentlich keine Ängste mehr. Ich glaube die hatte ich lang. […] Angst auf der Straße zu landen". Angesichts der oben zitierten Aussagen von Hannah und Nico, nicht zu wissen, ob sie sich eine Wohnung leisten können, ist ‚auf der Straße zu landen' keine völlig abstrakte Angst. Beruhigend wirkte auf Ingo der Vergleich seiner eigenen Lage mit der existenziellen Situation derjenigen, die er in seinen Hilfseinsätzen an der europäischen Außengrenze unterstützt: „[I]ch meine, ich hab' 'nen deutschen Pass, wie tief soll ich fallen? Selbst wenn ich doch irgendwann mal unter ner Brücke schlafen müsste, würde es mir wahrscheinlich immer noch besser gehen, als den meisten Menschen, die ich so an den europäischen Außengrenzen gesehen hab." Auch Nico verweist in der Schilderung der prekären Aspekte seiner Erwerbsarbeit auf diejenigen, denen es schlechter geht als ihm selbst: „[D]as ist so das Prekäre, in dem ich mich bewege, und ansonsten, sobald man auf ne größere Baustelle geht, sieht man […], dass Leute mit keiner Aufenthalts- oder keiner Arbeitsgenehmigung da schuften und halt auch ihre Kohle nicht kriegen." In symptomatischer Weise geht der Blick der beiden ‚nach unten', sie bewerten ihre soziale Lage im Verhältnis zu Gruppen, deren Lagen noch prekärer sind. Hierin offenbart sich der Abstiegscharakter der heutigen Gesellschaft (Nachtwey 2016; vgl. Kapitel 6). Dass es noch schlimmer werden könnte, wirkt auf paradoxe Weise beruhigend und disziplinierend zugleich.

„Das hat ja auch immer was mit Wertschätzung zu tun."
Solo-Selbstständige in der Covid-19-Pandemie

Die mit der Covid-19-Pandemie einhergehenden Lockdowns ab dem Frühjahr 2020 haben den Alltag der Menschen tiefgreifend verändert. Für viele Solo-Selbstständige bedeuteten sie zudem eine plötzliche Unterbrechung ihrer Erwerbstätigkeit auf unabsehbare Zeit. Während 21 Prozent der abhängig Beschäftigten von Einkommensverlusten durch die Maßnahmen zur Eindämmung der Pandemie berichten, waren 44 Prozent der Solo-Selbstständigen betroffen (Schulze-Buschoff & Emmler 2021, 17), wobei sich unter ihnen der „Anteil […] mit einem Individualnettoeinkommen von weniger als 1.500 Euro monatlich" seit Pandemiebeginn deutlich erhöhte und Frauen in höherem Maße von den Einkommensverlusten betroffen waren (ebd.).[116] Ingo erinnert sich, wie er über Nacht seinen gesamten Einkommens-Flickenteppich verlor: „Dann bin ich von meinen einen festen Job und vier, fünf, sechs verschiedenen Nebenjobs auf komplett arbeitslos, innerhalb von eigentlich einem Tag gekommen." Von dem Kurzarbeitergeld über seine geringfügige Anstellung konnte er nicht leben, weshalb er „seitdem quasi wieder ne Jobcenterkarriere" habe. Veronika und Gunther berichten, dass in den Zeiten der Pandemie und der Lockdowns sichtbar wurde, wie „höchst prekär" die Lage vieler Solo-Selbstständiger auch vorher schon

---

116 Die Autor:innen bemerken einschränkend, dass sich ihre Ergebnisse auf zwei unterschiedliche Samples beziehen (für die Angaben zu Juli 2012: N = 1.350, für die Angaben im Zeitverlauf: N = 208) und zudem einer gewissen Selektivität unterliegen: Die Befragten seien „durchschnittlich älter und häufiger männlich [und arbeiten] überproportional im Grundstücks- und Wohnungswesen und vor allem in den ‚Sonstigen Dienstleistungen'" (Schulze-Buschoff & Emmler 2021, 16).

gewesen war, weil sie „auf *null* Rücklagen zurückgreifen konnten". Genauso ging es Hannah, bei der nahezu alle Jobs im Bereich des Ausstellungsaufbaus wegfielen. Sie hatte direkt vor dem Ausbruch der Pandemie aufgrund eines zweimonatigen Auslandsaufenthaltes ihre Rücklagen aufgebraucht. Diese wieder aufzufüllen sei ihr bis zum Zeitpunkt des Interviews im Sommer 2021 nicht gelungen: „[I]ch hab' [es] jetzt das ganze Jahr über irgendwie versucht, und ich komme einfach nicht hin." Die Situation am Anfang der Pandemie habe ihr die Unsicherheit ihres Lebens- und Arbeitskonzepts auf „erschreckende" Art und Weise vor Augen geführt: „[G]erade in dem Bereich, also ich mein, da hat einfach alles dicht gemacht." Die Erfahrung, dass Erwerbschancen von einem auf den anderen Tag auf unbestimmte Zeit völlig versiegen können, rief bei vielen Solo-Selbstständigen „Existenzangst, und zwar nackte Existenzangst" hervor, so Veronika.[117]

Dabei stellte die Covid-19-Pandemie nicht nur eine Herausforderung in materieller Hinsicht dar. Dadurch, dass die Solo-Selbstständigen die einzige Gruppe waren, „für die als einziger Ausweg Grundsicherung benannt wurde", während andere Berufsgruppen durch Kurzarbeitergeld oder ALG I abgefedert wurden, verbreitete sich laut Veronika das Gefühl: „Selbstständigkeit wird nicht wertgeschätzt." Auch die Hilfen für Betriebe passten nicht zur spezifischen Lage von Solo-Selbstständigen, weil diese oft niedrige Betriebskosten haben, von den Hilfen aber kein Lebensunterhalt bestritten werden durfte. Insbesondere in der ‚Kulturhauptstadt Berlin', wo die Präsenz einer großen Kunst- und Kreativszene zum Marketing der Stadt genutzt wird, fühlten sich die Betroffenen fallen gelassen: „Ganz offensichtlich können sie auf uns und all unsere Kreativität und Innovationsschübe dann doch verzichten", so der Eindruck, der sich laut Veronika einstellte. Auch Hannah ging es so, als „andere Arbeitsfelder weiterliefen, aber Kultur quasi […] jetzt [über ein Jahr später] erst wieder aufmacht".

„Dass wir halt auch aufeinander aufpassen."
Solidarität im Lebenszusammenhang und beruflichen Alltag

Hannah, Ingo und Nico sind sowohl im Arbeitsumfeld als auch in ihrem Lebenszusammenhang in kollektive Strukturen eingebettet. Diese Strukturen haben sie teils selbst mit aufgebaut, sie gestalten sie in jedem Fall aktiv mit. Sie wohnen und leben auf Wagenplätzen und in Wohngemeinschaften und arbeiten als Kollektiv oder als eng organisiertes berufliches Netzwerk in kulturellen und subkulturellen Kontexten: Galerien, Ateliers und Projekträume der freien Kunst- und Kulturszene, linksalternative Bars, Konzerträume und Clubs, Orte queeren Lebens und Begehrens, Felder politischer Organisierung und sozialer Bewegung. Im Folgenden werden diese Strukturen als Ressourcen der Alltagsbewältigung und Resultate kollektiv-

---

117 Zudem geben im April 2020 47 Prozent der Selbstständigen mit Mitarbeiter:innen und 44 Prozent der Solo-Selbstständigen an, „durch die finanzielle Situation […] ‚äußerst' oder ‚stark' belastet" (Schulze-Buschoff & Emmler 2021, 17) zu sein.

solidarischen Handelns, die durch die Entwicklung Berlins gefährdet sind, dargestellt. Der erste Abschnitt widmet sich Ingos und Nicos beruflicher Organisierung, der zweite den selbstverwalteten Wohnprojekten der Protagonist:innen sowie deren zunehmender Gefährdung durch die stadtpolitischen Veränderungen Berlins.

„Dann bist du erstmal ein Gegengewicht."
Solidarische Strukturen im Berufsalltag

Die kollektiv-solidarische Grundhaltung, die Ingo, Nico und Hannah in ihren Wohnzusammenhängen und (unbezahlten) politischen Arbeitskontexten leben, tragen sie auch in ihr Erwerbsleben hinein. Ingo koordiniert ein bis zu 200 Personen umfassendes Netzwerk von Berliner Türsteher:innen. Zunächst füllte er dabei eine „Lücke" in der „Kommunikation zwischen Clubleiter und Türteams", u. a. durch die zeitintensive Arbeit der Schichtplanung (s. o.). Mit der Zeit wurde er so zum kommunikativen Knotenpunkt und dadurch Sprachrohr des beruflichen Netzwerks. Als koordinierte Berufsgruppe seien die Berliner Türsteher:innen jetzt, so Ingo, in einer „viel machtvolleren Position gegenüber dem Arbeitgeber". Sie nutzen diese Position, um Einzelne aus ihren Reihen solidarisch zu verteidigen. Wolle ein Club eine:n Kolleg:in nicht mehr beauftragen, dann sei die Antwort: „,Ok, du kannst den haben oder nicht haben, aber nicht haben heißt halt auch, dass wir alle weg sind.'" Das abgesprochene Vorgehen ermöglicht ihnen zudem im Falle von Lohnkürzungen oder anderen angedrohten Verschlechterungen der Arbeitsbedingungen in „heftigen Widerstand" zu gehen: „Im Zweifelsfall wird halt auch gestreikt." Da die Solo-Selbstständigen vertraglich ungebunden sind, können sie spontan, unangekündigt und ohne gewerkschaftliche Begleitung den Verkauf ihrer Arbeitskraft verweigern.[118] Aufgrund der Größe des Netzwerks gebe es in einem solchen Fall „morgen keine Tür mehr". Mit dem ironischen Zusatz, „,viel Spaß, viel Spaß auch bei der Suche'", verdeutlicht Ingo die ausgeprägte Marktmacht und entsprechend gute Verhandlungsposition der selbstständigen Türsteher:innen. Die Clubs müssten auf private Sicherheitsfirmen zurückgreifen, die laut Ingo teurer sind, aber schlechtere Arbeit leisten, da sie mit dem Publikum und den Abläufen nicht vertraut und „im Zweifelsfall vielleicht auch einfach richtig scheiße zu Gästen wie zu Personal" sind. Der Erfolg dieser Arbeitskämpfe liegt also einerseits im geschlossenen Auftreten der Türsteher:innen, andererseits dem branchenspezifischen Bedingungsgefüge.[119]

Nico ist zwar formell auch solo-selbstständig, arbeitet aber in einem noch engeren kollegialen Zusammenhang als Ingo. Er hat sich nach seiner Ausbildung und einer

---

118   In Angestelltenverhältnissen entspräche ein solches Vorgehen einem ,wilden' Streik und wäre insofern rechtswidrig. Arbeitskämpfe sind in Deutschland nur erlaubt, wenn sie einen tariflich regelbaren Gegenstand und insofern im Umkehrschluss keine erweiterten politischen Forderungen betreffen und von eingetragenen Vereinigungen, also Gewerkschaften, angekündigt und geführt werden (Art. 9 GG, 3).

119   Ingo und seine Kolleg:innen können ihre Solo-Selbstständigkeit unter diesen Bedingungen als Vorteil nutzen, während Joschua und seinen Kolleg:innen die Vertragslosigkeit bei ihrem Versuch, ihre Interessen gemeinsam gegenüber den Leitungen von Berlin-Brandenburger Bildungsstätten zu vertreten, in Kombination mit ihrer geringen Marktmacht zum Nachteil wurde (vgl. Kapitel 4.2).

kurzen Phase als Angestellter mit befreundeten Handwerker:innen zu einem Kollektiv zusammengeschlossen. Sie organisieren ihr Erwerbsarbeitsleben größtenteils gemeinsam und haben dadurch viel Einfluss auf dessen Gestaltung. Ein Gedanke sei dabei gewesen, im „traditionell sehr hierarchisch organisierten" Handwerk „auf Augenhöhe miteinander zu arbeiten". Dies habe auch andere positive Nebeneffekte: Im Vergleich zu anderen Betrieben nehme er wahr, dass das Kollektiv „viel Spaß einfach im alltäglichen Arbeiten miteinander hat". Darüber hinaus hat der Zusammenschluss für Nico und seine Kolleg:innen auch eine wichtige Schutzfunktion. Nico hat als Transmann wiederholt Diskriminierungserfahrungen im Arbeitskontext gemacht und auch seine Kolleg:innen bewegen sich in ihren Gewerken in einem tendenziell misogynen Umfeld. In ihrem Kollektiv wissen sie um ein geteiltes politisches Selbstverständnis und eine klare Haltung gegen Diskriminierung, die sich auch in eine alltägliche Praxis übersetze. Das schaffe im gemeinsamen Arbeiten einen geschützten und wehrhaften Raum: „[D]u läufst zu fünft auf ner Baustelle auf […], stellst die Hauptgewerke, und dann bist du erstmal ein Gegengewicht". So werde ein „Raum" etabliert, „in dem andere Gesetze gelten". Das bedeute zwar nicht, dass gar keine Diskriminierung mehr vorkommt, aber „es ist klar, wenn meine Kolleginnen doof angemacht werden von irgendnem Lieferanten oder anderem Handwerker, also sich irgendne sexistische Scheiße anhören müssen […], das bleibt nicht unbeantwortet".

Als Kollektiv sind sie darüber hinaus Teil eines Netzwerks feministischer Handwerker:innen, in dem die Beteiligten sich untereinander austauschen und gegenseitig unterstützen. Dabei gehe es um fachlichen Wissenstransfer, aber auch um bewusste Absprachen in Bezug auf Honorarhöhen. Die Fähigkeit zur Aushandlung eines angemessenen Lohns lerne man in der Ausbildung nicht, was tendenziell zu niedrigen Stundenlöhnen führe und auch Lohndumpingeffekte für Kolleg:innen haben könnte. Ähnlich wie bei Ingo geht es aber auch hier nicht nur um kollektiv geteilte Interessen, sondern ebenfalls um wechselseitige Fürsorge bei individuellen Problemlagen. Es handele sich um ein „festeres Netzwerk" mit ernst gemeinten wechselseitigen Bezugnahmen: „[W]enn der eine gerade ne beschissene Baustelle hatte und irgendwie nix verdient hat oder so, dann geht dir das nicht am Arsch vorbei, dann guckst du, ob du den irgendwie, irgendwo mit unterbringen kannst".

Nico und seine Kolleg:innen, die bisher nur „nach innen" als Kollektiv funktionieren, formell aber vier Solo-Selbstständige sind, planen die Gründung einer Genossenschaft. Dank ihrer mehrjährigen Berufserfahrung als Gesell:innen können sie über die sogenannte Altgesellenregelung (§7 HwO) eine Meistergleichstellung[120] bean-

---

120 Mit dem Meisterbrief sind in Deutschland seit dem Mittelalter wechselnde Privilegien verbunden. Seit 1909 gilt der Meisterzwang für die Befugnis zur Ausbildung von Lehrlingen, seit 1935 (mit kurzer Unterbrechung von 1945 bis 1953) ist er Voraussetzung für die Gründung eines selbstständigen Betriebes (BuH ev. 2023). Die Weiterbildung zum Meister muss privat finanziert werden und kostet bis zu 20.000 Euro (Krüger 2021). Dies stellt für Gesell:innen eine enorme Hürde dar. Da davon auch Handwerker:innen aus anderen EU-Ländern betroffen sind, wird diese Regelung seit der Jahrtausendwende regelmäßig von der EU-Kommission kritisiert (Lueg 2014).

tragen und so ein (stehendes) Gewerbe gründen, in dem sie sich sozialversicherungspflichtig anstellen können. Erstens dient dies der besseren Absicherung gegen die prekären Aspekte ihrer Arbeitsbedingungen, „weil wir alle die 40 geknackt haben mittlerweile und uns allen klar ist, dass es körperlich irgendwann einfach nicht funktioniert". Angestelltenverhältnisse ermöglichen ihnen eine „Lohnfortzahlung im Krankheitsfall und berufsgenossenschaftsversichert [zu] sein". Letzteres ist relevant für die medizinische Versorgung bei bzw. nach Arbeitsunfällen, z. B. „wenn du vom Gerüst krachst, dass du einfach nochmal andere Rehamöglichkeiten hast". Zweitens denken sie dabei auch über die eigene soziale Absicherung hinaus daran, „für wen das [Reisegewerbe] denn jetzt 'n cooler Arbeitsplatz" ist und wer andersherum auf Angestelltenverhältnisse angewiesen ist, beispielsweise Kolleg:innen ohne deutschen Pass, die kein Reisegewerbe eröffnen dürfen. Und drittens geht es ihnen um die Zukunft der Branche bzw. um die Erweiterung von Möglichkeiten für zukünftige Generationen von queer-feministischen Handwerker:innen. Über die Meistergleichstellung hätten sie auch die Möglichkeit, selbst auszubilden und könnten so der schwierigen Lage für nicht cis-männliche Personen, einen Ausbildungsbetrieb zu finden, entgegenwirken. Nicht zuletzt erhoffen sie sich, mit der Genossenschaft ihre hierarchie-ärmere und all-gender-freundliche Struktur zu verstetigen. Nico wünscht sich, „ne Struktur zu schaffen, die bleibt, wenn man da selber vielleicht auch rausgeht und was Neues machen will oder so, […] die man weitergeben kann".

Das kollektive Arbeiten erweitert Möglichkeitsräume, da es Stundenlöhne erhöht, Arbeitsbedingungen verbessert und vor Diskriminierung schützt. Trotzdem werden die kollektiven Strukturen auch als Belastung erfahren, da sie im Alltag viel Zeit für Absprachen erfordern.[121] Immer „kommunizieren, absprechen, sich drum kümmern" zu müssen, macht Nicos „zwei Kollektive im Leben", also den Wagenplatz und die Handwerker:innen „schon auch wirklich" zum „Sport", der „manchmal […] auch viel zu viel" ist. Gerade das geteilte Anliegen bei der Gründung des Handwerks-Kollektivs, hierarchische Strukturen hinter sich zu lassen und Entscheidungen auf Augenhöhe zu treffen, erfordert zusätzliche koordinierende Arbeit: „[I]mmer noch gucken, wer braucht wann Arbeit, wer ist wann wie im Urlaub, oder krank, wer kann mit wem arbeiten? Wer braucht wann das Auto?" Das „Orga-Plenum" fand lange Zeit abends nach der Arbeit auf der Baustelle statt, bis Nico intervenierte und sagte: „‚[I]ch pack Plenum abends nicht mehr, ich brauch wirklich Freizeit abends.'". Daraufhin sei das Plenum „in die Arbeitszeit" verlegt worden, anstatt die Selbstverwaltung zusätzlich und unbezahlt zu tun. Im informellen Netzwerk der Türsteher:innen werden hingegen Hierarchien bewusst in Kauf genommen, da niemand „mit kompletten Türteams ständig Plena halte[n] wolle". Alle in Entscheidungsprozessen mitzunehmen, habe man in der Anfangszeit noch versucht, mittlerweile spricht Ingo Entscheidungen nur noch bilateral mit den unmittelbar Betroffenen ab, bevor er sie einem Club kommuniziert. Er will „wenigstens vorher mal ne Meinung

---

121   Mit der Gründung der Genossenschaft verknüpft Nico auch die Hoffnung, diese Zeit zu reduzieren.

dazu gehört haben, bevor ich irgendwas mit irgendwem verhandle." Trotzdem nehme die Organisation „noch sehr viel Zeit" in Anspruch.

„Wie in so ner Schneekugel eigentlich." Solidarische Lebenszusammenhänge unter Druck

Hannah und Nico wohnen auf Berliner Wagenplätzen, also auf innerstädtischen gepachteten Freiflächen in zu Wohnräumen ausgebauten Bauwagen. Das ist einerseits günstig und vergrößert die Entscheidungsfreiheit in Bezug darauf, welcher Erwerbsarbeit sie in welchem Ausmaß nachgehen. So schätzte Nico es, „dass man da irgendwie nicht viel Kohle brauchte [...] und sich mit Jobs über Wasser halten konnte". Er habe mit den Wagen auf dem selbstverwalteten Platz seinen „eigenen kleinen Space". Zugleich gebe es „ne gemeinsame Küche, gemeinsame Ausgaben, gemeinsames Heizen", sodass sich eine für ihn gelungene Mischung aus Autonomie und kollektiver Organisierung ergebe. Dabei diene der kollektive Zusammenhang nicht nur den praktischen Dingen der Alltagsorganisation, sondern soll dem Anspruch nach auch sicherstellen, dass „finanziell alle teilhaben können, dass wir halt auch aufeinander aufpassen".[122] Auch Hannah ist sich sicher, dass sie in einer Situation, in der sie ihre „Miete nicht zahlen kann", von ihren Wagenplatz-Mitbewohner:innen Unterstützung erfahren wird: „[D]ann werden wir einen Weg finden." Die Erfahrung, im Zweifelsfall aufgefangen zu werden, sei für sie prägend gewesen, sodass „kollektiv zu denken" für sie zu einem Imperativ wurde. Dieses „Vereinzelte, Neoliberale, alles auf die eigenen Schultern laden", nimmt sie als Ursache dafür wahr, dass man „unter die Räder gerät".

Die Strukturen auf Hannahs und Nicos Wagenplätzen, Werkstätten, Gartenprojekte, Veranstaltungsräume etc., dienen nicht nur den Bewohner:innen, sondern werden „für kollektive Projekte" unentgeltlich oder gegen Spende bereitgestellt. Berlin war bekannt für seinen Reichtum an solchen Orten. Leerstehende Häuser, (Laden-)Wohnungen und Fabriketagen, brachliegende Grundstücke und Industriegelände ermöglichten die Vitalität und Vielfalt des (sub-)kulturellen, sozialen und politischen Lebens. Und während von dessen Image noch die kommerzialisierte Kulturszene profitiert, schwinden diese Räume im Zuge der neoliberalen Stadtentwicklung, sodass Nico es als „krass politisch" einordnet, „so nen Raum zu haben und den irgendwie zur Verfügung stellen zu können".

Durch diese Entwicklung geraten die kollektiv-solidarischen Lebensentwürfe der Protagonist:innen zunehmend unter Druck. Nico und Hannah schildern, inwiefern ihr Alltag in ihrer Anfangszeit in Berlin vor ca. 20 Jahren noch unter ganz anderen Voraussetzungen stattfand. „Also es war schon so ein Gefühl von: ‚alles geht'", erinnert sich Hannah in Bezug auf den damaligen Neuaufbau des Wagenplatzes. „Und wir kennen halt unsere Tricks, also wir wussten auch, wie wir die Zeilen ver-

---

122   Diesen Anspruch praktizieren Nico und Ingo, wie oben gezeigt, auch in ihren beruflichen Netzwerken.

fassen mussten, um an ein Gelände ranzukommen." Während für Hannah die Wirksamkeitserfahrung im Aufbau von Infrastrukturen in der Erinnerung vordergründig ist, schwärmt Nico davon, was diese ermöglicht haben: „so'n relativ entspanntes Leben, wo irgendwie Platz war für viele andere Sachen außer arbeiten […], was es heute gar nicht mehr gibt, finde ich." Die Steigerung der Lebenshaltungskosten verteuert auch das Leben auf dem Wagenplatz und steigert den ökonomischen Druck auf jede:n Einzelne:n. Hannah erinnert sich lachend, dass die Miete für einen Stellplatz früher „immer nach Selbsteinschätzung" gezahlt worden sei. In einer „Stadt, die halt immer teurer wird, wo halt einfach Wohnraum wahnsinnig teuer ist", merke man dagegen, „nee, also, das geht gar nicht mehr auf."

Da das Leben im Wagen trotzdem noch verhältnismäßig günstig ist, spüren sie den zunehmenden ökonomischen Druck durch die gestiegenen Mieten indirekt durch die Vielzahl an Bewerber:innen auf Stellplätze. „Und dann hast du aber natürlich das Gefühl, dass du dich unsolidarisch verhältst, wenn du jetzt irgendwie XY in einer wahnsinnig prekären Situation sagst, dass sie hier nicht wohnen kann." Wenn dies aber schon die „fünfte Person in den letzten zwei Monaten" in einer besonders prekären Lage ist, dann bleibe nur noch das Gefühl, „dass du die Scheiße, die in dieser Stadt passiert, nicht auf diesem Platz wirst lösen können". Nico hat das Gefühl, von der Entwicklung der Stadt „überrollt" zu werden. Für Hannah fühlt sich „in so nem wirklich schönen Ort" mitten im zentralen Stadtteil zu leben mittlerweile „pittoresk", „nicht mehr zeitgemäß" an. Sie beschreibt das Gefühl, mit ihrer Lebensweise aus der Zeit zu fallen, mit dem Bild der Schneekugel. Die Stadt um sie herum verändert sich rasant. Sie fühlt sich übriggeblieben, ausgestellt in einem schön dekorierten Raum, während sie dank der transparenten Außenwände das Geschehen um sie herum genau beobachten kann – oder muss. Dabei sei der Innenraum der Schneekugel nicht nur für Außenstehende abgeschlossen, Hannah selbst könne „auch gar nicht so richtig raus", denn sie könnte sich von ihrem aktuellen Einkommen keine Wohnung in der Innenstadt mehr leisten. Da es vielen so geht, entsteht hierdurch noch eine andere Form des Drucks auf die kollektiven Strukturen: „Konflikt[e] runter[zu]schlucken", sich „gut-mäßig zusammentun, obwohl es total am Explodieren ist drunter", gehöre zunehmend zur Alltagserfahrung kollektiver Wohnprojekte, wo man sich keine Aus- und Umzüge leisten kann. Doch auch die Plätze selber, Hannahs ,Schneekugel', sind bedroht, was weitere Effekte auf die kollektiven Strukturen hat. Wenn Nico auf dem Wagenplatz nicht permanent das Gefühl hätte, „dass jemand kommt und dir das wegnimmt, den Ort, wo du lebst, und damit ja auch ne ganze soziale Struktur zerstört", eine berechtigte Sorge[123], dann käme vielleicht auch „so'n Gedanke [auf] von: ,Wie denkst du dich eigentlich mit den anderen in die Zukunft?' […] und ,Wie wird man eigentlich zusammen in Würde alt auf'm

---

123 Erst 2021 wurde der Wagenplatz der Köpi geräumt, wo seit der Besetzung des Hauses in Berlin-Kreuzberg im Jahr 1990 ca. 50 Menschen in Bauwagen wohnten. Eine Baugenehmigung hatte die seit 2007 wechselnden Eigentümer zur Räumung veranlasst, der Versuch des Senats, das Grundstück mit der landeseigenen Howoge zu übernehmen, scheiterte (Guglielmino 2021).

Wagenplatz?'".[124] Das Leben in der (Innen-)Stadt bekommt einen zunehmend provisorischen Charakter: Größere Investitionen in die Infrastrukturen des Platzes werden aus dem Gefühl heraus, „es kann dir immer weggenommen werden", nicht mehr getätigt, sodass stattdessen „ein großes provisorisches Infrastruktursystem" entstehe, wo „eigentlich immer an irgendner Ecke gerade irgendwas kaputtgeht", was „total anstrengend" sei. Eine wirklich „langfristige Perspektive von Zusammenwohnen" sei nur noch als „bezahlbares Eigentum irgendwo auf'm Land" vorstellbar. Die eigene Zukunftsperspektive in der Stadt ist von Gedanken an Altersarmut bis hin zur Wohnungslosigkeit geprägt. Ob Nico „ne gezielte Lebensplanung" deshalb nicht macht, weil er sich immer darauf konzentriert, „wodrum geht's für mich jetzt gerade", oder, ob die sukzessive Verunmöglichung eines Lebens in der Berliner Innenstadt mit wenig Geld diese verhindert, bleibt offen.

Die kollektiven Arbeits- und Lebenszusammenhänge der Interviewpartner:innen sowie die kulturellen und subkulturellen Kontexte, in denen sie sich bewegen, bilden ein spezifisches Milieu, das ihre Lebensweise überhaupt erst möglich macht. Die vielgerühmte (sub-)kulturelle und künstlerische Vitalität Berlins basiert nicht unwesentlich auf der Existenz solcher Orte und Lebensweisen. Die Schilderungen der Protagonist:innen machen deutlich, dass die Voraussetzung für ihre weitestgehend selbstbestimmten Lebensentwürfe, bei Hannah auch die für ihre künstlerische Arbeit, zunehmend verloren gehen. Für die Stadt bedeutet dies ggf. den Verlust einer Szene, die sie als Lebens- und Besuchsort attraktiv gemacht hat.

Zusammenfassung

Hannah, Ingo und Nico hatten zwar nicht die freie Wahl zwischen einer beruflichen Tätigkeit als Solo-Selbstständige oder als Angestellte, schätzen den selbstständigen beruflichen Status aber aufgrund der inhaltlichen Gestaltungsspielräume und flexiblen Form der Arbeitsorganisation. Sie legen Wert darauf, in und mit ihrer Arbeit Ziele realisieren zu können, die für sie subjektiv von Bedeutung sind. Sie schätzen es, ihre Arbeitszeiten flexibel gestalten zu können und sich so auch längere Phasen am Stück ohne Erwerbsarbeit zu ermöglichen. Darüber hinaus ist es ihnen wichtig, die Arbeitszeit so in ihren Lebenszusammenhang zu integrieren, dass genug Raum für anderes bleibt, beispielsweise für die Selbstverwaltung der solidarischen Strukturen, in denen sie leben und arbeiten, das Pflegen von Freundschaften und unbezahlte humanitäre und politische Arbeit. Diesen Anspruch zu realisieren, also Erwerbsarbeit nachzugehen um im Leben andere Dinge zu tun, gelingt ihnen immer weniger. Im Gegenteil scheint sich der Bereich der Erwerbsarbeit zeitlich und strukturell auf andere Lebensbereiche auszuweiten: Die Interviewten arbeiten teils

---

124 Da großer Wohnraum noch knapper ist als kleiner, wirkt die Krise der Berliner Mieter:innen insbesondere auf größere soziale Strukturen und damit auch alternative und queere Familienmodelle prekarisierend, in denen sich häufig mehr als zwei erwachsene Bezugspersonen um Kinder kümmern. Auch Nico hat ein Patenkind, um das er sich kümmert und wodurch er „wirklich viel" Lebenssinn erfährt.

deutlich über 40 Stunden pro Woche, befinden sich auch noch nach Feierabend oder während ihrer Auslandsaufenthalte in räumlichen und sozialen Kontexten, die von (den organisatorischen Aspekten) ihrer Erwerbsarbeit geprägt sind und haben im Alltag den Eindruck, dass kaum Zeit für anderes bleibt. Die Ausweitung ihrer Arbeitszeit und einer unternehmerischen Logik auf andere soziale Beziehungen führt zu teils erheblicher psychischer und physischer Belastung. Dabei ist die Lebenssituation der Interviewten nicht unwesentlich von Prekarität geprägt. Die Höhe ihres Einkommens genügt nicht für den Aufbau von Rücklagen, die sie ohne entsprechende vertragliche Rechte oder Sozialversicherungen bräuchten, um sich gegen Risiken wie Arbeitslosigkeit oder Krankheit abzusichern oder eine signifikante Rente akkumulieren zu können. Die Covid-19-Pandemie hat ihnen selbst diese Prekarität vor Augen geführt und sie verstärkt. Die kollektiven Wohnstrukturen der Interviewten bieten einen gewissen Schutz gegen die materielle Prekarisierung, sind jedoch durch die neoliberale Stadtentwicklung bedroht. Die Erfahrungen von Solidarität und wechselseitiger Fürsorge, die sie in diesen gesammelt und an denen sie dort mitgewirkt haben, tragen sie auch in ihr Berufsleben und haben dort Vernetzung und Organisierung mit angestoßen, die die mit der solo-selbstständigen Tätigkeit einhergehende Unsicherheit in einem gewissen Rahmen abfedern können.

4.2 Subjektivierte Arbeit am politischen Gemeinwesen: Miriam, Joschua und Heiko

Eine berufliche Arbeit am politischen Gemeinwesen wird meist mit der Übernahme bestimmter Ämter (z. B. MdB, MdL oder Minister:innen), also mit zu spezifischen Tätigkeitsbündeln verdichteten Funktionen im System der parlamentarischen Demokratie, assoziiert. Im weiteren Sinne gehören aber auch Berufe dazu, die in der Zivilgesellschaft politisch-kulturelle Bildung vermitteln und somit Hegemonieverhältnisse mitbestimmen (Mayo 1999, 39 ff.; vgl. Einleitung Kapitel 4). Dieses traditionell [125] heterogene Feld ist im Zuge der Bundes- und Landesförderung von Projekten gegen Rechtsextremismus etc. seit 2001 inhaltlich im Sinne des progressiven Neoliberalismus ausgerichtet (Reimer 2011, 282 ff.) und institutionell sowie beruflich ausdifferenziert worden. Zugleich haben sich die arbeitsmarkt- und sozialpolitischen Bedingungen sowie die konkreten Organisationsformen der Erwerbsarbeit in diesem Feld im Sinne von Prekarisierung (Motakef & Wimbauer 2019) einerseits und ambivalenter Subjektivierung (Kleemann 2012) andererseits verändert. Insbesondere die letztere Entwicklung eröffnet den Berufstätigen Möglichkeiten zur Mitbestimmung und selbstbestimmten Umsetzung von Arbeitsanforderungen, wozu unter den ökonomisierten Rahmenbedingungen allerdings ein quasi-unternehmerisches Verhältnis zur eigenen Arbeitskraft und Person erforderlich ist (Voß 2017). Wie diese Variante hochqualifizierter Arbeit in Dynamiken gegenwärtiger Klassenverhältnisse eingelassen ist, wird folgend anhand der Erfahrungen von Heiko, Miriam und Joschua in unterschiedlichen Teilbereichen des Berufsfeldes betrachtet. Ergänzend werden Tinas und Ines Erfahrungen herangezogen.

Heiko[*126] wurde in der Wendezeit in Ostberlin geboren und lebte als Kind und Jugendlicher mit seinen Eltern und seinem Bruder in einem der dortigen Plattenbauviertel. Nach dem Abitur und einer kaufmännischen Ausbildung in der Logistik wechselte er in den frühen 2010er-Jahren in die Soziale Arbeit. Im und nach dem Studium war er als solo- bzw. duo-selbstständiger Erlebnispädagoge u. a. in einem kleinen gemeinnützigen Verein, den er mitleitete, tätig. Derzeit macht Heiko eine

---

[125] In diesem Fall bleibt die Rekonstruktion der langfristigen Entwicklungen relevanter Bedingungen dieser Erwerbsarbeit für die Zeit vor 1989 auf Westdeutschland begrenzt, weil für eine von den staatlichen, von der SED durchherrschten Institutionen (relativ) unabhängige politische, bildnerischen und soziokulturelle Betätigung von Vereinen und Verbänden in der DDR kaum Raum blieb (vgl. Haug 2004, 211 f.). Mit der Oppositionsbewegung wurden solche Räume in den 1980er-Jahren zunehmend erschlossen und aus ihr heraus entstanden nach 1991 diverse Organisationen nach westdeutschem Recht, in denen zivilgesellschaftliches Engagement verberuflicht wurde. Und mit dem Aktionsprogramm gegen Aggression und Gewalt (AgAG), das meist mit dem (höchst problematischen) Versuch assoziiert wird, der grassierenden rechtsextremen Gewalt zu begegnen, wurden in Ostdeutschland Strukturen der Kinder- und Jugendhilfe aufgebaut, zu deren Umsetzung es im Sinne des KJHG/SGB VIII freier Träger bedurfte, die fortan Jugendarbeit umsetzten (Reimer 2011, 283 ff.). Die traditionellen Träger der politischen Jugendbildung sind als GEMINI im Bundesausschuss politische Bildung organisiert.

[126] Bei den um das *-Zeichen ergänzten Namen handelt es um Pseudonyme. Im weiteren Verlauf werden diese Namen ohne dieses Zeichen verwendet. Zum Verfahren der Anonymisierung und Pseudonymisierung vgl. Kapitel 1.2.

Ausbildung zum Psychotherapeuten in einer ostdeutschen Stadt, wo er mit seiner Partnerin und deren Kind lebt. Seiner Familie wegen würde er in die Hauptstadt zurückziehen.

Miriam* wurde in den 1970er-Jahren in Westdeutschland geboren, machte ihr Abitur und zog während des Studiums nach Berlin. Sie konnte Anfang der 2000er-Jahre ein Projekt im Bundesprogramm Civitas erfolgreich mitbeantragen und stieg mit einer sozialversicherungspflichtigen Teilzeitstelle in ein neu entstehendes Berufsfeld ein. Seitdem ist sie, unterbrochen von Mutterschutz und Elternzeit, in verschiedenen Bereichen der vom Bund und den Ländern geförderten Netzwerk-, Beratungs- und Bildungsarbeit zu und gegen Rechtsextremismus und Diskriminierung sowie zur Stärkung der Zivilgesellschaft in Berlin und Brandenburg als Angestellte bei freigemeinnützigen Trägern tätig.

Joschua* erlebte seine Kindheit in den 1980er-Jahren in einem (west-)deutschen Dorf, machte Abitur und kam zum Universitätsstudium nach Berlin. Nach dem Studienabschluss meldete er sich erwerbslos, jobbte auf Messen und arbeitete schließlich sozialversicherungspflichtig in einem Warenlager. In den 2010er-Jahren stieg er als Solo-Selbstständiger in die Erlebnispädagogik und politische Bildung ein und arbeitete in Berlin-Brandenburger Bildungsstätten, wo er sich an der Organisierung und Interessenvertretung der freiberuflich Beschäftigten beteiligte. Schließlich trieb er die Gründung eines gemeinnützigen Vereins voran, mit dessen Kernteam er kollektivselbstständig in der vom Bund, dem Land Berlin und den Bezirken geförderten Bildungsarbeit gegen Rechtsextremismus etc. tätig ist.

Tina* und *Ines** arbeiten wie Miriam in Teilzeitstellen bei freigemeinnützigen Trägern in durch das Land Berlin geförderten Projekten zur Förderung der Zivilgesellschaft sowie gegen Rechtsextremismus und Diskriminierung. In Tinas Träger mit Arbeitsschwerpunkt in Ostberlin ist die Demokratiearbeit ein Bereich von vielen. Ines Träger ist kleiner, agiert aber bundesweit. Beide arbeiten zu Prävention und Folgen von rechter Gewalt, unter anderem in der Begleitung von Betroffenen. Ines hat innerhalb ihres Projektes mittlerweile eine Leitungsfunktion. Beide erhielten trotz mehrjähriger Arbeit im gleichen Projekt bisher immer nur jährlich befristete Arbeitsverträge. Tina hat seit diesem Jahr erstmals eine Teilentfristung für ca. die Hälfte ihres Stundenkontingents. Tina und Ines haben wie viele ihrer jungen Kolleg:innen einen Kinderwunsch. Ob und wie dieser mit ihren aktuellen Arbeitsverhältnissen vereinbar ist, bereitet ihnen Sorgen.

Die Protagonist:innen, Heiko, Miriam und Joschua, berichteten in anderthalb- bis zweistündigen themenzentrierten und narrativen Interviews, die zwischen Mai 2021 und März 2022 stattfanden, von ihren Erfahrungen in der Erlebnispädagogik und der Bildungs-, Beratungs- und Netzwerkarbeit gegen Rechtsextremismus etc. in Berlin. Tina und Ines wurden im Frühjahr 2023 ergänzend zu spezifischen Aspekten dieser Arbeit befragt. Auf Basis dieser Interviews werden im ersten Teil typische Wege in das Berufsfeld sowie dessen Heterogenität beschrieben und herausgearbeitet, unter welchen Bedingungen Formen und Inhalte der Demokratiearbeit[127] als attraktiv oder belastend erlebt werden. Im zweiten Teil werden Handlungsproblematiken beschrieben, die sich in den bisherigen Lebensphasen und im Lebenslauf aus der institutionell und gesellschaftlich bestimmten Arbeitsorganisation ergeben. Warum diese belastenden Erwerbsarbeitsverhältnisse lange Zeit weitgehend unhinterfragt blieben und welche individuellen, überindividuellen und kollektiven Umgangsweisen mittlerweile mit ihnen gefunden werden, ist Gegenstand des dritten Teils.

„Genau das, was ich machen will."? Wege in die heterogene Demokratiearbeit

In diesem ersten Teil werden eingangs die teils ähnlichen Wege der Protagonist:innen in verschiedene Bereiche der Demokratiearbeit nachvollzogen, wobei auch die subjektiven Ansprüche an die Qualität von Erwerbsarbeit deutlich werden (erster Abschnitt). Anschließend werden entlang der Berufsverläufe die Spannbreite der institutionellen Einbindung und der gesellschaftlich regulierten Beschäftigungsformen, die sich von der Solo-Selbstständigkeit über kollektive Selbstständigkeit bis hin zu sozialversicherungspflichtigen Anstellungen erstreckt, sichtbar (zweiter und dritter Abschnitt). In der Kontrastierung von eher fremd- und eher selbstbestimmten Varianten der Arbeitsorganisation in dem Berufsfeld wird dabei auch deutlich, dass vor allem die Formen der Demokratiearbeit sowohl als attraktiv als auch als belastend erlebt werden, während der Arbeitsinhalt überwiegend als sinnvoll und identifikationsstiftend beschrieben wird.

„Wie das vorgesehen war" und „ins kalte Wasser gehüpft." Typische Bildungsverläufe in (un-)bekannte Tätigkeiten

Im Unterschied zu den steinigen Bildungsverläufen der alleinerziehenden Frauen (vgl. Kapitel 2.1) erscheint der Weg zum Abitur bei den drei Protagonist:innen dieses Kapitels nicht als etwas Besonderes oder als Resultat bewusster Entscheidungen. Dass er in einem klassenspezifischen Milieu aufwuchs, in dem dieser Weg zur unhinterfragten Selbstverständlichkeit, zur Doxa i. S. Bourdieus (König & Berli 2013), gehört, reflektiert Joschua rückblickend mit der Formulierung: „[I]ch hab' die Schule so durchgezogen, wie das für mich vorgesehen war, mit Grundschule, dann Gymnasium, Abitur". Mit Blick auf die anschließenden Lebensphasen werden indes – unterschiedliche – Entscheidungen thematisiert, die sie in Studiengänge und Berufstätigkeiten einmünden ließen, die sich im Feld der Demokratiearbeit bewegen und zugleich die Heterogenität der Berufe und Beschäftigungsformen in diesem Feld verdeutlichen.

---

127   Unter dieser Bezeichnung werden die schon länger profilierten Bereiche der Erlebnispädagogik, der Jugend- und Erwachsenenbildung sowie die seit den 2000er-Jahren entstandene Netzwerk- und Beratungsarbeit, insoweit sie sich auf die Gestaltung des politischen Gemeinwesens beziehen, zusammengefasst.

Nach dem Abitur war für den Ostberliner Heiko klar, „ich mach erstmal jetzt einfach ne Ausbildung, und kann mich selber finanzieren und kann dadurch meine eigene Wohnung bezahlen". Er absolvierte eine kaufmännische Ausbildung im Logistikbereich, versuchte wegen mangelnder Identifikation mit dieser Arbeit und der zeitlichen Beanspruchung allerdings dann „rauszukommen aus dieser 40-Stunden-Geschäftswelt". Er wollte eine Tätigkeit mit einem „gesellschaftlichen Mehrwert" ausüben, anstatt „jetzt einfach nur Fracht von Asien nach Europa zu bringen", also zur Realisierung eines ökonomischen Mehrwerts beizutragen. Er wandte sich der Sozialen Arbeit zu „in der Hoffnung, diffus irgendetwas Gutes machen zu können", und akzeptierte vorauseilend die im Vergleich zur ihm bekannten Entlohnung im Bereich der globalen Distribution von Gütern schlechtere Bezahlung in der angestrebten Sorgearbeit: „egal, was ich später mal verdiene" (vgl. zur Sorgearbeit und deren Abwertung Kapitel 2). Für Joschua stand nach dem Abitur nicht zur Debatte, ob, sondern was er studieren will, wobei ihn von vornherein eine pädagogische Fachrichtung interessierte. Er studierte „bewusst nicht Sozialpädagogik oder Soziale Arbeit", sondern Erziehungswissenschaften, da dieses Studium „ein bisschen freier angelegt" war. Letzteres habe ihn nach dem Studienabschluss wiederum verunsichert, sodass er „auch nicht so richtig genau [wusste], was ich machen soll". Auch die aus Westdeutschland nach Berlin gekommene Miriam wusste nach ihrem sozialwissenschaftlichen Studium „erstmal nicht so: ,Was mach ich jetzt damit?'". Beide meldeten sich erwerbslos. Sie stehen exemplarisch für die Erfahrung, dass geistes- und sozialwissenschaftliche Abschlüsse keine eindeutigen Berufslaufbahnen auf der Basis der erworbenen Qualifikationen eröffnen, sondern individuell erschlossen werden müssen (Solga et al. 2009). Nachdem Joschua schon „Handjobs", also weniger wissensbasierte Tätigkeiten, auf Messen gemacht hatte, arbeitete er in einem „sozialversicherungspflichtigen Arbeitsverhältnis" in befristeter Anstellung in einem Warenlager, wodurch er aus der privaten „in die gesetzliche Krankenversicherung" wechseln und somit an einer solidarischeren Gesundheitsvorsorge teilhaben konnte. Nach Konflikten mit seinem Chef stieg er dort aus und in den 2010er-Jahren als Solo-Selbstständiger in die Arbeit ein, die „,du eigentlich auch kannst'", wie ihn Freunde erinnerten: Erlebnispädagogik bei einem freien Träger und politische Bildung an Bildungsstätten in Berlin-Brandenburg. Heikos Einstieg in die Berufstätigkeit als Erlebnispädagoge verlief insofern glatter, als dass er bereits während des Studiums eine erlebnispädagogische Ausbildung gemacht und für zwei Träger gearbeitet hatte: „einmal wirklich so Fünf-Tages-Projekte sozusagen mit nem Vorbereitungstreffen in der Schule, das andere eher so ein bisschen von der Stange weg zwei bis drei Tage auf ner bestehenden Klassenfahrt [...] eher so Entertainment". Ebenfalls während des Studiums wurde er „zweiter Vorstand in nem gemeinnützigen Verein". Dabei handelte es sich um einen kleinen frei-gemeinnützigen Träger, aber „es gab Kunden, es gab ne Website, also so es gab Strukturen", über die Projektmittel beantragt werden konnten. Mit einem Bekannten leitete er den Verein auch nach dem Studienabschluss. Das selbstständige Duo führte „über drei oder vier Jahre" elternfinanzierte Klassenfahrten und jugendamtsfinanzierte Freizeitfahrten für benachteiligte Kinder durch. Auch Joschua stieg in die Berliner Vereinslandschaft ein. Nach einigen Jahren der formell selbstständigen, inhaltlich und finanziell aber quasi-abhängigen politischen Bildung bei den Berlin-Brandenburger Bildungsstätten kam er Mitte der 2010er-Jahre über einen Bekannten erstmals „mit so selbstorganisierter Bildungsarbeit" in Berührung. Sie fingen an „drüber zu sprechen, einen eigenen Träger zu gründen und das auf eigene Beine zu stellen" und „größer zu machen". Ihr wenige Jahre später gegründeter frei-gemeinnütziger Verein stellte als Kooperationspartner etablierter Träger schnell erfolgreiche Anträge, sodass Joschua bald „nicht mehr für externe Träger" arbeitete. Das Kernteam von rund fünf Personen arbeitet kollektiv-selbstständig und bietet mehrtätige Projekte für Grundschulklassen in prekarisierten Stadtteilen zu verschiedenen Formen der Diskriminierung und zu historisch-politischer Bildung an. Mittlerweile kommen bisweilen externe Solo-Selbstständige dazu. Auf der Grundlage von Anträgen beim Bund bzw. dem Land, den Landeszentralen für politische Bildung, den Bezirken und bei Stiftungen mit einem geringen Finanzvolumen werden sich der Verein und das Team noch etwa vier Jahre halten können, da manche Fördertöpfe auf Sicht versiegen werden. Ob sie mit dem Verein auch darüber hinaus ein hinreichendes Einkommen mindestens fürs Kernteam generieren können, ist offen. Eine Möglichkeit der Weiterentwicklung des Vereins und weiterer Absicherung ihrer Existenzgrundlage wären Projektanträge in einem Volumen, das die Schaffung sozialversicherungspflichtiger Personalstellen ermöglichen würde. Genau dies war der ungeplant-zufällige Berufseinstieg für Miriam: Sie hatte Anfang der 2000er-Jahre ein Praktikum bei einem frei-gemeinnützigen Träger in Ostberlin begonnen, das vom Arbeitsamt aufgrund nicht vorhandener Praxisanteile im Studium finanziert wurde. In dieser Zeit fand ein Paradigmenwechsel im staatlichen Umgang mit Rechtsextremismus statt, welcher mit den für 2001 ausgeschriebenen Bundesprogrammen nicht mehr als unpolitische Jugendgewalt verharmlost, sondern als Problem der politischen Kultur verstanden wurde, dem in Ostdeutschland inkl. Ostberlin mit einem sich herausbildenden ‚zivilgesellschaftlichen Ansatz' begegnet werden sollte (Roth 2003). Miriam hatte dort mit anderen „einen kleinen Antrag geschrieben zu Erinnerungsarbeit", mit dem sie „in die Beratung in das frische Bundesprogramm CIVITAS" gingen, wo sie auf die Möglichkeit hingewiesen wurden, einen größeren Antrag zu stellen. „Und dann haben wir diesen Antrag in die Tasten gehauen und dachten, wir probieren [das] jetzt einfach. Und haben diese Stelle bekommen", die sie sich mit einer Kollegin teilte. Dass sie mit der Teilzeitstelle (noch) weniger verdiente als im abgewerteten Feld der beruflichen Sorgearbeit ohnehin (vgl. Kapitel 2), fiel für sie angesichts der Anfang der 2000er-Jahre günstigen Lebenshaltungskosten in Berlin, der freien Zeit und noch nicht vorhandenen familiären Sorgeverpflichtungen nicht negativ ins Gewicht. Zudem vermittelte ihr die praxiserfahrene Kollegin Sicherheit im Berufseinstieg: „[I]ch hatte zum Glück eine Kollegin aus der Jugendarbeit an meiner Seite, die mit mir diese Stelle aufgebaut hat. Also sonst – puh – weiß nicht, wie das so gelaufen wäre. Das war sehr gut." Neben der anklingenden Unsicherheit, nach einem eher praxisfernen Universitätsstudium eine praktische Erwerbstätigkeit aufzunehmen, kommt in Miriams Fall hinzu, dass mit den Bundes- und Landesprogrammen gegen Rechtsextremismus und für Demokratie ein neues Berufsfeld mit sich herausbildenden unterschiedlichen Berufsprofilen etabliert wurde. Miriam arbeitete zum Zeitpunkt des Interviews seit rund 20 Jahren, unterbrochen von Mutterschutz und Elternzeit, in unterschiedlichen Bereichen der Netzwerk-, Beratungs- und Bildungsarbeit zu und gegen Rechtsextremismus und Diskriminierung sowie für Stärkung der demokratischen Zivilgesellschaft bei verschiedenen frei-gemeinnützigen Trägern. Während sie lange Zeit befristet angestellt war, ist sie seit wenigen Jahren unbefristet als Projektleiterin tätig. Aufgrund der räumlichen und thematischen Nähe kann sie mit Kolleg:innen, die für jeweils eigene Projekte verantwortlich sind, de facto in einem Team zusammenarbeiten. Und während sie „damals so ins kalte Wasser gehüpft" war, gehört sie zum Zeitpunkt des Interviews zu den Erfahrensten im Feld der Demokratiearbeit. Sie hofft, sich zukünftig noch stärker auf Leitungstätigkeiten konzentrieren zu können.

Die Arbeit der drei Protagonist:innen beruht auf dem im Studium erworbenen und laufend aktualisierten wissenschaftlichen Fachwissen, spezifischen Methodenkenntnissen und der Fähigkeit, diese eigenständig kontextbezogen zu konkretisieren und umzusetzen. In Kombination mit der besonderen gesellschaftlichen Relevanz ihrer Tätigkeiten deutet dies darauf hin, dass diese nicht lediglich verberuflicht ausgeübt werden, sondern eine Form von Profession darstellen (Demszky & Voß 2018; Gieseke 2009), die als Demokratiearbeit bezeichnet werden kann. Die Profession ist indes nicht homogen, sondern speist sich einerseits aus traditionelleren Berufen wie erlebnispädagogischer Kinder- und Jugendarbeit oder außerschulischer politischer Jugend- und Erwachsenenbildung (Hafeneger 2011; Faulstich 1999). Andererseits sind im Zuge der Förderung von Projekten gegen Rechtsextremismus etc. auch neue Berufsbilder entstanden, die auf spezifische Herausforderungen zugeschnitten sind, wie etwa Mobile Beratungsteams (MBT), Opferberatungsstellen (OBT) und Partnerschaften für Demokratie (PfD). Dementsprechend ist auch das traditionell heterogene institutionelle Feld um neue Träger bzw. Einrichtungen erweitert worden. Darunter finden sich kleine und teils jüngere Vereine wie die von Heiko und Joschua sowie solche, die wie in Miriams Fall bereits länger existieren und sich in den vergangenen 20 Jahren im Feld der erweiterten Demokratiearbeit etablieren konnten. Unterschiedlich sind auch die Mittelgeber und somit die regulatorischen Instanzen der jeweiligen Teilbereiche: Bundesministerien, Landesbehörden, Stiftungen etc.; SGB VIII, Landesweiterbildungsgesetze etc.; Programmrichtlinien auf Bundes- und Landesebene etc. Die Beschäftigungsformen reichen von dezidierter Solo-Selbstständigkeit – also dem Versuch, die eigene Arbeitskraft als Einzelne:r auf einem Markt mit großer Konkurrenz und begrenzten Beschäftigungsmöglichkeiten zu verkaufen – über die Kooperation mit einer oder mehreren Selbstständigen in einem institutionellen Rahmen, der mittels zusätzlicher Strukturarbeit abgesichert werden muss und ggf. ‚echten' Solo-Selbstständigen Teilaufgaben überträgt, bis hin zu überwiegend befristeten und wenigen unbefristeten Angestelltenverhältnissen bei größeren Trägern. Somit zeichnet sich ab, dass einerseits die traditionell prekären Erwerbsformen etwa der Erwachsenenbildung (Faulstich 1999) auch im Feld der Demokratiearbeit normalisiert sind, andererseits manche Beschäftigungsverhältnisse den Demokratie-Arbeiter:innen nicht nur in Bezug auf den Inhalt, sondern auch mit Blick auf relative Freiheiten in der Umsetzung ein attraktives Tätigkeitsfeld bieten. Beides wird folgend genauer betrachtet.

„Nie weit im Voraus planbar."
Prekär-fremdbestimmte, solo-selbstständige Bildungsarbeit

Als das Feld der Demokratiearbeit mit dem erwähnten Paradigmenwechsel hin zum zivilgesellschaftlichen Ansatz (Roth 2003) der Bundes- und Landesprogramme gegen Rechtsextremismus etc. institutionell und beruflich ausdifferenziert wurde, waren in der außerschulisch-politischen Bildung sogenannte atypische [128] Erwerbsverhältnisse bereits normalisiert, wodurch die zuvor erfolgte Verberuflichung und teilweise Professionalisierung des Feldes behindert wurde. Dies wird folgend am Beispiel der Erwachsenenbildung (Faulstich 1999) verdeutlicht. [129]

Ähnlich wie in der Pflege (vgl. Kapitel 2.2) setzte die Verberuflichung der Erwachsenenbildung spät, nämlich in den 1960er-Jahren ein, indem zuvor ehrenamtlich erbrachte Arbeit in relevantem Umfang in bezahlte Referent:innen-Stellen in Festanstellung überführt wurden (Faulstich 1999). So verzehnfachten sich in der Erwachsenenbildung beispielsweise die Stellen an den Volkshochschulen zwischen 1962 und 1978. Dabei überwogen jedoch nicht die Angestelltenverhältnisse bei großen Trägern, sondern die formell nebenberufliche Honorartätigkeit, welche nichtsdestotrotz vielfach die Haupteinkommensquelle der Dozent:innen war (285 f.). Im Kontext der ab den frühen 1980er-Jahren auch in den Bildungssektoren sukzessive bedeutsamen neoliberalen Regulationsweisen gerieten die Träger in finanzielle Schwierigkeiten, sodass es zu „einer Stagnation oder sogar zu einem Abbau von hauptberuflichem Personal" (283) kam. Es folgte eine Deregulierung der Arbeitsverhältnisse unter Nutzung marktförmiger Steuerungsmechanismen: Die Planung und Kontrolle der Bildungsarbeit blieb beim hauptamtlich angestellten Trägerpersonal, die konkrete Bildungsarbeit wurde externalisiert und von formell nebenberuflichen Honorarkräften erbracht (ebd.). Die Beschäftigungsverhältnisse der kleineren Kernbelegschaft orientierten sich am Normalarbeitsverhältnis, während für die größere, flexibel einsetzbare Randbelegschaft demgegenüber atypische Arbeitsbedingungen galten. Als Joschua in den 2010er-Jahren als Solo-Selbstständiger in der außerschulischen Jugendbildung zu arbeiten begann, fand er eine solche dem neoliberalen Produktionsparadigma (vgl. Kapitel 3.2) entsprechende Kombination

---

128 In einem Teil der Prekarisierungsforschung wird als Maßstab das fordistische Normalarbeitsverhältnis (NAV) mit unbefristeten und tariflich entlohnten Vollzeitstellen samt betrieblicher Interessenvertretung genutzt, dessen Erosion atypische Beschäftigungsformen hervorbringt, die als Indikator für prekäre Erwerbsarbeit gelten. Das NAV war indes auch im Fordismus für Berufe, in denen vorwiegend Frauen und Migrant:innen tätig waren, kein verbreiteter Standard und es stabilisierte Geschlechterverhältnisse im Sinne des patriarchalen Familienernährermodells (Scheele 2017).

129 Die Datenlage zur Entwicklung der Formen und des Umfangs der Beschäftigung in der politischen Kinder- und Erwachsenenbildung war und ist aus unterschiedlichen Gründen schlecht. Für die Erwachsenenbildung ist beispielsweise der Bereich der Volkshochschulen dokumentiert und kann folgend als Gradmesser genutzt werden.

bereits vor.[130] So berichtet er, dass „die festen Stellen relativ dünn gesät" waren und „vor allem die praktische pädagogische Arbeit von Selbstständigen gemacht" wurde. Die Möglichkeiten, Konzepte und Umsetzung der Bildungsangebote mitzu-bestimmen, waren entsprechend begrenzt: „Da kommt dann irgendwie vier-, fünf-mal im Jahr ne Liste mit Seminaren, die die nächsten Monate anstehen und dann kann man Interesse bekunden und kriegt dann halt Bescheid", also eine Zu- oder Absage. Mit der geringen Marktmacht solo-selbstständiger Bildungsarbeiter:innen, die seitens der Einrichtungen flexibel gebucht werden können, geht eine Unsicher-heit der Erwerbssituation einher. So konnte Joschua „zwar schon irgendwie damit rechnen [...] relativ konstant auch arbeiten" zu können „über unterschiedliche Trä-ger und Anbieter", zugleich war dies „nie weit im Voraus planbar". Zudem war die Bezahlung mit Honoraren von anfangs unter 80 Euro für ein sechsstündiges Pro-gramm plus (unbezahlte) Vor- und Nachbereitung „unglaublich schlecht".[131] Dass regelmäßig beschäftigte Solo-Selbstständige als „Hausteams" der Bildungsstätten bezeichnet werden, versinnbildlicht die Tendenz zur Scheinselbstständigkeit (vgl. dazu Kapitel 4.1). Für die Bildungsstätten bedeutete dieses Arrangement, Risiken externalisieren zu können: Wenn „nicht die komplette Klasse anreist[e]" und der Be-treuungsschlüssel demnach aus Sicht der Bildungsstätten ‚zu hoch' gewesen wäre, wurde den Selbstständigen beispielsweise mitgeteilt, dass „eine Person [...] wieder abreisen muss", ohne dass Ausfallhonorare gezahlt wurden. „Und dann ist eben

---

130   Die außerschulische Jugendbildung hat als Teil der seit den 1920er-Jahren institutionalisierten Kinder- und Jugendhilfe eine etwas andere Geschichte als die Erwachsenenbildung. Hier setzte eine Professionali-sierung des Berufs in den 1970er-Jahren ein und wurde in einem relevanten Ausmaß von hochschulisch ausgebildeten Jugendbildungsreferent:innen ausgeübt, die bei Trägern angestellt waren (Hafeneger 2011, 120 u. 124f.). Im Rahmen einer Mischfinanzierung mit einem bedeutsamen Eigenanteil bezogen die sechs bundesweit organisierten freien Träger, bei denen das Gros der Beschäftigten unbefristet angestellt war, auch öffentliche Mittel (Bund, Länder, Kommunen) in einem relevanten Umfang (Schröder et al. 2004, 150ff. u. 180ff.). Dabei tragen die Kommunen den größten Anteil der Kinder- und Jugendarbeit, die von zahlreichen regionalen Trägern umgesetzt wird (Pothmann 2011, 148ff.). Anfang der 2000er-Jahre wurde das Feld teilweise dereguliert (Schröder 2009, 153) und die haushaltspolitische Austerität ließ die Einnahmen der öffentlichen Haushalte, aus denen sie finanziert wird, sinken. Zur um die Jahrtausendwende bereits eingetretenen Stagnation bzw. Negativentwicklung des Personals (Pothmann 2009, 26f.) kam hinzu, dass die Förderung aus öffentlichen Mitteln bis in die 2010er-Jahre stagnierte (Wach et al. 2014, 81ff.). Schließungen von Einrichtungen und Personalabbau folgten und die Bedeutung der Einwerbung von Drittmitteln wuchs (Voigts 2011). In dem Maße, wie langfristige öffentliche Finanzierungsquellen versiegten, stieg auch der Anteil von befristet bzw. auf Honorarbasis Beschäftigten. Ähnlich und anders zugleich stellt sich die Situation um 2010 bei den seit den 2000er-Jahren entstandenen Trägern dar, die Maßnahmen gegen Rechtsextremismus, Rassismus und Antisemitismus auf der Basis verschiedener Finanzierungsquellen umsetzen. Sie müssen ebenfalls eine Mischfinanzierung sicherstellen (Roth et al. 2010, 89ff.), der Anteil von Angestellten im Verhältnis zu Honorarkräften ist hier allerdings höher (91ff. u. 93ff.). Diese Konstellation hat sich auch hier verfestigt (Lüter et al. 2019, 22), wobei ehrenamtliche, also unbezahlte Arbeit einen erheblichen Anteil ausmacht (25).

131   Die Honorarsätze der (behördlichen) Landeszentrale für politische Bildung Berlin sind, anders als die der Bildungsstätten in freier Trägerschaft, zugänglich. Infolge des seit Ende Dezember 2013 geltenden Berliner Landesmindestlohngesetzes wurden (vor dem seit Anfang 2015 geltenden bundesweiten Mindestlohnge-setz) auch die Bandbreiten der Honorare in den unteren, bis dahin mit weniger als 8,50 Euro pro Stunde vergüteten Gruppen angehoben (SenF 2014). Joschuas Satz lag unter dem Tagessatz von 100 Euro bis 121 Euro für diejenigen, die ohne Hochschulabschluss tätig sind (ebd.). Deren Satz wurde 2017 auf eine Bandbreite zwischen 115 Euro und 137 Euro leicht und mit Geltung zum Jahresbeginn 2020 deutlicher auf 137 Euro bis 283 Euro für sechs Stunden angehoben (SenF 2019; Berliner Landeszentrale für politi-sche Bildung 2019).

die Kohle weg und [...] in der Regel keine Möglichkeit, so kurzfristig irgendwelche anderen Jobs an Land zu ziehen, um das zu überbrücken." Dass dies seitens der Verantwortlichen in den Bildungsstätten als nicht dramatisch eingeschätzt wurde, weil sie davon ausgingen, dass die Arbeit von Studierenden als Nebenjob ausgeübt wird, ist doppelt problematisch. Insoweit die politische Jugendbildung tatsächlich, wie in Heikos erlebnispädagogischer Tätigkeit während seines Studiums, in großem Maße in dieser Form organisiert ist, verdeutlicht dies zum einen, wie sehr die Professionalisierung dieser Arbeit behindert wird. Anstatt berufsförmig in entsprechender Qualität erbracht zu werden, machen „Leute das während des Studiums", um „ein bisschen Geld zu verdienen" und „Erfahrung zu sammeln" oder „unbezahlte Praktika" zu absolvieren, wie auch Joschua beobachtet hat. Zum anderen gebe es aber auch „sehr viele Leute, die" – wie Joschua selbst – „versuchen, hauptberuflich von dieser Arbeit zu leben". Dass für diese Personen ein Teil ihrer Haupteinnahmequelle versiegt, wird somit ausgeblendet. Insgesamt zeichnet sich ab, dass außerschulische Jugend- und Erwachsenenbildung nicht hinreichend verberuflicht und professionalisiert ist. Sie wird zu weiten Teilen unbezahlt und vor allem in der Form der Solo-Selbstständigkeit prekär und fremdbestimmt erbracht, während Anstellungsverhältnisse bei Trägern insgesamt seltener sind und diese Angestellten eher Managementfunktionen (Akquise, Planung und Kontrolle) übernehmen.

„Man tut was fürs große Ganze" mit „viel Freiraum". Attraktive und teilautonome Projektarbeit

Während diese Form der Arbeit am politischen Gemeinwesen in prekär-fremdbestimmter Form erbracht wird, beinhaltet sie gleichzeitig auch größere Freiheitsgrade. Zudem unterscheidet sich das subjektive Verhältnis zur Demokratiearbeit von den bisher thematisierten Berufsfeldern (vgl. Kapitel 2.1 bis 3.2). Hier wurde von den Beschäftigten zwar durchaus geäußert, ihre jeweilige Arbeit gut machen zu wollen und für gesellschaftlich relevant zu halten (vgl. z. B. Louis und Paul, Kapitel 2.2). Abgesehen von Wünschen und Forderungen nach Abmilderung negativer Arbeitsbedingungen (vgl. z. B. Tarik, Kapitel 3.2) werden indes kaum weiterreichende Ansprüche an die Inhalte und Formen der Erwerbstätigkeit gestellt. Dies ist bei den Demokratiearbeiter:innen anders: Alle Protagonst:innen schätzen außerordentlich, was sie tun, und mit Blick auf die relative Autonomie in der Arbeitsausführung auch, wie sie es tun können. Damit sind sie Teil jenes Arbeiter:innen-Segments, in dem der Akzent vom Streben nach Freiheit von Zwängen der Lohnarbeit insbesondere in ihren (neo-)tayloristischen Varianten (vgl. die Rider in Kapitel 3.2) hin zur Freiheit dazu, sinnvolle Tätigkeiten möglichst selbstbestimmt ausüben zu können, verschoben wird. Wie sich diese sogenannte normative Subjektivierung von Arbeit (Baethge 1991; Kleemann 2012, 7) im heterogenen Feld der Demokratiearbeit konkret darstellt, wird folgend skizziert.

Miriams Weg in die Netzwerk-, Beratungs- und Bildungsarbeit war zwar, wie geschildert, eher ungeplant und zufällig, inhaltlich aber ein quasi-organischer Übergang vom unbezahlten politischen Engagement in eine bezahlte Tätigkeit, mit der

„man [was] tut [] fürs große Ganze". Dass diese Berufstätigkeit es ihr also erlaubt, in einer ihr weitgehend als sinnvoll erscheinenden Weise das politische Gemeinwesen mitzugestalten, ließ sie in gewisser Weise denken: „„Oh, was für ein Glück, ich kann das als Job machen'", auch wenn sie jenseits des Jobs manches gegebenenfalls anders machen würde. Zudem erwähnt sie „flache Hierarchien" und zeitliche Flexibilität als positive Aspekte ihrer Erwerbsarbeit. Und bei aller im Weiteren geäußerten Kritik an den konkreten Arbeitsbedingungen gilt für sie zum Zeitpunkt des Interviews nach wie vor: „Das ist eigentlich genau das, was ich machen will." Dabei gehört Miriam zu jener ersten Generation, die den fließenden Übergang nützlicher Arbeit aus der Form des unbezahlten Engagements in bezahlte Berufe durch die neuentstandenen Teilbereiche der Demokratiearbeit ab den frühen 2000er-Jahren selbst erlebt hat.

Für Heiko ergibt sich der besondere und attraktive Sinn seiner erlebnispädagogischen Arbeit weniger daraus, dass er diese zuvor schon gerne in unbezahlter Form erbracht hätte. Vielmehr konstituiert sich seine Identifikation im Kontrast zu vorherigen Arbeitserfahrungen in der kaufmännischen Ausbildung in der Logistik, die die Zirkulation von produzierten Gütern über den Globus besorgt und unmittelbar in die Profitlogik eingespannt ist. Während er sich von der „„bösen Geschäftswelt'" pauschal abgrenzte, meinte er anfänglich, in der Sozialen Arbeit „was Gutes für die Welt tun" zu können. In Bezug auf die Arbeitsorganisation erlebte er den Wechsel „aus dieser 40-Stunden-Geschäftswelt" ins Studium und einen Werkstudentenjob im Sozialwesen, wo er „so zwischen um neun oder um zehn kommen" konnte, mit Blick auf den Umfang und die Kompatibilität mit seiner Lebensgestaltung als Zugewinn von „viel Freiheit und Spielraum". Und auch als er während des Studiums freiberuflich in der Erlebnispädagogik zu arbeiten begann, bedeutete dies insofern „berufliche Freiheit am Anfang", als er „keine festen Arbeitszeiten" hatte und entscheiden konnte, „wann will ich arbeiten, wie viel will ich arbeiten". Zudem empfand er es als „auch cool [], irgendwie in nem halben Jahr, auch wenn das halbe Jahr wirklich sehr stressig ist, sein Geld zu verdienen, und dann im Winter reisen zu können". Diese Auszeiten nutzte er beispielsweise für einen längeren Auslandsaufenthalt, wo er „so nen Förderantrag nett im Café" schrieb, ohne dass sich das „sonderlich nach Arbeit-Arbeit irgendwo angefühlt" hätte. Insgesamt etablierte sich für ihn eine Konstellation, in der er den „Job" vorwiegend „aus nem Gefühl von ‚Ich kann mich da drin verwirklichen'" machte und „im Sinne von Berufung" auch „gucken" wollte, „„Was will ich sozusagen wirklich machen?'". Dabei ging er „vom Bildungsgrad her" davon aus, „auch nen Job in anderen Bereichen" zu bekommen, also nicht auf eine Tätigkeit festgelegt zu sein, sondern sich flexibel-selbstbestimmt weiterentwickeln zu können. Und wenngleich dieses Ideal eines selbstbestimmten Lebens und Arbeitens noch während des Studiums an Grenzen persönlicher und gesellschaftlicher Umstände stieß (s. u.), wertschätzt Heiko zum Zeitpunkt des Interviews die relative Autonomie, die er in der konkreten Umsetzung von erlebnispädagogischen Projekten hatte: „Und ansonsten hab' ich das ganze Projekt ja selber geleitet [...] und konnte [...] nach jeder Aktion entscheiden, was ist die nächste Aktion, [...]

was erachte ich für sinnvoll". In diesem Sinne gebe es „unglaublich viel Freiraum in diesem speziellen Feld der Sozialen Arbeit".

Ähnlich wie Heiko maß auch Joschua zu Beginn des Studiums seinem zukünftigen Beruf eine besondere ideelle Bedeutung bei und hatte die „eher romantische Vorstellung", er würde „irgend nen Resthof" kaufen und „offene Jugendarbeit" machen. Dass er nach dem Abschluss des Studiums im Warenlager einer in Form und Inhalt ganz anders gelagerten Erwerbsarbeit nachging, fiel zunächst nicht negativ ins Gewicht, weil mit der „Festanstellung" die „Krankenversicherung [...] bezahlt" wurde und er trotz teilweise unpünktlicher Lohnzahlungen wusste: „Ich verdien da Geld und ich komm damit über die Runden". Mit der Zeit habe er jedoch Widerstände gegen bestimmte Inhalte und Formen der Erwerbsarbeit entwickelt. So sei es ihm einerseits „wichtig, dass das, was ich da tue, irgendwie einen Sinn hat, also gesellschaftlich gesehen". Einen solchen Sinn sieht er in der politischen Bildung eher verwirklicht als im Beitrag zur Warenzirkulation: „Also ich kann auch ne Zeit lang irgendwie Waren mit nem Gabelstapler hin- und herfahren, aber ich sehe doch mehr Sinn drin, irgendwie über die Gesellschaft zu diskutieren mit Kindern und [...] in Diskussionen vielleicht Denkanstöße zu geben". Andererseits ist es so, dass ihm „Dienst nach Vorschrift" einer anderen Person „total widerstrebt". Er möchte nicht tun, was „mir irgendwer sagt", sondern habe ein „Interesse" daran, „mitzudenken" und mitzugestalten. Letzteres sei im Warenlager „einfach nicht erwünscht" gewesen und auch in seiner Zeit der Solo-Selbstständigkeit in der politischen Bildung sei der Wunsch eines Teams, „das irgendwie mitreden will und sich einbringen will" in die Konzeptionierung von Bildungsangeboten, seitens der Verantwortlichen in den Bildungsstätten eher „als Angriff" missverstanden worden. Mehr Autonomie in der Gestaltung von Arbeitsstrukturen, -prozessen und -inhalten sei daher für ihn ein zentrales Motiv zum Aufbau des eigenen Vereins gewesen. Für ihn „zeichnet[e] sich eine Möglichkeit ab, aus dieser Abhängigkeit rauszukommen" und „was zu machen, was ich machen will und was ich richtig finde und gut finde" und „wie ich das richtig finde". Dabei gehe es ihm nicht um Individualismus, sondern um eine Arbeit „in Absprache dann mit den anderen Leuten, die beteiligt sind", also eine horizontale Kooperation anstelle einer vertikalen Führung.

Für die projektförmige Demokratiearbeit [132] zeichnet sich ab, dass ihrem Inhalt ein – insbesondere im Vergleich zur Produktion und Zirkulation von Waren – besonderer gesellschaftlicher Nutzen beigemessen wird, woraus sich eine hohe Identifikation mit dieser Erwerbsarbeit speist. Zudem eröffnen ihre teilautonomen Formen den Demokratiearbeiter:innen Tätigkeitsbereiche, die in anderen Formen der Arbeitsorganisation hierarchisch übergeordneten Personen vorbehalten bleiben: die Etablierung und Aufrechterhaltung eines organisationalen Rahmens der Erwerbstätig-

---

132 Bundes- und Landesprogramme für Demokratie als wesentliche Förderstrukturen gehorchen der Logik zeitlich begrenzter (und dem Anspruch nach innovativer) Projektarbeit (Heidling 2018), während die zu Berufen verdichteten Tätigkeiten (politische Bildung, Beratung, Vernetzung etc.) Daueraufgaben sind. Mit dem geplanten Demokratiefördergesetz soll u.a. diesem Widerspruch Rechnung getragen werden, wobei u.a. das Verhältnis zum SGB VIII und dem Kinder- und Jugendhilfeplan zu klären ist (vgl. GEMINI 2022).

keit, also eines Betriebs (hier: gemeinnützige Vereine) sowie die Mitbestimmung der konkreten Vorhaben und ihre eigenständige Umsetzung. Zugleich erleben die Protagonist:innen die in diesen Hinsichten attraktive teilautonome Projektarbeit als widersprüchlich, wie etwa Miriam formuliert: „Und irgendwann fand ich es glaub ein bisschen schwierig, weil ich das Gefühl hab, das ist eigentlich genau das, was ich machen will. Aber ich hab' immer so, wie son Cut dadrinnen. Also durch diese Art und Weise, wie der Job angesiedelt ist".

„Immer so'n Cut." Demokratiearbeit auf Kosten der Demokratiearbeiter:innen

Vor dem Hintergrund der Spannbreite erwerbsförmiger Demokratiearbeit werden im folgenden Teil die Widersprüche der verschiedenen Erwerbsarbeitsverhältnisse, in denen Heiko, Miriam und Joschua sowie Tina und Ines tätig waren bzw. sind, genauer in den Blick genommen. Dabei werden Handlungsproblematiken mit ihren jeweiligen Bedingungen und Folgen herausgearbeitet. Eingangs geht es um Arbeitszeiten, die laut der Demokratiearbeiter:innen zwar flexibel sein sollten, in ihrer Entgrenzung jedoch zur Belastung werden (erster Abschnitt). Anschließend werden die Einkommenssituation der Demokratiearbeiter:innen und die Befristung von Verträgen als eigenständige und miteinander verwobene Problematiken betrachtet (zweiter Abschnitt). Abschließend werden akute und lebenslaufbezogene Risiken (dritter und vierter Abschnitt) der Demokratiearbeit unter diesen Bedingungen beschrieben.

„Saisonarbeit, Überstunden, Strukturarbeit". (Un-)gewollte Flexibilität und (un-)bezahlte Mehrarbeit

Insoweit Vollzeit im Betrieb die Norm darstellt, versprechen flexiblere Arbeitszeiten und -orte den Beschäftigten ein größeres Maß an selbstbestimmter Lebensgestaltung. Dass eine bestimmte Flexibilität subjektiv gewollt ist, verdeutlichen Heikos Ablehnung der standardisierten Arbeitszeiten während seiner Ausbildung und seine positiv konnotierte Rede davon, die Zeit während des Studiums selbst einteilen zu können (s. o.). Als die zeitliche Flexibilisierung in der hiesigen Erwerbsarbeitswelt noch ein relatives Novum darstellte, wurden tatsächliche und subjektiv empfundene Freiheitsgewinne der „Zeitpioniere" (Michailow et al. 1990) entsprechend beschrieben. Zugleich wurde schon damals festgestellt, dass Arbeitsverdichtung und Einkommenseinbußen die Kehrseite waren. In den Schilderungen der Demokratiearbeiter:innen werden ähnliche Widersprüche und negative Folgen der Zeitlichkeit ihrer Arbeit beschrieben, deren Gestalt sich in den jeweiligen Beschäftigungsverhältnissen indes unterscheidet.

Mit Blick auf den Jahresrhythmus wird aus den Beschreibungen der Protagonist:innen deutlich, wie ungleich die Arbeit über die Monate verteilt ist. So bezeichnet Heiko seine erlebnispädagogische Duo-Selbstständigkeit als „Saisonarbeit", ein Begriff, mit dem im öffentlichen Diskurs meist landwirtschaftliche Erntetätigkeit gekennzeichnet wird. Dass in der Erlebnispädagogik „April bis Oktober halt die Hauptzeit [ist], wo man eigentlich das ganze Geld fürs ganze Jahr verdient", liegt daran, dass sie im Wesentlichen unter freiem Himmel in der Natur stattfindet und die Nachfrage in den Wintermonaten wetterbedingt gering ist. Dementsprechend habe er „teilweise dann vier Monate gar nicht" gearbeitet und die Zeit zum Reisen genutzt, was in der damaligen „Lebensphase gut gepasst hat". Jetzt würde Heiko das „nicht mehr machen [...] unter den Bedingungen", zu denen die langen Arbeitszeiten auswärts, die Intensität und die unzureichende Bezahlung (s. u.) gehören. Während sich die Unwuchten im Jahresrhythmus in der Erlebnispädagogik zu einem guten Teil aus dem Charakter dieser Tätigkeit ergeben, ist es zunächst eher verwunderlich, dass auch Joschua die kollektiv-selbstständige politische Bildung als Saisonarbeit bezeichnet. Bei ihnen liege die Haupttätigkeit im zweiten Halbjahr, da die Projektfinanzierung „in der Regel an das Kalenderjahr gebunden" ist und sie „[erst] im Frühjahr die Anträge stellen können und dann wird das irgendwann bewilligt und dann ist aber das [erste] Halbjahr schon fast rum". Sobald die Förderbescheide vorliegen, können und müssen Projekte im laufenden Jahr vereinbart werden, weshalb „der Herbst immer sehr, sehr voll" ist. Anders als in der Erlebnispädagogik könnten andere Förderstrukturen diese Unwucht und Verdichtung der Arbeit in der zweiten Jahreshälfte vermindern. Dementsprechend wünscht er sich, mit seinen Kolleg:innen und dem eigenen Träger perspektivisch Mittel in einem „größeren Umfang" mit einer Laufzeit „über mehrere Kalenderjahre" beantragen zu können, um „mehr [Projekte] ins erste Halbjahr" legen zu können und „nicht im Herbst immer so komplett auf dem Zahnfleisch zu kriechen". Ob diese Hoffnung auf eine gleichmäßigere Verteilung von Arbeitszeiten zu einer Verminderung des Umfangs und einer wirksamen Entlastung führen würde, ist indes fraglich.

So zeigen Miriams Erfahrungen, dass eine gleichmäßigere Verteilung der Arbeitszeit übers Jahr und ihre Begrenzung auf ein akzeptables Maß auch bei etablierteren und größeren Trägern mit sozialversicherungspflichtigen Stellen kein Selbstläufer ist. Vielmehr lag das Problem in ihren Angestelltenverhältnissen darin, dass „es [...] ja auch immer so ein bisschen dieses Versprechen" gab: „Ja, es gibt so heiße Phasen und da machen alle Überstunden und danach wird's weniger und dann kann man's wieder abbummeln.'" Und während eine finanzielle Kompensation angesichts der begrenzten Budgets ohnehin nicht möglich gewesen wäre, verunmöglichte das Arbeitsaufkommen eine problemlose Umsetzung des Überstundenabbaus durch Freizeitausgleich: „Das haut nicht hin. Also, weil immer doch irgendwas kam." Das konstant hohe Arbeitsaufkommen mit darüber hinausgehenden Spitzen bedeutete, dass die Arbeitszeiten in ihrem Fall das ganze Jahr über so umfangreich waren, dass sie, die „immer volle Stellen oder 30-Stunden-Stellen" hatte, „mit Sicherheit pro Woche 5 Überstunden gemacht" hat. Sie fügt hinzu: „Locker", hat also eher noch mehr unbezahlte Mehrarbeit geleistet. Unbezahlte Mehrarbeit leistete auch Heiko in seiner Zeit als duo-selbstständiger Erlebnispädagoge und leistet nach wie vor Joschua im selbst gegründeten Trägerverein. Denn zur eigentlichen politischen Bildungsarbeit kommt „diese ganze Arbeit drumrum: von Antrag stellen, Projektplanung, Finanzkalkulation, die Anträge schreiben, die Kontakte zu Schulen" pflegen, etwa „alle zwei Wochen eine Arbeitsbesprechung [...] für so alles Organisatorische und [...] die Teamplanung" und nach der Umsetzung für jedes einzelne Projekt „ne eigene Abrechnung zu machen" und sich „dann mit den Abrechnungsstellen rumzuärgern, weil die irgendwelche Ausgaben nicht anerkennen". Diese Tätigkeiten sind die Kehrseite der als positiv empfundenen Möglichkeit, den organisationalen Rahmen der eigenen Erwerbsarbeit selbst zu gestalten. Dabei fällt negativ ins Gewicht, dass diese Tätigkeiten seine „Arbeitszeit massiv nach oben geschraubt" haben, sodass er als Kollektiv-Selbstständiger „viel, viel mehr Arbeit" hat als in der Zeit der Solo-Selbstständigkeit und mittlerweile „Vollzeit" arbeitet. Hinzu kommt, dass schon „die ganze Strukturarbeit für den Trägeraufbau" und das „Netzwerken [...] ehrenamtlich" waren und die weiterhin anfallende Strukturarbeit erst seit Kurzem und nur „zum Teil abgedeckt [wird] über Leitungshonorare". Ganz ähnlich verhält es sich bei Miriam, deren Leitungsstunden vom Träger aus Eigenmitteln zugeschossen werden müssen: „Auf diesen Stellen, auf denen ich arbeite und viele, da gibt es sowas wie Leitung nicht", weil man de iure „immer ein Ein-Personen-Projekt" ist. De facto hat sie aber das „Glück, dass zum Beispiel links von mir eine Person sitzt, die genau dasselbe macht [...]. Und rechts nochmal mehrere Personen, die in demselben Themenfeld arbeiten." Das Arbeiten in einem faktischen Team macht die Tätigkeit für die Einzelnen angenehmer und durch mögliche Synergieeffekte gegebenenfalls auch wirksamer, muss aber auch koordiniert werden. Und während die Struktur- und Leitungsarbeit in den hier angesprochenen Förderstrukturen offenbar nicht zuwendungsfähig sind, können Projektleitungsstunden etwa in Bundesmodellprojekten bei der Antragstellung einkalkuliert werden, müssen also nicht unbezahlt oder durch die Träger als Eigenleistung erbracht werden.

Neben den Unwuchten in der Verteilung von Arbeitszeiten übers Jahr und der unbezahlten Mehrarbeit sind für die erwerbsförmige Arbeit am demokratischen Gemeinwesen im Wochenverlauf Arbeitszeiten am Abend und an Wochenenden typisch, und zwar sowohl in selbstständigen als auch in abhängigen Erwerbsarbeitsverhältnissen. So erzählt Heiko über seine Zeit als Duo-Selbstständiger, dass er in der Saison „jeden Monat im Durchschnitt wahrscheinlich drei Wochen [...] von Montag bis Freitag oder Samstag [unterwegs]" gewesen sei. Dabei „lebt [man] halt irgendwie so draußen, macht ständig Kanutouren", was auch „viel Schönes" (gehabt) habe. In seiner aktuellen Lebensphase und -lage sieht er aber vor allem die Nachteile: „das heißt, ultrawenig zu Hause zu sein, ultrawenig ein Alltagsleben einfach zu haben" und „das würd ich nicht mehr wollen" und „mit Patchworkfamily ist das eh total raus". Bei Miriam verhält es sich ähnlich. Sie schildert, dass und warum Abendstunden und Wochenenden in ihrem Feld zur Standardarbeitszeit gehören: „[W]enn man zivilgesellschaftliche Strukturen", also ehrenamtlich Engagierte will, die von Professionellen moderiert und begleitet werden, „dann ist das zwar mein Beruf, aber nicht der Beruf von den Leuten, die ich stärken will". Die Arbeit findet also auch jenseits der gesellschaftlich nach wie vor geltenden Kernarbeitszeiten statt.[133] Und „[d]as heißt, ich sitze dann da 20 Uhr abends auf nem Bündnis oder am Samstag irgendwo, oder am Sonntag bei irgendner Veranstaltung". Wie Heiko bringen diese Zeitstrukturen Miriam, die Sorgeverantwortung für ihr Kind trägt, in Schwierigkeiten: „[I]ch muss mir halt die Frage stellen: ‚Muss ich mir für jede Bünd-nissitzung abends um acht halt einen Babysitter organisieren, dem ich dann oder der ich dann dafür Geld gebe?'". Neben der ganz grundsätzlichen Schwierigkeit, Randarbeitszeiten mit der Sorge u. a. um Kinder zu vereinbaren, spricht Miriam hier auch die Frage an, inwieweit die in der Demokratiearbeit üblichen Einkommen es zulassen, Sorgearbeit durch Dritte in bezahlter Form erbringen zu lassen (vgl. dazu die alleinerziehenden Frauen, Kapitel 2.1; Winker 2015, 64 ff.).

Insgesamt wird deutlich, dass flexible Arbeitszeiten im Wochen- und Jahresverlauf aus Sicht der Beschäftigten sinnvoll sind, insoweit sie Freiräume für das Leben jen-seits der Erwerbsarbeit eröffnen oder sich wenigstens mit diesem in Einklang brin-gen lassen. Dabei werden Phasen verdichteter und zeitlich ausgedehnter Arbeit teils als durchaus akzeptabel angesehen, wenn sie begrenzt bleiben und durch Phasen der Regeneration ausgeglichen werden können. Dies ist de facto oft nicht der Fall, sodass weniger von einer flexibilisierten als von einer entgrenzten Zeitlichkeit der Demokratiearbeit gesprochen werden muss. Und selbst wenn es Möglichkeiten des Ausgleichs gibt oder gäbe, sind bzw. wären die intensiv-extensiven Arbeitszeiten tendenziell an eine Lebensphase und Lage ohne Sorgeverantwortung gebunden. Mit einem Familienleben und der Sorge u. a. für Kinder sind die im Tages-, Wochen- und Jahresrhythmus entgrenzten Arbeitszeiten in der Erlebnispädagogik, politischen Bildung und Beratungs- und Netzwerkarbeit nur schwer vereinbar. Hinzu kommt die Arbeitsverdichtung, die aus einem (zu) hohen Arbeitsaufkommen und (zu) geringer Entlohnung resultiert und Belastungen nach sich zieht.

**„Schlechte Bezahlung" und „Abwertung".
Angemessene Einkommen für professionelle Arbeit?**

Im Fordismus wurde die Unterordnung unter zeitlich und organisatorisch fremd-bestimmte Formen der Erwerbsarbeit für einen großen Teil der (männlichen) Lohn-abhängigen mit relativ hohen Durchschnittslöhnen vergolten (Hachtmann & van Saldern 2009). Dies trug in Westdeutschland zu dem sogenannten ‚Fahrstuhleffekt' (Beck 1986) bei, durch den zwar Ungleichheitsrelationen fortgeschrieben wurden, der aber Teilen der unteren Klassenmilieus ein größeres Ausmaß sozialer Mobili-tät und materieller Teilhabe ermöglichte. Letzteres wurde in der DDR der ‚arbeiter-lichen Gesellschaft' (Engler 1999) im Rahmen der vorhandenen Möglichkeiten zu-

---

133 Dass es zur Aufgabe bestimmter Projekte gehört, ehrenamtliche Arbeit zu mobilisieren und zu begleiten, ist problematisch, insoweit sie dazu beiträgt, Sorgearbeit in dem Sinne zu privatisieren, dass sie unbezahlt er-bracht wird. Zudem können es sich angesichts von Niedriglöhnen, entgrenzten Arbeitszeiten und unbezahl-ter Sorgearbeit längst nicht alle leisten, ehrenamtlich tätig zu sein, wodurch ein gewisser Mittelschichts-Bias befördert wird. Schließlich trägt sie in bestimmten Bereichen u. a. dazu bei, Rechte ihrer Adressat:innen in Gaben zu verwandeln (van Dyk & Haubner 2021, 91 ff.).

teil. Mittlerweile weist die gesamtgesellschaftliche Dynamik in die andere Richtung und wird als ‚Abstiegsgesellschaft' (Nachtwey 2016) gefasst, in der der Großteil derjenigen, die von Einkommen aus Erwerbsarbeit abhängig sind, gegen eine nach unten fahrende Rolltreppe anrennt. Für Frauen bzw. in weiblich konnotierten Berufen und für Migrant:innen waren prekäre Erwerbsarbeitsverhältnisse allerdings auch schon zuvor prägend (Scheele 2017). Ob sie es in finanzieller Hinsicht für die Demokratiearbeiter:innen in ihren teils fremdbestimmten und teils teilautonomen Arbeitsverhältnissen weiterhin sind, wird folgend betrachtet.

Wenn Heiko mit Blick auf die Zeit der duo-selbstständigen Erlebnispädagogik formuliert, dass es mit dieser Arbeit „einfach nicht viel Geld" zu verdienen gibt, spricht er den Kontrast zwischen der gesellschaftlichen Relevanz und Qualität von Demokratiearbeit einerseits und ihrer monetären Vergütung andererseits an. Mit seinem Kollegen bot Heiko, wie geschildert, Klassen- und Freizeitfahrten für Kinder und Jugendliche in u. a. prekären Lebenslagen an. Und während große traditionelle Träger der politischen Jugend- und Erwachsenenbildung ihre Angebote im Rahmen der Mischfinanzierung teils auch aus Eigenmitteln kofinanzieren, sind kleine Träger wie der von Heiko mitgeleitete Verein auf öffentliche und private Mittel angewiesen, die aus unterschiedlichen Gründen knapp bemessen sind. Im „Klassenfahrtsektor [...], wo die Eltern zahlen", hängen die Preise und somit das Einkommen der Erlebnispädagog:innen von der Ressourcenstärke des klassenspezifischen Milieus ab, für das die Angebote gemacht sind. Und weil ihre Angebote sich nicht an „die Gymnasien aus Charlottenburg", sondern an Schulen richteten mit „Eltern, für die [...] jeder Zehner mehr [...] denen sozusagen weh[tut]", blieb das Niveau niedrig, zumal sie versuchten die Preise so zu bemessen, dass möglichst alle Kinder mitfahren konnten (vgl. dazu die Lage von Katja und ihren Kindern, Kapitel 2.1). So bekam Heiko „dann für fünf Tage bei ner normalen Klassenfahrt 750 Euro, 150 Euro pro Tag", wofür er „mehr als zehn Stunden am Tag" arbeitete. Dass er pro Stunde „unter 15 Euro oder sowas verdient" hat, schätzt er „[f]ür ne Arbeit, wo ich in viel Verantwortung stehe, wo ich dafür der Rettungsschwimmer war, bei ner Kanutour [dafür] sorgen muss, dass keiner untergeht und auch in der Verantwortung stehe, [...] wenn jemand zu Schaden kommt" als „nicht cool", also unangemessen ein. Im Vergleich dazu waren „Ferienprojekte für [...] Kinder aus Wohngruppen etc., die sonst nicht wegfahren könnten" und „Eltern-Kind-Fahrten", die aus Mitteln der Jugendämter gefördert wurden, besser bezahlt, sodass Heiko und sein Kollege hier vergleichsweise „gutes Geld" verdienen konnten. Insgesamt war ihr Verdienst allerdings so gering, dass sie die intensive Arbeit in einem weit größeren Umfang hätten tun müssen, um das für sich notwendige Einkommen zu generieren. Finanzielle und zeitliche Entlastung verschafften sie sich dadurch, dass sie bisweilen „Events für Zalando" oder „Bayer" durchführten, wo sie für die spielerische Betreuung von Kindern oder Teambuilding-Maßnahmen etwa „1.000 Euro am Tag" verdienen konnten „statt 150". Dass sie mit einer weit weniger anspruchsvollen Arbeit bei diesen Unternehmen etwa das Zehnfache von dem verdienten, was sie für ihre qualifizierte Arbeit mit benachteiligten Jugendlichen erhielten, verdeutlicht die ungleiche Verteilung des gesellschaftlichen Mehrprodukts zwischen privatwirtschaftlichem Sektor einerseits und öffentlichen und privaten Haushalten andererseits.

Die im Vergleich zu den privatwirtschaftlich angeeigneten Gewinnen geringen finanziellen Ressourcen der öffentlichen Haushalte schlugen sich, wie bereits beschrieben, in ebenfalls vergleichsweise deutlich begrenzteren Budgets der Berlin-Brandenburger Bildungsstätten politischer Jugend- und Erwachsenenbildung nieder (s. o.). Neben der dadurch begünstigten Etablierung von angestellten Kernbelegschaften und (schein-)selbstständig beschäftigten Randbelegschaften waren bzw. sind die Honorarsätze folglich für die Letzteren gering bemessen, wie Joschua berichtet. Zwar unterschieden sie sich ein wenig zwischen den „einzelnen Bildungsstätten", aber als er in den 2010er-Jahren in dem Bereich arbeitete, verdiente er „bei nem ähnlichen Arbeitspensum" wie in seiner erlebnispädagogischen Tätigkeit von formal sechs, de facto aber zehn bis zwölf Stunden „zwischen 100 Euro und 120 Euro am Tag". Damit lag er noch unter dem Tagessatz, den Heiko in der Erlebnispädagogik verdiente. Joschuas Verdienst reduzierte sich noch weiter durch „Abzüge [...] für Verpflegung und Unterkunft", weil er wegen der Entfernung zur eigenen Wohnung vor Ort übernachten und sich dort versorgen musste. Während die Sätze damals „zum Teil 15, fast 20 Jahre alt waren" (vgl. Anm. 131) und es „nicht mal nen Inflationsausgleich in der Zeit" gab, seien sie „in den letzten Jahren auch teilweise ein bisschen erhöht worden". Allerdings sei es für Solo-Selbstständige, die „versuchen, hauptberuflich von dieser Arbeit zu leben", mit den gegebenen Honorarsätzen nicht möglich, ein hinreichendes Einkommen zu generieren. Als „eine der sehr verlockenden Sachen" an der selbstorganisierten Bildungsarbeit beschreibt Joschua den „Tagessatz", der im Unterschied dazu „beim zweieinhalbfachen von dem" lag, was er zuvor verdient hatte, also bei etwa 250 bis 300 Euro. Dadurch konnte er auch den Anteil der Arbeitszeit reduzieren, weil er „in den vier Tagen" einer Projektwoche „das verdient, was ich ansonsten in ner Bildungsstätte in zwei Wochen verdient hätte". Dies verweist auf die höheren Honorarsätze in den Förderstrukturen, aus denen Joschua und das Kernteam seines Trägers ihre Mittel beziehen. Zugleich liegt dieser Tagessatz noch unter der im Kinder- und Jugendplan festgesetzten Summe von 305 Euro für ein eintägiges Kursangebot (Bundesverwaltungsamt 2023, 39). Und trotz dieser – im Vergleich zur besonders prekären Bezahlung von Solo-Selbstständigen an Bildungsstätten – etwas besseren Tagessätze liegen diese weit unter der Empfehlung von 950 Euro für ein eintägiges Standard-Training, das ohne eigene Planung und Akquise von Berufsanfänger:innen durchgeführt wird (Berufsverband für Training, Beratung und Coaching 2020). Für Angebote, die selbst akquiriert und (ggf. speziell auf bestimmte Bedarfe abgestellt) entwickelt werden, liegen die empfohlenen Sätze zwischen 1.200 und 1.500 Euro für Berufseinsteiger:innen und 1.400 bis 2.000 Euro für erfahrene Bildner:innen. Diese Sätze stellen zwar (eher) auf die Erwachsenenbildung ab, können aber angesichts der geringen Tagessätze von VHS-Dozent:innen[134] und der auch in der Kinder- und Jugendbildung notwendigen Expertise als gemeinsame Richtschnur gelten.

Im Vergleich mit der Solo-, Duo- und kollektiven Selbstständigkeit bringen Angestelltenverhältnisse im Feld der Demokratiearbeit den Vorteil mit sich, dass die Sozialversicherungsbeiträge anteilig auch von Arbeitgeber:innenseite gezahlt werden. Aber auch in diesem Segment sind Einkommen üblich, die von den Protagonist:innen als ihren Qualifikationen nicht angemessen empfunden und zudem als (potenziell) prekär erlebt werden. So antwortet Miriam auf die Frage, ob sie die Bezahlung in ihrem Berufsfeld fair findet, mit einem deutlichen „Nein" und ergänzt: „Also ich find's teilweise wirklich erschreckend." Insgesamt zeichnet sich aus ihren, Tinas und Ines Schilderungen das Bild eines Flickenteppichs unterschiedlicher Eingruppierungen gleicher oder ähnlicher Tätigkeiten in der Demokratiearbeit ab. Dies ist zum einen auf die unterschiedlichen Förderstrukturen und -richtlinien (EU, Bund, Land, Bezirke, Stiftungen) zurückzuführen und andererseits auf den unterschiedlichen Umgang der Träger mit den jeweiligen Vorgaben. So berichtet Tina, die mit ihrer Projektarbeit gegen rechte Gewalt bei einem größeren Träger als E10 eingruppiert ist, einerseits von Kolleg:innen, die eine vergleichbare Arbeit mit Eingruppierungen zwischen E11 und E13 tun, und andererseits von Trägern, die eine E9 für richtiger hielten. Und wie Miriam bemerkt, wirkt das Land Berlin zwar seit einiger Zeit darauf hin, dass die Träger die Beschäftigten einer Gehaltsgruppe nicht unter Tarifvertrag der Länder bezahlen, die Eingruppierung selbst bleibt im Zuge der Antragstellung zunächst den Trägern überlassen und wird vom Mittelgeber überprüft. Im Resultat wird, wie Miriam und einige Kolleg:innen bei einem informellen Austausch feststellten, gleiche Arbeit ungleich bezahlt. So seien das Erstaunen und die Empörung wechselseitig groß gewesen, als sie sich von Eingruppierungen zwischen E9 und E11 berichteten, wobei Letzteres wie in Miriams Fall eher eine Ausnahme darstellt. „Und ich dachte wirklich, mir zieht's die Schuhe aus [lacht]. Und ich dachte: Okay, 9. Das ist ja wirklich. Das ist ein Witz. So. Und. Genau. Also das ist. Da war ich so ein bisschen erschrocken". Und umgekehrt waren „die, die die 9 haben, [...] total entsetzt, dass Leute auf derselben Stelle ne 11 haben". Die Varianz der Vollzeit-Bruttoentgelte innerhalb der Tätigkeitsbereiche von Miriam und Tina ist demnach groß. Sie erstreckt sich laut TV-L der Jahre 2021/22 (hier: gerundete Stufe 1) von 3.000 Euro (E9), über 3.400 Euro (E10), 3.500 Euro (E11) und 3.600 Euro (E12) bis zu 4.000 Euro (E13).

Dass die mittlere und niedrigere Eingruppierung in ihrem Bereich als Standard gilt und die höhere Eingruppierung als Ausnahme gesondert begründet werden muss, empfindet Miriam im Verhältnis zu der Qualifikation der Demokratiearbeiter:innen als unangemessen: „Und das finde ich schon ganz schön hart, weil ich würde

---

134   Mitte des Jahres 2022 wurden von der Berliner und Brandenburger Verwaltung eine Reihe von Verbesserungen der Erwerbsarbeitsverhältnisse für formell selbstständige Dozent:innen der Volkshochschulen vermeldet, darunter eine Anhebung des Stundensatzes auf 41 Euro (BIBB 2022). Für sechs bis acht Unterrichtsstunden summiert sich dies auf einen Tagessatz von rund 250 bis rund 330 Euro, also eine etwa dem Tagessatz für die von Joschua und seinen Kolleg:innen durchgeführten Workshops entsprechende Summe.

sagen, wenn ich mich jetzt in meinem Kolleg:innenkreis umgucke in Berlin: Alle haben studiert. Es gibt eigentlich fast niemanden, der nicht studiert hat, das ist ganz, ganz selten. Und viele sind, genau, kommen entweder aus dem Bereich der politischen Bildungsarbeit oder haben natürlich über die Jahre" auch in der Beratungs- und Netzwerkarbeit „wahnsinnig viel Erfahrung auch gesammelt". Mit Blick auf den hohen Grad der Verwissenschaftlichung und die teilautonome Ausführung des Berufs, die über zwei Jahrzehnte aufgebaute spezielle Expertise und ihre besondere gesellschaftliche Relevanz lässt die Demokratiearbeit sich wie bereits festgestellt als Profession verstehen. Insofern könnte sie ähnlich Mitarbeiter:innen an Hochschulen eingruppiert werden: Mit einem B.A.-Abschluss und für Tätigkeiten unter Anleitung als E11 und mit einem M.A.-Abschluss und für eigenständig geplante und umgesetzte Tätigkeiten als E13. Diesen Anspruch lässt Tina anklingen, wenn sie mit Blick auf die übliche Eingruppierung ihrer Tätigkeit in E9- oder E10-Stellen von der „Abwertung" ihrer Tätigkeit „in einem Themenfeld, was so wichtig ist", spricht. Zudem thematisiert sie, dass die Abwertung ihres Berufsfeldes mit Geschlechterverhältnissen verwoben ist, insofern es sie „total nervt, gerade als Frau und als Frau mit einem sehr hohen Bildungsabschluss […] in so eine Dynamik zu geraten", in der sie sich „selber abwerten" muss, wenn sie eine entsprechende Eingruppierung akzeptiert, also entscheidet, sich „dem sozusagen zu fügen und zu sagen: ‚Die Arbeit ist mir trotzdem wichtig genug, ich schluck' die Kröte.'" Problematisiert wird hier die in der Eingruppierung zum Ausdruck kommende Abwertung bzw. mangelnde Anerkennung der Professionalität der Demokratiearbeiter:innen und die ungleiche Bewertung gleicher oder ähnlicher Tätigkeiten im Feld der Demokratiearbeit als Teil der gesellschaftlichen Sorgearbeit.

Dabei geht die mangelnde symbolische Anerkennung der Demokratiearbeit damit einher, dass die Nettoeinkommen auch der angestellten Demokratiearbeiter:innen nur unter bestimmten Bedingungen ein Auskommen ermöglichen. In Miriams Umfeld arbeiten von den unterschiedlich und meist niedriger eingruppierten Kolleg:innen einige in Vollzeit, andere in Teilzeit und von diesen nach ihrem Eindruck „niemand unter 30 Stunden".[135] Insofern dürfte Miriams Nettoverdienst aus ihrer 30-Stunden-E11-Stelle (unter sonst gleichbleibenden Umständen) eher zu den höheren in ihrem Bereich zählen. Damit empfand sie sich als abgesichert, solange sie nur für sich sorgen musste, wie ihre Antwort auf die Frage, ob man von ihrem Einkommen leben kann zeigt: „Also. Ich würde sagen, ich habe jahrelang gesagt: ‚Doch, das kann ich.'" Geändert hat sich ihre Einschätzung ab der Zeit, in der sie ihr Kind mitversorgen muss: „Mit Kind ist es knapp. Also. Wenn ich alleinerziehend wäre, würde ich es nicht schaffen. Das wär ne Katastrophe. Bin ich zum Glück nicht." Insofern stellt ihr relativ hohes Einkommen das Minimum dar, wenn die Sorge für ein Kind zusammen mit den Einkünften eines anderen Elternteils möglich sein soll; ohne ein zweites Einkommen würde das Absinken in prekäre Lebenslagen an oder

---

135 Insgesamt arbeiten in den landesgeförderten Projekten mehr als zwei Drittel der Angestellten in Teilzeit (Lüter et al. 2019, 26), die jeweilige Eingruppierung wurde nicht erhoben.

unter der Armutsgrenze drohen (vgl. die Lage von Alleinerziehenden, Kapitel 2.1).
Für Kolleg:innen, die von den verbreiteten geringeren Einkommen leben müssen,
stellt sich diese Gefahr permanent und kann ebenfalls nur durch die Mobilisierung
anderer Ressourcen abgewendet werden: „Und ich kenn auch mehrere vor allem
Kolleginnen, die sagen, es funktioniert nur, weil der Partner, die Partnerin nen viel
besser bezahlten Job hat", beispielsweise als „Anwälte oder Ärzt:innen". Die Erwerbstätigkeit im Rahmen dieser klassischen freien Berufe ist im Gegensatz zur
(schein-)selbstständigen Demokratiearbeit durch staatliche Gebühren- und Honorar-
ordnungen reguliert, die einträgliche Einkommen für hochqualifizierte, professionelle Arbeit absichern. Demokratiearbeit ist hingegen sowohl in der Selbstständigkeit
als auch in Anstellungsverhältnissen zum Teil eine Arbeit, die in Partner:innenschaf-
ten quasi privat bezuschusst werden muss, wie Miriam sarkastisch hinzufügt: „Also
dann kann man sich das leisten, dass jemand [lacht], der zweite Teil sowas macht."
Insofern dies in gegengeschlechtlichen Partnerschaften geschieht, bedeutet dies
auch, dass häufig Frauen wie im fordistischen Familienernährermodell in die Rolle
von Zuverdienerinnen verwiesen werden und auch in stärkerem Ausmaß für die
unbezahlte Sorgearbeit zuständig (gemacht) werden (Deuflhard 2023).

Insgesamt zeichnet sich ab, dass die mangelnde symbolische Anerkennung der Demokratiearbeit mit einem Einkommensniveau einhergeht, das den Lebensunterhalt
der Demokratiearbeiter:innen in relevanten Bereichen des Feldes nicht sichert. Vielmehr ist, vor allem wenn Kinder hinzukommen, ein zweites und deutlich besseres
Einkommen notwendig, um ein hinreichendes Gesamteinkommen der Haushalte zu
generieren. Insoweit ist auch das Feld der Demokratiearbeit vom Trend der langfristig gesunkenen Reallöhne (Böckler Impuls 2008, 2014; 2020) und der Prekarisierung ergriffen, weil das propagierte neoliberale *adult worker model* de facto einem
dual adult worker model mit – je nach Gesamteinkommen – unterschiedlichen und
teils fragilen familiären Reproduktionsmodellen (Winker 2015, 64 ff.) gewichen ist
(vgl. Kapitel 2.1).

Vom „Ausgeliefertsein" bis zum „Sechser im Lotto".
Akute Risiken der Demokratiearbeit

Unabhängig von ihrer Beschäftigungsform gilt für alle Demokratiearbeiter:innen,
dass der Verkauf ihrer Arbeitskraft je nach Marktmacht risikobehaftet ist. Dabei
unterscheiden sich die konkreten Modalitäten der Risiken bei Solo- und Duo- bzw.
Kollektiv-Selbstständigen und abhängigen Beschäftigungsformen, während die
kurz- und langfristigen Folgen sich ähneln.

Als Solo-Selbstständiger musste Joschua sich individuell gegen eine recht große
Konkurrenz behaupten und bekam wie geschildert als Erlebnispädagoge „Listen"
mit anstehenden Programmen, auf die er sich „bewerben" konnte und „dann Zu-
sagen oder Absagen gekriegt" hat. Ähnlich verhielt es sich, wie ebenfalls bereits
geschildert, in der politischen Bildung. Dabei gab es in den Bildungsstätten zwar
meist sogenannte „Hausteams […] aus freiberuflichen Bildner:innen", die regelmä-

ßig gebucht wurden, aber eben nicht festangestellt waren, sondern sich stets wieder bewerben mussten. Angesichts der kurzen Dauer der Projekte von bis zu fünf Tagen und der geringen Entlohnung wird deutlich, dass das Risiko, seine Arbeitskraft nicht oder nicht in einem hinreichenden Ausmaß verkaufen zu können, für Solo-Selbstständige ein permanentes ist. Hinzu kam, dass das Einkommen im Krankheitsfall oder im Fall einer Absage seitens der Bildungsstätten entfiel: So konnte es passieren, dass man „um acht Uhr da auf der Matte" stand, aber eine Schulklasse nicht komplett anreiste und „dann gesagt" wurde: „,Ok, [...] es kommen drei Leute weniger, das bedeutet nach dem Schlüssel [...] eine Person von euch muss wieder abreisen'" und zwar „ohne Ausfallhonorar". In der Solo-Selbstständigkeit müssen die Risiken der unzuverlässigen Auftragslage individuell getragen werden und werden, wie im Falle kurzfristiger Absagen von Teilnehmer:innen, seitens der Einrichtungen bzw. Mittelgeber externalisiert, d.h. auf die Selbstständigen abgewälzt. „Und dann ist eben die Kohle weg", und die investierte Zeit für die Bewerbung und Vorbereitung zahlt sich nicht aus. Joschua spricht mit Blick auf die Lage von Solo-Selbstständigen davon, dass es unter diesen Bedingungen „gar keine Sicherheit" gebe und dies bei den Betroffenen ein Gefühl des „Ausgeliefertsein[s]" erzeuge.

In der Duo- und kollektiven Selbstständigkeit sind es unmittelbar die Träger, also kleinere oder größere gemeinnützige Vereine, die sich als Quasi-Unternehmen gegen andere Träger auf einem Quasi-Markt durchsetzen müssen, wie Heikos bereits zitierte Rede von der Außendarstellung mit eigener „Internetpräsenz" und vorhandenen „Kunden" verdeutlicht. Auch Joschua spricht von der quasi-unternehmerischen Konkurrenz von Trägern, wenn er die „Akquise von Kooperationsschulen" für seinen Verein als „teilweise sehr mühsam" empfindet, weil es in Berlin „einfach ein immenses Angebot gibt" und sein „relativ unbekannter kleiner Träger" sich gegen etabliertere Anbieter durchsetzen muss. Dabei geht es hier anders als in der Solo- und Duo-Selbstständigkeit nicht um zahlreiche einzelne Projektwochen, von denen eine oder zwei Personen sich finanzieren können, sondern um die Akquise von Aufträgen mit einer Laufzeit von bis zu einem Jahr und in einem Umfang, der für das Kernteam reicht. Mit der Minimierung der Risiken durch den Zusammenschluss mit anderen wächst insofern auch das Volumen der zu erschließenden Finanzquellen. Joschuas Verein hat auf diesem Quasi-Markt ein Standing ähnlich den Hausteams in den Bildungsstätten erreicht: Indem eine noch nicht von allzu vielen Anbietern umkämpfte Nische von Schulen in prekären Stadtteilen bedient wird, ist eine wiederholt erfolgreiche Akquise etwas sicherer, als es mit einem Angebot in Bereichen mit stärkerer Konkurrenz wäre. Die Existenzgrundlage des Kernteams steht insofern „nicht [...] die ganze Zeit auf der Kippe". Zugleich muss dieses Existenzniveau „jedes Jahr wieder aufs Neue" hergestellt werden und bleibt grundsätzlich mit dem „Risiko" behaftet, „da in nen kompletten finanziellen Ruin zu wandern", wenn es nicht gelingt, jedes Jahr entsprechende Förderungen zu erhalten. Zudem ist zwar absehbar, dass das Niveau noch maximal fünf Jahre gehalten werden kann, einige Fördertöpfe werden aber versiegen, weil keine Dauerprojekte gefördert werden und die Möglichkeit, immer wieder innovative Projekte zu entwickeln, begrenzt ist. Umgekehrt bedeutet dies, dass erprobte und routinisierte, also weniger aufwändige

Angebote in manchen der vorhandenen Förderstrukturen nicht weiter umgesetzt werden können. Insofern wird der Verein entweder andere Quellen in ähnlicher Größenordnung oder eine „längerfristige[...]" und „größere[...] Finanzierung" erschließen müssen. Ob dies angesichts des mittlerweile relativ feststehenden Gefüges aus Trägern, die sich in den letzten 20 Jahren in Berlin etabliert haben (Lüter et al. 2019, 21ff. u. 95), möglich sein wird, ist offen. Anders formuliert: Die Quasi-Marktanteile der Demokratiearbeit sind – analog den Konzentrationsprozessen in der Privatwirtschaft – in einem relevanten Ausmaß verteilt. Sofern keine Aufstockung der Mittel erfolgt, würde der Erfolg seines Vereins auf Kosten anderer und etablierterer Vereine gehen.[136]

Mit der Perspektive, Mittel in größerem Umfang zu beantragen, würde sich Joschuas Verein im Bereich jener Vereine bewegen (müssen), die Demokratiearbeit mittels sozialversicherungspflichtiger Stellen besorgen. Dies ist genau jene Art der Finanzierung, die Miriams Anstellungen in den letzten Dekaden ermöglicht hat. Im Vergleich zur permanenten Unsicherheit, den individualisierten Risiken und der privatisierten Vorsorge bei den Solo-Selbstständigen liegen einige Vorteile in sozialversicherungspflichtigen Beschäftigungsformen. So hat Miriam beispielsweise das Recht auf Lohnfortzahlung im Krankheitsfall sowie Mutterschutz und Elternzeit, ist im Falle der Erwerbslosigkeit nicht unmittelbar aufs ALG II angewiesen, sondern kann ALG I beziehen und die Beiträge für die gesetzliche Pflege- und Rentenversicherung werden anteilig von der Arbeitgeber:innenseite getragen. Und obwohl sie im Vergleich zu Joschuas und Heikos Solo-Selbstständigkeit ein höheres Teilhabe- und Sicherheitsniveau genießt, berichtet auch Miriam von erheblichen Risiken, die aus den in diesem Bereich üblichen Erwerbsarbeitsbedingungen resultieren. Dazu zählt zunächst die grundsätzliche Befristung der Arbeitsverträge. In ihrem Umfeld ist die Begrenzung auf ein Jahr die Regel und galt für sie die längste Zeit ihrer rund 20-jährigen Tätigkeit in dem Feld: „[B]is vor vier Jahren hatte ich befristete Verträge. Und das haben [...] so gut wie alle." Und während in dieser Konstellation anders als in der Solo-Selbstständigkeit das monatliche Einkommen für ein Jahr gesichert ist, verursacht die Befristung dennoch Unsicherheit: Und „[w]enn die Förderung nicht kommt, die ja jährlich ausgegeben ist, dann hat man – dann ist der Job weg" und nicht ‚lediglich' das Honorar für einen Auftrag. Im Vergleich mit den solo-selbstständigen Bildungsarbeiter:innen könnte man also sagen, dass die Kehrseite der größeren Sicherheit eines Anstellungsverhältnisses das ebenfalls größere Ausmaß des möglichen Verlustes darstellt. Auch Ines spürt aufgrund dieser aus den Förderstrukturen resultierenden Konstellation „eine sehr starke Verunsicherung". Zudem schildert sie, wie sehr diese Förderstruktur und damit die Option seitens der Mittelgeber, Projekte

---

136 Es liegt neben den inhaltlichen Gründen für die Verteilung der Mittel des Landesprogramms für Demokratie. Vielfalt. Respekt auch an der Ökonomisierung der Fördergrundsätze, dass, nachdem Anfang der 2000er-Jahre der sogenannte Closed Shop der traditionellen Träger der politischen Bildung durchbrochen werden sollte und wurde (Reimer 2015, 47), sich die in der Folge etablierten neuen Träger nun selbst einer Konkurrenz und gewissen Kritik an der Mittelverteilung zu ihren Gunsten ausgesetzt sehen (Lüter et al. 2019, 21ff. u. 95).

nicht weiter zu finanzieren, den Alltag durchdringt. So verspüre sie mit Blick auf die Mittelgeber wie auch den eigenen Arbeitgeber einen Druck, „eine Performance bringen" zu müssen, „damit das Projekt" und damit auch die eigene Stelle „weiter finanziert wird". Die grundsätzliche Attraktivität der teilautonomen Demokratiearbeit wird von den negativen Folgen ihrer Organisation in typisch neoliberalen Formen zersetzt (Graefe 2015, 5 f.). Dazu zählt auch, dass die Förderbescheide oft nicht vor Projektbeginn, sondern erst im laufenden Jahr vorlagen und teils noch -liegen. So kam in Miriams Fall „das Geld" über viele Jahre „vielleicht erst im März", sodass sie wie viele andere auch „drei Monate arbeitssuchend" war und erst „dann wieder an[fangen]" konnte, bezahlt zu arbeiten. Und „das ist für sie [die Beschäftigten, Verf.] blöd, das ist für die Arbeitsprozesse blöd", kommentiert sie. Zwischenzeiten in der Erwerbslosigkeit hinzunehmen, war für Miriam „ganz lange normal", obwohl es aus der Sicht der Beschäftigten eigentlich nicht akzeptabel und rechtlich fragwürdig ist.[137] Und während sie es „die ersten Jahre" als „sehr belastend" empfand, sich am Jahresende „immer […] arbeitssuchend zu melden", sei sie mit der Zeit „auch so ein bisschen abgestumpft". Eine Verbesserung für die Beschäftigten trat schließlich ein, als die Laufzeiten u. a. der Bundesprogramme immerhin vier Jahre betrugen und manche Träger, so auch einer der ihren, das Risiko auf sich nahmen „in Vorleistung [zu] gehen und jemanden zwei Monate [zu] bezahlen" auch „wenn das Geld erst im März" kam. Angesichts der vorherigen jährlichen Unterbrechung mit ALG-Bezug umschreibt Miriam diese Lösung für sich als einen „Riesenwurf", der „schon eine unglaubliche Erleichterung" für sie als abhängig Beschäftigte mit sich brachte. Und als ihr Träger ihr vor wenigen Jahren „einen unbefristeten Vertrag" gab, empfand sie das „wie son Sechser im Lotto irgendwie", weil sie damit endlich „so ne Sicherheit" gewonnen hatte und es „schon auch noch ne Seltenheit [ist], dass man so nen unbefristeten Vertrag bekommt".

Das Gefühl der Unsicherheit ist ein zentraler Indikator für prekäre Arbeit (Reusch et al. 2019) und aufgrund der skizzierten unterschiedlichen Bedingungen auch in der Demokratiearbeit über die verschiedenen Beschäftigungsformen hinweg verbreitet. In der Solo-Selbstständigkeit resultiert es aus der Konstellation, die eigene Arbeitskraft angesichts großer Konkurrenz vermarkten und dabei permanent mit radikal individualisierten Risiken umgehen zu müssen. In befristeten Angestelltenverhältnissen stellt sich die Unsicherheit im Rhythmus der – im Sinne des Teilzeit- und Befristungsgesetzes fragwürdigen – Befristung ein und veranlasst die Beschäftigten zu besonderer Betriebsamkeit, um die Wiedereinstellung bzw. Weiterbeschäftigung

---

137 Befristete Arbeitsverträge sollen laut Teilzeit- und Befristungsgesetz eine Ausnahme darstellen (Verdi 2014). Ihre Verbreitung hat indes zwischen 1996 und 2017 von rund 35 Prozent auf rund 44 Prozent der Beschäftigten zugenommen und betraf 2017 bereits über 3 Millionen Erwerbstätige im Vergleich zu unter 1,5 Millionen im Jahr 1996 (Reusch et al. 2019). Im Jahr 2018 waren es bereits 4,7 Millionen (Hünefeld & Siefer 2018). Angesichts des Mangels an anderen Möglichkeiten der Steuerung durch Flexibilisierung ist sie auch im Öffentlichen Dienst verbreitet. Fragwürdig ist sie, weil die Befristung aus haushaltsrechtlichen Gründen zwar grundsätzlich erlaubt ist, aber vorauszusehen sein muss, dass die Mittel wegfallen (Jura-Forum 2023). Insoweit dies in der Demokratiearbeit nicht der Fall ist, handelt es sich eher um rechtlich fragwürdige Kettenbefristungen.

zu sichern. Auch in der kollektiven Selbstständigkeit ist die Unsicherheit keine permanente, sondern stellt sich im Rhythmus des jährlich wiederherzustellenden Reproduktionsniveaus ein, das aufgrund der Förderregularien zeitlich begrenzt ist.

„Burnout" und „Altersarmut".
Lebenslaufbezogene Risiken der Demokratiearbeit

Insgesamt bauen sich die Beschäftigungsverhältnisse in der Demokratiearbeit pyramidenartig von einer umfassenden Unsicherheit in der Solo-Selbstständigkeit über mehr oder weniger im Zaum gehaltene Risiken in der Duo- und kollektiven Selbstständigkeit bis hin zu befristeter und insofern risikobehafteter abhängiger Beschäftigung und in Ausnahmefällen entfristeten Verträgen, die ihrer Seltenheit wegen einem Lottogewinn gleichkommen, auf. Quer zu diesen unterschiedlich bedingten und in der Qualität der Unsicherheit verschiedenen akuten Risikolagen haben (fast) alle Demokratiearbeiter:innen mit ähnlichen mittel- und langfristigen Folgen zu rechnen und umzugehen. Denn die – angesichts ihrer zeitlichen Entgrenzung, unzureichenden Bezahlung und geringen Sicherheit – prekären Beschäftigungsverhältnisse in der Demokratiearbeit greifen tief in den individuellen und sozialen Lebenszusammenhang der Betroffenen ein (Motafek & Wimbauer 2017).

Mittelfristig beeinträchtigen die prekären Erwerbsarbeitsverhältnisse etwa die Möglichkeit, das soziale Leben zu planen und zu gestalten. So beschreibt Heiko, dass man als Erlebnispädagoge in der Saison „ultrawenig ein Alltagsleben" habe und es beispielsweise kaum möglich sei Freundschaften zu pflegen. Dies empfinde er als einen Nachteil, den er nicht mehr in Kauf nehmen wolle. Zudem greife diese Art von Erwerbsarbeit aufgrund der langen Abwesenheiten derart in den Lebenszusammenhang ein, dass sie seinen Alltag „mit Patchworkfamily" völlig verunmöglichen würde, sodass das „Format" der Erlebnispädagogik für ihn mittlerweile „total raus" sei und er anderen Erwerbstätigkeiten nachgehe. Die Frage, ob oder wie die Demokratiearbeit die Familienplanung ermöglicht bzw. behindert, treibt auch die Demokratiearbeiterinnen in befristeten Angestelltenverhältnissen um. So berichtet Ines von ihrer Beobachtung, dass „Leute schwanger geworden sind und dann eben [...] der Vertrag ausgelaufen ist und die dann halt nicht weiter beschäftigt wurden". Auch hier ist die zeitliche Befristung ausschlaggebend für das Risiko, mit Kind in die Erwerbslosigkeit zu geraten, denn in unbefristeten Verträgen und auch in Verträgen mit längerer Laufzeit haben Angestellte ein Recht darauf, nach Mutterschutz und Elternzeit in den Beruf zurückzukehren. Diese Beobachtung sei für sie „zeitweise doch ein ziemlich relevanter, wenn nicht sogar ausschlaggebender Faktor" gewesen, „dass ich nicht aktiver geworden bin bezüglich Kinderplanung", weil sie davon ausgegangen sei, „dass, wenn ich schwanger werde, dass ich raus aus dem Laden bin". Mittlerweile habe sie auch aufgrund ihres Alters „andere Prioritäten und würde sagen: ‚Okay, wenn ich deswegen meinen Job verlieren sollte, was krass genug wäre, dann würde ich das Risiko aber eingehen'". Auch Tina hat ihren schon länger gehegten Kinderwunsch angesichts der Unwägbarkeiten ihrer befristeten Anstellungsverhältnisse aufgeschoben und spricht sarkastisch davon, dass „Befristungen

das wirksamste Verhütungsmittel sind". Ihren Wunsch habe sie „eigentlich erst richtig angefangen" zu verfolgen, als sie eine „Teilentfristung" bekam und somit ein
kleiner Teil ihres Einkommens über den Jahreswechsel hinaus gesichert war. Bei ihr
bleibt die Befürchtung, jenseits dieser Teilzeitstelle kaum in andere Anstellungsverhältnisse zu kommen, weil sie bei Freundinnen beobachtet hat, „dass die, sobald
die irgendwie kleine Kinder haben, gerade wenn sie alleinerziehend sind, Probleme haben, Stellen zu kriegen". Die aus dem Einzelhandel und Niedriglohnsektor
am Beispiel von Katja geschilderten Probleme, ein Familienleben zu führen (vgl.
Kapitel 2.1), sind also auch im Feld der Demokratiearbeit virulent. Hier läuft es
wiederum „subtil ab; niemand würde sagen: ,Du bist schwanger und kriegst keine
Stelle' oder ,Du bist irgendwie alleinerziehend und hast ein kleines Kind und kriegst
keine Stelle'". Aber „besonders in dem Alter, in dem ich bin", werde sich auf Seiten
der Projektleitungen und Geschäftsführungen vermutlich „gefragt [...]: ,Ah, wird
die vielleicht bald ein Kind kriegen?'". Aus ihrer Sicht als abhängig Beschäftigte
ist dies bedrohlich und beeinträchtigt ihre mittel- und langfristige Lebensplanung
massiv. Aus Sicht der Vorgesetzten mag (wenn auch rechtlich unzulässig) eine Rolle
spielen, dass Personalwechsel, die von knapp der Hälfte aller landesgeförderten
Projekte berichtet werden (Lüter et al. 2019, 27 f.), die Erfüllung von Zielvorgaben
gefährden. Dies dürfte insbesondere dann der Fall sein, wenn das insgesamt zur
Verfügung stehende Personal begrenzt ist, was für mindestens ein Viertel und bis zu
zwei Dritteln der landesgeförderten Projekte gilt (26 f.). Die Ursachen der Fluktuation liegen allerdings nicht in dem Handeln derjenigen, die ihre Stellen wechseln,
sondern in den herausgearbeiteten Schattenseiten der Demokratiearbeit: unbezahlte Mehrarbeit, Unsicherheiten durch (Schein-)Selbstständigkeit und Befristung sowie
geringe Entlohnung.

Wie in der Altenpflege (vgl. Kapitel 2.2) verstärkt diese Struktur der Arbeitsorganisation das Fachkräfteproblem. Dies formuliert Miriam – hier auf Befristungen bezogen – mit Blick auf den Berufseinstieg: „Es gibt auch Gründe, warum Leute, die
wirklich gut sind, diese Jobs nicht machen." Und auch Tina glaubt, dass man sich in
Zukunft „zunehmend auch irgendwie Sorgen drum machen [muss], wo bleiben, also
wer sind die Leute, die diese Jobs noch machen, findet man die überhaupt?". Zudem
mindert sich aufgrund der Strukturen womöglich die Qualität, weil sie kurz- und mittelfristige Belastungen verursachen, also die Betroffenen insgesamt beeinträchtigen
(Böhle 2018, 59). Anders als die Pflegekraft Paul und der Rider Tarik berichten die
Demokratiearbeiter:innen zwar nicht von körperlichen Folgeerscheinungen, wie sie
deren physisch schwere Arbeit verursachen kann (vgl. Kapitel 2.2 u. 3.2). Wohl
aber sprechen sie von psychischen Be- und Überlastungen, die durch die konkrete
Arbeitsorganisation, im Allgemeinen aber aus dem Gesamt der beschriebenen Arbeitsbedingungen resultiert (Böhle 2018, 67 f.). So beschreibt Heiko die erlebnispädagogischen Wochen als „intensiv" und „krass anstrengend" und diese Belastung
als einen Grund, warum er diese Arbeit nicht mehr tun will. Joschua, der jüngste
der Protagonist:innen, berichtet angesichts der Ballung von Veranstaltungen in der
zweiten Jahreshälfte davon, danach „auf dem Zahnfleisch [zu] kriechen" und dies
in Zukunft vermeiden zu wollen. Und Miriam, die älteste der Protagonist:innen,

die auch Sorgeverantwortung für ihr Kind trägt, berichtet davon, „letztes Jahr schon Burnout-Probleme" gehabt zu haben. Damit sei sie auch nicht allein, vielmehr gebe es „viele in meinem Bereich, die irgendwann dann das Problem haben". Ihrer Beobachtung nach beträfe dies zudem „unverhältnismäßig viele Frauen", die „in die Knie gehen, weil die dieses Doppelding", also Erwerbsarbeit und unbezahlte Sorgearbeit, „nicht hinkriegen". Zudem blieben sie allein mit ihren Problemen, denn „darüber redet ja keiner".

Zu den mittelfristigen Auswirkungen (Sozialleben, Familienplanung, gesundheitliche Beeinträchtigungen) kommt in der langfristig-biografischen Perspektive hinzu, dass die geringen Einkommen aufgrund der geschilderten Eingruppierung und verbreiteten Teilzeit, die in den landesgeförderten Projekten zwei Drittel der Beschäftigten betrifft (Lüter et al. 2019, 26), die Demokratiearbeiter:innen auf ein prekäres Leben im Rentenalter zusteuern lassen. So geht Joschua davon aus, dass er im Alter „definitiv auf die Grundsicherung angewiesen sein" wird. Und Miriam berichtet, dass, wenn sie „den Rentenbescheid" sehe, „immer so [denke]: ‚Oh, mein Gott, ach du Scheiße!'" und sich fragt: „‚Wie soll das denn funktionieren?'" Damit bringt sie zum Ausdruck, dass die zu erwartende Rente es nicht hinreichend erlauben wird, den Lebensunterhalt zu bestreiten. Dieses Risiko trifft einerseits alle Menschen, die prekär arbeiten, andererseits insbesondere Frauen, die häufiger als Männer in Teilzeit arbeiten (Götz & Lehnert 2016) (vgl. Kapitel 5).

„Berufung" oder „Beruf"?
Umgangsweisen mit Zumutungen der Demokratiearbeit

Angesichts der geschilderten Handlungsproblematiken von Demokratiearbeiter:innen geht es im Folgenden um die Fragen, warum Heiko, Joschua und Miriam sowie Tina und Ines sich auf diese Art von Arbeitsorganisation eingelassen haben bzw. einlassen und welche Umgangsweisen sie mit den unzureichenden Einkommen, der zeitlichen Belastung sowie den kurz- und langfristigen Risiken gefunden haben bzw. finden. Im ersten Abschnitt wird geschildert, dass, inwiefern und warum die Beschäftigten in gewisser Weise an ihrer Ausbeutung mitwirken und die Folgen kompensieren (vgl. zum Begriff restriktive Handlungsfähigkeit Kapitel 1.1). Dabei geht es zunächst um individualisierte und informell-solidarische Umgangsweisen. Im zweiten Abschnitt wird dann nachgezeichnet, dass, warum und wie kollektive Formen der Interessenvertretung entwickelt werden und auf welche Widerstände Versuche, die Arbeitsbedingungen kollektiv zu verbessern, stoßen. Im abschließenden dritten Abschnitt wird thematisiert, wie eine über die betriebliche Interessenvertretung hinausgehende Organisierung die professionelle Arbeit am politischen Gemeinwesen in Formen überführen könnte, die Kriterien guter Arbeit entsprechen.

„Das ist wie ein Ehrenamt."
Selbstausbeutung für die gute Sache bis zum Berufsausstieg

Im Feld der Demokratiearbeit ist ein eher defensives Arrangement mit prekären Beschäftigungsverhältnissen verbreitet (gewesen), insoweit das Wissen um die besondere gesellschaftliche Relevanz dieser Arbeit mit ihrer patriarchalen Konnotation einer „sozialen Berufung" (Wendt 2020) gekoppelt bleibt bzw. blieb. Diese (und ähnliche) Identifikationen begünstigen die Akzeptanz unzureichender Bezahlung, unbezahlter Mehrarbeit, zeitlicher Entgrenzung und Verdichtung der Arbeit. Und solange die resultierenden Handlungsproblematiken eher als „persönliches Problem" (miss-)verstanden werden, wie Ines selbstkritisch mit Blick auf ihren Kinderwunsch formuliert, bleiben die Umgangsweisen privatförmig.

Anders als in Studiengängen, die in klassische Professionen (Medizin, Jura etc.) oder kapitalnahe Berufe münden (Betriebswirtschaft etc.), erwarteten die Demokratiearbeiter:innen zu Beginn ihres Studiums und beim Berufseinstieg keine relativ hohe Entlohnung für ihre Arbeit, obwohl ihnen bewusst ist, dass sie einen besonderen gesellschaftlichen Nutzen hat. So sprach Heiko davon, in der Sozialen Arbeit „etwas Gutes für die Welt" tun zu können und Miriam formulierte, in der Beratungs- und Netzwerkarbeit „etwas fürs große Ganze" zu tun. Dieses Wissen begründet für sie aber gerade keinen Anspruch auf gute Arbeitsverhältnisse, sondern ist mit dem Verzicht auf höhere Einkommen, eine zeitliche Begrenzung der Arbeitszeit und eine solidarische Absicherung von Risiken im gesellschaftlichen Maßstab verbunden. Das defensive Verhältnis von Demokratiearbeiter:innen zu Einkommensansprüchen kommt etwa in Heikos Schilderung seiner diesbezüglichen Haltung zu Beginn seines Studiums zum Ausdruck: „[V]öllig egal, was ich später mal verdiene, Hauptsache es hat son für mich moralischen Anspruch". Und Tina formuliert Gründe für den Verzicht auf eine angemessene Bezahlung ihrer Arbeit und für die Akzeptanz unbezahlter Mehrarbeit so: „[D]as ist wie so ein Ehrenamt, das gibt man sozusagen dann rein". Während es für Menschen, die von Erwerbseinkommen abhängig sind, eigentlich sinnvoll und notwendig ist, den Gebrauchswert ihrer Arbeitskraft in einem möglichst hohen Tauschwert zu realisieren, verzichten beide (teils) darauf. Prämisse ist dabei die Internalisierung von Zuschreibungen, die mit der patriarchalen Arbeitsteilung zwischen männlich konnotierter Produktion von Gütern und weiblich konnotierter Produktion des Lebens (Erziehung, Pflege etc.), die teils häuslich-unbezahlt und teils verberuflicht erbracht wird, einhergehen (Haug 2021; Aulenbacher et al. 2018; vgl. ausführlich dazu Kapitel 2). So affirmieren Heikos Verwendung des Begriffs der „Berufung" für seine Hinwendung zur Sozialen Arbeit die Vorstellung eines ideell entlohnten Dienstes und Tinas Umschreibung ihrer Arbeit als „Ehrenamt" die Feminisierung der Tätigkeiten. Beide Denkformen bewegen sich im Rahmen institutioneller Anordnungen, in denen die gesellschaftlich notwendige Sorgearbeit Frauen als ihnen natürlich zukommender Dienst zugewiesen und von diesen in unbezahlter und sukzessive (schlecht) bezahlter Form ergriffen wurde (Brückner 2013; Wendt 2020).

Beide Trends werden aktuell im Zuge der doppelten Privatisierung (Soiland 2017) entfesselt: Sorgearbeit wird einerseits ins Unbezahlt-Private zurückverwiesen und ehrenamtliche Arbeit im großen Maßstab mobilisiert. Andererseits wird sie in ihrer bezahlten Form unter Druck gesetzt und Sorgelücken (durch zu geringe Personalausstattung und gedeckelte anstelle von bedarfsorientierten Budgets) durch die Selbstausbeutung der Beschäftigten auf deren Kosten teils kompensiert (Graefe 2015, 11ff.; vgl. Kapitel 2). Diese Dynamiken machen sich auch in der Demokratiearbeit geltend und begünstigen die teils selbsttätige Entgrenzung der Arbeitszeit. So wie Tina unbezahlte Mehrarbeit „reingegeben" hat, tat dies auch Miriam. Sie erinnert „so ein paar Jahre", in denen sie freiwillig unbezahlte Überstunden leistete, ohne diese zu dokumentieren: „[I]ch hab' zu Anfang gar nicht meine Stunden aufgeschrieben, also ich hab' da nicht drauf geachtet." Rückblickend ist ihr bewusst, dass die Identifikation mit dem Arbeitsinhalt sie und andere dazu verleitet hat, sich in nachteilige Arbeitsbedingungen einzufügen: Dass man es „für ein Glück" hält, „das als Job machen" zu können, „führt halt dazu, dass man halt äh, dass das sich so entgrenzt". Im Schwanken zwischen ‚man' und ‚das' wird noch in der Erinnerung deutlich, dass dieser Vorgang zwar von ihr und anderen aktiv mit hervorgebracht wurde und wird, sich aber zugleich wie über ihre Köpfe hinweg durchsetzt(e). Dass sie eine Selbstausbeutung für die gute Sache auf eigene Kosten betrieben hat, ist auch Tina rückblickend bewusst: „Dann entscheidest du dich für eine Zeit lang für sehr schlechte Arbeitsbedingungen, aber du hast auch die Konsequenzen davon im Nacken, also Sorgen um Altersarmut, um die eigene Gesundheit". Die internalisierte Selbstlosigkeit gerät mit sich biografisch verändernden Lebensumständen an ihre Grenzen. Während etwa Heiko der widrigen Umstände zum Trotz „früher […] voll darin auf[ging]" als Erlebnispädagoge zu arbeiten, legt er „jetzt irgendwie mit so Anfang 30" und einer „Patchworkfamily" die Priorität stärker auf das Leben jenseits der Erwerbsarbeit, die für ihn nun weniger „Berufung" als „Lohnarbeit" ist.

Um finanziell über die Runden zu kommen, fanden und finden die Demokratiearbeiter:innen unterschiedliche Strategien im Berufs- und Privatleben. Bereits benannt wurde das Arrangement, dass Lebenspartner:innen mit einem guten Einkommen den gemeinsamen Lebensunterhalt absichern. Diese auf interpersonaler Ebene solidarische Unterstützung geht damit einher, dass Demokratiearbeit zum Zuverdienst des familiären Haushaltseinkommens wird und die Betroffenen insofern in eine prekäre Lage geraten, als sie finanziell von der:dem Lebenspartner:in abhängig sind und ihren Lebensunterhalt im Falle einer Trennung nicht eigenständig bestreiten könnten. Insoweit dies häufig Frauen in gegengeschlechtlichen Beziehungen betrifft, kommt hierin auch eine Retraditionalisierung von Geschlechterarrangements zum Ausdruck (Giullari & Lewis 2005). Neben dieser Strategie der informell-überindividuellen Kompensation von unzureichenden Einkommen wird auch versucht, die Lebenshaltungskosten bewusst gering zu halten. So spricht Tina davon, einen „günstigen Lebensstil" zu pflegen, also in einem gewissen Ausmaß auf üblichen Konsum zu verzichten. Und Miriam zählt zu den Bedingungen, unter denen ihr Einkommen knapp reicht, dass sie „keine Wohnung alleine finanzieren" müsse und sich auch andere „Dinge und dadurch auch Kosten" mit anderen teile, „sonst würde das alles nicht funktionieren." Diese informell-solidarischen Netzwerke sind Teil einer kollektiven Lebensweise, die im Zuge der neoliberalen Transformation der Stadt auf kleinere „Inseln" begrenzt wurde (vgl. Kapitel 4.1). Neben der Mobilisierung von Ressourcen durch ein solidarisches Miteinander im Alltag versuchten Heiko und sein Kollege in ihrer Zeit der Duo-Selbstständigkeit auch, durch Rationalisierung ihre Einnahmen zu erhöhen. Weil sich mit den oben umschriebenen Klassen- und Freizeitfahrten kein hinreichendes Einkommen für beide erzielen ließ, bestand eine Variante darin, „viele Projekte allein" zu machen, „weil wir Trainer ja die teuersten Kosten waren in der Kalkulation". Dadurch minderte sich vermutlich nicht nur die Qualität für die Teilnehmer:innen, sondern auch die Arbeitszufriedenheit, weil es „viel schöner gewesen [wäre], zu zweit zu arbeiten". Zudem bemühten sie sich, möglichst vielen Kindern die Teilnahme an Klassenfahrten zu ermöglichen, indem sie ausloteten, ob ein „Schulförderverein" oder „reichere, vermögendere [...] Eltern" ihrem Verein eine Spende überweisen und dafür die Kosten um „20 Euro billiger machen, für alle". Durch die Möglichkeit, diese Spenden steuerlich abzusetzen, liefe das für diese Eltern finanziell auf eine „Nullrechnung" hinaus, für Heiko und seinen Kollegen brachte dies aber Mehrarbeit mit sich. Neben der Rationalisierung der Erwerbsarbeit wird auch das Leben jenseits derselben an die Lage angepasst. So kann Tina, die ihr Einkommen als „gar nicht so hoch" einschätzt, wegen ihres Lebensstils damit über die Runden kommen und sogar einen Teil ansparen. Ihr zufolge gelinge es manchen Kolleg:innen, sich mit einer rationalisierten Lebensführung trotz schlechter Erwerbsarbeitsbedingungen wenigstens im „Übergang", also auf begrenzte Zeit, zu reproduzieren. Mit „Eigentum" oder einem „Erbe im Rücken" sei dies auch auf längere Sicht für manche möglich, in Fällen wie ihrem ohne solche Ressourcen oder „reiche Partner:in" nicht. Entsprechend meint etwa Miriam, dass ihr langjähriges defensives Arrangement mit der prekären Lage einerseits „auch was mit Alter zu tun" hatte und sie andererseits für den Notfall wusste: „[M]eine Eltern können mich unterstützen.'"

Langfristig sind die in der Demokratiearbeit üblichen geringen Einkommen aber trotz Konsumverzichts und informell-überindividuell geteilter Ressourcen im Privatleben nicht hinreichend. Viele Demokratiearbeiter:innen geraten über kürzere oder längere Zeit an die Grenzen ihrer Reproduktionsfähigkeit, wie Tina meint: „[A]ll diejenigen, die davon wirklich leben müssen, die haben dann glaube ich echt ein Problem". Und ohne substanzielle Verbesserungen der prekären Arbeitsbedingungen laufen die einen „Gefahr [...] auszubrennen" oder sie „entscheiden [sich] zu gehen". Zu ersteren zählen, wie bereits geschildert, Miriam selbst, die von einem zurückliegenden Burnout berichtete, sowie nach ihrer Beobachtung viele weitere Kolleg:innen mit Sorgeverantwortung. Die Exit-Option hat etwa Heiko gewählt, der nach vielen Jahren der Arbeit als Erlebnispädagoge zum Zeitpunkt des Interviews eine Ausbildung zum Psychotherapeuten macht und somit einen potenziell deutlich besser bezahlten und zeitlich begrenzteren Beruf anstrebt. Und in der Netzwerk-, Beratungs- und Bildungsarbeit hat Miriam beobachtet, dass einerseits „Leute, die wirklich gut sind, diese Jobs nicht machen" und andererseits „viele [...] irgendwann auf[hören]" und „in andere Jobbereiche" wechseln, „weil sich da mehr Geld verdienen lässt". Auch sie erwog vor einiger Zeit einen Berufsfeldwechsel, fürchtete aber, den „Gestaltungsspielraum [...] rumsbums" zu verlieren, also nicht mehr teilautonom arbeiten zu können, sondern in größerem Ausmaß reguliert zu werden. Zudem sah sie die Möglichkeit, „Kind und Beruf vereinbaren" zu können, gefährdet, weil sie sich in ihrem vertrauten Beruf „über bestimmte Sachen keine Gedanken mehr machen" muss und „für Sachen ne Stunde" braucht, für die „andere Leute, die noch nicht so lange in dem Bereich sind, vielleicht vier" Stunden aufwenden. Müsste sie sich andernorts einarbeiten und eine neue Routine aufbauen, wäre das eine Mehrbelastung, die sie aktuell nicht stemmen könnte, sondern dann „am Stock gehen" würde.

Insgesamt wird deutlich, dass die eher defensiven Umgangsweisen im individuellen und informell-solidarischen Rahmen negative Folgen der prekären Lage abfedern können. Sie lindern Symptome allerdings auch auf eigene Kosten. Auf Dauer sind solche individualisierten Umgangsweisen ohne die Veränderung der relevanten Bedingungen oft nicht durchzuhalten und lassen als ebenfalls individualisierte Option den Ausstieg aus dem Berufsfeld, der indes teils als zu großes Risiko erscheint. Es zeigt sich, dass im Feld der Demokratiearbeit die individuelle Reproduktionsfähigkeit der Beschäftigten in mittel- und langfristiger Hinsicht nicht gesichert ist und auch die Reproduktion der Profession und die Umsetzung der professionellen Arbeit durch Ausfälle, Fluktuation etc. behindert wird.

„Keine Aufträge mehr" und „immer Geknirsche".
Ringen um (kollektive) Interessenvertretung

Seelische Leiden (Erschöpfung, Burnout etc.), die seit Beginn der 2000er-Jahre zunehmen, gelten als Symptom der geschilderten Kehrseiten subjektivierter, teilautonomer sowie stärker kontrollierter Arbeit (Gräfe 2015, 5 ff.). Insoweit allerdings ihre Genese aus bestimmten Formen der Regulation von Arbeit und Leben ausgeblendet wird und sie eher als individuelle Krankheit gedeutet werden, liegt es auch nahe, eher individualisierte Umgangsweisen zu finden und „alternative Formen der Problembewältigung (etwa: Arbeitsverweigerung, Arbeitskritik, Arbeitskampf)" (8) nicht in Betracht zu ziehen. Im Feld der Demokratiearbeit sind indes neben den individuellen und informell-überindividuellen auch kollektive Umgangsweisen entwickelt worden, die nicht auf die eher defensive Kompensation von Folgen, sondern eher offensiv auf die Veränderung der Arbeitsbedingungen abzielen. Dabei stießen die Demokratiearbeiter:innen auf Widerstände der Geschäftsführungen und Leitungen, die in gewisser Hinsicht dem Union Busting großer privatwirtschaftlicher Unternehmen (vgl. Kapitel 3.2) ähneln. In diesen Auseinandersetzungen wurde eine kollektive Organisierung der Demokratiearbeiter:innen teils zersetzt, teils aber auch erfolgreich durchgesetzt.

Voraussetzung einer überindividuellen Konfliktaustragung ist die Existenz verbandlicher, betrieblicher und gewerkschaftlicher Vertretung, an der es im Feld der Demokratiearbeit indes lange mangelte und noch mangelt. Und so mag etwa Heikos

Entscheidung für eine individuelle Exitstrategie auch damit zu tun haben, dass ihm nicht nur das Wissen um Möglichkeiten kollektiver Interessenvertretung in seinem Beruf fehlte, sondern diese im Bereich der Solo-Selbstständigkeit auch nur rudimentär vorhanden sind (vgl. Kapitel 4.1). Er berichtet, von Berufsverbänden und gewerkschaftlicher Organisierung der Sozialen Arbeit „keine Ahnung" gehabt und erst „letztens mal von nem Kollegen gehört" zu haben, „der sich mit so ner Gewerkschaft der Sozialen Arbeit auseinandersetzt".[138] Joschua setzte sich in seiner Zeit als politischer Bildner an Bildungsstätten im informellen Zusammenschluss mit seinen Kolleg:innen bei der Leitung für bessere Erwerbsarbeitsbedingungen ein. Als Solo-Selbstständige waren sie im Vergleich zu Angestellten, die unter bestimmten Voraussetzungen das Recht haben, einen Betriebsrat zu gründen,[139] deutlich ungeschützter. Die von ihm erlebte Konsequenz war in dem konkreten Fall, dass er „noch gar nicht richtig drin" und „schon wieder draußen" war, es also nicht zu Verhandlungen zwischen der Bildungsstätte und dem Team kam, sondern zum Ausschluss aus möglichen weiteren Vertragsbeziehungen. Hier sowie seiner Kenntnis nach auch in anderen Bildungsstätten galt es als „ein No-Go, dass das Team sich organisiert" und „mitreden will und sich einbringen will". Vor dem Hintergrund der bereits skizzierten hierarchisierten Arbeitsteilung, in der die Planung und Kontrolle der Bildungsarbeit den Angestellten des Trägers zukommt und die Ausführung Honorarkräften übertragen wird, wurde dieser Anspruch auf Mitsprache „häufig als Angriff verstanden". Und weil die Verantwortlichen ihre Interessen im Rahmen des gegebenen Machtverhältnisses verteidigten, sei es nicht nur in seinem Fall „passiert, dass ganze Teams wegen sowas einfach rausgeflogen sind". Dazu mussten die Bildungsstätten – anders als etwa im Fall von Roman und seinen Kolleg:innen bei Bcom (vgl. Kapitel 3.2) – keine Abmahnungen oder Kündigungen aussprechen und ggf. gerichtlich durchsetzen, denn: „Die sind alle selbstständig. Also die brauchen nicht mal gekündigt werden [...], die Leute kriegen keine Mails mehr, in denen die Seminare angekündigt werden" und „damit ist das durch". In der Konsequenz saßen „Leute, die jahrelang sehr gute Bildungsarbeit gemacht" hatten, „auf einmal im Kino an der Kasse". Dadurch verloren auch „Leute", die „hauptberuflich von dieser Arbeit" versuchen zu leben, „von einem Tag auf den nächsten ihre finanzielle Lebensgrundlage". Für ihn persönlich kam die Angst hinzu, „in dem Feld in Berlin-Brandenburg" insgesamt „keinen Fuß mehr auf den Boden" zu bekommen, insoweit sein Image als „Querulant", das ihm einem angestellten Bildungsreferenten zufolge zugeschrieben wurde, Kreise ziehen würde. Seine Intention war es allerdings nicht, Arbeitsprozesse zu behindern, sondern insbesondere mit Blick auf

---

138 Sozialarbeiter:innen organisieren sich in verschiedenen Gewerkschaften wie der Gewerkschaft für Erziehung und Wissenschaft (Gew), der Vereinten Dienstleistungsgewerkschaft (ver.di) oder dem Deutschen Beamtenbund (dbb). Welche Vereinigung Heiko meinte, bleibt offen bzw. war ihm eventuell selbst nicht ganz klar.

139 Beschäftigte, die die Gründung eines Betriebsrats initiieren und/oder für diesen kandidieren, sind vor Kündigung unter gewissen Umständen geschützt (Verdi 2022d). Das historisch erkämpfte Recht auf Einrichtung von Betriebsräten wurde 2021 auch in diesem Bereich leicht novelliert (DGB 2021b). Der DGB fordert indes eine grundlegende Erneuerung (Allgeier et al. 2022).

die Fördergrundsätze idealerweise „ne gemeinsame Position" zwischen der kollektiven Interessenvertretung der Solo-Selbstständigen und den Verantwortlichen der Bildungsstätten zu entwickeln. In einem solchen Bündnis hätte man „auch gegenüber dem Berliner Senat oder dem Brandenburger Bildungsministerium" gemeinsam „auftreten und sagen" können: „,Ok, für die Honorare, die ihr hier gewährt, können wir diese Arbeit nicht gewährleisten und das muss sich ändern und die Honorarsätze müssen sich erhöhen.'"

Anders als Joschua, der recht bald nach Beginn seiner solo-selbstständigen Berufstätigkeit eine Form der kollektiven Interessenvertretung zu organisieren versuchte, war es in Miriams Umfeld eher normal, dass „man lange nicht auf seine Arbeitsbedingungen guckt, weil es so toll ist", was man tut, „oder weil man denkt, dass es so toll ist". Mit den Jahren wurde bei ihr allerdings „Arbeitszeit [...] so das erste Thema", weil „diese flexiblen Arbeitszeiten [...] super sind, aber halt auch zu einer Entgrenzung von Arbeit führen". Richtig bewusst wurde ihr dies, als sie anfing „drauf zu achten" und angesichts der Menge an Überstunden dachte: „,Oh, holla.'" Und da man Überstunden „nicht bezahlt [kriegt]", aber „ausgleichen [kann]", gab es folgend „an der einen oder anderen Stelle Diskussionen mit den Chefs oder Chefinnen", die sagten: „,Ja, das kannst Du gar nicht mehr abbummeln, weil dann bist Du ja hier zwei Monate nicht da'", und den Mitarbeiter:innen nahelegten „,für die gute Sache und das tolle Projekt, verzichte doch drauf'", was Miriam wiederholt tat. Neben den Konflikten um den Überstundenabbau erinnert sie sich auch an „sehr harte Diskussionen" darüber, „ob man da jetzt seinen Urlaub nehmen darf" oder „wie viele Leute da den Urlaub nehmen dürfen", weil eine wichtige Veranstaltung anstehen könnte. Sie erinnert, dass es dabei auch „um so ein bisschen auch moralischen Druck ging", bis sich aus dem Team jemand bereit erklärt und sagt: „,Gut, okay, dann bleib ich halt', oder so." Insofern wurde im Gespräch zwischen Angestellten und Vorgesetzten die ohnehin vorhandene Tendenz zur Selbstausbeutung in der Demokratiearbeit durch den Appell an die Identifikation mit dem Inhalt der Arbeit verstärkt und der Versuch eines Interessenausgleichs ohne institutionalisierte Formen zersetzt. Seit langer Zeit sei Miriam auch angesichts solcher Erfahrungen klar, dass Interessendivergenzen zwischen denjenigen, die als Leitungen oder Geschäftsführung die Interessen des Trägers vertreten und denen, die ihre Interessen als Arbeitskräfte vertreten, in institutionalisierten Formen ausgetragen werden sollten. Denn auch wenn es „flache Hierarchien" gibt, was gut sei, bleiben es Hierarchien und innerhalb dieser „gibt [es] eben klare Punkte, wo jemand meinen Urlaubsantrag unterzeichnen muss. [...] Oder mir halt sagt: ,Ne, das geht so nicht'". Und aus Sicht einer Angestellten ist es „nicht so einfach [...], der Geschäftsführung oder Leitung ist zu sagen: ,Ich mach da jetzt Urlaub, ist mir jetzt scheiß egal, was Du davon hältst'". Und „[s]elbst wenn man breitbeinig aufgestellt ist, hat man natürlich auch die Befürchtung, das fällt einem an einer anderen Stelle wieder auf die Füße." In ähnlicher Weise berichtet Ines mit Blick auf Befristungen davon, wie sich das Machtverhältnis weiter zu Ungunsten der Beschäftigten verschiebt. Denn in dieser Konstellation sei immer klar: „[W]enn die aus irgendeinem Grund keinen Bock auf mich haben, sind sie mich auch schnell wieder los, dann nach einem Jahr spätestens." Und weil die

Arbeitsplatzsicherheit nicht rechtlich bzw. vertraglich garantiert ist, werden möglichst konfliktfreie Beziehungen zu den Vorgesetzten zur Basis eines „Gefühl[s]" von
Sicherheit. Diese angesichts von Befristungen verstärkte persönliche Abhängigkeit
habe einen „krassen Druck erzeugt, […] schlechte Arbeitsbedingungen in Kauf zu
nehmen" und „nicht offen mit Vorgesetzten über kritische Sachen zu reden". Um
Interessenkonflikte offen austragen zu können, braucht es demnach andere Formen,
in denen dies möglich ist.

Die Institution, die dies auf der Ebene einzelner Betriebe gewährleistet, ist der Betriebsrat. In der jüngeren Vergangenheit sind Betriebsräte bei einigen Trägern der
Demokratiearbeit erfolgreich gegründet worden. Selbstverständlich sind sie in der
Projektelandschaft indes noch längst nicht, weil ihre Einrichtung voraussetzungsvoll
ist. So ist ihre Existenzmöglichkeit einerseits „abhängig von der Größe der Träger,
wo diese Projekte angesiedelt sind", wie Miriam feststellt, weshalb kleinere Träger
teils „keine Betriebsräte" haben. Andererseits verläuft ihre Entstehung auch selten
konfliktfrei, wie sie selbst erlebt hat, als sie in der Vergangenheit bei Trägern arbeitete, „während da Betriebsräte gegründet wurden". Vielmehr führe das „ja auch
immer nochmal so im ganzen Betrieb oder Träger […] zu Geknirsche". Denn die
„Leitungen oder Geschäftsführungen waren immer so ein bisschen persönlich getroffen", weil sie sich als „so ne gute Geschäftsführung oder so ne gute Leitung" sahen
und meinten, dass die Mitarbeiter:innen in den „flache[n] Hierarchien […] alles
ansprechen" können und es doch keinen Betriebsrat brauche. Tina, die bei einem
Träger mit Betriebsrat arbeitet, hat dieser Annahme zuwiderlaufend die Erfahrung
gemacht, dass der „sehr wichtige Arbeit" macht, die zwar „sehr zäh" sein könne,
aber „einen Unterschied" im Arbeitsalltag bewirke. Und Ines, in deren Träger ebenfalls seit Kurzem ein Betriebsrat existiert, betont, dass dies „eine komplett andere
Voraussetzung für die Durchsetzung von Interessen von Mitarbeitenden" bedeute.

Bei wie vielen der (auch) landesgeförderten Projekte die rechtlichen Voraussetzungen zur Gründung eines Betriebsrates gegeben sind, ist nur in etwa abschätzbar:
Zwar führte die jüngste Evaluation des Berliner Landesprogramms (Lüter et al.
2019, 26) lediglich die Angestellten pro gefördertes Projekt auf, gab also keinen
Aufschluss über die Anzahl der Beschäftigten der jeweiligen Träger, die häufig
weitere landes- oder bundesgeförderte Projekte der Demokratiearbeit oder Maß-
nahmen und Projekte jenseits dieses Feldes umsetzen. In der vorherigen Evaluation
(Roth et al. 2010, 88) wurde jedoch eine Aufschlüsselung der Beschäftigten pro
Träger vorgenommen. Hier lagen lediglich zwei Träger (auch) landesgeförderter
Projekte unterhalb der zur Betriebsratsgründung notwendigen Schwelle von fünf
Beschäftigten. Dreiundzwanzig Träger beschäftigten zwischen sechs und mehr als
einhundert Personen. Wenn sich diese Konstellation verstetigt haben sollte, wäre die
Einrichtung von Betriebsräten rechtlich in fast allen landesgeförderten Demokratie-
projekten möglich. Und dass es nach Tinas Kenntnis in Berlin „mehrere Träger" mit
„Bestrebungen gibt, Betriebsräte einzurichten", deutet darauf hin, dass der bundes-
weite Trend zur kollektiven Organisierung bei den Trägern der Demokratiearbeit
(Schmidt 2023) auch in Berlin zu konstatieren ist.

„Es würde sich lohnen." Gewerkschaftliche Organisierung und Professionalisierung als Zukunftsmusik

Die Demokratiearbeit ist bislang noch eine weitgehend gewerkschafts- und tariffreie Zone und somit Teil des langfristigen Trends zur Erosion des gewerkschaftlichen Schutzes von Arbeitnehmer:innen-Interessen.[140] Und so bleiben die Beschäftigten wie geschildert insbesondere in Bezug auf ihre Eingruppierung und die Höhe ihrer Gehälter abhängig davon, „was die Geldgeber akzeptieren" und „ob der Träger […] versucht, höher zu gehen", als es derzeit häufig der Fall ist, wie Miriam schildert. Und anstatt kollektiv auf diese Entscheidungen Einfluss nehmen zu können, „ist man halt sozusagen davon abhängig, dass der Träger das […] macht". Um überbetrieblich für das Feld der Demokratiearbeit Einfluss auf diese Erwerbsarbeitsbedingungen nehmen zu können, müsste eine gewerkschaftliche Organisierung erfolgen und das Profil der Demokratiearbeit als Profession geschärft werden.

Dabei scheint die Bereitschaft von Gewerkschaften zur Organisierung von Demokratiearbeiter:innen selbst im Falle abhängiger Beschäftigung wie bei Miriam in der Vergangenheit teils begrenzt gewesen zu sein. So erinnert sie sich daran, dass, wenn sie „in den ersten Jahren […] ne Beratung wollte", die Gewerkschaftsvertreter:innen „nicht verstanden, was ich mache", und fragten, „was das für ein Berufsfeld ist" und „[w]er […] denn da die Leitung [ist]", während sie „alleine in einem Projekt" war oder „zu zweit" und es keine Leitung gab. Allerdings habe „sich [das] mittlerweile auch geändert und andere Leute haben in anderen Gewerkschaften andere Erfahrungen gemacht". Neben einer verbesserten individuellen Beratung sind dabei auch Erfolge in der (über-)betrieblichen Mobilisierung zu verzeichnen. Medial bekannt wurde beispielsweise die erfolgreiche Organisierung einer Verdi-Betriebsgruppe im Anne-Frank-Zentrum, dessen Belegschaft bereits 2009 einen Betriebsrat gegründet hatte und 2018 einen Haustarifvertrag erstritt; im Frühjahr 2023 setzte sie sich für weitere Verbesserungen der Arbeitsbedingungen auch für die freiberuflich Beschäftigten ein (Verdi-Betriebsgruppe AFZ o. D.; Verdi 2023b). Und mit Blick auf eine mögliche überbetriebliche Organisierung berichtet Tina von der 2019 gestarteten Verdi-Kampagne *Freie Träger – Faire Löhne*[141], „die ganz gezielt versuchen, bei freien Trägern […] zu organisieren". Zwar sei die Arbeit der dort angesprochenen Berufsgruppen „von der inhaltlichen Ausrichtung teilweise ein bisschen anders gelagert als […] im Demokratie-Bereich", trotzdem fänden dort „super interessante und auch für uns relevante Auseinandersetzungen" statt. So werde

---

140   Die langfristigen Entwicklungen sind negativ: Hatten im Jahr 2000 noch 45 Prozent der Beschäftigten einen Betriebsrat und Tarifvertrag, waren es 2021 nur noch 34 Prozent, im selben Zeitraum wuchs der Anteil von Beschäftigten ohne Betriebsrat und Tarifbindung von 26 auf 40 Prozent (Lübker & Schulten, 2023, 11). Im EU-Vergleich liegt die Bundesrepublik mit einer Tarifbindungsquote von 52 Prozent teils weit unterhalb des Niveaus in westeuropäischen Staaten (6). Die Quote soll laut europäischer Mindestlohnrichtlinie auf 80 Prozent gesteigert werden, wozu die betreffenden Mitgliedsstaaten bis 2024 Aktionspläne vorlegen müssen (7).

141   Die Kampagne wurde Anfang des Jahres 2019 ins Leben gerufen und setzt sich für einen Tarifvertrag für Beschäftigte der Sozial- und Erziehungsdienste bei freien Trägern ein, für die der Tarifvertrag des Öffentlichen Dienstes nicht verbindlich gilt (vgl. https://freietraegerfaireloehne.de).

beispielsweise eine Aufwertung mit „der Argumentation" gefordert: „‚Da wird ganz wichtige Arbeit im Gemeinwesen geleistet'", verbunden mit der Kritik daran, dass die „freien Träger […] als Lohndumping-Bereich des Staates keine Tarifverträge" haben. „Und was Verdi versucht zu erreichen" sei, Tarifverträge „auch über die einzelnen Träger hinaus" zu etablieren. Dabei gehe es darum, den TVöD „vollständig, also nicht nur, was die Bezahlung angeht durchzusetzen, sondern sogar auch zu Fragen wie Altersvorsorge, Versicherungen und so weiter". Im Unterschied zur aktuell geltenden Konstellation läge die Verbesserung darin, dass Haus- und überbetriebliche bis hin zu Flächentarifverträgen eben „nicht in freier Interpretation ‚in Anlehnung an', sondern fest verbindlich für die Beschäftigten" gelten. Die für solche Kämpfe notwendigen Betriebsgruppen zu organisieren, schätzt sie allerdings je nach Zusammensetzung der Belegschaften der Träger mit teils unterschiedlichen Berufsprofilen und angesichts der hohen Fluktuation als schwierig ein. Auch Miriam sieht eine Schwierigkeit der Weiterentwicklung kollektiver Interessenvertretung über die Betriebsratsebene hinaus unter anderem darin, dass „die [gewerkschaftliche, Verf.] Organisierung […] so gering" ist und „die Leute […] teilweise nur so temporär an ihren Stellen [sind]." Wie Tina meint aber auch sie: „[E]s würde sich […] lohnen."

In diesem Sinne fand jüngst, im Mai 2023, eine bundesweite Konferenz unter dem Titel „Arbeiten bei den Guten? Na herzlichen Glückwunsch!" statt, bei der die prekären Erwerbsarbeitsbedingungen sowie Praxisbeispiele und rechtliche Grundlagen der gewerkschaftlichen Organisierung in diesem Feld diskutiert wurden (Arbeiten bei den Guten 2023). Thematisiert wurde auch die Bedeutung einer Erwerbsarbeit, die sich gegen Machtverhältnisse wendet, von denen die Beschäftigten teils selbst negativ betroffen sind. Was dort aber offenbar nicht zum Thema gemacht wurde, ist die Frage der Profilschärfung und Professionalisierung des Berufs.[142] Zwar hat sich die Demokratiearbeit mit ihren Ansätzen der Netzwerk-, Beratungs- und Bildungsarbeit zu einem „Berufsfeld" entwickelt, in dem es „ja mittlerweile auch sowas wie so ein spezifisches Wissen" gibt, wie Miriam feststellt. Sie wurde und wird allerdings, wie den Schilderungen von Miriam und Tina zu entnehmen ist, noch nicht hinreichend als ein klar konturierter Beruf wahrgenommen. Womöglich fand bzw. findet sie auch deshalb keine unmittelbar passende gewerkschaftliche Repräsentation, anders als beispielsweise Erzieher:innen bei der GEW und Verdi oder Elektrotechniker:innen bei der IG Metall. Daher „würde es total Sinn machen", die Beruflichkeit und besondere Professionalität nach innen und außen sichtbarer zu machen,

---

142 Allgemein gilt als Beruf eine „soziale Form spezifisch zugeschnittener Fähigkeiten und Fertigkeiten und dazu komplementärer fachlicher Tätigkeiten und Leistungen", die zur Erfüllung gesellschaftlicher Funktionen und darüber zum Erwerb von Geldeinkommen von Personen übernommen" werden (Demszky & Voß 2018, 477). Aus feministischer Sicht ist zu beachten, dass ein großer Teil der gesellschaftlich notwendigen Arbeit eben nicht erwerbsförmig, sondern unbezahlt erbracht wird und dass auch die anerkannten Berufe geschlechtsspezifisch segmentiert sind (497).

wie Miriam meint. Die Etablierung als Profession[143] wäre jedenfalls eine wichtige Voraussetzung für eine angemessene Eingruppierung und somit Aufwertung und Anerkennung dieser Tätigkeit. Zu beachten wäre allerdings, dass es dabei auch einer eigenständigen Bestimmung des Begriffs der Profession bedarf, weil die Etablierung traditioneller Professionen „nicht unabhängig von bestehenden patriarchalen Machtstrukturen und damit nicht ‚geschlechtsneutral' stattgefunden hat" (Demszky & Voß 2018, 504). Daher sind die Kriterien, die mit Blick auf die traditionellen Professionen (Ärzte, Juristen, Theologen) entwickelt wurden (Müller 2012, 957), auch nicht umstandslos auf die Demokratiearbeit übertragbar. Umgekehrt muss sie sich nicht an diesem Maßstab messen, sondern sollte passende Kriterien entwickeln (vgl. die entsprechende Diskussion für die Soziale Arbeit: Müller 2012, 963 ff.).

Im Zuge einer solchen Professionalisierung und gewerkschaftlichen Organisierung wäre es auch möglich, die ohnehin vorhandene hierarchisierende Segmentierung der Demokratiearbeit kritisch zu thematisieren. Denn obwohl die Protagonist:innen sich kritisch zu ihren Erwerbsarbeitsbedingungen äußern und eine kollektive Organisierung als Arbeitnehmer:innen befürworten, verstehen sie sich nicht unbedingt als Teil der arbeitenden Klasse, die eher entlang der Unterscheidung zwischen Hand- und Kopfarbeit bestimmt zu werden scheint. Darauf deutet bei Heiko die Bezeichnung seiner Tätigkeit im Messebau als „Handjobs" hin, während Miriam die hochschulische Bildung als Grund dafür anführt, „dass die meisten Menschen" in der Demokratiearbeit sich „nicht so als Arbeiterinnen" verstehen. Und als Teil des Prekariats hätte sich Miriam angesichts von Menschen in ihrem Umfeld, „die noch prekärer arbeiten", auch nicht eingeordnet. Andererseits problematisiert sie ähnlich wie Katja (vgl. Kapitel 2.1) in langfristiger Perspektive das negative Verhältnis zwischen ihrer Leistung, „krass viel Lebenszeit in Arbeit gesteckt" zu haben, und dem Lohn, „am Ende" in der „Altersarmut" zu landen. Würde die Professionalisierungsstrategie sich am Muster der Privilegierung der traditionellen Professionen im Verhältnis zu beispielsweise handwerklichen und sozialen Berufen orientieren, würde diese Segmentierung zu einer Spaltung werden. Stattdessen könnten sich Demokratiearbeiter:innen als das verstehen, was sie sind: ein Segment derjenigen, die von Einkommen aus Erwerbsarbeit abhängig sind, deren Leben von Prozessen der Prekarisierung erfasst wurde und die sich individuell und zunehmend auch betrieblich, überbetrieblich und gewerkschaftlich organisieren.

---

143   Im allgemeinen Sinne gelten Professionen als besondere Berufe insofern, als sie „sich durch besondere Erwerbs-, Qualifikations- und Kontrollchancen auszeichnen und deshalb oft ein ausgeprägtes Sozialprestige genießen" (Demszky & Voß 2018, 489). Die theoretischen Perspektiven, aus denen Professionen näher bestimmt werden, unterscheiden sich indes und daher auch die konkreten Kriterien (490 ff.), zumal sie zunächst mit Blick auf „Ärzte, Juristen und Theologen" (490) entwickelt wurden.

Zusammenfassung

Entlang der Erfahrungen von Miriam, Joschua und Heiko sowie Tina und Ines wurde deutlich, dass und wie Demokratiearbeit, also Bildungs-, Beratungs- und Netzwerkarbeit, die auf die Gestaltung des politischen Gemeinwesens bezogen ist, im doppelten Sinne subjektiviert ist. Sie wird einerseits als gesellschaftlich besonders relevante Arbeit angesehen, angestrebt und mit Überzeugung getan. Andererseits geraten die Demokratiearbeiter:innen in Konflikt mit den Arbeitsbedingungen, die den Rahmen ihrer Tätigkeiten bilden und die sich zwischen den Polen weitgehender Fremdbestimmtheit in der Solo-Selbstständigkeit, Teilautonomie in der Duo- und kollektiven Selbstständigkeit sowie in Angestelltenverhältnissen aufspannen. Und auch wenn die konkrete Gestalt der negativen Konsequenzen sich in diesen Konstellationen jeweils unterscheidet, kreisen diese übergreifend um drei Handlungsproblematiken: die Entgrenzung und Verdichtung der Erwerbsarbeitszeit sowie unbezahlte Mehrarbeit; Einkommen, die den Lebensunterhalt nicht dauerhaft oder nur als Zuverdienst im Haushalt mitsichern und die für die hochqualifizierte Tätigkeit nicht angemessen sind, sowie die Erwerbsunsicherheit angesichts von Konkurrenz und Befristungen. Damit ist die Demokratiearbeit von wesentlichen Dynamiken prekärer Arbeit durchdrungen, die zu Beginn der 2000er-Jahre in der politischen Jugend- und Erwachsenenbildung bereits virulent waren und mit den Förderstrukturen des ‚zivilgesellschaftlichen Ansatzes' seit den 2000er-Jahren nicht gemildert, sondern ausgeweitet und verstetigt wurden. Dabei akzeptiert(e) ein großer Teil der Demokratiearbeiter:innen diese Zumutungen nicht obwohl, sondern weil dieser Arbeit gesellschaftliche Relevanz im Sinne der Sorge ums Gemeinwesen beigemessen wird. In der Folge sind individualisierte bzw. privatförmige Umgangsweisen mit den negativen Konsequenzen wie eine rationalisierte Lebensführung und die Bezuschussung durch gut verdienende Partner:innen oder der Berufsausstieg naheliegend. Zwischenzeitlich sind aber auch kollektive Umgangsweisen entstanden, die weniger die Symptome als die Ursachen der Handlungsproblematiken angehen. Die seit etwa 2010 im Feld der Demokratiearbeit auftretenden Initiativen zur Etablierung von Interessenvertretungen und Betriebsräten trafen zunächst auf Widerstände durch Geschäftsführungen, waren aber mittlerweile bei einigen Trägern erfolgreich und sind bei anderen in der Diskussion. Mit ihrer Hilfe können Interessenkonflikte zwischen den Beschäftigten und den Leitungen etwa um Arbeits- und Urlaubszeiten geschützter ausgetragen werden. Und während die Verdi-Betriebsgruppe des Anne-Frank-Zentrums 2018 einen Haustarifvertrag erstritt, den sie in ihrem aktuellen Arbeitskampf im Jahr 2023 zu verbessern sucht, ist die Etablierung eines Tarifvertrags für die Demokratiearbeit noch Zukunftsmusik, wird allerdings ebenso wie die Anerkennung als Profession als lohnenswerte Perspektive angesehen. Inwieweit es in den kommenden Monaten und Jahren gelingt, die der Abwertung der Demokratiearbeit zugrunde liegenden Geschlechterverhältnisse einzubeziehen und den Einsatz für gute Lebens- und Arbeitsbedingungen der eigenen Gruppe als Teil der Arbeit am „großen Ganzen" zu verstehen und im Verein mit anderen Segmenten der arbeitenden Klasse zu gestalten, ist offen.

5   Leben in Armut: Britta, Marianne, Yulia und Olga

Im Zentrum dieses Kapitels stehen mit Britta und Marianne zwei alleinstehende Frauen sowie mit Yulia und Olga eine um Tochter und Mutter zentrierte Familiengeschichte. Ihre unterschiedlichen Lebensverläufe haben sie im mittleren bis höheren Alter in eine Lage gebracht, in der sie wegen ihres zu geringen Einkommens aus ALG II, Renten und Sozialhilfe auf grundlegende Teilhabemöglichkeiten verzichten müssen. Ergänzend werden Erfahrungen von Silvia, Katja und ihren Kindern sowie Jenny und Petra (vgl. Kapitel 2.1) herangezogen, die sich zum Zeitpunkt der Interviews in einer ähnlichen Armutslage befinden. Armut ist ein persistentes und keinesfalls schwindendes Phänomen der bundesrepublikanischen Gesellschaft. Sie ist Resultat struktureller Ungleichheitsrelationen, die klassenspezifische Lebenslagen mit radikal unterschiedlichen Teilhabemöglichkeiten hervorbringen (Groh-Samberg 2009; Sanders & Weth 2008). Was ein Lebensalltag in Armut bedeutet, wie armutsbetroffene Berliner:innen mit teils existenziellen Handlungsproblematiken umgehen und welche Perspektiven der Veränderung ursächlicher Bedingungsgefüge sich ggf. eröffnen, ist Gegenstand dieses Kapitels.

Britta*[144] wurde etwa 1960 in Westberlin geboren und ist zum Zeitpunkt des Interviews Anfang 60. Früh verwaist rettete sie sich als Jugendliche vor dem Mobbing ihrer Mitschüler:innen in die klassische Musik und träumte davon, zur Oper oder zum Ballett zu gehen. Sie hörte indes auf den Rat ihrer Tante, etwas „normales" zu machen: Eine Ausbildung zur Versicherungskauffrau brach sie zwar ab, arbeitete dann aber rund 15 Jahre als „Mädchen für alles" in einem Büro. Sie verließ das Büro, nachdem eine problematische Beziehung zu ihrem Chef sie schwer belastet und eine depressive Episode verschärft hatte. Nach einigen Jahren der Erwerbslosigkeit wurde ihr krankheitsbedingter Antrag auf Frühverrentung um 2010 herum genehmigt. Zusammen mit der Grundsicherung bleiben ihr aktuell abzüglich Miete und Strom weniger als 300 Euro im Monat. Ihr Leben ist vom Verzicht auf grundlegende Teilhabe geprägt; unter anderem die Sorge um ihren kranken Kater bringt sie in die Gefahr der Verschuldung. Britta fühlt sich bisweilen „wie der letzte Dreck" behandelt und spricht verschiedene Ungerechtigkeiten an.

Yulia* ist zum Zeitpunkt des Interviews Mitte 50, ihre Mutter Olga über 80 Jahre alt. Sie ist in der sowjetischen Ukraine aufgewachsen, wo Olga als Apothekerin arbeitete. Yulia schloss eine kaufmännische Ausbildung mit Auszeichnungen ab.

---

144   Bei den um das *-Zeichen ergänzten Namen handelt es um Pseudonyme. Im weiteren Verlauf werden diese Namen ohne dieses Zeichen verwendet. Zum Verfahren der Anonymisierung und Pseudonymisierung vgl. Kapitel 1.2.

Gemeinsam mit acht Familienmitgliedern aus vier Generationen migrierte sie in den späteren 1990er-Jahren als sogenannter Kontingentflüchtling in die vereinigte Bundesrepublik Deutschland. Nach kurzer Zeit in einer Gemeinschaftsunterkunft in der ostdeutschen Provinz zog die Familie nach Berlin, wo die Mutter und ihre beiden Töchter noch heute fast Tür an Tür wohnen. Yulia ist Mitglied der Jüdischen Gemeinde, sie beschreibt sich und ihre Familie als „multi-kulti" und die Menschen in Berlin als offen. Auf dem ersten Arbeitsmarkt kommt sie nur sporadisch unter, findet aber Freude in den soziokulturellen Projekten, in denen sie über Mini- bzw. 3-Euro-Jobs arbeitet. Für Yulia und Olga „[ist] das Leben […] gut", weil die Kinder Ausbildungen und Berufe haben und sie grundlegend versorgt sind. Vor allem die Tafel findet Yulia „perfekt".

*Marianne** ist zum Zeitpunkt des Interviews Ende 60 und wurde Mitte der 1950er-Jahre „großbürgerlich" in Westdeutschland geboren. Nach Abitur und Studium bot sie als Selbstständige Selbsterfahrungsseminare für „ausgebrannte Manager" an. Sie heiratete, bekam drei Kinder, trennte sich und wanderte in den 1990er-Jahren nach Südostasien aus, wo sie u. a. eine Schule aufbaute. Mitte der 2010er-Jahre musste sie wegen einer Infektion abrupt und „körperlich vollkommen fertig" zurück in die Bundesrepublik Deutschland kommen. Sie bezog ALG II und erhält mittlerweile eine Rente, die aufgestockt wird. Sie lebt in einer WG und findet: „Ich lebe gut! […] minimal, ganz bewusst". Marianne unterstützt einen ihrer Söhne finanziell, fährt viel Fahrrad, liest, schreibt und sucht das Gespräch mit anderen Menschen. Zu schaffen machen ihr altersbedingte körperliche Einschränkungen, auch weil ihr Leben einen gesunden Körper voraussetzt.

*Katja** ist zum Zeitpunkt des Interviews Mitte 40 und für ihre beiden jugendlichen Töchter verantwortlich – seit der Rückkehr ihres Ex-Mannes nach Berlin vor einigen Jahren nicht mehr als Alleinerziehende, sondern im Wechselmodell. Sie kämpft gegen akute körperliche Einschränkungen, um in ihren Beruf als Postbotin zurückkehren zu können. Die Familie muss vom reduzierten Krankengeld leben, etwas Sicherheit vor dem Absturz bietet der neue Partner. Die zum Zeitpunkt des Interviews etwa 55-jährige Ostberlinerin *Silvia** betont, dass es zum Leben „zwei Verdiener" braucht. Sie leidet allerdings seit einem Jahr unter einer degenerativen Nervenkrankheit, bezieht noch Krankengeld und wird eine Erwerbsunfähigkeitsrente beantragen. Ihr Mann und sie sind kürzlich Betrugsopfer geworden und haben eine größere Summe ihrer Ersparnisse verloren. Die etwa gleichaltrige Westberlinerin *Jenny** wurde Mitte der 2010er-Jahre frühverrentet und stockt ihre Bezüge mit Grundsicherung auf. Sie ringt damit, sich nicht zu verschulden, und sucht nach Wegen, ihr Einkommen aufzubessern. Dasselbe gilt für die etwa 70-jährige Westberlinerin *Petra **, die ihre kleine Rente aufstockt und ihren Mini-Job als Putzhilfe verloren hat. Ihr „fehlt derzeit die Perspektive".

Britta, Marianne und Yulia berichten im Sommer 2022 in ein- bis zweistündigen biografisch-narrativen Interviews von ihrem Lebensverlauf und ihrer aktuellen Lebenslage. Hintergrund der Analyse bilden außerdem Expert:innen-Interviews mit dem Tafel-Koordinator Karsten Boehm sowie der Sozialberaterin Petra Wojciechowski.

Auf dieser Grundlage werden im folgenden Kapitel Handlungsproblematiken von Menschen im mittleren und höheren Alter an und unter der Armutsgrenze thematisiert. Im ersten Teil werden die Lebensläufe von drei Frauen in diese prekäre Lage hinein skizziert; dabei werden auch relevante und unterschiedliche Bedingungsgefüge benannt, die dazu geführt haben, dass die von ihren sozialen Herkünften her verschiedenen Protagonist:innen unter oder an der Armutsgrenze leben (müssen). Im zweiten Teil wird der Alltag der Frauen unter diesen Bedingungen mit Blick auf wesentliche Bereiche der gesellschaftlichen Teilhabe beschrieben. In diesem Zusammenhang werden auch ihre Erfahrungen mit Behörden (Jobcenter, Rentenversicherungsträger, Sozialamt etc.) thematisiert. Der abschließende dritte Teil ist der Frage gewidmet, wie die Frauen ihre Lage einschätzen, ob sie sich klassistischer Diskriminierung ausgesetzt sehen, welche Forderungen und Wünsche sie in Bezug auf ihr Leben äußern und welche individuellen und ggf. überindividuell-kollektiven Strategien des Umgangs mit dem Leben unter oder an der Armutsgrenze für sie möglich oder denkbar sind.

„Raus gekantet von diesem System."
Wege in ein Leben in Armut

In der Bundesrepublik Deutschland leben 16,9 Prozent der Bevölkerung (also 14,1 Millionen Menschen) unter der Armutsgrenze, in Berlin sind es 20,1 Prozent, darunter über 150.000 armutsgefährdete Kinder (Pieper et al. 2023, 6; AGH Berlin 2023, 2). Die Lebensläufe der Protagonist:innen sind aus unterschiedlichen Gründen von Brüchen oder Umwegen gekennzeichnet. Dadurch geraten sie und ihre Kinder in eine Lebenslage, in der sie mit ihrem Einkommen aus Krankengeld, Erwerbsarbeit im Niedriglohnsektor, geringen Renten und Grundsicherung plus ggf. Mini- und 3-Euro-Jobs an bzw. unter der Armutsgrenze leben.[145] Dabei bewerten sie ihre Lage subjektiv unterschiedlich und können die negativen Folgen ihrer finanziellen Situation bspw. je nach Dauer und sozialen Ressourcen teils abfedern. In den folgenden drei Abschnitten werden die unterschiedlichen Lebensverläufe und Bedingungsgefüge betrachtet, die Britta, Marianne sowie Yulia und Olga in diese Lage gebracht haben.

---

[145] Im Jahr 2022 lag die Armutsgrenze für Einzelpersonen bei 1.145 Euro und bei 2.405 Euro für eine Bedarfsgemeinschaft aus zwei Erwachsenen und zwei Kindern unter 14 Jahren (Pieper et al. 2023, 33). Grundlage ist der – von liberal-konservativer Seite teils problematisierte, in der hiesigen Armutsforschung übliche relative Armutsbegriff im Unterschied zu absoluter Armut. Somit wird nicht lediglich betrachtet, ob Menschen i.e.S. überleben können, sondern ob sie im Verhältnis zum üblichen Lebensstandard der sie umgebenden Gesellschaft „am sozialen, kulturellen bzw. politischen Leben" (Butterwegge et al. 2018, 29) teilhaben können oder nicht. Die Operationalisierung und resultierenden Messkonzepte unterscheiden sich (Groh-Samberg 2009, 16).

„Ich konnte dann nicht mehr."
Schicksalsschläge, Krankheit und eine abgebrochene Berufsbiografie

Britta blickt auf einschneidende und potenziell traumatisierende Erfahrungen in ihrer Kindheit im Westberlin der 1960er- und 1970er-Jahre zurück: Ihr Vater stirbt früh bei einem Autounfall, ihre Mutter wenige Jahre später an Krebs; noch heute erinnert sie sich an das „letzte Winken" beider Eltern. Die Tante und der Onkel, die sie zunächst aufnehmen und deren Kinder sie „mit gewindelt, gefüttert, ausgefahren" hat, schieben sie wenige Jahre später in ein Mädchenwohnheim ab. Dass ihr zudem als Kind sexualisierte Gewalt seitens ihres Großvaters widerfuhr, erwähnt sie spät im Interview, so wie sie ihrer Familie erst nach dem Tod des Täters davon erzählt, dort aber ungläubige Reaktionen erntet. Im Unterschied zu Petra und Jenny mit ihren ebenfalls belastenden Kindheiten (vgl. Kapitel 2.1) deutet ein kurzer Gymnasialbesuch auf einen möglichen, aber nicht realisierten Bildungsaufstieg. In der Realschule wird sie, wie Katja in ihrer Schule im Baltikum, Opfer von Angriffen seitens anderer Mädchen. Britta liebt schon als Jugendliche klassische Musik, singt im Philharmonischen Chor Berlin und träumt davon, Opernsängerin oder Balletttänzerin zu werden. Wie bei Jenny bringt sie die Unterordnung unter eine christlich gefärbte Moral von ihren Zukunftswünschen ab. Dem Rat ihrer Familie, darunter insbesondere der „sehr fromm[en] und christlich[en]" Tante, etwas „normales" zu machen folgend, beginnt sie Ende der 1970er-Jahre eine Ausbildung zur Versicherungsfachangestellten. Diese bricht sie ab, macht Kurse zur Stenokontoristin und arbeitet seit Anfang der 1980er-Jahre „als Schreibkraft, also Bürokraft [...] Mädchen für alles war ich immer sozusagen, viel auch Kaffee kochen müssen, aber das gehört ja auch dazu". Auf all das habe sie eigentlich „nie Lust" gehabt: „Ich hab' immer gearbeitet, wozu ich nie Bock hatte, ja. Aber, gut, ich hab' halt Geld gekriegt dafür." Neben der materiellen Notwendigkeit, ein Erwerbseinkommen zu generieren, halten sie ein überwiegend gutes, familiäres Verhältnis zu ihren Kolleg:innen und insbesondere ein romantisches Verhältnis zu einem ihrer Chefs etwa 15 Jahre in einem ihr widerstrebenden Beruf. Sie sei eben „wahnsinnig verliebt" gewesen und es sei „immer irgendwie im Büro was gelaufen". Da die Beziehung für ihren verheirateten Vorgesetzten eine Büroaffäre bleibt, wird sie für Britta mit der Zeit zu einer Belastung. In der ersten Hälfte der 1990er-Jahre beginnt eine ihrer Kolleg:innen über ihre Homosexualität zu spekulieren und sie zu einem büroöffentlichen Outing zu drängen.[146] Ob dies geschieht, um die Affäre zu vertuschen, oder aus anderen Gründen, ist nicht klar. Das problematische Verhältnis mit dem viel älteren Vorgesetzten und das fast als Mobbing empfundene Verhalten der Kolleg:innen, „diese ganzen Enttäuschungen", brechen „über [sie] rein" und führen zu gesundheitlichen Problemen: „[I]ch war ständig krank, Infektionen und Erkältung [...], ich hatte lebensgefährlich

---

146 Dies im Kontext des konservativen Neoliberalismus, als homo- und bisexuelle Männer durch den im Nationalsozialismus verschärften und bis 1994 rechtskräftigen §175 des Strafgesetzbuches kriminalisiert wurden (vgl. BpB 2014) und Homosexualität in der Öffentlichkeit sowie in der Psychologie und Medizin als Krankheit angesehen wurde. Bis 1992 stufte die WHO in ihrem international anerkannten Diagnosekatalog ICD Homosexualität als Krankheit ein (vgl. Küpper et al. 2017).

hohen Blutdruck". Folglich „ging's dann nicht mehr arbeitsmäßig [...], jeder Brief war zu viel". Sie zieht die Notbremse: „[D]ann hab' ich von heute auf morgen gesagt: ‚Ich kann nicht mehr, ich kündige.'" Ihr Arbeitsvertrag wird im „gegenseitigen Einvernehmen" Mitte der 1990er-Jahre aufgelöst. Britta, die damals Mitte 30 ist, lebt zunächst von Abfindung und Krankengeld, bezieht anschließend Arbeitslosengeld bzw. Sozialhilfe und, nach dessen Einführung, „Hartz IV". Schwere psychische und körperliche Probleme verunmöglichen ihr die Wiederaufnahme einer Tätigkeit auf dem ersten Arbeitsmarkt. Ihr Arzt empfiehlt ihr schließlich dringend, einen Antrag auf Erwerbsunfähigkeit und Rentenbezug zu stellen, der Ende der 2000er-Jahre vom Versicherungsträger genehmigt wird: „[I]ch hab's mehrmals versucht, ich glaub zwei Anläufe oder so, mit Widerspruch einlegen". Seitdem sie etwa 50 Jahre alt ist, bezieht sie eine durch Grundsicherung aufgestockte Rente. Britta gehört zu dem Viertel der Menschen, die im Zusammenhang mit Erkrankungen erwerbslos wurden (Lampert et al. 2021, 340), und zudem zu denen, die angesichts der negativen Auswirkungen von Erwerbslosigkeit auf die Gesundheit (Paul & Zechmann 2019, 493) Gefahr laufen, dass ihre psychosomatischen Krankheiten sich verstetigen.

„Mit den Kleidern am Leib."
Aus einem bürgerlichen Leben über Umwege plötzlich ‚Hartz IV'

Bei Marianne ist wie in Brittas Fall eine schwere Erkrankung Anlass für den Bezug von Transferleistungen.[147] Sie ist ein wenig jünger als Petra, wurde aber anders als die Berlinerin Mitte der 1950er-Jahre „großbürgerlich" in Westdeutschland geboren. Als Tochter zweier Akademiker:innen machte sie wie selbstverständlich Abitur und ging „dann sofort erstmal ins Ausland für zwei Jahre", kam aber auf Wunsch ihres Vaters zurück. Anders als von diesem gewünscht, studiert sie nicht Medizin, sondern Englisch und Deutsch auf Lehramt, heiratet „einen Tierarzt, aber immerhin", wie sie ironisch sagt, und bekommt drei Kinder. Als Lehrerin arbeitet sie in der ehemaligen Bundesrepublik Deutschland nicht, bietet aber als Selbstständige im Ausland Seminare zur Stressbewältigung für „ausgebrannte Manager" an. Die „Geschichte" der Beziehung und Trennung spart Marianne in ihren Erzählungen aus. Anfang der 1990er geht sie „weg" und wandert über einen Umweg nach Südostasien aus, wo sie bis zu ihrer plötzlichen Rückkehr Mitte der 2010er-Jahre lebt. Dort wird sie doch noch Englischlehrerin, allerdings ehrenamtlich: Auf der Basis von Spendengeldern und mit dem Verkauf örtlich-traditioneller Kleidung an Tourist:innen baut sie eine Schule für die Familien der saisonalen Plantagenarbeiter:innen auf: „Die hatten keine Möglichkeit zur Schule. Und die wollten lernen." Der Tagesablauf in der Schule richtet sich nach den Arbeitszeiten der Schüler:innen – „das fing an [...] morgens zwischen 6 und 9 Uhr, weil dann mussten sie wieder arbeiten gehen" – und bezieht nach und nach alle Altersgruppen ein: „Und dann haben die

---

147   Zu den Transferleistungen i. e. S. zählen insbesondere ALG II und Kindergeld, ALG I, Leistungen der GKV sowie Renten (ohne Grundsicherung) sind hingegen Versicherungsleistungen (Lißner 2005). Vereinfachend werden hier und folgend teils sämtliche dieser Einkommen als Transferleistungen bezeichnet.

die Oma mitgebracht und dann halt alle die konnten." Diese Tätigkeit war offenbar in hohem Maße sinnstiftend für Marianne, immer wieder kommt sie im Verlauf des Gespräches auf die „lernbegierigen" Kinder und deren „leuchtenden Augen" zurück. Womöglich hat sie auch ihr Vermögen in den Aufbau und Betrieb dieser Schule investiert, jedenfalls ist von Rücklagen, auf die sie nach ihrer plötzlichen Rückkehr hätte zurückgreifen können oder müssen,[148] nicht die Rede. Diese Rückkehr wird durch eine schwere Virusinfektion veranlasst. Marianne kam zunächst vollkommen mittellos in einem regionalen Krankenhaus zu sich: „Es war nichts, nichts, nichts mehr da. Kein Telefon, kein Laptop, Geldkarten, […] mein' Pass hatte ich noch und das war es, so. Und dann stehst du da. In deinem kurzen Hemd". Sie muss ihren selbstbestimmten und sinnerfüllten Lebens- und Berufsweg abbrechen, um sich vor einer weiteren, dann voraussichtlich tödlich verlaufenden Infektion zu schützen. Als sie sich nach einigen Tagen „an das Passwort von Facebook erinnern" konnte, gelang es ihr, über ihre sozialen Netzwerke materielle und praktische Hilfe zu mobilisieren: Ein Freund buchte ihr einen Flug zurück nach Deutschland und eine Freundin nahm sie in ihrer Wohnung auf und finanzierte sie in den drei Monaten, in denen sie ihren Anspruch auf ALG II nicht geltend machen konnte. Die vom Jobcenter verlangten „Kontoauszüge von den letzten drei Monaten" konnte sie nicht beibringen, weil sie rund zwei Jahrzehnte „kein Konto in Deutschland" besessen hatte. „Ich […] bin drei Monate ohne medizinische Versorgung gewesen", deutet sie die Folgen ihrer plötzlich mehr als prekären Lage an, die seit dem Systemwechsel zu „Hartz IV" über Menschen hereinbrechen konnte: Zuvor waren die Behörden laut Bundessozialhilfegesetz zur Unterstützung ab dem Moment verpflichtet, in dem ihnen eine soziale Notlage bekannt wurde, nicht erst ab Antragstellung (Adamy 2016, 391). Mit dem schließlich einsetzenden Bezug von ALG II und der Aufnahme in die gesetzliche Krankenversicherung konnte sie sich gesundheitlich stabilisieren und zog nach Berlin in die Nähe eines ihrer Kinder. Seitdem sie das Renteneintrittsalter erreicht hat, bezieht sie eine um Grundsicherung aufgestockte Rente. Sie lebt insofern trotz ihrer jahrzehntelangen selbstständigen Erwerbsarbeit, der unbezahlten Sorgearbeit in ihrer Familie sowie der ebenfalls unentgeltlichen Arbeit in der von ihr aufgebauten Schule unter der Armutsgrenze, wofür ein Einkommen aus Grundsicherung nach SGB XII als treffender Indikator gilt (Brettschneider & Klammer 2020, 433). Dabei versteht sie ihren minimalistischen Alltag als bewusst gewählten Lebensstil.

„Ich dachte nur an die Zukunft für mein Kind."
Migration, Entwertung von Qualifikationen und Arbeit im Transferbezug

Yulia, ihr Mann, ihr Sohn, ihre Mutter Olga und ihre Großmutter sowie Yulias Schwester samt Familie sind in den späteren 1990er-Jahren aus der Ukraine als sogenannte Kontingentflüchtlinge in die Bundesrepublik Deutschland eingereist. Olga, die etwa

---

148   Laut Grundsätzen der Leistungsgewährung muss auf Rücklagen zurückgegriffen werden, sobald sie das sog. Schonvermögen, damals altersabhängig bis zu maximal 10.000 Euro, überschreiten (vgl. Althammer et al. 2021, 271).

1940 geboren wurde, arbeitet ihr Leben lang als Apothekerin; ihr Mann und Vater von Yulia stirbt früh. Die Mitte der 1960er-Jahre geborene Yulia ist eine sehr gute Schülerin und hat Aussicht auf eine Goldene Medaille nach der 10. Klasse, die den Weg an die Universität erleichtern würde, geht nach der 8. Klasse aber an eine technische Hochschule. Hintergrund ist, wie sie berichtet, die inoffizielle Diskriminierung von Juden in der UdSSR: „5 Medaillisten und 4 Juden", die absehbar Chancen hatten, „das geht nicht". So wussten alle um die antisemitische Diskriminierung, auch wenn dies „keine gesetzliche Zahl" war (Reimer-Gordinskaya & Tzschiesche 2021, 86). Sie beendet ein einem Bachelor-Studium vergleichbares dreijähriges Programm mit dem Roten Diplom, also mit Auszeichnungen, und hat im Anschluss leichteren Zugang zu einem vierjährigen Fernstudium, das sie zur Diplomkauffrau qualifiziert. Yulia ist einige Jahre in diesem Beruf tätig, ihr ukrainischer Mann absolviert eine technische Ausbildung und arbeitet als Flugzeugmechaniker. Anfang der 1990er-Jahre bekommen sie einen Sohn. In dieser Zeit werden die Umstände in der ukrainischen Transformationsgesellschaft unsicherer und viele Menschen entscheiden sich für die Emigration (Ryazantsev et al. 2022). Als konkrete Anlässe für die Planung der Auswanderung erinnert Yulia den brutalen ersten Tschetschenienkrieg (1994–1996) und die Gefahr, dass Männer ihrer Familie hätten eingezogen werden können, „die Korruptionszeit" und die inoffizielle „Quote für Nationalitäten", die die Zukunftsaussichten auch ihres Sohnes verdüsterten. Ihre Familie nimmt die Option wahr, als sogenannte jüdische Kontingentflüchtlinge in die Bundesrepublik Deutschland zu gehen (Reimer-Gordinskaya & Tzschiesche 2021, 60 ff.) und stellt einen Antrag, dessen Prüfung ein Jahr andauert. Der erwähnten Anlässe zum Trotz sei dies „nicht richtige Flucht", sondern angesichts der „Einladung" von Juden:Jüdinnen seitens der Bundesregierung eine „Möglichkeit" gewesen, um das Wohlergehen der jüngeren und älteren Familienangehörigen zu sichern: „[I]ch dachte nur an Zukunft für mein Kind und auch für meine Mama." Die Migration bedeutet insbesondere für die Erwachsenen eine sprachliche Herausforderung und wirft sie beruflich zurück. Zwar eröffnet ihnen der Status als Kontingentflüchtling den direkten Zugang zum Arbeitsmarkt, die Ehemänner beginnen nach einer kurzen Zeit in der ostdeutschen Gemeinschaftsunterkunft indes nicht in ihren Ausbildungsberufen, sondern auf einer „Baustelle" in Berlin zu arbeiten, wohin die Familie dann umzieht. Der Abschluss ihres Mannes wird nicht anerkannt und er macht eine Umschulung zum Kfz-Mechaniker. Olga ist zum Zeitpunkt der Einreise etwa Mitte 50 und bringt mehr als 20 Jahre Berufserfahrung als Apothekerin mit. Dennoch findet sie offenbar keine Erwerbsarbeit mehr und ist als Rentnerin auf Grundsicherung angewiesen, weil die Erwerbsarbeitszeiten der (post-)sowjetisch-jüdischen Einwander:innen nicht anerkannt werden (Reimer-Gordinskaya & Tzschiesche 2021, 68). Anders als ihr Mann hätte Yulia ihr Diplom vermutlich anerkennen lassen können. Sie entscheidet sich dagegen, weil sie neben den sprachlichen Herausforderungen befürchtet, den informationstechnologischen Standards in Deutschland nicht gewachsen zu sein. Während in ihrer Berufstätigkeit in der Ukraine nur „ganz niedrige Computerkenntnisse" nötig waren, existierte in der Bundesrepublik Deutschland ein „entwickeltes System". Von der technologischen Umwälzung und Deindustrialisierung, die in

Berlin nach der Wende – im Ostteil, aber auch dem subventionierten Westteil der Stadt – besonders intensiv verlief (Krätke & Borst 2000) ist auch Jenny nach einer endlich erfolgreich absolvierten Ausbildung zur Industrieelektrotechnikerin betroffen: „Denn die Mauer fiel. Berlin, Industriestandort und ich hab' ein Industrieberuf, tot." Ähnlich ergeht es in dieser Zeit Petra, die mehrere Jahre in einer psychotherapeutischen Praxis als Sprechstundenhilfe tätig ist und, als diese Ende der 1990er-Jahre schließen muss, vom „Fortschritt der Technik", der „ja schnell" vor sich ging, überholt wird: „Und das war's dann, weil ich dann einfach zu alt war." Yulia findet bald Arbeit im soziokulturellen Bereich und ist dort bis heute tätig, allerdings nur manchmal auf dem ersten Arbeitsmarkt, meistens in Form von Mini- oder 1- bzw. 3-Euro-Jobs neben der Sozialhilfe bzw. ab 2005 dem ALG II. Dass sie „[n]atürlich in der Heimat [...] gearbeitet" und „keine Sozialleistungen bekommen" hat, hier aber als „Beruf [...] Mama" ist, verweist auf den innerfamiliären Generationenvertrag, der die gemeinsame Migration motivierte: Die gesundheitliche und soziale Sicherheit ihrer Mutter und die Zukunftsaussichten ihrer Kinder standen für sie (und ihre Schwester) im Vordergrund.

„Das ist mein Geld."
Einkommen unterhalb und an der Armutsgrenze

Die aus unterschiedlichen Gründen in prekäre Lagen geratenen Frauen haben verschiedene Einkommensquellen. Yulia lebt zum Zeitpunkt des Interviews von ALG II, Britta seit mehr als zehn und Marianne seit wenigen Jahren von ihrer durch Grundsicherung aufgestockten Rente, zuvor bezogen beide einige Jahre ALG II, ähnlich ist die Situation bei Jenny. Was ihnen monatlich zum Leben zur Verfügung steht, entspricht insofern in etwa der Höhe des sogenannten Regelsatzes, den die Bundesagentur für Arbeit im Auftrag der Bundesregierung auf der Basis der durchschnittlichen Ausgaben einkommensschwacher Haushalte für das jeweilige Kalenderjahr berechnet. Dieser Regelsatz liegt der Gewährung von Sozialhilfe, ALG II und der Grundsicherung im Alter zugrunde.

Der Regelsatz betrug zum Zeitpunkt der Interviews mit Marianne, Britta, Yulia und Jenny im Sommer 2022 449 Euro für alleinstehende Personen und 404 Euro für Partner:innen in Bedarfsgemeinschaften mit anderen Leistungsbezieher:innen.[149] Hinzu kommen Kosten der Unterkunft, das heißt die Warmmiete einer vom Jobcenter als angemessen befundenen Wohnung, und ggf. gesondert zu beantragende Mehrbedarfe. Wo die Miete allerdings nicht, wie bei Marianne, direkt vom Sozialamt an den Vermieter überwiesen wird, mindern Miet- und Nebenkostensteigerungen das, was für Lebensmittel und andere Grundgüter vorgesehen ist. Auch andere Preissteigerungen fallen schwer ins Gewicht: So sind im Regelsatz für eine allein-

---

149   Mit der Reform des Arbeitslosengeldes zum 1.1.2023 stieg dieser Satz auf 502/451 Euro. Neben der Umbenennung von Hartz IV in Bürgergeld enthielt die Reform kleine Änderungen bei den Schonvermögen, der Ortsbindung und der Angemessenheitsprüfung der Wohnung. Zur Kritik an der Reform vgl. Butterwegge 2022.

stehende Person monatlich 40 Euro für Energie vorgesehen, Brittas Stromrechnung betrug zum Zeitpunkt des Interviews 74 Euro. Von den 900 Euro, die Rentenkasse und Sozialamt ihr monatlich überweisen, bleiben ihr so 320 Euro zum Leben. Vergleichbar ist die Situation bei Petra, deren Rente mit 950 Euro hoch genug ist, um nicht aufgestockt werden zu müssen bzw. zu können. Ihr bleiben nach Abzug der Miete in Höhe von 570 Euro noch 380 Euro für Strom, Telefonie, Lebensmittel und sonstige Ausgaben. Besonders dramatisch ist Jennys Lage, die „550 Euro Rente und 200 Euro Grundsicherung" erhält und davon noch Miete bezahlen muss.

Mit ihren Einkommen zwischen 750 und 950 Euro gehören die fünf Frauen zu den ärmsten zehn Prozent der deutschen Bevölkerung und liegen deutlich unter der Armutsschwelle (vgl. Anm. 145). Diese Lage teilen sie aktuell mit 743.700 Berliner:innen: Ein Fünftel der Stadtbevölkerung ist armutsbetroffen, verfügt also über weniger als 60 Prozent des mittleren Nettoeinkommens (Pieper et al. 2023, 17).[150] Die staatlichen Transferleistungen sollen Armut bekämpfen und ein Leben in Würde (§ 1 SGB II und XII) ermöglichen, unterschreiten aber das dazu notwendige Existenzminimum deutlich. So hat der Paritätische Wohlfahrtsverband in einer Sonderauswertung der Einkommens- und Verbraucherstichprobe (EVS), die auch der Ermittlung des Regelsatzes durch die Bundesregierung zugrunde liegt, für das Jahr 2023 berechnet, dass der Regelsatz für eine alleinstehende Person um über 50 Prozent von 502 auf 725 Euro exkl. Heiz- und Stromkosten angehoben werden müsste (Aust & Schabram 2022).[151] Solange dieser Forderung nicht annähernd nachgekommen wird,[152] suchen und finden armutsbetroffene Berliner:innen andere Strategien, um ihre Existenz zu sichern.

Eine wichtige Strategie zur Erhöhung ihrer Einkommen sind kleine Zuverdienste. Für Petra und Silvia war der Renteneintritt nicht gleichbedeutend mit dem Ende ihrer Erwerbsbiografien: „Ja und dann war ich Rentner und dann hatte ich einen Putz-Job", berichtet Petra ohne den Widerspruch zu bemerken. Durch die zusätzlichen 450 Euro, also mit einem Einkommen von 1.400 Euro, sei es ihr „richtig gut" gegangen. Als sie sich nach zehn Jahren, in denen sie zwei Mal wöchentlich in einem Privathaushalt Hausarbeit verrichtet hat, über ihren Geburtstag eine Woche Urlaub nehmen will, wird sie „rausgeschmissen". Seitdem fehlen ihr „Perspektive" und „Lust" auf die Dinge, die ihr sonst Spaß gemacht haben. Silvia entscheidet sich

---

150 Damit ist Berlin nach Bremen das zweitärmste Bundesland.

151 Die Differenz zur Berechnung des Regelsatzes durch die Bundesregierung ergibt sich aus drei willkürlichen Änderungen, die im Jahr 2011 vorgenommen und seitdem auch mit Einführung des Bürgergeldes unverändert fortgeschrieben wurden: Die Referenzgruppe wurde verkleinert und statt der unteren 20 Prozent nur noch die unteren 15 Prozent der Einkommensskala einbezogen; armutsbetroffene Personen, die keine Leistungen beziehen, werden einbezogen und eine Reihe von Konsumausgaben der Referenzgruppe werden als nicht ‚regelbedarfsrelevant' eingestuft und aus der Berechnung ausgeschlossen (Aust et al. 2020, 2; Aust & Schabram 2022, 4). All dies mindert das Niveau des offiziellen Regelsatzes.

152 Die von der Bundesregierung zum Jahresbeginn 2024 geplante Anhebung des Bürgergeldes um 60 Euro bleibt weit hinter dieser Forderung und damit dem Anliegen, Armut in Deutschland zu reduzieren, zurück (Tagesschau 2023).

wegen der Möglichkeit des Zuverdienstes nach Auslaufen ihres Krankengeldes für die Erwerbsunfähigkeitsrente und gegen den Bezug von ALG II, das ihr ebenfalls noch anderthalb Jahre zustünde. Die chronisch körperlich Erkrankte plant während ihres Ruhestandes im Supermarkt Regale ein- und auszuräumen – nur „keine Reinigung mehr", das sei körperlich zu anstrengend. Auch Britta fängt jetzt, „wo es durch die Inflation wieder so knapp wird", an, sich nach Möglichkeiten des Zuverdienstes umzuschauen. Aufgrund ihrer gesundheitlichen Lage kann sie sich nur „so leichte Sachen" vorstellen, zum Beispiel Haustiere oder ältere Menschen zu betreuen. Früher hat sie auch in der Nachbarschaft auf Kinder aufgepasst und im Garten geholfen. Es scheint, als ob sie durch informelle Arbeit ein zusätzliches Einkommen generiert hat, das auch über dem vom Jobcenter anerkannten Freibetrag von 100 Euro gelegen haben kann. In jedem Fall verdiente sie „nicht mehr als ein Taschengeld" – also vermutlich deutlich unter Mindestlohn – und wurde einige Male von einem „Tag auf den andern" gekündigt. Besonders Yulia legt bei ihren Zuverdiensten Wert auf einen formellen Rahmen. Für sie war der Bezug von ALG II zu keinem Zeitpunkt gleichbedeutend mit Arbeitslosigkeit und dies bezeichnet sie nicht nur aufgrund des Zuverdienstes als „Glück", sondern auch, weil ihr die Arbeit in den Kulturprojekten, in die sie teils durchs Jobcenter vermittelt wurde, Spaß macht und sie zudem offensichtlich nicht gern ‚zuhause sitzt'. Nach über zwanzig Jahren der Tätigkeit auf dem zweiten Arbeitsmarkt bevorzugt sie Mini-Jobs gegenüber 3-Euro-Jobs: Auch wenn bei Letzteren der Freibetrag höher liege, legt sie Wert auf das Recht auf Lohnfortzahlung im Krankheitsfall, Urlaub und die Beiträge zur Sozialversicherung, die mit ihrem Mini-Job einhergehen. Was sie vom Lohn ihres Mini-Jobs behalten darf, rechnet sie vor: „Die ersten 100 Euro krieg ich in vollem Volumen und die nächsten Euro krieg ich im Volumen 20 Prozent und 80 Prozent ist fürs Jobcenter. Verstehen Sie?" Konkret bedeutet das für sie aktuell, dass sie 140 Euro von ihrem Mini-Job behalten kann.[153] Die 3 Euro pro Stunde, die im Rahmen der Arbeitsgelegenheit nach §16d SGB II gezahlt werden, seien nicht mit Lohn zu verwechseln, es handele sich nur um „Erstattungsgeld", tatsächlich um „Entschädigung für Mehraufwendungen" (§16d SGB II, Absatz 7). Mit den so genannten *Arbeitsgelegenheiten zur Eingliederung in Arbeit*, früher als 1-Euro-Jobs bekannt, zahlt die Bundesagentur für Arbeit Niedrigstlöhne für Erwerbslose. Da die „geförderten" Tätigkeiten im öffentlichen Interesse liegen müssen, findet diese Arbeit überwiegend bei sozialen Trägern statt. Laut Petra Wojciechowski von der Sozialberatungsstelle Kreuzberg seien viele Träger „auf die Arbeitskraft dieser Menschen angewiesen" und könnten sich eine Finanzierung der Tätigkeiten im Rahmen des ersten, regulären Arbeitsmarktes aufgrund ihrer Zuwendungshöhe nicht leisten. Auch hierbei handelt es sich um eine Form der radikalen Unterbezahlung bzw. Ausbeutung von sozialer bzw. Sorgearbeit im weiteren Sinne (vgl. Kapitel 2). Zudem reichen die immer noch geringen Zuverdienste nicht aus,

---

153 Mit der stufenweisen Überführung des ALG II ins Bürgergeld wurde das Volumen, welches Leistungsbezieher:innen von ihrem Zuverdienst zwischen 520 und 1.000 Euro behalten dürfen, auf 30 Prozent erhöht (§11b SGB II). Yulia profitiert mit ihrem Mini-Job wie viele andere ALG-II-Bezieher:innen in ähnlichen Arbeitsverhältnissen nicht von dieser Veränderung.

um über den geltenden Regelsatz hinaus ein Einkommen in Höhe des notwendigen Existenzminimums zu generieren.

„Ein Leben, das der Würde des Menschen entspricht"? Alltag mit (zu) geringen Einkommen

Der Bezug von ALG II und Sozialhilfe soll laut Paragraf 1 der Sozialgesetzbücher II und XII „den Leistungsberechtigten ermöglichen, ein Leben zu führen, das der Würde des Menschen entspricht" (§1 Satz 1 SGB II, §1 Satz 1 SGB XII).[154] Im folgenden Teil widmen wir uns der Frage, inwieweit und unter welchen Bedingungen dies den Frauen realiter möglich ist. Dabei geht es nicht primär um rechtliche Bewertungen, die seit der Einführung des ALG II aufgrund von Klagen von Betroffenen von den Sozialgerichten und vom Bundesverfassungsgericht vorgenommen wurden, und die zu Milderungen der repressiven Praxis der Jobcenter (bzgl. Prüfung von Ansprüchen, Anwendung von Sanktionen etc.) beigetragen haben (vgl. für eine kritische Einordnung des Hartz-IV-Systems: Claus 2008; für eine Zwischenbilanz: Adamy 2016; zur Einschränkung von Sanktionen: Bundesverfassungsgericht 2019). Vielmehr steht im Zentrum, was ein Leben mit einem Einkommen unter oder an der Armutsgrenze praktisch bedeutet und wie die Frauen ihren Alltag unter diesen Bedingungen bewältigen. Dabei spannen sich die geschilderten subjektiven Lebensrealitäten zwischen einem dramatischen „Kampf jeden Tag" und der noch relativ entspannten Einschätzung „Ich lebe gut!" auf. Von Einschränkungen ihrer Teilhabemöglichkeiten berichten indes alle.

„Was man gerne gemacht hat." Bildung, Kultur und Wohlbefinden

Die hier zu Wort kommenden Frauen sind lebenstüchtig bzw. -lustig sowie mehrheitlich auch kulturell aktiv (gewesen): Britta war Chorsängerin und ist eine Kennerin der klassischen Musik und Oper; Marianne liebt die Sprachen, die sie spricht, als „etwas Lebendes" und praktiziert(e) mit Freude Yoga und Qigong; Petra ist eine leidenschaftliche „Tanzmaus" und Jenny ist neben einer Hobbyfotografin ihr Leben lang eine, „richtig gut[e]" Reiterin gewesen und gab teilweise auch Reitunterricht. Auch Yulia und Katja sprechen jeweils mindestens zwei Sprachen. Yulia besucht gerne (klassische) Konzerte und Katja ist nicht nur professionelle Textilschneiderin, sie hat auch einen Sinn für Mode. Sie alle haben sukzessive oder abrupt in unterschiedlichem Ausmaß auf für sie übliche Teilhabe in Bezug auf Bildung, Kultur und Wohlbefinden verzichten müssen.

---

154 Selbst die Forschungseinrichtung der Bundesagentur für Arbeit, das Institut für Arbeitsmarkt- und Berufsforschung (IAB), erkennt, dass die Aufrechterhaltung des physischen Existenzminimums durch Einschränkungen in anderen Teilhabebereiche ermöglicht wird, und fragt, wie auch das „soziokulturelle Existenzminimum der Leistungsempfänger in ausreichendem Umfang" abgesichert werden könnte (Bähr et al. 2018, 194).

Für Britta war die Welt der darstellenden Künste seit ihrer Kindheit bzw. Jugend bis in ihre Zeit als berufstätige Frau eine „zweite Heimat". Sie ging bis in die späteren 1990er-Jahre regelmäßig in die Philharmonie sowie zu Opern- und Ballett-aufführungen in der Stadt und war mit Künstler:innen der Bühnen befreundet. Selbstverständlich war für sie auch, ins Kino oder mit Kolleg:innen Essen zu gehen. Diese soziokulturelle Teilhabe gehört für sie seit langem der Vergangenheit an: „[F]ragen Sie mich nicht, wie lange ich nicht mehr im Kino war. [...] Oper, Ballett, Kino [...] ich bin immer mal wieder schön Essen gegangen, Chinesisch oder so, mit Kollegen oder so, das hab' ich *Jahrzehnte*, Jahrzehnte nicht gemacht". Ob ihr die theoretische Möglichkeit, mit dem Berlin-Pass an 3-Euro-Tickets für Oper oder Theater zu gelangen, bekannt war und ist, bleibt offen. Sie könnte praktisch am aufwendigen Erwerb gescheitert sein, und begründet den Verzicht selbst damit, sich nicht angemessen präsentieren zu können: „Dafür brauch ich dann allerdings Klei-dung. Sie müssen sich vorstellen, ich hab' nicht mal mehr Kleidung dafür, um in die Oper zu gehen oder so. Obwohl meine Tante sagt immer, die gehen heute in Jeans hin, möchte ich jetzt aber nicht unbedingt, ja. Selbst das fehlt, ja." Brittas zweite Leidenschaft gilt Tieren. Sie besaß während ihres Berufslebens eine Jahreskarte für den Zoologischen Garten, kannte einige Pfleger:innen persönlich und unterstützte diese manchmal in deren Arbeit mit den Tieren: „Eine Tigerin hab' ich manchmal reingerufen, wenn die zum Fressen nicht reinkommen wollte. [...] Und dann war ich immer ganz stolz, natürlich." Seit sie „aus der Firma weg war", hat sie auch die Zoobesuche „aufgeben [müssen], aus finanziellen Gründen". Wenn sie resümiert, dass ihr „alles genommen [wurde], alles was man gerne gemacht hat", so geht es nicht nur um die Aktivitäten als solche, sondern damit einhergehend auch um die sozialen Kontakte und Erfahrungen der Anerkennung und Wertschätzung. Zurück-haltender formuliert Yulia die begrenzten kulturellen Teilhabemöglichkeiten. Klar ist, dass sie und ihre Familie kulturaffin sind, aber Karten für Konzerte „nicht einfach kaufen oder so oft kaufen" können. Und während sie früher mit Hilfe des „Sozial-passes"[155] und der Tafel „ein paar Mal Eintrittskarten für Konzerte bekommen" hatten, besteht diese Möglichkeit zum Zeitpunkt des Interviews „leider nicht mehr".

Jennys Leidenschaft sind bzw. waren die Fotografie und Pferde, die sie mit einem Partner, den sie kurz vor der Wende kennengelernt hatte, teilte: „Gleiche Hobbys, echt, das war so geil. Fotografieren" und „[e]r ging auch reiten, so wie icke." Als die Mauer fiel und er wieder „zu seiner Mutter" reisen und dort reiten konn-te, nahm er sie mit: „So kamen wir zusammen. (Lachen)" Sie hatte schon in der Kindheit „Reitunterricht gehabt" und ihren „Reiterpass" gemacht, wovon sie mit Stolz erzählt: „[I]ch kann Reitunterricht geben, ich hab' Dressur gemacht, weißte, reiten, voltigieren". Von einer Erzieherin, die sie zum Reiten mit in den Grunewald nahm, erntete sie in ihrer Jugend für ihr Können große Anerkennung: „Du kannst ja richtig gut reiten'", so erinnert Jenny deren Worte. Seit den 1990er-Jahren, als sie

---

155   Das offiziell als „Berlin-Pass" bezeichnete Angebot wurde 2022 in „Berechtigungsnachweis Berlin-Ticket S" umbenannt (berlin.de 2022).

im Zuge der Deindustrialisierung Berlins (Krätke & Borst 2000) nach einer erfolgreichen Ausbildung zur Industrieelektronikerin in die Sozialhilfe geriet, versuchte
sie nebenher unter anderem mit 3-DM-Jobs ein wenig mehr Geld zu generieren,
„[d]amit ich eben auch reiten gehen konnte." Bis Mitte der 2010er-Jahre hatte sie
sich „immer wieder irgendwo eingeklinkt", also für sie erschwingliche Wege zum
Reiten gefunden. Derzeit fehlen ihr sowohl die finanziellen Mittel als auch die Kraft
dazu, weil der vom Jobcenter verordnete Umzug sowie die Folgen der Maßnahmen zur Eindämmung der Covid-19-Pandemie sie lähmen: „[O]hne Corona", so
Jenny, hätte sie „schon längst wieder" einen Weg gefunden, ihrem Hobby nachzugehen. Selbst Marianne, die mit ihrem Leben im ALG-II-Bezug eigentlich zufrieden
ist, meint, dass monatlich zusätzliche „50 Euro für Kultur […] und Wohlbefinden"
einen „großen Wohlfühlfaktor" im Sinne kultureller Teilhabe für sie bedeuten würden. Mit diesem Geld wäre beispielsweise „nach der Sauna auch mal Massage
möglich" oder eine Auffrischungskurs in Qigong-Techniken, um sich, wie sie sagt,
‚mal wieder aufrichten' zu können.

Die Teilhabe am soziokulturellen Leben kann in der Bundesrepublik Deutschland
und insbesondere in der Kulturhauptstadt (vgl. Kapitel 4) als ein wesentliches Maß
dafür gelten, ob Menschen im Transferbezug ein Minimum des üblichen Lebensstandards ermöglicht wird. Der von den Frauen geschilderte dauerhafte Verzicht auf
diese Form der Teilhabe veranschaulicht auf der Ebene des Lebensalltags, dass und
wie Einkommensarmut Einschränkungen in diesem Teilhabebereich bedingt (vgl. zur
Betrachtung strukturell-empirischer Zusammenhänge Groh-Samberg 2009, 239 ff.).
Dabei geht es nicht nur um Aktivitäten, die als solche Freude bereiten, vielmehr sind
sie mit Anlässen der sozialen Begegnung verbunden. Der Mangel daran begünstigt
Vereinsamung und depressive Verstimmungen (Pompey 1993; Schindler 2009).

„Alles gelaufen."
Mobilität im Alltag, Reisen und Urlaub

Die Frauen berichten in Bezug auf ihre Vergangenheit, in der ihnen umfangreichere
materielle Ressourcen zur Verfügung standen als gegenwärtig, von ihren Bewegungen innerhalb Berlins und darüber hinaus. Mit Blick auf ihre Gegenwart spüren und
thematisieren sie Einschränkungen ihrer Mobilität.

Wenn etwa Britta sagt, sie sei eine Zeit lang „alles gelaufen", so kann dies im
übertragenen und buchstäblichen Sinne verstanden werden: Erstens ist der soziokulturelle Radius, der für sie früher, als sie noch nicht „jeden Pfennig und Cent
umdrehen" musste, selbstverständlich war, „Vergangenheit"; und zweitens ist mit
ihm auch der geografische Bewegungsradius auf die fußläufig erreichbaren Ge-
genden geschrumpft: Während sie während der Covid-19-Pandemie aus Vorsicht
kaum öffentlich unterwegs ist, hatte sie sich zuvor, als es ihr „auch ganz schlecht
ging finanziell", aus diesem Grund notgedrungen eingeschränkt: „Also, mein
Leben so eingerichtet, dass ich alles gelaufen bin (lacht)." Auto und Führerschein
besitzt sie nicht, was sich auch nicht mehr ändern wird: „Werd' mir auch kein

Auto zulegen und keinen Führerschein machen, hab' das Geld auch nicht dafür natürlich." Gleichzeitig findet sie das auch „aus Klimaschutzgründen" ganz gut. Einzelfahrscheine oder gar ein Monatsticket der BVG konnte sie sich lange Zeit nicht leisten: „Gut, wenn ich jetzt weiter weg bin, dann musste ich halt bezahlen. Ja, aber in der Zeit musste ich nicht weiter weg (lacht)", weil sie wie geschildert notgedrungen auf kulturelle Teilhabe (Oper, Philharmonie etc.) verzichtete. Erst mit dem Berlin-Pass, der 2009 eingeführt wurde, erweiterte sich ihr soziogeografischer Radius durch den vergünstigten Zugang zu öffentlichen Verkehrsmitteln wieder ein wenig. Andere Optionen wie „Kino, Zoo oder so" hat sie in Zeiten der Pandemie nicht genutzt bzw. nutzen können. Auch Marianne hat sich diesen Pass besorgt, durch den das reduzierte BVG-Ticket für sie erschwinglich wird. Allerdings verzichtet sie in den Sommermonaten darauf, um die 27,50 Euro pro Monat zu sparen und ihrem Pflegekind in Südostasien ein wenig Unterstützung zukommen lassen zu können. In den Sommermonaten bewegt sie sich nur mit dem Fahrrad durch die Gegend und findet das eigentlich auch gut: „Man muss sich ja bewegen, sonst wirst ja blöd, ne." Da ihr das Knie zu schaffen macht, ist unklar, wie lange sie mit dieser Strategie noch mobil bleiben kann.

Während der Bewegungsradius der Frauen innerhalb von Berlin schon begrenzt ist, sind Reisen über die Grenzen der Stadt hinaus aus unterschiedlichen Gründen derzeit oder grundsätzlich (fast) unmöglich. Marianne, die nach ihrem Abitur zwei Jahre im Ausland verbracht sowie in anderen europäischen Ländern und in Südostasien gelebt und gearbeitet hat, beschreibt die Schrumpfung ihres soziogeografischen Radius, ihrer eigenen Aussage nach „seit 2020" – also infolge der Maßnahmen zur Eindämmung der Pandemie – als Verlust: „[M]an hat mir die Welt genommen. Ich konnte nicht mehr reisen."[156] Sie lebe deshalb an einem Ort in Berlin, „wo die Welt zu [ihr] kommt". Für Britta und für Katja mit ihren Töchtern sind Urlaube schon lange ein unerschwinglicher Luxus. Britta und eine Freundin in ähnlicher Lage schöpften allerdings Hoffnung, als das 9-Euro-Monatsticket, das von Anfang Juni bis Ende August 2022 die Nutzung sämtlicher Regionalbahnen der Deutschen Bahn sowie des ÖPNV ermöglichte, eingeführt wurde: „[I]ch wollte auch […] mal einen Tag ans Meer, mal abschalten, einfach nur die Brandung und ja, nur Meer. Ja, das wollte eine Freundin von mir auch, die hat, die waren schon beinahe gepackt die Koffer". Dabei hatte keine der beiden daran gedacht, in einem Hotel o. Ä. zu übernachten. Britta wäre am selben Tag zurückgefahren und die Freundin hätte sich „irgendwo in ne Düne" zum Schlafen gelegt. Letztlich verreiste keine der beiden. Britta deshalb nicht, weil sie fürchtete, angesichts des für die Nachfrage nicht hinreichenden Angebots an Zügen die Reise körperlich nicht bewältigen zu können: „Ich kann auch nicht lange stehen und so aus gesundheitlichen Gründen, ja? Also, das tue ich mir nicht an, also fällt das weg erstmal." Dabei liegen

---

156 Marianne berichtet nicht von Reisen, die sie nach ihrer Rückkehr nach Deutschland und vor Beginn der Covid-19-Pandemie getätigt hätte. Ob die Maßnahmen oder der Mangel an finanziellen Mitteln ihr ‚die Welt genommen' haben, bleibt daher offen.

Urlaube nicht nur für die Bezieher:innen von Sozialhilfe, sondern auch für Katja, die im Niedriglohnsektor Krankengeld bezieht, außerhalb der Reichweite. Sie fährt immerhin ab und zu mit ihren Töchtern zu ihrer Mutter ins Baltikum, weil sie „[b]ei Mama wenigstens umsonst leben" und „das Geld, was noch 'n bisschen übrigbleibt, für die Aktivitäten ausgeben" können. Einen voll zu bezahlenden Urlaub von einer Woche könnten sie sich nicht leisten: „Weil jetzt, 700 Euro, hab' ich nicht. Eine Woche, eine Woche. Sparen, wo denn? An welcher Stelle soll man noch sparen?" Für die Kinder bedeutet dies unter anderem, auf Klassenfahrten zu verzichten.

Zum soziokulturell üblichen Alltag von Berliner:innen, die jenseits der Armutsgrenze leben, gehört es selbstverständlich dazu, sich täglich innerhalb der Stadt von einem Ort zum anderen zu bewegen, sei es auf dem Weg von der und zur Arbeit, um Freund:innen zu treffen bzw. zu besuchen oder um Freizeitaktivitäten (Sport, Kultur) nachzugehen. Zudem verreisen Berliner:innen über die Grenzen der Stadt und suchen unter anderem per Auto, Bahn oder Flugzeug Urlaubsorte in Europa und darüber hinaus auf. Im Falle der armutsbetroffenen Frauen und ihrer Kinder ist auch dieser Bereich der Lebenslage von eingeschränkten Teilhabemöglichkeiten gekennzeichnet.

„Das ist alles, was ich habe."
Wohnqualität, Internet und Fernsehen, Haushaltsgeräte

Menschen, deren soziogeografischer Radius infolge der geschilderten notwendigen Einschränkungen schrumpft, sind umso mehr auf eine Wohnung angewiesen, die ihnen nicht nur ein Dach über dem Kopf, sondern auch einen Ort bietet, an dem sie sich gerne aufhalten. Die Ausstattung der Wohnung mit den üblichen technischen Geräten ist dabei eine wesentliche Grundlage der gesellschaftlichen Teilhabe. Dass die Wohnverhältnisse diesen grundlegenden Bedarfen nicht entsprechen, thematisieren einige der Frauen, während andere dies nicht ansprechen.

Petra lebt seit langer Zeit in einer Zwei-Raum-Mietwohnung, die sie „über alles [liebt]" und versucht, sich schön einzurichten. Dazu geht sie einerseits in Auseinandersetzungen mit dem Vermieter, denn die Fenster sind renovierungsbedürftig – „unten das Holz, da ist nicht ein Krümel Farbe mehr drauf" – und der Boden ist teils mit Asbest unterlegt. Zudem gestaltet sie die Räume und den Balkon mit „Lichterketten" und Deko: „Und das hier hab' ich mir so geschaffen […]. Das ist meine Geborgenheit und die habe ich mir so aufgebaut." In einem Zustand chronischer Unterfinanzierung achtet sie strikt darauf, in jedem Fall die Miete zu überweisen, denn „das [die Wohnung] ist alles, was ich habe." Während in Petras Worten angesichts ihrer Lage die Angst anklingt, wohnungslos zu werden, muss Jenny sich um die Sicherheit ihrer Wohnung absehbar keine Sorgen machen. Allerdings hatte sie Mitte der 2010er-Jahre ihre letzte Wohnung, in der sie zuvor fast 20 Jahre gelebt hatte, auf Veranlassung des Jobcenters aufgeben müssen: „Ja, zu groß und zu teuer." Der Zwang ergibt sich daraus, dass die Jobcenter (u. a. je nach Größe der Bedarfsgemeinschaft) einen angemessenen Satz für die Kosten der

Unterkunft festlegen, der vielfach niedriger liegt als die realen Kosten.[157] Der Verlust ihrer „wunderschöne[n] Wohnung" schmerzt sie nicht nur, sondern geht auch mit einer deutlichen Verschlechterung ihrer Lebensqualität einher: „[I]ch hatte alles. Ich hatte nen Geschirrspüler, ich hatte Waschmaschine, alles. Jetzt wohn' ich in so ner 30-Quadratmeter-Bude". Ihre wesentlich kleinere Wohnung bietet ihr buchstäblich kaum Bewegungsspielraum und manche der Geräte passen nicht hinein, sodass sie seit mehr als fünf Jahren unter anderem auf eine eigene Waschmaschine verzichten muss: „[D]ie Küche ist, ja, da kann ich mich einmal umdrehen. Ist auch keine Tür, sondern nur mit Vorhang. Da passt kein Geschirrspüler rein, Waschmaschine passt da auch nicht rein. Das Bad, umdrehen, Dusche, ja, passt keine Waschmaschine rein." Seit dem erzwungenen Umzug muss sie ihre Wäsche in öffentlich zugänglichen Einrichtungen waschen. Bei der im Haus zugänglichen Waschmaschine kostet ein Waschgang 4 Euro, im etwas weiter entfernten Waschhaus 2 Euro, eine Differenz, die laut angesetztem Betrag von 155, 93 Euro für Nahrungsmittel im Regelbedarf (Aust 2022, 5) bei drei Tagesmahlzeiten mehr als einer Mahlzeit entspricht. Allerdings durfte sie das Waschhaus zum Zeitpunkt des Interviews, als noch strengere Maßnahmen zur Eindämmung der Covid-19-Pandemie galten, nicht mehr betreten: „Aber ich darf da nicht mehr Wäsche waschen. Ist das nicht herrlich? […] Weil man ungeimpft ist, einmal geimpft, einmal. Echt. Noch nicht mal mit nem Test darf ich da rein." Angesichts ihres chronisch zu geringen Einkommens war Jenny in dieser Zeit folglich vermutlich gezwungen, sich zwischen sauberer Wäsche und einer warmen Mahlzeit zu ‚entscheiden'. Brittas Kampf um minimale Teilhabe im häuslichen Raum gilt dem „einzige[n] Kontakt zur Außenwelt", dem Fernseher und ihrem Tablet. Ihren alten Röhrenfernseher konnte sie nur durch einen stromsparenderen Flachbildschirm ersetzen, weil ihre Tante ihr einen schenkte. Abends schaut sie gerne Quizsendungen, aber auch Nachrichten und spannungsgeladene Filme an, damit „man mal so richtig abgelenkt ist von dem ganzen Mist". Sorgen machen ihr das Tablet, „[w]as auch den Geist langsam aufgibt", und das langsame Internet: „Mein Akku, der ist ruck zuck leer, ich bin nur Stunden am Aufladen, aber der ist ruck zuck leer" und „das WLAN ist auch […] irgendwie zu langsam alles, dann bleibt ständig alles stehen". Angesichts der essenziellen Funktion dieser Geräte für die Aufrechterhaltung sozialer Kontakte und die Alltagsorganisation „[sind] [d]as […] alles Dinge, die" sie „auch belasten", ohne dass sie Abhilfe schaffen könnte, weil sie „kein Geld" habe, um „was Neues zu kaufen. Selbst was Gebrauchtes nicht." Sie reduziert zudem die Nutzungszeiten des Fernsehers und Tablets und rationiert somit ihre darüber vermittelte minimale soziale Teilhabe, um Strom und damit Kosten zu sparen. „Und das zerrt alles an Nerven, ja, wenn man dann nichts hat, die Zeitschriften sind auch irgendwann mal ausgelesen, die Kreuzworträtsel ausgerätselt, mit der Katze gespielt, also, grade so die Abende auch dann, ja?"

---

[157] Im Jahr 2018 „[lag]" bei „546.000 […] Bedarfsgemeinschaften […] eine Differenz von tatsächlichen und anerkannten Kosten der Unterkunft und Heizung vor. Die Höhe dieser Differenz betrug im Jahr 2018 rund 538 Mio. Euro." (Deutscher Bundestag 2019, 3).

Die häusliche Umgebung so zu gestalten, dass sie einen angenehmen Aufenthaltsort bietet, ist Teil des kulturell üblichen Lebensstandards. Im Falle der armutsbetroffenen Frauen, die durch die Einschränkung ihres sozialen und geografischen Radius weitreichend auf diesen Nahraum verwiesen sind, ist dies von existenzieller Wichtigkeit. Doch auch in diesem Bereich sind sie von Einschränkungen ihrer Teilhabemöglichkeiten betroffen, mit teils negativen Folgen für ihr psychisches Befinden.

„Was kann ich überhaupt noch essen?" Hinreichende und gesunde Ernährung?

Der Bereich der Ernährung ist absolut existenziell, und wo eine hinreichende Ernährung nicht sichergestellt ist, bewegen sich Menschen in den Bereich der absoluten Armut hinein. Es geht nicht mehr allein ums psychische Wohlbefinden und kulturell angemessene Teilhabe, sondern um die körperliche Existenzsicherung und grundlgende Gesundheit. Vor diesem Hintergrund geht es folgend um die Frage, inwieweit es möglich ist, eine hinreichende und gesunde Ernährung sicherzustellen.

Britta, die seit knapp 15 Jahren frühverrentet ist und zuvor etwas mehr als zehn Jahre Sozialhilfe bzw. ab 2005 ALG II bezog, erlebte die Einführung von „Hartz IV" nicht als Bruch ihrer Lebensführung: „[I]ch kann ja nur sagen, dass ich sowieso zu der Zeit jeden Pfennig ähm Cent umdrehen musste." Worauf sie stolz sei, ist, dass sie in den letzten zwei Jahren auf Süßigkeiten verzichtet und stark abgenommen hat, denn sie „hatte hohen Blutdruck" und „die Nieren- und Leberwerte, das war alles nicht mehr so". Sie hatte sich einen Speiseplan mit Haferflocken und Joghurt zum Frühstück, viel Obst und Gemüse sowie etwa einmal in der Woche Fisch angewöhnt. Angesichts der Preissteigerungen [158] ist (nicht nur) ihr Alltag nun von weitreichendem Verzicht bei einem ohnehin niedrigen Konsumtionsniveau geprägt: „[S]eitdem die Kosten so gestiegen sind, ich kenn' keinen, dem es nicht so geht ja, es ist ein Kampf jeden Tag, jetzt auch schon wieder. Ich verzichte auch schon wieder auf so manches". Über lange Passagen des Interviews schildert Britta minutiös und auf den Cent genau, welche Lebensmittel sie wo zu welchem Preis kaufen konnte, was sie nun kosten und dass sie sie sich vieles nicht mehr leisten kann. So hatte sie ohnehin schon günstige Haferflocken gekauft, die ihr „gut geschmeckt" haben, nimmt nun aber die noch günstigeren, „auch wenn sie nicht ganz so gut schmecken, aber die gehen auch, basta". Rote Paprika, die sie liebt und von denen sie „jeden Abend eine" aß, sind zu teuer für sie geworden: „Verzichte ich drauf, ja." Denn: „Die haben immer so 1,59 rum, 1,69. Dachte ich, naja gut geht noch, dann wurden es 1,79, dann 1,99, dann nur noch für zwei Dinger drin." Vom sonstigen Gemüse „geht jetzt nur noch Spinat, der ist ja gesund Gottseidank". Beim Obst muss sie auf günstige Angebote hoffen und eine Auswahl treffen:

---

158   Laut Statistischem Bundesamt (2023) stiegen die Verbraucherpreise jeweils im Vergleich zum Vorjahr um 0,5 % (2015), 0,5 % (2016), 1,5 % (2017), 1,8 % (2018), 1,4 % (2019), 0,5 % (2020), 3,1 % (2021) und 7,9 % (2022). Im Bereich Nahrungsmittel stieg sie überdurchschnittlich um 0,8 Prozent (2020) auf 4,2 Prozent (2021) und sprang im Jahr nach dem Interview um 14,5 Prozent (2022) nach oben.

„Banane oder mmh Weintrauben […], ja dann merke ich jetzt halt, dass dann halt entweder Weintrauben oder Banane, je nachdem, was es kostet, ja." Anderes Obst findet sie bislang noch zu einem bezahlbaren Preis: „[I]ch esse ja dafür, wie gesagt, Äpfel zum Beispiel". Und für die Halbfertiggerichte, die sie „sehr gerne" aß, gilt: „[K]ann ich mir jetzt vielleicht noch einmal im Monat leisten, ja. Sonst hab' ich es vielleicht einmal die Woche gegessen". Dasselbe gilt für Fisch. Auch auf ein gesünderes und schmackhafteres Brot muss sie jetzt verzichten: „Ich hab' immer gern Mehrkornbrot gegessen. […] Jetzt hol ich mir ein anderes Brot, Roggenbrot […], und was mir jetzt gar nicht so, ich möchte mein Mehrkornbrot wieder haben, ja." Einzig Reis und Nudeln gebe es weiterhin günstig genug. Britta resümiert, dass der Verzicht ihre mühsam aufgebauten Ernährungsgewohnheiten, die mit den Empfehlungen der Bundeszentrale für Ernährung[159] konvergieren, gefährdet: „Da lässt es schon wieder nach mit der gesunden Ernährung". Zudem muss sie viel Zeit und Energie in den Vergleich von Preisen und den Erwerb günstiger Angebote investieren: „Ja, so renn' ich von einem Discounter in nächsten, man hat nichts anderes zu tun ja, so ungefähr. Nur Angebote vergleichen, ja, dann bin ich nur am Rechnen." Insgesamt versucht sie aktuell, „immer unter 2 Euro zu bleiben […] mit jeder Mahlzeit." Bei drei Mahlzeiten pro Tag lag sie damit bereits über den im Regelsatz 2022 vorgesehenen 155,93 Euro für Lebensmittel (Aust 2022, 5). Britta macht sich große Sorgen um den weiteren Verlauf der Preissteigerungen: „Wer weiß, ob das noch ansteigt. Ich hab' schon überlegt: ‚Was mach ich jetzt?' Noch esse ich so Haferflocken mit Joghurt, auf alles verzichten möchte ich eigentlich nun auch nicht mehr." Zur Tafel ist sie bislang nicht gegangen, einerseits, weil sie sich sagte: „Es gibt Leute denen geht's noch dreckiger, zum Beispiel den Obdachlosen, lass den das machen." Andererseits scheut sie aber auch die „lange Schlange", weil sie „nicht lange stehen" kann. Zudem sei unklar, ob sie überhaupt zum Zug käme, denn sie habe gehört, es „kommen immer mehr Leute, aber weniger rein".

Tatsächlich stieg die Anzahl der versorgten Haushalte in Berlin im Jahr des Interviews von 40.000 auf 72.000 (Laib und Seele 2022). Der Berliner Trägerverein begründet dies mit der Inflation und den Kriegsgeflüchteten aus der Ukraine. Bei zugleich sinkenden Lebensmittelspenden ist die Lage tatsächlich prekär. Aufnahmestopps konnten in Berlin – im Gegensatz zu anderen Regionen – verhindert werden (Schulze 2022). Ob sie in ihrem Bezirk tatsächlich keinen Zugang gefunden hätte, muss offenbleiben. Angesichts ihrer sich zuspitzenden Lage zieht sie diese Möglichkeit, kostenfrei einige Nahrungsmittel zu erhalten, dennoch in Erwägung: „Vielleicht muss ich es sowieso mal probieren in naher Zukunft." Anders als Britta nutzt Marianne das Angebot der Tafel bereits, wenn am Monatsende das Geld knapp wird:

---

159   Diese empfiehlt 3 Portionen Gemüse, 2 Portionen Obst, 4 Portionen Getreide, Reis, Nudeln, Kartoffeln, 3 Portionen Milchprodukte, 1 Portion Fleisch, Fisch, Eier, 1 Portion Hülsenfrüchte und Fleischalternativen, 1 Portion Öle und Fette, 1 Portion Extras wie Süßigkeiten (Bundeszentrale für Ernährung 2023).

„Ja, ich gehe halt dann zur Tafel."[160] Eine ihrer Mitbewohnerinnen tut dies nicht, „weil, da gibt es ja kein Bio", und müsse am Monatsende dann manchmal doch von ihren Nicht-Bio-Kartoffeln essen. Indirekt profitiert insofern auch die Mitbewohnerin von den Gaben, die Marianne bei der Tafel erhält. Zu den Nutzer:innen der Tafel gehört auch die über 80-jährige Olga, die von Yulia einmal in der Woche dorthin begleitet wird. Dass (nur) durch die Gaben der Tafel neben dem Regelsatz ein Leben am Existenzminimum für die alte Dame gesichert werden kann, verdeutlicht Yulias Formulierung: „jetzt Tafel auch, Gott sei Dank, es ist, kann man auch benutzen".

Insgesamt wird deutlich, dass ohne den *Verzicht* auf Bestandteile einer ohnehin schon basalen und günstigen Ernährung keine der Frauen finanziell zurechtkommt und dass es ihnen insbesondere kaum möglich ist, sich gesund zu ernähren. Eine grundlegende Versorgung mit Lebensmitteln können Olga, Marianne und ihre Mitbewohnerin (nur) dank der Berliner Tafeln, also auf der Basis freiwilliger Gaben anstelle von rechtlich verbrieften Leistungen sicherstellen (van Dyk & Haubner 2021, 98). Und dramatischer noch als es vom Forschungsinstitut der Bundesagentur für Arbeit konstatiert wurde, können sich die Frauen durch Abstriche bei der Ernährung nicht ein geringes Maß an soziokultureller Teilhabe ermöglichen (Bähr et al. 2018, 194), sondern müssen vielmehr zugunsten ihrer physischen Grundbedürfnisse gänzlich auf diese verzichten. Die Kalkulation des Regelsatzes nimmt insofern die physiologische Unterversorgung armutsbetroffener Menschen in Kauf.

„Wie lange die noch hält."
Angst vor größeren Ausgaben und Verschuldung

Neben den alltäglich anfallenden Ausgaben für Lebensmittel stellen für Menschen mit einem Einkommen an oder unterhalb der Armutsgrenze größere Ausgaben und verzögerte Zahlungen Risiken dar, vor deren Eintreten sie sich fürchten.

Dies betrifft die derzeit mit ihren Töchtern vom Krankengeld einer (Teilzeit-)Postbotin lebende Katja ebenso wie die von ihrer geringen Rente und Grundsicherung lebende Britta, unter anderem hinsichtlich notwendiger Haushaltsgeräte wie Waschmaschine und Kühlschrank. Deren Kauf fällt zwar seltener an, ihr Preis übersteigt aber täglich abrufbare Summen, müsste also aus angesparten Rücklagen finanziert werden. Da Katja diese nicht hat, wie ihre Frage „Sparen, wo denn?" im Zusammenhang mit der Unmöglichkeit einen Urlaub zu bezahlen, verdeutlicht hat, muss sie sich nach eigener Aussage bei einem defekten Kühlschrank zwischen dem Gerät und seinem Inhalt entscheiden: „[E]in Kühlschrank kostet auch schon so viel, dass

---

160 Eine weitere Strategie von Marianne, günstig oder kostenlos an Lebensmittel zu kommen, ist die Mitnahme von nach Marktschluss übrig gebliebenem Obst und Gemüse. Sie lebt auch deshalb gerne in Kreuzberg, weil man woanders „nicht die Möglichkeit [habe], am Maibachufer dir eine Kiste Avocados abends um 6 zu holen".

man danach nichts mehr zu Essen hat. Ja ist so'n Fall, ne, Geschirrspüler kaputt, Waschmaschine kaputt, Kühlschrank, kein Bargeld." Auch Britta hat keine Rücklagen, die sie für größere Anschaffungen nutzen könnte. Zwar waren im Regelsatz im Jahr 2022 für solche Ausgaben 27,37 Euro (ab 2023: 30,59 Euro) monatlich vorgesehen (Aust 2022, 5). Angesichts der insgesamt zu niedrigen Bemessung aller Posten des Regelsatzes (Aust et al. 2020) wird dieses Geld allerdings für laufende Ausgaben genutzt. Britta konnte ihre letzte Waschmaschine „gottseidank" günstig über eine Bekannte bekommen. Das gebrauchte Gerät ist indes reparaturanfällig und „spinne" schon ein wenig, sodass sie jetzt nur noch wasche, „wenn es nicht anders geht". Sie geht davon aus, dass das Gerät „es auch nicht mehr lange macht" und sie dann, wie in der Vergangenheit schon einmal, ohne Waschmaschine auskommen muss. Zur akuten Gefahr können ihr auch Tierarztrechnungen werden, denn die „Katzenmutti" Britta hat einen alten Kater, den sie einer Bekannten zuliebe aus einer Tierpension übernommen hat. Dass dieser chronisch krank ist, erfuhr sie erst später. Hätte sie es gewusst, „hätte [sie] ihn nicht genommen", auch wenn es ihr „schwergefallen" wäre. Denn sie weiß, „was da an Kosten" auf sie zukommt: Als sie zeitweise fünf Katzen hatte, machten ihr die Kosten für Futter, Pflege und Tierarztbesuche derart zu schaffen, dass sie die Anzahl sukzessive reduzierte. „Dann hatte ich auch zwei Jahre keine Katze, da war's natürlich [finanziell] am besten, das ist klar, ja." Nun steht sie vor dem Problem, dass sie „Futter und Tierarztkosten […], […] auch extra zahlen [muss]", aber keine Spielräume mehr hat. Hintergrund ist, dass in die Berechnung des Regelsatzes nicht alle Ausgaben der statistischen Referenzgruppe einbezogen und beispielsweise Ausgaben für Haustiere gestrichen werden (Aust et al. 2020, 28). Obwohl die Haustierhaltung für Britta unter diesen Umständen „ein Kampf" bleibt, würde sie ihren Kater nicht weggeben. „Das ist ja, wie als würde ich ein Kind weggeben. Der ist schon fünfzehn, der würde es auch nicht verkraften und ich auch nicht." Wo „kein Puffer" da ist, wie Katja sagt, und es „keine Luft mehr nach oben" gibt, wie Petra meint, erleiden die Frauen Abrieb und es geht ihnen langsam, aber sicher die Luft aus.

Trotz ihrer Strategien, ihr Einkommen sparsam und unter Verzicht auf Teilhabemöglichkeiten zu nutzen, geraten die Frauen in eine Situation, in der sie Angst vor größeren Ausgaben haben müssen, die sie nicht mehr ausgleichen könnten. So werden kulturell übliche Dinge wie das regelmäßige Waschen von Kleidung und die Sorge um Haustiere zu einem permanent bedrohten und bedrohlichen Luxus, weil die Regelsätze insgesamt zu niedrig und übliche Ausgabepositionen willkürlich aus der Berechnung gestrichen werden.

„Ich stecke da in der Klemme."
Dispo-Kredite, Verschuldung und Schufa-Einträge

Die weitreichenden Einschränkungen der Teilhabe sind aufgrund der strukturell zu geringen Einkommen aus Erwerbsarbeit im Niedriglohnsektor, ALG II und Renten samt Grundsicherung so gravierend, dass permanent Versorgungslücken entstehen. Das finanzielle Netz, das die Frauen und ihre Kinder sichern sollte, ist dünn.

Obwohl sie versuchen, es tragfähig zu halten, können sie nicht verhindern, dass es an irgendeiner Stelle einzureißen beginnt. So geriet Katjas Familie, als sie vor einiger Zeit infolge von Langzeitfolgen ihres Bandscheibenvorfalls Krankengeld beantragen musste, in eine akute existenzielle Krise, als die Krankenkasse das Krankengeld nicht zum Monatsanfang überwies. Da es „Rücklagen" bei ihr „nicht [gibt]", da sie auch sonst nur „400 Euro [...] fürs Einkaufen", also um die Ernährung der Familie sicherzustellen, habe, standen sie und ihre Töchter „vier Wochen ohne Geld" da, „das ist ein ganzer Monat", betont Katja die Dramatik ihrer Lage. Sie wusste nicht, „wovon soll ich Miete bezahlen?" Einen Antrag zu stellen, wäre auch keine Lösung gewesen, weil es „drei, vier Wochen" gedauert hätte, bis dieser geprüft worden und das Geld auf dem Konto gewesen wäre. „Ich brauch's nicht erst in drei Wochen, ich muss sie jetzt haben, um das zu bezahlen." Die einzige ‚Lösung', um Konflikten mit dem Vermieter oder Schlimmerem vorzubeugen, war, „in Dispo [zu] gehen", was sie zu vermeiden versucht, weil sie dann Zinsen zahlen muss. Im Jahr 2022 lagen die Zinsen für Dispo-Kredite im Durchschnitt bei über 9 Prozent (finanztip.de). Sie resümiert frustriert: „Also so ne Sachen zum Beispiel, wo man einfach scheitert." Jenny, die wie Katja immer versucht hat, Schulden zu vermeiden, ist vor einem Jahr ebenfalls in eine Lage geraten, in der sie einen Dispo-Kredit aufnehmen musste. Sie rief bei ihrer Bank an und teilte mit: „‚[G]eht nicht mehr, ich brauch irgendwie nen kleinen Dispo von 100 Euro.'" Die Bankangestellten waren angesichts ihres Geldeingangs von unter 1.000 Euro skeptisch, aber sie wurde für kreditwürdig befunden und hat „ihn gekriegt", worauf sie stolz ist, denn: „[I]ch steh nicht in der Schufa." Allerdings beginnt für sie danach eine Zeit der weiteren Verschuldung: „[E]in Dispo kann man auch dort weiter überziehen und jetzt hab' ich da minus 200 Euro." Die Gleichzeitigkeit ihrer Schuldenvermeidungsstrategie und notgedrungener Verschuldung bringt sie prägnant zum Ausdruck: „[Ich] [k]omm einfach hinten und vorne. Ich komm relativ gut mit Geld klar, sonst hätte ich Schulden." Anders als Jenny und Petra, die kreditwürdig geblieben waren, ist Britta sich nicht sicher, ob ihr Schufa-Eintrag mittlerweile gelöscht ist: „Ich weiß bis heute nicht, ob ich auf Raten bezahlen kann oder ob es nicht geht, [...] das weiß ich leider nicht." Bewusst wurde ihr ihre Überschuldung vor längerer Zeit erst, als sie einen Fernseher kaufen wollte und „eine Rate von 14 Euro monatlich" vereinbart hatte. „[U]nd dann sagt er [der Verkäufer] plötzlich: ‚Das geht nicht.' Weil ich mal in der Schufa war und ‚Tut mir leid', ja." Dieses Erlebnis hat Britta zutiefst und nachhaltig beschämt: „Wie ich dann die Male danach reingegangen bin, das war mir sowas von, ich hätte mich verkriechen können, ja." Petra, die sich als etwa 70-Jährige mit Hilfe eines Putzjobs finanziell über Wasser hielt, hat diesen verloren und noch keinen neuen gefunden. Bei ihr stehen infolge dessen seit einem bzw. zwei Monaten Zahlungen aus: „Stromrechnung ist offen, eine, und hier mein Fernsehen ist auch zwei Monate, also jetzt seit zwei Monaten offen." Weil sie ihre Wohnung „liebt" und Angst davor hat, sie zu verlieren, liegt ihre Priorität darauf, „erstmal das Geld für die Miete zusammenkriegen zum Monatsende".[161] Dabei ist sie offenbar schon länger nicht mehr in der Lage, ohne Dispo-Kredite auszukommen, denn sie bekommt „freundliche Briefe von der Bank, dass ich mein' Dispo immer ausschöpfe und ich soll mal auf die Zinsen gucken und ich soll hinkommen zum Gespräch". Dabei ist ihr bewusst, dass sie Zinsen zahlt, kommt aber ohne die Kredite trotzdem nicht aus: „Ja, wie soll'n dit gehen? Was soll ich denn dem erzählen?" Im Gegensatz zu einer biografisch früheren Phase, in der es ihr sogar gelungen war, einen von ihrem damaligen Partner ‚geerbten' Schuldenberg abzubauen, sind ihre Ressourcen nun erschöpft. Sie ist in eine Lage geraten, in der auch das Hin- und Herschieben der systematisch zu geringen Mittel nicht mehr funktioniert, ohne sich weiter zu verschulden. Die Sozial- und Schuldenberaterin Petra Wojciechowski kennt diese Situation von ihren Klient:innen: „Menschen mit wenig Geld kommen trotzdem relativ lange über so Durststrecken [...]. Man reißt so lange ein Loch, um ein anderes zu stopfen, bis es wirklich nicht mehr geht."

Je länger Menschen in Armut leben müssen, desto mehr geraten sie mit ihren Versuchen, ihre strukturell zu geringen Einkommen zu portionieren und durch Verzicht ihre Existenz zu sichern, an Grenzen. Sie müssen sich notgedrungen verschulden, Kredite aufnehmen und die Zinslast bedienen. Dadurch geraten sie gegen ihren Willen in die „Überschuldung", wie Petra Wojciechowski von der Kreuzberger Sozialberatungsstelle sagt. Denn „das ist so eine Spirale, die sich immer weiterdreht", weil „Schulden machen [...] ja auch eine teure Angelegenheit [ist]". Ist Verschuldung zugleich eine Strategie, um in Phasen akuter Knappheit die eigene Wohnung zu sichern oder notwendige (Neu-)Anschaffungen zu tätigen, schränkt der resultierende Schufa-Eintrag die Handlungsspielräume der schon mittel- und langfristig von Armut betroffenen Berliner:innen in existenzieller Weise weiter ein und erschwert eine Befreiung aus der Dynamik nicht nur materiell, sondern auch psychisch. So fehlt Petra zurzeit „die Kraft", weil sie „so unter Druck" steht.

„Sie müssen, Sie müssen."
Erfahrungen mit Behörden

Alle Frauen waren bzw. sind von Transferleistungen abhängig und haben dementsprechend Erfahrungen im Kontakt mit den jeweiligen Behörden gemacht. Die

---

161   Die seit Jahren währende Überbelegung der sogenannten ASOG-Unterkünfte zur Unterbringung „unfreiwillig obdachloser Personen" (Bezirksamt-Mitte 2023) weist darauf hin, dass dies nicht allen in Armut lebenden Berliner:innen gelingt. Im Januar 2023 lebten knapp 40.000 Personen in diesen Unterkünften (Statistisches Bundesamt 2023). Die Unterbringung erfolgt nach dem Allgemeinem Sicherheits- und Ordnungsgesetz (ASOG, §17). Gedacht sei diese Art der Unterbringung, so ein Sozialarbeiter aus der Wohnungslosenhilfe, „eigentlich temporär", für Fälle, in denen „meine Wohnung abfackelt". Er kenne aber „Leute, die 10, 20 Jahren in diesen Einrichtungen wohnen; also das hat was mit Wohnungsmangel in Berlin zu tut, Tatsache, ne. Also ne Wohnung finden mit Mietschulden ist relativ schwierig." Die Anzahl der auf der Straße lebenden Wohnungslosen ist weitestgehend unbekannt. Eine Zählung durch Ehrenamtliche im Rahmen der *Nacht der Solidarität* im Januar 2020 ergab 2.000 Personen, verfügte aber eigentlich weder über Kapazitäten noch Zugänge für eine vollständige Erfassung (Der Wohnungslosenbericht 2022, 60).

Rentnerinnen Britta, Marianne und Jenny beziehen zum Zeitpunkt der Interviews aufstockende Grundsicherung im Alter nach SGB XII, Olga ist wegen der Nicht-Anerkennung ihrer Erwerbsjahre völlig auf die Bezüge des Sozialamts angewiesen. Yulia bezieht ALG II, Katja und Silvia bekommen Krankengeld von ihrer gesetzlichen Krankenkasse und für ihre Kinder Leistungen vom Sozialamt. Außer Yulia haben auch alle anderen Frauen häufig über lange Zeit (zwischen etwa vier und etwa 25 Jahren) ALG II bezogen. Die Schilderungen der Frauen zu ihren Erlebnissen in den jeweiligen Behörden bzw. deren Mitarbeiter:innen erstrecken sich von der stressfreien Gewährung von Leistungen über Ärger aufgrund mangelnder Unterstützung und Druck bis hin zu Wut und Verzweiflung über existenziell nachteilige Entscheidungen.

Marianne gehört einerseits zu denen, die von Regeln bzw. Entscheidungen des Jobcenters bzw. im Zusammenhang mit ihrem ALG-II-Bezug und der Versicherung in der gesetzlichen Krankenkasse ohne Zahnzusatzversicherung negativ betroffen waren. So fiel sie nach ihrer plötzlichen Rückkehr Mitte der 2010er-Jahre in die Bundesrepublik Deutschland durch alle Netze, als ihr für drei Monate kein ALG II gewährt wurde, weil sie ihre Bedürftigkeit nicht per Kontoauszug nachweisen konnte (s. o.). Hätte sie ihr Überleben nicht mithilfe des sozialen und finanziellen Kapitals ihres Umfeldes sichern können, hätte dies für die körperlich äußerst geschwächte Frau lebensbedrohlich werden können. Zudem wurde ihr zum Verhängnis, dass sie infolge der Infektion mehrere Zähne verloren hatte, ansonsten aber einige „wunderschöne Implantate" hatte, die sie sich in Zeiten des Wohlstands, als sie „nicht unbedingt so auf Hartz-Niveau" war, hatte einsetzen lassen. Die Krankenkasse, in der sie nach ihrer Rückkehr offensichtlich ohne teure Zahnzusatzversicherung versichert war, entschied: „Du kriegst also da vorne keine drei Zähne, wenn da hinten Implantate sind." Sie ließ die Implantate in einer Operation entfernen, die sie „selber zahlen" musste, damit sie „eine Prothese bekomm[t]." Dieser erzwungene zerstörerische Eingriff in ihren Körper empört sie noch aktuell: „Vollkommene Idiotie, vollkommene Idiotie. Sowohl medizinisch als anders, ist aber so. [...] Leute, die jetzt nicht so viel Geld haben werden, in der Hinsicht einfach unter den Tisch fallen gelassen." Abgesehen von diesen dramatischen Erfahrungen ganz zu Beginn ihrer plötzlichen Abhängigkeit von Transferleistungen und der Begrenzung des Leistungsspektrums der gesetzlichen Krankenkasse und der Teilprivatisierung der öffentlichen Gesundheitsvorsorge (Simon 2023) erlebt sie das Jobcenter bzw. dessen Mitarbeiter:innen nicht mehr als problematisch. Zwar erhält sie anfänglich noch Hinweise auf Bewerbungsmöglichkeiten, wird aber offenbar nicht unter Druck gesetzt, sich zu bewerben und eine Erwerbsarbeit aufzunehmen: „Die waren total nett zu mir, die haben mir immer Sachen geschickt und das hat nie gepasst. Aber die haben mich in, also ich habe jetzt nicht, ich hab' keine negativen Erfahrungen mit dem Jobcenter, sagen wir es mal so." Auch Yulia, die lange Zeit in Mini- oder 3-Euro-Jobs tätig ist, berichtet von keinen negativen Erfahrungen mit dem Jobcenter oder – mit Blick auf ihre Mutter Olga – dem Sozialamt.

Anders verhält sich dies bei Jenny, die in den 1990er- und 2000er-Jahren Sozial-hilfe und ALG II bzw. Rente und Grundsicherung bezieht und ihren Sohn als Allein-erziehende großzog (vgl. Kapitel 2.1). Sie berichtet von besonders dramatischen Konflikten, nachdem das Vierte Gesetz für moderne Dienstleistungen am Arbeits-markt (Hartz IV) am 1. Januar 2005 Geltung erlangt hatte. „Ich hatte eine gute Sachbearbeiterin über zehn Jahre […]. Die kam nämlich vom Sozialamt und wurde ja aufgelöst, ja". Unter den Regeln von ‚Hartz IV' entstehen in den 2010er-Jahren Auseinandersetzungen um die Finanzierung von Kleidung für ihren Sohn (vgl. Ka-pitel 2.1). Und sie sieht sich Mitte der 2010er-Jahre, als ihr Sohn ausgezogen war, vom Jobcenter zum Verlassen ihrer Wohnung genötigt: „Ich sollte innerhalb von ei-nem halben Jahr, wo jeder weiß, wie die Wohnungs-, sonst hätte ich die Wohnung selber bezahlen müssen." Dabei ist Jenny der Überzeugung, dass sie angesichts ihrer psychischen Erkrankungen und langen Wohndauer in der alten Wohnung hät-te bleiben dürfen: „Da ich aber psychisch angeknackst bin, länger als 15 Jahre in der Wohnung, hätte ich eigentlich gar nicht rausgedurft". Tatsächlich hatte das Landessozialgericht Nordrhein-Westfalen 2009 entschieden, dass auch erhöhte Kosten der Unterkunft für psychisch Erkrankte zu übernehmen sind und von Umzugs-anordnungen abzusehen ist (Hartz 4 Widerspruch 2022). Aber nach etwa einem Jahrzehnt des Lebens im repressiven ‚Hartz-IV-System', das Eigenverantwortung statt der Pflichten des Sozialstaats betont und Grundrechte der Betroffenen einschränkt (Claus 2018, 158), hatte sie „keine Kraft mehr, um zu kämpfen. Keine Kraft mit diesem Arbeitsamt zu kämpfen." Sie zieht um und gerät dabei kurz in Gefahr, wohnungslos zu werden, weil die Jobcenter zweier Bezirke ihre Zuständigkeit un-tereinander nicht schnell genug klärten und die Kaution so erst nach drei Monaten gezahlt wurde. Zudem fordert das jetzt zuständige Jobcenter sie zur Rückzahlung der Kaution von etwa 700 Euro auf; sie kommt dem mit einer Vereinbarung zur Ratenzahlung über mehrere Jahre nach, obwohl die Forderung unrechtmäßig er-folgte, wie ihr Sachbearbeiter im Sozialamt ihr später, nach Renteneintritt, erklärte: „Der Typ war sehr freundlich […] [u]nd dann hat er mir erklärt: ‚Sie wissen, dass Sie das gar nicht brauchen?' Mein ich: ‚Ja, jetzt ist es zu spät, wa?' Meint er: ‚Ja, jetzt ist es zu spät.'" Die 700 Euro, die sie verliert, entsprechen etwa ihrem monatlichen Einkommen. In Bezug auf Kürzungen des Regelsatzes durch Sanktionen oder Raten-zahlungen fragt sich Petra Wojciechowski, ob den Mitarbeiter:innen der Jobcenter denn „nicht klar [sei], das ist die letzte Grenze. Das ist die letzte existenzsichernde Grenze, ohne das haben die Leute gar nichts, ja." Im Jahr 2021 wurden 413.600 Widersprüche und 61.400 Klagen gegen Bescheide des Jobcenters eingereicht; ein Drittel der Widersprüche mündeten in Änderungen zugunsten der Kläger:innen und ein Drittel der Klagen wurde gerichtlich neu entschieden (BfA 2021). Verdeck-te Fälle wie der von Jenny sind hier nicht enthalten. Jenny thematisiert die Zeit des Umzugs im Verlauf des Interviews mehrfach als Umbruch, der sie destabilisiert und dazu beigetragen habe, dass ihre Alkoholabhängigkeit wieder die Oberhand gewann.

Etwa zeitgleich mit dem Umzug erfolgte zudem der Auftrag an die damals ca. 50-Jährige, einen Antrag auf Frühverrentung zu stellen: „In dem Zeitraum durfte das

Arbeitsamt einen noch zwingen zur Rente. Erwerbsunfähigkeitsrente." Während die Frühverrentung für Jenny und Britta eine Erleichterung darstellt, da sie mit dem Zuständigkeitswechsel vom Jobcenter zum Sozialamt verbunden ist, bedeutet sie für Petra finanzielle Einbuße: Petra hat aufgrund ihrer Erwerbsjahre Aussicht auf eine Rente oberhalb der Hilfebedürftigkeitsgrenze. Für jeden Monat, den sie früher als vorgesehen ihre Rente antritt, werden ihre Abschläge um 0,3 Prozentpunkte gesenkt (Aust et al. 2018, 6). Sie fühlt sich vom Jobcenter „rausgeschmissen [...], richtig genötigt, die Rente einzureichen", und schafft es, die Zwangsverrentung um ein Jahr zu verzögern. Die Macht der Jobcenter zur Zwangsverrentung wurde mit der Bürgergeld-Reform zunächst bis Ende des Jahres 2026 eingeschränkt (§122, SGB II). Silvia stellte ihren Antrag auf Frühverrentung im Einvernehmen mit der Agentur für Arbeit. Dabei ist ihr klar, dass diese daran interessiert ist, sie aus dem eigenen System auszuschließen: „Und da hängen die natürlich dran und sagen: ‚Sie müssen, sie müssen. Wir wollen ja nicht für sie zahlen, weil, Sie sind ja für uns nicht vermittelbar mehr.'" Aber auch Silvia selbst, die zum Zeitpunkt des Interviews Mitte 50 ist, hofft auf eine positive Prüfung ihres Antrags durch die Rentenversicherung. Denn obwohl sie trotz rund 35-jähriger Erwerbstätigkeit netto nur rund 900 Euro Rente bekäme und diese somit genauso hoch wäre wie ihr ALG I, könnte sie (nur) im Falle der Rente ohne Abzüge einem Mini-Job nachgehen, was sie, wie oben skizziert, auch vorhat.

Bereits angesprochen wurden Katjas Verzweiflung über die Krankenversicherung, deren Bearbeitungsschleife ihres Antrags auf Krankengeld sie und ihre Kinder an den Rand der Zahlungsunfähigkeit brachte (s.o.), und ihre Auseinandersetzungen mit dem Jobcenter um Zuschüsse für ihre Kinder (vgl. Kapitel 2.1.). Aktuell muss sie sich wieder um den Zugang zum ALG II kümmern, weil der Anspruch auf Krankengeld nur für rund 20 Monate innerhalb von drei Jahren gilt (Verbraucherzentrale 2023). Dabei steht sie vor dem Problem, dem Jobcenter mit einem Schreiben der Bank wiederholt nachweisen zu müssen, dass einige tausend Euro eines Bausparvertrages kein Vermögen sind, auf das sie zugreifen könnte: „Und jedes Mal müssen sie [die Bank, Verf.] mir Bestätigung schicken, dass das nicht geht, dass es nicht diese Art von Leistung ist, wo man das flexibel aus dem Topf rausnehmen könnte, ne." Solange sie aus Sicht der Behörde Rücklagen hat, die nicht als Schonvermögen anerkannt werden und sie sozusagen als „reich" gilt, bekommt sie keine Leistungen. Tatsächlich würden sie und ihre Kinder das Guthaben dringend und gut gebrauchen können, es kann aber laut Bausparvertrag nur ausgelöst werden, wenn sie 15.000 Euro angespart hat. Und diese Summe ist für Katja angesichts ihrer Löhne und Lage vermutlich nicht mehr erreichbar: „Mal gucken, glaub nicht mal bis zur Rente krieg' ich das hin". Das mühsam angesparte Geld ist so nicht nur verloren, sondern verschärft unter der Voraussetzung der Pflicht, Vermögen oberhalb des Freibetrages aufzubrauchen, noch ihre Lage.[162]

---

162   Bis Ende des Jahres 2022 wurden mindestens 3.100 Euro bzw. 150 Euro pro Lebensjahr zuzüglich einer Pauschale von 750 Euro gewährt (vgl. fachanwalt.de 2022), in Katjas Fall also etwa 7.000 Euro.

Vom Umbau der Sozialsysteme und der damit einhergehenden veränderten Logik hin zum „Fordern und Fördern", die als grundsätzlich repressiv eingeordnet und kritisiert wurde und wird, sind nicht alle Frauen gleichermaßen betroffen. Marianne wird zwar nicht gedrängt, im Sinne der verschärften Zumutbarkeitsregeln eine Erwerbsarbeit anzunehmen, wird aber nach ihrer Rückkehr de facto wohnungs- und einkommenslos und muss massive Eingriffe in ihren Körper hinnehmen. Britta erlebt ihre Armutslage vor und nach 2005 eher als kontinuierliche und schleichende Verschlechterung, während Jenny und Katja von Kämpfen um Unterstützung und Leistungen für sich und ihre Kinder nach Einführung des „Vierten Gesetzes für moderne Dienstleistungen am Arbeitsmarkt" berichten.

„Ein (verlorener) Kampf." Umgangsweisen und Perspektiven

Das Leben in Armut geht, wie im vorherigen Teil deutlich wurde, mit deutlichen Einschränkungen der Teilhabe und negativen Folgen in physischer, psychischer und sozialer Hinsicht einher. Dabei erfordert ein solcher Alltag einen bewussten Umgang mit den begrenzten Ressourcen und insofern kurz- und langfristig umfassende Strategien, um die eigene Existenz zu sichern. Die Umgangsweisen mit den resultierenden Handlungsproblematiken werden im folgenden Teil systematischer betrachtet. Dabei wird zwischen Strategien auf individueller Ebene (erster Abschnitt) sowie solchen in und mithilfe von sozialen Netzwerken (zweiter Abschnitt) und Institutionen (dritter Abschnitt) unterschieden. Diese Strategien sind notwendig und hilfreich, verändern aber die für die Armutslagen ursächlichen Bedingungsgefüge nicht. Möglich wäre dies mit Hilfe kollektiver Zusammenschlüsse. Allerdings ist (unseres Wissens) keine der Frauen in einer politischen Initiative oder Partei aktiv. Insofern wird die Möglichkeit kollektiven Handelns als hypothetische Perspektive aufgeworfen. Dazu wird betrachtet, ob und, wenn ja, welche Erfahrungen der Benachteiligung die Frauen thematisieren bzw. kritisieren und welche Interessen und Forderungen sie ggf. artikulieren (vierter Abschnitt).

„Das innere Indien." Lebensstil, Genügsamkeit, Kampf und Resignation

In den Schilderungen zu ihren längeren oder kürzeren Lebensphasen in Armut ist deutlich geworden, dass die Frauen ihre Lage auf individueller Ebene aktiv gehandhabt haben. Sie ähneln sich aller biografischen und persönlichen Unterschiede zum Trotz darin, dass es ihnen in kompetenter Weise gelang, extremere Mangellagen abzuwehren oder teils auszugleichen. Insbesondere mit Blick auf ihre gegenwärtige Befindlichkeit und ihre aktuellen individuellen Umgangsweisen unterscheiden sie sich allerdings auch deutlich voneinander.

So ordnet Marianne ihre aktuelle Lage zwar einerseits im Vergleich zu ihrer großbürgerlichen Herkunft und wohlhabenden Existenz als Ehefrau und Selbstständige als davon deutlich verschieden ein, was anfangs eine „Umgewöhnung" erforderte, denn: „Ich war ja nicht so auf Hartz-IV-Niveau." Andererseits hat sie ihr bürgerliches Leben auch bewusst hinter sich gelassen und während ihrer langen Zeit in Südostasien auch das Leben von Plantagenarbeiter:innen und deren deutlich schwerere Lebensumstände kennengelernt. Daran orientiert sie sich nun und kann dadurch ihre aktuelle Lage subjektiv relativieren: „Ich habe mir dann mein inneres Indien nach Deutschland geholt und habe gesagt, ‚Na also, auch nichts anderes.' (Lacht)." Dabei hilft ihr auch, dass die „Fluidität" in dem Berliner Kiez, in dem sie nun wohnt, insofern größer ist als in eher homogen bürgerlichen Stadtteilen, als nicht vom Erscheinungsbild auf die soziale Lage einer Person geschlossen werden kann: „Du, spielt keine Rolle, was du hier anhast. In Zehlendorf spielt es ne Rolle, was du anhast." Insofern bleibt ihre Lage im Alltag weitgehend unsichtbar und sie kann im öffentlichen Raum eine *invisible minority* bleiben. Und dort, wo sich Unterschiede beispielsweise zum Lebensstil eines „prollig" herumlaufenden „erfolgreiche[n] TV-Schreiberling[s]", der „richtig viel Geld" verdient, zeigen könnten, begründet sie ihren Verzicht konsumkritisch: „[I]ch muss nicht im Pavillon sitzen und einen Euro für einen halben Schluck Espresso zahlen, verstehst du? Das würde ich auch mit viel Geld nicht tun, weil ich einfach die Geldschneiderei nicht einsehe. [...] Nicht weil ich geizig bin, sondern weil ich es nicht einsehe." Insgesamt versteht Marianne ihre heutige Existenzweise als einen eher selbstgewählten Lebensstil (Hradil 2018): „Ich lebe minimal, ganz bewusst." Allerdings stellen sich bei ihr auch leise Zweifel ein, wie lange ihr alternder Körper noch mitmachen wird. Auf den ersten Blick ähnlich, doch in ihrem Begründungszusammenhang verschieden ist die überwiegende Zufriedenheit Yulias mit ihrem Leben in Berlin. Ihre Familie hat in der UdSSR, wo Olga als Apothekerin in einem hochqualifizierten Beruf tätig war, in materieller Hinsicht im Unterschied zu wenigen Wohlhabenderen „normal" bescheiden gelebt: „[W]ir waren nicht so reiche Personen in unsere Heimat." Nachdem ihr Vater früh verstorben war, lebte sie mit Mutter, Großmutter, Ehemann und Sohn vor und nach dem Zusammenbruch der UdSSR in einer kleinen Wohnung. Zudem verweist sie auf die Verschlechterung der Qualität des ukrainischen Sozialsystems im Zuge der Privatisierung, die in den 1990er-Jahren zwar nur stückweise umgesetzt wurde und umstritten war (Pleines 2006, 2010), aber den Lebensstandard sinken ließ und die Lage der Bevölkerung unsicher machte (Müller 2015, 138 f.). An diesen Maßstäben gemessen wertschätzt sie die in der Bundesrepublik Deutschland (noch) vorhandenen sozialen Sicherungssysteme: „[D]as Sozialsystem in Deutschland ist sehr sicher und [...] für Senioren sowieso [...]." Vor diesem Hintergrund problematisiert sie zwar auch, dass die langjährige Erwerbsarbeit ihrer Mutter nicht anerkannt wird; sie ist aber glücklich zu wissen, dass Olga auf eine öffentlich finanzierte Gesundheitsversorgung setzen kann, die in der Ukraine nicht gewährleistet wäre: „Ok, meine Mutter hat keine Rente, aber [...] kein Problem mit Krankenhaus. Bei uns ist jetzt das ist alles privat." (Betlij & Handrich 2010) Insgesamt lässt sich Yulias relative Zufriedenheit nicht als Ausdruck eines bewussten Lebensstils wie bei Marianne, sondern vor dem Hintergrund einer jahrzehntelangen genügsamen Lebensweise und der weiteren Prekarisierung seit den 1990er-Jahren in der Ukraine verstehen, der sie durch die Migration entkommen konnten: „Ja, wir sind von unten nach oben gekommen." Britta hingegen teilt mit Marianne die Erfahrung des sozialen Abstiegs. Dabei umschreibt sie viel deutlicher als diese den Verlust an Lebensqualität, den sie in den mehr als 20 Jahren nach ihrer krankheitsbedingten Unterbrechung ihrer Berufstätigkeit hinnehmen musste. Ihre Strategie, mit zu wenig Geld zum Leben auszukommen, liegt im täglichen „Kampf", den sie wie geschildert Stück für Stück verliert und immer weitergehende Einschränkungen machen muss. Sie verzichtet nicht freiwillig, sondern notgedrungen auf eine noch halbwegs ausgewogene Ernährung, um Ausgaben für Nahrungsmittel zu minimieren; auf ein paar Stunden mehr Kontakt zur Außenwelt übers Internet, um Stromkosten zu sparen und beschränkt die Waschgänge noch mehr, um die Lebensdauer der Waschmaschine möglichst zu verlängern. Der einzige Wohlfühlfaktor, der ihr bleibt, ist die Haltung ihres Katers, von dem sie Zuneigung erfährt und den sie umsorgen kann: „Weil ein Tier ist ja auch für die Seele gut […] ja also und (räuspert sich) und natürlich ist das Tier ja auch glücklicher, wenn es ein Besitzer hat, ist ja klar." Zugleich belasten sie die Ausgaben für den Kater sehr. Die kulturaffine Britta gerät nach vielen Jahren des Lebens in Armut und in weitreichender sozialer Isolation nicht nur materiell, sondern auch psychisch an ihre Grenzen: „Und das zerrt alles an Nerven ja, wenn man dann nichts hat, die Zeitschriften sind auch irgendwann mal ausgelesen, die Kreuzworträtsel ausgerätselt, also, mit der Katze gespielt, also, grade so die Abende auch dann, ja?" Anders als das klassische Vorurteil es will, können sich Langzeiterwerbslose kein schönes Leben auf Kosten anderer machen (vgl. Kapitel 7). Ganz im Gegenteil: Sie leiden unter der langfristigen Einschränkung ihrer materiellen, kulturellen und sozialen Teilhabe, die ihr Kohärenzgefühl angreift (Dill 2009). Der erst seit wenigen Jahren Grundsicherung in Form von ALG II und Rentenaufstockung beziehenden, bildungsaffinen Marianne gelingt es hingegen noch, aktiv zu bleiben: Nach dem morgendlichen Sport und Schreiben ist sie nachmittags „viel mit dem Fahrrad unterwegs" und „ständig in der Zentralbibliothek da zugange", um sich „neue Bücher" zum Lesen zu holen, und geht in den Kontakt mit Menschen: „Rede ganz viel mit Leuten." Dass die Möglichkeit dazu sich erschöpfen, je länger eine Existenz in Armut bewältigt werden muss, macht neben Britta auch Jenny deutlich, wenn sie sagt, dass sie vor mehr als fünf Jahren nach jahrzehntelanger Abhängigkeit von Transferleistungen „keine Kraft" mehr hatte, um für ihre Rechte zu kämpfen. Und während Britta es aktuell noch vermeiden kann, sich zu verschulden, muss Petra schon seit längerer Zeit auf Dispo-Kredite zurückgreifen und gerät mehr und mehr in die Verschuldungsspirale. Ihr fehlt „derzeit die Perspektive". Katja, die Jüngste der armutsbetroffenen Frauen, lebt mit ihren Kindern bereits seit mehr als 15 Jahren an und unterhalb der Armutsgrenze. Sie setzte und setzt sich kämpferisch für ihre Rechte und die ihrer Kinder ein, beginnt aber auch langsam zu resignieren.

Die Strategien des individuellen Umgangs mit der jeweiligen Armutslage bewegen sich zwischen Akzeptanz und Widerstand und sind mit unterschiedlichen Befindlichkeiten verknüpft: Die Adaption als Lebensstil (Marianne) und die Akzeptanz aufgrund des Auf- und Ausstiegs aus noch prekäreren Lagen (Yulia) gehen mit einer relativen Entspannung einher, während der erschöpfende Kampf (Britta, Katja) und die nach längerem Widerstand eingetretene Resignation (Jenny, Petra) mit Wut und Verzweiflung verbunden sind.

„Alleine kann man sich nicht halten."
Unterstützung durch soziale Netzwerke

Die verschiedenen individuellen Umgangsweisen und Befindlichkeiten der Frauen sind mit Blick auf die Dauer ihrer Armutslagen und die sozialen Netzwerke, die zum Wohlbefinden beitragen können, verständlich. In dieser Hinsicht unterscheidet sich die Lage der Frauen im Lebensverlauf und aktuell. Das dadurch mobilisierbare soziale und finanzielle Kapital (Bourdieu 2012) eröffnet ihnen zudem ausnahmsweise bestimmte Teilhabemöglichkeiten oder sie können eine Verschuldung abwenden.

Silvias, Katjas und Yulias Lage ist unter anderem von ihrer Einbettung in familiäre Netzwerke geprägt, die sozusagen eine kostenfreie soziale Teilhabe ermöglichen und vor Vereinsamung schützen. Besonders deutlich formuliert dies Yulia: In ihrer Familie sei es wie „meistens bei jüdischen Familien […], wir haben sehr enge Beziehungen". Die vier Generationen, die gemeinsam in die Bundesrepublik Deutschland einwanderten, wohnen in Berlin nach wie vor in unmittelbarer Nachbarschaft. Wo Sprachbarrieren, Migrationserfahrung und ggf. auch ihre jüdische Zugehörigkeit sie gesellschaftlich teils isolierte, war sie nie auf sich allein zurückgeworfen. Den Älteren – früher ihrer Großmutter, heute ihrer Mutter Olga – helfen zu können, ist Yulia ein persönliches Anliegen und habe etwas mit „Respekt" zu tun. Ihren Sohn, der eine Ausbildung abgeschlossen hat und berufstätig ist, und dessen Familie, die „unabhängig von Sozialamt ist", muss sie nicht mehr unterstützen. Im Gegenteil erfährt sie nun Unterstützung von ihm: „Manchmal kann das Kind mir helfen." Dabei setzt sie darauf, dass der intergenerationale Vertrag hält, innerhalb dessen sie ihren Berufsweg abbrach, um durch die Migration (auch) ihm ein gutes Leben zu ermöglichen: „Natürlich in der Heimat hab' ich gearbeitet, hab' ich keine Sozialleistungen bekommen. Aber hier war ich als Mama und hoffe ich, mein unsere Kinder […] die bezahlen für uns auch sozusagen." Auch bei Silvia sind die intergenerationalen Beziehungen von wechselseitiger Fürsorge geprägt. In ihrer Zeit als Alleinerziehende, als „ihre Eltern noch gelebt" haben, waren ihre vier Kinder „mal bei Oma und Opa", sodass der Alltag „zu machen" war. Und auch wenn ihre Kinder sie seltener um Unterstützung mit den Enkelkindern bäten, ist für sie doch klar: „Wenn sie mich anrufen, geh ich auch hin." Umgekehrt erkundige sich ihre „Große" regelmäßig, ob sie Hilfe benötige und war auch diejenige, die die chronisch erkrankte Silvia teils wöchentlich zu Arztterminen auf der anderen Seite der Stadt begleitete: „[H]ier einen Neurologen zu kriegen, ist ganz schwer. […] Aber Gott sei Dank, meine Tochter hat ja ein Auto."

Neben den intergenerationalen Beziehungen leben Silvia und Katja aktuell mit Partnern zusammen und finden in diesen nicht nur eine sozial-emotionale Begleitung im Alltag, sondern können durch sie auch noch größere materielle Härten vermeiden. Für Silvia ist klar, dass es zum Leben mehr als ein Einkommen braucht:

„[A]lleine [kann man sich] nicht halten. Das geht nicht. Zwei Verdiener müssen schon sein", betont sie, um „essen, trinken" und „auch mal wegfahren, verreisen" und die Wohnung halten zu können. Ihre Einschätzung zeigt, dass für sie wie bundesweit für viele Haushalte trotz doppelter Erwerbsarbeit nur ein bescheidener Lebensstandard erreichbar ist (Winker 2015, 64 ff.). Da sie derzeit krank ist, müssen sie und ihr berufstätiger Partner Abstriche an diesen bescheidenen Erwartungen machen: „Ich hab' einen Verdiener, *einen* Verdiener und ich hab' das Krankengeld." Würde sie oder würden sie beide von ALG II abhängig sein, „müssten wir die Sachen packen und gehen", wobei angesichts der Preisentwicklung auf dem Berliner Wohnungsmarkt unklar wäre, wo sie unterkommen könnten: „Wohin? Wohin? Es gibt keine Wohnung mehr, die uns zusteht vom Preis, vom Preis her." Für Katja, die mit ihren Töchtern trotz Erwerbsarbeit seit Mitte der 2000er-Jahre in ihrer ersten Ehe und dann als Alleinerziehende in Armut lebt, bedeutet das Zusammenleben mit einem neuen Partner, ein wenig aufatmen und vor allem grundlegende Bedürfnisse befriedigen zu können: „Und eigentlich mit ihm können wir auch besser essen, paar Kleinigkeiten mehr kaufen, sonst alleine würd' ich das nicht schaffen." Zudem verfügen sie nun über einige technische Geräte, die zuvor nicht zu ihrem Lebensstandard gehörten, und die Katja insofern auch meint, nicht zu brauchen: „Elektrogeräte […], die ich nie im Leben gebraucht hätte, also, ich glaub nicht, also für mich könnte auch die Glotze gar nicht geben". Zudem entschärft sich die Angst vor größeren Ausgaben, denn wenn die Waschmaschine oder der Kühlschrank kaputtgehen sollten, und bei ihr „das Geld dafür einfach nicht da ist", weil sie derzeit wie Silvia Krankengeld bezieht, wäre nun ihr „Partner" da, „der da natürlich [was] [bei]steuert". Schließlich können sie ausnahmsweise auch zu dritt ein ganz klein wenig genießen und „mal shoppen zusammen". All das bleibt eine Ausnahme und in einem sehr bescheidenen Rahmen, weil sie „trotzdem so viel wie möglich alleine zu machen" versucht, denn sie „[sieht] nicht ein, dass er für [ihre] Kinder aufkommt".

Nicht für alle Frauen stellen Familie oder Partnerschaften indes ein materielles und soziales Sicherheitsnetz dar, wie die Lebensgeschichten von Marianne, Britta und Jenny zeigen. Während Marianne den Verbleib ihrer ehemaligen Ehepartner und leiblichen Kinder in ihren Erzählungen bewusst ausspart, thematisieren Britta, Jenny und Petra die Belastung durch fehlende oder zerrüttete Beziehungen. Die Westberliner:innen teilen die Erfahrung des frühen und tragischen Verlustes ihrer Eltern und weiterer Familienmitglieder, die deren für- und versorgende Rolle übernommen hatten. Zugleich thematisieren vor allem diese Frauen die Relevanz familienähnlicher und freundschaftlicher Beziehungen in ihrem Leben. Marianne wohnt aktuell in einer Wohngemeinschaft mit zwei Frauen, die ihr „vom Finanziellen her" ähnlich seien. Auch wenn offen bleibt, ob es sich bei ihrer WG, in der es „viele Diskussionen" gibt, um eine Wahlfamilie oder eher eine Zweckgemeinschaft handelt, so scheint es doch selbstverständlich zu sein, sich im Rahmen der jeweils knappen Möglichkeiten gegenseitig unter die Arme zu greifen: Hat die eine am Ende des Monats kein Geld mehr, muss sie zu Marianne „kommen und [ihre] Kartoffeln essen", darf es aber dann auch. Britta stellt in der Rückschau auf das Fehlen von

Partnerschaften in ihrem Leben fest, dass sie „gute Freundinnen" gehabt habe, die sie oft über ihre Leidenschaft für Tiere kennengelernt hat. So auch ihren „väterlichen Freund", den sie im Zoo traf und der ihr, „wenn's extrem war", finanziell „ausgeholfen" habe. Während dieser erkrankte und frühzeitig verstarb, sei es mit anderen Freundinnen in den letzten Jahren aus Gründen „auseinander gegangen", die Britta selbst nicht ganz versteht. Der Abbruch dieser sozialen Beziehungen verursachte für Britta dabei zusätzliche materielle Einbußen, da sie sich bei diesen ohne drohende Zinslast „auch mal was leihen" konnte, „ich hab's dann zurückgezahlt, konnte mir Zeit lassen". Insgesamt lernt Britta aber „hauptsächlich Leute kennen, die wenig Geld haben [...]. Das zieht irgendwie an." Was offenbar schwer zu verbalisieren ist und hier versucht wird, mit ‚Anziehung' zu fassen, ist auf soziale Herkunft und Habitus sicher genauso zurückzuführen wie auf das (Nicht-)Teilen von sozialen Räumen und Freizeitaktivitäten. Die „großbürgerlich geborene" Marianne, die in erster Ehe einen Arzt geheiratet hatte – „natürlich, ich mein, du triffst ja nichts anderes (lacht)" –, verfügte im Gegensatz dazu noch über ihr soziales Kapital, als sie nach bzw. während ihrer Infektion im Krankenhaus wieder zu sich kommt. In materieller Hinsicht in diesem Moment völlig mittellos, ist ihre wichtigste Ressource ihr Facebook-Zugang. Ein Freund bucht und zahlt ihr den Rückflug in die Bundesrepublik Deutschland, eine Freundin hat ein Zimmer frei und unterstützt sie, als sie die Miete zunächst nicht zahlen kann. Wenn Britta in Reaktion auf den im Fernsehen kommunizierten Anspruch an Tierbesitzer:innen, „2.000 bis 4.000 Euro auf der hohen Kante [zu] haben", empört sagt, sie kenne „niemanden, ich hab' noch nie jemanden kennengelernt, der so viel Geld" hat, dann geht das Marianne offensichtlich anders.

Die Möglichkeit, in sozialen Beziehungen füreinander zu sorgen, zum psychischen Wohlbefinden beizutragen und sich in existenzbedrohlichen Situationen auch finanziell zu unterstützen, fällt unterschiedlich aus. Und so werden Mariannes und Yulias relativ entspannte Umgangsweisen mit ihrer Armutslage durch die vorhandenen und kurz- bzw. langfristig mobilisierbaren Ressourcen ihrer Familie bzw. sozialen Netzwerke verständlich. Umgekehrt verdeutlicht der Mangel an sozialer Einbindung und finanzieller Unterstützung die Erschöpfung und Verzweiflung von Britta, Jenny und Petra, die weitgehend isoliert und auf sich allein zurückgeworfen sind. Dies ist bei Katja und Silvia durch ihre Partner derzeit zwar nicht der Fall, aber ihre angespannte Befindlichkeit korrespondiert mit den aufgrund ihrer Erkrankungen nochmals reduzierten Einkommen, die ihre Armutslage verschärfen.

„Immer mehr Leute."
Die Gaben der Berliner Tafeln als notwendige Wohlfahrt

Während das Vorhandensein familiärer und freundschaftlicher Netzwerke biografisch bedingt individuell verschieden ausfällt, stehen seit geraumer Zeit Lebensmittel-Tafeln oder Kleiderkammern grundsätzlich allen armutsbetroffenen Berliner:innen und somit auch den Protagonist:innen zur Verfügung. Die Dachorganisation der 1993 gegründeten Berliner Tafeln ist Laib und Seele. Das Prinzip ist: Lebensmittel, die kurz vor dem Mindesthaltbarkeitsdatum stehen, werden wöchentlich u. a. bei kooperierenden Supermärkten eingesammelt und in 46 überwiegend ehrenamtlich koordinierten und betriebenen Ausgabestellen an Menschen, deren Einkommen nicht für Lebensmitteleinkäufe genügt, ausgegeben. Monatlich werden 72.000 Berliner:innen unterstützt (Die Tafel 2023).

Marianne nutzt dieses Angebot häufig am Monatsende, wenn „kein Geld mehr" da ist. Yulia begleitet ihre Mutter Olga wöchentlich zur örtlichen Ausgabestelle, wo sie wie rund 160 weitere Personen, „je nach Tageslage, zwei große Alditüten" Lebensmittel mitnehmen kann, wie der dortige Koordinator sagt. Bevor die Familie von der Tafel erfahren habe, sei ihre Lage mit Blick auf die Versorgung mit Lebensmitteln „ganz, ganz schlimm gewesen". Für sie wie für die anderen Nutzer:innen sind die Gaben notwendig, um die eigene Existenz zu sichern. Deshalb findet sie die Tafel „nicht nur gut, sondern perfekt". Auch Jenny ist dankbar für dieses weitgehend ehrenamtlich organisierte Angebot, welches abfedert, was die Grundsicherung (auch in Form des im Januar 2023 eingeführten Bürgergeldes) nicht leistet: eine würdevolle Sicherung der Existenz. Yulia weiß darum, formuliert aber pragmatisch und nur indirekt kritisch angesichts der zu erwartenden Grundsicherung im Rentenalter: Wenn „die Tafel bleibt und Spendenhäuser bleiben […], dann kann man leben. (Lacht)." Sicher ist dies tatsächlich nicht. Denn obwohl bzw. weil die Tafeln parallel zum Abbau des Sozialstaates expandierten (Butterwegge 2010), ist diese Form der privat und weitgehend ehrenamtlich organisierten Wohlfahrt prekär. Dies zeigt sich zugespitzt daran, dass längst nicht alle Bedürftigen die Tafeln nutzen und auch die, die Unterstützung suchen, diese in weiter zugespitzten Krisenzeiten – wie den Lockdowns während der Covid-19-Pandemie oder dem Krieg der Russischen Föderation gegen die Ukraine – nicht erhalten.[163] Wie geschildert nutzt etwa Britta die Tafel nicht, weil sie noch Bedürftigeren den Vortritt lassen will. Ob dabei auch Scham eine Rolle spielt, wie es laut einer Tafel-Besucherin[164] bei vielen anfänglich beim Schlange-Stehen der Fall ist, lässt sie offen: „Ich glaube, die schämen sich. Als ich das erste Mal da war, hatte ich das Gefühl auch gehabt. […] Man denkt vielleicht: ‚Ich habe nichts erreicht.'" Dieses Gefühl verfliege aber schon nach „10 Minuten". Dass auch für Yulia die Aussicht, im Rentenalter zur Tafel zu gehen, eine gewisse Überwindung bedeuten würde, verdeutlicht ihre Formulierung dies womöglich zu tun, weil sie nicht „arrogant" sei. Olga und Jenny gehen hingegen mittlerweile gerne zur Tafel, nicht nur, weil sie dort mit überlebensnotwendigen Gütern versorgt werden, sondern auch, weil es ein sozialer Treffpunkt für sie geworden ist. „Das war wirklich ein Anlaufpunkt, wo ich mich mit Leuten unterhalte. Hier habe ich Leute kennengelernt, ja, man lernt ja kaum welche kennen. Wo denn noch?", berichtet Jenny. Wo andere Möglichkeiten der sozialen und gesellschaftlichen Teil-

---

163 Während des Lockdowns blieben die Ausgabestellen teils geschlossen bzw. öffneten nur alle 14 Tage und nachdem zahlreiche Ukrainer:innen wegen des Krieges auch in Berlin ankamen und vielfach die Tafeln nutzten, um über die Runden zu kommen, wurden Aufnahmestopps verkündet (Morgenpost 2022).

164 Im Sommer 2022 wurden an einer Berliner Tafel-Ausgabestelle mehrere Kurz-Interviews geführt.

habe stark einschränkt sind, ist der Besuch der Ausgabestelle eine Gelegenheit, die soziale Isolation zu durchbrechen. Die Tafel-Ausgabestellen sind sich dieses sozialen Nebeneffektes bewusst und verbinden die Abholung oft mit einem Nachbarschaftscafé.

Unter sonst gleichbleibenden Bedingungen, die Armut bedingen, ist ein Angebot wie die Tafel für armutsbetroffene Berliner:innen ein Rettungsanker, mit dessen Hilfe sie sich über Wasser halten können. Zugleich ist diese Form der privat-ehrenamtlichen Wohlfahrt problematisch, weil sie just in der Zeit expandierte, als mit der Deregulierung von Erwerbsarbeitsverhältnissen der Niedriglohnsektor entstand und spätestens mit der Neuberechnung des Regelsatzes 2011 das ALG II abgesenkt wurde. Und so wird den politisch Verantwortlichen vorgeworfen, die Folgen des austeritätsbedingten Abbaus des Sozialstaates durch ehrenamtlich organisierte Gaben abfedern zu lassen. Andererseits wird auch den Tafeln vorgeworfen, sich allzu leicht instrumentalisieren zu lassen, anstatt für eine sozialpolitische Transformation zu sorgen (Selke 2010). Im Sinne der Betroffenen, zu denen die genannten Protagonist:innen gehören, wäre es, sowohl die akut notwendige Hilfe zu organisieren als auch grundlegende arbeitsmarkt- und sozialpolitische Reformen durchzusetzen, die die Tafeln überflüssig machen würden (Grottian 2010).

„Es ist die Frage, welchen Standpunkt du einnimmst." Kritik, Kollektivität und Assoziation?

Die bisher geschilderten Umgangsweisen auf individueller Ebene und mit Hilfe informeller Netzwerke sowie zivilgesellschaftlicher Institutionen ermöglichen es den Armutsbetroffenen, ihre Existenz zu sichern. Darüber hinaus eröffnen sie bisweilen und ausnahmsweise ein geringes Maß an soziokultureller Teilhabe. Am ursächlichen Bedingungsgefüge ändern diese Strategien indes nichts, dazu wären kollektive Zusammenschlüsse und gemeinsame politische Interventionen notwendig. Wie eingangs vermerkt, sind die Frauen unseres Wissens nach nicht in politischen Initiativen oder Parteien organisiert. Ob und, wenn ja, in welcher Weise sie für eine Mobilisierung und Organisierung in emanzipatorischer Perspektive ansprechbar wären, lässt sich jedoch aufgrund ihrer jeweiligen „Blickwinkel", wie Marianne sagt, also der von ihnen geäußerten Einschätzungen ihrer Lage, der Lage anderer benachteiligter Gruppen und der gesellschaftlichen Verhältnisse abschätzen.

Anders als beispielsweise Katja und Jenny, die ihre Rechte auf angemessene Arbeit oder Sozialhilfe verteidigen und Kritik an ungerechten Verhältnissen üben (s. u.), sind solche emotionalen Wertungen und widerständigen Gedanken bei Marianne nicht und bei Yulia kaum zu vernehmen. Zwar stößt auch Marianne bewusst an Grenzen ihres Möglichkeitsraums, etwa wenn sie den Wunsch äußert, einmal „drei Tage" einen Qigong-Kurs zu machen, um ihre „Technik" aufzufrischen und sich „mal wieder auf[zu]richte[n]", und zugleich darum weiß, dies nicht zu können, weil diese Kurse „Geld kosten", das sie „jetzt halt nicht [hat]". Gleichzeitig schwingen in dem Zusatz, die Technik stattdessen in ihren „Unterlagen nach[zu]schauen" und

dann werde „das auch gehen", Bedauern und das Wissen um den Qualitätsunter-
schied mit. Sorgen bereitet ihr auch ihr Knie bzw. allgemeiner ihr Gesundheitszustand, denn ihr bewusst aktiv gestalteter Tagesablauf – sie steht sehr früh auf, macht
Yoga, erledigt Haushaltsarbeit, schreibt und meditiert, fährt Fahrrad, isst, schläft, ist
wieder mit dem Rad unterwegs, besorgt sich Lesestoff in der Bibliothek und redet
„ganz viel mit Leuten" – beruht auf körperlicher Fitness. Dennoch ist das Wissen um
Einschränkungen ihrer Teilhabemöglichkeiten bei ihr nicht mit Empörung oder Kritik
an gesellschaftlichen Verhältnissen verbunden. Marianne versteht sich selbst nicht
als Teil einer benachteiligten Gruppe und lehnt es ab, zu einer solchen gezählt zu
werden. So resümiert sie, dass sie früher „[r]ichtig dick, fett Geld verdient" hat und
sich „alles kaufen" konnte, meint aber: „Ich hatte ganz viel. War ich glücklicher?
[…] Nee, nicht unbedingt. War schon schön, aber brauchst du das?" Und dass
sie in ihrer aktuellen Lage nach einer gewissen Wartezeit mit „439, 400 Euro"
vom Jobcenter bzw. Sozialamt nach Hause geht, sieht sie als guten „Stundenlohn",
obgleich sie davon einen Monat leben muss. Dass andere Menschen Kritik am
Sozialsystem üben, problematisiert sie: „[D]er Staat bezahlt mich, damit ich Ich bin
und glücklich. Ist das nicht toll? Schau einmal, ob du das irgendwo anders kriegst."
Dabei nimmt sie klassistische Zuschreibungen wahr und weist sie zurück: „[V]iele
Leute sehen mich jetzt als unten. Seh ich mich gar nicht, überhaupt nicht. Fühl mich
gar nicht angesprochen." Ihre Reaktion erlaubt es ihr, ihre Selbstachtung zu verteidigen, die gleichwohl existenten Ungleichheitsrelationen geraten ihr allerdings
aus dem Blick. So verbindet sie anders als eine ihrer Mitbewohner:innen mit ihrer
„Frauengeschichte" keine Vorstellungen von gemeinsamer Lage oder gar feministischen Kämpfen (vgl. Kapitel 2) und das „oben-unten" wendet sie, anders als etwa
Katja und Jenny (s. u.), mit Ausnahme der Feststellung, dass „Leute, die nicht so viel
Geld haben" im bundesdeutschen Gesundheitssystem „unter den Tisch fallen", nicht
kritisch. Ihre Widerständigkeit bewegt sich eher im Rahmen bürgerlicher Individu-
alität: Sie behauptet sich als autonom, auch wenn die dazu notwendigen Mittel
schwinden. Yulias „Blickwinkel" ähnelt dem von Marianne in gewissen Hinsichten.
Sie meint, dass die subjektive Zufriedenheit (auch) eine Sache der Einstellung ist:
„Wenn jemand zufrieden sein will, dann wird [er] zufrieden sein. (Lacht)." Für sie
geht es „nicht nur um Geld", sondern auch um „Gesundheit, Freundschaft, Öffentlichkeit".[165] Und insoweit ihre finanzielle Lage auch aus ihrer Sicht schwierig ist,
relativiert sie dies im Vergleich mit den früher und aktuell noch prekäreren Lebensumständen in der Ukraine sowie angesichts des zentralen „Zwecks" ihrer Migration, nämlich einer guten „Zukunft für unsere Kinder". Der wurde erreicht, weil die
Kinder sowohl einen „Schulabschluss" als auch „professionelle Abschlüsse", also
Berufsausbildungen erworben haben. Kritik formuliert Yulia ein wenig deutlicher als
Marianne und gleichwohl sehr zurückhaltend, wenn sie hier wie an anderer Stelle
bemerkt: „Ok, meine Mutter hat keine Rente", und meint: „Also für mich leuchtet
keine Rente sozusagen", also davon ausgeht im Rentenalter lediglich „Grundsiche-

---

165 Mit „Öffentlichkeit" ist hier vermutlich die Zugehörigkeit zu einer Gemeinschaft gemeint.

rung" zu bekommen. Eine weitergehende Problematisierung der ursächlichen, von der Bundesrepublik Deutschland bestimmten, sozialen und Migrationsbedingungen äußert sie nicht. Dabei wird seit geraumer Zeit auf den Widerspruch zwischen der Behauptung, die Kontingentflüchtlingsregelung sei Ausdruck historischer Verantwortungsübernahme gewesen, und der rechtlichen Benachteiligung der (post-)sowjetischen Juden:Jüdinnen gegenüber den zeitgleich und aus denselben Regionen eingewanderten sog. Spätaussiedler:innen öffentlich hingewiesen (Reimer-Gordinskaya & Tzschiesche 2021, 67 ff.). Bundesweit sind „93 Prozent der jüdischen Zugewanderten" auf Grundsicherung angewiesen; „bis zu 70.000 Menschen, darunter viele Shoa-Überlebende" sind arm und eine effektive Linderung ihrer Lage wird nach wie vor angemahnt (Zingher 2022, 54 u. 65). Diese Kritik und den mit ihr verbundenen Anspruch auf soziale Rechte macht Yulia sich nicht zu eigen. Ganz im Gegenteil scheint es, als ob sie sich gegen den virulenten Vorwurf, zu denen zu gehören, die aus materiellen Gründen eingewandert seien, verteidigt: „Für mich, für meine Familie persönlich, es ist hier für uns besser. Ja, aber ich wiederhole nochmal: Es war kein finanzieller Zweck." Zudem betont sie, die ihr zukommenden Transferleistungen nicht ohne Gegenleistung in Anspruch zu nehmen: „[P]ersönlich fühle ich mich nicht schuldig, weil ich arbeite. Weil ich versuche, Leute zu helfen". Ob sie für eine sozialpolitische Mobilisierung ansprechbar wäre, bleibt ebenso offen wie bei Marianne, die meint, dass „Klassenkampf" und „[j]ede Form von Kampf" ins „Verderben" führt, und zugleich überzeugt ist, dass eine „[a]ndere Verteilung" des Wohlstands den „Hunger morgen auf der Erde beenden" könnte.

Anders als Marianne und Yulia hat Jenny, die seit mehr als zwei Jahrzehnten von Arbeitslosengeld bzw. Sozialhilfe lebt, über lange Zeit als Alleinerziehende soziale Rechte für sich und ihren Sohn eingefordert und erkämpft. Zudem gelang es ihr, mit informeller Arbeit ihre Leidenschaft fürs Reiten zu finanzieren, sodass sie sagen kann: „Ich hatte wirklich ein aktives Leben". Vor etwa sieben Jahren, nachdem sie sich vom Jobcenter gezwungen sah, die Wohnung mit den oben beschriebenen Folgen zu wechseln, verschlechterte sich ihr Zustand und während des Lockdowns in der Covid-19-Pandemie brach sie psychisch vollends ein. Sie konnte ihre Alkoholabhängigkeit nicht mehr kontrollieren, trank heftig und saß „dann nur noch alleine in der Wohnung, ja, bin nur alleine, wenn ich sowas mache. Unter Leuten gar nicht." Heute sagt sie von sich, „keine Kraft" mehr zum Kämpfen und den „Lebenssinn" verloren zu haben: „[W]arum leb ich überhaupt noch? Warum?" Zugleich äußert sie deutliche Kritik an ungleichen Lebensverhältnissen und Überausbeutung in der Europäischen Union vom Standpunkt der Lohnabhängigen: „Seit 30 Jahren denke ich schon, Europa kann nur funktionieren, wenn alle den gleichen Lohn kriegen, alle das gleiche haben. Die hatten so viele Jahre Zeit das anders hinzukriegen. Nee, Deutschland. Bulgarien, Rumänen, wir haben gut gelebt immer von den Billiglöhnern." Ihre Sichtweise impliziert eine Solidarisierung mit überausgebeuteten Klassensegmenten wie sie Elena und Adrian repräsentieren, und vermeidet die virulenten antiziganistischen Zuschreibungen (vgl. Kapitel 3.1). Petra hingegen verbindet ihre Wut über und Protest gegen die Entscheidung des Jobcenters, ihr keinen Wohnberechtigungsschein zu geben, mit rassistischen Zuschreibungen: „Da hab' ich auf den Tisch gekloppt mit beiden Händen, hab' gesagt: ‚So', sag ich, ‚wissen Sie was, ich geh jetzt durch diese Tür, geh einmal um Karree und komme mit nem Kopftuch wieder. Kriege ich dann meinen B-Schein?'" Sie war „so wütend, weil es ist nun mal so hier in Deutschland. 40 Prozent Deutsche, wenn die Deutschen da wohnen wollten, und 60 Prozent Ausländer. Und das finde ich nicht in Ordnung." Anders als Petra, die die migrationspolitisch-rassistisch bedingte Segmentierung und Fragmentierung der von Erwerbseinkommen abhängigen Klasse (vgl. Kapitel 3) zur politischen Fraktionierung zuspitzt, schätzt Marianne ihren Berliner Kiez, „wo die Welt zu [ihr] kommt", und kommentiert die Homogenität anderer Stadtteile eher negativ: „Überall sonst ist es Deutschland." Für Yulia und ihre Familie ist die Vielfalt Berlins (vgl. Kapitel 4) ebenfalls positiv konnotiert und gelebter Alltag: Dass ihr Sohn eine sog. Spätaussiedlerin geheiratet hat, sieht sie als ein Beispiel für „Multi-Kulti" und meint, dass diese Generation nicht „als Deutsche oder als Jude", sondern als „Berliner" lebe und sich „[f]ür alle und für alles" interessiere.

Anders als Marianne und Yulia versteht Britta sich explizit als Teil einer benachteiligten Gruppe und spricht kritisch an: „[W]ir Langzeitarbeitslose" bzw. „wir, also die Armen, die Ärmsten", würden in gesellschaftlichen Debatten vergessen. Dabei sieht sie diese Lebenslagen nicht als isoliertes, sondern relationales Phänomen, wenn sie anspricht, dass es „Reiche und Arme" gibt und „die Spaltung […] nie so groß [war] […] wie jetzt" und „immer größer" wird. Tatsächlich wird für die Bundesrepublik Deutschland eine wachsende soziale Ungleichheit rekonstruiert (Butterwegge 2021, Spannagel 2013); im europäischen Vergleich ist die Vermögensungleichheit besonders ausgeprägt (Hans-Böckler-Stiftung 2017). Britta kritisiert zudem: „Angeblich will die Politik was dafür machen, dass es anders wird, aber ich sehe das immer weiter auseinanderklaffen." Dazu trägt bei, dass, wie sie gehört hat, „die Hartz-IV-Berechnung" laut „Experten" „viel zu niedrig ist". Vermutlich bezieht sie sich hier auf die Ergebnisse der alternativen Berechnung der Regelsätze der Grundsicherung (Aust et al. 2020). Angesichts der offiziellen Bestätigung ihrer Erfahrung bewertet sie es als ungerecht, dass „der Finanzminister", Christian Lindner, „da ganz dick [feiert][166], obwohl er die Leute ermahnt ‚spart, spart, spart'", während „wir kämpfen jeden Tag", um die bloße Existenz zu sichern. Auch spricht Jenny kritisch an, dass an den Armen gespart wird, bspw. indem der Stundenlohn in den ‚Arbeitsgelegenheiten' nach der Umstellung auf Euro von 1,53 Euro auf 1,50 Euro abgesenkt wurde: „[D]ie kürzen überall nur bei Hartz-IV-Empfängern und wenn's nur 3 Cent sind". Dabei erfährt Jenny neben dieser finanziell zum Ausdruck kommenden Abwertung auch, dass andere Menschen ihr ein von gesellschaftlichen Normen abweichendes Verhalten zuschreiben: „‚Sie schlagen ihr Kind'", habe ihr eine Nachbarin unterstellt und die Polizei gerufen, als ihr Sohn wegen einer Fernsehsendung heftig geweint hatte. Britta drückt mehrfach aus, sich angesichts der zu knapp bemessenen Transferleistungen „wie der letzte Dreck" zu fühlen,

---

[166] Im Sommer 2022 war die Hochzeitsfeier von Christian Lindner ein prominentes Medienereignis und aus unterschiedlichen Gründen Gegenstand von Kritik (vgl. Wallraff 2022).

und schildert in diesem Zusammenhang, dass eine Freundin derzeit gezwungen sei, Flaschen zu sammeln, also buchstäblich im Dreck zu wühlen.[167] Mit Blick auf andere Länder, in denen dies nicht gewährleistet wird, bezeichnet sie es einschränkend allerdings als „Glück", Krankenversicherung, Rente und Grundsicherung zu haben. Besonders und durchgängig empört sie wiederum, dass es im Grundsicherungsbezug als ein „Luxus" angesehen wird, ein Tier zu halten (Aust et al. 2020, 20): „Das regt mich wirklich auf und nicht nur mich, ja". Angesichts der vielen in Tierheimen lebenden Tiere müsste dies auch „zu Gunsten des Tieres" im Regelsatz berücksichtigt werden. Um den gravierenden Konsequenzen der Armut zu entkommen, fordert sie „200 Euro" mehr Geld.

Inwieweit solche Forderungen Unterstützung bei Katja finden würden, ist fraglich. Sie ist und versteht sich als eine Person, die bereit ist, hart zu arbeiten, und dafür als Gegenleistung ein Einkommen und eine Rente erwartet, die ihr und ihren Kindern ein Leben oberhalb der Armutsgrenze ermöglichen. Diesen arbeiterlichen Leistungsethos hält sie für selbstverständlich und fordert ihn auch von allen anderen Klassensegmenten – notfalls als staatliche Pflicht – ein: „[I]ch sag mal, DDR war da, und alle haben gearbeitet, und auch die, die auch suchterkrank waren, […] die mussten gemeinnützige Arbeit verrichten. […] Hier nicht. Warum nicht?" Ihr Leistungsethos ist dabei auch Basis ihrer selbstbewussten Kritik daran, dass die Steuerlast zwischen oberen und unteren Einkommenssegmenten ungleich verteilt sind: „[W]enn Menschen mehr verdienen und keine Steuern zahlen, und wir kaum was verdienen und so viel Steuern zahlen müssen, das find ich schon 'n bisschen interessant." Tatsächlich sind die Steuerreformen der letzten 30 Jahre vorwiegend den höheren Einkommensgruppen zugutegekommen (Adam 2020). Jenseits des damit angesprochenen verteilungspolitischen Konflikts geht Katja davon aus, dass die unmittelbaren Produzent:innen den gesellschaftlichen Reichtum hervorbringen, sich aber wie sie und ihre Kinder in einer akuten Krise befinden: „[I]ch meine, wenn wir äh so weit sinken, dann haben sie oben auch nichts mehr. Dann bricht alles zusammen." Ihre Sichtweise bestreitet das Narrativ, dass vor allem die Funktionseliten Leistungsträger:innen der Gesellschaft seien, und reklamiert diese Rolle für die *working class* (Mayer-Ahuja & Nachtwey 2021). Auf der Basis ihrer Leistungsbereitschaft und ihres arbeiterlichen Selbstbewusstseins wehrt sie sich auch gegen behördliche Forderungen und Entscheidungen. So lehnte sie eine vom Jobcenter angebotene Erwerbsarbeit ab, obwohl verschärfte Zumutbarkeitsregeln galten und sie schlimmstenfalls hätte sanktioniert werden können: „[U]nd dann habe ich gesagt: ‚Den Job werde ich nicht machen und schon gar nicht für 800 Euro 40 Stunden lang'." Zudem erstreitet sie erfolgreich Leistungen für ihre Kinder, indem sie darauf beharrt, mit Vorgesetzten zu sprechen und dies auch gegen Drohungen des Sicherheitsdienstes durchsetzt: „Also ich saß schon öfter tatsächlich bei dem Vorsitzenden. Die vorletzte

---

167 Die Sozialberaterin Petra Wojciechowski merkt mit Blick auf den Müll, der nach Partys in den Berliner Parks liegen bleibt, an: „wo dann so ein jugendlicher Partygänger" meinte, „ja, sie lassen die Flaschen alle mit Absicht da liegen, die Müllberge, weil da kommt dann irgendein Opa und sammelt die ein". Sie kritisiert diese Haltung: „Willst du jetzt noch behaupten, dass du so was Gutes tust, weil du, ne."

Stufe. Auch Security wollte mich rausschmeißen, weil sie gesagt haben: ‚Das wird nicht klappen.' Hab' ich gesagt: ‚Das wird klappen, glauben Sie mir.' Und dann saß ich da. Dann habe ich alles aufgelistet und habe auch das Geld bekommen". Hinter ihren selbstbewussten Schilderungen und ihrem mutigen Auftreten schimmert allerdings eine Verunsicherung durch, die mit ihrer Position als Migrantin zu tun hat. So fühlte sie, die effektive Unterstützung bei der Jobsuche erwartete, sich übergangen, weil die Mitarbeiterin im Jobcenter nicht direkt mit ihr sprach: „Und irgendwann platzte mir der Kragen und ich sagte dann, ganz so nebenbei: ‚Sprechen Sie Deutsch!' (lacht) Und da war sie wach. Und so richtig entsetzt. Ich sagte: Sie reden mit mir nicht, aber Sie sollen mir Jobs vorschlagen, wie soll denn das funktionieren dann?" Wichtig war für sie, sich „behauptet" zu haben, auch wenn es „nicht besser" wurde. Ähnlich wie Yulia sieht sie sich indes dazu veranlasst, den virulenten, rassistischen Vorwurf, den ‚deutschen' Sozialstaat als ‚Ausländerin' auszunutzen abzuwehren: Während ihre Kinder als „Deutsche" ein Recht auf Transferleistungen hätten, sei dies in ihrem Fall so, „weil ich immer wieder gearbeitet habe und mich bemühe, Arbeit zu finden", also durch Leistung(swillen) gerechtfertigt. Mit Hilfe dieses Ethos schützt sie sich als migrantische Berlinerin, die zwischen Niedriglohnarbeit und Transferbezug in Armut lebt, vor klassistischer und rassistischer Abwertung. Zugleich grenzt sie sich auf dieser Basis in klassistischer Weise von Klassensegmenten ab, die aus ihrer Sicht nicht leistungsfähig oder -willig sind. Aggressiv macht sie, dass „Leute auf die Straße" leben, und „trotzdem kriegen sie noch was". Und es empört sie, seit der sog. Hartz-IV-Reform „in einen Topf geworfen" zu werden mit Menschen, die „Sozialhilfe" beziehen und „nicht arbeiten können aufgrund von Suchterkrankungen". Anstatt „so behandelt" zu werden, „als ob man Langzeitarbeitslose wäre und nichts tut und nichts macht", sollte es „mehr Anerkennung" geben „für die, die sich bemühen". Für die – und sich selbst– wünscht sie sich im Jobcenter eine „andere Liste im Computer". Eine spontane Solidarisierung mit Jenny und Britta, die aus den geschilderten biografischen Gründen und strukturellen Bedingungsgefügen langzeiterwerbslos sind, ist angesichts dieser Reproduktion von Vorurteilen schwer vorstellbar, obwohl sie sich durch ihr Leben in Armut selbst als „sehr abgestempelt" erfährt und es beschämend fand, mit einem Mehrbedarfsantrag um 10 Euro für ihre Kinder „betteln" zu sollen. Zugleich beginnt ihre leistungsorientierte Grundhaltung zu bröckeln, sodass sie sich zukünftig mit Erwerbslosen wie Jenny und Britta solidarisieren könnte. Sie kritisiert zwar zunächst, dass „Langzeitarbeitslose[...] [sich] [auf]regen, wenn sie für zwei Euro arbeiten gehen" sollen, und meint, „[w]enn sie das so wenig finden, sollten sie vielleicht arbeiten gehen". Dann kommen ihr angesichts ihrer eigenen Erfahrungen allerdings Zweifel: „Dann bekommen sie vielleicht eventuell mehr. Eventuell. Muss aber nicht, ne, wenn das wie hier, vierzig Stunden 800 Euro, dann kommt man nicht auf mehr." Und sie schließt: „Dann braucht man nicht arbeiten gehen, sag ich so, wies es ist. Weil dann kannst du auch zu Hause sitzen, dein Geld kassieren und sagen, wozu den Stress (lacht)." Weil sie aber eigentlich ihren „Kindern ein Vorbild sein" und zeigen will: „Arbeit macht Sinn", kann sie es nur schwer ertragen, dass „die ganze Mühe, arbeiten zu gehen, wenn du sowieso weißt, du kriegst nur Grundsicherung", sich eigentlich nicht lohnt. Letztlich sei es so, dass „man resigniert, weil einfach das ist ein verlorener Kampf". Um gut bzw. besser leben zu können, „müssten die Löhne höher sein, dass man nicht an Armutsgrenze lebt bei einer 40-Stunden-Stelle. Oder Mieten senken, je nachdem".[168] Katja resigniert im Kampf für ein Leben jenseits der Armut mit Einkommen aus dem Niedriglohnsektor oder aus Transferleistungen. Ob sie sich an Kämpfen für die Gewährleistung ihrer sozialen Rechte beteiligen würde, bleibt offen.

Biografisch gesehen repräsentieren die Protagonist:innen verschiedene Klassensegmente, die aus den geschilderten Gründen allesamt in Armutslagen geraten sind. Objektiv eint sie insofern nicht allein, dass sie armutsbetroffen sind, sondern auch, dass sie klassische Zuschreibungen und Abwertungen erleben und zurückweisen. Ihre unterschiedlichen Erfahrungen und ihr jeweiliger Habitus als bürgerliche oder proletarische Westdeutsche bzw. -berliner:innen, arbeiterliche Ostberlinner:innen bzw. -europäerinnen und (jüdische) Migrant:innen sind Ausdruck der Fragmentierung der Klasse derjenigen, die von Erwerbseinkommen abhängig und armutsbetroffen sind. Zugleich bestehen aber auch Überlappungen und Gemeinsamkeiten ihrer Lebensweisen. Um durch kollektives Handeln die ursächlichen Bedingungsgefüge ihrer krisenhaften Existenz zu verändern, wäre eine Assoziation notwendig. Diese wird durch rassistische und klassistische Distinktion verhindert, indem die Fragmentierung zur politischen Fraktionierung zugespitzt wird. Zugleich eröffnen ähnliche Forderungen bzw. Kritik sowie solidarische Äußerungen auch Perspektiven für eine solche Assoziation.

Zusammenfassung

Entlang der Erfahrungen von Britta, Yulia und Olga, Marianne, Katja mit ihren Kindern, Jenny, Petra und Silvia wurde deutlich: Armut trifft Berliner:innen unterschiedlicher Herkunft und in allen Altersstufen. Die Protagonist:innen sind biografisch und strukturell betrachtet aus unterschiedlichen Gründen in Armutslagen geraten. Wesentliche ursächliche Bedingungsgefüge sind dabei schwere Erkrankungen sowie Erwerbsarbeit im Niedriglohnsektor, Bezug von ALG II und geringe Renten und Grundsicherung. Mit diesen Einkommen liegen sie unter der Armutsgefährdungsschwelle und müssen, je länger diese Konstellation andauert, umso mehr auf gesellschaftlich übliche Teilhabemöglichkeiten verzichten. Soziokulturelle Teilhabe, also der Besuch von Kino, Oper, Ballett, klassischen Konzerten, dem Zoo oder Tiergarten, Restaurants u. a. m., ist ihnen nicht möglich. Neben dem soziokulturellen schrumpft auch ihr geografischer Bewegungsradius, weil sie sich schon die Mobilität innerhalb Berlins kaum leisten können und Reisen über die Stadtgrenzen hinaus gar nicht oder nur in absoluten Ausnahmefällen denkbar sind. Ihre Wohnungen werden so weniger zum Rückzugsort als zum einzigen Ort, an dem sie sich aufhalten können. Sie versuchen daher, diesen möglichst schön zu gestalten, oder

---

168 Damit zitiert sie, vielleicht eher unbewusst, einen Slogan der Mieter:innen-Initiative Kotti & Co.: ‚Löhne rauf, Mieten runter', u. a. verewigt in einem Wandbild am Kottbusser Tor.

leiden unter der Enge und der eingeschränkten Ausstattung und Qualität. Der in anderen Teilhabebereichen geübte Verzicht ermöglicht es ihnen, lebensnotwendige Nahrungsmittel in einem begrenzten Umfang zu kaufen, eine gesunde Ernährung sicherzustellen ist aber kaum möglich, und ohne die Gaben der Berliner Tafeln würde die physische Existenzsicherung brüchig. Größere Ausgaben können sich die Protagonist:innen nicht leisten, sie reduzieren daher die Nutzung von Haushaltsgeräten, die teils eine letzte Brücke zur Außenwelt darstellen und eine minimale kulturelle Teilhabe ermöglichen. Der mögliche Defekt solcher Geräte oder andere plötzlich notwendig werdende größere Ausgaben versetzen sie in Sorge und Angst, weil sie entweder noch weitere Einschränkungen hinnehmen, ihre Wohnungen verlassen oder Kredite aufnehmen müssten. Letzteres versuchen sie mit großer Mühe und über lange Zeit erfolgreich zu vermeiden, können aber teils letztlich nicht verhindern, sich zu verschulden und in die Dynamik einer Verschuldungsspirale zu geraten. Das Leben in Armut bedeutet zwangsläufig, kurz- und langfristige Strategien zu entwickeln, um die eigene Existenz in physischer und psychischer Hinsicht sichern zu können. Alle Protagonist:innen tun dies auf unterschiedliche Weisen. Dazu gehören alltägliche Mikropraktiken wie der bewusste Verzicht auf Lebensqualität und Teilhabe, die Einschränkung des geografischen und sozialen Radius, die Recherche nach vergünstigten Angeboten oder kostenlosen Möglichkeiten des Konsums, der Zusammenschluss mehrerer Einkommen in einem Haushalt und Zuverdienste im informellen Sektor und auf dem zweiten Arbeitsmarkt; zudem werden immaterielle Werte hervorgehoben und Oasen des Wohlbefindens verteidigt. Die Haltungen der Protagonist:innen erstrecken sich vom teils erfolgreichen, teils verlorenen Kampf für die eigenen Rechte über die subjektive Akzeptanz ihrer Lage bis hin zu Resignation und Verzweiflung. Diese Unterschiede korrespondieren mit der Dauer ihrer Armutslage und den vorhandenen oder mangelnden sozialen Netzwerken und darüber vermittelten emotionalen und finanziellen Ressourcen. Ohne die weitgehend ehrenamtlich organisierte Gabenökonomie der Berliner Tafeln wären die Protagonist:innen vielfach nicht in der Lage, ihre Ernährung und somit das absolute Existenzminimum sicherzustellen. Ihre Lage verstehen sie teils als eine kollektive und identifizieren sich als Teil einer benachteiligten Gruppe, teils lehnen sie dies explizit ab oder lassen es offen. Kritik an ursächlichen Bedingungsgefügen wird teils offensiv, teils sehr zurückhaltend artikuliert und teils für unnötig befunden. Ebenso verhält es sich mit konkreten Forderungen zur Verbesserung ihrer jeweiligen Lage. Die Assoziation von armutsbetroffenen Berliner:innen, die sich wie die Protagonist.innen hinsichtlich ihrer Zugehörigkeiten und der jeweils ursächlichen Bedingungsgefüge unterscheiden, wird teils durch rassistische und klassistische Distinktion verbaut, teils angesichts solidarischer Äußerungen denkbar.

6 Rück- und Ausblick: Heterogene Klassensegmente, verallgemeinerbare Anliegen?

In den Kapiteln 2 bis 5 wurde deutlich, wie heterogen die Positionen und Lagen in Berliner Klassenverhältnissen sind und mit welchen unterschiedlichen Handlungsproblematiken sie verknüpft sind. Es ging um Katja, Silvia, Petra und Jenny, die ihre Kinder mit und trotz ihrer Einkommen im Niedriglohnsektor über lange Strecken oder gänzlich alleine umsorg(t)en; Louis und Paul, die als Geflüchtete in die Bundesrepublik Deutschland kamen und in der stationären Altenpflege u. a. demenzerkrankte Senior:innen versorgen; Elena und Adrian, die Südosteuropa auf der Suche nach einer lebenswerteren Zukunftsperspektive verließen und in Berlin mit Überausbeutung und Entrechtung konfrontiert wurden; Tarik, Andi und Roman, die Berlin zu ihrer Wahlheimat machten und sich mit digitalisierter Fließbandarbeit auf dem Fahrrad oder am Telefon finanzieren; Nico, Ingo und Hannah, die in ihrer Erwerbsarbeit und Freizeit Berliner (Sub-)Kulturen weiterentwickeln, als Solo-Selbstständige mit alternativen Arbeits- und Lebensentwürfen aber davon bedroht sind, selbst aus der Stadt verdrängt zu werden; Miriam, Heiko, Joschua, Tina und Ines, die aus Überzeugung die Berliner Alltagskultur gegen Rechtsextremismus, Rassismus und Antisemitismus verteidigen, sich aber wegen der Prekarität der Arbeitsverhältnisse fragen, wie lange ihre Lebensumstände es ihnen noch erlauben, diese Arbeit zu machen; Marianne, Britta, Yulia und Olga, die – ähnlich wie Silvia, Jenny und Petra – mit vielfältigen Strategien ein Leben in Armut meistern, weil ihre Erwerbsbiografien krankheitsbedingt unterbrochen wurden oder sie trotz langer Berufstätigkeit keine hinreichenden Einkommen und Renten erzielen. Dass sich die Lebensläufe, Handlungsproblematiken und Umgangsweisen der Protagonist:innen einer jeweiligen Gruppe ähneln, unterscheidet sie zunächst von den anderen Gruppen. Mit Blick auf die Möglichkeit, kollektive Handlungsfähigkeit durch die Assoziation dieser Klassensegmente zu verallgemeinern, gilt es indes auch zu fragen: Was haben die Protagonist:innen der verschiedenen Gruppen womöglich gemeinsam? Gibt es geteilte Erfahrungen, ähnliche Handlungsproblematiken und Umgangsweisen über diese Klassensegmente hinweg? Im folgenden Rück- und Ausblick werden exemplarische Schlaglichter auf solche potenziell verbindenden Anliegen geworfen. Dabei werden bereits vorgestellte Ergebnisse aufgegriffen, ergänzt und quer zu den sozialen Gruppen bzw. Klassensegmenten als etwas potenziell Verbindendes herausgestellt. Diese Schlussbetrachtung deutet die Richtung für weiterführende Auswertungen und Forschungen an und kann ebenso wie die vorherige Darstellung Anknüpfungspunkt für politisches Handeln in Richtung auf kollektive Handlungsfähigkeit (Kapitel 1.1; Reimer-Gordinskaya & Tzschiesche 2023) sein.

„Ob ich da überhaupt als Frau …" Geschlechtergerechtigkeit

Dass intergenerationale und Geschlechterverhältnisse konstitutiv sind für das Leben in Klassenverhältnissen wurde explizit am Beispiel der alleinerziehenden Frauen (Kapitel 2.1) thematisiert. Sie sind aber auch für die Lebensverläufe und Handlungsproblematiken weiterer Protagonist:innen bedeutsam.

Für die drei Alleinerziehenden hatte Geschlecht als soziales Verhältnis klassenbestimmende Effekte, weil sie unter den gegebenen Umständen ihre Bildungswege unterbrechen mussten, folglich im Niedriglohnsektor landeten und aufgrund der ihnen zufallenden unbezahlten Sorgearbeit oft in Teilzeit arbeiteten: Petra musste aufgrund ihrer Schwangerschaft bereits ihre Schullaufbahn abbrechen, Jenny ihre Ausbildung zur Erzieherin; Katja bricht ihr Hochschulstudium ab und nimmt eine erwünschte Ausbildung zur Physiotherapeutin nicht mehr auf. Doch auch andere Protagonist:innen treffen nachteilige berufliche Entscheidungen mit Blick auf ihre Sorgeverantwortung: Louis hat sich „wegen der Kinder" für den kürzeren Pflege-Basis-Kurs und gegen die Wiederholung seiner Fachausbildung als Friseur entschieden, und Miriam will mit dem Wechsel in einen sichereren und besser bezahlten Beruf warten, bis ihr Kind älter ist. Dabei ist die Doppelbelastung von Beruf und Sorgeverantwortung unter den herausgearbeiteten Umständen sowohl gesundheitlich als auch materiell belastend: Miriam hatte bereits ein Burnout und weiß, dass dies in ihrem Berufsfeld „unverhältnismäßig viele Frauen betrifft, weil die in die Knie gehen, weil die dieses Doppelding nicht hinkriegen". Übergreifend ist auch die Erfahrung akuter und absehbarer Armut bzw. Prekarität, die Alleinerziehende, Pflegekräfte, Demokratiearbeiter:innen u. a. m. trifft, weil sie Berufen im Bereich der gesellschaftlich abgewerteten Reproduktions- bzw. Sorgearbeit nachgehen. Der sogenannte unbereinigte Gender-Pay-Gap von 18 Prozent im Jahr 2022 (Statistisches Bundesamt 2023) ist zum kleineren Teil darauf zurückzuführen, dass Frauen im selben Beruf niedrigere Löhne bekommen, vielmehr arbeiten sie häufiger in schlecht bezahlten Berufen. So waren Silvia und Elena im sehr gering entlohnten Reinigungsgewerbe tätig, Miriams ebenfalls prekär bezahlte Kolleg:innenschaft besteht „zum größten Teil" aus „Frauen in ner bestimmten Altersgruppe" und Paul empfindet die Löhne in der Altenpflege als „sowas von Schwachsinn", also viel zu gering. Umgekehrt beobachtet Jacob im wesentlich besser bezahlten Berufsfeld der Software-Entwicklung einen deutlichen Männerüberhang und meint, dass „getting more women into tech" neben der Unvereinbarkeit langer Arbeitszeiten mit „family arrangements" auch an der „harassment culture" scheitere. Die von Jacob angesprochene maskulinistische Alltagskultur kennt auch Nico aus dem Handwerk, das zwar im Gegensatz zur IT-Entwicklung keine besonders gut bezahlte Branche, unter Ausbildungsberufen aber ein männerdominiertes Berufsfeld mit hoher gesellschaftlicher Wertschätzung ist. Nico, der zu Beginn seiner Berufslaufbahn als Frau wahrgenommen wurde, könnte „x-tausend Geschichten" über den „ganzen Mist" erzählen, der einem als Frau auf Baustellen passiere: „einfach wirklich son Alltag der blöden Sprüche, mit denen du irgendwie immer und immer und immer wieder umgehen musst". Mit ihrem Kollektiv verschaffen er und seine Kolleg:innen sich mehr Schutz in diesem von Diskriminierung geprägten Umfeld, einige internalisierte Aspekte dieser Strukturen sind sie aber noch nicht losgeworden: In männlich dominierten Berufsfeldern hätten Frauen oft das Gefühl, sich in besonderem Maße beweisen zu müssen, und es gäbe deshalb einen „tierisch hohen Erwartungsdruck. Also du musst eigentlich total gut sein." Diese Erfahrung machte schon Jenny während ihrer Ausbildung zur Industrieelektronikerin Ende der 1980er-Jahre: „,Ob ich da überhaupt als Frau …'", fragte sie sich schon im Vorhinein. „Dann saß ich da mit 30 Männern im Vorbereitungskurs und zwei Frauen. Ja, die Schaltung hab' ich schneller zusammengekriegt als die Männer (lacht)."

Die knappe Skizze zeigt: Quer zu den sozialen Gruppen und Klassensegmenten sind geschlechterhierarchische Arbeitsteilung und patriarchale Routinen und die Frage, wie Erwachsene ihre Erwerbsarbeit mit der Sorge für und dem Zusammenleben mit Kindern in Einklang bringen können, relevante Anliegen.

„Was man gelernt hat, war für den Westen nichts." Anerkennung von Qualifikationen

Auch die Bedeutung von Migrationsregimen für das Leben in Klassenverhältnissen wurde explizit entlang der Erfahrungen von Elena, Adrian, Tarik, Roman und Andi thematisiert (Kapitel 3.1. und 3.2), berührt aber die Lebensverläufe und -lagen weiterer Protagonist:innen. Sie teilen Erfahrungen der Benachteiligung in einer Gesellschaft, in deren Niedriglohnsektor mit 30,9 Prozent doppelt so viele Beschäftigte arbeiten, die nicht in der Bundesrepublik Deutschland geboren wurden, wie Menschen ohne Migrationshintergrund (Khalil et al. 2020, 31). Dies ist insbesondere auf die Entwertung der im Herkunftsland erworbenen Qualifikation zurückzuführen (Kalter & Granato 2018), was die Sorgearbeiter:innen Katja, Paul und Louis ebenso traf wie Yulias Ehemann. Katja musste schon ihr Abitur wiederholen, weil man dieses in ihrem Herkunftsland nach 12 statt (wie damals in den westdeutschen Bundesländern üblich) 13 Klassen absolvierte. Sie ließ sich auf den mühevollen Weg ein und begann nach ihrem zweiten Abitur ein Fachhochschulstudium, um in ihrem Ausbildungsberuf arbeiten zu können, musste dieses aber wegen der Schwangerschaft abbrechen und gilt so auf dem hiesigen Arbeitsmarkt als „ungelernte Kraft mit Abitur". Paul und Louis sowie Yulia und ihr Ehemann entschieden sich dagegen, sich erneut in ihren teils langjährig ausgeübten Berufen ausbilden zu lassen. Louis, der in seinem Herkunftsland fast zwanzig Jahre in seinem Ausbildungsberuf gearbeitet hatte, brauchte Geld „für die Kinder" und konnte sich deshalb keinen erneuten dreijährigen Ausbildungsweg leisten. Elena, die in ihrem Herkunftsland als studierte Volkswirtin fünfzehn Jahre im Finanzamt gearbeitet hatte, scheint sich nicht um Anerkennung ihres Hochschulabschlusses bemüht zu haben und befürchtete, aufgrund ihrer mangelnden Deutschkenntnisse keine vergleichbaren Tätigkeiten ausüben zu können. Ihr und Adrian wurden als EU-Migrant:innen in Deutschland keine Sprachkurse von staatlicher Seite angeboten und ihre Erwerbstätigkeit von teils über 60 Wochenstunden ließen ihr keinen Raum dazu, dies nebenberuflich selbst zu organisieren. Roman ist als Dolmetscher professionell mehrsprachig, konnte diese Qualifikation in Berlin aber bislang nur im Kundenservice von Bcom nutzen. Obgleich sie an Ort und Stelle geblieben war, sah sich die Ostberlinerin Silvia mit einem ähnlichen Problem konfrontiert: Sie glaubte ihre erst einige Jahre vor der Wende in der DDR absolvierte Ausbildung zur Köchin in der unter westdeutschen Vorzeichen vereinigten Bundesrepublik Deutschland wiederholen zu müssen,[169] eine Anstrengung, die die zu diesem Zeitpunkt zweifache Mutter nicht auf sich nehmen wollte: „Man musste im Prinzip alles neu nochmal machen, da hab' ich gesagt, nee machen wir nicht mehr". Stattdessen beginnt sie als formell unqualifizierte Kraft in der Gebäudereinigung zu arbeiten und bleibt dort länger als drei Jahrzehnte ihres Berufslebens. In Silvias Aussage, „was man gelernt hat, war für den Westen nichts", verdichtet sich insofern nicht nur das Machtgefälle zwischen BRD und DDR, sondern die allgemeinere Erfahrung der Entwertung von Qualifikationen beim Überschreiten bzw. Überschritten-Werden von Grenzen.

Die knappe Skizze zeigt: Migrations- und Grenzregime trennen nicht nur soziale Gruppen voneinander, sondern die Klassensegmente könnten in der erleichterten Anerkennung von formellen Qualifikationen und gesammelten Berufserfahrungen auch ein gemeinsames Anliegen entdecken.

„So'n Ungleichgewicht."
Zeit fürs Leben jenseits der Erwerbstätigkeit

Das zeitliche Ausmaß, das die Erwerbsarbeit einnimmt, bestimmt weitgehend, wie viel Zeit für unbezahlte Haus- und Sorgearbeit, Erholung und die Pflege von Nahbeziehungen sowie gesellschaftliches Engagement bleibt. Der Frage nach dem Verhältnis von Erwerbsarbeits- und Freizeit als einem wesentlichen Gradmesser für die klassenspezifische Lebenslage beschäftigt fast alle Protagonist:innen. Dabei geht um die Verteilung der Arbeit durch Schichtdienste, die Ausdehnung der Arbeit durch Überstunden, die Verdichtung der Arbeit durch Personalabbau und die resultierende Durchdringung der Lebenszeit durch Erwerbsarbeit.

Bis auf wenige Ausnahmen haben oder hatten die Protagonist:innen einen Arbeitsalltag, in dem regelmäßig oder ausschließlich jenseits der Normarbeitszeit von ‚Nine-to-Five' gearbeitet wird. Bei Louis und Paul in der Altenpflege wird rund um die Uhr im Schichtsystem gearbeitet. Silvias Reinigungsfirma begann die Arbeit nach Ende des Unterrichts, denn: „[V]ormittags kann ich nicht in der Schule sauber

---

169 Laut §37 des Einigungsvertrages galten in der DDR erworbene Bildungsabschlüsse auf dem Gebiet der ehemaligen DDR weiter, ihre Gleichwertigkeit mit entsprechenden Abschlüssen der Bundesrepublik konnte auf Antrag geprüft werden. Da die Kochausbildung in der DDR nur zwei, in der BRD drei Jahre lang war, musste eine entsprechende Anerkennung von einem zu diesem Zweck gegründeten Verein erstritten werden (Keller 2020). Silvia hatte sich vermutlich bereits informiert und entschieden, bevor dieser Verein mit seinem Anliegen erfolgreich war.

machen. Was soll ich da machen?" Sie arbeitete also werktags von 14 bis 22 Uhr, wobei man oft „länger bleiben" musste, um alles zu schaffen. Adrian transportiert in 12-stündigen Nachtschichten medizinisches Material. Andere ermöglichen mit ihrer Arbeit Muße und Vergnügen anderer: Elena reinigt Hotels, Roman betreut Hotel-Besucher:innen, Tarik und Andi bringen das warme Essen bis an Wohnungs- tür und Ingo und Petra gestalte(te)n das Berliner Nachtleben. Sowohl Booking.com als auch Essenslieferdienste wie Lieferando werben dabei mit ihrem 24/7-Service, sodass unter anderem Roman und seine Kolleg:innen sieben Tage die Woche in Schichten zwischen 7:30 Uhr und 23:30 Uhr arbeiten. Ingos Kernarbeitszeit be- ginnt freitags um „23 Uhr" und sowohl für Elena als auch für Roman beginnt mit der sommerlichen Urlaubs-Hochsaison die intensivste Arbeitsphase. Sie alle tragen dazu bei, „nicht nur die Arbeitskraft, sondern auch die gesellschaftlichen Verhält- nisse und Beziehungen zu reproduzieren, auf denen kapitalistisches Wirtschaften beruht" (Mayer-Ahuja & Nachtwey 2021, 22 f.). Die Sorge um hilfsbedürftige Men- schen und soziale Infrastrukturen lässt sich entweder nicht pausieren und muss dann rund um die Uhr stattfinden oder schwerpunktmäßig dann verrichtet werden, wenn andere Pausen, Feierabend oder Urlaub haben. Und während die Schicht- und Randarbeitszeiten schon als solche belastend sind, geraten Katja und Miriam an Grenzen der Vereinbarkeit mit der Sorge um ihre Kinder. Daher wehrte Katja die Vermittlung in Jobs bei „Lidl oder Aldi" ab, weil sie eine Betreuung der Kinder bis 22 Uhr nicht hätte sicherstellen können. Dass Miriam manchmal einen Babysitter bezahlen muss, wenn sie als Demokratie-Arbeiterin Bündnissitzungen am Abend koordiniert, mindert ihr sowieso „wirklich erschreckend" niedriges Gehalt.

Neben der Ausdehnung der Arbeitszeit belastet die Protagonist:innen auch fast durchgängig die hohe Arbeitsintensität infolge zu knapper Personalressourcen. Louis und Paul sind sich sicher, dass sie ihre Arbeit mit dem aktuellen Personal- schlüssel körperlich nicht „bis zur Rente schaffen". Dazu trägt auch bei, dass sie auf Pausen verzichten, um die Senior:innen versorgen zu können. Auch Miriam berichtet von hochverdichteten Arbeitsphasen und stellt fest, dass der Überstun- denabbau „nicht hin[haut]. Also, weil immer doch irgendwas kam". Und so wird das Nicht-Schaffbare, aber Notwendige durch „Überstunden machen, Überstunden machen, Überstunden machen" kompensiert. Als selbstständiger Erlebnispädagoge nahm Heiko die Einsparung am Personal selbst vor und machte viele Klassenfahrten „allein […], auch weil wir Trainer ja die teuersten Kosten waren in der Kalkulati- on". Was in öffentlichen Kassen an finanziellen Mitteln nicht zur Verfügung steht oder gestellt wird, wird von den Sorgearbeiter:innen durch ein erhebliches Maß an persönlicher Energie ausgeglichen. Die extensiven Arbeitszeiten und hohe Arbeits- dichte haben weitreichende Effekte auf den erweiterten Lebenszusammenhang der Protagonist:innen. In Romans Fall behindert die Arbeit in wechselnden Schichten den Aufbau eines „stabilen Alltags". Paul, der tagsüber nicht gut schlafen kann, wird durch Nachtschichten unausgeglichen und „aggressiv". Adrian, der um 7 Uhr mor- gens von der Arbeit kommt, um 17 Uhr wieder los und dazwischen auch schlafen muss, wünscht sich mehr Zeit mit Partnerin und Kind. Seine Urlaubstage sind dafür verplant, sich mit dem vom Jobcenter widerrechtlich verweigerten Transferleistungsanspruch seiner Freundin zu beschäftigten. Elena kritisiert die Siebentagewoche in der Hotelreinigung, weil sie „auch nur ein Mensch" ist, „eine Familie" hat und die „am Wochenende treffen" möchte. Silvia beschreibt ihr Leben als vollzeitbeschäftigte Alleinerziehende als Arbeit ohne Unterbrechung, als „Stress": „Arbeit immer, man hat viel Arbeit. Die Arbeit, die man machen muss [Erwerbsarbeit], dann die Kinder, dann den Einkauf, den Haushalt …". Dass allein die Erwerbsarbeit die Zeiten für Erholung und Muße verdrängt, zeigt auch Nicos Unzufriedenheit darüber, „wie viel ich arbeite, und wie wenig Platz eigentlich für andere Dinge ist". Und dass diese Zeiten für die Alleinerziehenden vollends schwinden, bringt Katja auf den Punkt: „[A]lso Freiraum, kenne ich nicht".

Als ein gemeinsames Anliegen über die Klassensegmente hinweg erweist sich insofern die deutliche Begrenzung des Umfangs und eine Entspannung der Dichte von Erwerbsarbeit, um Zeit für Erholung und Muße zu gewinnen. Und für Erwerbstätige mit Sorgeverantwortung kommt hinzu, was Katja mit Blick auf Frauen fordert: „[E]s müsste einfach klipp und klar Arbeitszeiten nur für alleinerziehende Muttis geben".

„Es ist gefährlich für meinen Körper." Wohlbefinden und Gesundheit

Eine weitere Gemeinsamkeit eines großen Teils der Protagonist:innen ist, dass ihre Arbeit sie physisch und psychisch in einem gesundheitsgefährdenden Ausmaß belastet.

Einige gehen körperlich unmittelbar sehr anstrengenden Arbeiten nach und haben sich teils bereits Verletzungen zugezogen. Nico trägt schweres Baumaterial und Werkzeug auf der Baustelle. Silvia und Elena sind in der Reinigung von Hotels und Schulen teils über acht Stunden am Tag auf den Beinen, häufig in gebeugter Haltung oder schweres Gerät tragend. Silvia bemerkt dazu eher sarkastisch, sie brauche „nicht ins Fitnesscenter [zu] gehen" und beschreibt ihr Vorgehen: „Wahnsinn. […] Man nimmt sich das unten alles, trägt alles nach oben. Oben fängt man dann an, arbeitet sich runter. Also, ist nicht einfach." Elena hatte in ihrer Zeit in der Hotelreinigung mit Rückenproblemen zu kämpfen und wünscht sich daher in Zukunft einen „leichteren Job. Das Hotelgeschäft ist sehr schwer. Mein Rücken tut ständig weh." Auch Post, Päckchen oder Essen auf dem Fahrrad auszuliefern ist körperlich schwere Arbeit, die ohne Schutzvorkehrungen wegen glatter Straßen und hohen Minusgraden sogar zu einer „matter of life and death" werden könne, so Andi. Katja sortiert als Postzustellerin Pakete und bewegt ein 150kg-schweres Fahrrad durch ihren Zustellbezirk. Louis und Paul „mobilisieren" Senior:innen, heben und tragen also erwachsene Körper. Ein größerer Teil der Protagonist:innen berichtet von Arbeitsunfällen. Katja zog sich als häusliche Pflegekraft eines behinderten Kindes ihren ersten Bandscheibenvorfall zu: „[D]en Rollstuhl, dreifache Treppe hoch, runterrattern, hochziehen, Bandscheibenvorfall gekriegt, aber so heftig, dass ich einen Monat nicht laufen konnte, nicht arbeiten konnte, gar nichts machen konnte." Ihr zweiter und akuter Bandscheibenvorfall war Folge der Reorganisation ihrer

Arbeit im Zuge des ersten Lockdowns, die Katja enorm unter Druck setzte, sodass sie sich mit einem Paket ‚verhob'. Um ihre erste unbefristete Stelle nicht zu verlieren, arbeitete sie weiter. Die Ursache ihrer Schmerzen wurde ärztlich erst erkannt, als Katja ihr Bein bereits nicht mehr bewegen konnte. Auch Louis hat sich bei der Arbeit ‚verhoben', wobei ihn seine „Hüfte verlassen" habe. Seither leidet er unter Schmerzen und muss laut Arzt, wenn er nicht „aufpasse", an der Hüfte operiert werden, weshalb die Arbeit „gefährlich für [seinen] Körper" ist. Auch bei anderen Protagonist:innen haben Schichtdienste, Überstunden und extrem verdichtete Arbeit negative Folgen für ihre Gesundheit, auch wenn die Arbeit selbst nicht unmittelbar körperlich anstrengend ist. Ingo beschreibt seine (Nacht-)Arbeit als „Raubbau am Körper". Selten zwei Tage am Stück frei zu haben, wie im Schichtbetrieb im Call Center bei Roman, führe dazu, dass man sich „nicht wirklich ausruhen" könne. Miriam geht „am Stock" und hatte bereits „Burnout-Probleme", eine Krankheit, mit der viele im Demokratiebereich irgendwann zu tun bekämen.

Die Verletzungen der körperlich hart arbeitenden Protagonist:innen drohen teils chronisch zu werden. Adrian kann seinen Fuß nach seinem Arbeitsunfall nicht mehr vollständig bewegen und deshalb „nicht mehr alles arbeiten". Ob Katja ihr Bein je wieder mit alter Kraft wird bewegen können, wusste sie zum Zeitpunkt des Interviews noch nicht. Sie macht sich deshalb große Sorgen bezüglich ihrer beruflichen Perspektive als Postzustellerin, denn für das schwere Fahrrad braucht sie Kraft in beiden Beinen. Nico, Katja, Louis und Paul teilen zudem die Sorge, ob bzw. zu welchem Preis sie ihre Arbeit bis zum Renteneintrittsalter durchhalten können. In Nicos Kollektiv sei allen klar, „bei nem sehr körperlichen Beruf, ey, den machst du mit 67 nicht mehr". Katja befürchtet das Rentenalter in einer körperlichen Verfassung zu erreichen, in der „wir ja sowieso nix mehr [können]". Louis zweifelt, dass „die Gesundheit das zulässt", was er sich wünscht: zu reisen. Katja thematisiert in Bezug auf eine Kollegin sogar, dass Menschen in ihrem Beruf das Rentenalter womöglich gar nicht mehr erreichen: „Ich glaub, sie wird keine Rente kriegen, sie wird nicht überleben bis dahin, so wie sie aussieht." Auch Paul fürchtet, dass man „bei der Besetzung heute [...] nicht auf die Rente" komme. Dass ihre Arbeit unter den geschilderten Bedingungen potenziell tödliche Folgen haben kann, zeigen auch Vergleiche des Mortalitätsrisikos der ärmsten und reichsten 20 Prozent der Bevölkerung: Für den ärmsten Bevölkerungsanteil liegt es bei Frauen 2,4-fach, bei Männern 2,7-fach höher und die Chance, 65 Jahre oder älter zu werden, für Männer um 18 Prozent niedriger (Lampert & Kroll 2014, 2). Nico und sein Kollektiv versuchen vorzusorgen, während in Katjas, Pauls und Louis Berufen keine Konzepte für „altersgerechtes Arbeiten" existieren. Katja hätte hier „Vorschläge und Gedanken", wie bspw. Arbeitsumverteilung oder -zeitverkürzung, ist sich aber sicher: „[D]as wird sich keiner leisten können."

Wenn Louis als Antwort auf die Frage nach seinen Zukunftswünschen antwortet: „Gesundheit", dann teilen die Protagonist:innen, die unter physischen und psychischen Erkrankungen leiden, dies sicherlich. Entsprechende Arbeitsbedingungen zu schaffen, die auch altersgerecht anpassbar sind, wäre somit ein weiteres

Anliegen, hinter denen sich die Protagonist:innen segment-übergreifend versammeln könnten.

„Reicht überhaupt nicht."
Auskommen mit dem Einkommen

Das Leben in Armut aufgrund sehr geringer Einkommen wurde explizit entlang der Erfahrungen von Britta, Marianne, Yulia und Olga sowie Jenny, Petra und Katja samt ihrer Kinder thematisiert (Kapitel 5). Aber auch andere Protagonist:innen sagen über ihr Einkommen: „Reicht überhaupt nicht", so Paul; oder, dass es „knapp" werden könnte, so Miriam. Dabei gibt es signifikante Unterschiede zwischen den Einkommen und Lebens- und Konsumtionsweisen. Die einen leben „an dieser Grenze" der Armut wie Katja und ihre Töchter, die anderen haben einen Punkt in Sichtweite, an dem das Alltagsarrangement „nicht mehr funktionieren" würde, wie Miriam sagt. Dennoch lässt sich sagen, dass sich den Protagonist:innen die Frage nach dem Auskommen mit den Einkommen segment-übergreifend stellt.

Für die aufstockend oder gänzlich von Grundsicherung lebenden Renter:innen Jenny, Britta, Marianne und Olga stellt sie sich als eine danach, für welche Lebensmittel das Geld wie lange reicht. Olga und Jenny gehen deshalb regelmäßig, Marianne „eigentlich nur am Ende des Monats" zur Tafel. Britta, die nicht zur Tafel geht, weil sie denkt „es gibt Leute denen geht's noch dreckiger", kann sich nur ernähren, weil sie „wirklich jeden Cent" umdreht und die Preise verschiedener Supermarktketten auf den Cent genau vergleicht. Trotzdem ist ihr Konsum von zunehmendem Verzicht geprägt, sie fragt sich angesichts der Preissteigerungen beispielsweise, wie lange sie noch Haferflocken mit Joghurt zum Frühstück essen kann. Ein Unterschreiten der ‚Grenze', etwa durch temporäre Schließung oder Überfüllung der Tafel oder eine weitere Verteuerung von Lebensmitteln, bedeutet hier ggf. Mangelernährung. Anders als die *working poor* müssen sie sich keine Sorgen um die monatlichen Mietzahlungen machen, solange Jobcenter oder Sozialamt keine Fehler unterlaufen. Dies ist bei Katja, Silvia, Petra und Adrian anders, deren Einkommen oder Renten knapp über der Bedürftigkeitsgrenze liegen. Ihnen droht der Verlust ihrer Wohnung. Ihr Alltag ist deshalb geprägt davon, die Ausgaben für Miete und Strom zu priorisieren. Adrian und seine Freundin zahlen oft nach Lohneingang „nur das Notwendige, die Miete, die Rate bei der Bank, Internet, Strom". Dann muss er zunächst „Geld übrig behalten für Essen und für das Leben", bevor er die Zahlungen weiterer Rechnungen angehen kann. Auch Silvias Strategie war es, zuerst Miete und Wohnnebenkosten zu bezahlen, denn: „[W]enn sie mir das Telefon abdrehen, das ist mir egal. Meine Miete, Strom ist mir A und O. Ist Strom weg, ist meine Mikrowelle aus, Kühlschrank geht nicht mehr." Wenn sie ihre Wohnung verlassen müsste, wüsste sie nicht mehr, wohin: „Es gibt keine Wohnung mehr, die uns zusteht vom Preis her." Adrian ist trotz seiner Bemühungen nur aufgrund der Kulanz seines Vermieters nicht wohnungslos geworden. Petra ist aktuell in die Situation, ihre essentiellen Rechnungen ggf. nicht zahlen zu können, seit sie den Putz-Job verloren hat, mit dem sie ihre Rente aufbessert: „Mir fehlt die Perspektive. [...] jetzt muss ich erstmal meine Miete zusammenkriegen zum Monatsende. Stromrechnung ist offen".

Eine weitere ‚Grenze' liegt in der Gefahr sich verschulden zu müssen, weil keine oder kaum finanzielle Rücklagen vorhanden sind. Ein plötzlicher Ausfall des Einkommens, wie bei Katja durch eine verspätete Zahlung des Krankengeldes oder bei Hannah infolge der Lockdowns, führen dann unmittelbar in eine existenzielle Krise. Seltene, größere Ausgaben für die Anschaffung einer Waschmaschine oder eines Fernsehers können nur mit Ratenzahlungen oder Dispo-Krediten gestemmt werden. Aufgrund der Zinslast sind solche Anschaffungen für die untersten Einkommensgruppen dann teurer als für Personen mit höheren Einkommen. Adrian ist durch immer „größere Rechnungen" in die Überschuldung geraten, eine Situation, die auch Petra und Britta kennen.

Während ein Teil der Protagonist:innen an und unter diesen Grenzen lebt, bewegen sich andere zwar oberhalb von ihnen, aber in ihrer Sichtweite. Joschua macht aktuell erstmals die Erfahrung, „nicht die ganze Zeit an der Kante zu leben finanziell und nicht ständig rechnen zu müssen". Auch Nico muss nicht mehr „total auf [sein] Geld achten", was für ihn konkret bedeutet, auch „mal essen zu gehen oder sowas, oder [sich] ein Bahnticket zu kaufen", ohne drüber nachdenken zu müssen, „ob [er] sich das jetzt leisten kann". Sein finanzieller Spielraum beruht bei einer Vollzeit-Erwerbstätigkeit darauf, eine günstige Stellplatzgebühr für seinen Bauwagen zu zahlen, ob er „irgendwie 600 Euro für ne Wohnung" erübrigen könnte, weiß er nicht. Hannah ist sich hingegen sicher, dass sie es sich bei ihrem Stundenlohn im Ausstellungsaufbau „nicht leisten [könnte], in ne Wohnung zu ziehen". Die Räumung der Wagenplätze, auf denen sie leben, ist insofern die ‚Grenze', die sie angesichts der gestiegenen Mietpreise in eine Krise stürzen würde.

Zentral für das Auskommen mit dem Einkommen ist neben den Lebenshaltungskosten auch, wie viele Personen von wie vielen Einkommen versorgt werden müssen. Miriam, die von ihrem Einkommen alleine leben konnte, meint, dass es mit Kind und zwei Einkommen „knapp" sei. Ihre ‚Grenze' wäre der Verlust ihres Partners, denn alleinerziehend würde sie es „nicht schaffen. Das wär ne Katastrophe". Katja, die zwar im Vergleich zur Hochschulabsolventin Miriam in der Bundesrepublik Deutschland nur als „ungelernte Kraft mit Abitur" gilt, bringt in fast demselben Wortlaut ihre Dankbarkeit für das zusätzliche Einkommen durch ihren Partner zum Ausdruck: Durch ihn könnten sie und die Töchter „besser essen, paar Kleinigkeiten mehr kaufen", denn „alleine würde ich das nicht schaffen". Auch Silvia meint: „Zwei Verdiener müssen schon sein". Ob bzw. wie schnell die Protagonist:innen unter ihre jeweilige Grenze geraten würden, hängt auch von den finanziellen Spielräumen des weiteren sozialen Umfelds ab. Während Britta „noch nie jemanden kennengelernt" hat, der zwei- bis viertausend Euro „auf der hohen Kante" hatte, konnte sich Marianne in einer Situation der akuten, krisenhaften Erkrankung spontan einen Flug von Südostasien und die Miete für drei Monate von Freund:innen vorstrecken lassen. Und Miriam weiß, dass sie in Notfällen ihre „Eltern fragen kann". Ob dies möglich ist, hängt indes nicht allein von deren Vermögen ab. So könnte Nico sein

„obere Mittelschichts-Bildungsbürgertum-Elternhaus" vermutlich nicht um Unterstützung bitten, weil Outing und Transition das Verhältnis belastet haben. Adrian wiederum wurde in den letzten Jahren von Bruder und Cousin unterstützt, die wie er im Niedriglohnsektor arbeiten und insofern sicher keine großen Puffer haben. Nicht nur die Finanzstärke des sozialen und familiären Umfeldes ist ausschlaggebend, sondern auch dessen (un-)solidarische Grundhaltung.

Katja formuliert konkret, was die benannten ‚Grenzen' auf größere Distanz bringen, ihr Alltagsarrangement stabilisieren und das Leben einfacher machen könnte: „Dafür müssten die Löhne höher sein." Oder man müsste die „Mieten senken, je nachdem." Es ließe sich hinzufügen: Oder beides. In jedem Fall könnten diese Anliegen von allen genannten Protagonist:innen segment-übergreifend geteilt werden.

„Jetzt meine Ecke markieren für Pfandflaschen." Absicherung im Alter

Die ‚Aussicht' auf Armut im Alter teilt die Mehrheit der erwerbstätigen Protagonist:innen und zwar unabhängig davon, ob sie auch als Jüngere bereits in Armut leben oder sich oberhalb dieser Grenze bewegen. Wie sich ihr Alltag in dem Fall gestalten würde, ist am Beispiel von Marianne, Britta und Olga, die als Rentnerinnen in Armut leben, deutlich geworden.

Explizit angesprochen wird diese Aussicht überwiegend von denjenigen, die noch nicht in Armut leben. Sie sprechen teils schockiert, teils empört, manchmal auch indifferent oder zynisch an, dass ihre Rente nicht fürs Leben reichen wird. Miriam denkt beim Eintreffen ihres Rentenbescheides immer: „Oh mein Gott, ach du Scheiße! [...] Wie soll das funktionieren?" In Joschuas Umfeld ist das Sprechen über Grundsicherung im Alter „mehr so ein Running-Joke". Auch Nico ist sich sicher, mit seinen Abschlägen „nicht mehr über den Hartz-IV-Satz zu kommen", und Ingo „weiß, dass [ihm] Altersarmut bevorsteht", findet das aber „vollkommen ok". Katja hingegen äußert sich eher wütend oder zynisch: „Nicht mal 400 Euro Rente. Ich hab' schon meinem Partner gesagt, ich muss jetzt meine Ecke fest markieren für Pfandflaschen, mich durchboxen." Über ihre verschiedenen Berufsbiografien und Erwerbsarbeitsverhältnisse hinweg eint sie, dass sie mit ihren Einkommen unter den gegenwärtigen Bedingungen der Altersvorsorge keine armutsfeste Rente erreichen können. Nico, Joschua, Ingo und Hannah mussten als Solo-Selbstständige nicht in die gesetzliche Rentenkasse einzahlen, was zunächst „ne totale Erleichterung" gewesen sei, um den gerade erst gegründeten „Betrieb am Laufen zu halten", wie Nico sagt. Als sie sich eine stabile Auftragslage erarbeitet hatten und einen Teil des Geldes für eine private Altersvorsorge hätten investieren können, war es bereits zu spät. Jetzt sei es „mittlerweile Quatsch" mit den Einzahlungen zu beginnen, wie Joschua sagt, weil er mit und ohne private Vorsorge „definitiv auf die Grundsicherung angewiesen sein werde". Die Situation von Miriam und Katja ist trotz langjähriger Erwerbsbiografien als Angestellte und entsprechender Einzahlungen in die gesetzliche Rentenversicherung nicht anders. Miriam findet es „schon auch hart", dass sie trotz ihrer „soundsoviele Jahre [in] ner vollen Stelle" auf ein Alter in Armut zusteuert. Sie hat „krass viel Lebenszeit in Arbeit gesteckt, die am Ende, weiß ich nicht ...". Sie bricht den Satz ab, meint aber vielleicht, ‚die am Ende nicht materiell honoriert wird'. Auch Katja verweist darauf, dass die implizite und explizite Erwartung, nach einer langen Erwerbsarbeitszeit eine mindestens armutsfeste Rente zu erhalten, nicht mehr trägt, wenn sie betont, „seit ihrem 16. Lebensjahr" gearbeitet zu haben. Die Aufforderung zur privaten Altersvorsorge weist sie als völlig unrealistisch zurück: „Sparen, wo denn? An welcher Stelle soll man noch sparen? Wo sie sagen, ‚legen sie für ihre Rente zurück', hm." Von den jüngeren und migrantischen Erwerbstätigen sprechen Tarik, Andi, Adrian und Roman ihre fernere Zukunft nicht an. Sollten sie aber in ähnlichen Lagen bleiben, werden sie wie Louis und Paul auch im Alter in Armut leben. Für Elena und Yulia, die sagt: „Also für mich leuchtet keine Rente sozusagen", gilt dies ebenfalls. Ihre langjährige Erwerbstätigkeit in der Ukraine wird nicht angerechnet, denn entsprechende Sozialversicherungsabkommen existieren zwar für EU-Staaten und einige weitere Länder, von den laufenden Verhandlungen mit der Ukraine wird Yulia allerdings nicht mehr profitieren. Die Gefahr, im Alter mit sehr geringen Renten leben zu müssen, betrifft fast der Hälfte der Bevölkerung: 42 Prozent der Vollzeitbeschäftigten werden voraussichtlich eine Rente unter 1.500 Euro (Emendörfer 2023) erhalten, darunter 53 Prozent Frauen, die nach 40 Jahren Vollzeit-Berufstätigkeit weniger als 1.200 Euro erhalten werden (Verdi 2023c). Das Armutsrisiko für Rentner:innen mit Migrationshintergrund liegt bei 33,4 Prozent und ist mehr als doppelt so hoch ist wie von Personen ohne Migrationshintergrund (13,2 Prozent) (BpB 2020).

Vor diesem Hintergrund wäre ein Sozialversicherungs- und Rentensystem, das den Älteren ein Leben in Würde und deutlich oberhalb der Armutsgrenze ermöglicht, ein Anliegen, das alters- und segment-übergreifend geteilt werden könnte.

„Wie tief soll ich fallen?"
Der Blick nach unten

Die vieldiskutierte und kritisierte diskursive Verabschiedung der ‚Klasse' ging einher mit ihrer Enteignung in Form von sinkenden Reallöhnen, Privatisierung gesellschaftlicher Infrastrukturen etc. und den damit verbundenen, ausführlich dargestellten Konsequenzen für die Betroffenen. Zudem wurde sie unter anderem durch die Erosion von betrieblicher Mitbestimmung und Tarifsystemen auch als politisches Kollektiv-Subjekt geschwächt. Insgesamt wird diese Entwicklung als Demobilisierung (Dörre 2020) der Klasse in der Abstiegsgesellschaft (Nachtwey 2016) beschrieben. Ihre materielle und politische Schwächung spiegelt sich in einem ‚Blick nach unten' der überwiegenden Mehrzahl der Protagonist:innen, die keine bessere Zukunft (mehr) erwarten.

Geht der Blick in die Zukunft, „leuchtet" dort nicht nur für Yulia, sondern für keine:n eine Rente, von der man im Alter gut leben könnte. Blicken die Protagonist:innen zurück in ihre Kindheit, so stellen viele fest, dass sich ihre soziale Lage im Vergleich zur familiären Herkunft entweder kaum verbessert oder verschlechtert hat. Für sie ist wahr, was mit der nach unten fahrenden Rolltreppe (Nachtwey 2016, 126 ff.) im Gegensatz zum Fahrstuhl nach oben (Beck 1986) für die westdeutsche Klassengesellschaft ins Bild gesetzt wurde: Nachdem sich die Teilhabemöglichkeiten im Fordismus für viele Angehörige der Arbeiter:innen-Klasse substanziell erweitert hatten, ist die langfristige Tendenz im Neoliberalismus gegenläufig. Die Folge ist: Man strampelt sich ab, um den Abstieg zu verhindern; an einen Aufstieg ist dabei nicht zu denken. Dementsprechend ist für viele Protagonist:innen der Maßstab für die Bewertung der eigenen Lage weniger der Vergleich mit einer erreichbar besseren Lage. Vielmehr ist der Maßstab die Lage derjenigen, denen es (noch) schlechter geht, verbunden mit der mehr oder weniger akuten Angst vor einem weiteren sozialen Abstieg. So relativieren Miriam und Britta die Kritik an ihrer Lage damit, es noch vergleichsweise gut zu haben. Miriam spricht im Zusammenhang mit dem Schreck über die im Rentenbescheid ausgewiesene niedrige Rente davon, sich als Teil des Prekariats zu empfinden, nicht aber mit Blick auf ihre Gegenwart, da einige in ihrem Freundeskreis „noch prekärer arbeiten". Angesichts dessen habe sie den „Impuls", sich zu sagen: „,Ach komm, es geht dir ja jetzt nicht schlecht. Leuten gehts schlechter.'" Ihre Kritik an den eigenen problematischen Lebensbedingungen fühle sich dann wie „Jammern auf hohem Niveau" an und sie fordert sich selbst dazu auf: „,Also jetzt reiß dich mal zusammen.'" Britta scheint einen ähnlichen ‚Impuls' zu haben. So sagt sie beispielsweise im Zusammenhang mit den spät ausgezahlten Corona-Hilfen für Hartz-IV-Bezieher:innen, sich „manchmal schon wie der letzte Dreck" behandelt zu fühlen, nimmt dies aber noch im selben Satz mit Verweis auf ‚andere Länder' zurück: „Also wir haben ja noch das Glück, zum Beispiel, dass wir krankenversichert sind. In anderen Ländern gibt es, glaub ich, ja nicht einmal ne Krankenversicherung." Dass eine teilprivatisierte Krankenversicherung in den ausführlich dargestellten Klassenverhältnisse als Privileg gilt, zeigt auch Nicos Vergleich seiner Lage mit derjenigen der „nicht-deutschen Hilfsarbeiter", die ihm auf Baustellen begegnen und zu denen Elenas Mann und Sohn gehören. Auch Ingo und Marianne verweisen wie Heiko auf die „ganz anderen Zustände" außerhalb der Bundesrepublik und der Europäischen Union, um die eigene Lage zu relativieren. Sie kennen aus ihrer ehrenamtlichen Arbeit in Südostasien und an den Grenzen der EU das Leben in absoluter Armut. Im Vergleich dazu sei ihre Lage in (bevorstehender) relativer Armut weniger beklagenswert. Beide deuten diese als „minimalen" (Marianne) oder „proletarischen" (Ingo) Lebensstil positiv um. Zugleich stellen sie vor allem die hohen Mieten in Berlin vor Herausforderungen. Ingo hat „schon immer auch so ein bisschen die Angst [...], auf der Straße zu landen", sagt sich aber: „Ich meine, ich hab' 'nen deutschen Pass, wie tief soll ich fallen? Selbst wenn ich doch irgendwann mal unter ner Brücke schlafen müsste, würde es mir wahrscheinlich immer noch besser gehen als den meisten Menschen, die ich so an den europäischen Außengrenzen gesehen hab." Auch Marianne setzt sich mit einem Leben in Wohnungslosigkeit auseinander und meint, „sie würde ja auch in einem Zelt am Wannsee leben", sei nur nicht sicher, ob ihr Körper das in zehn Jahren, wenn sie weit über 70 Jahre alt sein wird, noch mitmache. Und auf die Frage nach Zukunftswünschen gefragt antwortet Petra, sie würde gerne auf einem Gnadenhof für Tiere leben und wünscht sich damit zwischen den Zeilen vielleicht auch einen Ort, an dem nicht nur Tiere, sondern auch Menschen würdig altern und sterben dürfen.

Die Dynamik der Klassenverhältnisse und subjektiven Deutungen scheint sich wechselseitig zu bestärken: Die strukturelle Demobilisierung richtet den spontanen Blick nach unten aus, wodurch die Kritik an Armut und Prekarisierung ermäßigt wird und einer stillschweigenden Akzeptanz Platz macht (Brinkmann et al. 2006; Dörre 2009b, 54f.). Vermerkt sei, dass der ‚Blick nach unten' nicht nur, wie skizziert, besorgt und empathisch-solidarisch auftritt, sondern auch als klassistisch-aggressiv aufgeladene Distinktion.

„Wir kämpfen jeden Tag." Mobilisierung, Organisierung und Verbindung

Neben der Diagnose einer Abstiegsgesellschaft und demobilisierten Klasse wird auch konstatiert, dass Kämpfe um ein besseres und gutes Leben in verschiedenen Bereichen erfolgreich geführt werden (Dribbusch 2023). Diesen Erfolgen gehen ebenso erfolgreiche Prozesse der betrieblichen bzw. branchenweiten oder gruppenspezifischen Mobilisierung und Organisierung voraus. Und im Alltag werden Handlungsspielräume durch vielfältige Mikropraktiken, widerständiges Handeln und wechselseitige solidarischer Unterstützung aufrechterhalten.

Zu den alltäglichen Praktiken gehören Strategien, die knappen Ressourcen an Geld, Zeit, Gesundheit und Sicherheit zu kompensieren: Katja verlängert die Hosen ihrer Töchter, als professionelle Textilherstellerin kann sie dies auch aktuellen Trends entsprechend; Marianne weiß, wo und wann sie zu Marktschluss frisches Gemüse kostenlos mitnehmen kann und trainiert sich autodidaktisch mit alten Unterlagen im Kampfsport; Petra gestaltet ihren Hauptaufenthaltsort, ihre Wohnung, mit viel Liebe zum Detail mit Lichterketten und Plüschtieren; Miriam teilt sich „Dinge und damit Kosten" nicht nur in der Partnerschaft, sondern auch mit Wohngemeinschaft und Freund:innen. Wo ihnen zusätzliche Steine in den Weg gelegt werden, stehen viele widerständig für sich ein: Katja weiß um ihre Rechte im Jobcenter und fordert diese im Zweifelsfall sogar beim Vorgesetzten ihres Betreuers ein; Elena konfrontiert ihre Vorgesetzte mit deren Lohnbetrug und Paul erwirkt mittels angedrohter Krankmeldungen, zur Erholung zwei freie Tage am Stück nehmen zu dürfen. Kommen die Protagonist:innen alleine nicht gegen die ihnen auferlegten Grenzen an, suchen sie professionelle Beratung und ziehen, wie Elena und Adrian, mit der entsprechenden Unterstützung bis vor Gericht, um ihre Rechte einzuklagen. Die Auseinandersetzung mit dem teils stummen und teils beredten Zwang der Verhältnisse, in denen die eigene Existenz gefährdet ist, ist „ein ‚Kampf, jeden Tag'", wie Britta sagt. Manchmal haben sie deshalb phasenweise „keine Kraft mehr" wie Jenny oder wie Katja den Eindruck, es sei eh ein „verlorener Kampf" mit der Folge zu „resignieren". Das ist insbesondere dann der Fall, wenn sie die Auseinandersetzungen alleine führen müssen, denn „allein schafft man das nicht, musst ein Team sein", wie Paul weiß.

Klassistische Strukturen haben tendenziell vereinzelnde Effekte: Geldknappheit schließt von sozialer und gesellschaftlicher Teilhabe aus, zeit- und energieraubende Erwerbsarbeit erschwert es insbesondere in Kombination mit Sorgeverantwortung, sich in Selbsthilfegruppen, Initiativen oder Organisationen zu engagieren. Trotzdem sind oder waren die Protagonist:innen über lange Strecken sozial vernetzt, teils informell organisiert: Katja hat sich mit anderen Alleinerziehenden ein Betreuungssystem im Rotationsmodell organisiert. Adrians freundschaftliche und familiäre Netzwerke vermitteln sich Wohnraum und leihen sich Geld. Paul und sein Team sind organisiert und verteidigen ihre Rechte gegen die Einrichtungsleitung, Ingo koordiniert und vertritt ein Netzwerk von Türsteher:innen gegenüber Klubbetreiber:innen. Tarik und Andi standen zum Zeitpunkt des Interviews kurz davor, einen Betriebsrat durch Wahlen in ihrem Lieferdienst zu institutionalisieren. Miriam, Tina und Ines profitieren bereits von Betriebsräten, die in den vergangenen Jahren im Feld der Demokratiearbeit etabliert wurden, haben aber trotzdem noch nicht für alle arbeitsbezogenen Probleme die richtige Art von kollegialem Austausch und Verbindung für sich gefunden. Roman weiß als langjähriger Betriebsrat bei Bcom, dass auch diese Form der institutionalisiert-kollektiven Gegenwehr an Grenzen stößt, solange sie bei ortungebundenen Tätigkeiten nur auf einen Standort reduziert bleibt. Mit der *Tech Workers Coalition* versucht Jacob, die hierarchische Segmentierung der IT-Arbeiter:innen inner- und überbetrieblich zu überschreiten. Auch jenseits der Erwerbsarbeit setzen die Protagonist:innen sich im Zusammenschluss mit anderen für ein besseres Leben ein: Hannah und Nico gestalten ihre selbstverwalteten Wohnprojekte, die im Meer der rasant gestiegenen Mieten zu – wenn auch prekären – Schutzinseln werden. Laura und Kalle unterstützen Krankenpfleger:innen und Patient:innen im Kampf für ein Gesundheitssystem, das Gesundheit und Lebensqualität von Sorgenden und Versorgten steigert, statt zu senken. So wurden bessere Personalschlüssel *und* Arbeitsbedingungen in der Krankenpflege erstritten (Gesundheit statt Profite und Krankenhausbewegung 2022) und die Lohnhöhe signifikant angehoben (Tarifrunde öffentlicher Dienst und IG Metall 2023). Die Mehrheit der Berliner:innen zeigte sich von der Enteignung großer Wohnungskonzerne überzeugt, um bezahlbaren Wohnraum strukturell abzusichern (Deutsche Wohnen und Co. enteignen 2021). Und das in Berlin aufgegriffene spanische Vorbild der sorgenden Städte zeigt, wie bezahlte und unbezahlte Sorgearbeit aus ihrer Misere befreit werden kann.

Die über die sozialen Gruppen und Segmente hinweg geteilten Anliegen werden insofern nicht nur geäußert. Vielmehr wird im Alltag individuell und gemeinsam in informellen Netzwerken, Teams, kollektiv in Betrieben, Gewerkschaften und zivilgesellschaftlichen Kampagnen und Bündnissen um die Durchsetzung entsprechender Interessen gestritten: für Geschlechtergerechtigkeit, Anerkennung von Qualifikationen, Zeit fürs Leben jenseits der Erwerbsarbeit, Wohlbefinden und Gesundheit, höhere Löhne und ein Leben jenseits der Armut im Alter. Für ein Berlin, das nicht arm, aber sexy, sondern attraktiv und lebenswert für all seine Einwohner:innen ist.

7 Klassismus im Berlin-Monitor: Befunde aus der Repräsentativerhebung 2021

Gert Pickel und Katrin Reimer-Gordinskaya

Der multimethodische Ansatz im Berlin-Monitor (Pickel et al. 2019, 2023) kommt in dieser Publikation nun auch mit Blick auf Klassenverhältnisse und Klassismus zum Einsatz. Während in den Kapiteln 1 bis 6 die Ergebnisse der subjektwissenschaftlich-qualitativen Forschung dargestellt sind, geht es folgend um Befunde, die 2021 auf der Grundlage eines repräsentativen Samples der Berliner Bevölkerung gewonnen wurden. Um Zusammenhänge zwischen dem quantitativen und qualitativen Studienteil herausstellen und diskutieren zu können, werden sie aus der Publikation zur gesamten Repräsentativerhebung (Pickel et al. 2023) ausgekoppelt und an dieser Stelle in eine Gesamtbetrachtung von Klassismus in Berlin eingebunden. Dieser Zugang zu Klassismus wird eingangs in den Kontext der soziologischen und sozialpsychologischen Einstellungsforschung gestellt. Anschließend werden das Konzept und die Operationalisierung von Klassismus in der Repräsentativerhebung erläutert, um dann in die Darstellung der wesentlichen Befunde überzugehen. Im abschließenden Fazit werden die Kernergebnisse zusammengefasst und Bezüge zum qualitativen Studienteil hergestellt.

Erhebung von Klassismus in der Einstellungsforschung

Kern der hier vorgelegten Analysen ist eine abgesicherte Messung von Klassismus. Trotz der Erhebung einzelner Elemente von Klassismus stellt dieser Versuch in gewisser Hinsicht für die Bundesrepublik Deutschland ein Novum dar. So spielte die Erfassung von Abwertung aufgrund des sozialen Status in den klassischen Erhebungen der auf Umfragen basierenden deutschen Sozialwissenschaft bislang eher eine Nebenrolle. Wenn, dann konzentrierten sich quantitativ-statistische Erhebungen zur sozialen Ungleichheit in den letzten Jahrzehnten meist auf die Erfassung von ungleichen Einkommens- und Lebensverhältnissen oder aber auf die Auswirkungen der Ökonomisierung auf das Leben der Menschen. Immerhin wurden in den letzten Jahrzehnten wiederholt einzelne Items in Studien einbezogen, die als Aspekte von Klassismus verstanden werden können (Heitmeyer 2008; Zick & Küpper 2021).[170] Speziell Haltungen zu Langzeitarbeitslosen und Obdachlosen wurden thematisiert, wenn auch entweder als Bestandteil eines breiteren Phänomens verstanden, das

---

[170] Mehr Informationen dazu finden sich auf europäischer Ebene, wo in einigen Studien zumindest der zaghafte Versuch einer Sammlung von Selbstbeschreibungen von Klassenverhältnissen und Abwertungen aufgrund des sozialen Status stattfand. An dieser Stelle immer noch programmatisch das Special Eurobarometer „Poverty und Social Exclusion" aus dem Jahr 2007 und das Eurobarometer 74.1 von 2010 mit einem gleichlautenden Schwerpunkt.

unter der Bezeichnung Gruppenbezogene Menschenfeindlichkeit Eingang in die sozialwissenschaftliche Debatte gefunden hat, oder singulär als Abwertung der genannten Gruppen (Heitmeyer 2008, 41). Dazu zählt zum Beispiel die Abwertung von Langzeitarbeitslosen und Obdachlosen. Items wie die, Langzeitarbeitslose würden sich vor Arbeit drücken, erhielten teils hohe Zustimmungswerte von bis zu 70 Prozent (Heitmeyer & Endrikat 2008, 66; Zick et al. 2019, 74 f.). Allerdings erfolgte die Erhebung dieser Daten nicht auf der Basis eines eigenständigen Konzepts von Klassismus, vielmehr wurde bis zuletzt die „Abwertung von Langzeitarbeitslosen" oder die „Abwertung wohnungsloser Menschen" im Rahmen des Konzepts Gruppenbezogene Menschenfeindlichkeit interpretiert (Zick & Küpper 2021, 190 f.).

Ein Grund für diese bisher zurückhaltende empirische Verwendung von Klassismuskonzepten in Umfragen mag sein, dass das Phänomen unter dem Terminus Klassismus in Deutschland erst spät Einzug in die öffentliche Diskussion in Deutschland hielt (Kemper & Weinbach 2007; Baron 2020; Seeck & Theißl 2021) und zudem einen anderen Fokus als die auf soziale Strukturen, Milieus und soziale Ungleichheit ausgerichtete soziale Ungleichheitsforschung hat (Burzan 2011; Erlinghagen & Hank 2018). Zudem richteten die größeren repräsentativen Studien, die die Förderung demokratischen Engagements seit Anfang der 2000er-Jahre fundierten, ihren Blick eher auf andere Phänomene wie rechtsextreme Einstellungen, Rassismus und Antisemitismus (z. B. Decker et al. 2022; Zick & Küpper 2021). In sonstigen nationalen und auch internationalen Umfrageprogrammen (Allbus, SOEP, World Values Survey, European Values Survey, etc.) fehlen Erhebungen zu Klassismus fast gänzlich. Möglicherweise kommt hier eine hohe Akzeptanz sozialer Ungleichheit und einer damit verbundenen Individualisierung von Lebensrisiken zum Tragen, wie sie mit Bezug auf Ulrich Becks Risikogesellschaft immer wieder diskutiert wurde (Beck 1986; auch Reckwitz 2017). Die angesprochene Lücke an Umfragedaten versuchen wir mit einer regionalen Erhebung zumindest teilweise zu schließen. Und Berlin bietet sich dazu als Untersuchungsfeld an, ist es doch das erste und bislang einzige Bundesland, das Diskriminierung aufgrund des sozialen Status in sein 2020 verabschiedetes Antidiskriminierungsgesetz aufgenommen hat.

Die Konzeptualisierung und Operationalisierung von Klassismus

Im Rahmen der repräsentativen Bevölkerungsumfrage des Berlin-Monitors 2021 wurde ein eigenes Konzept entwickelt, auf dessen Grundlage Klassismus gemessen und interpretiert werden kann. Es umfasst drei Bestandteile: die Abwertung von Gruppen im Zusammenhang mit ihrem sozialen Status (Klassismus), Gerechtigkeitsorientierungen und Deprivationserfahrungen als zentrale Bezugsfaktoren. Im Anschluss an Überlegungen des Bielefelder Forschungszusammenhangs gehen auch wir davon aus, dass wohnungslose Menschen sowie Menschen, die über lange Zeit erwerbslos sind, in der Sozialstruktur eine statusniedrige Position einnehmen und negative Zuschreibungen diesen Gruppen gegenüber ein valides Messinstrument für klassistische Diskriminierung darstellen (Zick & Küpper 2021, 190f.). Weil entsprechende Items bereits getestet und etabliert sind, übernahmen wir je zwei Items zu „Langzeitarbeitslosen" und „Obdachlosen" in unsere Abwertungsskala. Für diese Items können so Vergleiche der Zustimmungsraten in Berlin und im Bundesgebiet angestellt werden. Ergänzt haben wir die Skala um ein Item zu Einstellungen gegenüber der Gruppe derjenigen, die ALG II beziehen. Dies hat zum Hintergrund, dass mit der Reform des Sozialgesetzbuches II zum 1. Januar 2005, durch die Sozial- und Arbeitslosenhilfe zum ALG II zusammengefasst wurden, eine distinkte Gruppe entstanden ist, die unter dem landläufigen Bezeichnung „Hartz-IV-Empfänger" bekannt ist. Für diese Gruppe konstruierten wir ein Statement in Anlehnung an ein Item zur Abwertung von Langzeitarbeitslosen (Tab. 7.1). Schließlich ergänzten wir die Skala um ein Item mit Bezug auf Menschen, die trotz ihrer Erwerbsarbeit prekär leben, um eine Abwertungsbereitschaft gegenüber den sogenannten *working poor* einbeziehen zu können. Die Abwertungsskala umfasst somit insgesamt sechs Items. Dies gibt uns die Möglichkeit, eine größere Spannbreite von klassistischer Abwertung zu erheben, als es bislang der Fall war.

Tabelle 7.1: Items der Skala „Abwertung im Zusammenhang mit dem sozialen Status"

Ich finde es empörend, wenn sich die Langzeitarbeitslosen auf Kosten der Gesellschaft ein schönes Leben machen.	1
Die meisten Langzeitarbeitslosen sind nicht wirklich daran interessiert, einen Job zu finden.	2
Menschen in prekären Verhältnissen haben es einfach nicht geschafft.	3
Die meisten Harz-IV-Empfänger machen sich auf Kosten anderer ein schönes Leben.	4
Bettelnde Obdachlose sollten aus den Fußgängerzonen entfernt werden.	5
Die meisten Obdachlosen sind arbeitsscheu.	6

Quelle: eigene Zusammenstellung

Die Antwortskala ist vierstufig: Allen Aussagen konnte man sehr stark oder eher zustimmen oder sie eher oder stark ablehnen. In der Folge führten wir die zustimmenden Antworten in einer Skala zusammen. Diese Zusammenführung ist statistisch abgedeckt: Sowohl eine Faktorenanalyse, die Dimensionen des Antwortverhaltens bestimmt, wie auch eine Reliabilitätsanalyse (Cronbachs Alpha = .86) ergeben eine eindimensionale Lösung. Anders gesagt: Menschen, die einem der oben aufgeführten Items zustimmen, stimmen mit sehr hoher Wahrscheinlichkeit auch den anderen Items zu. Es handelt sich also um eine Skala klassistischer Einstellungen.

Einstellungsmessungen werden gelegentlich dahingehend kritisiert, sie würden gesellschaftliche Probleme individualisieren. Dies trifft allerdings nicht den Punkt, geben die Befunde ja keine individuellen, sondern aggregierte Daten zu Einstellungsverteilungen in großen Populationen wieder. Sie verweisen bei größeren Zustimmungsraten auf gesellschaftlich relevante oder dominante Haltungen: Wenn zum Beispiel 30 Prozent der Bevölkerung Obdachlose lieber aus den Innenstädten entfernt sehen möchten, dann handelt es sich weniger um ein individuelles als um ein gesellschaftliches Problem. Dies gilt insbesondere dann, wenn sich diese Haltungen mit strukturellen oder kulturellen bzw. ideologischen Faktoren erklären lassen. So können Befunde an verschiedenen Stellen als Phänomene eines institutionellen oder strukturellen Klassismus gedeutet werden. Dies muss aber mit genauem Blick auf die Aussagen und ihre Verteilung sowie Ursachen geschehen. Hierzu bedarf es Erklärungskonzepte, die z. B. Ideologien der Ungleichheit oder Aussagen über den Wunsch nach einem Erhalt von Machtstrukturen mit einbeziehen.

Bezugs- und Erklärungsfaktoren klassistischer Abwertung: Gerechtigkeitsorientierungen und Deprivationserfahrungen

Als wichtige Bezugs- und Erklärungsfaktoren umfasst das Klassismuskonzept Gerechtigkeitsorientierungen und Deprivationserfahrungen. Eine unserer Vermutungen ist, dass Gerechtigkeitsorientierungen, also Vorstellungen davon, welche Form der Güterverteilung man allgemein als gerecht ansieht, für die Entstehung klassistischer Einstellungen bedeutsam sind. Die Erfassung von Gerechtigkeitsorientierungen ist ein vergleichsweise etablierteres Forschungsfeld als das der Abwertung von Gruppen im Zusammenhang mit ihrem sozialen Status (Wegener & Liebig 1998, 2010). Hier schließen wir uns der Unterscheidung zwischen Leistungsgerechtigkeit, Chancengerechtigkeit bzw. -gleichheit und Bedürfnisgerechtigkeit an. *Gerechtigkeitsorientierungen* wirken über kulturelle Normen, an denen man sich orientiert. Diese können unter bestimmten Umständen die Abwertung von Gruppen nahelegen, die entweder diese kulturellen Normen (vermeintlich) nicht teilen oder gemessen an diesen nicht erfolgreich sind. Andererseits sind kulturelle Normen der Gerechtigkeit für eine Gesellschaft prägend, wie das der Leistungsgerechtigkeit für die kapitalistische Gesellschaft und das der Bedürfnisgerechtigkeit für eine solidarische oder sozialistische Gesellschaft. Dabei steht das Konzept der Chancengleichheit, aus der jeder etwas anderes macht, Vorstellungen einer vollständigen Gleichheit – oder *Gleichheit in den real existierenden sozioökonomischen Verhältnissen* – gegenüber. Bei den Letzteren ist Gerechtigkeit nur dann erreicht, wenn alle ungefähr das Gleiche an Einkommen und Besitz haben – oder zumindest der Versuch unternommen wird, einen Ausgleich durch Umverteilung zu schaffen (Pickel 2012, 141 u. 155). Dieses Leitbild hat im Kontext des real existierenden Sozialismus erheblich an Glaubwürdigkeit und Faszination verloren. Gleichwohl bedeutet dies nicht per se ein Umschwenken aller Mitglieder einer Gesellschaft auf das Ideal der Leistungs- und Chancengerechtigkeit. Vielmehr werden weiterhin Ausgleichsmechanismen eingefordert, die zumindest eine weitreichende soziale Ungleichheit reduzieren sollen. Dies mündet in Fragen nach Umverteilung und Ausgleich, meist seitens des Staates.

Typisch hierfür sind Vorstellungen davon, wie eine gerechte Gesellschaft auszusehen hat. In liberal verfassten kapitalistischen Systemen erfolgt eine Orientierung am Konzept der Chancengleichheit, kombiniert mit dem Prinzip der *Leistungsgerechtigkeit*. Dabei wird angenommen, dass jeder Mensch in der Lage ist, bei entsprechendem Einsatz und Arbeit etwas zu erreichen. Im äußersten Fall impliziert dies das Leitbild „vom Tellerwäscher zum Millionär". Es setzt soziale Ungleichheit voraus (z. B. Burzan 2011, 141) und geht davon aus, dass jeder Mensch für seine soziale Position selbst verantwortlich ist und es individuell in seiner Macht steht, diese zu ändern. Dem zugrunde liegt die Idee der *Chancengleichheit*. Diese versteht unter Gerechtigkeit die Herstellung gleicher Ausgangsbedingungen, um von dort aus ganz im Sinne der Leistungsgerechtigkeit „seines eigenen Glückes Schmied" zu werden. Das Problem ist: Chancengleichheit befördert die Reproduktion von Klassenverhältnissen wie prekäre soziale Milieus und Exklusion (ebd., 150–154). Leistungsgerechtigkeit wird über drei Items mit einer Skala von stimme voll und ganz zu, stimme eher zu, stimme eher nicht zu und stimme überhaupt nicht zu gemessen (Tab. 7.2).

Ein weiteres Konzept ist das der Bedürfnisgerechtigkeit. Es nimmt Elemente aus den beiden vorher genannten Gerechtigkeitsvorstellungen genauso auf wie Grundelemente der Menschenrechtserklärungen: Allen Menschen soll die Möglichkeit für ein selbstbestimmtes und angemessenes Leben eröffnet werden. Dies bedeutet keineswegs eine Gleichheit im Ressourcenbesitz oder den Machtverhältnissen, sondern eine Grundabsicherung von Menschen unabhängig von ihren Leistungen. Meistens wird sich an der Vorstellung einer materiellen Lebensgrundlage für ein angemessenes und würdiges Leben orientiert. Eine Vermutung, die wir haben, ist, dass ein auf Bedürfnisgerechtigkeit ausgerichtetes Verständnis Klassismus entgegenwirkt und ein auf Leistungsgerechtigkeit ausgerichtetes Verständnis zu Klassismus beiträgt. Die in den Items zum Ausdruck kommenden Einstellungen sind in Tabelle 7.2 aufgeführt.

Hinzugefügt wurden zur Dimension der Orientierung an Leistung/Chancen zwei Items, die für eine zugespitzte Durchsetzung von Leistungsgerechtigkeit stehen. Wie spätere Faktorenanalysen zeigen, spalten sich diese Items aber von der Dimension Leistungsgerechtigkeit ab. Aufgrund ihrer inhaltlichen Prägung haben wir sie egoistisches Leistungsstreben genannt.

Zudem gehen wir davon aus, dass Deprivationserfahrungen und Klassismus in einer Beziehung stehen sowie Deprivationserfahrungen uns Auskunft über erlebten Klassismus geben. Entsprechend erheben wir mit den in Tabelle 7.2 dargestellten Items mögliche Deprivationserfahrungen und -ängste. Dabei beziehen wir mit jeweils einem Item verschiedene Bereiche ein, die für die gesellschaftliche Teilhabe von Menschen zentral sind: eine Frage zum Bereich Gesundheit am Beispiel der zahnmedizinischen Versorgungssicherheit, eine Frage zur Wohnungssicherheit, eine Frage

Tabelle 7.2: Items für Gerechtigkeitsvorstellungen und Deprivation

Dimension	Items in Erhebung
Bedürfnisgerechtigkeit	Unabhängig von seinen Leistungen sollte jeder das haben, was er mit seiner Familie für ein anständiges Leben braucht.
	Es braucht mehr Umverteilung von oben nach unten.
Leistungsgerechtigkeit (inkl. Chancengleichheit)	Wir können es uns nicht leisten, alle unproduktiven Menschen durchzufüttern.
	Die meisten Menschen sind nicht fähig, das Beste aus ihren Chancen zu machen.
	Rangunterschiede zwischen Menschen sind akzeptabel, weil sie im Wesentlichen ausdrücken, was man aus den Chancen, die man hatte, gemacht hat.
egoistisches Leistungsstreben	Ich suche meinen persönlichen Vorteil, egal worum es geht, auch auf Kosten anderer.
	Ich versuche, mich beruflich gegen andere durchzusetzen.
Erfahrungen von Deprivation	Wenn etwas ist, gehe ich zum Zahnarzt, ohne mir Gedanken über Geld zu machen.
	Meine Wohnung zu verlieren, macht mir Angst.
	Ich muss mir finanziell keine Sorgen machen.
	Neben meiner Arbeit bleibt mir genügend Freizeit für Freunde, Hobbies und Familie.
tätigkeitsbezogene Abwertungserfahrungen	In meinem Alltag erlebe ich es häufig, dass andere Menschen mich aufgrund meiner Tätigkeit herablassend behandeln.
allgemeine Abwertungserfahrungen	Manchmal fühle ich mich wie ein Mensch zweiter Klasse behandelt.

Quelle: eigene Zusammenstellung

zu zeitlichen Ressourcen für die Freizeitgestaltung und eine Frage zur finanziellen Sicherheit. Ergänzt wurde diese Skala um zwei Items, mit denen tätigkeitsbezogene Abwertungserfahrungen sowie allgemeine Abwertungserfahrungen erfragt wurden. Die Antwortskala war auch hier vierstufig und bot jeweils die Möglichkeit, die Fragen bzw. Statements mit stimme voll und ganz zu, stimme eher zu, stimme eher nicht zu oder stimme überhaupt nicht zu zu beantworten.

Studiendesign und Erhebung

Die Daten der Detailauswertung zu Klassismus stammen aus der umfassenden Repräsentativerhebung von Einstellungen und Diskriminierungserfahrungen des

Berlin-Monitors 2021. Die Telefon- bzw. Online-Befragung wurde zwischen dem 13. September und dem 15. November 2021 mit einem für Berlin repräsentativen Sample durchgeführt. Der Fragebogen umfasste neben Fragen zur gegenwärtigen gesellschaftlichen Situation und zur Einschätzung von Politik und Demokratie Fragesets zu Diskriminierungserfahrungen, Rechtsextremismus und Autoritarismus. Die Schwerpunkte der Befragung 2021 lagen auf den Themen antischwarzer Rassismus und Klassismus. Eine Übersicht der erzielten Ergebnisse ist eigenständig veröffentlicht (Pickel et al. 2023). Entsprechend wird auf eine Detaildarstellung der Befunde der Studie verzichtet. In der folgenden Analyse verwendete Konstrukte werden an der jeweiligen Verwendungsstelle des Textes beschrieben. Insgesamt beteiligten sich 2053 Berliner:innen an der Telefon- und Online-Befragung.

Abwertung statusniedriger Gruppen in Berlin – in der Breite existent

Schauen wir auf die Zustimmung zu den im vorigen Abschnitt vorgestellten Aussagen, dann können wir sagen: Klassismus ist in Berlin existent und es ist bei etwa einem Viertel der Berliner:innen als eine Art geschlossenes Syndrom Klassismus festzustellen (Unterstützung *aller* abwertenden Aussagen). Dabei sind statusniedrige Gruppen Objekt erheblicher Abwertung in der Berliner Bevölkerung. Vor allem *Langzeitarbeitslose* sind von einer massiven Abwertung betroffen (vgl. Kapitel 5, insbesondere zu Britta und Jenny). Rund die Hälfte der Berliner Stadtbevölkerung wirft Langzeitarbeitslosen vor, gar keinen Arbeitsplatz zu suchen und sich auf Kosten „der Allgemeinheit" ein schönes und gemütliches Leben zu machen (Tab. 7.1).

Die Abwertung von Obdachlosen, Hartz-IV-Empfänger:innen und der *working poor* trifft noch bei einem erheblichen Teil von rund einem Drittel der Berliner:innen auf Zustimmung. Die Ergebnisse zeigen interessanterweise eine beachtliche Differenz zwischen Hartz-IV-Empfänger:innen und Langzeitarbeitslosen. So ist die Abwertung gegenüber Langzeitarbeitslosen um 14-Prozentpunkte höher als die Abwertung von Hartz-IV-Empfänger:innen, und dies konsistent über beide Erhebungsitems. Allem Anschein nach machen nicht wenige Berliner:innen hier einen Unterschied, darunter auch selbst Sozialleistungen Beziehende (vgl. Kapitel 2.1, insbesondere zu Katja; Tab. 7.2). Hintergrund dürfte die Annahme sein, dass man mal arbeitslos werden kann, aber wenn dies über längere Zeit der Fall ist, dies an dem individuellen Unwillen zu arbeiten liegen muss.

Etwas schwächer als bei Langzeitenarbeitslosen fallen die Negativurteile über Obdachlose aus, hier bewegen sich in Berlin die Zustimmungswerte zu abwertenden Aussagen zwischen 25 und 33 Prozent. Das heißt, immerhin ein Viertel der Berliner:innen schätzt Obdachlose als „arbeitsscheu" ein, was man als eine sehr deutliche Abwertung angesichts der NS-Geschichte dieses Begriffs interpretieren kann. Zudem will ein Drittel der Berliner:innen, dass Obdachlose aus den Innenstädten entfernt werden. Gerade die letzte Aussage bringt mehr als ein einfaches Vorurteil

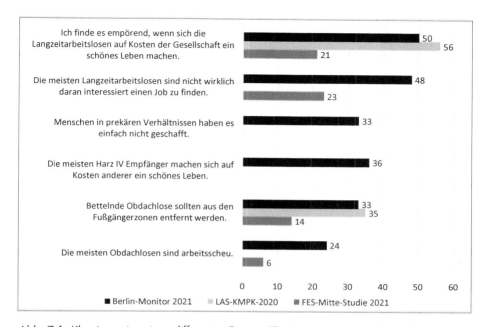

Abb. 7.1: Klassismus in seinen differenten Formen (Zustimmungswerte in Prozent)
Quelle: eigene Berechnungen, Berlin-Monitor 2021; n = 2.053 (gewichtet); ausgewiesene Werte sind
Zustimmungswerte auf einer 4-Punkte-Skala; Referenzwerte Mitte-Studie der Friedrich-Ebert-Stiftung
(Zick & Küpper 2021, 190–191), allerdings 5-er-Skala mit teils-teils, ausgewiesen nur zustimmende Werte[171]

gegenüber Obdachlosen zum Ausdruck, sondern drückt eine aggressive Ausgrenzungsbereitschaft aus. Möglicherweise soll so die Konfrontation mit einem für sich selbst nicht endgültig auszuschließenden Abstiegsrisiko vermieden werden oder man will nicht durch die „Verlierer" der Gesellschaft gestört werden.

Auf der Basis von Werten der Mitte-Studie 2021 der Friedrich-Ebert-Stiftung (FES) kann ein Vergleich der Verbreitung einzelner klassistischer Einstellungen in der Berliner und bundesdeutschen Bevölkerung angestellt werden. In diesem Vergleich fallen die in Berlin 2021 gemessenen Werte auf den ersten Blick sehr hoch aus. Dies hat zunächst methodologische Gründe: Die Mitte-Studie nutzt eine fünfstufige Antwortskala, der Berlin-Monitor eine vierstufige Antwortskala, dort fehlt also die Antwortmöglichkeit teils/teils (Zick & Küpper 2021). Die bundesweit deutlich niedrigeren Zustimmungsraten lassen sich als Ausweichen eines beträchtlichen Teils der Befragten auf die Teils-teils-Kategorie interpretieren. Denn fokussiert man allein auf die ablehnenden Antworten gegenüber den aufgeführten Items, so fällt die Zustimmung in Berlin höher als im Bund aus. Nur 43 Prozent der in der FES-Studie befragten Bürger:innen lehnen die Aussage zum „schönen Leben von Langzeitarbeitslosen"

---

171 Alle Daten sind gewichtet nach sozialstrukturellen Faktoren (Geschlecht, Alter und Schulabschluss).

ab (Berlin: 50 Prozent), 63 Prozent widersprechen der Aussage „Obdachlose sind arbeitsscheu" (Berlin: 75 Prozent; Zick et al. 2021, 190 f.). Angesichts dessen sind die Berliner Werte nicht als außergewöhnlich hoch einzuschätzen. Vielmehr wäre eine bundesweite Erhebung mit einer vierstufigen Antwortskala mit der daraus resultierenden Notwendigkeit für die Befragten, sich für eine Tendenz entscheiden zu müssen, vermutlich zu ähnlichen Ergebnissen gekommen. Noch ein weiterer Befund stärkt diese Interpretation: In der an die Leipziger Autoritarismus-Studie von 2020 angeschlossene Studie „Kirchenmitgliedschaft und Politische Kultur" (Pickel et al. 2022) wurden zwei der von uns verwendeten Items zu Haltungen gegenüber Langzeitarbeitslosen und Obdachlosen erhoben. Die Zustimmungswerte zu ihnen liegen im Bundesschnitt – allerdings nur leicht – über den Berliner Werten, wie z. B. 6 Prozent höher (gesamt 56 Prozent) bei der Aussage „Ich finde es empörend, wenn sich Langzeitarbeitslose auf Kosten der Gesellschaft ein schönes Leben machen" (Pickel et al. 2022, 50; Abb. 10.1).

Für die Erhebung von Klassismus konzeptionell ebenfalls wichtig ist, ob alle abgefragten Aussagen das gleiche Phänomen abbilden – klassistische Abwertung: Wie bereits angesprochen, ergibt eine Faktorenanalyse über alle sechs Items eine statistisch belastbare einfaktorielle Lösung, eine Reliabilitätsanalyse ein hohes Cronbachs-Alpha von insgesamt .86. Damit belegt die Analyse eine in sich *konsistente Dimension von Einstellungen*, die man als *Klassismus* bezeichnen kann. Für weitergehende Analysen werden sie zu einer aus den sechs Items bestehenden Skala zusammengeführt und analysiert. Dies bedeutet inhaltlich: Es existiert ein Vorurteilssyndrom bzw. ein eigenständiges Phänomen „klassistische Einstellungen", das Abwertung im Zusammenhang mit dem sozialen Status repräsentiert.

Gerechtigkeitsorientierungen in Berlin

Diese klassistischen Abwertungen entstehen nicht im luftleeren Raum. Sie können durch normative Vorstellungen gespeist werden. Besonders wichtig sind in diesem Zusammenhang die dargestellten Gerechtigkeitsorientierungen oder Gleichheitsvorstellungen. Die von uns im Berlin-Monitor 2021 gestellten Fragen ergeben in einer Faktorenanalyse wie intendiert drei Dimensionen:[172] Erstens finden wir die bereits angesprochene Dimension der *Leistungsgerechtigkeit*. Berliner:innen, die ihr zustimmen, machen aufbauend auf der Prämisse einer seitens des politischen Systems gewährten Chancengleichheit das Individuum für seine Position in der Gesellschaft verantwortlich. In dieser Einstellung kommen Aussagen zusammen wie „Rangunterschiede zwischen Menschen sind akzeptabel", „Wir können es uns nicht leisten, alle unproduktiven Menschen durchzufüttern" und „Die meisten Menschen sind nicht fähig, das Beste aus ihren Chancen zu machen". Zweitens: Dieser Norm gegenüber

---

172   Die Faktorenanalyse ist ein Verfahren zur Reduktion der Information. D. h. es wird ein hinter Einzelaussagen stehendes latentes Phänomen oder eben eine Ideologie identifiziert. Diese drückt sich in einem stark überschneidenden Antwortverhalten aus und kann so statistisch ermittelt werden.

steht der Ruf nach mehr Umverteilung von oben nach unten, auch unabhängig von den Leistungen einer Person. So lässt sich auch empirisch die Dimension der *Bedürfnisgerechtigkeit* identifizieren. Drittens: Als letzte Dimension finden wir in den Daten ein Denken, dass wir als *egozentrisches Leistungsstreben* bezeichnen wollen. Es umfasst Haltungen wie die, sich auf jeden Fall beruflich durchsetzen zu wollen und unter jeglichen Bedingungen seinen persönlichen Vorteil zu suchen. In dieser Überzeugung werden allgemeinere Ansprüche der Leistungsideologie zu einer Haltung der stärker persönlichen Nutzenmaximierung zugespitzt.

Beginnen wir gleich mit dem egozentrierten Leistungsstreben. Dies ist in Berlin eher wenig verbreitet. Nur ein geringer Anteil von 7 Prozent der Berliner:innen gibt an, allein nach dem eigenen Vorteil zu streben, aber immerhin 30 Prozent finden es richtig, sich beruflich auf Kosten anderer durchsetzen zu wollen, was den Befund zum ersten Item dieser Dimension etwas relativiert. Wie sieht es nun bei der Leistungsgerechtigkeit aus? Angesichts der auf Leistung und Chancengleichheit ausgerichteten Gesellschaftsordnung in Deutschland fällt die Zustimmung von etwa einem Viertel der Berliner:innen zu Elementen der Leistungsgerechtigkeit und der Legitimation von Rangunterschieden in Berlin eher schwach aus (Abb. 7.2). Gleichwohl muss man auch die Deutlichkeit der Aussagen in der Dimension Leistungsgerechtigkeit berücksichtigen. So sagt die Zustimmung zu einer Aussage wie „Wir können uns nicht leisten alle unproduktive Menschen durchzufüttern" einiges über das Gesellschaftsbild der entsprechend antwortenden Personen aus: Hier wird nicht nur ein Leistungsideal hochgehalten, sondern auch eine aggressive Ablehnung sozialer Hilfe erkennbar.

Mit 32 bis 48 Prozent lehnt immerhin zwischen einem knappen Drittel und fast der Hälfte der Berliner:innen die vorgelegten Aussagen zur Leistungsgerechtigkeit ab, gleichwohl bleiben mit 21 bis 30 Prozent nicht wenige Berliner:innen übrig, die aufgrund des sozialen Status diskriminierende Strukturen der Gesellschaft als nicht nur akzeptabel, sondern sogar als begrüßenswert ansehen (Kemper & Weinbach 2022, 133).

Bemerkenswert ist die durchweg hohe Zustimmung der Berliner:innen zu *Bedürfnisgerechtigkeit*. Zustimmungsraten von über 70 Prozent der Berliner:innen zu einer Herstellung von Bedürfnisgerechtigkeit und von zwei Dritteln zu Umverteilung eröffnen ein beachtliches Potenzial für den Abbau von zu starken sozialen Ungleichheiten und prekären Lebensverhältnissen. Leider kann man nicht genau abschätzen, wie weit die Offenheit reicht, oder was genau unter bedürfnisgerecht verstanden wird. Deutlich wird bei Betrachtung der Ergebnisse, dass etliche Befragte Elemente von sich eigentlich gegenseitig ausschließenden Gerechtigkeitskonzepten vertreten. So kann man Bedürfnisgerechtigkeit unterstützen und doch dann ab einem bestimmten Punkt Leistungsgerechtigkeit einfordern. Allgemein zeigt sich in der Berliner Erhebung ein eher wenig konsistentes Verständnis von Gleichheit und Gerechtigkeit. Dies ist bis zu einem gewissen Punkt auch nicht wirklich überraschend. Menschen können den Abbau sozialer Ungleichheit begrüßen und es wichtig finden, dass der Staat für die Abdeckung von Grundbedürfnissen sorgt. Allerdings hängt diese Anerkennung von Bedürftigkeit oftmals davon ab, wie weit die Hilfsbedürftigen von

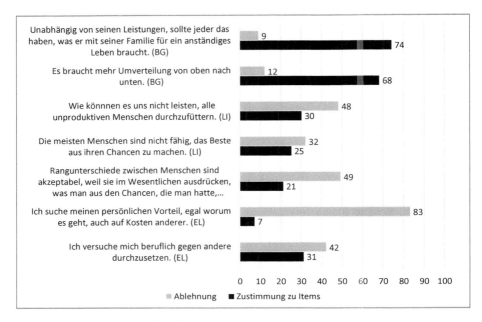

Abb. 7.2: *Gerechtigkeitswahrnehmungen (Zustimmungswerte in Prozent)*
Quelle: eigene Berechnungen, Berlin-Monitor 2021; fünf Antwortmöglichkeiten, ausgewiesen: Zustimmung und Ablehnung; Darstellung ohne Kategorie teils/teils; n = 2.053 (gewichtet); BG = Dimension Bedürfnis-gerechtigkeit; LI = Dimension Leistungsgerechtigkeit: EL = Dimension egoistisches Leistungsstreben

der eigenen Person entfernt sind und wie hoch die Kosten für deren Unterstützung sind. Ab einer bestimmten Grenze setzt offensichtlich eine Beurteilung nach Prinzi-pien der Leistungsgerechtigkeit ein (Gerhards & Lengfeld 2013).

Finanzielle Deprivation und Abwertungserfahrungen in Berlin

Für uns ebenfalls wichtig waren die Erhebung der finanziellen und ökonomischen Verhältnisse der Befragten sowie Angaben zu persönlichen Deprivationserfahrun-gen und Abwertungsängsten. Wir nehmen an, dass es hier ein spiegelbildliches Verhältnis zu klassistischen Einstellungen gibt. Interessanterweise gaben nur weni-ge befragte Personen an, selbst Deprivation erfahren und entsprechende Ängste entwickelt zu haben. Nur zwischen 10 und 20 Prozent der Berliner:innen haben demnach die Erfahrung gemacht, abgewertet oder als Bürger:in zweiter Klasse an-gesehen worden zu sein. Dies deutet neben einer vielleicht vermiedenen Identifika-tion mit benachteiligten Gruppen auf eine gewisse Akzeptanz bis Übernahme des Leistungsideals und des Konzepts der Chancengleichheit auch unter Gruppen von Menschen in prekären Lebenslagen hin. Denn fragt man weiter, existieren durchaus reale Ängste. So gaben 50 Prozent der Befragten an, Angst vor dem Verlust ihrer

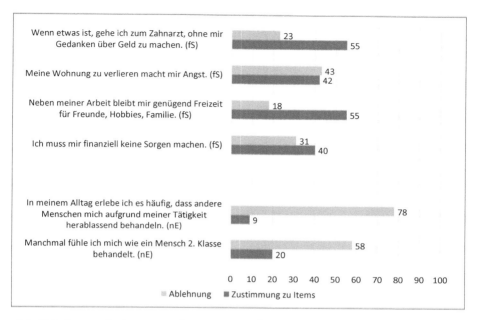

Abb. 7.3: Finanzielle Situation und Deprivationserfahrungen (Zustimmungswerte in Prozent)
Quelle: eigene Berechnungen, Berlin-Monitor 2021; fünf Antwortmöglichkeiten, Darstellung ohne Kategorie teils/teils; jeweils stark und eher zustimmend sowie stark ablehnend und eher ablehnend zusammengefasst; n = 2.053 (gewichtet)

Wohnung zu haben, was eine nicht zu unterschätzende Zahl ist (vielleicht aber auch auf die besondere Situation in Berlin verweist). Zugleich ist der Anteil derjenigen, die sich explizit finanzielle Sorgen machen, mit zwischen 20 und 30 Prozent deutlich geringer, aber auch kein kleiner Anteil der Bevölkerung (Abb. 7.3). Auch hier haben wir eine Faktorenanalyse durchgeführt: Die erhobenen Items lassen sich in eine Dimension *finanzielle Sorgen* (fS) und eine Dimension *negative Erfahrungen* (nE) mit Abwertungen aufteilen.

Während von persönlich erfahrener Abwertung nur relativ selten berichtet wird (Zustimmungswerte von 10 und 20 Prozent), beläuft sich der Anteil, der finanzielle Unsicherheiten erfahren hat, je nach Frageformulierung auf bis zu 40 Prozent. Dabei liegen die Werte der Berliner:innen ohne deutsche Staatsangehörigkeit etwa 10 Prozent über denen der Berliner:innen mit deutschem Pass.

Beziehungen: Leistungsgerechtigkeit als Triebkraft für klassistische Einstellungen

Um die Beziehung zwischen klassistischen Einstellungen und Leistungsideologie herauszuarbeiten, sind Zusammenhangsanalysen nötig. Ergebnisse dazu finden sich in Tabelle 7.3. Dabei wird die enge Kopplung von Klassismus an die Ideologie der Leistungsgerechtigkeit deutlich. Es besteht eine sehr hohe statistische Beziehung zwischen beiden Konstrukten: Wer glaubt, dass jeder seines eigenen Glückes Schmied ist, wertet mit höherer Wahrscheinlichkeit Menschen mit niedrigerem sozialen Status ab. So wie Bedürfnisgerechtigkeit Klassismus signifikant, aber schwächer entgegensteht, fördert ein egozentrisches Leistungsstreben Klassismus. Wer selbst finanzielle Sorgen hat, denkt wiederum weniger klassistisch. Zudem passen finanzielle Sorgen und Leistungsideologie nur begrenzt zusammen. Wahrscheinlicher sind es Personen mit eigenen finanziellen Sorgen, die selbst häufiger negative Abwertungserfahrungen machen.

Tabelle 7.3: Korrelationen zwischen Dimensionen

	Klassismus	finanzielle Sorgen	soziale Dominanz-orientierung
Bedürfnisgerechtigkeit	−.37	n. s.	−.61
egozentrisches Leistungsstreben	+.32	−.13	−.39
Leistungsgerechtigkeit	**+.67**	−.10	+.47
soziale Dominanzorientierung	**+.50**	−.11	/
finanzielle Sorgen	−.12	/	−.12
negative Erfahrungen	−.24	+.35	−.29

Quelle: eigene Berechnungen, Berlin-Monitor 2021; Pearsons R Produkt-Moment Korrelationen, p < .01; Korrelationen mit den jeweiligen Faktoren; soziale Dominanzorientierung ist Wunsch nach Erhalt der gegenwärtigen Machtstrukturen; n. s. = nicht signifikant (keine Beziehung).

Fasst man die Ergebnisse zusammen, dann belegt die hohe Binnenkorrelationen zwischen den Dimensionen den starken Zusammenhang zwischen einem an Leistungsgerechtigkeit ausgerichteten Ideal und Klassismus (Tab. 7.3). Diejenigen, welche die allgemeinen Ansprüche einer Leistungsgesellschaft nicht erfüllen, werden abgewertet (Nachtwey 2016). Dem steht die Bedürfnisgerechtigkeit entgegen. Menschen mit diesem Ideal neigen weniger dazu, Hierarchien und Machtstrukturen in der Gesellschaft aufrechterhalten oder aufbauen zu wollen, während diejenigen mit Überzeugungen im Sinne von einem Leistungsideal Machthierarchien erhalten möchten. Dies wird sichtbar in den Korrelationen der Dimensionen mit der *sozialen Dominanzorientierung* (Pratto 1999). Sie verkörpert den Wunsch nach dem Erhalt von hierarchischen Machtstrukturen in der Gesellschaft. Zwei von vier Items zu seiner Erhebung lauten beispielsweise: „Unterlegene Gruppen sollten dort bleiben, wo sie hingehören" und die Ablehnung von „Die Gleichwertigkeit aller Gruppen ist ein wichtiges Ideal". Soziale Dominanzorientierung kann durch seine Abbildung des Wunsches nach dem Erhalt von Machtverhältnissen und Hierarchien als Basiskonzept eines in der Gesellschaft tradierten *strukturellen Klassismus, Rassismus und Sexismus* interpretiert werden (Meulenbelt 1988), dessen Wissensbestände mit Blick auf den Erhalt von Machthierarchien immer wieder reproduziert werden.

Sowohl klassistische Einstellungen als auch die Befürwortung von Leistungsgerechtigkeit sind, wie die Korrelationen in Tabelle 7.3 zeigen, eng mit dem Wunsch nach einem Erhalt der bestehenden Dominanzstrukturen verbunden. Gleichzeitig steht der Wunsch nach dem Erhalt von hierarchischen Machtstrukturen einer Bedürfnisgerechtigkeit vehement entgegen. Beides dürfte nicht nur für Berlin gelten, aber ist dort nun empirisch belegt.

Auf der Grundlage der Daten kann gezeigt werden, welche sozialen Gruppen zu Klassismus neigen. Dabei tritt Überraschendes und Erwartetes zutage. Ein höheres Einkommen befördert Klassismus und eine Orientierung an Leistungsgerechtigkeit, allerdings im begrenzten Umfang. Ein Grund dürfte sein, dass eine höhere Bildung klassistischen Einstellungen entgegenwirkt. Ein höheres Alter und ein geringeres Bildungsniveau sind leicht förderlich für klassistische Einstellungen (Tab. 7.4). Dass Menschen mit mittlerem Bildungsabschluss leicht überdurchschnittlich häufig klassistische Einstellungen aufweisen, mag an einer gewissen Abstiegsangst liegen. Gleiches gilt für die Beziehung zu finanziellen Sorgen, die wenig überraschend mit geringerem Einkommen deutlich anwachsen (Korrelation r = −.45). In die gleiche Richtung, allerdings schwächer, ist der Bezug zu negativen Erfahrungen. Ältere Berliner:innen neigen häufiger zum Klassismus und müssen sich nur begrenzt finanzielle Sorgen machen.

Tabelle 7.4: Klassismus und Sozialstruktur (Korrelationen)

	Alter kontinuierlich 16−89 Jahre	formal hohe Bildung	formal niedrige Bildung	monatliches Haushaltsnettoeinkommen
Klassismus	+.12	−.20	+.07	+.07
Bedarfsgerechtigkeit	−.16	n. s.	n. s.	n. s.
egozentrisches Leistungsstreben	−.39	+.11	−.06	n. s.
Leistungsgerechtigkeit	+.05	+.20	−.13	+.13
finanzielle Sorgen	−.13	−.24	+.16	−.45
negative Erfahrungen	−.34	−.09	+.07	−.16

Quelle: eigene Berechnungen, Berlin-Monitor 2021; Pearsons R Produkt-Moment Korrelationen, p < .01; Korrelationen mit den jeweiligen Faktoren; Alter ist eine kontinuierliche Variable in Richtung höheres Alter (89 Jahre als Endpunkt), Bildung wurde über zwei dichotomisierte Variablen erhoben, monatliches Haushaltsnettoeinkommen wird wieder kontinuierlich in Richtung höchstes Einkommen bestimmt; n. s. = nicht signifikant (keine Beziehung)

Insgesamt sind die sozialstrukturellen Einflüsse auf klassistische Einstellungen eher gering ausgeprägt. Es sind nicht nur reiche Berliner:innen, die Menschen mit geringerem sozialen Status abwerten. Neben dem Konkurrenzgedanken dürften eigene Abstiegsängste eine beachtliche Rolle bei der Ausprägung von klassistischen

Einstellungen spielen. Gerechtigkeitsorientierungen erweisen sich als ein weit gewichtigere Erklärungsfaktoren für klassistische Einstellungen als die sozialen Strukturen bzw. sozialen Positionen.

Intersektionalität von Klassismus

Die Bezüge zur sozialen Dominanzorientierung verweisen auf eine Verschränkung von Klassismus mit anderen Formen der Abwertung. Angesichts dessen liegt eine Verbindung zwischen Klassismus und Sexismus im Sinne intersektionaler Abwertungserfahrungen nahe (Kemper & Weinbach 2022, 35 ff.). Auch zu Rassismus sind immer wieder Beziehungen diskutiert worden und naheliegend (Meulenbelt 1988). Im Berlin-Monitor 2021 sind verschiedene vorurteilsförmige Einstellungen wie besonders antischwarzer Rassismus und auch Sexismus gemessen worden (Pickel et al. 2023), sodass deren Intersektionalität mit Klassismus untersucht werden kann. Die Ergebnisse der Zusammenhangsanalyse bestätigen die Annahmen einer Verbindung zwischen Klassismus und Rassismus eindrucksvoll. Klassismus korreliert am stärksten mit antischwarzem Rassismus, und kaum weniger mit Antiziganismus, antimuslimischen Rassismus und Antisemitismus (Tab. 7.5). Die Binnenkorrelationen zu Rassismen und Antisemitismus fallen sehr hoch aus: Berliner:innen, die andere Menschen klassistisch abwerten, sind auch oft bereit, rassifizierte soziale Gruppen abzuwerten. Über den in Tabelle 7.4 aufgeführten Wunsch nach einem hierarchischen Machterhalt (soziale Dominanzorientierung) verbinden sich Klassismus und Rassismen intersektional miteinander. Dies drückt sich in starken statistischen Beziehungen zwischen Klassismus mit antischwarzem Rassismus, antimuslimischen Rassismus und Antiziganismus, aber auch Antisemitismus aus (Tab. 7.5).

Tabelle 7.5: Klassismus, Vorurteile und Rassismus

	Anti-semitismus	Anti-ziganismus	antischwarzer Rassismus	anti-muslimischer Rassismus
Klassismus	**+.40**	**+.50**	**+.50**	**+.48**
Bedürfnisgerechtigkeit	–.28	–.30	–.31	–.33
egozentrisches Leistungsstreben	+.42	+.34	+.31	+.25
Leistungsgerechtigkeit	+.40	+.48	+.43	+.48
finanzielle Sorgen	+.17	+.21	+.16	+.23
negative Erfahrungen	+.33	+.29	+.35	+.22

Quelle: eigene Berechnungen, Berlin-Monitor 2021; Pearsons R Produkt-Moment Korrelationen, p < .01

Tabelle 7.6: Klassismus, Homophobie, Sexismus und Antifeminismus

	Sexismus	Anti-feminismus	Homo-phobie	Trans-phobie	Autoritaris-mus
Klassismus	+.35	+.36	+.24	+.34	+.47
Bedürfnisgerechtigkeit	−.31	−.37	−.23	−.33	−.21
egozentrisches Leistungsstreben	+.35	+.36	+.21	+.40	+.25
Leistungsgerechtigkeit	+.37	+.38	+.27	+.35	+.47
finanzielle Sorgen	−.07	−.07	−.07	−.08	n. s.
negative Erfahrungen	+.31	+.28	+.11	+.31	+.12

Quelle: eigene Berechnungen, Berlin-Monitor 2021; Pearsons R Produkt-Moment Korrelationen, p < .01; Korrelationen für Sexismus, Homophobie und Transphobie mit repräsentativen Einzelaussagen

Die Verwobenheit der klassistischen Abwertung mit anderen rassifizierten Abwertungen ist somit offensichtlich. Da überrascht es nicht mehr, dass die Orientierung an Leistungsgerechtigkeit und ein egozentrisches Leistungsstreben nicht nur Klassismus, sondern auch Antisemitismus und Rassismen fördern. Bedürfnisgerechtigkeit wirkt allen Abwertungsformen, Vorurteilen und Rassismen entgegen. Kaum anders ist das Bild bei anderen Formen der Abwertung, wenngleich in einer etwas geringeren Ausprägung (Tab. 7.6). Sexismus und die Ablehnung sexueller und geschlechtlicher Vielfalt stehen in einem deutlichen Zusammenhang mit Klassismus, der allerdings nicht so eng ist wie beim Rassismus. Gleichwohl dürfte es bei Effektstärken zwischen r = +.24 bis +.40 legitim sein, eine Verbindung zwischen Klassismus, Rassismus und Sexismus zu behaupten. Deutlich wird in Tabelle 7.6 auch der enge Bezug zwischen Autoritarismus, Klassismus und Leistungsgerechtigkeit. Autoritäre Überzeugungen sind dem Abbau klassistischer Einstellungen nicht förderlich.

Klassismus und politische Positionen

Gerade mit Blick auf Gerechtigkeitsideale liegt es auf der Hand, dass Klassismus auch eine gewisse politische Bindung aufweist und zugleich über das gesamte politische Spektrum der Bevölkerung verteilt ist. In der Tat finden sich Menschen mit klassistischen Einstellungen in allen Wählergruppen, allerdings variieren diese in Bezug auf den Zustimmungsgrad nach präferierter Partei (Abb. 7.4).

Klassistische Einstellungen sind in der CDU, der FDP und der AfD überdurchschnittlich häufig verbreitet, während sie bei Wähler:innen der SPD leicht und bei den Wähler:innen der Linken oder der Grünen deutlich unterdurchschnittlich vorkommen. Auffällig ist die besonders starke Abwertung von Langzeitarbeitslosen bei der FDP und AfD. Bei der FDP dürfte dieses Ergebnis auf ihre wirtschaftsliberale bis

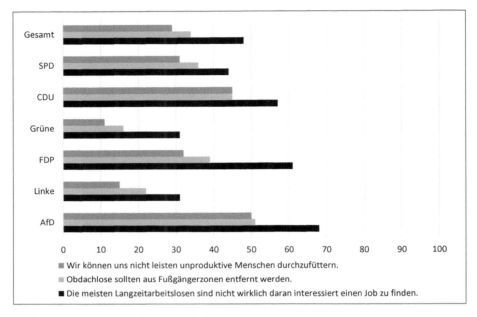

Abb. 7.4: Klassismus nach Wahlverhalten
Quelle: eigene Berechnungen, Berlin-Monitor 2021; abgebildet zustimmende Antworten nach Wähler:innen der genannten Parteien; n = 2.053 (gewichtet)

wirtschaftslibertäre Politik und die starke Nähe zur Ideologie der Leistungsgerechtig-keit zurückzuführen sein (auch Abb. 7.5). Bemerkenswert ist dieses Ergebnis für die AfD-Anhänger:innen insoweit, als diese Partei teils als „Anwalt der kleinen Leute" gehandelt wird. Ihre „Solidarität" hat indes klare Grenzen und geht mit neolibera-len bis rechtslibertären Positionen einher (Friedrich 2019; Pühringer et al. 2021). Der rigoros auf die Eigenverantwortlichkeit der Individuen setzende Kurs der Partei wird von den eigenen Wähler:innen durchaus geteilt.

Der im Zusammenhang mit Eigenverantwortlichkeit oft bemühte Begriff der Freiheit enthält als Kehrseite die Individualisierung aller Lebensrisiken (Beck 1986). Diese Annahme Ulrich Becks wird durch die auf eine harte Leistungsgerechtigkeit zielende Aussage „Wir können uns nicht leisten, unproduktive Menschen durchzufüttern" bestärkt. Die sozialdarwinistisch daherkommende Aussage findet unter der Hälfte der Wähler:innen der AfD die höchste Zustimmung, gefolgt von den CDU-Wäh-ler:innen. Am niedrigsten sind die Zustimmungswerte bei Wähler:innen der Grünen (11 Prozent) und bei Wähler:innen der Linken (15 Prozent). Diese Ergebnisse legen eine Verbindung zwischen politischen Einstellungen und klassistischen Einstellungen nahe.

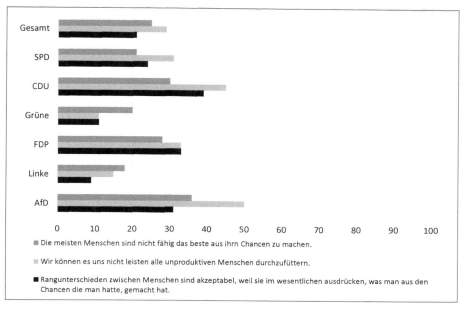

Abb. 7.5: *Leistungsideologie nach Wahlverhalten*

Quelle: eigene Berechnungen, Berlin-Monitor 2021; abgebildet zustimmende Antworten nach Wähler:innen der genannten Parteien; n = 2.053 (gewichtet)

Begründungslinien für Klassismus

Mithilfe einer Regressionsanalyse kann der Einfluss unterschiedlicher Faktoren auf die Entwicklung klassistischer Einstellungen abgeschätzt werden. Es handelt sich also um kausale Annahmen. Dabei kann man allerdings nicht verallgemeinert davon sprechen, dass z. B. Klassismus aus Autoritarismus folgt. Die Wirkungsrichtung könnte statistisch auch umgekehrt sein. Gleichwohl lässt sich bei einigen Zusammenhängen die hier vorgeschlagene Wirkungsrichtung plausibilisieren wie bspw. bei der Annahme, dass Haushaltseinkommen und Wohlstand Klassismus eher vorgeordnet als nachgeordnet sein müssten. Entsprechend zielt eine Analyse der verschiedene potenzielle Einflussfaktoren darauf, die letztendlich entscheidenden Faktoren zu bestimmen.

Um der Einbettung klassistischer Einstellungen in Sozialstruktur, politische Überzeugungen und ökonomischen Einschätzungen gerecht zu werden, ergänzen wir die bisher vorgestellten Einflussfaktoren um die Einschätzung der Wirtschaftslage des Landes und die Sozialstruktur um den Migrationshintergrund. Tabelle 7.7 stellt die Ergebnisse der Regressionsanalyse mit der Abbildung der standardisierten Zusammenhangskoeffizienten dar (Beta-Koeffizienten) dar. Wir haben die Analysen in drei Modelle unterteilt, um die Entwicklung der Einflüsse beschreiben zu können.

Tabelle 7.7: Regressionsanalyse auf Klassismus

	Modell 1	Modell 2	Modell 3
Sozialstrukturelle Merkmale			
Geschlecht	n. s.	n. s.	n. s.
Alter	+.09**	+.10**	+.09**
formal hohe Bildung	−.18**	−.11**	−.08**
formal niedrige Bildung	n. s.	n. s.	n. s.
Migrationshintergrund	n. s.	n. s.	n. s.
Ökonomische Lage			
Haushaltsnettoeinkommen	+.14**	+.10**	+.08**
Einschätzung der wirtschaftlichen Lage des Landes	n. s.	n. s.	n. s.
finanzielle Sorgen (Skala)	−.06*	n. s.	n. s.
negative Erfahrungen (Skala)	−.20**	−.06*	−.05*
Politische Positionierung			
politisch-ideologische Position (Links-rechts-Skalierung: rechts)	+.34**	+.14**	+.07*
Sozialpsychologische Skalen			
Autoritarismus (Skala)	/	+.26**	+.15**
soziale Dominanzorientierung (Skala)	/	+.24**	+.11**
Verschwörungsmentalität (Skala)	/	+.19**	+.08**
Gerechtigkeitskonzepte			
Bedürfnisgerechtigkeit (Skala)	/	/	−.07*
egozentrisches Leistungsstreben (Skala)	/	/	n. s.
Leistungsgerechtigkeit (Skala)	/	/	**+.43****
Modelgüte in **R-Quadrat**	**.26**	**.43**	**.54**

Quelle: eigene Berechnungen, Berlin-Monitor 2021; ausgewiesen standardisierte Beta-Werte der Regression, ** = $p < .01$; * = $p < .05$; leere Zellen markieren keine Zusammenhänge; / = nicht in das Modell einbezogen; n. s. = nicht signifikant

Im *ersten Modell* konzentrieren wir uns auf Indikatoren aus dem Sektor der Sozialstruktur, Einschätzungsdaten der ökonomischen Lage sowie politisch-ideologische Einstellungen über die Links-rechts-Skala als unabhängige Variablen. Hinzu nehmen wir die bereits bekannten Skalen zu negativen Erfahrungen und finanziellen Sorgen. Das Ergebnis ist gut erkennbar: Eine rechte politische Positionierung steigert klassistische Einstellungen am stärksten, gefolgt vom Fehlen von negativen Erfahrungen. Auch das Haushalteinkommen und ein höheres Alter steigern die Wahrscheinlichkeit klassistischer Äußerungen. Beim Alter gilt: je älter, desto klassistischer. Ein höherer Bildungsstand wirkt Klassismus genauso entgegen wie finanzielle Sorgen.

Im *zweiten Modell* beziehen wir die sozialpsychologischen Skalen mit ein. Dies verändert das Bild deutlich. Zwar behalten fast alle bislang genannten Faktoren für Modell 1 einen Einfluss, dieser geht aber zugunsten der drei sozialpsychologischen Konzepte durchweg zurück. D.h., ein Teil der Erklärungskraft sozialstruktureller Faktoren beruht auf Erklärungsindikatoren aus der Sozialpsychologie (Autoritarismus, soziale Dominanzorientierung, Verschwörungsmentalität). Autoritäre Einstellungen sowie eine soziale Dominanzorientierung sind nun die stärksten Erklärungsfaktoren. Auch eine Verschwörungsmentalität (der Glaube an Verschwörungserzählungen) steigert die Bereitschaft zu Aussagen, die man als Klassismus interpretieren kann. Während die ersten beiden Überzeugungen sehr plausibel sind und schon in den bivariaten Beziehungsanalysen starke Zusammenhänge zu klassistischen Einstellungen aufwiesen, ist die Relevanz der Verschwörungsmentalität schwieriger zu interpretieren. Am wahrscheinlichsten ist ein Zusammenkommen beider Vorstellungen in einem eher kleinbürgerlichen Milieu. Allerdings ist hier weiterer Forschungsbedarf vonnöten.

Fügt man im letzten *dritten Modell* nun noch die normativen Gerechtigkeitsvorstellungen hinzu, wird deutlich, dass Klassismus vor allem ein Produkt der kapitalistischen Leistungsgesellschaft ist. Diese Skala ist in einem insgesamt sehr guten Erklärungsmodell (hohes R-Quadrat heißt, es kann ein großer Teil der Varianz des Merkmals aufgeklärt werden) der mit Abstand stärkste Prädiktor für Klassismus. Bedürfnisgerechtigkeit wirkt ihm etwas, aber nur schwach entgegen. Die Relevanz der Leistungsgerechtigkeit wird auch durch die Verbindung zu Personen mit größeren Finanzmitteln deutlich. Die Verinnerlichung der Konzepte Chancengleichheit und Leistungsgerechtigkeit sind die zentralen Prägekräfte von Klassismus. Autoritäre Einstellungen sowie eine soziale Dominanzorientierung, die den Erhalt von Hierarchien in der Gesellschaft abfragt, bestärken die Abwertung von Menschen mit niedrigerem sozialen Status. Das Bild der Regressionsanalyse illustriert einen Reproduktionsmechanismus von Abwertung, der auf eine Verzahnung von breit verankerten Normen von Leistungsgerechtigkeit und strukturellen Abwertung basiert.

Fazit und Zusammenfassung

- Es lässt sich sagen, dass Klassismus mit den verwendeten Indikatoren auf der Einstellungsebene gut gemessen wird. Klassismus ist den Ergebnissen nach ein latentes Phänomen oder einfacher gesagt: Realität auf der Einstellungsebene.

- Klassistische Einstellungen sind in Berlin in beachtlichem Umfang verbreitet. Bei einem Drittel der hier Befragten zeigt sich ein relativ tiefsitzender Klassismus, etwa die Hälfte stimmt Aussagen zu, die sich gegen Langzeitarbeitslose richten.

- Langzeitarbeitslose werden vor dem Hintergrund der Annahme gleicher Chancen und Möglichkeiten in einer „Leistungsgesellschaft" in besonderer Weise abgewertet. Sie werden vor dem Hintergrund persönlicher Verantwortlichkeit pauschal als Menschen gesehen, die sich nicht angestrengt haben und der Allgemeinheit „auf der Tasche liegen".

- Zwar findet die Annahme einer Normalität von Rang- und Statusunterschieden nur bei 20 bis 30 Prozent der Berliner:innen Zustimmung und trifft auf eine deutlich höhere Ablehnung. Gleichwohl ist anzunehmen, dass Elemente dieser Vorstellung von Leistungsgerechtigkeit strukturell – also über offene Äußerungen hinausgehend – in der Gesellschaft verankert sind. Man kann von einem strukturellen Klassismus der auf Leistung programmierten deutschen Gesellschaft sprechen.

- Dem wirkt die in Berlin weit verbreitete Überzeugung, es müsse Bedürfnisgerechtigkeit geben (ca. zwei Drittel der Berliner:innen vertritt diese Position), entgegen, allerdings ist sie in ihrer Wirkung etwas weniger stark. Es ist zu vermuten, dass dies zum einen daran liegt, dass Bedürftigkeit ganz unterschiedlich interpretiert werden kann, zum anderen daran, dass der Leistungsgedanken auch in dieser Gruppe wirkmächtig ist. Allerdings sind an Bedürfnisgerechtigkeit orientierte Überzeugungen anschlussfähig, weniger für Empowerment als für die Unterstützung von sozial Schwachen – teilweise in Form von Almosen.

- Prinzipien der Leistungsgerechtigkeit werden besonders stark von Menschen mit hoher Bildung und höherem sozialen Status vertreten, während ein egozentrisches Leistungsstreben vor allem bei jüngeren Berliner:innen vorzufinden ist.

- Generell ist festzustellen, dass der Erhalt von gesellschaftlichen Machtstrukturen – gemessen über soziale Dominanzorientierung – eine starke Wirkung auf Klassismus, und Gerechtigkeitsvorstellungen hat. So steht die soziale Dominanzorientierung nicht nur in einem starken positiven Bezug zu Leistungsgerechtigkeit, sondern in einem fast ebenso negativen Bezug zur Bedürfnisgerechtigkeit.

- Deswegen ist es auch wenig überraschend, wenn sich starke Beziehungen zu Vorurteilen und Abwertung ergeben. Hohe empirische Korrelationen weisen auf eine Verzahnung von Antiziganismus, Antisemitismus, antischwarzem Rassismus und antimuslimischem Rassismus mit Klassismus hin. So werden gerade Sinti:zze und Romn:ja, Muslim:innen und Schwarze Menschen nicht nur aufgrund ihrer zugeschriebenen ethnischen Zugehörigkeit oder Hautfarbe, sondern auch wegen ihrer oft auch sozial deprivierten Lage abgewertet. Es kommt zu einer intersektionalen Abwertung.

- Menschen mit Migrationshintergrund unterscheiden sich nur marginal von der Berliner Bevölkerung ohne Migrationshintergrund. Allein ihr Leistungsstreben und ihr Hang zu Klassismus sind leicht geringer ausgeprägt, bei gleichzeitig etwas häufigeren Abwertungserfahrungen.

Insgesamt lassen die Ergebnisse der repräsentativen Befragung für Berlin auf eine beachtliche Verbreitung von Klassismus schließen. Den Analysen folgen, beruhen klassistische Einstellungen in erster Linie auf der Verinnerlichung eines dominanten Leistungsdenkens, wonach soziale Deprivation mit individuellem Scheitern zusammenhängt. Dabei wird vorausgesetzt, dass Chancengleichheit existiert und diese für alle Berliner:innen gilt. Diese Grundeinstellung hält die meisten Berliner:innen nicht davon ab, zu fordern, dass jede und jeder einen Grundstock an Mitteln und Ressourcen zur Verfügung haben sollte, um ihre/seine Grundbedürfnisse zu befriedigen. Diese an Bedürfnisgerechtigkeit orientierte Haltung gerät allerdings dann an ihre Grenzen, wenn sie mit dem Leistungsgedanken und den eigenen Ressourcen konfligiert. Vermutlich existieren Schwellenwerte, bis wohin man bereit ist Bedürfnisgerechtigkeit in den Vordergrund zu stellen. Sind diese aber überschritten, setzt das Leistungsdenken ein. Klassismus ist häufig mit Rassismus und Sexismus verzahnt und ist ein Problem, das im multikulturellen Berlin durchaus ernst zu nehmen ist und eine umfassende Auseinandersetzung sowie Strategien zu seiner Bekämpfung erfordert. So gilt es, nicht nur Menschen in prekären Lebenssituationen zu empowern und dem Bild und Narrativ entgegenzutreten, dass sie vor allem „selbst an ihrer Lage schuld sind". Es gilt auch, Solidarität zu entfalten und an strukturellen Grundbedingungen zu arbeiten, die den Bedürfnissen aller gesellschaftlichen Gruppen gerecht werden.

Literatur

Abgeordnetenhaus Berlin (AGH Berlin) (2023). *Schriftliche Anfrage der Abgeordneten Katrin Seidel (LINKE).* Online verfügbar unter: https://pardok.parlament-berlin.de/starweb/adis/citat/VT/19/SchrAnfr/S19-16169.pdf (Stand: 19.10.2023).

Absenger, N. & Blank, F. (2015). Die Grenzen von Freizügigkeit und Solidarität. Der Ausschluss von EU-Bürgern aus der Grundsicherung für Arbeitsuchende. *WSI-Mitteilungen,* 68(5), 355–364.

Adam, H. (2020). Grenzen der Umverteilung im föderalen Sechs-Parteien-Staat. *Wirtschaftsdienst. Zeitschrift für Wirtschaftspolitik.* Online verfügbar unter: https://www.wirtschaftsdienst.eu/pdf-download/jahr/2020/heft/4/beitrag/grenzen-der-umverteilung-im-foederalen-sechs-parteien-staat.html (Stand 19.10.2023).

Adamy, W. (2016). Anspruch und Wirklichkeit von Hartz IV. Zwischenbilanz aus gewerkschaftlicher Sicht. *WSI-Mitteilungen,* 2016(5), 390–392.

Aikins, M. A., Bremberger, T., Aikins, J. K., Gyamerah, D. & Yildirim-Caliman, D. (2021). *Afrozensus 2020: Perspektiven, Anti-Schwarze Rassismuserfahrungen und Engagement Schwarzer, afrikanischer und afrodiasporischer Menschen in Deutschland.* Berlin: Each One Teach One (EOTO) e.V.

Allgeier, A., Bolte, M., Buschmann, R., Däubler, W., Deinert, O., zu Dohna, V., Eder, I., Heilmann, M., Jerchel, K., Klapp, M., Klebe, T. & Wenckebach, J. (2022). Betriebliche Mitbestimmung für das 21. Jahrhundert. Gesetzentwurf für ein modernes Betriebsverfassungsgesetz. *Arbeit und Recht.* Online verfügbar unter: https://www.boeckler.de/pdf/arbeit_und_recht_dgb_betrvg_reformentwurf.pdf (Stand 25.10.2023).

Allgemeine Ortskrankenkasse (AOK) (2022). *Tarifliche Entlohnung von Pflegepersonal.* Online verfügbar unter: https://www.aok.de/gp/entlohnung-nach-tarif (Stand 28.09.2023)

Althammer, J., Lampert, H. & Sommer, M. (2021). *Lehrbuch der Sozialpolitik.* Berlin: Springer Gabler.

Altenried, M. (2017). Die Plattform als Fabrik. Crowdwork, digitaler Taylorismus und die Vervielfältigung der Arbeit. *PROKLA. Zeitschrift für kritische Sozialwissenschaft,* 47(187), 175–192.

Altenried, M. (2021a). Was ist eine Plattform? In M. Altenried, J. Dück & M. Wallis (Hrsg.), *Plattformkapitalismus und die Krise der sozialen Reproduktion* (S. 50–69). Münster: Westfälisches Dampfboot.

Altenried, M. (2021b). Mobile workers, contingent labour: Migration, the gig economy and the multiplication of labour. *Environment and Planning A: Economy and Space.*

Altenried, M. (2022). *The digital factory: The human labor of automation.* Chicago: University of Chicago Press.

Alternative für Deutschland (AfD) (2017). *AfD. Manifest 2017.* Online verfügbar unter: http://www.talk-republik.de/Rechtspopulismus/docs/03/AfD-Strategie-2017.pdf (Stand 02.10.2023).

Amt für Statistik Berlin Brandenburg (2022). *Prognose zu benötigten Pflegeeinrichtungen in Berlin bis 2030.* Online verfügbar unter: https://www.statistik-berlin-brandenburg.de/publikationen/gastbeitrag/2022/prognose-pflegeheime-berlin (Stand 29.09.2023).

Amt für Statistik Berlin Brandenburg (2023). *Einbürgerungen, Ausländer.* Online verfügbar unter: https://www.statistik-berlin-brandenburg.de/bevoelkerung/demografie/einburgerungen-auslaender (Stand 19.10.2023).

Apicella, S. (2021). *Das Prinzip Amazon.* Hamburg: VSA Verlag.

ArbeitGestalten (2019). *Selbstständig: solo und prekär? Solo-Selbstständigkeit in Berlin.* Online verfügbar unter: https://www.arbeitgestaltengmbh.de/assets/Uploads/2019-Soloselbststaendigkeit Berlin.pdf (Stand 30.10.2023).

Arbeiten bei den Guten (2023). *Arbeiten bei den Guten? Na herzlichen Glückwunsch! Konferenz zu Arbeitsbedingungen bei NGO.* Online verfügbar unter: https://www.arbeiten-bei-den-guten.wtf/ (Stand 29.09.2023).

Auffenberg, J., Becka, D., Schleicher, S. & Braun, E. (2022). *„Ich pflege wieder, wenn …".* Potenzialanalyse zur Berufsrückkehr und Arbeitszeitaufstockung von Pflegefachkräften.* Online verfügbar unter: https://www.arbeitnehmerkammer.de/fileadmin/user_upload/Downloads/Politik/Rente_Gesundheit_Pflege/Ich_pflege_wieder_wenn_-_bundesweit__aktualisiert.pdf (Stand 28.09.2023).

Aulenbacher, B. (2009). Die soziale Frage neu gestellt. Gesellschaftsanalysen der Prekarisierungs- und Geschlechterforschung. In R. Castel & K. Dörre (Hrsg.), *Prekarität, Abstieg, Ausgrenzung. Die soziale Frage am Beginn des 21. Jahrhunderts,* (S. 65–77). Frankfurt a. M.: Campus.

Aulenbacher, B., Dammayr, M. & Riegraf, B. (2018). Care und Care Work. In F. Böhle, G. G. Voß & G. Wachtler (Hrsg.), *Handbuch Arbeitssoziologie* (S. 747–766). Wiesbaden: Springer.

Aulenbacher, B., Lutz, H. & Schwiter, K. (2021). Gute Sorge ohne gute Arbeit? Einleitung. In B. Aulenbacher, H. Lutz, & K. Schwiter (Hrsg.), *Gute Sorge ohne gute Arbeit? Live-in-Care in Deutschland, Österreich und der Schweiz* (S. 7–19). Weinheim: Beltz Juventa.

Aust, A. (2022). Regelbedarfsermittlung 2022: Fortschreibung der Paritätischen Regelbedarfsforderung. *Der Paritätische Gesamtverband.* Online verfügbar unter: https://www.der-paritaetische.de/fileadmin/user_upload/Seiten/Presse/docs/Kurzexpertise_Fortschreibung_Regelbedarf2022.pdf (Stand 28.09.2023).

Aust, A., Rock, J. & Schabram, G. (2018). Zwangsverrentungen im SGB II. Eine empirische Abschätzung der Auswirkungen auf Bestand und Abgänge von älteren SGB-II-Leistungsberechtigten. *Der Paritätische Gesamtverband.* Online verfügbar unter: http://www.herner-sozialforum.de/aktuell/wp-content/uploads/2018/08/PaFo-2018-3-Zwangsverrentung.pdf (Stand: 19.10.2023).

Aust, A., Rock, J. & Schabram, G. (2020). Regelbedarfe 2021. Alternative Berechnungen zur Ermittlung der Regelbedarfe in der Grundsicherung. *Der Paritätische Gesamtverband.* Online verfügbar unter: https://www.der-paritaetische.de/fileadmin/user_upload/Publikationen/doc/expertise-regelsatz_2020_web.pdf (Stand 20.10.2023).

Aust, A. & Schabram, P. (2022). Regelbedarfe 2023: Fortschreibung der Paritätischen Regelbedarfsforderung. *Der Paritätische Gesamtverband.* Online verfügbar unter: https://www.der-paritaetische.de/fileadmin/user_upload/Seiten/Presse/docs/Kurzexpertise_PariForschungsstelle_Regelbedarfsermittlung2023.pdf (Stand 28.09.2023).

azubi.de. (o. D.). *Gehalt in der Ausbildung als Altenpfleger/in.* Online verfügbar unter: https://www.azubi.de/beruf/aus-bildung-altenpfleger/gehalt (Stand 28.09.2023).

bad e.V. (2022). *Tariftreuepflicht: Auf steigende Löhne dürfen keine Insolvenzen und keine Unterversorgungen der Pflegebedürftigen folgen – bad e. V. fordert ein schnelles Eingreifen der politisch Verantwortlichen!* Online verfügbar unter: https://www.bad-ev.de/bad-aktuell/aktuelles-Pressemeldung_009_2022_

Tariftreuepflicht_Auf_steigende_Loehne_
duerfen_keine_Insolvenzen_und_keine_
Unterversorgungen_der_Pflegebeduerftigen
_folgen_bad_e_V_fordert_ein_schnelles_
Eingreifen_der_politisch_Verantwortlichen-
109 (Stand 02.10.2023).

Badelt, U. (2018). Geflüchtete in der Pflege. Der Traum vom normalen Leben. *Der Tagesspiegel*. Online verfügbar unter: https://www.tagesspiegel.de/berlin/der-traum-vom-normalen-leben-3936709.html (Stand 28.09.2023).

Baethge, M. (1991). Arbeit, Vergesellschaftung, Identität. Zur zunehmenden normativen Subjektivierung der Arbeit. *Soziale Welt* 42(1), 6–19.

Bähr, H., Dietz, M., Kupka, P., Ramos Lobato, P. & Stobbe, H. (2018). *Grundsicherung und Arbeitsmarkt in Deutschland. Lebenslagen – Instrumente – Wirkungen*. Bielefeld: wbv Media.

Balibar, É. (1990). Gibt es einen „Neo-Rassismus"? In E. Balibar & I. Wallerstein (Hrsg.), *Rasse – Klasse – Nation. Ambivalente Identitäten*, (S. 23–38). Hamburg: Argument Verlag.

Balibar, É. (2002). World borders, political borders. *pmla*, 117(1), 68–78.

Barmer (2021). *Gesundheitsreport*. Online verfügbar unter: https://www.barmer.de/presse/infothek/studien-und-reports/gesundheitsreports-der-laender/arbeitsunfaehigkeitsgeschehen-38600 (Stand 28.09.2023).

Baron, C. (2020). *Ein Mann seiner Klasse*. München: Ullstein.

Baunack, S. & Gilsbach, A. (2023). *Gemeinwohlorientierung in der Altenpflege. Regulierungsmöglichkeiten des Landesgesetzgebers zur Verbesserung der Qualität in Pflegeeinrichtungen im Land Bremen*. Berlin: Rosa-Luxemburg-Stiftung.

Becher, L. (2021). Selbstständigkeit. *Bundeszentrale für politische Bildung*. Online verfügbar unter: https://www.bpb.de/themen/arbeit/arbeitsmarktpolitik/328982/selbstaendigkeit/ (Stand 28.09.2023).

Beck, U. (1986). *Risikogesellschaft. Auf dem Weg in eine andere Moderne*. Berlin: Suhrkamp.

Becker, C., Behruzi, D., Gummert, S., Jäger, M., Kunkel, K., Lützkendorf, D. & Thomaß, A. (2021). *Mehr von uns ist besser für alle! Der Kampf um Entlastung und Gesundheitsschutz an der Berliner Charité*. Berlin: Verdi.

Becker, K., Dörre, K. & Reif-Spirek, P. (2018). *Arbeiterbewegung von rechts? Ungleichheit – Verteilungskämpfe – populistische Revolte*. Frankfurt a.M.: Campus.

Beer, U. (2004). Sekundärpatriarchalismus. Patriarchat in Industriegesellschaften. In R. Becker & B. Kortendiek (Hrsg.), *Handbuch Frauen- und Geschlechterforschung. Theorie, Methoden, Empirie* (S. 56–61). Wiesbaden: Springer.

Beermann, B. (2005). Leitfaden zur Einführung und Gestaltung von Nacht- und Schichtarbeit. *Bundesanstalt für Arbeitsschutz und Arbeitsmedizin*. Online verfügbar unter: https://www.baua.de/DE/Angebote/Publikationen/Praxis/A23.html (Stand: 21.10.2023).

Berg, N. (2013). »Weg vom Kaufmannsstande! Zurück zur Urproduktion!« Produktivitätsforderungen an Juden im 19. und frühen 20. Jahrhundert. In N. Colin & F. Schößler (Hrsg.), *Das nennen Sie Arbeit? Der Produktivitätsdiskurs und seine Ausschlüsse* (S. 29–52). Heidelberg: Synchron.

Berlin Business Location Center (2023). *Start-Up Metropole Berlin*. Online verfügbar unter: https://www.businesslocationcenter.de/startups-berlin (Stand 28.09.2023).

Berlin im Überblick (o.D.). *Vielfalt*. Online verfügbar unter: https://www.berlin.de/berlin-im-ueberblick/hauptstadtleben/vielfalt/ (Stand 28.09.2023).

berlin.de (2022). *Berechtigungsnachweis für Berlin-Ticket S und weitere Vergünstigungen*. Online verfügbar unter: https://www.berlin.de/sen/soziales/sozialesicherung/bn-berlin-ticket-s/ (Stand 19.10.2023).

Berliner Landeszentrale für politische Bildung (2019). *Honorartabelle*. Online verfügbar unter: https://www.berlin.de/politische-bildung/foerderung/wichtige-unterlagen/ (Stand 03.10.2023).

Berliner Register (2023). *Jahresbericht 2022. Berliner Register zur Erfassung extrem rechter und diskriminierender Vorfälle in Berlin*. Online verfügbar unter: https://www.berliner-register.de/documents/1940/2023-Register-Jahresbericht-2022_web.pdf (Stand 03.10.2023).

Bernt, M., Grell, B. & Holm, A. (2013). *The Berlin reader: A compendium on urban change and activism*. Bielefeld: transcript.

Bertelsmann Stiftung (2022). *2023 fehlen in Deutschland rund 384.000 Kita-Plätze*. Online verfügbar unter: https://www.bertelsmann-stiftung.de/de/themen/aktuelle-meldungen/2022/oktober/2023-fehlen-in-deutschland-rund-384000-kita-plaetze (Stand 28.09.2023).

Berufsverband für Training, Beratung und Coaching (2020). *Honorarempfehlung 2020 für Training, Beratung und Coaching*. Online verfügbar unter: https://www.bdvt.de/bdvt-wAssets/docs/berufsverband/Honorarempfehlung_2020.pdf (Stand 24.10.2023).

Betlij, O. & Handrich, L. (2010). Vor dem Kollaps. Die Sozialsysteme der Ukraine. *Osteuropa* 2-4/2010, 257–270.

Bierl, P. (2022). *Unmenschlichkeit als Programm*. Berlin: Verbrecher Verlag.

Bina, C. (2004). Industrielle Reservearmee. In W. F. Haug (Hrsg.), *Historisch-Kritisches Wörterbuch des Marxismus* (Band 6/II). Hamburg: Argument Verlag.

Birke, P. (2022). *Grenzen aus Glas: Arbeit, Rassismus und Kämpfe der Migration in Deutschland*. Wien: Mandelbaum Verlag.

Bochum, U., Butler, J., Kohlmeyer, K. & Odenwald, S. (2016). *Soziale Spaltungen in Berlin*. Hamburg: VSA-Verlag.

Bock-Famulla, K., Münchow, A., Sander, F., Akko, D. P. & Schütz, J. (2021). *Länderreport Frühkindliche Bildungssysteme 2021. Transparenz schaffen – Governance stärken*. Gütersloh: Bertelsmann-Stiftung.

Böckler Impuls (2008). *Nur Deutschlands Reallöhne stagnieren*. Online verfügbar unter: https://www.boeckler.de/de/boeckler-impuls-nur-deutschlands-realloehne-stagnieren-9276.htm (Stand 28.09.2023).

Böckler Impuls (2014). *Reallöhne: Nur Tarifbeschäftigte im Plus*. Online verfügbar unter: https://www.boeckler.de/de/boeckler-impuls-realloehne-nur-tarifbeschaeftigte-im-plus-7105.htm (Stand 28.09.2023).

Boewe, J. (2022). Sauber. 12,5 Prozent mehr Lohn! In *Der Freitag* 42/2022. Online verfügbar unter: https://www.freitag.de/autoren/joern-boewe/gebaeudereiniger-erkaempfen-sich-sattes-lohnplus (Stand 30.10.2023).

Böhle, F. (2018). Arbeit und Belastung. In F. Böhle, G. G. Voß & G. Wachtler (Hrsg.), *Handbuch Arbeitssoziologie*. Wiesbaden: Springer.

Bojadžijev, M. & Karakayali, S. (2007). Autonomie der Migration. 10 Thesen zu einer Methode. *Turbulente Ränder. Neue Perspektiven auf Migration an den Grenzen Europas*, 2, 203–209.

Bourdieu, P. (1997). *Das Elend der Welt. Zeugnisse und Diagnosen alltäglichen Leidens an der Gesellschaft*. Konstanz: UVK.

Bourdieu, P. (2012). Ökonomisches Kapital, kulturelles Kapital, soziales Kapital. In U. Bauer, U. H. Bittlingmayer & A. Scherr (Hrsg.), *Handbuch Bildungs- und Erziehungssoziologie. Bildung und Gesellschaft*. Wiesbaden: VS Verlag für Sozialwissenschaften.

Bourdieu, P., Passeron, J.-C. & Hartig, I. (1971). *Die Illusion der Chancengleichheit: Untersuchungen zur Soziologie des Bildungswesens am Beispiel Frankreichs*. Stuttgart: Klett.

Bradbury-Huan, H. (2015). *The SAGE Handbook of Action Research.* London: Sage.

Brasching, T. (2022). Berlin schafft Schulgeld für Ausbildungen im Gesundheitssektor ab. *rbb24.* Online verfügbar unter: https://www.rbb24.de/politik/beitrag/2022/10/berlin-ausbildung-gesundheit-berufe-schulgeld-pflege-notstand.html (Stand 28.09.2023).

Breinbauer, M. (2020). *Arbeitsbedingungen und Arbeitsbelastungen in der Pflege. Eine empirische Untersuchung in Rheinland-Pfalz.* Wiesbaden: Springer.

Brettschneider, A. & Klammer, U. (2020). Armut im Alter. In K. Aner & U. Karl (Hrsg.), *Handbuch Soziale Arbeit und Alter* (S. 431–440). Wiesbaden: Springer.

Breuer, F. (2009). *Reflexive Grounded Theory. Eine Einführung in die Forschungspraxis.* Wiesbaden: Springer.

Brinkmann, U., Dörre, K. & Röbenack, S. (2006). *Prekäre Arbeit. Ursachen, Ausmaß, soziale Folgen und subjektive Verarbeitungsformen unsicherer Beschäftigungsverhältnisse.* Bonn: Friedrich-Ebert-Stiftung.

Brückner, M. (2013). Professionalisierung und Geschlecht im Berufsfeld Soziale Arbeit. *Die Hochschule: Journal für Wissenschaft und Bildung,* 22(1).

Bundesagentur für Arbeit (BfA) (2021). *Deutlich weniger Widersprüche und Klagen in der Grundsicherung.* Online verfügbar unter: https://www.arbeitsagentur.de/presse/2022-03-deutlich-weniger-widersprueche-und-klagen-in-der-grundsicherung (Stand 03.10.2023).

Bundesagentur für Arbeit (BfA) (2022). Arbeitshilfe „Bekämpfung von bandenmäßigem Leistungsmissbrauch im spezifischen Zusammenhang mit der EU-Freizügigkeit". Online verfügbar unter: https://harald-thome.de/files/pdf/media/sgb-ii-hinweise/Arbeitshilfe-Leistungsmissbrauch-EU-Buerger-Jan22.pdf (Stand: 19.10.2023).

Bundesagentur für Arbeit (BfA) (2023). *Die Arbeitsmarktsituation von Frauen und Männern 2022.* Online verfügbar unter: https://statistik.arbeitsagentur.de/DE/Statischer-Content/Statistiken/Themen-im-Fokus/Frauen-und-Maenner/generische-Publikationen/Frauen-Maenner-Arbeitsmarkt.pdf?__blob=publicationFile (Stand 02.10.2023).

Bundesanzeiger (2016). *Bekanntmachung der von der 89. Arbeits- und Sozialministerkonferenz 2012 und der 86. Gesundheitsministerkonferenz 2013 als Mindestanforderungen beschlossenen „Eckpunkte für die in Länderzuständigkeit liegenden Ausbildungen zu Assistenz- und Helferberufen in der Pflege".* Online verfügbar unter: https://www.bpa-arbeitgeberverband.de/fileadmin/user_upload/kleinedokumente/BAnz_AT_17.02.2016_B3.pdf (Stand 29.09.2023).

Bundesinstitut für Berufsbildung (BIBB) (2021). *Tarifliche Ausbildungsvergütungen 2021 in Ost- und Westdeutschland.* Online verfügbar unter: https://www.bibb.de/dokumente/pdf/2021_Dav_Gesamtübersicht_Ausbildungsvergütungen_Ost_West.pdf (Stand 29.09.2023).

Bundesministerium für Gesundheit (BMG) (2020). *Konzertierte Aktion Pflege. Erster Bericht zum Stand der Umsetzung der Vereinbarungen der Arbeitsgruppen 1 bis 5.* Online verfügbar unter: https://www.bundesgesundheitsministerium.de/fileadmin/Dateien/5_Publikationen/Pflege/Berichte/2020-12-09_Umsetzungsbericht_KAP_barrierefrei.pdf (Stand 02.10.2023).

Bundesministerium für Gesundheit (BMG) (2023). *Fragen und Antworten zu Kinderkrankentagen und Kinderkrankengeld.* Online verfügbar unter: https://www.bundesgesundheitsministerium.de/themen/praevention/kindergesundheit/faq-kinderkrankengeld (Stand 29.09.2023).

Bundesministerium für Wirtschaft und Arbeit (BMWA) (2005). *Vorrang für die Anständigen. Gegen Missbrauch, „Abzocke" und Selbstbedienung im Sozialstaat.* Online verfügbar unter: http://www.fluechtlingsinfo-berlin.de/fr/pdf/clement-report.pdf (Stand: 23.10.2023).

Bundesregierung (2022). Mehr Lohn für Millionen Menschen. *Aktuelles.* Online verfügbar unter: https://www.bundesregierung.de/breg-de/aktuelles/12-euro-mindestlohn-2006858 (Stand 02.10.2023).

Bundesverfassungsgericht (2019). Sanktionen zur Durchsetzung von Mitwirkungspflichten bei Bezug von Arbeitslosengeld II teilweise verfassungswidrig. *Pressemitteilungen.* Online verfügbar unter: https://www.bundesverfassungsgericht.de/SharedDocs/Pressemitteilungen/DE/2019/bvg19-074.html (Stand 03.10.2023).

Bundesverwaltungsamt (2023). *Workshop zum Kinder- und Jugendplan des Bundes (KJP).* Online verfügbar unter: https://www.bva.bund.de/SharedDocs/Downloads/DE/Aufgaben/ZMV/Zuwendungen_national/bmfsfj_schulung_kjp.pdf (Stand 28.09.2023).

Bundeszentrale für Ernährung (2023). *Die Ernährungspyramide.* Online verfügbar unter: https://www.bzfe.de/ernaehrung/die-ernaehrungspyramide/die-ernaehrungspyramide-eine-fuer-alle/ (Stand 28.09.2023).

Bundeszentrale für politische Bildung (BpB) (2014). *1994: Homosexualität nicht mehr strafbar.* Online verfügbar unter: https://www.bpb.de/kurz-knapp/hintergrund-aktuell/180263/1994-homosexualitaet-nicht-mehr-strafbar/ (Stand 20.10.2023).

Bundeszentrale für politische Bildung (BpB) (2020). *Armutsgefährdungsquoten von Migranten.* Online verfügbar unter: https://www.bpb.de/kurz-knaS/zahlen-und-fakten/soziale-situation-in-deutschland/61788/armutsgefaehrdungsquoten-von-migranten/ (Stand 28.09.2023).

Burzan, N. (2011). *Soziale Ungleichheit: eine Einführung in die zentralen Theorien.* Wiesbaden: Springer.

Butterwegge, C. (2010). Gerechtigkeit auf dem Rückzug. Vom Bismarckschen Sozialstaat zum postmodernen Suppenküchenstaat? In S. Selke (Hrsg.), *Kritik der Tafeln in Deutschland. Standortbestimmungen zu einem ambivalenten sozialen Phänomen* (S. 73–90). Wiesbaden: VS Verlag für Sozialwissenschaften.

Butterwegge, C. (2014). *Krise und Zukunft des Sozialstaates* (5. Aufl.). Wiesbaden: Springer.

Butterwegge, C. (2021). *Ungleichheit in der Klassengesellschaft.* Köln: PapyRossa.

Butterwegge, C. (2022). Bürgergeld statt Hartz IV. Nur ein neuer Name oder auch ein neues Grundsicherungssystem? *GWP – Gesellschaft. Wirtschaft. Politik* (4), 393–398.

Butterwegge, C., Hentges, G. & Lösch, B. (2018). *Auf dem Weg in eine andere Republik? Neoliberalismus, Standortnationalismus und Rechtspopulismus.* Weinheim: Beltz.

Candeias, M. (2004). *Neoliberalismus – Hochtechnologie – Hegemonie: Grundrisse einer transnationalen kapitalistischen Produktions- und Lebensweise. Eine Kritik.* Hamburg: Argument Verlag.

Candeias, M. (2021a). Crashkurs Klassenanalyse. Eine Einleitung. In M. Candeias (Hrsg.), *Klassentheorie. Vom Making und Remaking* (S. 9–36). Hamburg: Argument Verlag.

Candeias, M. (2021b). Das »unmögliche« Prekariat. Unmaking and Remaking of Class. In M. Candeias (Hrsg.), *Klassentheorie. Vom Making und Remaking* (S. 413–434). Hamburg: Argument Verlag.

Castel, R. (2000). *Die Metamorphosen der sozialen Frage. Eine Chronik der Lohnarbeit.* Konstanz: Universitätsverlag.

Castel, R. & Dörre, K. (2009). *Prekarität, Abstieg, Ausgrenzung. Die soziale Frage am Beginn des 21. Jahrhunderts*. Frankfurt a. M.: Campus.

Chorus, S. (2007). *Ökonomie und Geschlecht? Regulationstheorie und Geschlechterverhältnisse im Fordismus und Postfordismus*. Saarbrücken: VDM.

Claus, F. (2008). Hartz IV. Strategie zur Armutsbekämpfung? In K. Sanders & H.-U. Weth (Hrsg.), *Armut und Teilhabe. Analyse und Impulse zum Diskurs um Armut und Gerechtigkeit* (S. 147–182). Wiesbaden: Springer.

Conen, W., Schippers, J. & Schulze Buschoff, K. (2016). Solo-Selbstständigkeit – Zwischen Freiheit und Unsicherheit: Ein deutsch-niederländischer Vergleich. *WSI Working Paper*, 206.

Connell, R. (2015). *Der gemachte Mann. Konstruktion und Krise von Männlichkeit*. Wiesbaden: Springer.

Cviklova, L. (2015). Direct and indirect racial discrimination of Roma people in Bulgaria, the Czech Republic and the Russian Federation. *Ethnic and Racial Studies*, 38(12), 2140–2155.

Dalla Costa, M. & James, S. (1971). *The power of women and the subversion of the community*. Oakland: PM Press.

Dauderstädt, M. & Keltek, C. (2018). Europas Armut und Ungleichheit. Unterschätzt, aber zuletzt leicht gesunken. *WISO Direkt* (13/2018).

Decker, O., Kiess, J., Heller, A. & Brähler, E. (2022). *Autoritäre Dynamiken in unsicheren Zeiten. Neue Herausforderungen – alte Reaktionen?* Gießen: Psychosozial-Verlag.

Degner, A. & Kocher, E. (2018). Arbeitskämpfe in der „Gig-Economy"? *Kritische Justiz*, 51(3), 247–265.

Demirović, A., Dück, J., Becker, F. & Bader, P. (2011). *VielfachKrise. Im finanzmarktdominierten Kapitalismus*. Hamburg: VSA.

Demirović, A. & Sablowski, T. (2013): Finanzdominierte Akkumulation und die Krise in Europa. In R. Atzmüller, J. Becker, U. Brand, L. Oberndorfer, V. Redak & T. Sablowski (Hrsg.), *Fit für die Krise. Perspektiven der Regulationstheorie* (S. 187–238). Münster: Westfälisches Dampfboot.

Demszky, A. & Voß, G. G. (2018). Beruf und Profession. In F. Böhle, G. G. Voß & G. Wachtler (Hrsg.), *Handbuch Arbeitssoziologie* (S. 477–538). Wiesbaden: Springer.

Der Wohnungslosenbericht (2022). *Ausmaß und Struktur von Wohnungslosigkeit. Der Wohnungslosenbericht 2022 des Bundesministeriums für Arbeit und Soziales*. Bonn: Bundesministerium für Arbeit und Soziales.

Deuflhard, C. (2023). Who benefits from an adult worker model? Gender inequality in couples' daily time use in Germany across time and social classes. *Socio-Economic Review*, 21(3), 1391–1419.

Deutsche Gesellschaft für Zeitpolitik (DGfZP) (2016). Mit der Zeit jonglieren oder: Atmende Lebensläufe. *Zeitpolitisches Magazin*, 13(28).

Deutsche Gesetzliche Unfallversicherung (DGUV) (2020). *Arbeitsunfallgeschehen 2019*. Online verfügbar unter: https://publikationen.dguv.de/zahlen-fakten/schwerpunkt-themen/3893/arbeitsunfallgeschehen-2019 (Stand 28.09.2023).

Deutsche Gesetzliche Unfallversicherung (DGUV) (2022). *Arbeitsunfallgeschehen 2020*. Online verfügbar undter: https://publikationen.dguv.de/widgets/pdf/download/article/4590 (Stand 02.10.2023).

Deutsche Krankenhaus Gesellschaft (DKG) (2023). *DKG zur Leiharbeitsproblematik. Verbot als Ultima Ratio: Krankenhäuser fordern drastische Beschränkung der Pflege-Leiharbeit*. Online verfügbar unter: https://www.dkgev.de/dkg/presse/details/verbot-als-ultima-ratio-krankenhaeuser-fordern-drastische-beschraenkung-der-pflege-leiharbeit/ (Stand 02.10.2023).

Deutscher Bundestag (2019). *Antwort der Bundesregierung auf die Kleine Anfrage der Abgeordneten Katja Kipping, Susanne Ferschl, Matthias W. Birkwald, weiterer Abgeordneter und der Fraktion DIE LINKE.* Online verfügbar unter: https://dserver.bundestag.de/btd/19/130/1913029.pdf (Stand 03.10.2023).

Deutscher Gewerkschaftsbund (DGB) (2018). *Arbeitsbedingungen in der Alten-und Krankenpflege. So beurteilen die Beschäftigten die Lage. Ergebnisse einer Sonderauswertung der Repräsentativumfragen zum DGB-Index Gute Arbeit.* Berlin: Verdi.

Deutscher Gewerkschaftsbund (DGB) (2021a). *Verteilungsbericht. Ungleichheit in Zeiten von Corona.* Online verfügbar unter: https://www.dgb.de/themen/++co++37dffeb0-5bc3-11eb-ac48-001a4a160123 (Stand 28.09.2023).

Deutscher Gewerkschaftsbund (DGB) (2021b). *Betriebsrätemodernisierungsgesetz. Überblick über die neuen Regelungen im Betriebsverfassungsgesetz, die Änderungen in der Wahlordnung und deren Auswirkungen.* Online verfügbar unter: https://www.dgb.de/downloadcenter/++co++6d6eee56-93d0-11ec-a9f9-001a4a160123 (Stand 23.10.2023).

Deutscher Gewerkschaftsbund (DGB) (2022). *Ein wirksamer Schritt. Ein Jahr Arbeitsschutzkontrollgesetz in der Fleischindustrie – eine erste Bilanz.* Online verfügbar unter: https://www.faire-mobilitaet.de/++co++040afc8a-c61a-11ec-b848-001a4a160123 (Stand 28.09.2023).

Deutscher Gewerkschaftsbund (DGB) (2023). *Tarifabschluss: Mehr Geld für Beschäftigte in der Leiharbeit.* Online verfügbar unter: https://www.dgb.de/presse/++co++f43a9960-9318-11ed-99a7-001a4a160123 (Stand 28.09.2023).

Deutsches Institut für Wirtschaftsforschung (DIW) (2009). *Einkommen in der Berliner Kreativbranche: Angestellte Künstler verdienen am besten.* Online verfügbar unter: https://www.diw.de/documents/publikationen/73/diw_01.c.95339.de/09-9-1.pdf (Stand 03.10.2023).

Deutsches Institut für Wirtschaftsforschung (DIW) (2015). *Verdienen Selbständige tatsächlich weniger als Angestellte?* Online verfügbar unter: https://www.diw.de/documents/publikationen/73/diw_01.c.496888.de/15-7-4.pdf (Stand 03.10.2023).

Diakonie (2016). *Unser Angebot für geflüchtete Menschen.* Online verfügbar unter: https://www.diakonie-pflege.de/fuer-fluechtlinge (Stand 28.09.2023).

Die Tafel (2023). *Über Uns.* Online verfügbar unter: https://www.berliner-tafel.de/uber-uns (Stand 19.10.2023).

Dill, H. (2009). „Wir sind ja nur arbeitslos, nicht gebrochen". Kohärenzgefühl und Exklusionsempfinden bei älteren Langzeitarbeitslosen. In K. Brauer & G. Korge (Hrsg.), *Perspektive 50plus?* (S. 299–315). Wiesbaden: Springer.

Dobrusskin, J., Domann, V., Füller, H. & Künkel, J. (2020). Umkämpfte Internationalisierung in Berlin. Großprojekte, Tourismus, Web-Tech-Branche und Migration. In S. Becker & M. Naumann (Hrsg.), *Regionalentwicklung in Ostdeutschland. Dynamiken, Perspektiven und der Beitrag der Humangeographie* (S. 335–346). Wiesbaden: Springer.

Dohnke, J. (2013). Spree Riverbanks for Everyone! What Remains of „Sink Mediaspree"? In M. Bernt, B. Grell & A. Holm (Hrsg.), *The Berlin reader: A compendium on urban change and activism* (S. 261–274). Bielefeld: transcript.

Dörre, K. (2009a). Die neue Landnahme. Dynamiken und Grenzen des Finanzmarktkapitalismus. In K. Dörre, S. Lessenich & H. Rosa (Hrsg.), *Soziologie – Kapitalismus – Kritik. Eine Debatte* (S. 21–86). Frankfurt a.M.: Suhrkamp.

Dörre, K. (2009b). Prekarität im Finanzmarkt-Kapitalismus. In R. Castel & K. Dörre (Hrsg.), *Prekarität, Abstieg, Ausgrenzung. Die soziale Frage am Beginn des 21. Jahrhunderts* (S. 35–64). Frankfurt a.M.: Campus.

Dörre, K. (2019). Umkämpfte Globalisierung und soziale Klassen. 20 Thesen für eine demokratische Klassenpolitik. *Manuskripte, 23*, 11–56.

Dörre, K. (2020). Die Bundesrepublik – eine demobilisierte Klassengesellschaft? In E. Stahl, K. Kock, H. Palm & I. Solty (Hrsg.), *Literatur in der neuen Klassengesellschaft* (S. 97–107). Paderborn: Brill Fink.

Dörre, K. (2021). Ausschluss, Prekarität, (Unter-)Klasse – theoretische Konzepte und Perspektiven. In R. Anhorn & J. Stehr (Hrsg.), *Handbuch Soziale Ausschließung und Soziale Arbeit* (S. 255–289). Wiesbaden: Springer VS.

Dörre, K. & Holst, H. (2009). Nach dem Shareholder Value? Kapitalmarktorientierte Unternehmenssteuerung in der Krise. *WSI-Mitteilungen* 2009(12), 667–674.

Dribbusch, H. (2023). *Streik, Arbeitskämpfe und Streikende in Deutschland seit 2000. Daten, Ereignisse, Analysen.* Hamburg: VSA Verlag.

Drösser, C. (2018). „Wir sind nicht nur Angestellte, wir sind Besitzer". Googles Mitarbeiter protestieren gegen sexuelle Übergriffe am Arbeitsplatz – unterstützt von der Firmenleitung. Doch die Beschäftigten fordern mehr als Beifall. *Die Zeit.* Online verfügbar unter: https://www.zeit.de/digital/internet/2018-11/google-walkout-mitarbeiter-proteste-sexismus (Stand 03.10.2023).

Dück, J. (2022). *Soziale Reproduktion in der Krise. Sorgekämpfe in Krankenhäusern und Kitas.* Basel: Beltz.

Emendörfer, J. (2023). „Sozialer Sprengsatz": Über neun Millionen Vollzeitbeschäftigte erhalten künftig unter 1.500 Euro Rente. *Redaktionsnetzwerk Deutschland.* Online verfügbar unter: https://www.rnd.de/politik/rente-unter-1500-euro-fuer-ueber-neun-millionen-vollzeitbeschaeftigte-FGNG56A75RFKJCZZ5YCQD5TP5I.html (Stand 28.09.2023).

End, M. (2012). *Antiziganismus. Zum Stand der Forschung und der Gegenstrategien.* Berlin: RomnoKher – Haus für Kultur, Bildung und Antiziganismusforschung.

Engler, W. (1999). *Die Ostdeutschen. Kunde von einem verlorenen Land.* Berlin: Aufbau.

Erlinghagen, M. & Hank, K. (2018). *Neue Sozialstrukturanalyse: ein Kompass für Studienanfänger.* Leiden: Brill.

Eurofound (2023). Riders' Law. *Platform economy database.* Online verfügbar unter: https://aSs.eurofound.europa.eu/platformeconomydb/riders-law-105142 (Stand 28.09.2023).

European Commission (2021). *Commission proposals to improve the working conditions of people working through digital labour platforms.* Online verfügbar unter: https://ec.europa.eu/commission/presscorner/detail/en/ip_21_6605 (Stand 28.09.2023).

Ezquerra, S. & Keller, C. (2022). *Für eine Demokratisierung der Sorgearbeit. Erfahrungen mit feministischen Care-Politiken auf kommunaler Ebene in Barcelona.* Berlin: Rosa-Luxemburg-Stiftung.

fachanwalt.de (2022). *Schonvermögen bei Hartz 4, Grundsicherung und Unterhalt.* Online verfügbar unter: https://www.fachanwalt.de/ratgeber/schonvermoegen (Stand 03.10.2023).

Fairwork (2022). *Fairwork Annual Report 2022.* Online verfügbar unter: https://fair.work/en/fw/publications/the-year-in-review-fairwork-annual-report-2022/ (Stand 28.09.2023).

Faist, T. (2013). The mobility turn: a new paradigm for the social sciences? *Ethnic and Racial Studies, 36*(11), 1637–1646.

Faulstich, P. (1999). Kompetenzentwicklung und Erfolgsqualität: Qualitätssicherung in der beruflichen Erwachsenenbildung. *Bildung und Erziehung, 52*(2), 157–172.

Flick, U. (2011). Das Episodische Interview. In G. Oelerich & H.-U. Otto (Hrsg.), *Empirische Forschung und Soziale Arbeit. Ein Studienbuch* (S. 273–280). Wiesbaden: Springer.

Foroutan, N. (2019). *Die postmigrantische Gesellschaft: Ein Versprechen der pluralen Demokratie.* Bielefeld: transcript.

Friebe, H. & Lobo, S. (2006). *Wir nennen es Arbeit. Die digitale Bohème oder: Intelligentes Leben jenseits der Festanstellung.* München: Heyne.

Fried, B. & Wischnewski, A. (2022). Sorgende Städte. Feminist*innen wollen alles verändern. Aber wo anfangen? Ein Plädoyer für eine kommunale Sorgepolitik. *Luxemburg. Gesellschaftsanalyse und linke Praxis.* Online verfügbar unter: https://zeitschrift-luxemburg.de/artikel/sorgende-staedte/ (Stand 03.10.2023).

Friedrich, S. (2019). *Die AfD: Analysen – Hintergründe – Kontroversen.* Berlin: Bertz + Fischer.

Frieß, W. & Nowak, I. (2021). Menschen mit Beeinträchtigungen als Crowdworker_innen – Inklusion in die Prekarität? In M. Altenried, J. Dück & M. Wallis (Hrsg.), *Plattformkapitalismus und die Krise der sozialen Reproduktion.* Münster: Westfälisches Dampfboot.

Gauland, A. (2019). Populismus und Demokratie. *Sezession*, (88), 14–20.

GEMINI (2022). *Stellungnahme zu Regelungsinhalten eines Demokratiefördergesetzes. Gemeinsame Initiative der Träger politischer Jugendbildung (GEMINI).* Online verfügbar unter: https://www.bap-politischebildung.de/wp-content/uploads/2022/03/GEMINI-Stellungnahme-Demokratiefoerdergesetzl.pdf (Stand 03.10.2023).

Georgi, F. (2007). *Migrationsmanagement in Europa: Eine kritische Studie am Beispiel des Centers for Migration Policy Development.* Saarbrücken: VDN-Verlag.

Gerhards, J. & Lengfeld, H. (2013). *Wir, ein europäisches Volk? Sozialintegration Europas und die Idee der Gleichheit aller europäischen Bürger.* Wiesbaden: Springer.

Gesellschaft für Pflege- u. Sozialberufe (2023). *Ausbildungsvergütung in Pflegeberufen nicht allgemeinverbindlich geregelt.* Online verfügbar unter: https://www.gfp-berlin.de/foerdermoeglichkeiten/ausbildungsverguetung/ (Stand 28.09.2023).

Gesundheit statt Profite (2021). *Pressemitteilung zur Ablehnung des Volksentscheides „Gesunde Krankenhäuser" durch das Landesverfassungsgericht.* Online verfügbar unter: https://gesundheitohneprofite.noblogs.org/post/2021/01/21/pressemitteilung-zur-ablehnung-des-volksentscheides-gesunde-krankenhauser-durch-das-landesverfassungsgericht/ (Stand 30.10.2023).

Gieseke, W. (2009). Professionalisierung in der Erwachsenenbildung/Weiterbildung. In R. Tippelt & A. Hippel (Hrsg.), *Handbuch Erwachsenenbildung/Weiterbildung* (S. 385–403). Wiesbaden: Springer VS.

Giullari, S. & Lewis, J. (2005). The Adult Worker Model Family, Gender Equality and Care. The Search for New Policy Principles, and the Possibilities and Problems of a Capabilities Approach. *Social policy and development programme paper, 19.*

Gomolla, M. (2017). Direkte und indirekte, institutionelle und strukturelle Diskriminierung. In A. Scherr, A. El-Mafaalani & G. Yüksel (Hrsg.), *Handbuch Diskriminierung* (S. 133–155). Wiesbaden: Springer.

Götz, I. & Lehnert, K. (2016). Präventive Vermeidung von Altersarmut. In S. Pohlmann (Hrsg.), *Alter und Prävention* (S. 85–106). Wiesbaden: Springer.

Graefe, S. (2015). Subjektivierung, Erschöpfung, Autonomie: eine Analyseskizze. *Ethik und Gesellschaft* (2).

Gramsci, A. (2021). Gefängnishefte: Herrschaft und Führung (1929–35) & Politik der Subalternen, Spontaneität und Führung (1929–35). In M. Candeias (Hrsg.), *Klassentheorie. Vom Making und Remaking* (S. 87–124). Hamburg: Argument Verlag.

Groh-Samberg, O. (2009). *Armut, soziale Ausgrenzung und Klassenstruktur. Zur Integration multidimensionaler und längsschnittlicher Perspektiven.* Wiesbaden: Springer.

Grottian, P. (2010). Die Arbeitslosigkeit und die Tafeln gleichzeitig abschaffen! In S. Selke (Hrsg.), *Kritik der Tafeln in Deutschland. Standortbestimmungen zu einem ambivalenten sozialen Phänomen* (S. 309–313). Wiesbaden: Springer.

Guglielmino, S. (2021). Massiver Protest. *taz.* Online verfügbar unter: https://taz.de/Raeumung-des-Koepi-Wagenplatzes-in-Berlin/!5808274/ (Stand 03.10.2023).

Hachtmann, R. & von Saldern, A. (2009). „Gesellschaft am Fließband". Fordistische Produktion und Herrschaftspraxis in Deutschland. *Zeithistorische Forschungen/Studies in Contemporary History,* Online-Ausgabe, 6 (2), 186–208. Online verfügbar unter: https://zeithistorische-forschungen.de/2-2009/4509 (Stand 04.10.2023).

Hackenbruch, F. (2019). Abstand zu anderen Städten vergrößert sich. Berlins Start-ups hängen die Republik ab. *Der Tagesspiegel.* Online verfügbar unter: https://www.tagesspiegel.de/wirtschaft/berlins-start-ups-hangen-die-republik-ab-4652023.html (Stand 03.10.2023).

Hacker, W. & Sachse, P. (2014). *Allgemeine Arbeitspsychologie: Psychische Regulation von Tätigkeiten.* Göttingen: Hogrefe.

Hafeneger, B. (2011). *Handbuch Außerschulische Jugendbildung. Grundlagen, Handlungsfelder, Akteure.* Schwalbach: Wochenschau Verlag.

Hagemann, K. (2017). *Menschenrechtsverletzungen im internationalen Wirtschaftsrecht.* Wiesbaden: Springer.

Hall, S. (1989). Rassismus als ideologischer Diskurs. *Das Argument,* 31(178), 913–921.

Hammerschmidt, P. (2010). Die bürgerliche Frauenbewegung und die Entwicklung der sozialen Arbeit zum Beruf – Ein Überblick. In C. Engelfried & C. Voigt-Kehlenbeck (Hrsg.), *Gendered Profession.*

Soziale Arbeit vor neuen Herausforderungen in der zweiten Moderne (S. 25–42). Wiesbaden: Springer.

Hansen, B. R. & Zechner, M. (2017). Intersecting mobilities. Declassing and Migration from the Viewpoint of Organising within and against Precarity. In *Movements. Journal für kritische Migrations- und Grenzregimeforschung* 3.1, 109–126.

Hans-Böckler-Stiftung (2017). Wie sind die Vermögen in Deutschland verteilt? *Böckler Impulse.* Online verfügbar unter: https://www.boeckler.de/de/boeckler-impuls-wie-sind-die-vermoegen-in-deutschland-verteilt-3579.htm (Stand 24.10.2023).

Hartz 4 Widerspruch (2022). *Hartz IV: Erlaubt das Jobcenter einen Umzug aus psychischen Gründen?* Online verfügbar unter: https://hartz4widerspruch.de/news/hartz-iv-erlaubt-das-jobcenter-einen-umzug-aus-psychischen-gruenden/ (Stand 03.10.2023).

Haubner, T. (2017). *Die Ausbeutung der sorgenden Gemeinschaft: Laienpflege in Deutschland.* Frankfurt a.M.: Campus.

Haug, F. (2013). Herrschaft als Knoten denken. *Luxemburg. Gesellschaftsanalyse und linke Praxis.* Online verfügbar unter: https://zeitschrift-luxemburg.de/artikel/herrschaft-als-knoten-denken/ (Stand 19.10.2023).

Haug, F. (2021). Ein marginales Zentrum. Geschlechterverhältnisse sind Produktionsverhältnisse. In M. Candeias (Hrsg.), *Klassentheorie. Vom Making und Remaking* (S. 274–384). Hamburg: Argument Verlag.

Haug, W. F. (1999). Dialektik des Anti-Rassismus. In W. F. Haug (Hrsg), *Politisch richtig oder richtig politisch?* (S. 111–148). Hamburg: Argument Verlag.

Haug, W. F. (2003). *High-Tech-Kapitalismus. Analysen zu Produktionsweise, Arbeit, Sexualität, Krieg und Hegemonie.* Hamburg: Argument Verlag.

Haug, W. F. (2004). Was tun? Die verwandelte Wiederkehr der Gründungsfrage. *UTOPIE kreativ,* (161), 202–214.

Haug, W. F. (2012). *Hightech-Kapitalismus in der Großen Krise*. Hamburg: Argument Verlag.

Heidling, E. (2018). Projektarbeit. In F. Böhle, G. G. Voß & G. Wachtler (Hrsg.), *Handbuch Arbeitssoziologie. Band 2: Akteure und Institutionen* (S. 207–236). Wiesbaden: Springer.

Heiland, H. & Brinkmann, U. (2020). Liefern am Limit. Wie die Plattformökonomie die Arbeitsbeziehungen verändert. *Industrielle Beziehungen. Zeitschrift für Arbeit, Organisation und Management*, 27(2), 5–6.

Heitmeyer, W. (2008). Ideologie der Ungleichwertigkeit. In W. Heitmeyer (Hrsg.), *Deutsche Zustände*. Folge 6 (S. 36–44). Berlin: Suhrkamp.

Heitmeyer, W. & Endrikat, K. (2008). Die Ökonomisierung des Sozialen. Folgen für „Überflüssige" und „Nutzlose". In W. Heitmeyer (Hrsg.), *Deutsche Zustände*. Folge 6 (S. 55–72). Berlin: Suhrkamp.

Helwig, G. & Nickel, H. M. (1993). *Frauen in Deutschland 1945–1992*. Berlin: Akademie.

Hemker, J. & Rink, A. (2017). Multiple dimensions of bureaucratic discrimination: Evidence from German welfare offices. *American Journal of Political Science*, 61(4), 786–803.

Hensche, M. (2012). Streiks in kirchlichen Einrichtungen auch bei Anwendung des dritten Wegs. In *Arbeitsrecht aktuell* 12/360. Online verfügbar unter: https://www.hensche.de/Streiks_kirchliche_Einrichtung_Streiks_in_kirchlichen_Einrichtungen_zulaessig_BAG_1AZR179-11.html (Stand 30.10.2023).

Hirsch, M. (2022). *K – Kulturarbeit: Progressive Desillusionierung und professionelle Amateure*. Hamburg: Textem.

Hishow, O. (2012). Wirtschaftsmodell und Integrationsprozess der baltischen Staaten. Die Finanzkrise und ihre Konsequenzen. In M. Knodt & S. Urdze (Hrsg.), *Die politischen Systeme der baltischen Staaten: Eine Einführung* (S. 363–377). Wiesbaden: Springer.

Holm, A. (2017). Neue Gemeinnützigkeit und soziale Wohnungsversorgung. In B. Schönig, J. Kadi & S. Schipper (Hrsg.), *Wohnraum für Alle?! Perspektiven auf Planung, Politik und Architektur* (S. 135–151). Bielefeld: transcript.

Holzkamp, K. (1985). *Grundlegung der Psychologie (Studienausgabe)*. Frankfurt a. M.: Campus.

Hradil, S. (2018). Lebensstil. In J. Kopp & A. Steinbach (Hrsg.), *Grundbegriffe der Soziologie* (S. 267–270). Wiesbaden: Springer.

Hübgen, S. (2020). *Armutsrisiko alleinerziehend: Die Bedeutung von sozialer Komposition und institutionellem Kontext in Deutschland*. Opladen: Verlag Barbara Budrich.

Huffschmid, J. (2007). Die neoliberale Deformation Europas. Zum 50. Jahrestag der Verträge von Rom. *Blätter*, 2007(2), 307–319.

Hünefeld, L. & Siefer, A. (2018). Befristung. Beschäftigungsverhältnis mit Unsicherheiten. *Bundesanstalt für Arbeitsschutz und Arbeitsmedizin*. Online verfügbar unter: https://www.baua.de/DE/Angebote/Publikationen/Fakten/BIBB-BAuA-35.pdf (Stand 23.10.2023).

Huws, U. (2021). Die Produktion eines Kybertariats. Die Wirklichkeit virtueller Arbeit. In M. Candeias (Hrsg.), *Klassentheorie. Vom Making und Remaking* (S. 397–412). Hamburg: Argument Verlag.

ifb (2022). *Kein leichter Weg. Die Betriebsratsgründung bei Lieferando*. Online verfügbar unter: https://www.betriebsrat.de/news/kein-leichter-weg-2703962 (Stand 19.10.2023).

Investigate Europe (2021). *Die größten Private Equity Firmen in der Altenpflege*. Online verfügbar unter: https://www.investigate-europe.eu/de/posts/private-equity-firmen-altenpflege (Stand 02.10.2023).

Investitionsbank Berlin (2021). *Digitalwirtschaft. Ein Stützpfeiler in der Krise*. Online verfügbar unter: https://www.ibb.de/media/dokumente/publikationen/volkswirtschaftliche-publikationen/berlin-aktuell/ausgaben-2021/berlin_aktuell_digitalwirtschaft.pdf (Stand: 19.10.2023).

Jaedicke, J., Reimann, H. & Seppelt, J. (2011). Zwischen Aufopferung und Arbeitskampf. Organisierung in evangelischen Kitas. *Luxemburg. Gesellschaftsanalyse und linke Praxis*. Online verfügbar unter: https://zeitschrift-luxemburg.de/artikel/aufopferung-und-arbeitskampf/ (Stand 21.10.2023).

Jensen, A. (2018). Die Entsendung wird missbraucht, um den Mindestlohn zu umgehen. Magazin Mitbestimmung. *Hans Böckler Stiftung*. Online verfügbar unter: https://www.boeckler.de/de/magazin-mitbestimmung-2744-die-entsendung-wird-missbraucht-um-den-mindestlohn-zu-umgehen-5901.htm (Stand: 21.10.2023).

Jochum, G., Jurczyk, K., Voß, G. G. & Weihrich, M. (2020). *Transformationen alltäglicher Lebensführung. Konzeptionelle und zeitdiagnostische Fragen*. Weinheim Basel: Beltz.

jura ratio (2022). *Urteil: Selbstständiger Kurierfahrer unterliegt Scheinselbständigkeit*. Online verfügbar unter: https://www.jura-ratio.de/aktuelles/beitrag/scheinselbständigkeit-eines-kurierfahrers (Stand 28.09.2023).

JuraForum (2023). *Befristeter Arbeitsvertrag. Was Sie über Befristung eines Beschäftigungsverhältnisses wissen müssen*. Online verfügbar unter: https://www.juraforum.de/lexikon/befristeter-arbeitsvertrag#kettenbefristung-wann-erlaubt-und-wann-sind-sie-rechtsmissbrauch (Stand 24.20.2023).

Jürgens, K. (2018). Arbeit und Leben. In F. Böhle, G. G. Voß & G. Wachtler (Hrsg.), *Handbuch Arbeitssoziologie. Band 2: Akteure und Institutionen* (S. 99–130). Wiesbaden: Springer.

Jürgensen, A. (2019). *Pflegehilfe und Pflegeassistenz. Ein Überblick über die landesrechtlichen Regelungen für die Ausbildung und den Beruf*. Bonn: Bundesinstitut für Berufsbildung.

Kalter, F. & Granato, N. (2018). Migration und ethnische Ungleichheit auf dem Arbeitsmarkt. In M. Abraham & T. Hinz (Hrsg.), *Arbeitsmarktsoziologie. Probleme, Theorien, empirische Befunde* (S. 355–387). Wiesbaden: Springer.

Karakayali, J. & Mecheril, P. (2017). *Soziale Ungleichheit*. Wiesbaden: Springer.

Karakayali, S. & Tsianos, V. (2007). Movements that matter. Eine Einleitung. In Transit Migration Forschungsgruppe (Hrsg.), *Turbulente Ränder: Neue Perspektiven auf Migration an den Grenzen Europas* (2. Aufl., S. 7–22). Bielefeld: transcript.

Kemper, A. & Weinbach, H. (2007). *Klassismus. Eine Einführung*. Münster: Unrast.

Keller, A. (2020). *Am Anfang war die Ausbildung*. Online verfügbar unter: https://www.vkd.com/news/am-anfang-war-die-ausbildung/ (Stand 30.10.2023).

Khalil, S., Lietz, A. & Mayer, S. J. (2020). Systemrelevant und prekär beschäftigt: Wie Migrant*innen unser Gemeinwesen aufrechterhalten. *DeZIM Research Notes*. Online verfügbar unter: https://www.dezim-institut.de/publikationen/publikation-detail/systemrelevant-und-prekaer-beschaeftigt-wie-migrant-innen-unser-gemeinwesen-aufrechterhalten/ (Stand 21.10.2023).

Kiupel, B. (2021). Der Schwangerschaftsabbruch in der BRD. *Digitales Deutsches Frauenarchiv*. Online verfügbar unter: https://www.digitales-deutsches-frauenarchiv.de/angebote/dossiers/218-und-die-frauenbewegung/schwangerschaftsabbruch-in-der-brd (Stand 29.10.2023).

Kleemann, F. (2012). Subjektivierung von Arbeit – Eine Reflexion zum Stand des Diskurses. *AIS-Studien*, 5(2), 6–20.

Klenner, C., Menke, K. & Pfahl, S. (2012). *Flexible Familienernährerinnen: Moderne Geschlechterarrangements oder prekäre Konstellationen?* Leverkusen: Verlag Barbara Budrich.

Klenner, C., Pfahl, S., Neukirch, S. & Weßler-Poßberg, D. (2011). Prekarisierung im Lebenszusammenhang – Bewegung in den Geschlechterarrangements? *WSI-Mitteilungen*, 64(8), 416–422.

Kohli, M. (1985). Die Institutionalisierung des Lebenslaufs. Historische Befunde und theoretische Argumente. *Kölner Zeitschrift für Soziologie und Sozialpsychologie*, 37, 1–29.

Kollmann, T., Strauß, C., Pröpper, A., Faasen, C., Hirschfeld, A., Gilde, J. & Walk, V. (2022). *Deutscher Startup-Monitor 2022. Innovation – Gerade jetzt!* Berlin: Bundesverband Deutsche Startups.

König, A. & Berli, O. (2013). Das Paradox der Doxa. Macht und Herrschaft als Leitmotiv der Soziologie Pierre Bourdieus. In P. Imbusch (Hrsg.), *Macht und Herrschaft: Sozialwissenschaftliche Theorien und Konzeptionen* (S. 303–333). Wiesbaden: Springer VS.

Körber, M. (2023). Pflegeheime als Renditeobjekt. *Süddeutsche Zeitung*. Online verfügbar unter: https://www.sueddeutsche.de/kolumne/pflegeheime-gesundheitsmarkt-geldanlage-1.5272572 (Stand 02.20.2023).

Kramer, B. (2018). Aufstand der Essenskuriere. *Die Zeit*. Online verfügbar unter: https://www.zeit.de/arbeit/2018-02/foodora-deliveroo-kuriere-betriebsrat/komplettansicht (Stand 03.10.2023).

Krätke, S. (2004). City of Talents? Berlin's Regional Economy, Socio-spatial Fabric and „Worst Practice" Urban Governance. *International Journal of Urban and Regional Research* 28(3), 511–529.

Krätke, S. & Borst, R. (2000). *Berlin: Metropole zwischen Boom und Krise*. Opladen: Leske & Budrich.

Krause, Y. (2023). Warnstreiks betreffen rund 100 Kitas in Brandenburg. *rbb24*. Online verfügbar unter: https://www.rbb24.de/wirtschaft/beitrag/2023/03/brandenburg-warnstreik-frauentag-kindergarten-gewerkschaft-verdi.html (Stand 28.09.2023).

Krings, T. (2022). *Die Transnationalisierung der Arbeitswelt am Beispiel von Erwerbsmobilität in der Europäischen Union*. Wiesbaden: Springer.

Krüger, A. (2021). Kostenlos Meister:in werden. *taz*. Online verfügbar unter: https://taz.de/Bedeutung-der-Wahl-fuers-Handwerk/!5802469/ (Stand 03.10.2023).

Kühn, T. (2021). „Hört auf, Essen zu bestellen!". Lieferdienste erzielen bei Schnee und Lockdown Rekordumsätze. Deren FahrerInnen beklagen nun „menschenunwürdige Bedingungen". *taz*. Online verfügbar unter: https://taz.de/Berliner-Radkuriere-protestieren/!5746305/ (Stand 28.09.2023).

Kultur- und Kreativwirtschaftsindex (2015). *Kultur- Und Kreativwirtschaftsindex Berlin-Brandenburg 2015. Stimmungslage, Standortbewertung und die Entwicklung seit 2011*. Online verfügbar unter: https://www.berlin.de/sen/kultur/kulturpolitik/kulturwirtschaft/2020neu_kultkreativwirt_indexbb_2015.pdf (Stand 03.10.2023).

Kunkel, K. (2016). Kampf gegen die Burnoutgesellschaft in Zeiten der Digitalisierung – Der Tarifkonflikt an der Charité um Gesundheitsschutz und Mindestbesetzung. In L. Schröder & H.-J. Urban (Hrsg.), *Jahrbuch Gute Arbeit 2016. Digitale Arbeitswelt – Trends und Anforderungen* (S. 253–266). Frankfurt: Verdi.

Kunkel, K. (2022). Tarifvertrag Entlastung: Abschaffung der Fallpauschalen in weiter Ferne. *Der Freitag*. Online verfügbar unter: https://www.freitag.de/autoren/kalle-kunkel/tarifvertrag-entlastung-abschaffung-der-fallpauschalen-in-weiter-ferne (Stand 28.09.2023).

Küpper, B., Klocke, U. & Hoffmann, L.-C. (2017). *Einstellungen gegenüber lesbischen, schwulen und bisexuellen Menschen in Deutschland: Ergebnisse einer bevölkerungsrepräsentativen Umfrage.* Baden-Baden: Nomos.

Kuske, T. (2023). Wenn Selbstständige arbeitslos werden: Die wichtigsten Infos. *Deutsche Handwerkszeitung.* Online verfügbar unter: https://www.deutsche-handwerks-zeitung.de/wenn-selbststaendige-arbeitslos-werden-die-wichtigsten-infos-168460/ (Stand 19.10.2023).

labournet (2023). *Flink Workers' Collective: Auch die Berliner Kuriere von Flink wollen einen Betriebsrat.* Online verfügbar unter: https://www.labournet.de/politik/alltag/arbeitsrecht-alltag/kuendigungsschutz/flink-workers-collective-auch-die-berliner-kuriere-von-flink-wollen-einen-betriebsrat/ (Stand 03.10.2023).

Laib und Seele (2022). *Berliner Tafel bittet um Lebensmittelspenden.* Online verfügbar unter: https://www.berliner-tafel.de/presse/informationen?file=files/espark-custom-theme/downloads/document/Aktuelles/Fotos/14_09_2022_PI_Berliner_Tafel_bittet_um_Lebensmittelspenden.pdf (Stand 28.09.2023).

Lambert, L. (2021). Extraterritorial asylum processing: the Libya-Niger emergency transit mechanism. *Forced Migration Review,* 68, 18–21.

Lampert, T. & Kroll, L. E. (2014). Soziale Unterschiede in der Mortalität und Lebenserwartung. *GBE kompakt.* Online verfügbar unter: https://www.rki.de/DE/Content/Gesundheitsmonitoring/Gesundheitsberichterstattung/GBEDownloadsK/2014_2_soziale_unterschiede.pdf?__blob=publicationFile (Stand 21.10.2023).

Lampert, T., Michalski, N., Müters, S., Wachtler, B. & Hoebel, J. (2021). *Gesundheitliche Ungleichheit.* Online verfügbar unter: https://www.destatis.de/DE/Service/Statistik-Campus/Datenreport/Downloads/datenreport-2021-kap-9.pdf?__blob=publicationFile (Stand 19.10.2023).

Landowski, M., Mörike, F. & Feufel, M. A. (2021). Grenzenlose Freizeit und Arbeit ohne Limit? *Arbeit,* 30(2), 97–123.

Lebuhn, H. (2012). Bürgerschaft und Grenzpolitik in den Städten Europas. Perspektiven auf die Stadt als Grenzraum. *PERIPHERIE – Politik. Ökonomie. Kultur,* 32, 126–127.

Leistner, A. & Wohlrab-Saar, M. (2022). *Das umstrittene Erbe von 1989. Zur Gegenwart eines Gesellschaftszusammenbruchs.* Köln: Böhlau.

Lenz, I., Evertz, S. & Ressel, S. (2017). Neukonfigurationen von Geschlecht im flexibilisierten Kapitalismus? Potenziale von Geschlechter- und Gesellschaftstheorien. *Geschlecht im flexibilisierten Kapitalismus? Neue UnGleichheiten,* 1–7.

Lenze, A., Funcke, A. & Menne, S. (2021). *Alleinerziehende in Deutschland.* Gütersloh: Bertelsmann-Stiftung.

Lewis, J. (2001). The Decline of the Male Breadwinner Model. Implications for Work and Care. *Social Politics: International Studies in Gender, State & Society,* 8(2), 152–169.

Liebenwein, S. (2018). Bildungsreformen in der BRD. In H. Barz (Hrsg.), *Handbuch Bildungsreform und Reformpädagogik* (S. 129–142). Wiesbaden: Springer.

Lieferando (2023). *Werde Fahrer:in bei Lieferando.* Online verfügbar unter: https://www.lieferando.de/fahrer (Stand 03.10.2023).

Lippuner, R. (2007). Sozialer Raum und Praktiken: Elemente sozialwissenschaftlicher Topologie bei Pierre Bourdieu und Michel de Certeau. In S. Günzel (Hrsg.), *Topologie. Zur Raumbeschreibung in den Kultur- und Medienwissenschaften* (S. 265–278). Bielefeld: Transcript.

Lißner, L. (2005). Sozialversicherung. In K. Schubert (Hrsg.), *Handwörterbuch des ökonomischen Systems der Bundesrepublik Deutschland*. Wiesbaden: VS Verlag für Sozialwissenschaften.

Lübker, M. & Schulten, T. (2023). Tarifbindung in den Bundesländern. Entwicklungslinien und Auswirkungen auf die Beschäftigten. *Analysen zur Tarifpolitik 96*. Online verfügbar unter: https://www.boeckler.de/fpdf/HBS-008594/p_ta_analysen_tarifpolitik_96_2023.pdf (Stand 23.10.2023).

Lücking, S. (2019). Arbeiten in der Plattformökonomie. Über digitale Tagelöhner, algorithmisches Management und die Folgen für die Arbeitswelt. *Hans Böckler Stiftung*. Online verfügbar unter: https://www.boeckler.de/pdf/p_fofoe_report_005_2019.pdf (Stand 28.09.2023).

Lücking, S. (2020). *Arbeiten in der Plattformökonomie. Über digitale Tagelöhner, algorithmisches Management und die Folgen für die Arbeitswelt*. Düsseldorf: Hans-Böckler-Stiftung.

Ludwig, C. & Evans, M. (2020). *Löhne in der Altenpflege: Helferniveaus im Spiegel von Fachkräftesicherung und Lohnverteilung. Ein Beitrag zur Lohn- und Tarifdebatte*. Online verfügbar unter: https://www.econstor.eu/bitstream/10419/229170/1/1743124538.pdf (Stand 28.09.2023).

Lueg, A. (2014). Kritik am deutschen Meisterbrief. *Deutschlandfunk*. Online verfügbar unter: https://www.deutschlandfunk.de/eu-kommission-kritik-am-deutschen-meisterbrief-100.html (Stand 03.10.2023).

Lüter, A., Riese, S., Schaffranke, D. & Zarth, J. (2019). *Das Landesprogramm „Demokratie. Vielfalt. Respekt. Gegen Rechtsextremismus, Rassismus und Antisemitismus". Abschlussbericht zur Evaluation*. Berlin: Camino.

Maaroufi, M. (2020). Zwischen Abwertung und Verwertung von Arbeitsvermögen. Aneignung und Aushandlung von Wissen in einer vielfältigen Integrationsinfrastruktur. In *Widersprüche Heft 156. Zur alltäglichen Arbeit an den Grenzen von Zugehörigkeit*, 11–24.

Madörin, M. (2010). *Care Ökonomie – eine Herausforderung für die Wirtschaftswissenschaften*. Wiesbaden: Springer.

Madörin, M. (2011). Das Auseinanderdriften der Arbeitsproduktivitäten: Eine feministische Sicht. Denknetz Jahrbuch 2011: *Gesellschaftliche Produktivität Jenseits der Warenform*, 56–70.

Maihofer, A. (1995). Gleichberechtigung in der Differenz. Replik auf einige neuere Kritiken und die Frage der Quoten. In H. Kuhlmann (Hrsg.), *Und drinnen waltet die züchtige Hausfrau. Zur Ethik der Geschlechterdifferenz* (S. 32–45). Gütersloh: Gütersloher Verlagshaus.

Manske, A. (2005). Eigenverantwortung statt wohlfahrtsstaatliche Absicherung. Anmerkungen zum Gestaltwandel sozialer Absicherung. *Berliner Journal für Soziologie* 2005(2), 241–258.

Manske, A. (2016). Zwischen verzauberter und entzauberter Arbeit. Selbständige in der Designbranche. *AIS-Studien*, 9(2), 6–21.

Markard, M. (2000). Verbale Daten, Entwicklungsfigur, Begründungsmuster, Theorienprüfung. Methodische Probleme und Entwicklungen in der Projektarbeit. In M. Markard & Ausbildungsprojekt (Hrsg.), *Kritische Psychologie und studentische Praxisforschung. Wider Mainstream und Psychoboom* (S. 227–250). Hamburg: Argument Verlag.

Markard, M. (2009). *Einführung in die Kritische Psychologie*. Hamburg: Argument Verlag.

Markard, M. (2010). Kritische Psychologie. Forschung vom Standpunkt des Subjekts. In G. Mey & K. Mruck (Hrsg.), *Handbuch qualitative Forschung in der Psychologie* (S. 166–181). Wiesbaden: Springer.

Mayer-Ahuja, N. & Nachtwey, O. (2021). *Verkannte Leistungsträger:innen. Berichte aus der Klassengesellschaft.* Berlin: Suhrkamp.

Mayo, P. (1999). *Gramsci, Freire and adult education. Possibilities for transformative action.* London: Zed Books.

Mayring, P. (2015). *Qualitative Inhaltsanalyse.* Weinheim Basel: Beltz.

Meulenbelt, A. (1988). *Scheidelinien. Über Sexismus, Rassismus und Klassismus.* Hamburg: Rowohlt.

Meuser, M. (2016). Entgrenzungen von Erwerbsarbeit und Familie. Neubestimmung der Position des Mannes in der Familie? In D. Lengersdorf & M. Meuser (Hrsg.), *Männlichkeiten und der Strukturwandel von Erwerbsarbeit in globalisierten Gesellschaften* (S. 159–180). Weinheim Basel: Beltz.

Mey, G. & Mruck, K. (2010). Grounded-Theory-Methodologie. In G. Mey & K. Mruck (Hrsg.), *Handbuch Qualitative Forschung in der Psychologie* (S. 614–626). Wiesbaden: Springer.

Mezzadra, S. & Neilson, B. (2013). *Border as Method, Or, the Multiplication of Labor.* Durham: Duke University Press.

Michailow, M., Hörning, K. H. & Gerhard, A. (1990). *Zeitpioniere. Flexible Arbeitszeit – neuer Lebensstil.* Berlin: Suhrkamp.

Miethe, I. (2007). *Bildung und soziale Ungleichheit in der DDR.* Opladen: Verlag Barbara Budrich.

MiGAZIN (2022). *Menschenrechtler: Großfleischereien zocken Arbeitsmigranten weiter ab.* Online verfügbar unter: https://www.migazin.de/2022/11/22/gesetzliche-schlupfloecher-menschenrechtler-grossfleischereien-arbeitsmigranten/ (Stand 28.09.2023).

Miketta, G. (2012). Berlin wird 775! berlin. de. Online verfügbar unter: https://www.berlin.de/aktuell/ausgaben/2012/juni/ereignisse/artikel.224294.php (Stand 28.09.2023).

Morgenpost (2022). *Tafeln versorgen immer mehr Menschen.* Online verfügbar unter: https://www.morgenpost.de/politik/inland/article236543069/Tafeln-versorgen-immer-mehr-Menschen.html (Stand 30.10.2023).

Motakef, M. & Wimbauer, C. (2019). Prekarisierung von Arbeit: erweiterte Perspektiven der Geschlechterforschung. In B. Kortendiek, B. Riegraf & K. Sabisch (Hrsg.), *Handbuch Interdisziplinäre Geschlechterforschung* (S. 783–790). Wiesbaden: Springer.

Mruck, K. & Mey, G. (2010). Einleitung. In G. Mey & K. Mruck (Hrsg.), *Handbuch Qualitative Methoden in der Psychologie* (S. 11–32). Wiesbaden: Springer.

Müller, B. (2012). Professionalität. In W. Thole (Hrsg.), *Grundriss Soziale Arbeit: Ein einführendes Handbuch* (S. 955–974). Wiesbaden: Springer VS.

Müller, B. (2014). Wert-Abjektion als grundlegende Herrschaftsform des patriarchalen Kapitalismus. ,Sorge (n) freie' Gesellschaft als Resultat. *PROKLA. Zeitschrift für kritische Sozialwissenschaft, 44*(174), 31–52.

Müller, K. (2015). Warum die Ukraine gescheitert ist. Oligarchische Konsolidierung und geopolitisches Hasardspiel. *PROKLA. Zeitschrift für kritische Sozialwissenschaft, 45*(178), 135–153.

Nachtwey, O. (2016). *Die Abstiegsgesellschaft. Über das Aufbegehren in der regressiven Moderne.* Berlin: Suhrkamp.

Ohm, C. (2004). Hochtechnologische Produktionsweise. In W. F . Haug (Hrsg.), *Historisch-Kritisches Wörterbuch des Marxismus* (Band 6, S. 435–443). Hamburg: Argument Verlag.

Oppolzer, A. (1997). Entfremdung. In W. F. Haug (Hrsg.), *Historisch-Kritisches Wörterbuch des Marxismus* (Band 1, S. 460–469). Hamburg: Argument Verlag.

Oschimansky, H. & Oschimansky, F. (2003). *Erwerbsformen im Wandel: Integration oder Ausgrenzung durch atypische Beschäftigung? Berlin und die Bundesrepublik Deutschland im Vergleich.* Berlin: WZB.

Paul, K. I. & Zechmann, A. (2019).
In R. Haring (Hrsg.), *Gesundheitswissen-schaften* (S. 487–497). Berlin: Springer.

Paulus, S. (2021). Die Familienmaschine.
Verbetrieblichte Lebensführung als
Subsumption des Lebens unter den Pro-
duktionsprozess. In R. Braches-Chyrek,
C. Röhner, J. Moran-Ellis & H. Sünker
(Hrsg.), *Handbuch Kindheit, Technik und
das Digitale* (S. 124–136). Opladen:
Verlag Barbara Budrich.

Pfeffer-Hoffmann, C. (2021). Auswirkungen
der EU-Binnenmigration auf die Herkunftsländer. In M. Behrendt, S. Bloem, J. Knoll
& C. Pfeffer-Hoffmann (Hrsg.), *Herausforderungen und Potenziale der innereuro-
päischen Wanderungsdynamiken*. Berlin:
Mensch und Buch.

Pickel, G. (2012). Gerechtigkeit und Politik in
der deutschen Bevölkerung – Die Folgen
der Wahrnehmung von Gerechtigkeit für
die politische Kultur im vereinten Deutschland. In M. Borchard, T. Schrapel &
B. Vogel (Hrsg.), *Was ist Gerechtigkeit?
Befunde im vereinten Deutschland*
(S. 135–172). Köln: Böhlau.

Pickel, G., Decker, O. & Reimer-Gordinskaya,
K. (2023). *Der Berlin-Monitor 2021. Die
herausgeforderte Demokratie der Großstadt*. Berlin: zu Klampen.

Pickel, G., Huber, S., Liedhegener, A., Pickel,
S., Yendell, A. & Decker, O. (2022).
Kirchenmitgliedschaft, Religiosität,
Vorurteile und politische Kultur in der
quantitativen Analyse: Auswirkungen von
Religiosität auf die politische Unterstüt-
zung der Demokratie. In EKD (Hrsg.),
*Zwischen Nächstenliebe und Abgren-
zung. Eine interdisziplinäre Studie zu
Kirche und politischer Kultur*. (S. 24–96).
Leipzig: Evangelische Verlagsanstalt.

Pickel, G., Reimer-Gordinskaya, K. & Decker,
O. (2019). *Der Berlin-Monitor 2019.
Vernetzte Solidarität – Fragmentierte
Demokratie*. Berlin: zu Klampen.

Pickel, S. & Stark, T. (2022). Antiziganismus
als eigenständige Form des Rassismus
gegenüber Sinti*zze und Rom*nja.
Ergebnisse einer Pilotstudie zur mehr-
dimensionalen Erfassung antiziganisti-

scher Einstellungen in der Mehrheitsge-
sellschaft. *NaDiRa Working Papers*.
Online verfügbar unter: https://www.
rassismusmonitor.de/fileadmin/user_
upload/NaDiRa/Pdfs/Working_Papers/
NaDiRa_Working_Papers_3_web.pdf
(Stand 21.10.2023).

Pieper, J., Schneider, U., Schröder, W. &
Stilling, G. (2023). *Zwischen Pandemie
und Inflation. Der Paritätische Armuts-
bericht 2022*. Berlin: Der Paritätische
Gesamtverband.

Pleines, H. (2006). Privatisierungsauktionen
zwischen Manipulationen, Skandalen
und Renationalisierung. *Ukraine-Analy-
sen, 06(08)*, 2–6.

Pompey, H. (1993). Psychosoziale Aspek-
te von Armut und Verarmung. In A.
Rauscher (Hrsg.), *Probleme der sozialen
Sicherungssysteme* (S. 163–211). Köln:
Bachem.

Pothmann, J. (2009). Aktuelle Daten zum
Stand der Kinder- und Jugendarbeit.
Eine empirische Analyse. In W. Lindner
(Hrsg.), *Kinder- und Jugendarbeit wirkt.
Aktuelle und ausgewählte Evaluations-
ergebnisse der Kinder- und Jugendarbeit*
(S. 21–36). Wiesbaden: Springer.

Pothmann, J. (2011). Gesetzliche Grundlagen. Wege der Finanzierung, Spektrum
der Träger. In B. Hafeneger (Hrsg.),
*Handbuch außerschulische Jugendbil-
dung. Grundlagen-Handlungsfelder-
Akteure* (S. 139–156). Schwalbach:
Wochenschau.

Pratto, F. (1999). The Puzzle of Continuing
Group Inequality. Piecing Together Psy-
chological, Social, and Cultural Forces
in Social Dominance Theory. *Advances
in Experimental Social Psychology, 31*,
191–263.

Pühringer, S., Beyer, K. M. & Kronberger, D.
(2021). Soziale Rhetorik, neoliberale
Praxis. Eine Analyse der Wirtschafts-
und Sozialpolitik der AfD. *Otto Brenner
Stiftung*. Online verfügbar unter: https://
www.otto-brenner-stiftung.de/fileadmin/
user_data/stiftung/02_
Wissenschaftsportal/03_Publikationen/
AP52_AfD_WiPo_SoPo.pdf
(Stand 02.10.2023).

Reckwitz, A. (2017). *Die Gesellschaft der Singularitäten. Zum Strukturwandel der Moderne.* Berlin: Suhrkamp.

Rehmann, J. & Wagner, T. (2022). Sloterdijks Weg vom Zynismuskritiker zum Herrschaftszyniker. In K. Weber (Hrsg.), *Gestalten der Faschisierung. Gestalt 1: Peter Sloterdijk. Aristokratisches Mittelmaß und zynische Dekandenz* (S. 43–80). Berlin: Argument Verlag.

Reimer, K. (2011). *Kritische politische Bildung gegen Rechtsextremismus und die Bedeutung unterschiedlicher Konzepte zu Rassismus und Diversity. Ein subjektwissenschaftlicher Orientierungsversuch in Theorie- und Praxiswidersprüchen* (Dissertation, Erziehungswissenschaft & Psychologie). Berlin: Freie Universität.

Reimer, K. (2013). Über ideologische Bearbeitungsweisen der sozialen Frage im neoliberalen Projekt. In P. Bathke & A. Hoffstadt (Hrsg.), *Die neuen Rechten in Europa. Zwischen Neoliberalismus und Rassismus* (S. 31–48). Köln: PapyRossa.

Reimer, K. (2015). Anleitung zum Widerstand? Anmerkungen zur Bildungsarbeit mit Kindern und Jugendlichen im Neoliberalismus. *Sozial Extra, 39,* 47–50.

Reimer-Gordinskaya, K. & Tzschiesche, S. (2021). *Antisemitismus – Heterogenität – Allianzen. Jüdische Perspektiven auf die Herausforderungen der Berliner Zivilgesellschaft.* Berlin: zu Klampen.

Reimer-Gordinskaya, K. & Tzschiesche, S. (2023). Theoretische und empirische Dimensionen eines kritisch-psychologischen Begriffs kollektiver Handlungsfähigkeit. *psychosozial, 46*(171), 34–46.

Rerrich, M. S. (2010). Soziale Arbeit als Frauenberuf: der lange Weg zur Gendered Profession. In C. Engelfried & C. Voigt-Kehlenbeck (Hrsg.), *Gendered Profession. Soziale Arbeit vor neuen Herausforderungen in der zweiten Moderne.* Wiesbaden: Springer.

Reusch, J., Lenhardt, U., Kuhn, J. & Moritz, B. (2019). Transformation der Arbeitswelt. Daten, Schwerpunkte, Trends. In L. Schröder & H.-J. Urban (Hrsg.), *Gute Arbeit 2019. Transformation der Arbeit. Ein Blick zurück nach vorn* (S. 281–345). Frankfurt a. M.: Bund-Verlag.

Riedner, L. (2017). Aktivierung durch Ausschluss. Sozial- und migrationspolitische Transformationen unter den Bedingungen der EU-Freizügigkeit. *movements, 3*(1), 89–108.

Rossow, V. (2021). *Der Preis der Autonomie. Wie sorgende Angehörige Live-in-Arbeitsverhältnisse ausgestalten.* Opladen: Budrich.

Roth, L., Zugasti, I. & de Diego Baciero, A. (2020). Die Politik hier und heute feministischer machen! Diskussionen und Tools der munizipalistischen Bewegung. *Rosa Luxemburg Stiftung.* Online verfügbar unter: https://www.rosalux.eu/de/article/1810.die-politik-hier-und-heute-feministischer-machen.html (Stand 03.10.2023).

Roth, R. (2003). Gegenfeuer oder Strohfeuer? Die Programme gegen Rechtsextremismus und Gewalt. *Forschungsjournal Soziale Bewegungen, 16*(4), 20–30.

Roth, R., Gesemann, F. & Aumüller, J. (2010). *Abschlussbericht zur Evaluation des Berliner Landesprogramms gegen Rechtsextremismus, Rassismus und Antisemitismus.* Berlin: DESI.

Rothgang, H., Görres, S., Darmann-Finck, I. & Wolf-Ostermann, K. (2020). *Abschlussbericht im Projekt Entwicklung und Erprobung eines wissenschaftlich fundierten Verfahrens zur einheitlichen Bemessung des Personalbedarfs in Pflegeeinrichtungen nach qualitativen und quantitativen Maßstäben gemäß § 113c SGB XI (PeBeM).* Online verfügbar unter: https://www.gs-qsa-pflege.de/wp-content/uploads/2020/09/Abschlussbericht_PeBeM.pdf (Stand 28.09.2023).

Ryazantsev, S. V., Molodikova, I. N. & Vorobeva, O. D. (2022). Between the Eurasian and European subsystems: migration and migration policy in the CIS and Baltic Countries in the 1990s–2020s. *Baltic Region*, 14(2), 115–143.

Sablowski, T. (2001). Globalisierung. In W. F. Haug (Hrsg.), *Historisch-Kritisches Wörterbuch des Marxismus* (Band 5, S. 869–881). Hamburg: Argument Verlag.

Sanders, K. & Weth, H.-U. (2008). *Armut und Teilhabe. Analysen und Impulse zum Diskurs um Armut und Gerechtigkeit.* Wiesbaden: Springer.

Sarrazin, T. (2009). Klasse statt Masse. Von der Hauptstadt der Transferleistungen zur Metropole der Eliten. *Lettre International*, 86, 199.

Satjukow, S. & Gries, R. (2015). *Bankerte! Besatzungskinder in Deutschland nach 1945.* Frankfurt a. M.: Campus.

Schabram, G. & Freitag, N. (2022). *Harte Arbeit, wenig Schutz. Osteuropäische Arbeitskräfte in der häuslichen Betreuung in Deutschland.* Online verfügbar unter: https://www.ssoar.info/ssoar/bitstream/handle/document/81704/ssoar-2022-schabram_et_al-Harte_Arbeit_wenig_Schutz_Osteuropaische.pdf (Stand: 21.10.2023).

Scheele, S. (2017). *Gender und Sozialraumorientierung in der Pflege.* Berlin: Institut für Sozialarbeit und Sozialpädagogik e.V.

Schindler, H. (2009). Arbeitslosigkeit, Armut, Depression und Psychotherapie. *systhema*, 23(2), 179–188.

Schmalstieg, C. (2015). *Prekarität und kollektive Handlungsfähigkeit. Gewerkschaftsarbeit im Niedriglohnbereich. Das Beispiel USA.* Hamburg: Springer VS.

Schmedes, C. (2021). *Emotionsarbeit in der Pflege. Beitrag zur Diskussion über die psychische Gesundheit Pflegender in der stationären Altenpflege.* Wiesbaden: Springer.

Schmidt, J. (2023). Arbeiten bei NGOs: Werte statt Wert. nd. Online verfügbar unter: https://www.nd-aktuell.de/artikel/1173187.prekaere-beschaeftigung-arbeiten-bei-ngos-werte-statt-wert.html (Stand 28.09.2023).

Schneider, K. (2020). N26 scheitert mit zweiter Intervention gegen einen Betriebsrat. *Handelsblatt.* Online verfügbar unter: https://www.handelsblatt.com/finanzen/banken-versicherungen/banken/betriebsratswahl-n26-scheitert-mit-zweiter-intervention-gegen-einen-betriebsrat/26095330.html (Stand 19.10.2023).

Schröder, A., Baltzer, N. & Schroedter, T. (2004). *Politische Jugendbildung auf dem Prüfstand. Ergebnisse einer bundesweiten Evaluation.* Weinheim und München: Juventa.

Schröder, J. (2009). „Betrifft: Uneheliche deutsche farbige Mischlingskinder". Ein aufschlussreiches Kapitel deutscher Bildungspolitik. In Spetsmann-Kunkel, M. (Hrsg.), *Gegen den Mainstream. Kritische Perspektiven auf Bildung und Gesellschaft. Festschrift für Georg Hansen* (S. 176–201). Münster: Waxmann.

Schröter, U. (2020). Über Privates und Öffentliches. Eine ostdeutsche Sicht auf das geteilte Deutschland. *Rosa Luxemburg Stiftung.* Online verfügbar unter: https://www.rosalux.de/fileadmin/images/Themen/Geschichte/Manuskripte_28_Ueber_Privates_web.pdf (Stand 21.10.2023).

Schröter, U. & Ullrich, R. (2003). Wer putzte in der DDR das Klo? Zu Fragen der Frauen- und Geschlechterforschung in der DDR – heute recherchiert. *UTOPIE kreativ*, 134, 149–158.

Schultheis, F. & Schulz, F. (2005). *Gesellschaft mit begrenzter Haftung. Zumutungen und Leiden im deutschen Alltag.* München: UVK.

Schulze, L. (2022). Schlangen, Wartelisten, Aufnahmestopps. Chef der Tafel Deutschland schlägt Alarm. *Der Tagesspiegel*. Online verfügbar unter: https://www.tagesspiegel.de/politik/schlangen-wartelisten-aufnahmestopps-chef-der-tafel-deutschland-schlagt-alarm-8921416.html (Stand 19.10.2023).

Schulze-Buschoff, K. & Emmler, H. (2021). Selbstständige in der Corona-Krise: Ergebnisse aus der HBS-Erwerbspersonenbefragung, Wellen 1 bis 5. *Hans Böckler Stiftung*. Online verfügbar unter: https://www.boeckler.de/de/faust-detail.htm?sync_id=HBS-008112 (Stand 28.09.2023).

Schumann, H. & Schmidt, N. (2021). Das Milliardengeschäft Altenpflege: Heime als Gewinnmaschinen für Konzerne und Investoren. *Der Tagesspiegel*. Online verfügbar unter: https://www.tagesspiegel.de/gesellschaft/heime-als-gewinnmaschinen-fur-konzerne-und-investoren-5114386.html (Stand 28.09.2023).

Schütze, F. (1983). Biographieforschung und narratives Interview. *Neue Praxis*, 13(3), 283–293.

Seeck, F. & Theißl, B. (2021). *Solidarisch gegen Klassismus. Organisieren, intervenieren, umverteilen.* Münster: Unrast.

Selke, S. (2010). Kritik der Tafeln in Deutschland. Ein systematischer Blick auf ein umstrittenes gesellschaftliches Phänomen. In S. Selke (Hrsg.), *Kritik der Tafeln in Deutschland. Standortbestimmungen zu einem ambivalenten sozialen Phänomen* (S. 11–53). Wiesbaden: Springer.

Senatsverwaltung für Arbeit, Soziales, Gleichstellung, Integration, Vielfalt und Antidiskriminierung (SenASGIVA) (o. D.). *Das Landesprogramm für Demokratie. Vielfalt. Respekt.* Online verfügbar unter: https://www.berlin.de/sen/lads/schwerpunkte/rechtsextremismus-rassismus-antisemitismus/landesprogramm/ (Stand 28.09.2023).

Senatsverwaltung für Finanzen (SenF) (2014). *Rundschreiben IV Nr. 2/2014. Zustimmung zu Honorarregelungen und zu generellen Regelungen für Prüfvergütungen und für sonstige Vergütungen für freie Mitarbeiter/innen des Landes Berlin (Bandbreitenregelung).* Online verfügbar unter: https://www.berlin.de/politik-und-verwaltung/rundschreiben/download.php/4322715 (Stand 25.10.2023).

Senatsverwaltung für Finanzen (SenF) (2017). *Rundschreiben IV Nr. 15/2017. Zustimmung zu Honorarregelungen und zu generellen Regelungen für Prüfervergütungen und für sonstige Vergütungen für freie Mitarbeiterinnen und freie Mitarbeiter des Landes Berlin (Bandbreitenregelung). Anpassung der Bandbreiten für die Honorare 2017.* Online verfügbar unter: https://www.berlin.de/politik-und-verwaltung/rundschreiben/download.php/4324313 (Stand 23.10.2023).

Senatsverwaltung für Finanzen (SenF) (2019). *Anlage zum Rundschreiben IV Nr. 61/2019.* Online verfügbar unter: https://www.berlin.de/politische-bildung/foerderung/antragsunterlagen/rs-iv-61_2019-bandbreiten-s-1-2.pdf (Stand 25.10.2023).

Senatsverwaltung für Gesundheit, Pflege und Gleichstellung (SenGPG) (2020). *Gesundheitsberichterstattung Berlin. Beschäftigte im Gesundheitswesen in Berlin.* Online verfügbar unter: https://www.berlin.de/sen/gesundheit/_assets/service/gesundheitsberichterstattung/kurz-informiert/kurz-informiert_2020-3-beschaeftigte.pdf (Stand 19.10.2023).

Senatsverwaltung für Integration, Arbeit und Soziales (SenIAS) (2022). *Bauhauptgewerbe Entgeltbeträge gültig ab dem 01. April 2023.* Online verfügbar unter: https://www.berlin.de/sen/arbeit/_assets/beschaeftigung/tarifregister/oeffentliche-auftragsvergabe/bauhauptgewerbe_entgelte_ab_april_2023_stand_11_2022.pdf (Stand 30.10.2023).

Senatsverwaltung für Kultur und gesellschaftlichen Zusammenhalt (SenKgZ) (2023). *Kultur- und Kreativwirtschaft.* Online verfügbar unter: https://www.berlin.de/sen/kultur/kulturpolitik/kulturwirtschaft/ (Stand 28.09.2023).

Senatsverwaltung für Wirtschaft, Energie und Betriebe (SenWEB) (2022). *Berlin: Startup Report. Eine aktuelle Übersicht über den Stand des Berliner Startup Ökosystems.* Online verfügbar unter: https://projektzukunft.berlin.de/fileadmin/user_upload/PZ-Startup_Report_bf.pdf (Stand 19.10.2023).

Senatsverwaltung für Wissenschaft, Gesundheit, Pflege und Gleichstellung (SenWGPG) (2022). *Datenreport 2022. Pflege in Berlin.* Online verfügbar unter: https://gsi-berlin.info/Search/Search/DownloadFile?fileName=VEIwMjAxMDEwMDE0MDMwMDAMjAxAxLnBkZg%3D%3D (Stand 02.10.2023).

Seyda, S., Köppen, R. & Hickmann, H. (2021). Pflegeberufe besonders vom Fachkräftemangel betroffen. *Institut für deutsche Wirtschaft.* Online verfügbar unter: https://www.iwkoeln.de/studien/susanne-seyda-helen-hickmann-pflegeberufe-besonders-vom-fachkraeftemangel-betroffen.html (Stand 28.09.2023).

Simon, M. (2023). *Der Einfluss des Neoliberalismus auf die deutsche Gesundheitspolitik. Das Beispiel der gesetzlichen Krankenversicherung.* Wiesbaden: Springer VS.

Soiland, T. (2017). Ökonomisierung. Privatisierung: die verdeckte Unterseite neoliberaler Restrukturierungen und ihre Implikationen für die Geschlechterforschung. In B. Kortendiek, B. Riegraf & K. Sabisch (Hrsg.), *Handbuch interdisziplinäre Geschlechterforschung* (S. 1–10). Wiesbaden: Springer.

Soiland, T. (2018). New modes of enclosures. A Feminist Perspective on the Transformation of the Social. In F. Kessl, W. Lorenz, M. Preston-Shoot & H.-U. Otto (Hrsg.), *European Social Work. A Compendium.* Opladen: Verlag Barbara Budrich.

Solga, H., Huschka, D., Eilsberger, P. & Wagner, G. G. (2009). *GeisteswissenschaftlerInnen: kompetent, kreativ, motiviert – und doch chancenlos?* Opladen & Farmington Hills: Budrich UniPress.

Sozialdemokratische Partei Deutschland, die Grünen & die Linke (2021). *Zukunftshauptstadt Berlin. Sozial. Ökologisch. Vielfältig. Wirtschaftsstark. Koalitionsvertrag 2021–2026.* Berlin: Berliner Senat.

Spannagel, D. (2013). *Reichtum in Deutschland: Empirische Analysen.* Wiesbaden: Springer.

Spieckermann, H. (2012). Aktivierende Befragung als Methode der Gemeinwesenarbeit. In R. Blandow, J. Knabe & M. Ottersbach (Hrsg.), *Die Zukunft der Gemeinwesenarbeit. Von der Revolte zur Steuerung und zurück?* (S. 155–170). Wiesbaden: Springer.

Sponholz, L. (2018). *Hatespeech in den Massenmedien. Theoretische Grundlagen und empirische Umsetzung.* Wiesbaden: Springer.

Springer Pflege (2023). *Abschlussbericht: Wie viel und welches Personal braucht gute Pflege?* Online verfügbar unter: https://www.springerpflege.de/rahmenbedingungen/personalbemessung/18415106 (Stand 23.10.2023).

Srnicek, N. (2018). *Plattform-Kapitalismus.* Hamburg: Hamburger Edition HIS.

Statista (2022a). *Armutsgefährdungsquote nach Sozialleistungen in den Ländern der EU im Jahr 2021.* Online verfügbar unter: https://de.statista.com/statistik/daten/studie/1171/umfrage/armutsgefaehrdungsquote-in-europa/ (Stand 28.09.2023).

Statista (2022b). *Europäische Union: Ranking der Mitgliedsländer und Beitrittskandidaten nach Ungleichheit bei der Einkommensverteilung auf Basis des Gini-Index im Jahr 2020.* Online verfügbar unter: https://de.statista.com/statistik/daten/studie/942729/umfrage/ranking-der-eu-laender-nach-einkommensungleichheit-im-gini-index/ (Stand 28.09.2023).

Statista (2022c). *Durchschnittliche Höhe des monatlichen Brutto- und Nettoeinkommens je privatem Haushalt in Deutschland von 2005 bis 2021.* Online verfügbar unter: https://de.statista.com/statistik/daten/studie/237674/umfrage/durchschnittlicher-bruttomonatsverdienst-eines-arbeitnehmers-in-deutschland/ (Stand 03.10.2023).

Statista (2023a). *Arbeitslosenquote in Berlin von 2005 bis 2022.* Online verfügbar unter: https://de.statista.com/statistik/daten/studie/2519/umfrage/entwicklung-der-arbeitslosenquote-in-berlin-seit-1999/ (Stand 30.09.2023).

Statista (2023b). *Armutsgefährdungsquote von Kindern und Jugendlichen in Deutschland nach Bundesländern im Jahr 2022.* Online verfügbar unter: https://de.statista.com/statistik/daten/studie/1066787/umfrage/armutsgefaehrdungsquote-von-kindern-und-jugendlichen-in-deutschland-nach-bundeslaendern/ (Stand 29.09.2023).

Statista (2023c). *Anzahl der Einwohner in Berlin nach Altersgruppen am 31. Dezember 2022.* Online verfügbar unter: https://de.statista.com/statistik/daten/studie/1095771/umfrage/bevoelkerung-berlins-nach-altersgruppen/ (Stand 29.09.2023)

Statistisches Bundesamt (2022). *Ausländische Bevölkerung nach Geburtsort und ausgewählten Staatsangehörigkeiten.* Online verfügbar unter: https://www.destatis.de/DE/Themen/Gesellschaft-Umwelt/Bevoelkerung/Migration-Integration/Tabellen/auslaendische-bevoelkerung-geburtsort.html (Stand 28.09.2023).

Statistisches Bundesamt (2023). *Gender Pay Gap 2022: Frauen verdienten pro Stunde 18 % weniger als Männer.* Online verfügbar unter: https://www.destatis.de/DE/Presse/Pressemitteilungen/2023/01/PD23_036_621.html (Stand 28.09.2023).

Staud, T. (2006). *Moderne Nazis. Die neuen Rechten und der Aufstieg der NPD.* Köln: Kiepenheuer & Witsch.

Stein, R. (2015): Digitale Metropolisierung in Berlin. Wandel der Beschäftigung und post-industrielle Struktur. *Berliner Debatte Initial,* 2015(1), 128–141.

Stepstone (2023). *IT Ingenieur/in Gehälter in Deutschland.* Online verfügbar unter: https://www.stepstone.de/gehalt/IT-Ingenieur-in.html (Stand 03.10.2023).

Stjepandić, K. & Karakayali, S. (2018): Solidarität in Postmigrantischen Allianzen. Die Suche nach dem Common Ground jenseits individueller Erfahrungskontexte. In N. Foroutan, J. Karakayali & R. Spielhaus (Hrsg.), *Postmigrantische Perspektiven. Ordnungssysteme, Repräsentationen, Kritik* (S. 237–252). Frankfurt a.M.: Campus.

Stövesand, S., Stoik, C. & Troxler, U. (2013). *Handbuch Gemeinwesenarbeit. Traditionen und Positionen, Konzepte und Methoden.* Opladen & Farmington Hills: Budrich.

Strohschneider, T. (2018). »Wie ein Rettungsanker«: Linke Technikpolitik und das Projekt Automation und Qualifikation. *OXIblog.* Online verfügbar unter: https://oxiblog.de/wie-ein-rettungsanker-linke-technikpolitik-und-das-projekt-automation-und-qualifikation/ (Stand 28.09.2023).

Struck-Möbbeck, O., Rasztar, M., Sackmann, R., Weymann, A. & Wingens, M. (1996). *Gestaltung berufsbiographischer Diskontinuität: Bewältigungsstrategien von ostdeutschen Berufs- und Hochschulabsolventen im Transformationsprozeß.* Bremen: Universität Bremen.

Stuve, O. (2016). Pädagogik. In S. Horlacher, B. Jansen & W. Schanebeck (Hrsg.), *Männlichkeit. Ein interdisziplinäres Handbuch* (S. 136–153). Wiesbaden: Springer.

Swapfiets (2023). *Unsere Fahrräder in Berlin.* Online verfügbar unter: https://swapfiets.de/berlin (Stand 30.05.2023).

Tacheles (2019). *Gegen Ausschluss und Kriminalisierung von EU-Bürger*innen. Existenzsichernde Leistungen für alle, die hier leben!* Online verfügbar unter:

https://tacheles-sozialhilfe.de/aktuelles/archiv/gegen-ausschluss-und-kriminalisierung-von-eu-buerger*innen—existenzsichernde-leistungen-fuer-alle-die-hier-leben.html (Stand 02.10.2023).

Tagesschau (2023). *Bürgergeld steigt auf 563 Euro.* Online verfügbar unter: https://www.tagesschau.de/inland/innenpolitik/buergergeld-erhoehung-100.html (Stand 28.09.2023).

Tanner, J. (1999). Fordismus. In W. F. Haug (Hrsg.), *Historisch-Kritisches Wörterbuch des Marxismus* (Band 4, S. 580–587). Hamburg: Argument Verlag.

Taylor, F. W. (1911). Principles and methods of scientific management. *Journal of Accountancy, 12*(2), 117–124.

Techniker Krankenkasse (TK) (2023). *Gibt es Grenzen für freiwillig Versicherte bei der Berechnung der Beiträge?* Online verfügbar unter: https://www.tk.de/techniker/leistungen-und-mitgliedschaft/informationen-versicherte/veraenderung-berufliche-situation/freiwillige-krankenversicherung-tk/beitragspflichtiges-einkommen/mindestgrenze-hoechstgrenze-beitragsberechnung-2006810 (Stand 03.10.2023).

Theobald, H. (2018). *Pflegearbeit in Deutschland, Japan und Schweden. Wie werden Pflegekräfte mit Migrationshintergrund und Männer in die Pflegearbeit einbezogen?* Düsseldorf: Hans Böckler Stiftung.

Tießler-Marenda, E., Bugaj-Wolfram, N. & Voigt, C. (2021). *Auswertung der Umfrage zu Praxiserfahrungen der Mitarbeitenden in der Beratung. Schwierigkeiten von EU-Bürgerinnen und EU-Bürgern in der Durchsetzung von Leistungsansprüchen.* Berlin: Bundesarbeitsgemeinschaft Wohnungslosenhilfe e.V.

Tietze, W. (2002). *Institutionelle Betreuung von Kindern.* Wiesbaden: Springer.

Tippe, S. (2021). *Toxische Männlichkeit. Erkennen, reflektieren, verändern. Geschlechterrollen, Sexismus, Patriarchat, und Feminismus: Ein Buch über die Sozialisierung von Männern.* Köln: Edigo.

Trautvetter, C. (2023). *Wem gehört die Altenpflege? Eigentumsverhältnisse und Geschäftspraktiken in der stationären Altenpflege im Land Bremen.* Berlin: Rosa Luxemburg Stiftung.

Trubeta, S. (2022). Diskurse um EU-Binnenmigration aus Süd-und Südosteuropa. *Zeitschrift für Migrationsforschung, 2*(1), 61–94.

Tzschiesche, S., Höcker, C., Rodemerk, H. & Schuler, J. (2022). „Und da bin ich auch nie wieder weggegangen". Die Stadt als Ort der Hoffnung und Herausforderung. In O. Decker, C. Höcker & J. Schuler (Hrsg.), *„Ich hab noch nie auf einer ruhigen Insel gelebt". Berlin als Interaktions- und Konfliktraum in den Gruppendiskussionen des Berlin-Monitors.* Berlin: zu Klampen.

van Dyk, S. & Haubner, T. (2021). *Community-Kapitalismus.* Hamburg: Hamburger Edition.

Verbraucherzentrale (2023). *Wie lange wird das Krankengeld gezahlt?* Online verfügbar unter: https://www.verbraucherzentrale.de/wissen/gesundheit-pflege/krankenversicherung/krankengeld-ab-wann-sie-es-bekommen-und-wie-sie-es-beantragen-38939 (Stand 03.10.2023).

Verdi (2013). *Was ist eine Überlastungsanzeige?* Online verfügbar unter: https://www.verdi.de/service/fragen-antworten/++co++0625ec54-a88e-11e0-43aa-00093d114afd (Stand 28.09.2023).

Verdi (2014). *Befristete Beschäftigung ist prekäre Beschäftigung!* Online verfügbar unter: https://muenchen.verdi.de/branchen/gesundheit-soziale-dienste-wohlfahrt-und-kirchen/pfennigparade/++co++4d1a9116-5849-11e4-a017-52540059119e (Stand 28.09.2023).

Verdi (2015). *Dürfen sich auch Noch-Nicht-Gewerkschaftsmitglieder an Warnstreiks und Streiks beteiligen?* Online verfügbar unter: https://www.verdi.de/service/fragen-antworten/++co++cca53144-a946-11e0-43aa-00093d114afd (Stand 28.09.2023).

Verdi (2019). *Von Null auf Tausend!* Online verfügbar unter: https://gesundheit-soziales-bildung.verdi.de/tarifbereiche/oeffentlicher-dienst/++co++b7a3e0e8-ddae-11e8-88ec-525400afa9cc (Stand 28.09.2023).

Verdi (2021a). *Mehr Personal, mehr Freizeit.* Online verfügbar unter: https://www.verdi.de/themen/geld-tarif/++co++56ff954e-291d-11ec-a25e-001a4a160129 (Stand 02.10.2023).

Verdi (2021b). *Gorillas haben Betriebsrat gewählt.* Online verfügbar unter: https://www.verdi.de/themen/recht-datenschutz/++co++5accc95e-47a8-11ec-a96c-001a4a160129 (Stand 19.10.2023).

Verdi (2021c). *Scheinheilig. Caritas-Arbeitgeber zerstören Hoffnung von hunderttausenden Pflegepersonen auf bessere Bezahlung.* Online verfügbar unter: https://gesundheit-soziales-bildung.verdi.de/tarifbereiche/altenpflege/++co++cf448604-8cb0-11eb-8a41-001a4a160100 (Stand 04.10.2023).

Verdi (2022a). *Entlastung: Großer Erfolg für Kliniken in NRW.* Online verfügbar unter: https://www.verdi.de/themen/nachrichten/++co++a1ef63b8-ca17-11ec-94f1-001a4a16012a (Stand 02.10.2023).

Verdi (2022b). *Residenz-Gruppe will Betriebsrat zerschlagen.* Online verfügbar unter: https://bremen.verdi.de/presse/nachrichten/++co++9165162c-957f-11ec-b2ab-001a4a160100 (Stand 02.10.2023).

Verdi (2022c). *TikTok hat erstmals einen Betriebsrat.* Online verfügbar unter: https://mmm.verdi.de/medienwirtschaft/tiktok-hat-erstmals-einen-betriebsrat-84757 (Stand 03.10.2023).

Verdi (2022d). *FAQ zur Arbeit von Betriebsräten.* Online verfügbar unter: https://www.dgb.de/betriebsrat (Stand: 20.10.2023).

Verdi (2023a). *Warnstreiks in Kitas und sozialen Einrichtungen am Internationalen Frauentag, 8. März.* Online verfügbar unter: https://hannover-heide-weser.verdi.de/themen/tarifrunde-oed-2023/++co++ce1e3838-b9b3-11ed-86bb-001a4a160100 (Stand 02.10.2023).

Verdi (2023b). *Protestaktion für den Tarifvertrag 2.0 – Belegschaft des Anne Frank Zentrums fordert wertschätzende Arbeitsbedingungen.* Online verfügbar unter: https://bb.verdi.de/presse/pressemitteilungen/++co++bae065b6-e2a3-11ed-9348-001a4a160111 (Stand 28.09.2023).

Verdi (2023c). *Trotz Vollzeitjob: Millionen Frauen droht Altersarmut.* Online verfügbar unter: https://www.verdi.de/themen/rente-soziales/++co++b0ea0e24-95a3-11ed-848f-001a4a16012a (Stand 28.09.2023).

Verdi (o.D). *Hoffnung: Pflege.* Online verfügbar unter: https://gesundheit-soziales-bildung.verdi.de/service/drei/drei-62/++co++7793edd4-661a-11e7-86a7-52540066e5a9 (Stand 28.09.2023).

Verdi-Betriebsgruppe Anne Frank Zentrum (AFZ) (o. D.). *Anne Frank Zentrum – Tarifvertrag 2.0: Gemeinsam für wertschätzende Arbeitsbedingungen!* Online verfügbar unter: https://www.afztarif.de/ (Stand 28.09.2023).

Vester, M. (2021). Klasse an sich/für sich. In M. Candeias (Hrsg.), *Klassentheorie. Vom Making und Remaking* (S. 37–46). Hamburg: Argument Verlag.

Viotto, R. (2023). Neue europäische Richtlinie zu Mindestlöhnen und Tarifbindung: Ein Beitrag zur sozialen Transformation der EU? *Hans Böckler Stiftung.* Online verfügbar unter: https://www.boeckler.de/fpdf/HBS-008644/p_fofoe_WP_292_2023.pdf (Stand: 21.10.2023).

Vivantes (2016). *15 Jahre Vivantes Berlin.* Online verfügbar unter: https://hauptstadtpflege.vivantes.de/fileadmin/Magazin/Downloads/Meine_Hauptstadtpflege_-_Das_Magazin_Ausgabe_24.pdf (Stand 20.10.2023).

Vogel, B. (2000). Die Spuren der Arbeitslosigkeit. der Verlust der erwerbsarbeit im Umbruch der ostdeutschen Gesellschaft. In H. Esser (Hrsg.), *Der Wandel nach der Wende: Gesellschaft, Wirtschaft, Politik in Ostdeutschland* (S. 215–235). Wiesbaden: Springer.

Vogel, L. (2001). Hausarbeitsdebatte. In W. F. Haug (Hrsg.), *Historisch-Kritisches Wörterbuch des Marxismus* (Band 5). Hamburg: Argument Verlag.

Voigt, C. (2021). *Ausgeschlossen oder privilegiert? Zur aufenthalts- und sozialrechtlichen Situation von Unionsbürgern und ihren Familienangehörigen*. Berlin: Der Paritätische Gesamtverband.

Voigts, G. (2011). Finanzierung außerschulischer Jugendbildung. In B. Hafeneger (Hrsg.), *Handbuch außerschulische Jugendbildung. Grundlagen, Handlungsfelder, Akteure* (S. 157–172). Schwalbach: Wochenschau.

Voß, G. G. (1998). *Die Entgrenzung von Arbeit und Arbeitskraft. Eine subjektorientierte Interpretation des Wandels der Arbeit*. Online verfügbar unter: https://ggv-webinfo.de/wp-content/uploads/2016/05/1998_3_MittAB_Voss.pdf (Stand 19.10.2023).

Voß, G. G. (2017). Arbeitskraftunternehmer. In H. Hirsch-Kreinsen, H. Minssen & R. Bohn (Hrsg.), *Lexikon der Arbeits- und Industriesoziologie* (S. 49–52). Baden-Baden: Nomos.

Voß, G. G. & Pongratz, H. J. (1998). Der Arbeitskraftunternehmer: Eine neue Grundform der Ware Arbeitskraft? *Kölner Zeitschrift für Soziologie und Sozialpsychologie*, 50(1), 131–158.

Wach, K., Berg-Lupper, U., Peyk, S., Ebner, S. & Schüle-Tschersich, M. (2014). *Evaluation des Kinder- und Jugendplans des Bundes. Endbericht zum KJP-Förderprogramm „Allgemeine politische Bildung" (P 01.01)*. München: Deutsches Jugendinstitut. Online verfügbar unter: https://www.dji.de/fileadmin/user_upload/bibs2014/KJP-Evaluation_Endbericht_P1.pdf (Stand 24.10.2023).

Wagner, B. & Hassel, A. (2016). Move to work, move to stay? Mapping atypical labour migration into Germany. In *Labour mobility in the enlarged Single European Market*, 32, 125–158.

Wagner, I. (2015). Arbeitnehmerentsendung in der EU: Folgen für Arbeitsmarktintegration und soziale Sicherung. *WSI-Mitteilungen*, 68(5), 338–344.

Wallis, M. (2016). *Eine ethnographische Perspektive auf die Rolle des Zolls bei der Kontrolle des Mindestlohns (unveröffentlichte Masterarbeit, Europäische Ethnologie)*. Berlin: Humboldt Universität.

Wallis, M. (2021). Digitale Arbeit und soziale Reproduktion: Crowdwork in Deutschland und Rumänien. In M. Altenried, J. Dück & M. Wallis (Hrsg.), *Plattformkapitalismus und die Krise der sozialen Reproduktion* (S. 228–251). Münster: Westfälisches Dampfboot.

Wallraff, L. (2022). Abgehoben auf Sylt. *taz*. Online verfügbar unter: https://taz.de/Hochzeitsfeier-von-Christian-Lindner/!5863982/ (Stand 19.10.2023).

Weber, K. (2022a). *Sloterdijk. Aristokratisches Mittelmaß & zynische Dekadenz*. Hamburg: Argument Verlag.

Weber, K. (2022b). Deutsche Schicksalsgemeinschaft und völkischer Nationalismus: Gesellschafts- und Politikverständnis einer ehemaligen Kommunistin. In W. Veiglhuber & K. Weber (Hrsg.), *Gestalten der Faschisierung. Gestalt 2: Sahra Wagenknecht. Nationale Sitten und Schicksalsgemeinschaft* (S. 5–55). Hamburg: Argument Verlag.

Wegener, B. & Liebig, S. (1998). Gerechtigkeitsideologien 1991–1996. In H. Meulemann (Hrsg.), *Werte und nationale Identität im vereinten Deutschland: Erklärungsansätze der Umfrageforschung* (S. 25–60). Opladen: Leske + Budrich.

Wehler, H. U. (2013). *Die neue Umverteilung. Soziale Ungleichheit in Deutschland*. München: C. H. Beck.

Wendt, W. R. (2020). Die soziale Berufung der Frau. In W. R. Wendt (Hrsg.), *Kurze Geschichte der Sozialen Arbeit* (S. 25–26). Wiesbaden: Springer VS.

Wichterich, C. (2011). Krise der Ernährermännlichkeit und neoliberale Gleichstellung durch die Krise. In A. Demirović, J. Dück, F. Becker & P. Bader (Hrsg.), *VielfachKrise. Im finanzmarktdominierten Kapitalismus.* Hamburg: VSA.

Wildermann, M. (2017). Pflegebasiskurse für Geflüchtete. Pragmatiker gesucht. *Deutschlandfunk.* Online verfügbar unter: https://www.deutschlandfunk.de/pflegebasiskurse-fuer-gefluechtete-pragmatiker-gesucht-100.html (Stand 28.09.2023).

Willis, P. E. (1979). *Spaß am Widerstand. Gegenkultur in der Arbeiterschule.* Frankfurt a. M.: Syndikat.

Winker, G. (2015). *Care revolution. Schritte in eine solidarische Gesellschaft.* Bielefeld: transcript.

Winker, G. (2021). *Solidarische Care-Ökonomie. Revolutionäre Realpolitik für Care und Klima.* Bielefeld: transcript.

Winker, G. & Carstensen, T. (2007). Eigenverantwortung in Beruf und Familie. vom Arbeitskraftunternehmer zur Arbeitskraftmanagerin. *Feministische Studien,* 25(2), 277–288.

Winter, R. (2010). Symbolischer Interaktionismus. In G. Mey & K. Mruck (Hrsg.), *Handbuch qualitative Forschung in der Psychologie* (S. 79–93). Wiesbaden: Springer.

Witzel, A. (2000): Das problemzentrierte Interview. In *Forum Qualitative Sozialforschung. Theories, Methods, Applications* 1/1, 1–9.

Wolowicz, E. (2022). Wagenknechts Drei-Schichten- und Zwei-Lager-Modell: wenig originell, empirisch nicht unterlegt und zu einfach. In W. Veiglhuber & K. Weber (Hrsg.), *Gestalten der Faschisierung. Gestalt 2: Sahra Wagenknecht. Nationale Sitten und Schicksalsgemeinschaft* (S. 117–165). Hamburg: Argument Verlag.

Wolters, T. (2008). *Leiharbeit – Arbeitnehmer-Überlassungsgesetz (AÜG).* Online verfügbar unter: https://www.boeckler.de/fpdf/HBS-004262/p_edition_hbs_226.pdf (Stand 04.10.2023).

Zamora Martin, S. (2022). Gorillas-Fahrer klagen gegen Entlassung. Wilde Streiks waren illegal. *taz.* Online verfügbar unter: https://taz.de/Gorillas-Fahrer-klagen-gegen-Entlassung/!5848026/ (Stand 03.10.2023).

Zander, M. (2022). Das Basislager der ‚Unproduktiven'. Sloterdijks Selektionsphantasien auf dem Weg zum Gipfel. In K. Weber (Hrsg.), *Gestalten der Faschisierung. Gestalt 1: Peter Sloterdijk. Aristokratisches Mittelmaß und zynische Dekandenz* (S. 136–151). Hamburg: Argument Verlag.

Zick, A. & Küpper, B. (2021). *Die geforderte Mitte. Rechtsextreme und demokratiegefährdende Einstellungen in Deutschland 2020/21.* Bonn: Dietz.

Zick, A., Berghan, W. & Mokros, N. (2019). Gruppenbezogene Menschenfeindlichkeit in Deutschland 2002–2018/19. In A. Zick, B. Küpper & W. Bergahan (Hrsg.), *Verlorene Mitte – Feindselige Zustände. Rechtsextreme Einstellungen in Deutschland 2018/19* (S. 63–116). Berlin: Dietz.

Ziegler, A. (2008). Wirkungen von Standortverlagerung und Ausgliederung auf die Arbeitsbedingungen. *WSI-Mitteilungen,* 2008(6), 328–334.

Zingher, E. (2022). Geschenke kosten. In L. Cazés (Hrsg.), *Sicher sind wir nicht geblieben. Jüdischsein in Deutschland* (S. 53–66). Frankfurt am Main: Fischer.